国家社科基金后期资助项目
出版说明

后期资助项目是国家社科基金设立的一类重要项目，旨在鼓励广大社科研究者潜心治学，支持基础研究多出优秀成果。它是经过严格评审，从接近完成的科研成果中遴选立项的。为扩大后期资助项目的影响，更好地推动学术发展，促进成果转化，全国哲学社会科学工作办公室按照"统一设计、统一标识、统一版式、形成系列"的总体要求，组织出版国家社科基金后期资助项目成果。

全国哲学社会科学工作办公室

国家社科基金
后期资助项目
GUOJIA SHEKE JIJIN HOUQI ZIZHU XIANGMU

民法人性论

THE HUMAN NATURE OF CIVIL LAW

王利民　著

基金项目
国家社会科学基金后期资助项目,项目批准号:21FFXB009

我为什么要写《民法人性论》——代序

人的本质是人性，人性必然决定人的社会现象；特别是作为"人法"的民法现象，①它不可能存在于人性的决定之外，而必然具有人性的规定性。

我的民法哲学，是"人法"的哲学，以人为根据，透过民法现象认识民法的人性秩序，是对民法的人性观察，人性构成民法的本体与本质。因此，民法人性论，也就是民法本体论或者本质论，是以人性为本体而对民法的规定性与规律性认识。换言之，我的民法哲学研究，如果归结到一点，那就是民法的"人法"观；而民法的"人法"观，根本是民法的人性观，即关于人性需求何种民法和民法应当表现何种人性的理论认知。民法与人性之间的内在联系，反映民法以人性为根据的客观秩序本质，构成民法的科学属性。当人类与其他动物相区别，有了人的自主认识，也就具有了"人"的类本质，这就是人性。人性作为人的本质与本性，具有对人类生命与生存的客观利益需求及其实现条件的规定性。没有人性，就没有人的本质；否定人性，就是否定人类自身，就是人类无异于其他物类。

民法人性论并不否认民法作为国家的制定法所具有的阶级性，是统治阶级意志的体现，并作为上层建筑决定于经济基础即一定的生产力和生产关系的发展条件；但是民法作为"人法"，其本体是人及其人性的秩序本质，具有人性的秩序规定性。因此，人是表现和上升为民法的统治阶级意志的根据和目的，民法应当以人为本，必然承认和遵循人性的自然秩序法则，并存在于人的生命与生存的客观利益需求及其实现的人身与财产关系的自然生态秩序的规定性之中；而构成经济基础的社会生产力与生产关系的发展条件，则不过是作为人性的客观秩序及其民法制度实现的具体因素与客体存在，只能决定一定社会的人身与财产关系的实现条件与水平，而不能决定民法调整的人身与财产关系的人性自然秩序的本体与本质：这就是民法的客观性与普遍性，并构成民法和民法学的科学根据与属性。

---

① 人必然具有和遵循人的自然法则，即"人法"。"人法"是人的本体法，是以人的客观利益需求及其实现条件为根据的人类自然生态法则，即人的秩序本质，是人性的自然秩序产物，具有人性的客观规定性与规律性。"人法"与人性是人的客观实在，具有必然的联系和统一，构成民法的基础和根据。民法作为"人法"的国家制定法，是"人法"的表现形式，必然接受和反映人性的自然规范条件，具有人性的制度本质，构成人性的社会秩序体系。因此，笔者的"人法"范畴，作为以人的生命和生存为根据的客观秩序本质，与传统的各种人法概念与观念不同。

人性无疑是与人的生命与生存的本质相联系的客观事实,是人及其存在的自然性和客观性,并代表人的普遍性和统一性。人类对自身的人性认识,虽然有各种人性论和人性学说,但是都不否定人性及其客观存在。人性作为人的客观性,在根本上不是人的社会性,而是人的自然性,表现为人的自然生态法则;人的社会性不过是由人的自然性决定的,是人性的社会现象与表象。因此,人性是人类社会现象的根本规定性,决定人类的社会形态及其发展条件与规律。

民法作为"人法"是以人为主体的法律,必然反映人性的条件和需求,以人性为根据,不可能脱离人和人性的本体与本质。"民法与人性相互关联的理论前提源自于民法本身调整对象表现为人类个体相互之间存在的各类关系。"①我的民法哲学研究,始终根植于和思考一个不变和根本的主题,即民法作为人的法律即"人法"与人或者人性的本质联系是什么。是民法塑造了人和人性,还是人和人性决定了民法?这就是"民法人性论",②是关于民法的人性本体与本质问题。民法人性论就是人本主义的民法和民法学,它以人为目的,追求人的价值在民法秩序中的实现,反映人的社会秩序的客观本体与本质。可以说,脱离人与人性,就找不到民法的规定性与规律性,也就不可能有真正的民法与民法科学。

马克思在《黑格尔法哲学批判》导言中指出:"理论只要说服人[ad hominem],就能掌握群众;而理论只要彻底,就能说服人[ad hominem]。所谓彻底,就是抓住事物的根本。而人的根本就是人本身。"③我的民法哲学研究,作为以人为对象的"人法"研究,就是抓住人本身,就是发现和认识民法与人和人性的本质联系与秩序统一。民法是"人法"的国家法形式,是人的行为法,不可能不规范和调整人的行为,并塑造和引领人的行为与行为方式。但是,人的行为在多大程度上是民法规范和强制的结果,而

---

① 刘云生:《人性假设与近代民法之生成》,载肖厚国主编:《民法哲学研究》第1辑,法律出版社2009年版。

② 厦门大学法学院徐国栋教授著有《人性论与市民法》一书(法律出版社2006年版,后编入中国法制出版社初版的《民法哲学》一书,作为第八章人性论),如果把该书的"市民法"理解为"民法",也就是"人性论与民法",主题形式接近于"民法人性论"。不过,该书只在前一章和后两章专门探讨人性和对人性问题进行总结,而中间三章则是关于西方法学理论与法制史的具体问题,且不限于民法和民法理论,亦不主要探讨人性与民法的关系问题,所以不是我所理解的"民法人性论"。

③ 中共中央马克思恩格斯列宁斯大林著作编译局编译:《马克思恩格斯选集》(第1卷),人民出版社2012年版,第9~10页。"德国的法哲学和国家哲学是唯一与正式的当代现实保持在同等水平上[al pari]的德国历史。"(同前,第7页。)德国的法哲学或者国家哲学代表了当时德国的最高社会理论与制度实践。

人的行为又在多大程度上能够按照民法的规范条件发生？人们接受民法是因为民法的强制还是因为人性的秩序条件而自主与自律使然？这就涉及民法的一个根本问题，即民法与人和人性的内在秩序联系。换言之，到底是人和人性决定民法的客观实在，还是民法可以任意决定人的规范条件并改变人性的规范需求？归根结底，就是民法应当如何反映人和人性的客观秩序并服务于人和人性实现的条件需要？也就是说，民法是被人规定的还是规定人的？这是民法哲学必须回答的问题，也是民法哲学研究的根本对象。

对此，我的回答是简单、直接和明确的，那就是民法作为人的社会现象，具有人和人性的规定性，是人的生命与生存的客观利益需求及其实现的自然生态秩序条件的社会表现形式。民法和民法学的真正对象，是作为主体的人及其自然生态法则的普遍秩序条件，而不是民法的形式规范。民法是"人法"，民法学是"人法学"，民法只有作为"人"的科学，才能够成为科学。民法只有以人为目的，代表人的价值，反映人性的客观利益需求及其实现条件的内在秩序本质，才能够成为符合人性并被人所接受的外在规范。这就是民法的"善法"标准，也就是对民法的本质要求。

基于民法的人性本体与本质及其自然生态的客观秩序条件，民法或者民法的制定应当是一种对客观对象的"陈述"，而不是一种在客观对象之外的"命令"；是对民法调整的人身与财产关系的自然生态秩序及其客观条件与属性的真实发现，而不是对民法的意志与技术的发明创造；表现为民法的意志与技术，只有在正确反映人的客观利益需求及其自然生态秩序实现的规定性与规律性时，才具有规范价值和意义；民法的社会性与制度性及其文化形态，必须服从于民法调整的人身与财产关系的自然生态秩序本质，即人与人性的客观秩序属性。

无论是民法还是民法学，其科学性都必然源于对民法的人性认识，都应当是民法的"人性论"观点，都应当遵循人性的规定性与规律性。"'人性'问题不仅是一个大问题，而且是人文社会科学的基础性课题，研究这个课题在今天显得尤为重要，因为它不仅关系着人对自身的理解，还直接涉及文化和社会制度等问题。"①显然，在人与民法的关系上，民法只是人和人性实现的形式规范与秩序条件，旨在反映人和人性的本质，不能超越人和人性的客观利益需求及其实现的自然生态的秩序条件，只有人和人性才是决定性因素；民法不过是人和人性的规定性结果，代表人性，并以实现人

---

① 张曙光：《聚焦"人性"论》，载《哲学分析》2013年第1期。

性为目的。①

人是社会的主体;一切社会现象的本质,都是人或者人性的本质,都是由人或者人性的规定性与规律性决定的,不可能有超越人和人性的社会现象及其本质。尤其是在民法调整的人身与财产关系领域,作为个人社会的行为关系,直接决定这一关系发生的,是人的客观利益需求及其实现条件所决定的行为意志及其必然的支配行为,而不是民法的形式条件。民法只为人的行为发生提供一种预设的规范形式,但不能直接决定人的行为关系的具体条件及其实际发生。直接决定人的行为关系发生的,是作为主体的人,是由人的客观利益需求所决定的行为意志,如同人决定自身的法形式或者法律行为一样;这就是人或者人性的生态规范与自然秩序本质。

民法调整的社会关系,是在两种秩序条件的作用下发生的:一是本源于人性的"人法"及其民法形式对人的行为关系提供的规范条件及其外在的强制要求;二是以人性为根据的行为人的内在行为意志及其具体的行为秩序。换言之,民法的外部形式只是为人们的秩序实现提供一种规范性工具;而人性的秩序意志及其具体的行为条件,才是最终决定民法调整的人身与财产关系的发生及其现实形态的根本因素。这就是民法上的"法律事实"。法律事实并不是法律的事实,而是人的生态事实;只是这一事实被纳入法律调整并对其进行法律上的效果评价,才被以"法律"界定,而它从来都是在法律形式之外发生的,既是特定的主体事实,又是独立的客观事实,是人直接支配并以人性为根据的自然生态秩序,可能合于法律,也可能违于法律。

这就对民法的制定和实施提出了要求:一方面,民法的制定应当反映人性的客观利益需求及其实现条件的规定性,以人为根据和目的,实现民法条件与人性秩序的统一;另一方面,民法的实施应当重视人和人性的生态秩序条件及其内在的行为驱动力,强调人的行为意志及其秩序能动性,弘扬民法精神,实现民法的社会调整及其秩序形态的生态化发展。如果不能实现民法与人性需求的本质统一与秩序融合;就既不可能有符合人性的民法,又不可能有根据民法发生的人性秩序,更不可能发挥民法的调整作用和实现民法的调整目的。

我的民法研究,始终把民法调整的社会关系与人的命运结合在一起,是对人的命运的规范与秩序思考;也就是说,人到底应当享有什么样的

---

① "如何看待人、人性及人在社会生活中呈现的映像,对于立法者如何正当地制定法律,执法者如何正确地应用法律具有重要的意义。"舒国滢:《法哲学沉思录》,北京大学出版社2010年版,第305页。

人身与财产关系,什么样的人身与财产关系才符合人性的要求和本质。①这就是对民法调整的社会关系所应当具有的人性本质的认识,这一本质对民法的调整及其制度条件具有根本的规定性——民法应当具有不变的人性秩序条件与本质;当我们从这一秩序条件出发,在具体的制度制定中,就会遵循人性的制度规定性,就能够发现和提出具有确定性的民法制度方案。

我一直认为,民法作为意识形态,其形式本身是没有什么本质和规定性的;民法的本质与规定性,根本是民法调整的人身与财产关系由人的客观利益需求及其实现条件所决定的本质与规定性,即民法接受的人与人性的本质与规定性。否则,我们既找不到民法的本质,又不会有对民法的规定性与规律性的认识。换言之,民法之所以构成科学的对象,民法学之所以成为一门科学,根本不是法律方法或者立法技术的结果;因为我们无论如何都不可能在形式规范中找到和发现民法的科学性,更不可能在单纯的形式思辨中创造和产生民法科学。民法的科学性根本上是民法所遵循的人的客观利益需求及其实现条件的科学性。

民法作为"人法",其科学性最终归结于人或者人性所具有的客观秩序本质。人是自然的产物,遵循自然的生物规律;而民法调整的人身与财产关系,就是人的人身与财产利益需求及其实现的自然生物规律与客观秩序条件所必然表现出来的民法制度形式。因此,民事立法与民法科学的形成与发展的过程,就是对民法调整的人身与财产关系的人性本质及其自然秩序的认识和发现过程;民法或者民法学越是接近和反映人或者人性在人身与财产关系上的本体与本质要求,就越是具有科学的秩序与认知本质。

然而,在中国民法典的编纂与形成过程中,中国民法和民法学过于注重民法规范的形式逻辑与编辑,主要是立法论和解释论的研究,而往往忽视民法本体论——民法规范作为人的规范所应当遵循的人性根据的认识。结果在一定程度和意义上超越和脱离于人和人性,使民法成为一种"编辑"形式和"制定"对象;而民法学也大多是"民法规范学"或者"民法解释学"。这样的民法和民法学,强调和重视立法技术,缺乏人性的"软实力",难免脱离人本身,往往不能反映人的秩序本质,不能代表人性的目的及其客观秩序需求,也就必然存在民法和民法学的科学性问题。

民法的形式是意识形态,而它的根据却是人性的客观实在。那么,民

---

① 当然,我的认识是个人的和有局限性的;作为一种民法哲学的认知与研究成果,只限于自己的学术研究领域,并只能提出属于这一领域的原则性认识和观点,而不是具体的民法制度设计与方案。

法和民法学是否能够把握人和人性的本质并从中发现民法的规定性与规律性呢？回答是肯定的。因为人的现象，包括作为"人法"的民法现象，是由人产生并决定的现象，必然反映人和需要代表人，具有与人和人性的秩序统一；无论在形式上脱离人和人性多远，都必然回归于人和人性的秩序本质。自人类历史以来尤其是自近代以来的各国民法与民法典，特别是改革开放以来我们最为关注的中国民法制度体系的形成与民法典的编纂，可以说，一切人类民法文化与文明的制度进步，从根本上都是对民法调整的社会关系的人性本质及其秩序需求的客观发现、理性认知与具体揭示，是一种人本与人文主义的社会秩序与制度进步，而不是单纯发生在民法规范与制度上的形式变革与完善。换言之，民法的制度进步根本上是以人性为根据的民法价值观与认识论的思想进步。民法人性观决定民法价值观与认识论，并通过民法价值观与认识论直接影响和作用于民法的规范形成与制度进步。

具言之，民法人性论的意义在于以下几个方面：

第一，民法人性论直接影响和作用于人的民事主体地位。在民法人性论的基础上认识民法，就应当以人为本，从人出发，审视人自身的自然主体性及其必然的制度需求与表现形式，从而具体落实于民法的民事主体制度。民法是"人法"，人是民法的主体，民法根本上是人的主体地位法；无论是民法关于人的主体地位的一般规定，还是民法的具体人身与财产权制度，都根本在于如何认识人和落实人的主体地位。而如何将相互关系的人格尊重与利益均衡的人性法则落实在民法上，则必然决定人的民事主体地位及其在人身与财产关系上的具体制度条件。

第二，民法人性论决定民法的目的与价值原则。在民法人性论的基础上认识民法，就必然基于人的本体与本位，承认和遵循人的目的与价值，并作为民法的根据，从而确立民法作为"人法"的制度目的与价值原则。没有正确的民法目的与价值原则，就没有正确的民法认识；而民法的目的与价值，根本上是人或者人性的目的与价值。一切民法的规范与制度进步，首先都是以人性为根据的对民法目的与价值原则的认识进步。这一进步的直接体现，就是民法的个人权利本位和整个国家制度体系的私权优位；而由此决定的民法定位，是民法制度建构与完善的客观基础。个人本位与私权优位的社会原则，体现了民法作为"人法"及其在国家法律体系中的基础性地位，并决定了民法调整的人身与财产关系的人性条件与秩序本质。可以说，以民法人性论为根据的民法目的与价值原则，既决定了民法的规范取向，又决定了民法的制度发展。

第三,民法人性论决定民法的自由制度体系及其制度发展与进步。在民法人性论的基础上认识民法,就能够客观发现人的利益需求——人身与财产关系的利益条件及其实现的自然秩序,从而全面建立符合人性需求的民法人身权与财产权制度,实现民法对人身与财产关系及其自由秩序的合理调整。民法作为"人法",是人的自由的法,是以人性为根据的人性自由的制度体系,也就是所谓的权利法、行为法和任意法。民法的任何制度的发展与进步,都是一种人性自由的秩序进步。民法的人性自由,反映在具体的民法制度上,就是以人的意思自治为根据的民事法律行为制度。这一制度所代表的民法自由的本质,根本上是人的生命本质,是由人的生命条件决定的。民事法律行为制度作为法技术的产物,根本上是对民法的人性制度本质的抽象概括与理性表达,是人性的制度条件与结果;作为一种人性自然秩序的实在法形式,只是法技术的总结,而不是法技术的创造。

任何法技术都只是表现人性秩序法则的手段;虽然它可以编制人性秩序的具体规范形式,但是却不能创造这一秩序的本体与本质及其根本原则。法技术作为表现秩序和实现秩序形式化的手段,在法律创制中的作用是有限的。考察改革开放以来我国民法制度的形成与发展,从1981年《经济合同法》到1986年《民法通则》,从1993年修改的《经济合同法》到1999年《合同法》,从2007年《物权法》到2009年《侵权责任法》,从2017年《民法总则》到2020年《民法典》,我们所看到的中国民法价值原则与制度体系的每一项进步,根本上都是对民法调整的人身与财产关系的人性本质及其自由秩序条件的科学认识与发现的结果,都是对民法的人性自由的规定性与规律性的不断揭示与接近。对此,法技术并不起根本的决定性作用。

人性研究的目的在于发现人的本体性,即普遍的自在本质与属性,从而在揭示人性或者人的本质的同时认识人和人性实现的规定性与规律性,即人性实现的客观与普遍条件,从而构建一个符合人性或者人的客观利益需求及其实现条件的社会结构与制度体系,在以人性为根据和尊重人性的基础上实现人类社会文明的秩序发展与进步。

人既不可能简单存在,又不可能在简单中构成社会形态。社会作为人的自然生态结构需要特定的结构性条件,其基础就是人在社会结构中的规范与秩序条件,即一定的人性法则或者"人法"条件,从而使人能够在自身社会结构中成为既相互联系又相互统一的整体,并能够共同维持人类自然生态的社会存续与发展。"'法律自然地被知晓'这句话不应当做表面化的理解:认为事实上从出生的那一刻起,人们的心中对于什么该做什么不该做就有着清晰的认识。它一方面是指人可以靠理性能力认识法律。另一方面则意味着至少自然法的一般和重要的戒律是如此地简明和清晰,以至于它们很容易被认同;它们是如此地深入人心,以至于永远不可能从人们心中被抹去。"①"法"既是人类自身的客观实在,又是人类自身的发现形式;既有人的自然秩序本质,又有人的主观意识形态。人的意识形态,不仅使人有了自主的法认识,而且使"人法"在人的法意识中变得主观复杂。人类认识、发现和创设法律形式的过程,并不是一条直接与人性对接并直通人性的阳光道路;因为人不仅有人性,而且也有非人性,表现为人性及其实现的复杂性。然而,这并不能最终影响人性的社会实现;人必然以自己的人性为根据,建立和完善自己的社会结构,实现自己的社会存续与发展。

民法作为"人法",是人的自然生态秩序的条件要求与客观产物。所以任何否认民法人性论的观点,都是否定人的秩序本质,都必然是错误的;而任何关于民法的科学结论,也都必然直接或者间接立足于民法人性论的认识基础,都不可能回避民法与人性的本质联系,都必须对民法这一属于国家意识形态的社会现象进行人性的生态秩序思考,从而在人性的秩序本质中发现民法的规定性与规律性即发现民法科学。

我认为,在民法人性论之外,没有正确的民法认识论:既不可能找到民法和民法学的客观本质,又不可能认识民法和民法学的真实性,更不可能有民法科学及其正确的理论与实践。民法作为"人法",对民法的规范本质及其立法与发展规律的认识,根本在于把握民法与人及其人性的本质联系,科学揭示民法所代表的人性的客观利益需求及其实现的自然秩序条件,从而形成民法制度建构与行为实践的正确之路。

人性或者人的自然生态法则,作为"人法"的客观秩序条件,能直接决定人的行为或者社会秩序的现实形态与具体细节——制定法或者成文法却做不到这一点——它们都只是规范的条件,而不是规范的结果。人性的秩序本质及其存在形式,调整和决定人类行为及其社会秩序选择的根本原则与方向,并为人类的行为和社会秩序提供评价判断的价值标准与行为尺度。在"人法"的自然秩序实现中,制定法或者成文法,不过是人性法则或者"自然法"的一种逻辑推演形式。当一个立法者参与一项立法和提供某种立法方案时,他无非把自己心中认同或者认知的人性自然秩序通过一定的文字语言形式表现为具体的制度规范。由于人性的客观利益需求及其实现条件的规定性与规律性,无论在具体的立法形式上人们有多大的分歧

---

① 〔德〕塞缪尔·普芬道夫:《人和公民的自然法义务》,鞠成伟译,商务印书馆2009年版,第62页。

与争议,人们都能够最终达成一致或者相对统一的立法意见;这就是法的普遍性,是人性法则对人类意识形态的规定性。因此,一切法的形式都不过是人性及其自然法则的表现形式;人性及其自然法则要么通过习惯或者道德的行为方式具象化,要么通过制定法或者成文法的普遍形式固定和表现出来。通过习惯或者道德方式具象化的,在需要司法裁量时,则产生"判例法"的认可形式;而在制定法或者成文法表现的情况下,同样需要在个人习惯或者道德的支配下转化为具体的个人行为条件。

"人法"或者民法,在它的本体或者本质意义上,并不在于表现的形式,而在于个人意志支配下的实然行为及其具体的秩序形态。对此,制定法或者成文法只是为人们的具体行为预设了一种可供选择的行为模式;而其是否能够得到施行和具有何种施行效果,则仍然决定于人性的客观利益需求及其个人意志支配的现实行为条件。可见,在人类的社会秩序结构及其行为体系中,具有根本或者规定性的,永远是也只能是作为本体与本质的人或者人性的自然生态法则,是人和人性本身,而不是脱离于人和人性之外的法形式。虽然人类无法全面保持与自身人性及其秩序的统一而始终处于秩序或者理想秩序的社会状态,但是人类基于人性的客观秩序及其规定性与规律性,最终能够保持秩序状态而不至于根本脱序和失序,并能够在秩序的摇摆与混乱中回归秩序的常态平衡与发展。

民法和民法学作为"人法"和"人法学",也就是"人性法学",必然以人性为根据,发现人性的秩序条件与本质,追寻人性的秩序价值与目标,探索人性的秩序理想与社会实现。因此,民法人性论作为民法哲学的成果,背负着自身的学术使命。它的学术价值与实践意义,会被更多的人了解和认识。

王利民
2023 年 11 月 13 日

前　　言

在《民法道德论——市民社会的秩序构造》(以下简称《民法道德论》)①一书中,我把道德作为"人法"或者人的"本体法"即人类自身的自然秩序法则来研究,这是基于民法与道德的关系,从人的道德中寻找民法的普遍性和一般性,并形成了自己的民法道德论的研究与理论体系。然而,道德作为民法的本体法,只是人性的一种普遍规范形式,属于人性的一部分,并具有人性的规定性。进言之,在"人法"的统一规范与秩序体系的本质联系上,基于民法的道德价值与属性,道德是民法的本体,而道德的本体则是人性的秩序本质,人性构成民法的最终根据与本体。

显然,道德是人性的规范,是人性的普遍行为条件与秩序需求,代表人性并最终由人性所决定。因此,《民法道德论》一书对民法规范与秩序本质的客观揭示,只是基于民法与道德的本质联系,是道德视角的民法研究;虽然内容是深入和系统的,但是它还不是全面和完整的。而本书《民法人性论》则在人性的秩序本质及其宏观的视域上,展现了民法作为"人法"的生态规范体系及其自然秩序的整体制度形态,在保持与《民法道德论》的理论统一的基础上,更全面和完整地代表了我的关于民法本质的观点。

我在《民法道德论》一书前言中写到,如果法律是科学的对象,如果法学是一部门科学,就一定具有它的规定性与规律性。只有找到这个规定性与规律性,才能找到法律与法学的本质。否则,如果法律可以人为地任意创设,那么法律就不是科学的对象,它们仅仅是一个任意的现象,而不具有本质。

显然,没有人否认法律的客观性,即法律是具有一定规定性和规律性的社会现象;并且每个法学研究者都试图以自己的研究揭示这种规定性与规律性,只是寻找的方向和内容有所不同。我的民法认知,就是寻找民法作为"人法"本身所具有的规定性与规律性;并且坚信民法的形式或者意识形态是对人的客观秩序属性的表达,并必然具有其内在的规定性与规律性,而这一规定性和规律性就是本源于人或者人性的自然生态条件及其客观利益需求与实现条件的秩序本质。我的研究就是要发现和阐明这一本

---

① 法律出版社2019年版。

质并揭示这一民法的真实性。

所以,虽然我的研究并没有多少超越前人的思想创造,但是在对民法与人性的内在关系的认识及对民法本质的揭示上,以自己的概念和范畴,自成理念与理论体系,成为一个系统的研究。它是发自我灵魂深处的思想感悟,是源于个人内心的认识结论。这是一种从人的现象和人的需求上对民法本质的思考。以人自身为根据,人的客观需求及其实现条件是什么?一个人的需求是如何与他人的需求发生联系并形成普遍秩序的?这就是我的研究需要回答和试图回答的问题。显然,对这一问题的回答,应当是一种接近民法的秩序本质即民法的规定性与规律性的客观理论;因为它没有脱离人的自然生态秩序本质,而是以构成人类自然秩序法则的"人法"为根据,必然反映民法的客观真实性。如果我们认识到民法的社会现象是人的客观利益需求及其实现条件的规定性,则它必然是人的自然生态现象并必然代表人的自然生态秩序的本质。由此,我们也就必然能够发现民法的客观性及其制度合理性。

显然,民法或者法的规定性与规律性不能从民法或者法的社会现象本身去寻找,而只能从它的主体即人的客观利益需求及其实现的一般条件中来认识和发现,即从现实的人出发,以人为根据,认识和发现人性的自然生态法则及其规范目的与秩序条件。民法是人的"需求性"与"目的性"条件,即民法代表的是人的需求和目的;这一需求和目的实现的秩序条件必然决定于人自身,存在于人自身的规定性与规律性之中。如果人的需求和目的是具有规定性和规律性的并表现出某种秩序条件与形态的客观性与普遍性,那么"人法"或者民法就必然具有基于这种人的规定性与规律性而表现它的客观性与普遍性,并成为以人为本和代表人的需求和目的的法。至此,我的研究就接近于结论。人的需求和目的及其实现条件,就是人的生命与生存的需求与目的的实现条件;而这一需求与目的的实现条件,无论是在物质上还是在精神上,都不过是一种人性的客观利益需求及其实现的自然秩序法则,都具有人性的客观性及其秩序条件的普遍性和一般性,这就是上升和表现为民法调整的人身与财产关系。这一结论,毋庸置疑,也无须过多证明,但需要理论阐释。这正是本书研究的目的和意义。

本书以民法人性论作为命题,是一部民法哲学著作。本书在人性论的基础上,认识民法的社会规范与秩序本质,并在人性的规定性与规律性的基础上认识民法与人的自然生态条件的统一规范与秩序联系,从而揭示民法的人性普遍性。

人性的秩序属性是一个复杂的现象和问题,特别是针对特定研究对象的人性问题,难有统一标准和认识。本书基于对人性的生物性与社会性的认识,结合民法的制度与规范属性,将民法与人性的本质联系总结为"六性",即自然性、利益性、习惯性、伦理性、自由性和正义性,没有绝对和统一的认识标准。

本书系统建构了民法人性论的理论体系,客观认知了民法规范与制度的人性本质,确立了民法人性论的基本概念和范畴,并以人性为根据,考察民法和民法典的制度体系,揭示了民法及其制度的自然生态的规范与秩序属性,提出了人性、人法与民法认识的全面观点,形成了民法与人性统一的社会生态秩序理论,并揭示了民法的人性规定性与规律性。

本书内容,旨在揭示人性对民法的规定性和民法的人性本质,从而探索民法的客观规律与科学性,为民法制度的社会生态秩序实现寻找路径与方案。这是一个属于民法基础理论与民法哲学研究的宏观主题,虽然通篇结合民法和民法典的规范和制度,但是在体系和内容结构上,不深入民法的具体制度问题,亦不作专门和系统的立法论或者解释论研究。

本书虽然是专业性和学术性的民法基础理论与民法哲学研究,但是本书研究追求的不仅是一种学术共识,而且主要是一种社会共识,即行为共识,表达和意欲表达一种代表规定性与规律性的人性秩序及其民法实现的观点,并强调具有生态秩序本质的行为条件。民法作为行为法,只有转化为人的社会行为秩序,才能达到其规范目的与作用;这应当是实现中国社会法治生态转型发展与文化形态建构的一个现实要求。法治在根本上是人的生态秩序。中国法治的生态实现及其文化超越,必须解决以人性为根据的行为实践及其秩序形态问题。

任何人本主义的法律思想,都是一种"自然法"的思想,也都是一种"人性"的学说;任何一种人性的民法学说都离不开对人性的自然秩序本质的认识,从而必然上升为对民法的规定性与规律性的揭示。民法人性论对民法的规定性与规律性的认识与揭示及其理论建构,是人本主义的社会文明与文化形态的一部分,代表了人类社会秩序文化与文明的人文生态发展。然而,人性的社会秩序发展既是普遍的,又是复杂的。民法人性论的具体社会实践,是与人类的民主、自由和法治等社会意识形态相适应的价值观念与行为方式的渐进形成与进化过程,并受到人类生产力与生产关系的发展水平限制,涉及一个社会和民族的传统与习惯、文明与文化的具体形态及其内在秩序条件的生成、存在与演进,是人性的自然秩序法则在不同社会条件下的秩序实现,因此必然表现为不同社会及其制度实现的民法文化与文明形态。但是,这些不同的民法秩序形态,最终只能以人性为根据,具有人性的秩序规定性与规律性,反映人性的自然秩序本质及其客观与普遍的一般制度条件;而对人性的自然生态秩序的表现和实现,则构成不同社会与不同民法的不变与永恒主题——这在根本上决定了民法的制度体系和民法学的研究目的、对象与历史使命。

目 录 Contents

绪 论 / 1
  上篇 人性的界说 / 1
    一、西方传统的人性观 / 1
      (一)经典的人性学说 / 2
      (二)理性的人性追寻 / 33
    二、中国传统的人性观 / 41
      (一)善恶之说 / 41
      (二)伦理之辩 / 47
  下篇 人性本体论 / 52
    一、人性的本体——人类如何认识和发现自我 / 52
      (一)人性本体的定义与释义 / 54
      (二)人性是人的生命规定性 / 63
    二、人与人性的本质 / 77
      (一)人性与人的本质之辨 / 78
      (二)人的本质——人是如何的本质 / 80
      (三)人性的本质——人是和应当是如何的本质 / 87

第一章 人法与人性——实在、联系和统一 / 96
  一、人法的本质 / 96
    (一)人法是人的自然法 / 100
    (二)人法是人的本体法 / 106
  二、人法的形态 / 109
    (一)制定法与事实法 / 109
    (二)民法与人法 / 115
  三、人性与人法的价值 / 123
    (一)人法的主体价值 / 125
    (二)人法的利益价值 / 132
  四、人性与人法的普遍性 / 138
    (一)人法的普遍性 / 138

(二)人法的普遍性与人法文化形态的差别性 / 141

第二章 民法的自然性——人性的生态秩序 / 143

一、人性的自然性对民法秩序的规定性 / 143
　(一)人性的自然秩序 / 146
　(二)民法的人性自然生态秩序 / 151

二、人性的自然性与民法的法定性 / 167
　(一)民法的法定性是人性自然性的表现形式 / 168
　(二)人性的自然性需要表现为民法的法定性 / 168

三、民事主体的自然性 / 169
　(一)自然人的自然主体地位 / 169
　(二)法人作为自然人的人格设计的自然性 / 174

四、人身权制度的自然性 / 178
　(一)人格权制度的自然性 / 178
　(二)身份权制度的自然性 / 184

五、财产权制度的自然性 / 187
　(一)财产利益的客观需求性 / 188
　(二)财产取得的先占秩序性 / 189
　(三)财产归属的客观占有性 / 193
　(四)财产支配的最大效益性 / 197
　(五)财产变动的自主行为性 / 199

第三章 民法的利益性——人性的客观秩序 / 205

一、人性的趋利避害行为 / 205
　(一)民法是趋利避害的行为法 / 206
　(二)人为何趋利避害 / 207
　(三)人如何趋利而避害 / 211

二、人性的利益需求——特性与条件 / 215
　(一)利益需求的特性 / 215
　(二)利益需求的条件 / 219

三、人性的利益秩序——生态与行为 / 228
　(一)利益秩序的生态性 / 230
　(二)利益秩序的行为性 / 235

四、利益秩序的民法调整 / 237
　(一)民法调整对象的利益属性 / 237

(二)利益秩序的规范形式 / 239
　　(三)应然与实然的利益秩序 / 241
　　(四)利益秩序的形成控制 / 244

第四章　民法的习惯性——人性的自发秩序 / 249
　一、人性的行为习惯规律 / 249
　　(一)人性的行为习惯 / 250
　　(二)人性的习惯能力 / 252
　二、人的行为与人法的习惯 / 253
　　(一)习惯 / 254
　　(二)习惯的规范属性与特征 / 260
　三、习惯与道德 / 266
　　(一)习惯的道德价值 / 266
　　(二)道德的习惯生成 / 268
　四、习惯与习惯法 / 271
　　(一)习惯的人法性 / 271
　　(二)从人法习惯到习惯法 / 273
　五、民法的习惯法源 / 275
　　(一)行为法与行为习惯 / 277
　　(二)习惯的法源地位 / 281
　　(三)习惯的法源意义 / 292

第五章　民法的伦理性——人性的自律秩序 / 296
　一、人性的伦理规范 / 296
　　(一)道德品性 / 298
　　(二)道德品行 / 300
　二、道德的人性法则 / 303
　　(一)道德的人性功利法则 / 303
　　(二)道德的人性自律法则 / 309
　三、民法与道德的统一 / 313
　　(一)民法与道德的本质统一 / 314
　　(二)民法与道德的规范统一 / 322
　　(三)民事责任的过错要件与道德违法 / 329
　四、民法强制与道德自律的相对与互补 / 331
　　(一)民法强制与道德自律的条件相对 / 331

（二）民法强制与道德自律的功能互补 / 333

第六章　民法的自由性——人性的意志秩序 / 335
　一、人性的人格自由性 / 335
　　（一）自由——不可限制和剥夺的生命本质 / 336
　　（二）自由——自然与社会生态的人格条件 / 342
　二、民法是人性自由的法 / 346
　　（一）民法在人性自由基础上的形成与发展 / 346
　　（二）民法以人性自由为根据的社会秩序形态 / 349
　三、民法的人性自由法则 / 352
　　（一）人性自由的自然秩序法则 / 352
　　（二）人性自由的人格尊重法则 / 353
　　（三）人性自由的利益均衡法则 / 358
　　（四）人性自由的个人后果法则 / 360
　四、民法的自由制度体系 / 362
　　（一）以人格权为根本的人身自由 / 364
　　（二）以所有权为基础的财产自由 / 370
　五、基于人性自由的行为限制与无效 / 380
　　（一）非自由主体的行为无效 / 382
　　（二）非自由意志的行为无效 / 383
　　（三）非自由价值的行为无效 / 385

第七章　民法的正义性——人性的价值秩序 / 387
　一、人性的正义理想性 / 387
　　（一）人性与理想社会 / 388
　　（二）理想社会的正义 / 397
　二、民法的人性正义本质 / 402
　　（一）个人本位的人性价值正义 / 402
　　（二）行为制度的人性规范正义 / 405
　三、民法的人性正义原则 / 409
　　（一）平等的正义原则 / 409
　　（二）自由的正义原则 / 415
　　（三）公平的正义原则 / 416
　　（四）诚信的正义原则 / 419
　四、民法的人性正义制度 / 420

(一)体现生命价值的人格权正义 / 421
(二)遵循人伦法则的身份权正义 / 422
(三)满足财产有序支配的所有权正义 / 423
(四)实现财产权自由变动的债权正义 / 431
(五)反映私有财产转移的继承权正义 / 434
(六)追求权利损害救济的民事责任正义 / 438

后　记 / 444

绪　　论

上篇　人性的界说

——民法是人的法律，必然是人性的规范条件和要求，反映人性的秩序本质，与人性具有客观的内在联系——民法及其学说，不过是一种人性观的表达，是一种人性学说，人性观构成民法的本体价值观。

一、西方传统的人性观

人的一切问题根本上是人性的问题，而对人的一切认识又根本上是对人性的认识。离开人性的认识，既不会有关于人的正确观点，又不会有关于社会的正确理论。尤其是反映人的行为条件与规律的"人法"或者民法，必然是人性的要求与结果并表现人性的客观性与本质性。"一方面，每个人作为主体具有自由的人性本质并需要自由的利益满足从而在自由的驱使下追求其自由利益实现；另一方面，每个人在社会关系中的利益需求与实现有赖于一定的社会规范与秩序条件。因此，人不仅是利益的主体，而且是规范与秩序的主体，人必然寻求自身利益实现的规则与秩序形态，从而构造社会的一种规则与秩序事实。"[①]人性作为人的规定性，是一切以人为对象的人文社会科学的根据和基础，而一切人文社会科学也都必然具有人性的规定性与规律性，并只能从人性的规定性与规律性即人性的客观性中找到自身的本质。

人性作为人的本质属性，虽然是人所固有并自然展现的生物与生态性，但是人类对自身人性的认识则是一个不断发现与发展的渐进思想过程。[②]"人类自从进入所谓'轴心时代'[③]以来，就开始了对自己自觉的反

[①] 王利民等：《民法精神与法治文化民本模式论：自然生态的社会秩序体系及其规范形态与演进》（上册），当代中国出版社2023年版，第250~251页。
[②] 人类由野蛮状态进入文明社会，必然发生的变化就是开始以主体的自主意识认识自然、社会与自身。人类对自然的探索诞生了自然科学，对社会的认识产生了人文社会科学，而对人类自身的审视则催生了心理学、道德哲学等。
[③] 1949年德国哲学家卡尔·雅斯贝斯在《历史的起源与目标》一书中，把公元前500年前后同时在中国、西方和印度等地区出现的人类文化突破现象，首次称为"轴心时代"。——笔者注

省和理性认识,当然也包括对自己基本性质的认识,人性无非就是人的基本性质,无论是先天的,还是后天的,但一定是基本的、相对稳定的,即使认为人是自由的、变化的,这个相对于必然或强制的自由,相对于不变的变化,也总要体现人的生存和发展的目的性与方向性,而这都意味着人有着'属于人'而不属于物的基本性质。"① 虽然人性是客观的,但是它是经由人的主观被认识和发现的,这就是人性观或者人性论,作为对人的根本认识和一切人文社会思想的基础与前提,伴随着人类文明的全过程而源远流长,并形成了各种经典的人性论学说。

西方社会的人性论,是西方传统的人本主义文化的产物并具有其人文思想特征。西方社会的传统文化作为一种人本主义文化根植于对人的本质及其社会伦理的认识,离不开人性论的认识基础。西方社会的人性论作为哲学的一部分,总体上是一种人本主义的自然人性观,旨在揭示人的自然本质。②

(一)经典的人性学说

西方社会文明,作为一种人本主义的文明,在人本主义文化传统与哲学思想的基础上,形成了各种经典的人性论学说。

1. 古希腊哲学的人性观

古希腊哲学是西方哲学的起源,代表西方的经典思想文化。③ 古希腊哲学家在他们构想人类理想社会的认识过程中展开了对诸多哲学领域问题的探讨。④ 哲学以人自身特征和整个客观世界为研究对象,其根本问题是人作为主体与认识对象即客体之间的关系问题,而认识的基础则是人对自身即人的本质的认识,这在本质上就是人性观或者人性论,是对人性的解答。

有什么样的人性观,就有什么样的价值观,也就有什么样的世界观。

---

① 张曙光:《聚焦"人性"论》,载《哲学分析》2013 年第 1 期。
② "早在古希腊时期,'自然人性观'便开始萌芽。古希腊思想家在对万物的始基和生命源泉的把握中提出,人与其他自然存在物一样是感性自然的存在物,经过漫长的中世纪,'自然人性观'开始复苏。文艺复兴时期的人文主义者把人性从神性的权威下解放出来,认为人并非上帝创造的附属物,人产生于自然,是自然而然的生命存在,因此,人是自然的有机组成部分,人性是自然性的存在,人性应当是人的自然之性。"牛庆燕:《人性观的困惑与生态困境的历史演绎》,载《中州学刊》2012 年第 4 期。
③ 哲学"源出希腊文 philosophia,意即'爱智慧'。19 世纪 70 年代,日本最早的西方哲学传播者西周借用古汉语译作'哲学',1896 年前后,黄遵宪、康有为等把日本的译称介绍到中国,后渐通行"。《辞海》(第 7 版),上海辞书出版社 2020 年版,第 5589 页。
④ 哲学是"理论化、系统化的世界观和方法论。关于自然界、社会和人类思维及其发展的最一般规律的学问。包括自然观、历史观和人生观等内容","哲学的根本问题是思维对存在、精神对物质的关系问题"。《辞海》(第 7 版),上海辞书出版社 2020 年版,第 5589 页。

换言之,凡是人的思想与知识体系,都不可能根本脱离人性论或者伦理学的范畴,特别是关于人与世界的基本关系与基本认识的哲学,需要首先以人为研究对象,回答人的本质或者人性问题,根本上不过是一种人性论的观点。因此,虽然哲学家们关注的对象可能千差万别,但是都无法回避人性问题,都需要将研究的对象和目光投向人本身,并需要直接或者间接地对人性问题作出回答。

古希腊哲学家作为西方哲学研究的先驱者,以智慧的头脑和对真理与理想社会的孜孜不倦的探索精神,开始认真思考人自身的本质与地位问题,产生了许多闪耀着智慧光芒的哲学和伦理学成果。古希腊早期哲学家对人与世界作一体研究,其对人的研究更多聚焦于人的起源以及人究竟为何物构成这样的问题上。如阿那克西美尼①提出了"气是万物本质"的朴素唯物主义学说,他"认为万物产生于气,气是无限和永恒的。由于气的不断运动而产生万物"。用这种观点解释人的本质,生命和灵魂也是由气构成的。② 德谟克利特③认为,"原子与虚空是万物的本原",他著有《论人性》,认为"人的自然本性就是求乐避苦,而道德的标准也就是快乐和幸福。能求得快乐就是善,反之即是恶","他强调德性不仅是言辞,更重要的还是思想和行动,人们应该热心地按照道德行事,而不要空谈道德"④。基于其"幸福论"伦理思想,他认为"节制与修养就是获得快乐最好的手段"。⑤ 显然,古希腊早期哲学家对人的本质与人性的认识,已经在沿用朴素唯物主义对物质世界的认识方法与路径的同时在伦理的道路上有所发展。古希腊哲学对人的研究和认识,基于人本主义的立场,既未受到宗教神权的桎梏,又未远离理性的视角。古希腊哲学家从自然来解释万物现象并揭示人即自身的本质,彰显出自然主义和人本主义的价值取向,从而对西方文化关于人和人性的认识产生了历史性影响。

普罗泰戈拉⑥指出,"人是万物的尺度,是存在的事物存在的尺度,也

---

① 阿那克西美尼(约前586~前524年),前苏格拉底时期古希腊米利都学派哲学家。
② 参见《中国大百科全书》(第2版)(第1卷),中国大百科全书出版社2009年版,第128页。
③ 德谟克利特(约前460~前370年),古希腊唯物主义哲学家,原子论的创立者之一。
④ 《中国大百科全书》(第2版)(第4卷),中国大百科全书出版社2009年版,第522页。
⑤ 〔英〕罗素:《西方哲学史:及其与从古代到现代的政治、社会情况的联系》(上卷),何兆武、李约瑟译,商务印书馆1963年版,第91页。
⑥ 普罗泰戈拉(前490或前480~前420或前410年),古希腊哲学智者派的主要代表人物。

是不存在的事物不存在的尺度"①。这一学说,强调人在现实中的地位、作用和价值,是一种个人本位主义的思想。他认为人的情感欲望以及利益是人的本性,这既是古希腊哲学开始深入认识人性的理论表现,又是古希腊人性论中对人的主体性和价值性的重要强调。在古希腊哲学家中,对人性论有重要贡献的,是苏格拉底、柏拉图和亚里士多德所建立的伦理思想体系。苏格拉底②超越过去以宇宙本源与世界构成为对象的"自然哲学"而转向研究人类自我,即人及其社会伦理。"从苏格拉底开始,自我和自然明显地区别开来;人不再仅仅是自然的一部分,而是和自然不同的另一种独特的实体。"③苏格拉底首先建立了"德性主义"的"伦理哲学"与人性理论,并被柏拉图和亚里士多德所发展,形成"道德"的伦理思想体系,奠定了西方伦理学及其人性论的传统与基石。"苏格拉底的主要关怀是在伦理方面而不是在科学方面。"④他关注正义和德性等人性问题。德性不仅是自我的,而且是普遍的,所以对"德性"的认识,必然构成对人性的普遍法则的认识。他认为,一个人要有德性,必须有关于德性的知识,一切非德性的行为都是无知造成的结果,所以德性就是知识,知识的获得需要理性,而人的灵魂中具有理性,理性是人的本质属性,从而奠定了西方理性主义的思想基础。⑤

柏拉图⑥在继承苏格拉底伦理哲学思想的基础上,提出"灵魂三分论",继续推进人性论学说的发展。柏拉图认为,人除了肉体,还有灵魂,灵魂是由理性、激情和欲望结合而成,三者之间存在等级层次关系。理性是最高贵的部分,激情处于中间部分,欲望是最为低劣的部分,受到理性和激

---

① 〔英〕罗素:《西方哲学史:及其与从古代到现代的政治、社会情况的联系》(上卷),何兆武、李约瑟译,商务印书馆1963年版,第96~97页。"这个学说被人理解为指的是每个人都是万物的尺度,于是当人们意见分歧时,就没有可依据的客观真理可以说哪个对、哪个错。这一学说本质上是怀疑主义的,并且其根据的基础是感觉的'欺骗性'。"(同前,第97页。)
② 苏格拉底(前469~前399年),古希腊唯心主义哲学家,被誉为西方哲学的奠基者。
③ 《中国大百科全书》(第2版)(第21卷),中国大百科全书出版社2009年版,第239页。
④ 〔英〕罗素:《西方哲学史:及其与从古代到现代的政治、社会情况的联系》(上卷),何兆武、李约瑟译,商务印书馆1963年版,第115页。
⑤ "但是,什么是知识?'知'意味着对事物有正确的概念,知道它们的目标或目的,知道它们对什么有好处。任何事物都有自己的目的,都对某事物特别是对人有好处。这样,人知道什么事对他自己有好处就会去做这些事,就能实现他的愿望、利益和幸福。没有知识或智慧,一个人不可能得到幸福,因此知识是至善。也可以说,德性就是有关善恶的知识及随后的行善避恶。因为没有人会愿望做坏事而不做好事,罪恶是由于无知。"〔美〕梯利:《伦理学导论》,何意译,北京师范大学出版集团2015年版,第149页。
⑥ 柏拉图(前427~前347年),古希腊唯心主义哲学家。他与老师苏格拉底和学生亚里士多德,并称古希腊三贤。

情的制约。"一个是人们用以思考推理的,可以称之为灵魂的理性部分;另一个是人们用以感觉爱、饿、渴等等物欲之骚动的,可以称之为心灵的无理性部分或欲望部分,亦即各种满足和快乐的伙伴。"①"每一种欲望本身只要求得到自己本性所要求得到的那种东西。"②"那么让我们确定下来,在人的灵魂里确实存在着这两种东西。再说激情,亦即我们藉以发怒的那个东西。它是上述两者之外的第三种东西呢,还是与其中之一同种的呢?"③虽然激情介于理性与欲望之间,或倾向于理性,是理性的"盟友",或者"参加到欲望一边去",但是"在灵魂的分歧中它是非常宁愿站在理性一边的",虽然它"是不同于理性的另一种东西"。"这两者(理智和激情)既受到这样的教养、教育并被训练了真正起自己本份的作用,它们就会去领导欲望——它占每个人灵魂的最大部分,并且本性是最贪得财富的——它们就会监视着它,以免它会因充满了所谓的肉体快乐而变大变强恪守本份,企图去控制支配那些它所不应该控制支配的部分,从而毁了人的整个生命。"④柏拉图的人性学说比苏格拉底更为复杂,反映出柏拉图对人性的复杂性有了更深层次的思考与认识。柏拉图的人性学说强调了理性的地位与重要性,而理性本身就是充满人类智慧的复杂思维体系。

亚里士多德⑤的人性论是其伦理学体系的出发点。探究人性的真谛有助于解释幸福、正义以及至善等政治哲学或者伦理学的概念及其相关理论。亚里士多德同样认识到理性作为唯有人类才具备的本质在人性中的重要地位。⑥ 他认为,人的灵魂存在三端:天赋、习惯与理性。"人们所由人德成善者出于三端。这三端为(出生所禀的)天赋,(日后养成的)习惯,及(其内在的)理性。"⑦"人类(除了天赋和习惯外)又有理性的生活;理性实为人类所独有。人类对此三端必须求其相互间的和谐,方才可以乐

---

① 〔古希腊〕柏拉图:《理想国》,郭斌和、张竹明译,商务印书馆1986年版,第165页。
② 〔古希腊〕柏拉图:《理想国》,郭斌和、张竹明译,商务印书馆1986年版,第162页。
③ 〔古希腊〕柏拉图:《理想国》,郭斌和、张竹明译,商务印书馆1986年版,第165~166页。
④ 〔古希腊〕柏拉图:《理想国》,郭斌和、张竹明译,商务印书馆1986年版,第166、167、168、169页。
⑤ 亚里士多德(前384~前322年),古希腊哲学家、科学家和教育家,古希腊哲学集大成者。
⑥ "人的特殊本质不单纯是有肉体存在,或带有欲望的感觉,行使植物和动物的职能,而是有理性的生活。"〔美〕梯利:《西方哲学史》(增补订版),葛力译,商务印书馆2015年版,第94页。"人性的最好部分的活动,即思辨的活动、采取沉思形式的活动,最高尚的幸福。"(同前,第96页。)思辨与沉思的活动是人性最好的活动,因为它是理性的活动。
⑦ 〔古希腊〕亚里士多德:《政治学》,吴寿彭译,商务印书馆1965年版,第390页。"人类的某些自然品质,起初对于社会是不发生作用的。积习变更天赋;人生的某些品质,及其长成,日夕熏染,或习于向善,或惯常从恶。"(同前,第390~391页。)人之所以能够"习于向善",根本在于人具有不同于其他生命的本质,即人类独有的理性。

生遂性。(而理性尤应是三者中的基调。)人们既知理性的重要,所以三者之间要是不相和谐,宁可违背天赋和习惯,而依从理性,把理性作为行为的准则。"①与前人相比,亚里士多德对人性的认识更具有创建性,人性除了理性,还存在非理性的因素,不仅揭示了人性的理性本质,而且阐释了人性的理性与非理性的对立统一,从而将人性学说向前大大推进了一步。②

亚里士多德对人性的一个洞见,是提出"人是政治的动物"的命题。③这一命题把人的动物性与政治性即人的社会性结合,表明亚里士多德开始把人的本质置于深刻的社会结构中去理解,人只能在社会或者国家结构中实现自我。在古希腊的政治社会背景下,城邦就是人的社会,人就是社会的主体,"人是政治的动物"是把人放在社会结构中进行考察,④从而回答人的本质和地位问题。"在这里,把个人是生活的目的和社会是生活的目的这两种观念调和起来了。社会由个人所组成,社会的目的是使个体公民能够过一种有德性和幸福的生活。"⑤显然,亚里士多德的人性论已经脱离从"原子式"的个人去理解人性的狭窄视域,而开辟了从城邦结构即团体和社会中审视人与人性并使人区别于自然动物的广阔视野,从而在人的本质上思考和定义人性。

亚里士多德的人性观作为其伦理学和政治学的一部分,构成伦理学和政治学分支与基础。基于人性的伦理认识,人性不过是一种德性,而理性的德性是最高的德性。⑥ 他认为,人性中的"天赋、习惯和理性可作为培养人生诸善德的根基",⑦即人性是作为根据存在的。"道德德性则通过习惯养成,因此它的名字'道德的'也是从'习惯'这个词演变而来。由此可见,我们所有的道德德性都不是由自然在我们身上造成的。因为,由自然

---

① 〔古希腊〕亚里士多德:《政治学》,吴寿彭译,商务印书馆1965年版,第391页。
② "他认为,人的灵魂分为理性和非理性两个部分。后者包括感情和欲望。人区别于动植物的地方在于有理性功能,并按理性生活。人的理性一方面是纯粹理性,其职能是沉思真理,其完善的活动是理智的美德;另一方面是与感情和欲望相联系的,其职能是调解并控制感情和欲望,其完善的活动是实践的美德,即德性。"《中国大百科全书》(第2版)(第25卷),中国大百科全书出版社2009年版,第503页。
③ "人类自然是趋向于城邦生活的动物(人类在本性上,也正是一个政治动物)。"〔古希腊〕亚里士多德:《政治学》,吴寿彭译,商务印书馆1965年版,第7页。
④ "我们所说的自足不是指一个孤独的人过孤独的生活,而是指他有父母、儿女、妻子,以及广言之有朋友和同邦人,因为人在本性上是社会性的。"〔古希腊〕亚里士多德:《尼各马可伦理学》,廖申白译注,商务印书馆2003年版,第18页。
⑤ 〔美〕梯利:《西方哲学史》(增补修订版),葛力译,商务印书馆2015年版,第98页。
⑥ "有德性的人是万物的标准和尺度;他判断事物正确,能在每一种情况下看清真理。"〔美〕梯利:《西方哲学史》(增补修订版),葛力译,商务印书馆2015年版,第85页。
⑦ 〔古希腊〕亚里士多德:《政治学》,吴寿彭译,商务印书馆1965年版,第400页。

造成的东西不可能由习惯改变。"①"因此,德性在我们身上的养成既不是出于自然,也不是反乎于自然的。首先,自然赋予我们接受德性的能力,而这种能力通过习惯而完善。其次,自然馈赠我们的所有能力都是先以潜能形式为我们所获得,然后才表现在我们的活动中。"②他指出,"人的每种实践与选择,都以某种善为目的",③而善就是合乎德性的活动。"人的善就是灵魂的合德性的实现活动,如果有不止一种的德性,就是合乎那种最好的、最完善的德性的实现活动。"④他强调:"一个真正善良而快乐的人,其本性的善一定是绝对的善,当他发扬其内在的善德时,一定能明白昭示其所善具有绝对的价值(品格)。"⑤

2. 中世纪经院哲学的人性观

欧洲中世纪在天主教统治下产生的经院哲学是为宗教神学服务的思辨哲学。⑥ 经院哲学的代表人物托马斯·阿奎那⑦的神学人性论即是这一时期西方人性论的突出代表。阿奎那的神学人性论一方面继承和保存了亚里士多德的思想,另一方面又融入了基督教的神学观念。他认为,"人有感性欲望和理性欲望或意志,同感性知识和超感性或理性的知识相适应。人的欲望和行为不像兽类那样,似乎绝对地由外面被感觉的印象来决定;他有自决的能力,掌握采取行动与否的权力"。⑧ 他强调理性对人的行为

---

① 〔古希腊〕亚里士多德:《尼各马可伦理学》,廖申白译注,商务印书馆2003年版,第36~37页。
② 〔古希腊〕亚里士多德:《尼各马可伦理学》,廖申白译注,商务印书馆2003年版,第37页。
③ 〔古希腊〕亚里士多德:《尼各马可伦理学》,廖申白译注,商务印书馆2003年版,第1~2页。
④ 〔古希腊〕亚里士多德:《尼各马可伦理学》,廖申白译注,商务印书馆2003年版,第20页。"亚里士多德大体上,虽然并不完全,同意有些人所认为的伦理学的第一要义就是要给善下定义,而德行则被定义为是趋于产生出善来的行为。"〔英〕罗素:《西方哲学史:及其与从古代到现代的政治、社会情况的联系》(上卷),何兆武、李约瑟译,商务印书馆1963年版,第229页。
⑤ 〔古希腊〕亚里士多德:《政治学》,吴寿彭译,商务印书馆1965年版,第389~390页。当然,亚里士多德也认为,人不能完全没有身外的善,因为身外之物同样为幸福的原因,而幸福就是人的至善。
⑥ 中世纪,西方处于基督教神学控制之下,虽然这一时期的西方思想并非仅存基督教思想,古希腊和古罗马的人本文化遗产仍然在西欧得到了保存与发展,但是由于基督教会的强大控制力,这一时期的西方思想仍不可避免地打上了深深的宗教神学的烙印。这一时期,学术活动受到宗教的钳制,学术思想被进行了符合基督教教义的宗教化改造。在这样的背景下,对人的学术观察与研究以及相应的人性观都蒙上了宗教的神秘面纱。
⑦ 托马斯·阿奎那(约1225~1274年),中世纪经院哲学的哲学家和神学家,西欧封建社会基督教神学和神权政治理论的最高权威,经院哲学的集大成者。
⑧ 〔美〕梯利:《西方哲学史》(增补修订版),葛力译,商务印书馆2015年版,第218页。"托马斯·阿奎那认为,人类是一种理性的动物并且能领悟永恒的理性,因此当理性法(Lex Aeterna)对其他生物意味着客观必须时,它对于人类来说则意味着主观必须。因而,通过人类理性发现的永恒法就可以称为自然法。"〔美〕罗斯科·庞德:《法理学》(第2卷),封丽霞译,法律出版社2007年版,第32页。

的决定意义,而理性也就成为人的行为即自由条件。"人是自由的,因为他有理性,不是不经他的同意、由外在的原因迫使他行动,他能够在实现善的手段和他的理性所抱有的目的之间作出选择。"①阿奎那在理性与善的基础上,用基督教神学的概念来补充亚里士多德的德性理论,提出了自己的"德性"观。"任何德性都不是与生俱来的,通过实行有德行的行为,可以获得一切德性。"②这种后天的德性是不完善或者不完全的幸福,需要由"上帝注入"超自然的德性,而在上帝的注入中,"仁爱是被注入的最高的德性、一切德性中完善的形式"。③ 在阿奎那看来,人的一切德行都是人类本性的自然倾向,这种倾向根源于人的行善避恶的道德自然律,而这是上帝赋予人类内心的,上帝就是道德价值的标准。在阿奎那的神学理论中,强调人的行为应当符合善的目的,即需要符合德性,以及理性对德性的规范作用,"因此,要想为善,一种行为必须符合神圣的法规或自然的法规所激发的理性,是教诲或灌输的结果"。④

中世纪晚期,教会在思想文化领域的控制地位逐渐松动,教会神学宣扬的禁欲主义、贬低人的地位、否定人在现世中的自然欲求的思想逐渐受到抨击,自由探索的科学精神逐渐取代尊崇权威的宗教意识。正如美国哲学家梯利所言:"教会的权威慢慢地但确实地在人心中削弱了,个人开始坚持独立思考精神。在哲学上理性代替权威,哲学摆脱了被监护的地位。这种思想开始流行起来,即认为真理可以达到,通过自由和不偏不倚的探究而取得,不是教权所规定的。"⑤思想的自由探索与独立思考,必然诞生文艺复兴及其人文主义思想。文艺复兴运动是一场思想解放运动。从人与人性的视角观之,文艺复兴运动是一场重新发现人性与人的价值的思想文化运动。"中世纪人心受教权和传统的束缚,不能立即开辟新的途径。文化方面的改革家为寻一启发而转向古典文化,希腊和罗马文化复活或重生,这就是文艺复兴;重新发现人性,这就是人文主义。"⑥通过文艺复兴运动,世俗的人性观从神学人性观中解放出来,人性不再笼罩于宗教神权的烟雾之中,其本质被世俗的伦理思考与认知揭示。

3. 近代人文主义思想的人性观

欧洲中世纪的宗教黑暗统治随着文艺复兴运动和大航海时代的到来

---

① 〔美〕梯利:《西方哲学史》(增补修订版),葛力译,商务印书馆2015年版,第218页。
② 〔美〕梯利:《西方哲学史》(增补修订版),葛力译,商务印书馆2015年版,第220~221页。
③ 〔美〕梯利:《西方哲学史》(增补修订版),葛力译,商务印书馆2015年版,第221页。
④ 〔美〕梯利:《西方哲学史》(增补修订版),葛力译,商务印书馆2015年版,第220页。
⑤ 〔美〕梯利:《西方哲学史》(增补修订版),葛力译,商务印书馆2015年版,第252页。
⑥ 〔美〕梯利:《西方哲学史》(增补修订版),葛力译,商务印书馆2015年版,第253页。

而走向结束。由启蒙思想家开启的人本主义与理性主义的思想文化运动在反对蒙昧主义、专制主义和宗教迷信的基础上,坚持科学与民主的精神,打破了传统的旧观念而传播自由与理性的新思想与新理念,成为近代以来人文主义思想及其人性论的理论基石。"近代哲学按照它们以理性(ratio)或经验为知识的泉源或准则而被划分为唯理主义或经验主义。"① 据此,大致上培根、霍布斯、洛克、休谟等人被认为是经验主义者,而笛卡尔、斯宾诺莎、康德、黑格尔等人被认为属于唯理主义者。② 他们基于不同的哲学立场,在关于人性的认识上,或者强调人性的直觉与经验方面,或者强调人性的理性特征,由此阐发和形成了各自不同的人性理论。

(1) 经验主义的人性观

经验主义亦称经验论,与理性主义相对,是一种认识论学说。经验主义认为,感性经验是知识的唯一来源,一切知识都只能通过经验而获得并在经验中得到验证。③ 人类的社会实践就是一个不断的经验过程,而经验过程就是一个认知与知识积累与形成的过程;经验把那些行之有效的事实被作为具有规律性或者规定性的条件总结出来,并传承给后人用于实践并指导实践。经验是在特定的环境和条件下形成的,所以并不具有绝对的和普遍的可靠性与适用性,但是它又绝对是前人提供给后人的可资借鉴的行为条件与实践前提。经验主义从经验的基础上认识事物,而人性的本质亦不过是经验的对象,是从经验中被认识和发现的。

英国哲学家弗兰西斯·培根④认为,人性的崇高境界是追求真理的尺度。他指出:"尽管人世腐败,但只要人接触到真理,还是不能不被真理所征服。因为真理既是衡量谬误的尺度,又是衡量自身的尺度。神圣的教义——追求真理而与之同在,认识真理要敢于面对,更要信赖真理而对之皈依,这才是人性的崇高。"⑤培根认为,善是人性的品质,"如果人不具有这种品格,他就不过只是卑贱的鼠辈,既可憎又可怜",因此"善良的倾向

---

① 〔美〕梯利:《西方哲学史》(增补修订版),葛力译,商务印书馆2015年版,第283页。
② 这只是一个大致的区分,由于哲学家思想的庞杂性,这样的分类并不可能是绝对的。
③ "经验从性质上说就是不容'株守'的,在不可逆的时间背景下,经验往往是在我们有时无法传授,有了后却往往因'时过境迁'而不复有效从而仍然经受经验的辩证过程。""真正意义上的经验总是具有全新'第一次'的性质,由于经验的不可重复性,我们很难照搬经验。"周建漳:《历史哲学》,北京大学出版社2015年版,第123、124页。
④ 弗兰西斯·培根(1561~1626年),英国文艺复兴时期唯物主义哲学家,实验科学的创始人。"我们可以把培根划归经验主义学派,尽管他的经验主义不彻底和前后不一致。"〔美〕梯利:《西方哲学史》(增补修订版),葛力译,商务印书馆2015年版,第295页。
⑤ 〔英〕弗兰西斯·培根:《培根人生论》,何新译,湖南文艺出版社2012年版,第2页。

可以说是人性所固有的"。① 培根对人性的认识与阐释是经验主义的,把感性认识作为知识的来源和基础,强调认识的实践功用。② "精神或理性能对感官所提供的材料加工,知识是理性的,又是实验的;而理性本身却得不出真理",因此除天启或者个别以外,"一切知识都产生于感觉"。③ 通过观察和对经验事实的归纳总结,培根认为,"灵魂的官能有知性、理性、想象、记忆、嗜欲、意志以及逻辑和伦理学所关注的一切东西",④这就是人性中的理性与非理性,包含了善与恶的不同属性,不过在培根那里,理性的灵魂属于宗教范围。培根认为人性有第一性与第二性之分。第一性为人的天性,天性不易感知,但是天性恒久存在并试图控制人;第二性为人后天形成的习惯与接受的教育。培根认为人的性格和行为会受到外在环境、后天形成的习惯以及接受的教育的影响。在第一性与第二性的关系上,第二性处于主导地位。人的天性中的恶的方面需要后天的实践和学习加以克服。因此,培根认为人的天性是可以通过后天的努力加以改变的。在集中于经验的同时,培根并非全然拒斥理性,他认为虽然知识来源于经验,但是来自经验的感性认识需要上升为理性认识,感性经验需要理性的指导方才可以获得真正的知识。

霍布斯⑤继承了培根的人是自然的产物,人来源于自然并构成自然的一部分的观念。在人性论上,霍布斯认为,人既具有自我保护和自私利己的特性,又具有理性。霍布斯采用个体主义的方法论进路,以人性观为基础,构建了自己的政治哲学理论,突出表现为自然权利与社会契约论的提出。"一个人运用一切手段和采取任何必要的措施,以保卫他的身体,这是正当和合理的。人生来就有权利享有一切事物,对他想讨好的人做他愿意做的事,占有、使用和享受一切他能掌握的东西。自然已经把一切东西给所有的人,因此,权利和利益(*jus* 和 *utile*)是一回事。处于自然状态,每一个人都努力追求这种权利,每一个人都可以侵犯别人的权利和抑制别人侵犯他自己,这就造成了一切人反对一切人(*bellum omnium contraomnes*)的连绵不断的战争。"⑥霍布斯的人性观在很大程度上是为描述人类的自然

---

① 〔英〕弗兰西斯·培根:《培根人生论》,何新译,湖南文艺出版社2012年版,第42页。
② "由于重视观察和实验,培根攻击长期统治西方的亚里斯多德的偏重演绎法的形式逻辑,指出由个别事例上升到一般原则的归纳法更有助于科学发明。"朱光潜:《西方美学史》(上卷),人民文学出版社1979年版,第202页。
③ 〔美〕梯利:《西方哲学史》(增补修订版),葛力译,商务印书馆2015年版,第295页。
④ 〔美〕梯利:《西方哲学史》(增补修订版),葛力译,商务印书馆2015年版,第293页。
⑤ 托马斯·霍布斯(1588~1679年),英国政治家、哲学家,西方近代首位个人主义思想家。
⑥ 〔美〕梯利:《西方哲学史》(增补修订版),葛力译,商务印书馆2015年版,第301页。

状态服务的。在自然状态下,人具有哪些自然权利,①人与人是否能够合作以及如何实现合作与秩序,这些都需要求诸于人性,或者某种自然与道德的规律。

霍布斯认为,人是自私自利的,人存在各种各样的欲望与情感,如对权力、财富、知识等的欲望,对自身安全状况的恐惧,对他人遭受灾祸的同情与怜悯。这些欲望,最根本的是权力欲。根据欲望对象的善恶,霍布斯对这些欲望作了大致评价,他认为有些欲望是善的,有些则否。受到自私自利的本性以及欲望的驱使,人就会为了各自利益展开争夺。② 在原子式的自然状态下,每个人都是平等的,都具有平等权利,当个人之间的利益不相容时,人与人就会出现争斗和对抗。"成人会忽而讲习俗、忽而讲理性,而是讲习俗还是讲理性,则完全取决于自己的需要。当自己的利益需要时,他们会放弃习俗,而一遇到理性对自己不利时,他们又反对理性。这就是为什么人世间的是是非非总是说不清楚,并经常见诸笔墨、诉诸刀枪的原因。"③

基于人的自利本性,霍布斯认为自我保存的本性就是人在满足各种欲望的同时保存自身,免受外在的伤害。然而,由于并非每个人都能够遵守自然法,这样,在人的自私自利与自我保存的本性下,自然状态的人就难免处于一种战争状态。④ "在自然状态下,人类社会发生战争是人类自然激情的必然结果。各种诸如正义、公道、谦虚、慈爱等自然本性,如果没有某种权威的力量使人们遵从,便会跟那些驱使我们走向褊狭、自傲、复仇等自然本性互相冲突。"⑤因此,自然状态表现为一种极不稳定的境况,难以保

---

① 霍布斯一般称为自然法。"自然法是一种由理性所发现的规则或者一般性的法则","是每个人所享有的按照自己意思使用自己的力量保全自己天性的自由,这种天性也就是他自己的生命。因此,人们可以根据他自己的判断和理性做任何事。而这是他认为达到自己意欲结果最简便易行的方法"。〔英〕霍布斯:《利维坦:英汉对照全译本》,刘胜军、胡婷婷译,中国社会科学出版社2007年版,第203页。
② "霍布士曾认为:人性生来就是反社会的,当人性自由活动时就会从事互相敌对的战斗,因而只对这种战斗的罪恶后果的经验,结合着一种恐惧的动机,才使得人们服从于权威,即使在这时候,人性仍然是如此倔傲不驯,以致反对它的掠夺本能最可靠的保证就是从属于统治的权势。"〔美〕杜威:《自由与文化》,傅统先译,商务印书馆2013年版,第23页。
③ 〔英〕霍布斯:《利维坦》,吴克峰编译,北京出版社2008年版,第51页。
④ "对财富、荣誉、统治权等的竞争,使人倾向于争斗、敌对和战争。"〔英〕霍布斯:《利维坦》,吴克峰编译,北京出版社2008年版,第48页。"根据霍布斯的意见,每个生物都致力于保存自己。它寻求促进这一目的的一切事物,避开损害这一目的的一切事物。但是这个目的并不是总能实现的。一个人不能实现这一目的,是因为别人也同样以自我保存为目的,和他的目的相冲突。这样,自我保存的冲动就导致一种所有人反对所有人的战争状态。因而事实上会自己毁掉自己。"〔美〕梯利:《伦理学导论》,何意译,北京师范大学出版社2015年版,第157页。
⑤ 〔英〕霍布斯:《利维坦》,吴克峰编译,北京出版社2008年版,第81页。

障处于其中的每一个人的生命与安全。① 为了克服自然状态的弊端,人类就有建立国家的必要,②而人类之所以能够结束战争状态,通过社会契约建立共同体或者国家,是因为人拥有理性,这种理性是根植于人性之中的。③ 理性使自然状态中的人们认识到,只有通过社会契约建立一个人人让渡一部分自然权利的社会或者国家,④才能结束一切人对一切人的战争状态,才能最终保存自我。"霍布士所提出的支持国家的理由,即国家是替代无政府状态的唯一途径。"⑤也就是说,爱好自由的人类之所以要建立国家,使自己似乎受到种种限制,完全是为了保全自己并由此得到比在自然状态下更为满意的生活。换言之,建立国家的目的,是要使自己摆脱战争的威胁,而不是某种自由的条件和需要。

在社会或者国家状态下,由于人的利益需求是相似的,人的感情和品性也是相似的,这就会自然产生"己所欲,施于人","己所不欲,勿施于人"的人性品质。因此,要了解别人的愿望就应当"从探查自己的'内心'开始,推己及人地考查别人的意向和行为",这就是"认识你自己"。⑥ "因此,请不要完全根据人的行为来了解他人吧。这种了解他人的方法只适用于自己所熟识的为数不多的人。而国家的统治者所要统治的乃是整个国

---

① "如果我们承认,在自然状态中,人为了保全自己的生命可以利用凡是他所能利用的一切,那么,我们就应该想到,生活在自然状态中的人终其一生,都将生活在没有安全保障的恐惧之中。这种生活是悲惨的。因为没有什么事情是被禁止的,所以任何事情都可以任意而为。换句话说,因为没有法律限制一个人的行为,所以,一个人可以做他愿意做的任何事。而这,必然导致冲突的发生。"〔英〕霍布斯:《利维坦》,吴克峰编译,北京出版社2008年版,第64页。
② "在国家的形式中,每个人都使他自己的意志服从于普遍意志,这样使生活成为可能。通过国家,实现了自我保存的前提——和平与保障。因此最高的善就是自我保存或者生存,而国家则是实现生存的手段。"〔美〕梯利:《伦理学导论》,何意译,北京师范大学出版社2015年版,第157页。"这不仅仅是意见一致或协和,而是全体人的真正的统一,即通过人与人之间所订的约定而统一于一个人格。群众这样联合在一个人格里就叫作国家,那就是伟大的'利维坦',人间的上帝。"〔美〕梯利:《西方哲学史》(增补修订版),葛力译,商务印书馆2015年版,第303页。
③ "要从这种悲惨的状况中超拨出来,一方面要靠激情,另一方面则要靠理性……于是,理性便提示出可以使人同意的方便易行的和平条件……这种和平条件在其他场合下也称为自然法,它是人类理性所发现的一般法则。"吴克峰:《国家是什么——〈利维坦〉导读》,载〔英〕霍布斯:《利维坦》,吴克峰编译,北京出版社2008年版。
④ "一般地讲,权势是指一个人获取某种好处的现有手段","人类最大的权势莫过于集中起来的权势,也即大多数人根据自愿原则联合起来,把自身的权势交付到一个自然人或社会法人身上,让他实施的那种权势。该自然人或社会法人可以根据自己的意志实施这种集中起来的全体的权势,国家就是如此"。〔英〕霍布斯:《利维坦》,吴克峰编译,北京出版社2008年版,第42页。
⑤ 〔英〕罗素:《西方哲学史》(下卷),马元德译,商务印书馆1976年版,第83页。
⑥ 〔英〕霍布斯:《利维坦》,吴克峰编译,北京出版社2008年版,第1页。

家的人,因此他必须从自己的内心去推己及人地洞察人类的全部特性,而不仅仅是去了解这个或那个人。"①

与霍布斯把人类自然状态描绘成一个"因为人人都有所谓的不受限制的'自然权利',所以人人都处于暴力死亡的恐惧和危险之中,人们的生活因此而孤独、贫困、卑污、残忍和短寿。在这里,没有是非、公正等价值观念"②——与自然状态是一个弱肉强食的无政府状态不同,洛克③论证的人类自然状态,是一个充满平等、自由与规则的秩序状态。他认为,在平等的自然社会人们必然具有相同的人性条件和要求。"因为,既然看到相等的事物必须使用同一的尺度,如果我想得到好处,甚至想从每个人手中得到任何人所希望得到的那么多,则除非我设法满足无疑地也为本性相同的他所有的同样的要求","因此,如果我要求本性与我相同的人们尽量爱我,我便负有一种自然的义务对他们充分地具有相同的爱心。从我们和与我们相同的他们之间的平等关系上,自然理性引伸出了若干人所共知的、指导生活的规则和教义"。④ 洛克认为,在自然状态下,人类受自然法的普遍支配,而自然法也就构成了人类的普遍理性,这一普遍理性提供了人类共同的生存法则。⑤ "自然使人期望幸福,避免悲惨,这是影响人类一切行动的自然倾向或实践原则。"⑥人类追求幸福的欲望或不安决定意志,并使社会要求有德性的实践,这就是人类通过自身有道德的实践法则所能够获得的一种自由的状态。"那是一种完备无缺的自由状态,他们在自然法的范围内,按照他们认为合适的办法,决定他们的行动和处理他们的财产和人身,而毋需得到任何人的许可或听命于任何人的意志。"⑦换言之,人性不仅是人的自然性,而且是由人的社会性决定的,必然产生社会条件下的人性规则。"虽然这是自由的状态,却不是放任的状态。在这状态中,虽然人具有处理他的人身或财产的无限自由,但是他并没有毁灭自身或他所占有的任何生物的自由,除非有一种比单纯地保存它来得更高贵的用处要求将它毁灭。"⑧其中根本是作为理性的自然法对人性的规范作用。"自然状

---

① 〔英〕霍布斯:《利维坦》,吴克峰编译,北京出版社2008年版,第2页。
② 吴克峰:《国家是什么——〈利维坦〉导读》,载〔英〕霍布斯:《利维坦》,吴克峰编译,北京出版社2008年版。
③ 约翰·洛克(1632~1704年),英国哲学家、启蒙思想家和最早的经验主义者之一。
④ 〔英〕洛克:《政府论》(下篇),叶启芳、瞿菊农译,商务印书馆1964年版,第5~6页。
⑤ "上帝既将世界给予人民共有,亦给予他们以理性,让他们为了生活和便利的最大好处而加以利用。"〔英〕洛克:《政府论》(下篇),叶启芳、瞿菊农译,商务印书馆1964年版,第18页。
⑥ 〔美〕梯利:《西方哲学史》(增补修订版),葛力译,商务印书馆2015年版,第359页。
⑦ 〔英〕洛克:《政府论》(下篇),叶启芳、瞿菊农译,商务印书馆1964年版,第5页。
⑧ 〔英〕洛克:《政府论》(下篇),叶启芳、瞿菊农译,商务印书馆1964年版,第6页。

态有一种为人人所应遵守的自然法对它起着支配作用；而理性，也就是自然法，教导着有意遵从理性的全人类：人们既然都（是）平等和独立的，任何人就不得侵害他人的生命、健康、自由和财产。"①

洛克秉承经验主义的一贯传统，认为理性并不能发现天赋的原则，任何需要理性发现的东西，都不能说是天赋的，所以"人类并没有公共承认的原则"，即天赋的实践原则。② 相反，人类所有的思想和观念都来自或者反映了人类的感官经验。"洛克可以看作是经验主义的始祖，所谓经验主义即这样一种学说：我们的全部知识（逻辑和数学或许除外）都是由经验来的。"③洛克认为人类所有的思想和观念都来自感官或者反映人类经验。基于经验主义，他认为人的天性是趋乐避苦，善恶并不是先前确定的，而是在后天经验的基础上形成的，凡是能为人带来快乐和幸福的，则为善，否则就是恶。从哲学的继承性上看来，洛克是知识起源于感觉、经验而不来自天赋的唯物主义认识论的继承者，是进一步发展了感觉主义的一个典型的英国经验主义者。他认为："根本就没有所谓天赋的原则，因为一切人类并没有公共承认的原则。"④在洛克的理论中，由于没有普遍的天赋的实践或者道德原则，也就不可能有被普遍认可的德性或者人性，因为对人或者人性同样不会有基于理性或者天赋的普遍认识。"道德的规则需要一个证明，因此它们不是天赋的——此外，还有一种理由亦使我们怀疑天赋的实践原则；因为我想，任何道德原则在一提出来以后，人们都可以合理地请问一个所以然的理由"，这本身就不符合天赋的属性，"因为任何天赋的原则都是自明的，并不需要任何证明来辨识它的真理，亦不需要任何理由来给它求得人的赞同"。⑤ 显然，洛克的经验主义在真理的论证上已经走向机械主义和神秘主义。

由于"英国经验主义者认为是非的知识来自经验，把道德建立在自我保全的冲动或对幸福的期望上"，因此他们"肯定人性基本是利己主义

---

① 〔英〕洛克：《政府论》（下篇），叶启芳、瞿菊农译，商务印书馆1964年版，第6页。
② 参见〔英〕洛克：《人类理解论》（上册），关文运译，商务印书馆1959年版，第10~11页。"人们虽主张有天赋的实践原则，可是并不能告诉我们什么是天赋的实践原则——个人的实践原则是有很大差异的，因此，我想，要以普遍同意的标记，来证实天赋的道德原则，那是不可能的。"（同前，第40页。）
③ 〔英〕罗素：《西方哲学史》（下卷），马元德译，商务印书馆1976年版，第150页。
④ 〔英〕洛克：《人类理解论》（上册），关文运译，商务印书馆1959年版，第8页。
⑤ 〔英〕洛克：《人类理解论》（上册），关文运译，商务印书馆1959年版，第30~31页。"因此，一切道德规则所含的真理，分明都是依靠于一些先前的理论，而且是由先前的理论所演绎出来的。"（同前，第31页。）

的,道德是开明的自利"。① 利己主义不过是一种功利主义、个人主义和自由主义,必然影响到人们对个人利益与行为自由的思想认识。

洛克的经验主义及其伦理学思想,对后世产生深远影响。"继洛克之后的英国道德学家,主要把道德知识建立在感情或冲动上,而不是建立在理性或天赋的是非观念上,但是,他们认为这种感情是人类本性所固有的资质",并注重人类本性的感情冲动方面,"认为伦理的判断和行动不是起源于理性,而是起源于感情"。② 亚当·斯密③的《道德情操论》从"论同情"开篇,以"同情为道德规律的泉源和标准",④认为人性中具有一种天生的原始道德情感,即同情或者怜悯,无论人性如何自私都不可能丧失这种情感并构成社会的伦理基础。⑤ "斯密在《道德情操论》中,就是阐明具有利己主义本性的个人怎样控制他的感情或行为,尤其是自私的感情或行为,以及怎样建立一个有确立行为准则必要的社会。"⑥"无论人们会认为某人怎样自私,这个人的天赋中总是明显地存在着这样一些本性,这些本性使他关心别人的命运,把别人的幸福看成是自己的事情,虽然他除了看到别人的幸福而感到高兴以外,一无所得。这种本性就是怜悯或同情。就是当我们看到或逼真地想象到他人的不幸遭遇时所产生的感情。"⑦"这种情感同人性中所有其它的原始感情一样,决不只是品行高尚的人才具备,虽然他们在这方面的感受可能最敏锐。"⑧受洛克功利主义人性论影响,亚当·斯密强调人的自利性,并提出"每个人是自己利益的最好判断者"的著名论断。⑨ 他认为:"对于人性中的那些自私而又原始的激情来说,我们自己的毫厘之得失会显得比另一个和我们没有特殊关系的人的最

---

① 〔美〕梯利:《西方哲学史》(增补修订版),葛力译,商务印书馆2015年版,第368页。
② 〔美〕梯利:《西方哲学史》(增补修订版),葛力译,商务印书馆2015年版,第369页。
③ 亚当·斯密(1723~1790年),英国经济学家、哲学家、作家,经济学的主要创立者。
④ 〔美〕梯利:《西方哲学史》(增补修订版),葛力译,商务印书馆2015年版,第369页。
⑤ "这种情感同人性中所有其他的原始感情一样,决不只是品行高尚的人才具备,虽然他们在这方面的感受可能最敏锐。最大的恶棍,极其严重地违犯社会法律的人,也不会全然丧失同情心。"〔英〕亚当·斯密:《道德情操论》,蒋自强等译,商务印书馆1997年版,第5页。"无论怎样,因为当事人对我们的同情感到高兴,而为得不到这种同情而痛心,所以我们在能够同情他时似乎也感到高兴,同样,当我们不能这样做时感到痛心。"(同前,第14页。)"一个人的各种官能是用来判断他人相同官能的尺度。"(同前,第18页。)所以,"我们可以通过别人的情感同我们自己的情感是否一致来判断它们是否合宜"。(同前,第18页。)
⑥ 〔英〕亚当·斯密:《道德情操论》,蒋自强等译,商务印书馆1997年版,"译者序言"第3~4页。
⑦ 〔英〕亚当·斯密:《道德情操论》,蒋自强等译,商务印书馆1997年版,第5页。
⑧ 〔英〕亚当·斯密:《道德情操论》,蒋自强等译,商务印书馆1997年版,第5页。
⑨ "每个人首先和主要关心的是他自己,无论在哪一方面,每个人当然比他人更适宜和更能关心自己。每个人对自己快乐和痛苦的感受比对他人快乐和痛苦的感受更为灵敏。"〔英〕亚当·斯密:《道德情操论》,蒋自强等译,商务印书馆1997年版,第282页。

高利益重要的多,会激起某种更为激昂的高兴或悲伤,引出某种更为强烈的渴望和嫌恶。"①基于人的自利性,人都有趋利避害的本性。"为了满足那些天生的欲望,为了得到快乐和避免痛苦,为了获得令人愉快的和避免令人不快的冷热温度,某些小心和预见作为达到这些目的的手段有其必要。保持和增进他的物质财富的艺术,就存在于小心和预见的合宜的倾向之中。"②由于人的社会性,一个人的品质会对他人的幸福或者不幸产生影响,而究竟产生何种影响,是由这个品质对他人的利害倾向决定的。"每个人的品质,就它可能对别人的幸福发生影响而言,必定是根据其对别人有害或有益的倾向来发生这种影响的。"③人性不仅是自利的,而且是富有同情心的,因此必然会把感情和关心投向包括父母、子女、亲属和邻人等在内的他人身上。"我们尽可能多地迁就他人和求得一致的这种自然意向,我们认为在我们必须与其共处和经常交往的人们中间已经确定和根深蒂固的我们自己的情感、道义和感受,是对好朋友和坏朋友产生有感染力的影响的原因。"④显然,这是人品或者人性的社会性问题,人品或者人性并不单纯是个人的问题,而是作用于社会关系和影响社会秩序的一个根本问题。"人只能存在于社会之中,天性使人适应他由以生长的那种环境。人类社会的所有成员,都处在一种需要互相帮助的状况之中,同时也面临相互之间的伤害。"⑤因此,斯密认为,"社会的安定和秩序,甚至比不幸者痛苦的减轻更为重要"。⑥ 这样,斯密又得出了一个人不仅要把感情投向个人,而且应当把感情投向作为个人整体的社会团体即国家的结论。"所有那些我们自然最为热爱和最为尊敬的人,通常都包含在国家中,而我们的幸福和安全在一定程度上都依赖国家的繁荣和安全,因此,天性不仅通过我们身上所有的自私感情,而且通过我们身上所有的仁慈感情,使得我们热爱自己的国家。"⑦

　　洛克和斯密的个人主义奠定了人性理论的基础,他们从功利主义的进路为个人的意志自由和利益保护提供了人性根据,并确立了个人自由的新政治经济学思想。"个人在经济领域内有进行活动的天赋权利,社会应尽可能少予干涉(放任主义)。这种思想肯定,允许自由竞争,取消不合人情的限制,其中包括垄断或特权,实行自由交易,保护契约和财产,开明的自

---

① 〔英〕亚当·斯密:《道德情操论》,蒋自强等译,商务印书馆1997年版,第164页。
② 〔英〕亚当·斯密:《道德情操论》,蒋自强等译,商务印书馆1997年版,第272页。
③ 〔英〕亚当·斯密:《道德情操论》,蒋自强等译,商务印书馆1997年版,第281页。
④ 〔英〕亚当·斯密:《道德情操论》,蒋自强等译,商务印书馆1997年版,第290页。
⑤ 〔英〕亚当·斯密:《道德情操论》,蒋自强等译,商务印书馆1997年版,第105页。
⑥ 〔英〕亚当·斯密:《道德情操论》,蒋自强等译,商务印书馆1997年版,第292页。
⑦ 〔英〕亚当·斯密:《道德情操论》,蒋自强等译,商务印书馆1997年版,第294-295页。

利就不仅能实现个人的利益,还能实现公共福利。"①这正是斯密《国富论》的核心理论。

休谟②的人类知识认识以人性研究为基础,建立于人性科学的原则之上。③"人性研究的是关于人的惟一科学,可是一向却最被人忽视。"④休谟将人性研究置于所有科学研究的优先地位,强调人性研究的重要性。休谟指出:"关于人的科学是其他科学的唯一牢固的基础,而我们对这个科学本身所能给予的唯一牢固的基础,又必须建立在经验和观察之上。"⑤"显然,一切科学对于人性总是或多或少地有些关系,任何学科不论似乎与人性离得多远,它们总是会通过这样或那样的途径回到人性。"⑥"因此,在我们的哲学研究中,我们可以希望借以获得成功的唯一途径,即是抛开我们一向所采用的那种可厌的迂回曲折的老方法,不再在边界上一会儿攻取一个城堡,一会儿占领一个村落,而是直捣这些科学的首都或心脏,即人性本身;一旦被掌握了人性以后,我们在其他各方面就有希望轻而易举地取得胜利了。"⑦一切科学都同人性有关系,都离不开人性的考察。"因此,我们应该研究人性本身,以便发现那制约人的理智、刺激人的情操以及使人褒贬个别对象、行动或行为的原则。"⑧

休谟的《人性论》并未在一般意义上界定人性的概念,即没有在抽象的意义上研究人性的本质,这是一种经验主义的结果,⑨摒弃了自柏拉图

---

① 〔美〕梯利:《西方哲学史》(增补修订版),葛力译,商务印书馆2015年版,第371页。
② 大卫·休谟(1711~1776年),英国哲学家、经济学家、历史学家。
③ 休谟认为:"人类心灵的一切知觉(perceptions)可以分为显然不同的两种,这两种我们将称之为印象和观念。"〔英〕休谟:《人性论》,关文运译,商务印书馆1980年版,第13页。休谟在人性科学中建立的第一条原则是,"我们的一切简单观念或是间接地或是直接地从它们相应的印象得来的这个说法仍然是正确的"。(同前,第18页。)"现在这个关于印象或观念的先后问题,正是和哲学家争论有无先天观念或我们的全部观念是否都从感觉和反省得来的那种在不同的名词下大为争吵的问题一样";"我们如果将这些论证仔细加以考察,就可以发现,这些论证只是证明了在观念之前已经先有了其他的更为生动的知觉,这些知觉是观念的来源,并被观念所复现"。(同前,第18~19页。)
④ 〔英〕休谟:《人性论》,关文运译,商务印书馆1980年版,第304页。
⑤ 〔英〕休谟:《人性论》,关文运译,商务印书馆1980年版,第8页。
⑥ 〔英〕休谟:《人性论》,关文运译,商务印书馆1980年版,第6页。"即使数学、自然哲学和自然宗教,也都是在某种程度上依靠于人的科学;因为这些科学是在人类的认识范围之内,并且是根据他的能力和官能而被判断的。"〔英〕休谟:《人性论》,关文运译,商务印书馆1980年版,第6~7页。
⑦ 〔英〕休谟:《人性论》(上册),关文运译,商务印书馆1983年版,第7页。
⑧ 〔美〕梯利:《西方哲学史》(增补修订版),葛力译,商务印书馆2015年版,第384页。
⑨ "经验是以对象的过去种种结合来教导我的一个原则。习惯是决定我预期将来有同样现象发生的另一个原则;这两个原则联合起来作用于想像,而使某些观念比其他没有这种优势的观念,能在较强烈而较生动的方式下被我所形成。"〔英〕休谟:《人性论》,关文运译,商务印书馆1980年版,第295~296页。

以来的阐释人性的形而上学方法论。① 他反对将任何认识建立在形而上学的基础之上,而强调经验事实的重要性。② "休谟要想建立人性的科学,首先必须推翻那凌驾在人之上的形而上学的'本体世界'。反形而上学性是他的人性前提的基础。"③ "由于他取消了形而上学,因而他也反对将人形而上学化,也就是说不能将人看成是神性的人,纯粹理性的人,抽象人性论的人,而是在日常生活世界中活动着的人。"④休谟的人性论与经验主义结合而排斥理性的作用。休谟认为:"不但我们的理性不能帮助我们发现原因和结果的最终联系,而且即(使)在经验给我们指出它们的恒常结合之后,我们也不能凭自己的理性使自己相信,我们为什么把那种经验扩大到我们所曾观察过的那些特殊事例之外。我们只是假设,却永不能证明,我们所经验过的那些对象必然类似于我们所未曾发现的那些对象。"⑤

休谟的人性论除了"论知性"外,还是一个由"论情感"和"道德学"构成的伦理体系。⑥ 基于其道德假设,"德的本质在于产生快乐,而恶的本质就在于给人痛苦"。⑦ 这就产生了快乐与德、痛苦与恶之间的本质联系。"不快和愉快不但和恶和德是分不开的,而且就构成了两者的本性和本质。"⑧休谟反对"德只是对于理性的符合"的观点,他认为,"理性的作用在于发现真或伪。真或伪在于对观念的实在关系或对实际存在和事实的符合或不符合。因此,凡不能有这种符合或不符合关系的东西,也都不能成

---

① 休谟认为,对于所谓的形而上学或者理性的"争辩"而言,"任何人只要有辩才,把他的荒诞不经的假设,说得天花乱坠,就用不着怕得不到新的信徒"。〔英〕休谟:《人性论》,关文运译,商务印书馆1980年版,第6页。"对于各式各样的形而上学的推理,一般人之所以发生厌恶心理,就是因为这个原故。"(同前。)"由于在这类研究中我们往往枉费心力,所以我们通常总是毫不犹豫地就摈弃它们,以为人类既然不得不永远受错误和幻想的支配,那么我们至少也应该使我们的错误和幻想成为自然的和有趣的。"(同前。)休谟的哲学深受约翰·洛克和乔治·贝克莱的经验主义影响,成为英国经验主义的集大成者,其彻底和坚定的怀疑主义哲学对形而上学持一种极端的反对态度。
② "关于人的科学是其他科学的唯一牢固的基础,而我们对这个科学本身所能给予的唯一牢固的基础,又必须建立在经验和观察之上。"〔英〕休谟:《人性论》,关文运译,商务印书馆1980年版,第8页。"休谟总是把内容看作比形式更重要";"表现出当时英国经验派一般崇尚功利主义的倾向。"朱光潜:《西方美学史》(上卷),人民文学出版社1979年版,第229页。
③ 唐桂丽:《论休谟认识论的人性前提》,载《武汉大学学报(人文科学版)》2005年第1期。
④ 唐桂丽:《论休谟认识论的人性前提》,载《武汉大学学报(人文科学版)》2005年第1期。
⑤ 〔英〕休谟:《人性论》,关文运译,商务印书馆1980年版,第109页。
⑥ 休谟从人类"情感"的范畴认识道德,并与古希腊思想家一样,仍然把道德或者德作为一种与恶相对的善。这一基于情感认识的善、恶观建立于这样一个道德假设,即"每一种对我们有有利倾向或有害倾向的情感、习惯或性格的倾向都产生一种快乐或不快;赞许或谴责就是由此而发生"。〔英〕休谟:《人性论》,关文运译,商务印书馆1980年版,第330页。
⑦ 〔英〕休谟:《人性论》,关文运译,商务印书馆1980年版,第330~331页。
⑧ 〔英〕休谟:《人性论》,关文运译,商务印书馆1980年版,第330~331页。

为真的或伪的,并且永不能成为我们理性的对象。但是显而易见,我们的情感、意志和行为是不能有那种符合或不符合关系的",因此,"它就不可能被断定为真的或伪的,违反理性或符合理性"。① 可见,在休谟看来,理性并不构成控制和规范人的情感与行为的"活动"因素,也就不能对人的行为和情感产生道德性影响,②所以结果就是道德准则作为影响人的情感和行为的因素不能由理性得来,③而理性本身也就不具有道德性,道德上的善恶区别并不是理性的产物。④ 虽然休谟并不完全否认理性对行为的影响,⑤并认识到理性不能陷入独断的泥淖之中,但是在他的思辨中,是把理性与道德对立起来的,因此,也就在一定意义上切割了理性与人性的内在联系。事实上,不仅道德的善恶属于心灵的活动,理性同样也是,而且是符合"善"的规定性的心灵活动,理性是道德之善的心灵条件,道德之善不过是借助个人理性能力而表现出来的一种积极情感。同样,真正的道德的善或者恶,也从来不能脱离对事物或者对象的真伪判断而完全是一种抽象的心灵存在,它必然以是否反映对象的真实本质而为善恶区分。⑥

休谟认为,人性不仅是自然的,而且是自私的。"人类因为天性是自私的,或者说只赋有一种有限的慷慨,所以人们不容易被诱到了去为陌生人的利益作出任何行为,除非他们要想某种交互的利益,而且这种利益只有通过自己作出有利于别人的行为才有希望可以得到的。"⑦人的自私与互利以及忘恩负义和互不信任,是人性的本质。"这一切都是人性中自然的、

---

① 〔英〕休谟:《人性论》,关文运译,商务印书馆1980年版,第498页。
② "我们只要承认,理性对于我们的情感和行为没有影响,那么我们如果妄称道德只是被理性的推论所发现的,那完全是白费的。"〔英〕休谟:《人性论》,关文运译,商务印书馆1980年版,第497页。"理性是完全不活动的,永不能成为像良心或道德感那样,一个活动原则的源泉。"(同前,第498页。)
③ "道德准则刺激情感,产生或制止行为。理性自身在这一点上是完全无力的,因此道德规则并不是我们理性的结论。"〔英〕休谟:《人性论》,关文运译,商务印书馆1980年版,第497页。
④ 〔英〕休谟:《人性论》,关文运译,商务印书馆1980年版,第496、498页。
⑤ 理性和判断由于推动或指导一种情感,确实能够成为一种行为的间接原因;不过我们不会妄说,这一类判断的真伪会伴有德或恶。参见〔英〕休谟:《人性论》,关文运译,商务印书馆1980年版,第503页。
⑥ "虽然理性不是直接的道德,但在道德存在的前提下,对道德的认识和运用需要理性的条件和水平。换言之,理性是一个人认识和运用道德的能力。在这个意义上,道德需要或者离不开理性条件。只有在理性的条件下,一个人才能有道德意识471合理运用道德,而在非理性的条件下,人们往往会忘记道德或者不分道德是非,从而阻止道德的作用而让非道德的意志支配行为。因此,在道德一般性的基础上表现出来的人们在实践活动中的道德差别性,除了实在的个人道德不同以外,实质上反映的是个人的理性能力及其差别性。"王利民:《民法道德论——市民社会的秩序构造》,法律出版社2019年版,第23~24页。
⑦ 〔英〕休谟:《人性论》,关文运译,商务印书馆1980年版,第559~560页。

固有的原则和情感的结果;这些情感和原则既是不可改变的,所以人们会以为依靠于这些原则和情感的我们的行为,也必然是同样不可改变的。"①"不过人类这种自私的交往虽然开始发生了,并且在社会中占了主导地位,可是这也并不完全取消更为慷慨和高深的友谊和互助交往。"②这就是人类的道德情感,它与利益结合起来,"成为人类的一种新的约束力量"。③因此,休谟的结论是:"利己心才是正义法则的真正根源;而一个人的利己心和其他人的利己心既是自然地相反的,所以这些各自的计较利害的情感就不得不调整得符合于某种行为体系。因此,这个包含着各个人利益的体系,对公众自然是有利的;虽然原来的发明人并不是为了这个目的。"④正义不是利己之心,利己之心也不代表着正义和全部人性,但是利己之心也是一种正义和人性的要求,正义和人性要反映利己之心,正义的人性法则应当是调整利己之心并合理满足他们的规范体系。

以上经验主义者的人性学说虽然都强调经验的重要性,但是对理性的态度却千差万别,理性在他们的人性学说中的地位各有不同。培根、霍布斯、洛克的人性学说体现了反对中世纪神学对人的主体地位、人的重要性的贬低,从而将人性学说从神学的桎梏中解放出来;休谟的人性论则进一步扩展了人性研究的广度与深度,提升了人性学说的地位。"培根与洛克的人性更多是与神性相对抗的人性,是将人从神的奴役中解放出来,这时的人更多是一个认识者、思想者,从本质上来说是通过理性来取消神性,他们的人从根本来说是理性的人。休谟的人则更多是生命意义上的人,他不仅与神性的而且与理性的人相对抗,休谟更多关注人的本能、习惯、情感、欲望、信念的作用。如果说,培根、洛克的人是从中世纪中走出来的近代人,那么,休谟的人则是走向20世纪的具有现代意味的近代人。"⑤休谟虽然是18世纪的哲学家,但是他的哲学及其人性学说所探讨的问题,是面向未来的。

(2)唯理主义的人性观

唯理主义或称理性主义,是承认人的推理或者理性可以作为知识来源

---

① 〔英〕休谟:《人性论》,关文运译,商务印书馆1980年版,第561页。
② 〔英〕休谟:《人性论》,关文运译,商务印书馆1980年版,第562页。
③ 〔英〕休谟:《人性论》,关文运译,商务印书馆1980年版,第563页。
④ 〔英〕休谟:《人性论》,关文运译,商务印书馆1980年版,第569页。
⑤ 唐桂丽:《论休谟认识论的人性前提》,载《武汉大学学报(人文科学版)》2005年第1期。

的一种哲学方法。① 唯理主义是近代启蒙思想和科学与民主精神的基础,并构成近代哲学的整体与典型特性。② 唯理主义认为,唯有理性推理而非经验观察才能够真正为人类提供确定的知识体系,而感情与经验的认识作为一种表象的复制是不可靠的。唯理主义把人性上升到理性的高度,成为人类理性的一部分。

在唯理主义者的阵营中,笛卡尔③作为唯理主义的先驱和欧洲理性主义哲学的开拓者,极端强调精神的独立性,并把"心灵中由'精神'的运动所引起的认知、感觉或情绪"概括为"感情"。"这种感情在本质上基本是好的,但它们有一种走向极端并对意志和理性的高级功能产生干扰的倾向。因此,它们需要由意志加以控制。理性的努力对这种意志控制是有影响的,培养某些有益的感情(一个重要的例子是慷慨)也会影响到它。它帮助一个人根据对自身的聪明评估而认识他与其他事物的真实关系,这就归结到对这一点的认识:一个人的意志是他能够控制的主要方面。"④笛卡尔强调主观认识的重要性,提出了"我思故我在"的著名论断。⑤ "凡是意志的活动、理智的活动、想象的活动和感官的活动都是思维。"⑥他认为,"思维是属于我的一个属性,只有它不能跟我分开","因此,严格来说我只是一个思维的东西,也就是说,一个精神,一个理智,或者一个理性";我作为思维的东西是"一个在怀疑,在领会,在肯定,在否定,在愿意,在不愿意,也在想象,在感觉的东西"。⑦ 他强调,"思维是精神的本质,精神必定永远在思维"。⑧ 笛卡尔认为,人是由灵魂与身(肉)体组成的,灵魂是可以思维的存在,与身体之间相互作用,能够改变身体的运动方向,而动物则不

---

① "所谓唯理主义可以指这种态度,它肯定知识的标准是理性而不是启示或权威。从这个意义来看,一切近代哲学体系都是唯理主义的。"〔美〕梯利:《西方哲学史》(增补修订版),葛力译,商务印书馆2015年版,第283页。
② "近代哲学一开始就体现近代精神",即民主与科学的精神,"它追求知识时以人类理性为最高权威,在这个意义上它是唯理主义的"。〔美〕梯利:《西方哲学史》(增补修订版),葛力译,商务印书馆2015年版,第282页。
③ 勒内·笛卡尔(1596~1650年),法国哲学家、数学家、物理学家,西方现代哲学思想的奠基人,近代唯物论的开拓者,被誉为"近代科学的始祖"。
④ 〔美〕布尔克:《西方伦理学史》,黄慰愿译,华东师范大学出版社2016年版,第195、196页。
⑤ "'我思故我在'说得精神比物质确实,而(对我来讲)我的精神又比旁人的精神确实。因此,出自笛卡尔的一切哲学全有主观主义倾向,并且偏向把物质看成是唯有从我们对于精神的所知、通过推理才可以认识(倘若可认识)的东西。"〔英〕罗素:《西方哲学史》(下卷),马元德译,商务印书馆1976年版,第93页。
⑥ 〔法〕笛卡尔:《第一哲学沉思集》,庞景仁译,商务印书馆1986年版,第165页。
⑦ 〔法〕笛卡尔:《第一哲学沉思集》,庞景仁译,商务印书馆1986年版,第28、29页。
⑧ 〔英〕罗素:《西方哲学史》(下卷),马元德译,商务印书馆1976年版,第94~95页。

同,"是完全受物理定律支配、缺乏情感和意识的自动机"。① 后世学者将笛卡尔认定为把精神与肉体完全对立起来的二元论者,而且在精神与肉体二者之中,精神占有优先地位。梯利对笛卡尔思想的重现是:"我们清楚地看到,广袤、形状、位移运动或可以归属于肉体的其他相仿的特性,都同我的本性无关;只有思想属于我的本性。所以我们拥有的精神的概念,比任何物质东西的概念,都占有优先地位,而且比较确实,因为当我们仍然怀疑是否有任何肉体存在的时候,我们已经认识到我们能思维。"②笛卡尔关于人是由灵魂与身体组成的观念,早在古希腊时期就已经由柏拉图提出,但是将人的精神作为人的本性却是笛卡尔人性学说的鲜明特点。笛卡尔的唯理主义并未妨碍其注重经验。"他是一个实在论者,承认外在世界存在,可是唯有理性思维能够认识其真实的本性。"③

斯宾诺莎作为笛卡尔的后继者亦认为人是由心灵和身体构成的,但是与笛卡尔将肉体和精神截然划分开来不同,斯宾诺莎改造了精神与肉体二元存在的观念,将精神和肉体统一起来,将此二者归于上帝,④认为宇宙中一切事物都以上帝为存在基质。对此,梯利评论道:"这样,实体的二元论消失了,而属性的二元论依然存在。这两种属性之间、精神和物质活动变化之间没有相互作用,这两个系列相互平行,永不相交。凡是有精神现象的地方,必然有物质现象,反之亦然;物质领域里的秩序和联系同精神领域里的秩序和联系是同一的。一元论、泛神论和平行论取二元论、有神论和相互作用而代之。"⑤斯宾诺莎认为,"每一个自在的事物莫不努力保持其存在";"一物竭力保持其存在的努力不是别的,即是那物的现实本质"。⑥

---

① 〔英〕罗素:《西方哲学史》(下卷),马元德译,商务印书馆1976年版,第89页。
② 〔美〕梯利:《西方哲学史》(增补修订版),葛力译,商务印书馆2015年版,第315页。
③ 〔美〕梯利:《西方哲学史》(增补修订版),葛力译,商务印书馆2015年版,第320页。
④ 斯宾诺莎的上帝大概有三种解释:一指基督教中的上帝;二指整个宇宙;三指自然。他用解释自然的方法解释《圣经》,"坚持从世界本身说明世界"。〔德〕恩格斯:《自然辩证法》,曹葆华、于光远、谢宁译,人民出版社1960年版,第8页。所谓"上帝"不过就是"自然",斯宾诺莎认为"人人都具有神律,并且我们探其本源,是来自人的天性,不得不认为神律是天赋于人的,并且可以说是深入人心的"。〔荷〕斯宾诺莎:《神学政治论》,温锡增译,商务印书馆1963年版,第77页。斯宾诺莎的所谓"神律",作为本源于人的天性或者天赋的法则,也就是所谓的自然法。
⑤ 〔美〕梯利:《西方哲学史》(增补修订版),葛力译,商务印书馆2015年版,第327~328页。
⑥ 〔荷〕斯宾诺莎:《伦理学》,贺麟译,商务印书馆1983年版,第104、105页。"没有东西具有自己毁灭自己或自己消灭自己的存在之理。反之,一切事物莫不反抗凡足以取消其存在的东西。因此凡物只要它能够,并且只要它是自在的,便莫不努力保持其存在。"(同前,第105页。)斯宾诺莎认为,保存自我的愿望是一切激情的基础,属于人性的必然方面。

人是自然的一部分,其本性在于追求自我保存,每个人都会尽最大努力保持自己的存在,这是一种必然性的真理,这一点与霍布斯的观点相同。① 对于人类自我保护的根据,斯宾诺莎寻找的结论是,自我保存是心灵的观念,即由人的自然与必然的心灵观念决定的。"最初构成人心的本质的成分不是别的,只是一个现实存在着的身体的观念";所以"我们心灵中不能有排斥我们身体的存在的观念,因为这样的观念是违反心灵的本质的"。② 人是自然的生物,必然遵循自己的本性法则,寻求自我保存的利益实现。"一个人愈努力并且愈能够寻求他自己的利益或保持他自己的存在,则他便愈具有德性,反之,只要一个人忽略自己的利益或忽略他自己存在的保持,则他便算是软弱无能。"③也就是说,人的自我保存,不仅是一种自然的本性,而且属于德性即善的范畴。④ 他认为,德性不是别的,只是依自己固有本性的法则而行的意思,既然每一个人唯有依照他自己的本性的法则而行才能努力保持他的存在,那么,可以推知:"德性的基础即在于保持自我存在的努力,而一个人的幸福即在于他能够保持他自己的存在。"⑤

斯宾诺莎作为一名唯理主义者,其人性学说特别强调了理性的作用。他的理性同样是为人的自我保存服务的。"理性既然不要求任何违反自然的事物,所以理性所真正要求的,在于每个人都爱他自己,都寻求自己的利

---

① "保存自我的努力不是别的,即是一物的本质之自身,此物既有存在,即被认为有力量以保持其存在且做自其所具有的性质必然而出之事。"〔荷〕斯宾诺莎:《伦理学》,贺麟译,商务印书馆1983年版,第188页。
② 〔荷〕斯宾诺莎:《伦理学》,贺麟译,商务印书馆1983年版,第103、106页。既然"构成心灵的本质的最初成分就是一个现实存在的身体的观念,所以我们心灵的首要的、基本的努力就是要肯定我们身体存在的,因此否定我们身体存在的观念是违反心灵的本质的"。(同前,第107页。)
③ 〔荷〕斯宾诺莎:《伦理学》,贺麟译,商务印书馆1983年版,第185页。"德性即是人的力量的自身,此种力量只为人的本性所决定,换言之,只为人努力保持其存在的努力所决定。"(同前。)
④ 不过,斯宾诺莎认为,在自然状态下,人只以自己的利益为根据判断什么是善或者恶,而直到在社会状态下,才有所谓共同的善,即作为遵循德性的人的最高善,是人人共同的和人人皆可同等享有的善。"在自然的状态下,无所谓人人共同一致承认的善或恶,因为在自然状态下,每一个人皆各寻求自己的利益,只依照自己的意思,纯以自己的利益为前提,去判断什么是善,什么是恶,并且除了服从自己外,并不受任何法律的约束,服从任何别人。因此在自然状态下,是没有'罪'的观念的,反之,只有在社会状态下,善与恶皆为公共的契约所决定,每一个人皆受法律的约束,必须服从政府。所谓'罪'不是别的,只是国家的法律所要惩罚的'不服从'而已。"〔荷〕斯宾诺莎:《伦理学》,贺麟译,商务印书馆1983年版,第200~201页。可见,斯宾诺莎简单区别和割裂人类的自然状态与社会状态,并把公共秩序或者共同的善作为社会的产物,这显然是没有看到人的自然状态与社会状态之间的内在与本质联系。
⑤ 〔荷〕斯宾诺莎:《伦理学》,贺麟译,商务印书馆1983年版,第184页。

益——寻求对自己真正有利益的东西,并且人人都力求一切足以引导人达到较大圆满的东西。"①这样又建立了理性与自我保存的德性的联系,德性的自保行为不过是一种理性指导的行为。"绝对遵循德性而行,在我们看来,不是别的,即是在寻求自己的利益的基础上,以理性为指导,而行动、生活、保持自我的存在(此三者意义相同)。"②他认为,虽然人的目的是寻求自我保存与自我利益,但是如果能够将孤立的个体联合在一起,就必然是加倍的强而有力,这样本来是相互对立的个人就反而成为对人最有益的条件,从而人人可以团结在一起而形成一种最有利于实现自我保存的生活形态。③ "由此可见,凡受理性指导的人,亦即以理性作指针而寻求自己的利益的人,他们所追求的东西,也即是他们为别人而追求的东西。"④在此,斯宾诺莎既揭示了社会存在的本质与目的,又揭示了人作为社会主体的价值与意义。斯宾诺莎的伦理思想与霍布斯一样,都是从利己主义出发的。"因此人人都有至高无上的权利,来谋求一切于他自己有用的东西,并采取各种手段去取得,无论是通过武力,策略或恳求。"⑤斯宾诺莎强调人应当遵循和符合自己的本性,这一本性就是人应当遵循理性生活,不受本性相异的情欲控制,这就是德性即善,而理性的法则作为人性的普遍法则,是人人相同和共有的,所以人们遵循理性的指导而生活,即以人性为根据并有益于人性的生活,就必然是人与人在本性相符合的基础上寻求共同的善与利益和谐的生活,即符合社会规范与秩序的生活。⑥ 虽然斯宾诺莎的结论是合理的,但是他对理性与人性或者人的本性的认识是关系颠倒的,事实上,理性并不是决定人性的因素,而只是人性的表现形式,是由人性决定

---

① 〔荷〕斯宾诺莎:《伦理学》,贺麟译,商务印书馆1983年版,第183页。
② 〔荷〕斯宾诺莎:《伦理学》,贺麟译,商务印书馆1983年版,第187页。
③ "所以除了人外,没有别的东西对于人更为有益。因此我说,人要保持他的存在,最有价值之事,莫过于力求所有的人都和谐一致,使所有人的心灵与身体都好像是一个人的心灵与身体一样,人人团结一致,尽可能努力去保持他们的存在,人人都追求全体的公共福利。"〔荷〕斯宾诺莎:《伦理学》,贺麟译,商务印书馆1983年版,第184页。
④ 〔荷〕斯宾诺莎:《伦理学》,贺麟译,商务印书馆1983年版,第184页。
⑤ 〔美〕梯利:《西方哲学史》(增补修订版),葛力译,商务印书馆2015年版,第341页。
⑥ "人们只要受情欲的激动,他们的本性便会相异,并且他们便会互相反对。但人们唯有遵循理性的指导而生活才可说是主动的,因此只要是从为理性所决定的人性发出的行为必须纯以人性为其最近因,加以理解。但是因为每一个人依照他自己的本性的法则,必然追求他所认为是善的,而避免他所认为是恶的,又因为凡根据理性的指示而判定为善的或恶的,即必然地是善的或是恶的,由此可以推知,人们唯有遵循理性的指导而生活,才可以做出有益于人性并有益于别人的事来,换言之,才可以做出符合每人本性的事来。"〔荷〕斯宾诺莎:《伦理学》,贺麟译,商务印书馆1983年版,第194页。

的,是人性的必然结果,正是由于人性的自然性与普遍性才会有人类理性法则的统一性,并决定人类必然具有谋求共同社会生活的规定性与规律性。

近代理性精神的兴起与弘扬,是特定时代背景的要求和产物。长期的中世纪封建神学的统治,严重禁锢了人们的思想并使人类处于蒙昧状态,因此在启蒙运动中崛起的人文主义思想,必然要破除神权观念及其对人的思想束缚,从而高举理性的旗帜,推崇理性的精神力量,把理性认知及其地位和作用深刻地反映在他们的社会思想之中。唯理主义经由笛卡尔的开创和斯宾诺莎的发展,至18世纪已经达到一个思想高峰。

康德①是18世纪西方近代哲学的代表人物。他沿着唯理主义者们开辟的理性道路继续前行。② 然而,康德也接受了经验主义的思想影响,一方面继续发展唯理主义者极力推崇的理性,另一方面亦审慎思考理性的局限,接受经验主义者的合理思想,形成自己对理性的整体观念。"他感到迫切地需要考察或批判人类理性,好像是审问理性,以便保障理性的正当要求,摈除无稽的要求。"③康德并不否定经验在人类知识形成中的基础地位,④同时他也认为人类仍然有先验的观念是不受经验支配的,所以虽然经验对于知识的产生是必要的,但是它并不是唯一的要素,⑤因为经验上

---

① 伊曼努尔·康德(1724~1804年),德国古典哲学创始人,开启德国唯心主义和康德主义等诸多流派。康德哲学是对近代唯理论和经验论的清算和发展,被称为"批判哲学"。"康德本人出自沃尔夫的唯理主义学派,对英国经验主义和卢梭又感兴趣。"〔美〕梯利:《西方哲学史》(增补修订版),葛力译,商务印书馆2015年版,第433页。他同意唯理主义的观点,但是他的纯粹理性批判就是要对理性的认识能力进行限制;他接受经验主义的观点,"但是,心灵思维它的经验,按照它先验或固有的、即唯理的方式来思考这些经验(唯理主义)"。(同前,第434页。)
② "康德是最早明确地提出知性与理性的区别的人。他明确地指出:知性以有限的和有条件的事物为对象,而理性则以无限的和无条件的事物为对象。他指出只是基于经验的知情知识的有限性,并称其内容为现象,这不能不说是康德哲学之一大重要成果。"〔德〕黑格尔:《小逻辑》,贺麟译,商务印书馆1980年版,第126页。
③ 〔美〕梯利:《西方哲学史》(增补修订版),葛力译,商务印书馆2015年版,第433页。
④ "我们没有任何知识是先行于经验的,一切知识都从经验开始的。"〔德〕康德:《纯粹理性批判》,邓晓芒译,人民出版社2004年版,第1页。"不论自然哲学,还是道德哲学,都有自己的经验部分。"〔德〕伊曼努尔·康德:《道德形而上学原理》,苗力田译,上海世纪出版集团2005年版,第2页。
⑤ "尽管我们的一切知识都是以经验开始的,它们却并不因此就是从经验中发源的。因为很可能,甚至我们的经验知识,也是由我们通过印象所接受的东西和我们固有的知识能力(感官印象只是诱因)从自己本身中拿来的东西的一个复合物。"〔德〕康德:《纯粹理性批判》,邓晓芒译,人民出版社2004年版,第1页。"我们的一切知识都开始于感官,由此前进到知性,而终止于理性,在理性之上我们再没有更高的能力来加工直观材料并将之纳入思维的最高统一性之下了。"(同前,第261页。)

升为知识需要理性的作用,而理性则是天赋的能力。① 因此,在康德的纯粹理性中,并不排斥经验的意义,而是理性与经验得到了较好的结合。

然而,"康德把真正的知识规定为普遍和必然的知识",②同意唯理主义的观点,其伦理学及其人性学说仍然属于"唯理主义"的范畴。"自然安排人类理性终极的目的,是道德的目的","人类理性统率道德规律。道德规律是必然的"。③ 他认为,责任和道德规律都有自明的普遍观念,这属于完全清除了一切经验的纯粹理性或者形而上学。"一条规律被认为是道德的,也就是作为约束的根据,它自身一定要具有绝对的必然性","从而,约束性的根据既不能在人类本性中寻找,也不能在他所处的世界环境中寻找"。④ 不过,虽然诸如"你不应该说谎"这样的道德规律不一定是一个人的直接经验的总结,但是它仍然是以人类本性为根据的,是作为人类利益实现的普遍条件存在的。

基于理性主义,康德充分揭示了人和人性的主体价值。他认为:"人,一般说来,每个有理性的东西,都自在地作为目的而实存着,他不单纯是这个或那个意志所随意使用的工具。"⑤人作为理性的存在,人的本性表明自身的存在就是目的,具有绝对价值,是一种不能被当作手段或者工具使用的对象,"一切目的的主体是人",⑥因此人的行动不能违背自身的人性目的。康德认为:"人性,一般说来,作为每人行为最高界限的理性本性是自在目的这一原则,不是从经验取得的。首先,由于它的普遍性,它适合于一切有理性的东西,这一点是经验不能做到的……所以它只能来自纯粹理性。"⑦人性是与理性和人格即与人自身的统一存在,人不是物件,不能作为工具被使用,所以人性必然成为人的目的并作为理性的存在而需要相

---

① "虽然我们的知识中没有丝毫能够超越经验,然而有一部分仍旧是先天的,不是从经验按归纳方式推断出来的。"〔英〕罗素:《西方哲学史》(下卷),马元德译,商务印书馆1976年版,第271页。
② 〔美〕梯利:《西方哲学史》(增补修订版),葛力译,商务印书馆2015年版,第433页。
③ 〔美〕梯利:《西方哲学史》(增补修订版),葛力译,商务印书馆2015年版,第461页。
④ 〔德〕伊曼努尔·康德:《道德形而上学原理》,苗力田译,上海世纪出版集团2005年版,第3、4页。
⑤ 〔德〕伊曼努尔·康德:《道德形而上学原理》,苗力田译,上海世纪出版集团2005年版,第47页。
⑥ 〔德〕伊曼努尔·康德:《道德形而上学原理》,苗力田译,上海世纪出版集团2005年版,第50页。
⑦ 〔德〕伊曼努尔·康德:《道德形而上学原理》,苗力田译,上海世纪出版集团2005年版,第50页。

互之间的理性尊重,并保持行为与人性的相一致,①从而也就把与理性统一的人性上升为普遍行为准则的意义。"人性在其整个完善性中不仅包含有对属于这一本性的、构成我们的人性概念的一切本质属性的扩展,一直扩展到与人性的目的完全重合,而这将是我们对完善人性的理念。"②人性概念的本质属性即人性的范畴与人性目的的重合,是人性扩展与完善的理性根据。

人既是主体又是目的,而理性作为人的普遍和最高的自由意志,就是人的普遍立法意志,即"每个有理性东西的意志的观念都是普遍立法意志的观念",而人们接受法律不过是接受作为自身理性的普遍意志。所以,"一切和意志自身普遍立法不一致的准则都要被抛弃,从而,意志并不去简单地服从规律或法律,他之所以服从,由于他自身也是个立法者,正由于这规律,法律是他自己制定的,所以他才必须服从"。③ 在抛弃了与理性即普遍的自由意志不一致的准则的情况下,法律作为人们普遍服从的行为条件,不过是人的理性的普遍条件,人是自身理性的立法者,所以人服从法律不过是服从自己的理性即自身立法。这样,人的理性意志通过准则形式而成为普遍立法,人就不仅是主体和目的,而且是自己目的王国的立法者,否则,人就既不是主体,又不是自在的目的。

在康德的理性探讨中,道德仍然占据了中心。"一切道德概念都完全先天地寓于理性,发源于理性。人出于一种义务感而行动,才存在道德价值。"④道德是遵守理性意志的欲念,符合理性的行为规律。"所以,道德就是一个有理性东西能够作为自在目的而存在的唯一条件,因为只有通过道德,他才能成为目的王国的一个立法成员。于是,只有道德以及与道德相适应的人性(Menschheit),才是具有尊严的东西。"⑤康德的道德就是一种理性的意志自律,他认为,"意志自律性,是意志由之成为自身规律的属

---

① "行为只是和人身中作为自在目的的人性相抵触是不够的,它们还必须和人性相一致。现在,人性之中有获得更大完善的能力,这种完善也就是在我们主体之中,人之本性的目的,如若忽视这种目的,倒也并不妨碍把人性作为目的而保存,但却不能促进这一目的的实现。"〔德〕伊曼努尔·康德:《道德形而上学原理》,苗力田译,上海世纪出版集团2005年版,第49~50页。
② 〔德〕康德:《纯粹理性批判》,邓晓芒译,人民出版社2004年版,第456页。
③ 〔德〕伊曼努尔·康德:《道德形而上学原理》,苗力田译,上海世纪出版集团2005年版,第51页。
④ 〔英〕罗素:《西方哲学史》(下卷),马元德译,商务印书馆1976年版,第276~277页。
⑤ 〔德〕伊曼努尔·康德:《道德形而上学原理》,苗力田译,上海世纪出版集团2005年版,第55页。

性",是"道德的唯一原则",也就是说,没有理性与意志自律,也就没有道德,理性与意志自律构成道德的本质。"从而,自律的人应该摆脱一切对象,使对象不能左右意志,所以,实践理性、意志,就用不着忙于管束异己的关切,而只是证明自己的威信就是最高的立法。"①显然,在康德的意志自律中,意志自律不过是自由的本质,因为不自律就不是理性,也不是道德的善良意志,所以就不是自由,而"自由必须被设定为一切有理性东西的意志所固有的性质"。②"每一种自愿的活动,都是有理智的品格、纯粹理性的直接结果,因此,人是自由的主动者,不是自然原因链条中的一环。"③这样,人就不会被情感欲望所驱使,能够主宰自己的命运,运用理性给自己以及人类立下普遍的道德法则,并自觉与自律地服从它。④ 所以,道德的约束就不是外在于主体的他律,而是内在于主体的自律,是主体自由意志的结果。"一个人由道德规律所统率,不受他的冲动、自私的欲望和嗜欲所支配,他是自由的。"⑤概言之,康德的理性主义人性观认为,人是理性的存在,人通过理性设定道德法则,依靠自由意志即自律遵从道德法则。⑥ 人与动物的不同就在于人是理性的存在,基于理性而自由遵从道德法则,构成自律的行为主体,⑦能够抑制感性欲望,而这一自律的道德能力是只有人类才具有的。

---

① 〔德〕伊曼努尔·康德:《道德形而上学原理》,苗力田译,上海世纪出版集团 2005 年版,第 62 页。
② 〔德〕伊曼努尔·康德:《道德形而上学原理》,苗力田译,上海世纪出版集团 2005 年版,第 71 页。"就我们单纯是有理性的东西而言,道德对于我们既然作为规律,那么它对一切有理性的东西当然也是有效的。并且,道德既然是从自由所固有的性质引申出来的,那么,就证明自由是一切有理性的东西的意志所固有的性质,自由不能由某种所谓对人类本性的经验来充分证明的。"(同前。)
③ 〔美〕梯利:《西方哲学史》(增补修订版),葛力译,商务印书馆 2015 年版,第 453~454 页。
④ "唯有人,以及与他一起,每一个理性的创造物,才是目的本身。所以,凭借其自由的自律,他就是道德法则的主体。正是出于这个缘故,每一个意志,每一位个人都将他个人的、指向他自己的意志限制于这样一个条件:与理性存在者的自律符合一致。"〔德〕康德:《实践理性批判》,韩水法译,商务印书馆 1999 年版,第 95 页。
⑤ 〔美〕梯利:《西方哲学史》(增补修订版),葛力译,商务印书馆 1995 年版,第 464 页。
⑥ "纯粹理性是实践的,也就是说,它能够不依赖于任何经验的东西自为地决定意志——而且它通过一个事实做到这一点,在这个事实之中我们的纯粹理性证明自己实际上是实践的;这个事实就是理性借以决定意志去践行的德性原理之中的自律。"〔德〕康德:《实践理性批判》,韩水法译,商务印书馆 1999 年版,第 44 页。
⑦ "这样,道德法则,一如它通过纯粹实践理性乃是行为的形式决定根据,一如它乃是善恶名义之下行为对象的虽系质料却纯客观的决定根据,因而也就是这种行为的主观决定根据,即动力;因为它对主体的感性施加了影响,产生了一种促进法则去影响意志的情感。"〔德〕康德:《实践理性批判》,韩水法译,商务印书馆 1999 年版,第 82 页。

显然，在康德那里，人的道德法则与理性自律和意志自由是一致的。"纯粹实践理性的真正动力就具有这样的性质：它无非就是纯粹道德法则自身。"①康德的理性人性观并不否认人的感觉、欲望等经验主义者主张的要素，但是他认为理性才是人之为人的本质所在，是人性的根本要素。理性与感性相比，理性才是人性的规定性。"实践的规则始终是理性的产物，因为它指定作为手段的行为，以达到作为目标的结果。"②康德的纯粹理性以人为中心，把人性确立为人的目的，从而导出实践理性的命令："你的行动，把你自己人身中的人性，和其他人身中的人性，在任何时候都同样看作是目的，永远不能只看作手段。"③

在黑格尔④哲学中，理性同样占有重要地位。他坚持唯理主义，理性仍然是黑格尔哲学的核心。但是，"他认为一切实在和理性是同一的，那在理性中起作用的同样的历程，到处都有；因此，凡是现实的，都是合理的，凡是合理的，都是现实的"。⑤可以说，近代唯理主义在黑格尔的唯心主义哲学中达到顶峰。

黑格尔继承和发展了康德的伦理思想，建立了一个完整的理性主义伦理思想体系。虽然黑格尔的伦理学或者人性论观点并不像康德那样突出，⑥但是黑格尔哲学仍然是一个庞杂的伦理体系，特别是他的《法哲学原理》一书，充分体现了他的伦理学思想。⑦虽然黑格尔坚持个人理性与国

---

① 〔德〕康德：《实践理性批判》，韩水法译，商务印书馆1999年版，第96页。"在全部被造物之中，人所愿欲的和他能够支配的一切东西都只能被用作手段；唯有人，以及与他一起，每一个理性的创造物，才是目的本身。所以，凭借其自由的自律，他就是道德法则的主体。正是出于这个缘故，每一个意志，每一位个人都将他个人的、指向他自己的意志限制于这样一个条件：与理性存在者的自律符合一致。"（同前，第95页。）
② 〔德〕康德：《实践理性批判》，韩水法译，商务印书馆1999年版，第18页。
③ 〔德〕伊曼努尔·康德：《道德形而上学原理》，苗力田译，上海世纪出版集团2005年版，第48页。
④ 格奥尔格·威廉·弗里德里希·黑格尔（1770~1831年），德国哲学家。黑格尔政治思想深刻反映了资产阶级革命的基本政治要求，是近代资产阶级革命时期政治理论的终结者，对19世纪末、20世纪初的新自由主义产生过深远影响。
⑤ 〔美〕梯利：《西方哲学史》（增补修订版），葛力译，商务印书馆2015年版，第505~506页。
⑥ "也许可以说，黑格尔有他自己的法哲学、历史哲学、社会哲学等等，但他并没有自己的伦理哲学。"〔美〕布尔克：《西方伦理学史》，黄慰愿译，华东师范大学出版社2016年版，第245页。
⑦ 黑格尔反对卢梭的社会契约论，虽然卢梭的社会契约论同样提出"意志作为国家的原则"，"然而他所理解的意志，仅仅是特定形式的单个人意志（后来的费希特亦同），他所理解的普遍意志也不是意志中绝对合乎理性的东西，而只是共同的东西，即从作为自觉意志的这种单个人意志中产生出来的。这样一来，这些单个人的结合成为国家就变成了一种契约，而契约乃是以单个人的任性、意见和随心表达的同意为其基础的"。〔德〕黑格尔：《法哲学原理》，范扬、张企泰译，商务印书馆1961年版，第254~255页。黑格尔"把国家在认识中理解为一个自

家形式的实在统一,但是黑格尔的理性在本质或者归结上最终无法脱离个人理性,①是一种个人理性主义的人性观。理性是思维的结果和表现,"人与自然事物的区别在于有思维","思维即在于揭示出对象的真理","只有

为的理性东西",(同前,第 255 页。)认为国家并不是单个人意志的契约,而是一种绝对的自在自为的存在。"自在自为的国家就是伦理性的整体,是自由的现实化;而自由之成为现实乃是理性的绝对目的。"(同前,第 258 页。)显然,国家在黑格尔那里被绝对化和神圣化了,是抽掉了单一的个人意志的普遍物。不过,黑格尔的个人伦理性是与国家存在相统一的。他在《历史哲学》中指出:"因为人的精神现实性就在于此:人自己的本质——理性——是客观地呈现给他的,它对人来说有客观的直接的存在。因为'真的东西'是普遍的意志和主观的意志的统一,而'普遍的东西'要在国家中,在国家的法律、国家的普遍的与合理的制度中发现。""国家是理性自由的体现,自由在客观的形式中实现并认识自己。……国家是人的意志及自由的外在表现中的精神的理念。"转引自〔英〕罗素:《西方哲学史》(下卷),马元德译,商务印书馆 1976 年版,第 314 页。也就是说,人的伦理作为一种普遍性是以国家的形式表现出来的,国家作为人的理性或者伦理的实现形式直接和客观地向人证明了它的存在。所以,"国家是现实存在的实现了的道德生活",人具有的全部精神现实性,都是通过国家才具有的。(同前)这显然是把国家的制度性等同于个人的伦理性,虽然国家的制度伦理反映个人的精神伦理,但是国家形式并不是代表个人伦理的唯一形式,也不能因为国家形式而代替个人伦理,个人在国家存在的条件保有自己独立的伦理形式即个人意志或者理性条件。因此,把个人伦理与国家形式统一,无异于用宗教意识代替个人意志。换言之,在黑格尔的伦理中,不仅强调个人理性和意志自由,而且强调国家形式,强调两者的统一。黑格尔在《法哲学原理》中进一步阐释道:"国家是伦理理念的现实——作为显示出来的、自知的实体性意志的伦理精神,这种伦理精神思考自身和知道自身,并完成一切它所知道的,而且只是完成它所知道的。"也就是说,"国家是绝对自在自为的理性东西"。〔德〕黑格尔:《法哲学原理》,范扬、张企泰译,商务印书馆 1961 年版,第 253 页。"现代国家的一大进步就在于所有公民都具有同一目的,即始终以国家为绝对目的,而不得象中世纪那样就国家问题订立私欲条款。"(同前,第 83 页。)这实际上就是把国家形式绝对化和神圣化了,国家组织无疑成了中世纪的教会团体。"因为国家是客观的'精神',而个人仅以他是国家的成员而论才具有客观性、真实性和伦理性,国家的真意和目的便在于这种结合。倒也承认可能有坏的国家,但是这种国家仅只存在而已,没有真的实在性,而理性的国家本身就是无限的。"〔英〕罗素:《西方哲学史》(下卷),马元德译,商务印书馆 1976 年版,第 315 页。国家应当反映个人伦理与理性,但是不能成为个人伦理与理性的代表,它既不是个人伦理与理性的全部,又可能背离个人伦理与理性,所以,个人在国家产生和存在的条件下仍然保有自己伦理与理性的独立性,并制约国家伦理与理性的实现。因此,黑格尔一方面强调个人理性与意志自由,另一方面强调个人伦理与国家形式的统一,因此,既是机械和僵硬的,又是相互矛盾和否定的。

① 虽然"由于国家是客观精神,所以个人本身唯有成为国家成员才具有客观性、真理性和伦理性",(〔德〕黑格尔:《法哲学原理》,范扬、张企泰译,商务印书馆 1961 年版,第 254 页。)国家构成了个人理性的客观统一表现形式,但是,在事实上,没有个人也就不会有国家,没有个人理性也就不会有国家理性,国家理性最终是以个人理性为根据的,并归结于个人理性。所以,"国家是具体自由的现实;但具体自由在于,个人的单一性及其特殊利益不但获得它们的完全发展,以及它们的权利获得明白承认(如在家庭和市民社会的领域中那样)"。(同前,第 260 页。)国家如果不能成为具体自由的现实,或者不能使个人的特殊利益得到完全发展,就没有自己的绝对价值,也就不能作为普遍物。

人才能说'我',因为只有人才有思维"。① 自然界没有思维,所以不能使它所蕴含的理性得到意识,而只有人才具有思维与理性的双重性能,"是一个能意识到普遍性的普遍者",既有我的意识,又有我的思维和我的理性。黑格尔指出:"理性即是认识无条件的事物的能力。"②所谓的无条件的事物作为理性的对象,也就是康德所谓的"自我同一性",即"自我意识的先验的统一性",这一"同一性"是涉及特定内容的经验知识所不能把握的,也就是说,理性是一种绝对真理,区别于作为现象的经验知识。③ 黑格尔认为:"理性是世界的灵魂,理性居住在世界中,理性构成世界的内在的、固有的、深邃的本性,或者说,理性是世界的共性。"④黑格尔在理性主义的逻辑下,对笛卡尔、斯宾诺莎、康德等人的理性主义及其人性观作了基本肯定。⑤

在近代哲学家中,黑格尔是最强调人的意志自由的,根据黑格尔的哲学观,意志自由是人性的本质特征。一方面,意志是自由的,自由是意志的根本规定性。"可以说,自由是意志的根本规定,正如重量是物体的根本规定一样";"说到自由和意志也是一样,因为自由的东西就是意志。意志而没有自由,只是一句空话;同时,自由只有作为意志,作为主体,才是现实的。"⑥另一方面,人之异于动物就是因为人具有思维,而意志是思维的特殊方式,因而意志是人独有的特征,人有思维,也就必有意志和意志自由,换言之,思维、意志和自由具有统一性,是人的精神本质的不同表现形式或者不同作用。⑦ 因此,意志自由是人区别于动物的独有特征与普遍属

---

① 〔德〕黑格尔:《小逻辑》,贺麟译,商务印书馆1980年版,第79~80、78、82页。"在'我'里面就具有各式各样内的和外的内容,由于这种内容的性质不同,我也因而成为能感觉的我,能表象的我,有意志的我等等。但在这一切活动中都有我,或者也可以说在这一切活动中都有思维。"(同前,第82页。)
② 〔德〕黑格尔:《小逻辑》,贺麟译,商务印书馆1980年版,第126页。
③ 参见〔德〕黑格尔:《小逻辑》,贺麟译,商务印书馆1980年版,第126、120页。"理性就是把这纯粹的同一性本身作为对象或目的之抽象的自我或思维。"(同前,第126页。)
④ 〔德〕黑格尔:《小逻辑》,贺麟译,商务印书馆1980年版,第80页。黑格尔提出了"凡是合乎理性的东西都是现实的;凡是现实的东西都是合乎理性的"著名论断。〔德〕黑格尔:《法哲学原理》,范扬、张企泰译,商务印书馆1961年版,"序言"第11页。
⑤ 参见〔德〕黑格尔:《哲学史讲演录》(第4卷),贺麟、王太庆译,商务印书馆1978年版,第69~146、282~342页。
⑥ 〔德〕黑格尔:《法哲学原理》,范扬、张企泰译,商务印书馆1961年版,第11~12页。
⑦ "关于意志和思维的关系,必须指出下列各点。精神一般说来就是思维,人之异于动物就因为他有思维。但是我们不说这样设想,人一方面是思维,另一方面是意志,他一个口袋装着思维,另一个口袋装着意志,因为这是一种不实在的想法。思维和意志的区别无非理论态度和实践态度的区别。它们不是两种官能,意志不过是特殊的思维方式,即把自己转变为定在的那种思维,作为达到定在的冲动的那种思维。"(〔德〕黑格尔:《法哲学原理》,范扬、张企泰译,商务印书馆1961年版,第12页。)可见,黑格尔所谓的意志,不过是指导人的道德行为的主观思维或者自由,也就是康德所谓的实践理性,属于人的自由的领域。

性,也必然构成人性的本质。

在提出意志自由的基础上,黑格尔认为人性有善恶两个方面,但在本质上人性是经由意志自由而向善的,不会停留在所谓原始或者自然的罪恶阶段。① 虽然他认为人是一个自然存在,人性具有自然性,但是人的自我意识是超越自然的,这就是人与自然的分离。② 因此,人的恶并不是自然的恶,而是一种精神的或者主观性的结果。换言之,人的自然的恶与动物的自然存在并不相同。"就人作为精神来说,他不是一个自然存在。但当他作出自然的行为,顺从其私欲的要求时,他便志愿作一个自然存在。"③ 人要么做一个自然人即个别的人,作出属于自然的冲动和嗜欲等个别性的行为,④从而成为规律或者普遍原则的奴隶。或者,人根据自己的精神或者自我意识控制自己的行为,使自己的行为超越自然的束缚而走向人性的善。所以,在黑格尔看来,精神性是人性中更为重要的方面。"关于精神如何表现其自身于世界中的问题,宇宙论所讨论的主要是关于人的自由和恶的起源问题。"⑤黑格尔批判了康德以前的形而上学认为"自然现象受必然规律的支配,而精神则是自由的",从而"把自由和必然认为彼此抽象地对立着"的观点,⑥认为"自由本质上是具体的,它永远自己决定自己,因此同

---

① 黑格尔概括了人性善恶的两种观点:一种是人性本恶的教会信条,"认为人的本性是恶的,并称本性之恶为原始的罪恶。依这个说法……我们无法想象除人性为恶之外尚有别种看法。只要就人作为自然的人,就人的行为作为自然的人的行为来说,他所有的一切活动,都是他所不应有的。精神却正与自然相反,精神应是自由的,它是通过自己本身而成为它自己所应该那样。自然对人来说只是人应当加以改造的出发点";另一种与教会信条正相反的观点,"便是近代启蒙时期兴起的一个学说,即认为人性是善的,因此人应忠于他的本性"。〔德〕黑格尔:《小逻辑》,贺麟译,商务印书馆1980年版,第91~92页。
② "人能超出他的自然存在,即由于作为一个有自我意识的存在,区别于外部的自然界。"〔德〕黑格尔:《小逻辑》,贺麟译,商务印书馆1980年版,第92页。
③ 〔德〕黑格尔:《小逻辑》,贺麟译,商务印书馆1980年版,第92页。在人与自然分离的有限阶段,因为人的思维和意志的有限性,"各人追求自己的目的,各人根据自身的气质决定自己的行为。当他向着最高峰追求自己的目的,只知自己,只知满足自己特殊的意欲,而离开了共体时,他便陷于罪恶,而这个罪恶即是他的主观性。在这里,初看起来我们似乎有一种双重的恶,但二者实际上又是一回事"。(同前。)
④ "在自然的本能和情感里,人诚然也有超出自己的个别性的善意的、社会的倾向,同情心,爱情,等等。但只要这些倾向仍然是出于朴素的本能,则这些本来具有普遍内容的情欲,仍不能摆脱其主观性,因而总仍不免受自私自利和偶然任性的支配。"〔德〕黑格尔:《小逻辑》,贺麟译,商务印书馆1980年版,第92~93页。
⑤ 〔德〕黑格尔:《小逻辑》,贺麟译,商务印书馆1980年版,第105页。"康德以前的形而上学家,却大都采取这种固执孤立的观点,所以他们在宇宙论的讨论里,便不能达到他们想要把握世界现象的目的。"(同前。)
⑥ 参见〔德〕黑格尔:《小逻辑》,贺麟译,商务印书馆1980年版,第105页。

时又是必然的"。① 由于精神与自由的必然性,人性的善恶对立也是相对的。"因为,恶只是一种否定物,它本身没有持久的存在",即"恶只是否定性自身的绝对假象"。② 这实际上就是关于人性善恶的辩证观。

可见,在人具有自由意志以及人的精神能够超越自然的结论基础上,黑格尔对人性的善恶提出了具有自身一贯性的辩证性判断。黑格尔在《法哲学原理》一书中更是详细探讨了道德的善与恶问题。他认为,自然的东西是无所谓必然善恶的,善恶是人的自由意志的表象,而作为人的自由意志的人性则具有善恶两个方面,即人性善恶是不可分割的。他指出,"唯有人是善的,只因为他也可能是恶的。善与恶是不可分割的,其所以不可分割就在于概念使自己为对象,而作为对象,它就直接具有差别这种规定。恶的意志希求跟意志的普遍性相对立的东西,而善的意志则是按它的真实概念而行动的",即否定的东西会进入肯定的东西之内,亦即需要把否定的东西理解为其本身源出于肯定的东西。"所以恶也同善一样,都是导源于意志的,而意志在它的概念中既是善的又是恶的。"③"不用说,自然的东西自在地是天真的,既不善也不恶,但是一旦它与作为自由的和认识自由的意志相关时,它就含有不自由的规定,从而是恶的。"④善与恶,作为相对范畴,自然既是相互区别又是相互联系的,人性既没有绝对的善,又没有绝对的恶,它们作为自由意志的结果,关键在于如何运用自由意志。"当我面对着善和恶,我可以抉择于两者之间,我可对两者下定决心,而把其一或其他同样接纳在我的主观性中,所以恶的本性就在于,人能希求它,而不是不可避免地必须希求它。"⑤换言之,人的意志是为善还是为恶,才是问题的根本。

(二) 理性的人性追寻

西方传统的人性观作为西方哲学或者伦理学的一部分,是哲学或者伦理学的认知对象。"把德性问题的讨论作为伦理学的中心,甚至当作哲学

---

① 〔德〕黑格尔:《小逻辑》,贺麟译,商务印书馆1980年版,第105页。"一说到必然性,一般人总以为只是从外面去决定的意思","但这只是一种外在的必然性,而非真正的内在的必然性,因为内在的必然性就是自由"。(同前。)黑格尔提出和强调了内在的必然性,即人的精神或者自由本身的必然性。
② 〔德〕黑格尔:《小逻辑》,贺麟译,商务印书馆1980年版,第106页。
③ 〔德〕黑格尔:《法哲学原理》,范扬、张企泰译,商务印书馆1961年版,第144、145页。
④ 〔德〕黑格尔:《法哲学原理》,范扬、张企泰译,商务印书馆1961年版,第145页。
⑤ 〔德〕黑格尔:《法哲学原理》,范扬、张企泰译,商务印书馆1961年版,第146页。恶的"不可避免性并不是自然的不可避免性,而决心是善和恶这两面性的扬弃"。(同前。)

的中心,这本是西欧哲学的传统。"①西方哲学或者伦理学关于道德或者德性的认识,都是以对人或者人性的认识为根据的,在根本上都是关于人或者人性的认识。纵观西方传统的哲学或者伦理学的发展史,都伴随着对人类理性的追寻,而理性也正是解释人性的一把钥匙。因此,理性的追寻,就是人性的追寻,是以理性发现人性的过程,这也是西方社会文明的发展与实质。虽然人性是人类的本体与本质,并不断在经验的实证中,但是它只有在人类的精神世界和理性思维中才能够被逐步发现和认知。无论是经验主义还是唯理主义,当上升到人性认识时,都离不开理性条件和因素,正是由于理性的高度才能够把握并赋予人性的内在本质。

1. 从人性学说的历史中寻求对人性的真实认识

由于人的社会主体性,以人或者人的社会现象为对象的人文社会科学在根本上都是关于人和人性的学说,都离不开对人和人性的本质思考,都必然直接或者间接回答人的本质或者人性问题。换言之,人作为社会主体,人对社会的研究就是对自身现象的研究,也就是以自身为对象的研究,这些研究都需要建立在一定的人性观的基础上,这就使得对人性的认识成为一切人文社会科学研究都无法回避而必然回答的对象或者主题。

精细的学科划分及其特定的研究对象是近代以来特别是现代的科学发展特点,而在此前人类的长期学术史上,特别是在人类早期的学术研究上并不具备这样的学科划分与研究条件,所以在人类的学术发展史中,对人性的认识与分析长久附属于哲学、伦理学和政治学等学科,并没有自己独立的学科体系,即使是在人文主义的西方社会和重视对人性问题的探讨与认识并把人性观作为整个哲学和伦理学及至政治学基础的西方学术体系,也是如此。显然,对人和人性问题的认识和探讨只是为了回答哲学、伦理学或者政治学的问题而成为被认知的对象并被融入这些学科内容与体系之中。这样,西方人性学说的内容及其历史发展就完全可以通过西方人文社会科学的内容及其历史发展来获得。一般来说,传统西方人文社会科学的历史发展,大体可以被划分为古希腊、中世纪和近代以来三个阶段。美国哲学史家梯利在阐释西方哲学的历史时,便将西方哲学史划分为希腊哲学、中古哲学与近代哲学三编。② 与此相应,西方传统人性观的发展,亦大体经历了这三个不同时期,并呈现出不同的思想特点,启迪着我们对人

---

① 〔德〕伊曼努尔·康德:《道德形而上学原理》,苗力田译,上海世纪出版集团2005年版,"代序"第2页。

② 参见〔美〕梯利:《西方哲学史》(增补修订版),葛力译,商务印书馆2015年版。英国学者罗素的《西方哲学史》,同样将西方哲学史划分为古代哲学、天主教哲学和近代哲学三卷。

类共同本质的人性问题的思考和认识。

总结西方人性学说在每一个历史时期所呈现的鲜明思想特点,并以此发现西方人性学说的历史变迁与思想发展,从而能够为我们认识人与人性的本质提供可资借鉴的有益思辨。回望西方人性学说的历史发展,我们可以发现,每一历史时代的学者,都根据自己的时代要求与历史使命而提出对自己所面临的人性问题的探索与挑战。可以说,整个西方社会的人文进步,不过是以其人性文明为基础的社会发现与发展过程,而整个人类社会文明能够发展到今天的水平和程度,在根本上也都是人性文明发展的结果。

以人性为对象的研究领域,基于人性的自然与必然的属性,即人性的相对不变性,更具有学术认知的传承性。"希腊人不仅奠定了一切后来的西方思想体系的基础,而且几乎提出和提供了两千年来欧洲文明所探究的所有的问题和答案。"[1]人类文明发展至今,虽然在人类赖以生存的条件方面发生了各种翻天覆地的变化,无论是物质还是精神的条件,今天的人类都难觅过去的或者文明早期的痕迹,但是人类维护生存与生命利益的物质与精神需求的客观本质并没有变化,因而人和人性的本质也不可能有根本的改变,即人性仍然保持它的相对稳定性,这就是人性的自然规定性。可以说,在人性的质的方面,不可能在人类文明的发展与变迁中发生根本的变化,这也正是我们要从包括西方文明的人性学说史中寻求对人性的真实认识的根本原因。

2. 从人类的思想羁绊中走向理性主义的人性观

西方传统的人性观,是从人类早期的思想羁绊中逐步走出的以人文主义为基础的理性主义的人性学说。早在古希腊时期,哲学家的人性观很早就从宗教思想的羁绊中解放出来而走向了世俗认知与发展的道路。柏拉图和亚里士多德在苏格拉底伦理学的基础上,"建立起唯理的认识论(逻辑)、行为论(伦理学)和国家论(政治学)。他们又建成广博的思想体系(形而上学),用思想或理性或精神来解释宇宙。因此,我们可以说,这种哲学是批判的,因为它探索了知识原理;是唯理主义的,因为它肯定理性有追求真理的能力;是人本主义的,因为它研究人;是唯灵主义或唯心主义的,因为它以思想作为解释实在的主要因素"[2]。在人类社会早期,由于生

---

[1] 〔美〕梯利:《西方哲学史》(增补修订版),葛力译,商务印书馆2015年版,第3页。"如果有人试图建立一种哲学体系而绝对不依赖前人的工作,其结果必然同人类文明初期的粗糙理论相差无几,不会有什么提高。"(同前,"序论"第2页。)

[2] 〔美〕梯利:《西方哲学史》(增补修订版),葛力译,商务印书馆2015年版,第8~9页。

产力落后和精神世界的局限,人类文化基本上处于宗教的笼罩与控制之下,无论是对外在世界的认知还是对自我人性的审视都不可避免地深受宗教观念的桎梏和影响,即使是作为西方文明源头的古希腊文化,在早期亦不例外。然而,古希腊独特的地理位置为航海与贸易的对外发展提供了各种便利,这就为人们思想开放与文化交流创造了特殊条件。所以,随着航海与对外贸易的发展,古希腊各城邦的工商业逐渐兴盛起来,在发达的工商业条件及其社会发展要求面前,人们的社会生活与思想观念也由超现实的宗教化逐步向现实的世俗化转变,这就必然在一定程度上冲破宗教蒙昧思想对人类精神世界的羁绊。① 虽然古希腊各城邦的社会发展还处在人类文明的早期阶段,并且比其他古代文明的出现还要晚很多,但是这一较晚问世的人类文明,人们在价值观上还是更多地从人自身的客观利益需求出发,人本主义的文化探索充满了对人的自然与人性的认识。② "他们自由地思考着世界的性质和生活的目的,而不为任何因袭的正统观念的枷锁所束缚。"③这样的社会发展与思想认识基础,还是为古希腊哲学走向理性与人性奠定了不同于其他社会文明的独特条件。

因此,古希腊哲学的人性学说褪去了宗教神话的色彩,更多地采用了自然理性的认识方法去发现人与人性的本质,从而使其对人和人性的认识成为一种人文主义思想。④ 古希腊哲学对人性的理性认识构成了西方传统人性观的思想路径与文化源头,规定了后世人性论的发展。古希腊的人

---

① 古希腊也有黑暗和野蛮的宗教思想,"它们虽然在希腊智慧的盛期被压抑下去了,但是一等到衰弱或恐怖的时刻就会迸发出来。所以每逢衰世便证明了,被荷马所摈弃的那些宗教迷信在整个古典时代里依然继续保存着",然而,"必须承认,荷马诗歌中的宗教并不很具有宗教气味。神祇们完全是人性的,与人不同的只是在于他们不死,并具有超人的威力"。〔英〕罗素:《西方哲学史:及其与从古代到现代的政治、社会情况的联系》(上卷),何兆武、李约瑟译,商务印书馆1963年版,第11页。

② "基于这些条件而取得的惊人的经济进展、贸易、工业和商业的发展,城市的兴起,财富的积累和分工的加细,对整个希腊世界的社会、政治、文化和宗教的生活,发生了深远的影响,为更加丰富的新文明开辟了道路。这种自然和社会条件有助于激发智慧和意志,开阔人们对生活和世界的眼界,活跃批评和思索的精神,导致独特人格的发展,促成人类思想和行动各个方面不同的进展。"〔美〕梯利:《西方哲学史》(增补修订版),葛力译,商务印书馆2015年版,第4页。

③ 〔英〕罗素:《西方哲学史:及其与从古代到现代的政治、社会情况的联系》(上卷),何兆武、李约瑟译,商务印书馆1963年版,第1页。"在全部的历史里,最使人感到惊异或难于解说的莫过于希腊文明的突然兴起了。构成文明的大部分东西已经在埃及和美索不达米亚存在了好几千年,又从那里传播到了四邻的国家。但是其中却始终缺少着某些因素,直到希腊人才把它们提供出来。希腊人在文学艺术上的成就是大家熟知的,但是他们在纯粹知识的领域上所做出的贡献还要更加不平凡。"(同前。)

④ "希腊哲学从探究客观世界的本质开始。它最初主要是对外在的自然感兴趣(自然哲学),只是逐渐地转向内部,转向人类本身而带有人文主义性质。"〔美〕梯利:《西方哲学史》(增补修订版),葛力译,商务印书馆2015年版,第7页。

性观也重视对人的自然本性、人的感性的探究,这对后世的功利主义与经验主义的人性论都产生了深远的历史影响。整体上看,古希腊哲学家对人性的关注与揭示开启了人类自我认识的一条思想先河,许多观点为后世论述所难以超越。"在希腊哲学的多种多样的形式中,几乎可以发现以后的所有看法的胚胎、萌芽。"① 虽然古希腊哲学只是后世观点的胚胎和萌芽,特别是其中的人性学说还是一种朴素和初步的有限认识,甚至一些观点体现了相当的臆测色彩,但是古希腊的人文与理性主义的人性学说对于人类自我认知及其文明发展的重要意义是不言而喻的。显然,一个社会对人性的认识越具有理性的本质和特征,就越接近人的自然需求与条件,也就越走向人类文明的高点,并能够发现更多人类及其社会秩序形式的规定性,实现符合人类需求与本质的社会文明发展。

宗教神学统治的西方中世纪经院哲学,以基督教教义为最高原则,成为将基督教教义系统化的工具。这一哲学在不质疑基督教的世界观的前提下,亦借鉴古希腊哲学的思想,并对其进行符合神权世界观的理论改造,所以附属于经院哲学的人性观也体现了宗教神学的特点。经院哲学中的人大多是超验之人、神圣之人和灵魂之人,缺少对世俗生活中的人性的关注与思考。"经院哲学家主要感兴趣的对象,是超验的世界、上帝的世界、天使和圣人。他们的思想不关注现象世界中的事物,而关注不可见的精神领域。"② 当然,这种研究倾向也并不是完全消极的,他们仍然具有关注人的意志与理性等人性精神层面的积极因素,但是他们的消极性也是极为明显的,那就是容易将人性导向神秘化和虚无化,并最终走向自然理性的反面,从而导向一种非理性和虚无性,所以其局限性不言而喻。

在经由启蒙思想而迎来的近代人本主义哲学和伦理学中,人性学说获得了极大的发展。哲学家们在传统的理性主义的人性追寻中继续前行,在构筑自己的理论大厦时将人性作为绕不开的重要主题展开研究。有的哲学家,如休谟,已经在此基础上更进一步,把人性作为一切科学的基础,进行全面深入和系统的人性研究,试图建立一门完整的关于人性的科学。总之,近代以来西方关于人性的学说,可谓异彩纷呈,视域广阔,视角全面,理论深厚,内容丰富,取得了前所未有的历史成就,为当代的人性认识与发现奠定了坚实的思想基础。

近代西方人性学说的鲜明特色,就是区别于中世纪宗教神学的理性精

---

① 〔德〕恩格斯:《自然辩证法》,曹葆华、于光远、谢宁译,人民出版社2018年版,第45页。
② 〔美〕梯利:《西方哲学史》(增补修订版),葛力译,商务印书馆2015年版,第176页。

神的发现与弘扬,其理性特点主要体现在两个方面:①

一方面,是理性的人性认识方法论。在如何认识人性的方法论上,近代西方基本抛弃了中世纪的一贯神学路径,认为人类通过理性的观察与思考,发挥自身的理性能力即可以发现人性的要素与本质,不再需要神的启示或者依靠传统的权威来认识人与人性。人性学说的方法论转向,与近代以来西方社会在认识论上的变化密不可分,即将理性而非神启或权威当作知识的根源与标准。这样的认识论或方法论的本质,就是一种科学的方法与精神。人类自近代以来取得的所有重大发展成就,都离不开这种科学方法与精神的作用。同样,对人及其人性的本质认识与发现,即找到人与人性的规定性,也一定需要这种科学的方法与精神。

另一方面,是理性的人性认识内涵。近代西方哲学固然存在唯理论与经验论的分歧,但是这种分歧的根本在于真理是理性固有的还是依靠经验得来的,申言之,这一分歧产生于知识或真理的来源问题。至于人性的具体内涵,不管是唯理论者还是经验论者都承认人具有理性,只是对其重要性的强调不同而已。正如前述,古希腊哲学家已经认识到人具有理性,而近代以来的西方人性学说仍然坚持自古希腊以来的对人性的理性认识传统并更加丰富其理性认识的思想内涵,进一步巩固和形成了西方人性学说的理性特点。与古希腊哲学的理性认识相比,近代以来西方人性论的理性内涵有着实质的进步与不同:其一,对理性在整个学说体系及其人性论中的地位与重要性的认识不同。虽然古希腊哲学家认识到人性中的理性因素,但是直到近代,哲学家们才对理性的地位和重要性进行了全面深入的理论强调,并将理性置于整个理论及其人性要素的最为核心的地位。其二,对理性内涵的思想认识不同。古希腊哲学家虽然提出了理性的概念并进行了理性的探讨,但是他们对理性内涵的思想认识只是一个初步的阶段,而对人性的理性内涵的深刻认识与全面阐释则是由近代以来的哲学家们完成的。近代以来的西方哲学家们不遗余力强调和论述人与人性的理性内涵,使人性的理性本质得到了充分的揭示。特别是康德和黑格尔哲学中展开的对人与理性的全面论述,成为近代理性主义人性学说的最高发展。

3. 从理性与经验的争论中走向发展的人性学说

西方近代人性学说是从理性与经验的争论与探讨中走向发展的。理性与经验之争,归根到底,是知识与人性认识的本源问题。人性怎样与人

---

① 此处的理性,更多是与蒙昧相对意义上的概念,而并非唯理论与经验论相对意义上的理性范畴。

性为何的问题属于"知识"的一部分,是人类认识自我的积累与成果,必然涉及理性与经验的不同认识与观点。因此,人性的理性与经验之争,根本上导源于西方哲学对知识的来源问题的不同认识论主张。按照对知识来源的不同认识,近代哲学可以分为唯理主义与经验主义。唯理主义认为,"真正的知识不能来自感官知觉或经验,而必然在思想或理性中有其基础。真理是理性天然所有或理性所固有的,那就是天赋、或与生俱来、或先验的真理。确实的真理起源于思想本身"。① 经验主义则反对理性是知识的来源,认为经验才是真理的基础。"没有与生俱来的真理:一切知识都发源于感官知觉或经验,因此,所谓必然的命题根本不是必然或绝对确实的,只能给人以或然的知识。"②基于这样的认识论分野,西方哲学家各执一端,或认为人性的核心在于理性,或强调人性之经验要素的重要性,重视对人的感觉、欲望等经验成分的认识与研究。这样的区分,是在西方哲学对理性与经验的不同认识中形成的,并不是绝对的对立观点。如培根、霍布斯等人的经验主义并非不强调理性的重要性,而康德和黑格尔等人的理性主义也不是完全放弃经验在知识形成中的基础意义,反而是综合唯理主义与经验主义而集大成。人性的理性与经验之争固然有其各自的片面性,容易只见树木,不见森林,只见局部,不见全貌,但是站在客观的学术研究与人性认识的立场观察,唯理主义与经验主义正是其对自身理论的笃定与坚守,才使其对人性的认识变得深刻而具有内涵,从而共同为人性的全面认识贡献了自己的独特理论。不过,相对于蒙昧,理性在反对中世纪神学上更具有特殊的思想意义。

虽然近代以来的西方人性观在理性的基础上取得了重大的历史进步,但是仍难免残留一些中世纪神学的思想痕迹。近代以来西方哲学以理性主义为主旋律,反对宗教神学的思想控制,强调人的个性解放。然而,不可避免地,一些哲学家们特别是早期的哲学家的思想仍残存着旧时代神学的影子。反映在人性学说上,经常能看到上帝在人性中的存在,如笛卡尔将上帝置于人心,③人性也就成为上帝赋予的本质,不过是上帝的存在。"早期近代思想家不断批评经院哲学的方法,经院哲学中许多旧概念却不折不扣地为他们所继承,并对他们如何提出问题和解决问题发生影响。神

---

① 〔美〕梯利:《西方哲学史》(增补修订版),葛力译,商务印书馆2015年版,第284页。
② 〔美〕梯利:《西方哲学史》(增补修订版),葛力译,商务印书馆2015年版,第284页。
③ "上帝的观念来自上帝本身,是天赋的。上帝不仅是人类存在的原因,而且是人类存在的原型……上帝创造人时把这个观念置于人心中……我们认识到他是永恒、全能和全知的,是一切善和真理的泉源,是一切事物的创造者。"〔美〕梯利:《西方哲学史》(增补修订版),葛力译,商务印书馆2015年版,第311~312页。

学的偏见也没有完全消失；培根、笛卡尔、洛克、柏克莱和莱布尼兹都接受了基督教的基本学说。诚然，我们往往不能判断他们反对经院哲学的坦率性，但是，即使他们在这方面弄虚作假，这也足以证明他们所受神学的影响。"① 因此，近代西方的人性学说仍然表现出具有特定时代的局限性，由中世纪的神性向近代人性的转变并不彻底，人性认识的世俗性转向远未完成。当然，这也体现了西方宗教文化所具有的一贯的强大影响力，在认识和发现人与人性的领域亦不能完全摆脱宗教神学的影响。

概括西方传统的人性论，大体上有如下特点：

其一，人性与神性的纠葛。西方悠久的宗教传统在事实上已经成为其文化的重要组成部分，因此不同时期的西方学者在探究人性时总会不同程度地受到宗教观念的影响，这样就形成了人性与神性的经常性纠葛，并构成其人性学说的鲜明思想特点。由于基督教会对文化生活控制力的变化，以及不同时期理性精神的影响程度，世俗人性观与宗教人性观的社会存在会发生一定的变化。② 总体上，自中世纪后期，宗教影响逐渐式微，在启蒙思想和文艺复兴的洗礼下，世俗人性观成为人性学说的主流。当然，西方社会的"神性"根本还是人性的，仍然在于对人性的认识和发现。

其二，理性与经验的论争。西方人性的理性与经验之争虽然在近代哲学中达到了顶峰，但是其源流在古希腊哲学。如苏格拉底、柏拉图强调人的理性，亚里士多德认为人既有理性又有非理性之部分，而伊壁鸠鲁则坚持理性依赖于感性的知觉，是坚定的经验论者。因此，人性学说的理性与经验之争并非西方近代哲学所独有的现象，它归根于人类认知和获取知识的视域和方法，是西方哲学长期具有和呈现的特点。事实上，理性与经验的关系，是由人类本身固有的先天认知禀赋与实践探索能力在获取知识与真理中所具有的不同地位与作用所决定的，它们对于人性都具有特定的规定性意义。所以，唯理主义与经验主义并不能相互排斥和否定，理性需要经验的基础，经验需要理性的总结。人性特别是人性中的道德情感，不仅来源于人类的理性认知，而且也来源于人类的实践经验，必然是超越人类理性或者经验的一个完整的本质存在。

其三，个体与整体的分殊。西方传统的人性认识在方法论上体现了个

---

① 〔美〕梯利：《西方哲学史》（增补修订版），葛力译，商务印书馆2015年版，第282页。
② 基督教神学把人类的思维与思想自由限定在其教义限定的范围内，"然而，随着时间的推移，人类智慧开始脱离神学的束缚，试图在所限定的范围以外求得满足"，从而创造世俗和独立的思想体系。参见〔美〕梯利：《西方哲学史》（增补修订版），葛力译，商务印书馆2015年版，第150页。

人主义或者自由主义与整体主义或者集体主义的差别。当一种人性观强调人性的利己本性时一般会倾向于个人主义的方法论，如边沁、密尔等人的理论即为个人主义方法论的代表;而当一种人性观强调人性的利他或者社会本性时则侧重于采用整体主义的方法论，如亚里士多德认为人是政治的动物，需要参与城邦的公共生活才能生存与发展，这就是一种对人性的整体主义认识，是将人置于城邦社会的整体中进行的人性考察，而非个人主义认识中的原子式的个人。整体来看，个人主义方法论是西方人性认识中的主流方法论，偏重个体认识的人性论方法论进路，这与西方源远流长的自由主义意识形态密切相关。

总体上说，西方传统的人性观，是一种自然的人性观，是从人的自然本质中发现人性的本质与价值而对人性的自然规定性的认识，对于发现人的社会规范与秩序的本体条件具有重要的现实意义。

二、中国传统的人性观

(一)善恶之说

人性问题作为社会的根本问题，在充满人性矛盾的社会动荡变革与百家争鸣的春秋战国时期，被作为各派的立论基础提出并正式进入中国传统文化的思想体系。[①] 社会变革的动力与方向是人心向背，而人是什么和人应当如何为人也就必然成为社会认识的主题，这就是人性问题。春秋战国时期的人性论争，正是围绕这两个问题展开的。中国是一个传统的伦理社会，受中国传统伦理文化影响，我国历史上对人性的认识集中体现于性善与性恶之说。[②] "人性是善的，还是恶的？——确切地说，就是人性的本质

[①] 孔子说:"性相近也，习相远也。"(《论语·阳货》)也就是说，孔子开创了把人性分为"生性"与"习性"的中国古代人性学说。人的先天本性即"生性"是相近的，由于后天的习染不同才在相互之间有了较大的"习性"差别。生性和习性大概相当于人的自然属性和社会属性，但是孔子并没有提出具体的人性善恶之说。"关于人性问题，战国中期以后，才被提到哲学史的日程上来。当时涌现了几种不同的人性论。"任继愈主编:《中国哲学史》(第1册)，人民出版社1979年版，第142页。

[②] 善与恶是用道德目的和道德标准来衡量和判断人的伦理行为的事实如何，即"好"或者"坏"的客观本性的一种人性观点。人性论是离不开道德论的，道德论是人性论的基础，人性论是道德论的核心，或者说道德论是人性论中的社会人性论，属于人性论的伦理范畴。因为人性论的最终目的是揭示人的社会伦理行为的标准、规律和根据，是必然上升为道德范畴的，是对人的道德本质与本体的一种认识。虽然对人性非善即恶的二元划分，既极为粗糙，又过于简单和片面，但是作为一个思想命题，它体现了我国古代人性学说的向度及其向深刻发展的维度，并表明我国古代人性观已经脱离表面化的初始形态，走向了人性研究的抽象与本质。"人性论的目的和任务既然是制定伦理行为应该如何的优良道德，那么，显然必须探察道德本性(nature of morality)，亦即道德基本的性质和规律，说到底，也就是道德的定义、结构和类型及其所蕴涵的基本性质和基本规律。"王海明:《人性论》，商务印书馆2005年版，第141页。

是什么？——向来是中国哲学中争论最激烈的问题之一。"①中国古代的思想家们从自己的经验和观察中敏锐地认识到了人性善恶的问题，并将其作为自治与治国的根据提出，从而确立了善恶观念在中国传统伦理文化中的地位。②

1. 性善论

性善论的代表人物是战国时期的孟子。孟子说："人性之善也，犹水之就下也。人无有不善，水无有不下。"③"孟子认为人性本善，理想人格培养的过程，就是从先天的善端出发而又返归本善之性的过程。"④孟子的性善论在中国传统社会中长期占据主流地位。人性"善"是社会协作与秩序的伦理基础，任何社会的主体思想，都只能以性善论为根据，这是人类构成社会和维持社会存在的前提条件。显然，人类"恶"的本质在社会结构及秩序形态下必须得到克制，并需要成为人们共同禁欲的对象。换言之，社会是必须建立在人性善的基础之上的，或者起码需要构成人性的假设条件，并把人性"恶"作为防止和制裁的意外情形。在这一点上，孟子的性善论无疑抓到了人性与社会问题的本质一面。⑤

孟子认为一切人之本性都存有"四端"，这是人之所以异于禽兽之处。"恻隐之心，仁之端也；羞恶之心，义之端也；辞让之心，礼之端也；是非之

---

① 冯友兰：《中国哲学简史》，北京大学出版社 2013 年版，第 69 页。
② "在西方思想史上，固然也有从善与恶的角度来阐释人性问题的，但从有关材料来看，和中国相反，除宗教理念外，他们的主流不是去给人性下一个明确的价值判定或价值区分，并由此延伸进而强调道德的社会地位和社会功用。他们主要强调人的心理倾向，强调人的各种要求，肯定人的自利性，并在这种人性'自利'的逻辑基础上，展开对法律、政治等制度的探讨与论述，从而以探求社会运行的合理与和谐。他们不强调人该如何超越自我以达到一个内圣外王的程度，而是强调应该顺着人的普遍要求并加以一定的理性节制。加上他们深厚的宗教文化等因素，由此这些人性思想就发展成了当今欧美社会普遍的人道主义观、自由平等民主法治观等社会思潮和大众心理。"陈瑛、林桂榛：《"人性"新探》，载《南昌大学学报（人文社会科学版）》2002 年第 1 期。
③ 《孟子·告子上》。
④ 陈卫平：《如何用马克思主义重建儒家人性论——评俞吾金〈中国传统人性理论的去魅与重建〉》，载《哲学分析》2013 年第 1 期。
⑤ 孟子的"性善论"，这是一个狭义的考察，不代表儒家特别是后世封建正统伦理思想的人性观点，正如荀子的"性恶论"也同样不能代表一样。关于孟子人性善的具体内涵，有学者认为，"儒家的人性本善说，既包含人心本然对善的肯定与真实拥有之一面，又包含人心对非性之恶的排拒与否定之一面，此两者一体而不可分。统合此两面才能全面把握儒家'性本善'理论的完整内涵"；"以往对儒家人性论尤其是孟子人性论的讨论，多着眼于人性之善的肯定性，即人性向善或人性本善一面，但这并不全面。实际上，'人性本善说'中的性本善，包括肯定和否定两个方面，即对善的肯定和对非善的排拒。对非善的排拒即人性对自身善的一种捍卫机制，古人讲人心之作用'善善恶恶'两面兼具，即表现了这一点"。李景林、马晓慧：《论人性本善及其自我捍卫机制》，载《哲学动态》2018 年第 1 期。

心,智之端也。人之有是四端也,犹其有四体也。"①孟子认为,人之仁、义、礼、智"四端"是先天具有的道德观念,只要在后天充分发挥这"四端","人皆可以为尧舜",即成为圣人。② 当然,孟子也并不认为人仅有善的成分而不存在恶的成分,这些恶的成分是需要控制的对象,如果不加以控制就会导致恶,因此人性虽有善端,但是仍然需要后天的培养,使善端发扬光大。不过,孟子并不把这些恶的成分当作人性的部分,而将其看作人与动物共有的部分,将其作为人的生命中的"动物"方面看待。据此可见,孟子对"人性"的认识是狭义的,仅指人不同于动物的伦理属性,至于人与动物共通的自然本能与欲望等则并不包括其中。③ 根据孟子的人性观,人性善恶的实质是人是否生来就具有符合社会要求的秩序品质,如果人生下来就具有这些品质,即具有先天的道德观念,就是性善,否则就是性恶。

孟子的性善论并非被当时社会普遍认可的观念。孟子的学生公都子问于孟子:"告子曰:性无善无不善也。或曰:性可以为善,可以为不善;是故文、武兴,则民好善;幽、厉兴,则民好暴。或曰:有性善,有性不善;是故以尧为君而有象;以瞽瞍为父而有舜;以纣为兄之子,且以为君,而有微子启、王子比干。今曰性善,然则彼皆非与?"④与孟子性善论不同,告子认为,人性无所谓善与不善,所谓善性不过是在后天社会环境中形成的:"性,犹杞柳也,义,犹桮棬也;以人性为仁义,犹以杞柳为桮棬。"⑤杞柳与桮棬虽有联系,但却是两种事物,以此比喻仁义并非人性。"性犹湍水也,决诸东方则东流,决诸西方则西方。人性之无分于善不善也,犹水之无分于东西也。"⑥以告子为代表的人性无善无不善说与孟子的人性善说根

---

① 《孟子·公孙丑上》。
② "孟子认为人的道德观念是先天的,因此,启发人的'良知''良能'就可以使人为善,以至成为圣人,这与主张圣人天生之说并不矛盾,这是先天道德论的必然的结论。"任继愈主编:《中国哲学史》(第1册),人民出版社1979年版,第226页。
③ 然而问题在于,人的先天本性,必然是一种生物的自然属性,这一属性作为一种生命与生存的属性,与一般动物的属性并没有本质的区别,很难谓之道德伦理,这样,孟子所谓的与动物不同的先天伦理也就不可能是在先天意义上存在的。因此,孟子的性善论,不过是一种超验的伦理假设。
④ 《孟子·告子上》。由于告子在人性问题上与孟子有过几次辩论,他的一些学说内容被记录在《孟子·告子》中。"就公都子提出的问题看来,至少有四种不同的人性说。第一,性无善无不善说;第二,可以为善,可以为不善说;第三,有性善有性不善说;第四,性善。告子是第一派,孟子是第四派,第二派接近于告子的人性说;第三派动摇于孟子和告子之间。所以孟子为了论证自己的性善说,攻击力量集中于告子。"任继愈主编:《中国哲学史》(第1册),人民出版社1979年版,第142页。
⑤ 《孟子·告子上》。意为"人的本性好比柜柳树,义理好比杯盘,把人的本性纳于仁义,正好比用柜柳树来制成杯盘"。
⑥ 《孟子·告子上》。

本对立,两者进行了激烈的辩论与交锋。① 告子反对孟子人性本善的观点,提出"食色,性也"的千古论断,对后世人性论产生较大影响。② 无论是孟子的性善论,还是告子的人性无善无不善,都是被作为人性认识的起点提出来的,作为各自立论的前提,永远不可能有终点上的一致。

孟子把所谓的性善,即与中国古代自然经济与专制统治相统一的传统伦理观念及其社会秩序形态,说成是人本来具有的,而建立在这一先天人性基础上的社会制度也就自然具有其合理性,从而为形成和维护中国传统的专制统治与封建伦理秩序提供了人性论根据。③ "自宋明以来,在中国人的文化及心理结构中,占主流地位的'性'观念无疑是从孟子那里一脉相承而来的,主要是从人性的'应然'方面所作的论述。这一'性'观念的立足点是人禽之辨,其根本内涵是'人之所以为人者'。"④人作为社会结构的主体,必须具有构成社会的人性本质,这就是人区别于动物的人性之善,人类社会结构的存续,既离不开对此经验的事实,又离不开对此先验的预设。有学者指出:"在中国传统社会中占主导地位的'性善论'的优点是:有利于培养宋代哲学家范仲淹所说的'先天下之忧而忧,后天下之乐而乐'这样的理想人格;其缺点则是:只重视伦理对人的行为的约束,只重视人治化的政治……"⑤性善论与人性善不同,前者是关于人性的观念,后者

---

① "告子指出道德品质是在社会环境的影响下形成的,像水那样,要靠人的引导;像桮棬那样要靠加工。但告子却忽视人作为一个社会成员的社会地位,而错误地把社会的人降低到作为一般动物的水平,所以说人的本性只是色食的本能要求。"[任继愈主编:《中国哲学史》(第 1 册),人民出版社 1979 年版,第 145 页。]人既具有动物的自然本性,又有超越动物的社会本性;人的社会性作为人的伦理性,既有自然本性的规定性,又有不同的人和不同社会条件下的差别性,所以告子的人性观虽然直击人的自然本质,但却是简单和片面的。
② 北宋王安石认为:"性生乎情,有情然后善恶形焉,而性不可以善恶言也。"(《原性》)虽然用情解释性,但在性的认识上与告子是相同的。近代康有为肯定告子的人性说:"凡论性之说,皆告子是而孟子非。"他认为:"性者,生之质也,未有善恶。"(《万木草堂口说》)人之善恶由后天决定,从而否定先验的人性善恶论。
③ "孟子的性善说,宋以后,几乎成为封建统治阶段共同遵奉的正统法定的人性论。"[任继愈主编:《中国哲学史》(第 1 册),人民出版社 1979 年版,第 145 页。]"在儒家人性理论的发展中,孟子的性善说始终是占主导地位的,特别是通过程朱陆王的弘扬,这一理论对后世产生了重大的影响。"俞吾金:《关于人性问题的新探索——儒家人性理论与基督教人性理论的比较研究》,载《复旦学报(社会科学版)》1999 年第 1 期。
④ 丁成际:《礼制的规范与人性的理解——荀子人性新论》,载《中国哲学史》2012 年第 2 期。"依据历史唯物主义批评中国传统的人性论,关键在于考察中国传统社会的性质、结构和特点,比如性善论成为主流意识,是否反映了中国的小农生产和家庭本位的需要?"张曙光:《聚焦"人性"论》,载《哲学分析》2013 年第 1 期。
⑤ 俞吾金:《中国传统人性理论的去魅与重建》,载《中国哲学年鉴(2010)》。转引自陈卫平:《如何用马克思主义重建儒家人性论——评俞吾金〈中国传统人性理论的去魅与重建〉》,载《哲学分析》2013 年第 1 期。

是人性本身,中国传统性善论的消极影响,反映的只是这种人性观本身的不足与局限性,而与人性善恶无关。人类社会文明的发展与进步,总是由人性善的一面主导和引领的——尽管人性善恶是一个复杂难分的问题。

2. 性恶论

与孟子的性善论形成鲜明对比的是荀子的性恶论。荀子认为:"人之性恶,其善者伪也。今人之性,生而有好利焉,顺是,故争夺生而辞让亡焉;生而有疾恶焉,顺是,故残贼生而忠信亡焉;生而有耳目之欲,有好声色焉,顺是,故淫乱生而礼义文理亡焉。然则从人之性,顺人之情,必出于争夺,合于犯分乱理而归于暴.故必将有师法之化,礼义之道,然后出于辞让,合于文理,而归于治。用此观之,然则人之性恶明矣,其善其伪也!"①可见,荀子把人性"好利"或者"趋利"的自然本质说成是恶,因为趋利使人向恶并可能产生恶果。② 在荀子看来,虽然人性是先天恶的,但是也并不等于人性没有善的一面,只不过人性的善不是先天的,而是后天学习与教化的结果,当然,人一旦习以为善,则其善必然影响自身的行为。"见善,修然必以自存也;见不善,愀然必以自省也;善在身,介然必以自好也;不善在身,菑然必以自恶也。"③"荀子的哲学可以说是教养的哲学。他的总论点是,凡是善的、有价值的东西都是人努力的产物。价值来自文化,文化是人的创造。"④荀子认为,在人的原初本性上毫无善端,人性之善是后天教养的结果。但是,他同时肯定人有智能,可以向善,这就是习以为善。人性本恶但可以向善的观念决定了荀子在儒家礼教的社会背景下更加注重和强调礼的教化作用。荀子采纳我国人性论的一贯传统,从礼的视角分析人与动物的本质区别,探讨人性。"人之所以为人者,非特以其二足而无毛也,以其有辨也。夫禽兽有父子而无父子之亲,有牝牡而无男女之别。故人道莫不

---

① 《荀子·性恶》。法家代表人物韩非作为荀子的学生,基于推行法家之策的需要,在人的利害选择上,把性恶论推到了一个极端。"臣尽死力以与君市,君垂爵禄以与臣市。君臣之际,非父子之亲也,计数之所出也。"(《韩非子·难一》)人与人之间就是一种相互争夺和吞噬的冷酷利害关系。
② 事实上,人的"好利"或者"趋利"本性,是人的客观自然本性,是人的生存与生命的本能,是恰恰需要满足的人性条件而无所谓恶。但是,人的"好利"或者"趋利"性,确实是人向恶和产生恶果的根源。换言之,人的正当利益需求和正当条件下的利益满足并不构成恶,而正是人性本身的目的和需要,但是人的"好利"或者"趋利"超越了正当性条件,变成了不当获取利益,就作为社会的非秩序条件而构成一种恶。人不仅有"好利"或者"趋利"的本性,而且利益作为"好处",人人都有追逐利益并实现利益最大化的本性,因此,人的"好利"或者"趋利"性就成为人性恶的根源。人的本性都是"好利"与"趋利"性,所以并不存在仁义礼智等先天的道德品质,如果对人性任其发展而不加节制,则必然破坏社会秩序,产生社会混乱。因此,人之所以能够为善,全靠后天的努力。
③ 《荀子·修身》。
④ 冯友兰:《中国哲学简史》,北京大学出版社2013年版,第140页。

有辨,辨莫大于分,分莫大于礼。"①在这里,荀子强调了人区别于动物自然属性的社会属性,强调了人的社会关系以及礼的重要作用。

荀子的性恶论,与他强调"天人之分"的自然观相统一。② 他指出:"凡性者,天之就也,不可学、不可事。礼义者,圣人之所生也,人之所学而能,所事而成者也。不可学、不可事而在人者,谓之性;可学而能,可事而成之在人者,谓之伪,是性伪之分也。"③人性是自然原始的,"故曰:性者、本始材朴也;伪者、文理隆盛也。无性则伪之无所加,无伪则性不能自美"④。由于人性是自然生成的,而道德观念是后天生成的,后天只能在先天的基础上加工,而没有后天的加工,人性也不能自行完美。⑤ 因此,荀子所谓人性恶,也不是真正的先天的恶,而是后天的恶,人性的先天"好利"或者"趋利"只是具有向恶的可能性而无所谓善恶,人的向恶或者为恶仍然是人的后天行为。所以,荀子所谓的人性恶,在先天本性的意义上同样是一种伦理假设,而在后天结果的意义上则根本上仍然是一种人的社会伦理性。荀子把人性的自然属性视为先天的恶,而否定人性恶与人的社会性之间的联系,这同样是一种超验的人性观,⑥只不过他从人性的自然属性上认识人

---

① 《荀子·非相》。
② "荀子在承认自然界的客观存在的基础上,强调了人对自然界的改造作用,天(自然)是一切事物存在的客观基础,但天(自然)不加改造即不能为人所利用。荀子在人性论问题上也力图贯彻他在自然观方面的唯物主义观点,他提出'人性恶'的理论,反对先天的道德观念论。自然观方面,荀子'天人之分',在人性论方面,他也强调了'天人之分'。"任继愈主编:《中国哲学史》(第1册),人民出版社1979年版,第225页。
③ 《荀子·性恶》。
④ 《荀子·礼论》。董仲舒根据其"性三品说",认为"性者,天质之朴也,善者,王教之化也。无其质,则王教不能化;无其教,则质朴不能善"。(《春秋繁露·实性》)即人性必须经过教化才可能为善。实际上,董仲舒的人性观是接近荀子的性恶论的,即人(民)性"有善质而未能善"。他说:"今按其真质,而谓民性已善者,是失天意而去王任也。万民之性苟已善,则王者受命,尚何任也?"(《春秋繁露·深察名号》)"天生民性有善质,而未能善,於是为之立王以善之,此天意也。民受未能善之性於天,而退受成性之教於王。王承天意,以成民之性为任者也。"(《春秋繁露·深察名号》)可见,在董仲舒看来,既然是民有善质而未能善,也就是实为恶,这就是"王教"存在的意义和作用。
⑤ "荀子在反对孟子的先天道德论的观点上是有他的批判的现实意义的。他的性恶论强调人性都是天然生成的,无论贤、愚或不肖之人,其本性都是一样的,人的道德观念是后天学习得到来的,圣人也是学习而成的";"荀子的这种见解与孟子所说的'人皆可以为尧舜'不同";"荀子则根本否定道德观念是先天的,所以也就根本否定了天生圣人的说法。他认为伦理道德属于社会因素,因此,他指出社会环境的教育对人性的形成有很重要的意义"。任继愈主编:《中国哲学史》(第1册),人民出版社1979年版,第226页。
⑥ "荀子这种社会环境决定人性好坏的思想,包含唯物主义因素。但由于荀子还不可能了解人的社会性质,因此他仍然只把人看做个体的、生物学的人";"所以他不能明确区别自然的人与社会的人,不能明确区别人的生理要求与人的道德品质之间的关系。他所主张的仍是抽象的人性论"。任继愈主编:《中国哲学史》(第1册),人民出版社1979年版,第226~227页。

性并展开人性的伦理性,所以更符合对人性的本质认识。

可见,无论是孟子的性善论还是荀子的性恶论,都是以预设的先验人性论作为自己提出人的社会伦理主张的前提,而他们在对人的社会伦理的本质认识与要求上并没有根本的不同,即都属于中国传统的儒家伦理道德观念。由孟子和荀子提出并系统论证的人性善恶论,历史影响深远,虽然后世也有人提出一些不同的观点主张并有所变化和发展,但都没有从根本上超出人性善恶的理论范畴。① 人性无非善恶两个方面,但是何为善与何为恶,即善与恶的本质,以及为何为善与为恶,即善恶产生的根源与根据,这才是人性问题的根本。善恶问题,作为是非标准与伦理观念,属于社会意识形态的范畴,既有普遍的认识与一般的标准,又有不同时代的价值观念与特定社会的思想文化特征,反映一定的时空背景及其条件下的差别性。

(二) 伦理之辩

无论是孟子的性善论,还是荀子的性恶论,作为超验的理论,都是为国

---

① 西汉扬雄在《法言》中提出,"人之性也,善恶混。修其善,则为善人;修其恶,则为恶人",即"善恶混"说,认为人性是善恶混而不可分的,既有为善又有为恶之可能。这一学说,从对人后天可能为善或者为恶的认识上,与荀子的性恶论并没有本质的区别。汉儒董仲舒认为,人"有贪仁之性",正如天有阴阳,虽然人性如天性,既有阴,又有阳,但只是善恶的可能性。"善出性中,而性未可全为善也。"(《春秋繁露·深察名号》)他提出"性三品说",即根据不同身份等级把人性分为三类(圣人之性、中民之性、斗筲之性),不同的人有不同的人性。唐代韩愈在《原性》中认为:"性也者,与生俱生也;情也者,接于物而生也。"并认为:"孟子之言性曰:人之性善;荀子之言性曰:人之性恶;扬子之言性曰:人之性善恶混。夫始善而进恶,与始恶而进善,与始也混而今也善恶,皆举其中而遗其上下者也,得其一而失其二者也。"他继承了董仲舒的人性论,提出了凡"性与情",皆有"上、中、下三品"的观点,虽然人性之上、下品不可移,但是"上之性,就学而易明;下之性,畏威而寡罪。是故上者可教,而下者可制也"。"韩愈讲到了性情联系,三品的性与三品的情——相当的学说,比过去的人性论更细致了,它便于说明善恶根源于性,而表现为善恶,实由于情。"[任继愈主编:《中国哲学史》(第3册),人民出版社1979年版,第137页。]宋代朱熹提出了"存天理、灭人欲"的主张。"饮食者天理也,要求美味,人欲也。"(《朱子语类》卷一三)所谓天理即纲常伦理,符合天理之人性,为人性之善;所谓人欲即违反纲常伦理之人性,为人性之恶。在朱熹的人性认识中,天理与人欲是对立而不能并存的,其目的与根本在于"复尽天理"。(《朱子语类》卷一三)明末清初思想家王夫之反对先验的人性论,他在《四书训义》中提出了"习以成性"的人性观,所谓"习成而性与成也";"夫性者生理也,日生则日成也"。(《尚书引义·太甲二》)人性既不是一成不变的,又不是一下子生成的,更不是完全被动形成的,而是后天环境影响的结果,是人可以自主权衡和取舍的,人性的善恶不同只是"习行"的结果差异而并非人的先天品质。"王夫之强调人性由后天形成,力图用唯物主义观点说明人性的形成,是要统治者正视现实,不要任意抹杀人的正当要求。"[任继愈主编:《中国哲学史》(第4册),人民出版社1979年版,第67页。]虽然王夫之的朴素唯物主义的人性观是一种发展的人性观并对前人有所超越,但是其认识的对象仍然不能超越中国传统伦理的善恶问题。

家与社会治理学说服务的,也就是作为其理论与思想基础存在的。① 孟子的社会理论,即他的仁政学说,就是建立在他的性善论基础上的,因为既然人性或者人心在先天上是善的,人具有自觉的道德观念,也就是具有符合专制统治及其伦理秩序的善端,就必然向善的品质发展,那么所谓"仁政"也就具有了自然的根据及其合理性。② 同样,荀子的性恶论也是为他的社会主张服务的,因为既然人性是恶的,并不可能自然为善,所以就不能完全顺从人性的自然发展,否则人性的恶就会发挥作用,并造成社会秩序的混乱,所以,统治者在社会治理过程中施加一定的礼法强制就是必要的。③ 这样,荀子的性恶论就为统治者通过施以礼教刑罚进行社会治理提供了理论根据。事实上,无论历朝历代的统治者如何宣传仁政,在社会秩序的维护上采取一定的强制措施都是必要的。显然,荀子的性恶论在对人性"好利"的揭示上,更具有真实性,而性恶论本身也因此具有较强的实践性。

　　孟子和荀子对人性善恶的认识与界定,并不是根本对立和相互否定的,而实际上是他们对人性善恶不同方面的各自强调。"孟子的'性'是基于'人之所以异于禽兽者'而立言,而荀子的'性'则正相反,其所指恰恰是人与禽兽之共通性的属性而言的。因此,所谓'性善'与'性恶'并非是对同一问题的相反回答,而是对不同问题的回答,并且这种回答各自都具有合理性。"④ 无论是孟子的人性之善,还是荀子的人性之恶,都是他们各自

---

① 有人对儒学和基督教的人性理论进行了批评性考察,认为人性之"性",应当单指人与动物相同的自然属性,而不应当包括作为人的价值观念的"善恶"即人的社会属性,因此指出:"人性是人的自然属性,善恶则是文化概念,所以人性不可以言善恶。如果把人性与善恶联系起来,或者会导致对人性的盲目崇拜,或者会导致对人性的彻底失望。只有人的社会本质可以言善恶。应当确立新的人性理论来超越传统的人性理论。"换言之,由于性是人的自然和先天的属性,而善恶则是关于人的后天与社会的概念,因此"后天的概念怎么能用到先天的属性上去呢? 在这个意义上可以说,性善说、性恶说、性有善有恶说在表达上都是有问题的,那就是把先天的东西与后天的东西、自然的东西与社会的东西混淆在一起了"。"所以,要正确地认识人性,必须先把人性与人的本质严格地区分开来。""人的本质指的是人的后天的、社会的属性,这种属性是有善恶区分的。"俞吾金:《关于人性问题的新探索——儒家人性理论与基督教人性理论的比较研究》,载《复旦学报(社会科学版)》1999 年第 1 期。
② "孟子的性善说是他的仁政学说的理论基础。孟子把'仁政'建筑在统治者对劳动者发善心,即所谓'仁心'上面。而'仁心',在孟子看来是发自人的本性的,它是不论什么阶级的人,人人都有的。"任继愈主编:《中国哲学史》(第 1 册),人民出版社 1979 年版,第 143 页。
③ "故古者圣人以人之性恶,以为偏险而不正,悖乱而不治,故为之立君上之势以临之,明礼仪以化之,起法正以治之,重刑罚以禁之,使天下皆出于治,合于善也。是圣王之治而礼义之化也。"《荀子·性恶》。
④ 丁成际:《礼制的规范与人性的理解——荀子人性新论》,载《中国哲学史》2012 年第 2 期;颜世安:《荀子人性观非"性恶"说辨》,载《历史研究》2013 年第 6 期。

强调的人性的主要方面,都不能代表他们人性论的整体及其全部观点。①人性有善恶,人是善恶的统一体,只是"善"构成人类的基本社会伦理属性。正是由于这两种人性论的互不否定性,在后世的正统儒家思想中两种人性论得到统合,而历朝历代的家国治理,也都是在人性善恶两个方面把握人和统治人的。"人性论是儒家人论的核心,传统儒家对于人性善恶的判断,为其全部政治哲学提供了逻辑的支点。"②

伦理上的人性善,即道德之善,是不损害他人和社会利益而符合社会秩序的品质,反之就是恶。换言之,人性的善,就是人的社会合序性;人性的恶,就是人的社会悖序性。不同的社会关系,有不同的秩序标准,也就有不同的善恶条件与行为要求。所以,人性善恶作为一个社会标准,反映一定的社会价值观,应当在具体的社会关系条件下进行客观与全面的考察,而不能简单地得出人性善恶的结论。人性的善恶标准不仅具有一定的社会性和观念性,而且具有一定的普遍性和一般性,这就是人的自然属性的根据性,即人的客观利益需求及其实现条件的规定性和规律性,是自然性与社会性、绝对性与相对性的统一,需要客观、全面和理性的认识,否则,我们就既看不到人性的本质,又看不到人性的特殊性。

如果说西方文化的人性观是一种自然人性观,是以人的自然本质为根据的,那么中国传统的人性观作为一种善恶之说的人性观,则是一种伦理人性观,其内涵和特点集中于性善与性恶的伦理之辩。虽然,在性善论与性恶论之外,我国古代人性学说还存在性无善恶论与性亦善亦恶论,但是,人性的善恶之辩却构成了我国人性学说的基本底色,犹如全部人性学说坐标的两端,其他关于人性的学说都是这两种学说的调和与折中,都是由其衍生而成的。我国人性学说的善恶之分与伦理之辩的议题与聚焦,在根本上是由我国传统文化的伦理性本质与特征决定的。众所周知,我国的传统文化为"礼教文化","礼"作为人的行为规范,在本质上也就是一种善恶的伦理标准。因此,我国古代思想在回答人性为何这一问题时,都会自

---

① 参见赵法生:《孟子性善论的多维解读》,载《孔子研究》2007年第6期;赵法生:《荀子人性论辨证》,载《哲学研究》2014年第6期。
② 孙晓春:《儒家人性学说与中国传统政治哲学》,载《史学集刊》2002年第1期。"对于每一个社会来说,人与人之间在道德品质、才能与文化素养等方面的差别都是现实的存在,因而,让那些道德品质较为良好的人掌握公共权力是每一个社会基本的道德需求。但是,正如亚里士多德所说的那样,每一个人身上都存在人性的弱点,如果离开了制度规范,任何人的道德品质都是不可靠的。为了提高人类社会生活的质量,我们只能假设那些掌握公共权力的人也是正常的人或普通的人,为了避免权力被那些与我们同样存在着人性弱点的人所滥用,惟一有效的途径就是完善制度规范和加强法制建设,而不能期待圣人在某一时刻的出现。传统儒家的政治哲学正是在这一点上走入了误区。"(同前。)

然而自觉地将人置于"礼"为世之规范的社会伦理体系的大背景中考察,并习惯于用伦理规范的衡量标准去认识人性、评价人性。换言之,中国传统的人性论强调和注重善恶之别及其伦理之辩,不仅因为善恶是人之本性,而且因为人之为人必须有善恶的行为标准。这一标准,在礼教文化的社会背景下,就是把符合"礼"的人性定义为"善",而与之相悖的人性则被评价为"恶"。如孟子所言之恻隐之心、羞恶之心、辞让之心、是非之心,符合仁、义、礼、智之"四端",故为"善"。荀子认为,人性为好利恶害,有耳目、声色之欲,而这些人性的内涵都有悖于"礼"的条件和要求,因此人性为恶。

中国传统人性学说的另一特点,是主要采用整体主义的方法论。显然,中国传统的人性观不遗余力地集中于人性善恶之辩,就是建立在"家国"秩序的伦理基础之上的,所以这是一种整体主义方法论的自然结果,这一以"礼"为核心观念的中国传统文化,不同于西方基督教传统的个人救赎和个人与上帝内心联系的个人主义文化形态。我国传统文化的强烈伦理性决定了对人的整体或者集体主义认识,人与家族或者社会须臾不能分离,单独的个体不存在伦理规范发生作用的空间。因此,"礼"是对人的"群体"要求,而对人性认识的逻辑前设也是群体。因此,孟子之人性"善",是看到了人在群体中利于他人的本性;荀子之人性"恶",则是看到了人在群体中重视自我的本性。"孟子从仁、义、礼、智角度言人性之'善',主要指向是'利他'。荀子从人性中具有索求本能,言人性之'恶',主要指向是'利己'。孟子曰善,指向人的道德本性,荀子曰恶,指向人的自然本能。实际上,孟子讲的人性是人之所以为人,人与动物区别于'四端',偏向于人的道德性和社会性;而荀子讲的人性偏向于人的自然本能和生物性,两者的内涵与基本取向是完全不同的。"[①]然而,从方法论的角度视之,二者并无二致,其人性观都是一种整体主义方法论的反映。

在诸多对人性的研究中,东西方由于文化传统的不同,人性学说存在较大的分野。粗略对比二者之间的差别,西方文明属于宗教文明,宗教意识与观念深深影响了包括哲人在内的西方社会的个人。在此文化背景下,西方的人性学说倾向于在人性与神性的维度上界定人性的概念,而人性在根本上是服务于人的,并必然趋向人的本质。因此,经过宗教改革与启蒙运动的思想洗礼,西方的人性学说从宗教神学的蒙昧观念向世俗文化的理性意识转变,并在很大程度上摆脱了宗教观念对人性认知的桎梏,进入了人文主义的理性发展阶段。随着宗教影子及其影响的逐渐褪去,西方的人性理论不再是人性与神性的对比,而是表现为在经验与理性的维度上

---

① 葛莱、柳宏:《中国古代人性论之流变》,载《南京社会科学》2011年第8期。

对人性本质的深度认知与探讨。

与西方形成鲜明对比的是，东方文明受宗教影响较少，因此东方的人性学说更多地体现了世俗性与伦理性。特别是深受中国传统文化影响的中华文化圈，人性学说主要表现为性善与性恶的伦理之辩。① 传统上，以中华文化为代表的东方世界属于伦理社会，人与人之间的身份等级秩序确定了人的地位与价值，而这本身就构成了一种善与恶的秩序标准。在身份等级的人际关系与秩序体系中，单个的人被投放于一个非常复杂的社会坐标系中去审视，而人对自我的认识也就来源于这种相互依赖与依存的社会伦理系统。因此，在这种文化背景下，中国传统的人性学说则倾向于在性善与性恶的伦理维度上界定人性的内涵。

性善或者性恶，是人性的根本问题，即使是西方的人性论也离不开对人性善恶的理解与认识，只是这种理解与认识的社会基础存在文化传统的伦理差别，如基督教的原罪说即为性恶说之表现。此外，奥古斯丁、霍布斯、休谟以及叔本华等都认为人性为恶；持性善论立场的则有斯多葛学派和卢梭等；认为人性无善恶之谓的有洛克、詹姆士和杜威等人。其中，洛克的白板说极有代表性，②即在原初状态下，人心犹如一块白板，并不存在善恶之别；善与恶的道德差别是在后天形成的，教育对此起到了重要作用。虽然西方亦存在人性善恶的观念，但是与我国源远流长的性善性恶之争有着显然差别。③ 西方人性善恶的观念是西方学者在探究人类其他问题时所附带阐释的，如霍布斯、卢梭等在描述自然状态时难以回避的一个根本性问题，就是人性为何以及人性的善恶，而人性为何以及人性善恶则深刻影响着自然状态的面貌。因此，他们关于人性善恶的阐释是为了更好地描述他们认为的人类自然状态，显然，这种人性善恶观的阐释具有附带性，他们更多地还是从人的理性和人的自然欲望与正当诉求上去认识人性的本质。

---

① "中国古代思想史上对人性问题的探讨，主要是从善与恶这样一种价值区分、价值判定的角度来展开的，直至宋明理学性二元论等才有所转变。"陈瑛、林桂榛：《"人性"新探》，载《南昌大学学报(人文社会科学版)》2002年第1期。

② 白板即"抹平了的书板"。"书板是在发明纸之前的书写材料，由本板覆蜡而成。字写在蜡上，除掉旧字写新字时，就要将书板抹平，所得结果就是'抹平了的书板'。白板说是洛克在与莱布尼兹论战中提出的认识论，认为人脑在开始认识前没有任何先在的东西。"徐国栋：《人性论与市民法》，法律出版社2006年版，第15页。

③ "在西方思想史上，固然也有从善与恶的角度来阐释人性问题的，但从有关材料来看，和中国相反，除宗教理念外，他们的主流不是去给人性下一个明确的价值判定或价值区分，并由此延伸进而强调道德的社会地位和社会功用。他们主要强调人的心理倾向，强调人的各种要求，肯定人的自利性，并在这种人性'自利'的逻辑基础上，展开对法律、政治等制度的探讨与论述，从而以探求社会运行的合理与和谐。他们不强调人该如何超越自我以达到一个内圣外王的程度，而是强调应该顺着人的普遍要求并加以一定的理性节制。"陈瑛、林桂榛：《"人性"新探》，载《南昌大学学报(人文社会科学版)》2002年第1期。

中国的性善性恶之争则在中国哲学以及文化中处于与西方迥然不同的地位。中国哲学很早就转入对人与人性的深度研究,可以说,中国哲学是关于人性的哲学。"照中国的传统,圣人的人格既是'内圣外王'的人格,那么哲学的任务,就是使人有这种人格。所以哲学所讲的就是中国哲学家所谓的'内圣外王'之道。"①中国哲学的问题意识与意图解决的任务决定了中国哲学和文化注重社会中的人伦和世务,注重关照人之本身。这种哲学和文化的传统就决定了人性学说,特别是人性善恶的问题处于其他待解问题的前端,是其他问题的逻辑前提以及继续生发的起点。因此,中国的性善与性恶之争处于待解问题的中心位置,一定程度上是必须首先回答的问题,因而是核心的问题。

中国古代的人性学说作为中国传统伦理文化及其社会理论的基础,在形成之初,就对如何服务于建立封建秩序进行了深度的善、恶探讨,把对人性的善恶认识一开始就上升到作为国家秩序治理的根据的层面与高度。这一人性学说,既是完整的,因为它涉及了人性善恶的本质,而人性无非善恶两个方面,已经完成在中国传统思想文化背景下所可能实现的对人性的全部认识;又是有局限性的,因为它最终没有超出人性善恶的伦理范畴而在更广泛的视域上认识人性问题。因此,中国传统的人性学说,同其他中国传统社会思想一样,被凝固于一种稳定与封闭的封建社会模式之中。

下篇 人性本体论

——民法是代表人和反映人性的法律,是人性的规范形式与意识形态化,无法超越人性和人性论的范畴,并需要回归人性本体。② 有什么样的人性,就有什么样的人性规范诉求;有什么样的人性论,也就必然有什么样的民法认识论。

一、人性的本体——人类如何认识和发现自我

人性论是关于人的本质或者本性的理论。"由于人性的本质构成了人的本质,所以脱离了人性,就脱离了人的本质性,如果想要认识人的本

---

① 冯友兰:《中国哲学简史》,北京大学出版社2013年版,第8页。
② "本体"(ontology)是西方哲学的一个概念,是指存有或者自体本身,即一切实在或者现实事物的最终本性或者存在,是与现象对立的"自在之物"。本书所谓的本体,是一个自然人性论的范畴,即人作为主体的自然性和由自然性决定的人性实在,是人性的自然性与社会性统一的全部人性自存。

质,那就必须从认识人性的本质性开始。"① 它以人的生命与价值的普遍属性为认识和研究对象。"人性理论的产生和发展,以思想的形式反映了人的自我发现、自我确立、自我实现、自我完善的主体觉悟的历史过程。"② 人性论是人类关于自身的知识,人类自从有了自我意识,也就有了关于自身的认识,而这认识一旦上升到自身的本质与本性,就是人性论。人性论是人类知识的基础,是一切有关人类认识的条件和根据,所有人类的知识和认识都是从人性出发并最后归结为人性。"人性分析在人文学科不仅必要,而且是带有根本性意义的,失去了人性分析,对于与人相关的那些问题来说,也就是失去了它自己的真实'根基'。"③

人性的认识,不仅涉及所有的人文社会科学,特别是人的行为科学,而且涉及有关人的自然科学和生物理论,是多方面和多维度的。但是,我们对人性的认识和研究需要聚焦于人性的"本体"而揭示人性。人性本体论就是关于人性的本体认识论,是从人的自然与自体上认识人性的普遍属性并揭示人性的本质及其规定性。对人性的本体认识,就是对人性是什么的

---

① 王利民等:《民法精神与法治文化民本模式论:自然生态的社会秩序体系及其规范形态与演进》(上册),当代中国出版社2023年版,第250页。有哲学观点认为,人性与人的本质不同,前者指人的自然属性,即人类区别于动物的"类特性",而后者指人的社会性或者现实性。同时认为:"在强调人性与人的本质的区别时,我们亦应看到两者的内在联系。承认人的现实的本质并不意味着排斥其普遍的人性,反而是以之为前提的。人之所以能够成为现实的、社会历史性的存在,就是因他是从事实际活动的人,而他之所以是从事实际活动的人,就在于他具有自由的有意识的类特性,在于他的实践性生存方式。没有实践的类特性,人从事实际活动的社会历史性就不复存在;否定了人这一类特性,人的社会本质就无从谈起。从这个意义上说,肯定并科学地说明人性,与肯定并科学地说明人的本质一样,也是马克思关于人的发展的理论的立论基础。"陈新夏:《人性与人的本质及人的发展》,载《哲学研究》2010年第10期。另见俞吾金:《关于人性问题的新探索——儒家人性理论与基督教人性理论的比较研究》,载《复旦学报(社会科学版)》1999年第1期。笔者认为,人是一个整体,人性与人的本质浑然一体,也是一个不可分割的整体,必须从人性的完整性去认识人性,不能分出一半是自然性,属于人性,另一半是社会性,构成人的本质。人性既有人的自然性,又有人的社会性;无论是人的自然性,还是人的社会性,都是人的本体性,是人性的组成部分,同时又构成人的本质;人性必然是人的本质属性,而人的本质也必然代表和反映人性。人的本质应当作为人的固有和根本属性考察,而不应当仅仅作为人的社会现实性。马克思关于人的本质"是一切社会关系的总和"的论述,并不等于主张人的本质区别于人性或者人性不属于人的本质。人性与人的本质在概念上的差别是,人性揭示人的本质属性,而人的本质则直接定义什么是人,前者构成人的伦理体系,而后者在定义的意义上恰恰不直接界入人的具体伦理,因此只有"人性"的概念才构成关于人的伦理学或者社会学认识的一般范畴,而人的本质也可以在表达人性的意义上被使用。因此,在关于人性或者人的本质的认识上,可以基于不同的研究或者不同的语意和语境而分别使用人性或者人的本质的不同概念,但是无须否认它们之间所具有的同一性。简单区别人性和人的本质,并把人的本质仅仅作为人的社会现实性认识,是一种主观主义的机械与片面的观点。
② 张怀承:《论中国传统人性论的逻辑发展》,载《中州学刊》1999年第4期。
③ 高清海:《重提德国古典哲学的人性理论》,载《学术月刊》2002年第10期。

认识,即对人性本质的直接认识,是认识人性的客观性与真实性,回答人性是什么和应当是什么的问题。

(一)人性本体的定义与释义

人性的本体问题,作为对人性本质的认识,首先是一个人性的定义与释义问题。人性的定义是对人性本体的最直接揭示,并限定人性的本质与内涵。换言之,人性的定义作为对人性范畴的内涵、外延与特征的一般概括,是对人性本体的确切和严谨的抽象总结,是关于人性本体的普遍性与一般性的理论。尽管以往的学说提供了关于人性认识的丰富理论与洞见,但是直接和一般性地对人性为何给出明确定义,并揭示人性本体与本质的理论观点,却并不多见,而更多是关于什么构成或者符合人性的讨论。历史上在善或者恶、感性或者理性、意志或者自由、德性或者品格、自然或者社会等方面对人性的认识和讨论,主要在于界定人性的标准、范围或者条件,而不直接回答人性是什么,即什么是人性,不是对人性本体即人性是什么的概括性和一般性认识,因此这种人性理论多停留在对人性现象的具体描述上,是一种人性结果论,这一理论虽然丰富了我们关于人性本体的知识和认识,但是却无助于我们从本质上认识人性或者了解人性的根本问题,即人性到底是什么的本体问题。与人性结果论不同,人性本体论首先回答的是人性是什么的问题,即人性的本体属性或者人性的自在性问题,也就是人性的本质问题,其具体表现就是对人性概念或者范畴的直接定义和揭示,①并构成自己的理论前提与基础。显然,人性结果论在理论上并不能满足这一条件和要求,因为它虽然涉及人性的本体,但却不直接对人性的本体问题给出一般答案。这是早期人性论并没有成为独立理论的必然表现。

对于人性的本体性,现代汉语有两个方面的基本释义:"在一定的社会制度和一定的历史条件下形成的人的本性";"人所具有的正常的感情和理性"。② 这一解释,一方面从人性的社会性和历史性出发把人性界定为人的本性,另一方面又从人所本有的感性和理性角度去认识人性,这接近

---

① 人类对整个世界以及人类自身的知识认识都离不开一定的概念或者范畴。概念使人们认识的客观对象特定化、具体化、边界化和内涵化,从而不仅为我们的研究提供了思维的语言与工具,而且为人们的研究确定了明确的目标与方向。显然,任何一项研究的理论概括与提升都必然需要走向抽象化和一般化并以此涵摄广阔无边的对象世界,这就是概念的意义和作用。就人性认识而言,我们不能停留在通过喜、怒、哀、乐、善、恶等具体意象对人性进行广泛描述上,而需要从揭示人性的本体上去认识人性的本质,这样,就需要回答人性是什么这一人性概念的定义问题。因此,只有形成一个关于人性的本体定义,关于人性的本质的普遍认识才有可能达成。

② 《现代汉语词典》(第5版),商务印书馆2005年版,第1148页。

于西方经验主义与唯理主义的人性观。我国对人性的权威释义有:"人区别于其他动物的共性",并进一步释义为,"人性是人的自然属性和社会属性的统一,它不是抽象的,而是现实的、具体的、历史的。一定的社会关系是形成人性的决定性因素"。[1] 这一人性释义,一方面在对人性的一般定义中强调人性是人区别于其他动物的共性,即把人的本质包含在人性之中,而这里的人的本质,显然是指人的现实性和社会性。另一方面又在对人性的具体解释中把人的自然属性包含于人性之中,而不否认人性的自然生物属性。这在前后逻辑上是自相矛盾的,因为人的自然属性是人与其他动物的共性,而不是区别性;换言之,人的自然属性就是一种动物性,与其他动物并没有本质不同。我国对人性的权威释义还有:"人区别于其他一切物,即人之为人的本质规定性。又称人的本性,是对一切人所共同具有的特性、属性的概括",并认为,"人首先是自然的存在物,人的肉体组织决定人有吃、喝、性行为等机能和欲望。但是,离开人的社会活动抽象地考察这些机能和欲望,把它们看成人类活动唯一的和终极的目的,则是错误的"。[2] 这一释义,在人的本质上认识人性,更加全面和准确地把握了人性的根本内涵。

对人性本体的定义与释义,即人性的本质或者是什么的问题,虽然不同的人性学说主张各异,但是它们都从各自不同的视角和在不同程度与意义上回答了人性是什么这一主题,或者围绕这一主题展开了有关人性的讨论。马克思在《1844年经济学哲学手稿》一文[3]中指出:"人是类存在物,不仅因为人在实践上和理论上都把类——他自身的类以及其他物的类——当做自己的对象;而且因为——这只是同一种事物的另一种说法——人把自身当做现有的、有生命的类来对待,因为人把自身当做普遍的因而也是自由的存在物来对待。"又指出:"一个种的整体特性、种的类特性就在于生命活动的性质,而自由的有意识的活动恰恰就是人的类特性。"他强调:"正因为人是类存在物,他才是有意识的存在物,就是说,他自己的生活对他来说是对象。仅仅由于这一点,他的活动才是自由的活动。"[4] 也就是说,人是具有自我意识并认识到自我和具有自由的存在,即人是"使自己的生命活动本身变成自己意志的和自己意识的对象"[5]的生物。马克

---

[1] 《辞海》(第7版)(5),上海辞书出版社2020年版,第3629页。
[2] 《中国大百科全书》(第2版)(第18卷),中国大百科全书出版社2009年版,第417页。
[3] 该文中,马克思为批判资本主义异化劳动,阐释了异化劳动使人的生命活动同人相异化的理论,并就此提出了对人的类特性即人的本质或者人性的理解。
[4] 中共中央马克思恩格斯列宁斯大林著作编译局编译:《马克思恩格斯选集》(第1卷),人民出版社2012年版,第56页。
[5] 中共中央马克思恩格斯列宁斯大林著作编译局编译:《马克思恩格斯选集》(第1卷),人民出版社2012年版,第56页。

思从人与动物的区别以及人的实践性上认识人的本质,科学揭示了"人性"的内涵,但这还不是严格意义上的对人性本体的定义和认识。① 马克思在《关于费尔巴哈的提纲》中进一步指出,"人的本质不是单个人所固有的抽象物,在其现实性上,它是一切社会关系的总和",②即人的本质是现实的、具体的,是由人的社会关系决定的。这是从人的社会性和实践性上对人不同于动物的本质所作的一种深度认识,从而人的本质只能从人的现实性中去寻找,③但是人的现实性或者社会性,只是人或者人性的存在条件,而不是人性的规定性结果,④人在现实性或者社会性中表现或者如何表现的人的客观本质才是人性的本体。⑤

---

① "在生物界中,一个种的类特性取决于其生命活动的性质,而人的类特性也取决于其生命活动的性质。人的生命活动恰恰就是自由自觉的活动,所以自由自觉的活动就是人的共同本质。在这里,'类'是相同事物的综合,所以'类本质'就是一切人的本质,或者人的共同本质,实际上是人的共同特性,确切说是人性。在此,马克思强调的是异化劳动对人性的抹杀,并不是正面阐释人的本质的内涵。"杨涯人:《马克思哲学中的人性范畴及关于人的本质的论断》,载《哲学研究》2012年第10期。
② 中共中央马克思恩格斯列宁斯大林著作编译局编译:《马克思恩格斯选集》(第1卷),人民出版社2012年版,第135页。
③ 强调人的社会性和社会关系对人的本质的决定性,这是马克思人性理论的鲜明特色,并与欧洲传统的唯理主义与经验主义的人性理论相区别。
④ 如果解作"一切社会关系的总和",那么"社会关系"又是指什么呢? 也许可以解作"人在生产生活中构成的各种关系"。但是,这种阐释仍无法让人真正清楚地了解人性究竟如何。因为在生产生活中构成的社会关系太多了,它是具体的,它是发展变化的,那它不正等于人的全部生产生活吗? 参见陈瑛、林桂榛:《"人性"新探》,载《南昌大学学报(人文社会科学版)》2002年第1期。
⑤ 我国学者一般认为马克思区分人性与人的本质,"人的本质"是指人的社会属性,而并非指人性即人的自然属性。"人性与人的本质之间的互动关系是:一方面,蕴含着人的自然欲望的人性是人在社会生活中进行创造的强大内驱力。由于人的自然欲望在可能性上是无限的,所以才能推动人的历史不断地向前发展。另一方面,作为社会关系总和的人的本质,总是按照一定的社会生活和文化背景创造出道德、法律、宗教、政治等方面的规范,给人性中的自然欲望及这种欲望在人的社会行为中的体现划出一个适度性。个人的社会行为只要保持在适度性之内,便被称作'善',超越适度性的则被称之为'恶'。而人性的发展常常会突破这样的度,迫使人去设定新的适度性,从而促使人类历史不断地向前发展。"(俞吾金:《关于人性问题的新探索——儒家人性理论与基督教人性理论的比较研究》,载《复旦学报(社会科学版)》1999年第1期。)有不同观点认为:"可以看到,无论是从中国哲学的历史来看,抑或就西方哲学的背景而言,谈论人性问题,都涉及人不同于其他存在的根本之点。从而,这一意义上的'人性'概念,与'人的本质'概念,也存在相通之处——宽泛而言,人性或人的本质,都关乎人之所以为人的内在特征和内在规定。"(杨国荣:《中国哲学中的人性问题》,载《哲学分析》2013年第1期。)笔者认为,不能简单地区别人性与人的本质,从对人及其客观属性或者本质的揭示上,两者不过是一个问题或者对象的不同表达。马克思关于人的本质是"社会关系总和"的认识,也只是对于人的本质或者人性认识的一个方面或者一种观点。换言之,所谓"人性"与"人的本质"的区别,只是学术认识或者意识形态的区别,而不是人或者人性的客观存在的区别,无论人们怎样认识或者区别人性与人的本质,人的自然属性及其社会实现的善恶,都是统一的人或者人性条件。

美国社会学家库利认为，人性至少有以下三个可供确切辨识的意义：第一个意义是人类由种质产生的严格的遗传特性，即人类在出生时即具备的各种无形的冲动和潜能；第二个意义是人类在亲密联系的简单形式或称"首属群体"①中，特别是在家庭和邻居中发展起来的社会性本质；第三个意义就是人类行为的善与恶，即道德品质。可见，人性既包括人类作为物种遗传的普遍和稳定的自然属性，又包括在相互关系中形成的并表现为一定情感和态度的社会属性，还包括通过行为表现出来的较为易变的和可以通过教育影响和形成的道德属性。②

人性的本体问题，作为人类如何认识和发现自我的问题，是人类自古就不能统一回答的问题。③ 即使是当代学术界，人们对人性的定义与本体亦持有各种不同的观点。有观点主张，"人性是指人与生俱来的自然属性"，即人性是人生而固有的生物性，从而区别于人的本质即人的社会属性。④ 不同的观点认为，不能简单地区分人性与人的本质，两者具有同一性。⑤ 相反的观点认为，"所谓人性，就是人的道德性，或者说是人的道德属性。一个人是否为有道德的人是由其道德属性决定的。一个人可以作为人的形式存在，但是只有当这个人具有道德属性之后才能被称之为是一

---

① "首属群体"为作者首创的概念，在他的其他著作中有详尽论述。
② 参见〔美〕查尔斯·霍顿·库利：《人类本性与社会秩序》，包凡一、王源译，华夏出版社1999年版，第24~25页。
③ 关于人性的本体与本质，有所谓人性善恶界说、人性社会关系说、人性自然属性说、人性社会属性说、两性说和共同本性说等各种学说。
④ 参见俞吾金：《再论中国传统人性理论的去魅与重建》，载《哲学分析》2013年第1期。"人性是人的自然属性，善恶则是文化概念，所以人性不可以言善恶。如果把人性与善恶联系起来，或者会导致对人性的盲目崇拜，或者会导致对人性的彻底失望。只有人的社会本质可以言善恶。"俞吾金：《关于人性问题的新探索——儒家人性理论与基督教人性理论的比较研究》，载《复旦学报（社会科学版）》1999年第1期。笔者认为，当人的自然属性通过一定社会关系表现和实现时，人在社会关系中表现的"人的本质"，即所谓"善恶"就构成了现实的人性，而其中被作为普遍秩序认可的，就是人性之"善"。
⑤ "不能简单地把人性归结为人的自然生理属性。如果把人性仅仅归结为人的生理属性，我们就没必要特别讲人性了，人性无非就是吃喝拉撒睡，和动物并没有本质的区别。"张曙光：《聚焦"人性"论》，载《哲学分析》2013年第1期。"无论是从中国哲学的历史来看，抑或就西方哲学的背景而言，谈论人性问题，都涉及人不同于其他存在的根本之点。从而，这一意义上的'人性'概念，与'人的本质'概念，也存在相通之处——宽泛而言，人性或人的本质，都关乎人之所以为人的内在特征和内在规定。"杨国荣：《中国哲学中的人性问题》，载《哲学分析》2013年第1期。

个具有人性的人",①即人性是人区别于动物的社会伦理属性。这一观点把人的自然属性归为人的天性。② 有学者坚持人性是人的自然性与社会性的统一并把人性界定为:"人性不同于物性,它既包含着物性,又超越于物性,所以才是人性。这也就是通常所说的,人有肉体又有灵魂,人是由肉体和灵魂两个方面结合而成的整体。"③即人性是人的生物性与社会性的整体与统一。④ "人性是人生而固有的本性:它一方面是人生而固有的自然本性,另一方面则是人生而固有的社会本性。""人性乃是一切人生而固有、永恒不变的普遍属性;它既包括人区别于其他动物的人之特性;又包括人与其他动物共同的人之动物性。这就是人性的定义。"⑤反对的观点认为,如果人性是自然性与社会性的统一,就是人作为动物和作为人的两种条件之和,那么人性岂不与动物性甚至植物性无异?⑥ 有学者从人的目的与价值上认识人性,认为"人性形而上的界说可为:追求生存优越并在生存生活中附有一定的道德属性"。⑦ 虽然"这种人性界说把人道德意义上品

---

① 聂珍钊:《文学伦理学批评:人性概念的阐释与考辨》,载《外国文学研究》2015年第6期。"人性是一个伦理学术语,属于道德的范畴。人性体现道德,由于不同时代、不同民族和不同地区的道德存在差异性,尽管人性也存在差异性,但人性的本质是一样的。道德不同于科学,道德的前提也同样不是科学,而是多数人或者社会的价值认同。人的行为和思想无论是否符合科学,只要多数人或者社会认同,就是道德的。因此,在不同的民族、地区、时代即不同的伦理环境和不同的伦理语境中,决定了道德价值有可能不同。"(同前。)

② "天性(human naturality)就是人的自然性或自然本性,它同人性(humannature)相对。在一些学者看来,人的天性和人性似乎是一回事,都是讲人的本质。按照这种观点,人的自然性(human naturality)即人的本质(human nature)也就混淆了人的动物性特点同人作为人存在的本质特征之间的区别。人的本质即人的性质,因此人的本质也就是人的人性,它应该与人的自然性完全不同。因此,我们在讨论人性的时候,就应该把人的自然性同人的人性完全区分开来,前者讲人的天性,后者讲人的人性。"聂珍钊:《文学伦理学批评:人性概念的阐释与考辨》,载《外国文学研究》2015年第6期。

③ 高清海:《重提德国古典哲学的人性理论》,载《学术月刊》2002年第10期。

④ "原则上可以把人性看成一个内涵丰富的系统,除了先天的、与生俱来的自然属性,还包括后天获得的,但相对稳定的社会心理属性,马克思也曾称之为人的'社会本能'。这个相对稳定的社会属性,一方面表现为共性,一方面也表现为个性。"张曙光:《聚焦"人性"论》,载《哲学分析》2013年第1期。

⑤ 王海明:《人性是什么》,载《上海师范大学学报(哲学社会科学版)》2003年第5期。"人生而固有的一切普遍本性,依其与其他动物的关系,显然可以分为两类:一类是比较一般的、低级的、基本的属性,是人与其他动物的共同性,是人所固有的动物性,如能够自由活动、都同样有食欲和性欲等等;另一类则是比较特殊的、高级的属性,是使人与其他动物区别开来而为人所特有的普遍属性,是人之所以为人者,亦即人的特性,如能够制造生产工具以及具有语言、理性和科学等等。这就是人性的两大类型。"王海明:《人性论》,商务印书馆2005年版,第15~16页。

⑥ 参见陈瑛、林桂榛:《"人性"新探》,载《南昌大学学报(人文社会科学版)》2002年第1期。

⑦ 陈瑛、林桂榛:《"人性"新探》,载《南昌大学学报(人文社会科学版)》2002年第1期。

性、行为的善恶全部纳入了自己的单一命题之中"，①但是它只针对人的行为及其善恶品质，还不是关于人性的本质与本体的一个完整和严格意义上的定义。

显然，人性是一个复杂的问题，正如人是一个复杂的主体，所以关于人性的本体与定义，不同学者从不同角度自然会有不同的理解并给予不同的界定。综合上述观点，人性界定的核心要义有以下几种。

其一，人性是人所具有的普遍属性还是某个人或某类人所具有的属性。这一问题的核心在于人性具有普遍性还是特殊性。关于人性的普遍性与特殊性问题，人们的认识几乎没有异议，即人性是指人的普遍性。"人性也就是一切社会一切人都具有的属性，亦即一切人的共同性、普遍性；而仅仅为一些人所具有的特殊性则不是人性。"②显然，人性的认识就在于通过人性的概念来概括和揭示千差万别和个性迥异的不同个人所具有的人类共同属性，所以普遍性必然是人性的本质条件和内涵，而人性概念也必然以抽象形式表达一种普遍性的人性及其特定的意义，所以人性概念的定义必然是对人的本质的一种普遍性总结与概括，而人的本质中那些具有确定性和公认性的普遍性也必然构成人性的当然属性。

其二，人性是人特有的属性还是包含了与动物相同的一部分属性，对于这一问题，人们的观点存在较大分歧。这实际上涉及如何界定人和人的本质以及人与动物的联系与区别问题，即人与动物的关系问题，亦即如何定位人及其具有的人性本质问题。如果从人不同于或者超越其他动物的属性上去认识人性，那么人性就是人不同于其他动物的特有属性，即人性不同于动物性。因此，诸如食欲、物欲和性欲等人与其他动物共有的属性就不是人类特有的属性，也就不属于人性的范畴。如果从动物或者生物意义上认识人，则人虽有不同于其他动物的特殊属性，但是人作为动物而与其他动物所共有的属性及其必然的生物规律才构成人性的普遍性，即坚持人性的自然性及其自然的规定性，则人与动物共同的生物性既属于人的普遍性，又属于人性的范畴。人性就是人生而固有的本性，人生而固有的任何本性——无论是人的特性还是人的动物性——都是人性。试想，人的食欲、性欲等与其他动物共有的所谓动物性，既然存在于一切人身上，怎么能

---

① 陈瑛、林桂榛：《"人性"新探》，载《南昌大学学报（人文社会科学版）》2002年第1期。
② 王海明：《人性是什么》，载《上海师范大学学报（哲学社会科学版）》2003年第5期。"人性是一切人普遍具有的属性，意味着：一个人，只要是人，则不论他是多么小，哪怕他只是个呱呱坠地的婴儿，他也与其他人同样具有人性；人性是呱呱坠地的婴儿与行将就木的老人共同具有的属性。"王海明：《人性论》，商务印书馆2005年版，第9页。

不是人的属性呢？怎么能不是人性呢？① 事实上，正是在人的生物性即人与其他动物共同的属性上，才能真正找到人性的普遍性，换言之，人的动物性或者自然性才是人性的本体性。② 当然，虽然人有与其他动物一样的自然性，但是人的自然性的表现与实现却有别于其他动物，这就是人性的社会性的作用。

因此，如何定义人性，一方面应当服务于人性研究的目的和意义，另一方面应当服从于人性的客观本质。人性研究的目的在于发现人的本体性即其普遍性或者本质属性，从而在揭示人性或者人的本质的同时认识人或者人性实现的规律性与规定性，即人性实现的一般规律和条件，亦即人性存在和维护的社会规范与秩序属性，从而构建一个符合人性或者人的客观利益需求及其实现条件和方式的社会结构体系，在尊重人性的基础上实现人类文明的规范与有序发展。这一人性研究的目的决定了人的自然与生物属性及其所具有的一般性与普遍性才是人性研究的根本对象，并属于人性的范畴，而人与其他动物的自然差别虽然也是人性的范畴，但是作为人超越其他动物的属性，并不能代表人性的自然性全部，人类既不能因此而在与其他动物的关系中表现出一种对其他动物无视的优越性，又不能以此形成一种人类中心主义并损害人类与自然的和谐统一关系，从而影响人类的可持续发展，这样的结果与人性的目的格格不入。因此，基于人性的普遍性，人性概念的内涵当然应当包括人与动物的共同属性，即人的动物性或者自然性，并且构成人性的一般条件。

其三，人性是人生而固有的属性还是后天获得和可以改变的属性，对于这一问题亦存在认识分歧。将人性界定为人所固有的属性古已有之，且为我国古代主流学说。告子认为："生之谓性。"③孟子认为，"性者，生之质也"，④人性"非由外铄我也，我固有之也"。⑤ 荀子指出："性者，天之就也"；"生之所以然者谓之性"；"不事而自然谓之性"。⑥ 董仲舒强调："如其生之自然之资谓之性。"⑦韩愈主张："性也者与生俱生者也。"⑧可见，我

---

① 参见王海明：《人性论》，商务印书馆2005年版，第17页。
② "应该说，人与动物相同的内容无疑对人也是极其重要的，因为人同属动物，人的存在方式是一般动物的存在方式的历史演变，人与动物尤其是与高级动物之间并不存在绝对的鸿沟。"陈瑛、林桂榛：《"人性"新探》，载《南昌大学学报（人文社会科学版）》2002年第1期。
③ 《孟子·告子章句上》。
④ 《庄子·杂篇·庚桑楚》。
⑤ 《孟子·告子》。
⑥ 《荀子·正名》。
⑦ 《春秋繁露·深察名号》。
⑧ 〔唐〕韩愈：《原性》。

国古代主要学者都认为人性是先天固有的,都抓住了人性的自然属性,这是对人的生物本质认识的必然结果。生而固有的属性代表了人性的本体性与普遍性。"它一方面是人生而固有的自然本性,另一方面则是人生而固有的社会本性",①即在坚持人性是人生而固有的普遍本性的同时,又认为人性不完全是一成不变的。这一结论通过将人性分为质与量而据以得出。"因为人性显然由质与量两方面构成,是质与量的统一体。从质上看,亦即从质的有无来看,人性确实完全是生而固有、一成不变的,是普遍的、必然的、不能自由选择的。但是,从量上看,亦即从量的多少来说,在一定限度内,人性却是后天习得的,是不断变化的,是特殊的、偶然的、可以自由选择的。"②有学者主张,人的存在是一种生命现象,是以运动的方式存在的,它以生理活动、意识活动、行为活动来展现人的全部内容。因而,对人性的探究不应只截取社会的一个剖面来观察,不应是对人静态状况的剖面叙述,而应当对人性作"动态描述",即"人性"所指的不应是人"静"的内容,而应是人"动"的内容,它蕴含着人所共有的一种存在状态和活动倾向。③ 然而,人性作为对人的本质与属性的一般认识,在如何描述人"动"的内容上无能为力。

那么,究竟人性是先天固有的还是后天由社会形塑而成的呢?对这一问题的回答仍然需要一个据以判断的标准。人性是人的普遍属性,既包括人与动物共同的属性又包括人后天通过参与实践活动在人类社会中形成的社会属性。基于这样的人性概念,笔者认为人性并不都是人生而固有的自然属性,亦包括人在后天的学习、实践等活动中获得和形成的人之为人的社会属性。两者的关系是,人性的自然性是人性的社会性的客观根据,人性的社会性是人性的自然性在社会结构中表现和存在的现实条件,前者是人的利益需求的规定性,后者是人的利益实现的规定性。

基于这一认识前提,可见以孟子和荀子为代表的传统人性论关于人性是固有或者先天的人性概念,是狭义的,如此不足以全面揭示人性的普遍性与规定性。我们之所以要认识人性,不仅在于发现人性的自然生物性,而且在于认识人性在自然生物性基础上存在和实现的社会规律与规定性,从而服务于以人为主体的社会构造,以更有利于实现人性与人的目的。因此,伦理学、哲学和法学等人文社会科学在寻求人的社会真理即人的社会实现的规律性与规定性上,不可能也不应当将人性的本体仅仅局限于人

---

① 王海明:《人性论》,商务印书馆2005年版,第11页。
② 王海明:《人性论》,商务印书馆2005年版,第11~12页。
③ 参见陈瑛、林桂榛:《"人性"新探》,载《南昌大学学报(人文社会科学版)》2002年第1期。

的自然本性这一狭窄的视野之下,相反,它必须延伸并深入人的社会性,需要进行人性的社会性认识与探索。①

关于人的社会性是不是人生而固有的属性,笔者认为,人虽然具有必然的社会性,这是由人的社会生存条件决定的,但是社会性并非人先天固有的属性。人的社会性是人在社会条件和环境下通过一定的实践经验和自主意识而不断获得的。② 换言之,人的社会性的养成和获得,既是人的意思能力的结果,又是受人的意思能力条件限制的。刚刚诞生的婴儿,或者人在没有意思能力之前,就纯粹是生物意义上的人,既没有社会意识与道德观念,也就无所谓作为伦理范畴的独立社会属性可言。③ 因此,人的社会属性是随着人的意思能力的产生和不断增长而在社会关系和社会实践中逐步获得的,具有特定的社会角色性。虽然人性的社会性也具有其一般性和普遍性特征,但是这种一般性和普遍性是由人性的自然性决定的,是人性的自然性在社会条件下的客观要求和反映,正是人性的自然性决定了人性的社会一般性和普遍性,所以自然性构成了最基础的人性。

与人性的自然性不同,人性的社会性在特定的社会环境与历史条件下存在一定的变异性,形成社会文化与文明的多元性与多样性。这正是我们以人性为基础的一切人文社会科学研究的目的与意义之所在,即在承认人类社会文化与文明的多元性与多样性的基础上,认识人类社会文化与文明的普遍性,亦即人性实现的一般社会规律性与规定性,就是一个不断发现人性的真实性与本质性的过程,也就是发现社会正义性的过程。显然,人性的自然性与普遍性具有其社会实现的复杂性和多样性,这是不能为人性

---

① 显然,狭义的人性概念并不符合人性提出和研究的目的,虽然它能够为伦理学、哲学和法学等人文社会科学的研究提供人性的自然根据,但却不能完成人性研究的社会使命。然而,一切人文社会科学的研究以人为目的,追求人的价值及其社会实现,所以作为社会价值的人性问题,即以自然属性为根据的人性的社会属性问题才是人性研究的主要对象和所要解决的根本问题。因此,将人性限定于人的自然属性这一狭义的范畴,虽然能够为伦理学、哲学和法学等人文社会科学提供分析的工具,但是却不能直达分析的目的。
② 人的一切都具有社会历史意义,"我们生而具有的特征似乎可以说是经历过我们祖先生活的社会考验",是直接从社会的交流中得来的。人的社会交流就是要作出和接受各种思想情感的表达,这就离不开与人交往的社会环境和条件,即一个人必须接受和生活于社会,使社会成为人的生活形态。"一个离弃社会的人若不能保持对社会的想象中的把握,他就只能像一头聪明的野兽那样生活,在周围的自然环境中锻炼他的大脑,但他明显的人性的官能肯定会消失,或者停止发生作用。"〔美〕查尔斯·霍顿·库利:《人类本性与社会秩序》,包凡一、王源译,华夏出版社1999年版,第35、36页。
③ 因此,没有或者欠缺意思能力的人,是事实上的无行为能力人(这一事实状态被民法所确认),其社会行为需要处于他人的监护之下。

的固有性所决定和统一表现的。① 总之,无论是人性的自然性还是社会性,都具有或者应当具有其客观性,特别是对于人性的社会性而言,如何在人性的自然性的基础上认识和发现人性的社会客观性,即解决人的社会存在与实现问题,这才是一切人文社会科学研究的真正和唯一目的。

(二)人性是人的生命规定性

人性本体论作为关于人性的实在性理论,揭示人性的客观属性,回答人性是什么的问题,就是要发现人性的本质。笔者认为,人性就是人的生命的客观规定性,是由人的生命需求及其实现条件所决定的人的生物本质与社会条件统一的生态秩序属性。②

对于这一人性定义与认识的内涵,可以作以下几个方面的解析。

1. 人性的生命需求性

人作为生命主体,是需求主体,生命需求是人的自然与必然的客观条件与规律,构成人类生物与社会存在的根据,并必然构成人性的本体。生命需求产生了满足这一需求的人类劳动。马克思指出:"劳动这种生命活动、这种生产生活本身对人来说不过是满足一种需要即维持肉体生存的需要的一种手段。"③根据达尔文进化论,生物是进化的,适者生存是生物进化的条件与动力。人性的生命需求性,首先是人的自然生存法则,遵循人

---

① 关于人性的后天获得是不是一个量的积累过程,笔者认为,无论是什么样的人性,无论是人性水平与程度的高低,人性都是一个质的概念,而不是一个量的概念。人们对人性的认识,都旨在回答一个问题——人性是什么或者什么是人性,而非人性的有无或者量的多少。一般地,学术问题有定性分析与定量分析之别,定性分析侧重于分析特定研究对象的性质,通过归纳演绎、分析综合、抽象概括等方法实现揭示事物本质、发现事物规律的研究目的;定量分析通过研究相关客体的数量特征、数量变化以及数量关系发现研究对象的变化与关系。总体上看,人性的发现与认识是对人性本质与规律的认识,适于通过分析归纳等方法加以研究,即适合定性分析。至于定量分析的方法则不适用于人性研究。因为人性作为一个抽象对象,并没有数量多少之谓,人性固然存在后天的变化,但这不是人性量的变化。总之,人性的本质无法用"量"衡量。因此,将人性分为质与量两方面,认为人性是质与量的统一,并不符合对人性本质的认识。
② "所说的本质,是指使一个事物成为这事物的那东西,是指事物的特性或性质的总和,根据这些性质它才像它现在这样存在和活动";"总之,一个事物的本质,就是它的个体的和特殊的本性"。〔法〕霍尔巴赫:《自然的体系》(上卷),管士滨译,商务印书馆1999年版,第11页。
③ 中共中央马克思恩格斯列宁斯大林著作编译局编译:《马克思恩格斯选集》(第1卷),人民出版社2012年版,第56页。"马克思在哲学史上第一次从人是有生命需求的科学视角出发,把自由的有意识的实践活动视为创造对象世界、改造无机界、产生人的生命的根本的总体性的活动,正是这种活动使人自成一类,成为与动物根本区别的类存在物。"张奎良:《马克思人的本质思想的全景展示》,载《天津社会科学》2014年第1期。

的自然生命的规律与规定性,①具有生命需求的本体属性。马克思恩格斯在《德意志意识形态》一文中指出:"全部人类历史的第一个前提无疑是有生命的个人的存在。因此,第一个需要确认的事实就是这些个人的肉体组织以及由此产生的个人对其他自然的关系。"②生命的个人存在是个人与其他自然关系存在的前提,没有个人的存在,也就没有整个自然与社会的存在,而个人为了自己的存在,必然以维护个人的存在为出发点。"在任何情况下,个人总是'从自己出发的',但由于从他们彼此不需要发生任何联系这个意义上来说他们不是唯一的,由于他们的需要即他们的本性,以及他们求得满足的方式,把他们联系起来(两性关系、交换、分工),所以他们必然要发生相互关系。"③马克思恩格斯指出:"各个人过去和现在始终是从自己出发的。他们的关系是他们的现实生活过程的关系。"④人的需求决定了人和人性的本质。人是具有生命需求的动物,人的生命需求构成人性的根本属性。人的生命需求,既有自然的需求,又有社会的需求,但在根本上是人的自然需求,即生物需求性。

人性是人的天生属性。孟子曰:"生之为性"。⑤ 荀子曰:"生之所以然者谓之性。"⑥也就是说,人性是生命的条件,是生命的需求与规定性。"人是一种不断需求的动物,除短暂的时间外,极少达到完全满足的状况,一个欲望满足之后往往又会迅速被另一个欲望所占领。人几乎总是在希望什么,这是贯穿人整个一生的特点。"⑦生命是生物体所具有的活动能力。生命问题根本上是生命需求即生命力问题,即生物或者生命体所具有的生存

---

① 自然界几乎所有的生物,包括人类、动物、植物、微生物,都受制于遗传基因。基因唯一的目的就是复制自己,为达此目的,就要使拥有基因的个体生存并繁殖。"基因要复制自己,就要行为自私,更何况基因是自私行为的基本单位,而自私行为又是进化的原动力。不自私,就难以度过自然选择进化这一关口。"孙宪铎:《基因与人性——生命科学与社会学理论的分析》,载《文史哲》2004年第4期。
② 中共中央马克思恩格斯列宁斯大林著作编译局编译:《马克思恩格斯选集》(第1卷),人民出版社2012年版,第146页。
③ 中共中央马克思恩格斯列宁斯大林著作编译局编译:《马克思恩格斯全集》(第3卷),人民出版社1960年版,第514页。
④ 中共中央马克思恩格斯列宁斯大林著作编译局编译:《马克思恩格斯选集》(第1卷),人民出版社2012年版,第215页。
⑤ 《孟子·告子上》。
⑥ 《荀子·正名》。
⑦ 〔美〕马斯洛:《马斯洛人本哲学》,成明编译,九州出版社2003年版,第1页。

和发展需求与能力。① "人是自然的产物,存在于自然之中,服从自然的法则,不能超越自然,就是在思维中也不能走出自然。"②生命的需求性必然形成那些不可抗拒的自然而必然遵循的生存法则,唯有遵循这些法则,人类才能够维持自己的生命,而这些法则也就构成了人性的基础属性,这就是人性的自然性或者生物本质。③

换言之,人的自然生命性需求什么,就必须具备和满足这一需求的条件,并因此必然具有什么样的人性本质,即人的需求性决定了人性和人性的本质性,而人性不过是由人的自然生命需求所决定的生命条件或者实质要素而已,是人类遵循自身生命需求所必然构成和表现的客观统一性,即一种生命秩序性与规定性。"人在他的一切发展以及他所经受的一切变化中,只是永远遵照他的机体以及自然构成这机体的物质的固有规律而活动。"④人性是一种生命需求性或者由生命需求性所决定的人类属性。人性问题,首先是生命需求问题,是由人的生命需求所决定的客观利益条件与自然法则,只有这样的条件和法则,才具有普遍性,也才具有规律性和规定性。同样,人对自身所犯的最大错误,也就是对自己的生命需求或者自然人性的认识错误或者承认与尊重不足。⑤ "由于不认识自己的本性、倾向、需要和权利,人在社会中才失去自由而沦为奴隶。"⑥人性的生命需求性,作为一种客观的、自然的生物本质,是人的意志不可抗拒的客观存在,因此必须得到有效的承认、遵循与尊重,否则,这种人性的缺失必然导致人类对自身利益的损害,甚至是否定人类自身。

显然,人性的生命性是需求和需求实现的规律与规定性,这是人作为生物的根本属性。当代美国心理学家马斯洛的需求层次理论将人类需求像阶梯一样从低到高分为生理需求、安全需求、社交需求、尊重需求和自我

---

① "历史上对生命本质的观点可分为活力论和机械论两大派。活力论断言有某种'活力'存在,将生物和非生物区分开来,并且是生命活动的基础。而机械论认为奇妙的生命现象不过是服从基本物理化学定律的过程和变化,生命系统最终可以还原为其组成原子和分子。"《不列颠百科全书》(修订版)(第10卷),中国大百科全书出版社2007年版,第88页。
② 〔法〕霍尔巴赫:《自然的体系》(上卷),管士滨译,商务印书馆1999年版,第3页。
③ "人性中的动物性确实来自动物,所以我才说这是动物的通性,人类有,动物也有。不仅是动物有,植物也有,连微生物都有,所有生物都有,哪个没有,哪个就活不下去,就会绝种。"孙宪铎:《基因与人性——生命科学与社会学理论的分析》,载《文史哲》2004年第4期。
④ 〔法〕霍尔巴赫:《自然的体系》(上卷),管士滨译,商务印书馆1999年版,第5页。
⑤ "人的一切错误都是关于物理学方面的错误;只有在人们忽略向自然请示、求教于自然的法则,乞援于经验时,人们才会犯错误。"〔法〕霍尔巴赫:《自然的体系》(上卷),管士滨译,商务印书馆1999年版,第6页。
⑥ 〔法〕霍尔巴赫:《自然的体系》(上卷),管士滨译,商务印书馆1999年版,第7页。

实现需求五个层次,其实质上揭示的也就是人性的不同诉求及其性质、内容和条件。① 生物体的生命活动产生于需求,并通过各种生命运动满足需求,当不再有需求生命便归于终结。既然需求支配了包括人在内的整个生物界的生存状态与生命活动,那么虽然人是整个自然界最具灵性的生物体,但是其人性的本质亦不能脱离这一普遍的生物规律性。

虽然人与其他生物都有基于自然法则的需求性,但是人的需求性并不限于生物层面的自然需求,而是在超越自然需求的基础上具有以一定文化与文明形式表现的社会需求。人的社会需求,有物质性的,也有精神性的,它不过是人的自然需求发展的结果,既是自然需求的转化形式,又是由自然需求决定的,根本无法摆脱自然需求的规定性。

2. 人性的生物本质性

人性的生命需求,根本是人的生物需求,具有自然需求的本质属性,因此人性必然具有生物的本质属性,并决定人性的社会本质属性。生命需求作为人性的发端与根基,首先是一种自然生物性需求,这是由人作为自然生物的本质决定的,并必然具有和反映人的生物本质。②

恩格斯在《反杜林论》中指出:"人来源于动物界这一事实已经决定人永远不能完全摆脱兽性,所以问题永远只能在于摆脱得多些或少些,在于兽性或人性的程度上的差异。"③因此,不能"把人分成截然不同的两类",即"具有人性的人和具有兽性的人""善人和恶人"。④ 人性并不是与"兽性"对立的,人性中包含兽性,即人的生物本质性,而人性的社会性即人性中不同于兽性的一面,是人类社会进化与发展的结果,但这并不能使人摆脱"兽性"而使人性成为抽象掉人的"生物本质"的纯粹"人性",因为

---

① 参见[美]亚伯拉罕·马斯洛:《动机与人格》(第3版),许金声等译,中国人民大学出版社2007年版,第24~26页。

② "人性论的科学底线是达尔文的进化论的'自然选择'理论。根据这一理论,人类在选择压力下形成的适应特征,即是人性。'自然选择'是对个体的选择作用,而不是'群体选择',因此,被'自然选择'所保留的这些适应特征是人类的每一个体都具有的,'人性'是一个共同概念,而不是通过个体间差异的比较而概括出来的普遍概念,更不是表示人的类本质的抽象概念。"赵敦华:《人性科学何以可能》,载《江海学刊》2005年第5期。

③ 中共中央马克思恩格斯列宁斯大林著作编译局编译:《马克思恩格斯选集》(第3卷),人民出版社2012年版,第478页。因此,恩格斯反对"把人分成截然不同的两类,分成具有人性的人和具有兽性的人,分成善人和恶人"。(同前。)人既来源于动物界又作为脱离动物界的人,必然既具有人性的一面,又具有兽性的一面,是人性与兽性的统一,而不能在人性与兽性之间截然分开,成为某种纯粹的人或者兽。人与动物的不同在于,人是具有自我意识并意识到了自我和自我本体的动物。

④ 中共中央马克思恩格斯列宁斯大林著作编译局编译:《马克思恩格斯选集》(第3卷),人民出版社2012年版,第478页。

这不是真正的人和人性。"最初的、从动物界分离出来的人,在一切本质方面是和动物本身一样不自由的;但是文化上的每一个进步,都是迈向自由的一步。"①人类的社会自由并不是脱离了生物本质的自由,而是作为生物并以生物本质为根据的精神与行为自由,这才有作为主体的自由意义。马克思恩格斯在《德意志意识形态》中指出,"意识一开始就是社会的产物","这个开始,同这一阶段的社会生活本身一样,带有动物的性质;这是纯粹的畜群意识,这里,人和绵羊不同的地方只是在于:他的意识代替了他的本能,或者说他的本能是被意识到了的本能"。② 正如孟子言:"人之所以异于禽兽者几希。"③人和动物一样,都具有生物的本质,不同的只是人意识到了自己的生物本质,并在社会基础上有意识地实现和完善自己的生物本质。

人性既有人的自然生物性,又有人的社会伦理性,但是它在根本上是人作为生物而在整个自然体系中所必然具有和表现的生物本质。"各种存在物之不同的体系,或者,如果人们愿意这样说的话,它们的特殊本性,是依赖于那个大整体的总体系,是依赖于它们只是作为部分的那个普遍的自然的体系的,凡是存在的事物必然与普遍的自然的体系联系着。"④人作为生物就是一种自然物,必然具有以生命需求为根据并由其规定的生物本质性。只有自然的或者符合自然的事物才有本质,因为只有自然或者符合自然的事物才具有内在的客观规定性,而这个规定性才构成一事物的本质。"我所说的本质,是指使一个事物成为这事物的那东西,是指事物的特性或性质的总和,根据这些性质它才像它现在这样存在和活动。""总之,一个事物的本质,就是它的个体的和特殊的本性。"⑤人性的生命需求性决定了人的各种自然与必然的欲求,而基于这种欲求所需要的客观利益条件的必要满足及其实现的最大化,就构成了人性的生物本质。也就是说,人性的生物本质,一是利益的必要满足本质,二是利益实现的最大化本质。人作为自然生物,不过是以利益需求与实现为条件的生命主体,无法逃脱生命的利益需求与实现的规定性与规律性,这一规定性与规律性,不仅是人性

---

① 中共中央马克思恩格斯列宁斯大林著作编译局编译:《马克思恩格斯选集》(第3卷),人民出版社2012年版,第492页。
② 中共中央马克思恩格斯列宁斯大林著作编译局编译:《马克思恩格斯选集》(第1卷),人民出版社2012年版,第161~162页。
③ 《孟子·离娄下》。
④ 〔法〕霍尔巴赫:《自然的体系》(上卷),管士滨译,商务印书馆1999年版,第10页。
⑤ 〔法〕霍尔巴赫:《自然的体系》(上卷),管士滨译,商务印书馆1999年版,第11页。

的规定性与规律性,也构成了以人性为根据的"人法"的规定性与规律性,①"人法"调整的人类关系,就是人的利益需求与实现的基础社会关系,即民法上的所谓人身与财产关系。这一关系反映人的自然生物本质,不过是上升为社会关系的人类自然生态关系,构成人类普遍和一般的共同或者共性的自然与社会的生态秩序体系。

"所以,一方面,'人性'与'人的特性'是两个不同的概念。人性就是人的属性:既包含人区别于其他动物的属性,亦即人的特性;又包含人与其他动物共同的属性,亦即动物性。另一方面,'人性'与'动物性'是一般与个别、共性与个性的关系:动物性存在于人性之中,是人性的一部分。"②显然,在人性的生物与社会本质两者之中,生物本质是决定性的因素,是作为根据存在的。人性的生物性决定了人只有维持自己的生物存在才能够保有自己的社会存在,社会存在不过是人的生物存在的条件与方式,是由人的生物存在所决定的一种人际结构形态,人的生物本质构成人的社会存在根据,并规定人的社会本质。人并没有单纯的或者脱离人的生物本质的社会本质,一切社会本质都不过是构成人的生物本质的条件和需要。人的社会本质只能反映人的生物本质,并在正确反映的范围内具有人性的价值,而那些违反人的生物本质的社会现象,都是人的非本质现象,既不代表人性,又不是符合人类理性的社会选择与安排。

3. 人性的普遍存在性

无论是人性的生命需求性,还是人性的生物本质性,都是人性的自然与客观事实,体现为人性的普遍存在性。③ 人性的普遍存在性是由人性的生命需求性与生物本质性所决定的共同属性,即人性的必然性及其一般条件性。也就是说,人性是一种自然和客观的人类固有和相对不变的本性,这种人类自然、客观的本性必然在它的自然和客观的规定性中表现出具有内在联系与本质统一的普遍性。"人性也就是一切社会一切人都具有的属性,亦即一切人的共同性、普遍性;而仅仅为一些人所具有的特殊性则

---

① 人作为主体,根本是利益主体,人的一切需求,根本是利益需求,而人性不过是人的利益需求及其实现条件的规定性与规律性。关于利益的本质及其对人性的意义,本书后文有具体论述。
② 王海明:《人性是什么》,载《上海师范大学学报(哲学社会科学版)》2003年第5期。
③ 寻找人性的统一性,"一定能发现一个突出的特征,一个普遍的特性——在这种特征和特性之中所有的形式全部都相互一致而和谐起来"。〔德〕恩斯特·卡西尔:《人论》,甘阳译,上海译文出版社2004年版,第99页。

不是人性。"①人性概念的意义就在于它是被用来概括人的普遍性的范畴,而人性之所以重要也就在于它构成了人的普遍性存在与本质。人类之所以追寻和认知自身人性,就是因为人类面对不同的个体,而不同的个体又不得不结合成社会群体而生存和生活在一起,这种生存与生活结构上的既个体区分又整体结合的自然生态,必然需要人类存在相互结合的生态基础,即人类那种不可缺失的共同生存与生活条件,而这种能够把不同的人类个体联系在一起并结合成统一生态体系的基础和条件,就是作为人类普遍存在的人性本质。人类作为同一生物种群,必然基于自己的普遍存在而具有共同的生存与生活条件与目的,而为了获得和实现这一共同的条件与目的,必然以自己的普遍存在为根据而把不同的个体结合为一体,并在不断认识自己的普遍存在性的基础上,把人类的统一生态体系结合得更加符合人类自身的存在条件及其人性的需要,而人类也因此同步增长和获得了有关自己的人性知识。

人性的普遍性,不仅是人性的自然性的普遍性,而且是人性的社会性的普遍性。② 人作为主体,首先是作为个体存在的,而芸芸众生,天赋不同,秉性迥异,个体之间差别较大,在统一的社会结构中必然存在个体的不同意志与行为选择;而历史地看,人类在不同的发展阶段及其不同的社会结构与制度条件下,不可能表现出完全相同的社会生存与生活状态,而只能存在历史的差别,特别是由于历史形成的文化传统、宗教信仰以及个体接受教育的不同,人与人之间以及不同的人类种群之间亦呈现出不同的思想观念、行为模式、生活习惯,从而影响自己的社会结构体系。总之,历史与现实中的个人,都是千差万别的,没有完全的统一性,这是人性的普遍存在性被作为人性的本质提出并构成人性问题的前提与基础。显然,在人类个体差异的基础上存在的人性普遍性,才具有作为人性本质被认识的意义。人类存在个体差异的同时并不会丧失自己的普遍存在性,这是一个"种"的自然条件与客观需求。人类虽然存在个体差异与性情不同,但是人类之所以被称为人类并构成同一个种群,就在于人类必然存在的共同属

---

① 王海明:《人性是什么》,载《上海师范大学学报(哲学社会科学版)》2003年第5期。"人性就其自身来说是不变的、必然的、普遍的。但是,这不变的、必然的、普遍的人性并不能独立存在,而只能存在于人们那些变化的、特殊的、偶然的属性之中,通过这些属性表现出来。人们的这些变化的、特殊的、偶然的属性,就是人性的'用',就是人性的表现形式;而它们所表现出来的不变的、必然的、普遍的人性,则是人性的'体',是人性的内容。"(同前)
② "只有当人性是人的一切普遍性,它才是极其丰富复杂的东西,才能够成为一种科学——亦即人性论——的研究对象。"王海明:《人性是什么》,载《上海师范大学学报(哲学社会科学版)》2003年第5期。

性及其"类"本质,这就是人类在生命需求与生物本质的自然与客观基础上必然存在的人性普遍性。人类有饮食温饱的自然欲求,有趋利避害的共同天性,有繁衍种群的生物行为,有自我保存的先天本能,有追求自由的人格特质,等等。这些都是人性的普遍存在性,并决定了人类的普遍生存结构及其生态秩序体系。

人性并不是人的个性,而是以人的个性为基础的人类普遍性。因此,人性代表的是人类的普遍存在而不是某个人或者某个群体的特殊存在。当然,人性的普遍存在既是在不同的个体中存在的,又是通过不同的个体存在表现出来的,既是个体的存在,又是个体的共同存在。"人类共同的、固定的心理机制和与之相对应的多样的、变化的社会行为模式,是每一个人类个体都具有的适应性特征,这就是共同的人性。"① 特定的个人或者群体的人性特征及其特殊的心理与行为属性,既不能否定其存在的共同人性,又不能掩盖人性的普遍性存在。例如,人在婴儿阶段没有意思能力,或者对于那些因无意思能力而无行为能力的人而言,也就谈不上具备理性,但是我们不能据此就认定理性不是人性的普遍存在;又如,某个民族或者群体在一定的战争或者敌对状态下可能鼓励民族之间的仇恨与屠杀,而这种鼓励可能得到集体性的拥护和一致的响应与行动,然而,我们也不能因此就认为仇恨和屠杀构成人性的普遍性。人性的普遍存在性就是人性的常态性和一般性,也就是人类在自然与客观的状态下所表现出来的共有属性,它不以某个人或者某个群体在特殊阶段或者特定情形下的人性表现为根据,是被抽象掉了个体特殊性的人性,只有这样的"人性",才具有需求与实现上的一般规律与规定性,并因此代表人性的价值与本质,是决定人类社会生态特征与秩序体系的根本条件。

由于人性不是某个人的个性或者特殊性,而是人的共性,是人人都具有的属性,是不同的特定个人或者群体的普遍存在性,所以人性并不是人的无差别性,而是在人的差别性基础上的同一性或者同类性,只有人类的这一特性才构成人性。虽然同人性的普遍存在性一样,人的个别性与特异性也是客观存在的,而人性的普遍存在性并不否定和代表人的个别性与特异性,但是只有人的普遍存在才具有人性的本质。个体的人,形形色色,各有自己的性情与特性,都是个性鲜明的主体,没有完全相同的人,而正是由于人性的普遍存在,才把这些不同的人联系在一起,并形成了人类的统一生态体系。显然,无论个体的人如何千差万别,他们作为共同的人类,必然

---

① 赵敦华:《为共同人性辩护》,载《复旦学报(社会科学版)》2004年第6期。

具有"类"的普遍存在性,这就是人的客观利益需求及其实现条件上的普遍性。因此,人性的要义在于,每个人都是独立的个体,没有完全相同的人;每个不同的人都具有人类的普遍存在性,这是个体无法超越的人性;每个人的个性与特异性只代表不同人的人格特质,而不决定人性的普遍性与根本性;每个人的个性与特殊性是可以被强制或者通过教育改变的属性,而人性的普遍存在性则是作为人的一般性的相对不变的属性,是与人不可分割的和作为人不能被剥夺的本质性。正是人性的普遍存在性决定了人类相互联系的统一生态体系及其结构与秩序形态,是人性的社会性及其规范与秩序构造的存在根据与基础,如果没有人性的普遍存在性也就没有人类的统一生态体系及其社会结构条件。

4. 人性的社会统一性

人性的社会统一性是人性的生态秩序统一,即人的自然性与社会性在社会秩序形态下的统一。人性是人的生态性,人的生态性是人的自然性与社会性的统一形态。人性既是自然的,又是社会的,因自然而构成社会,以社会来表现自然,并在生态上遵循和表现为人性的社会统一性,即人性超越自然性而在社会性上的生态规范与秩序统一。人性的自然性和社会性都是人的生态性,是人在一定社会关系条件下表现的生态秩序,是上升和统一为社会关系条件的生态秩序体系。如果说人性的自然性是人的客观需求性,那么人性的社会性则是人的客观需求实现的规定性,即人的客观需求实现所需要表现出来的相互关系条件或者形式,即人性的自然性实现必须通过人的社会性即人的统一社会秩序形式表现出来。

社会是人的相互关系的总和,这一关系就是社会关系,人性的社会性就是人在一定的社会关系中所应当具有和表现出来的行为条件与伦理属性,是人的自然性的存在条件与实现方式。人不是单纯的生物自然存在,人性也不是单纯的生物自然属性,而是以一定的社会关系形态表现和存在的生物与生命过程,需要把自然人性转化和表现为一定的社会关系条件,实现人性在社会关系条件下的规范与统一。例如,人与其他动物一样有保护未成年子女的自然属性,但人类的亲子保护,不仅是一种自然与生物的本能属性,而且表现为一定的社会统一性,即以社会的一般规范形式——民法的监护制度存在。又如,人和其他动物都有性欲实现的自然需求,但是人的性欲实现需要遵循人的社会伦理秩序——婚姻制度的一般规范条件。可以说,民法作为"人法"的国家法形式,其体系构成中的各种人身权与财产权制度,就是作为人性实现的社会统一性存在的,是人性的社会统一规范与秩序形式,是人性的自然性与社会性在民法形式下的生态规范与秩序统一。因此,人性的自然性,既在社会统一性中受到了行为克制,又在社会统一性中得到了需求满足,而人性的社会性则不过是作为人性的自然性实现的需要和条件存在的,这就是人的社会生态秩序。

"人性并非是一个抽象物,它就是人们在社会关系中表现出来的人的本性、特性、特质等。"①换言之,人性的存在和实现,作为一种生态条件和秩序,不仅是自然的,而且是社会的,是以一定的社会生态形式表现出来的自然生态本质。人性的自然性只有符合和遵循一定的社会关系条件并以一定的社会秩序形式表现和实现,才具有人性的正当性与合理性,才是被普遍承认的人性。人性的社会性或者社会生态条件,是以人性的自然性为根据的社会性,是在人性的自然性普遍存在条件基础上的社会统一性。人性实现的社会生态规范与秩序形态,最终是由人性的生命需求与生物本质及其普遍存在性所决定的,而人性以人的自然性为根据并在社会性条件下的生态统一,决定了人性的社会性本身所具有的客观性与真实性或者真理性,即人性的社会规范与秩序在人的自然生态的基础上,是具有规律性和规定性的社会形态,同样构成人性的普遍性。

人性的社会性虽然以人的自然性为根据,但作为人对社会关系条件的主观要求和反映,并非人的直接的自然性,即不是人生而固有的,而是随着人的意识能力与实践经验的成长而在社会生活中逐渐认识和形成的,是人类意识的自我发现,而不是人类固有的意识形态。虽然人性的社会性作为人的自然生态秩序条件的反映,不能脱离人性的自然性,必然以人性的自然性为根据并遵循人性的自然规定性,即人类客观利益需求及其实现的规定性,但是人性本身又是人以自身为对象的一种主观认识,是上升为人的思想观念或者意识形态的社会范畴,具有存在和表现形式上的社会文化特征,因此又具有自身意识形态的复杂性和多样性,这就是人类认识和发现自身社会本质的艰难性及其文化形态上的多元化。

人作为自然的一部分,遵循自然的生物规律与规定性,但是人与其他动物不同,人是智慧生物,是有目的生活的,在自然生态的基础上追求自己生活实现的理想社会状态。"人被宣称为应当是不断探究他自身的存在物——一个在他生存的每时每刻都必须查问和审视他的生存状况的存在物。人类生活的真正价值,恰恰就存在于这种审视中,存在于这种对人类

---

① 武步云:《人本法学的哲学探究》,法律出版社2008年版,第127页。

生活的批判态度中。"①人类生活与其他动物的最大不同,就是人类作为智慧生物所具有的实现自己生活的社会构造能力,并在自己的社会构造中以积极的生活目的而赋予和创造生活的价值。换言之,人类的生活是一种有目的和有理想的社会生活,这种生活必然摆脱一般动物的只受自然属性支配而没有自主创造与价值的生存状态——虽然人类的社会生活仍然遵循自然生态的根本法则并具有其规定性,但是人类有目的和有理想并富有价值创造的社会生活属性已经改变了人类纯粹自然的生活面貌,从而成为一种超越其他动物而具有一定社会文化和文明形态与构造的生物种群,②并具有对外部世界的支配能力与地位。

因此,人类必然超越自然生物性而在人性的社会性上发展自己,而这种人性的社会性,作为一种目的性和价值性,是一种社会理想性,是对美好生活的自主向往,必然构成人类创造美好生活的社会统一性,并以道德、宗教、礼仪、习惯和法律等"人法"形式表现这一生态统一,从而形成人类社会构造的共同规范与秩序体系。然而,人类的智慧性使人性在社会条件下的表现形式与实现条件变得更加多样与复杂了,这不仅使自然人性在社会条件下有了善恶之分,而且人性的社会统一性也具有了各种不同认识与判断的标准,成为了一个相对模糊的社会意识与价值问题。所以,人类必须在社会条件下不断认识和发现自己人性的社会统一性,并使人性趋善避恶,维护和增进良性的社会关系,对随时都可能破坏人类自身社会结构与

---

① 〔德〕恩斯特·卡西尔:《人论》,甘阳译,上海译文出版社 2004 年版,第 9 页。
② 荷兰哲学家曼德维尔在论"道德美德探源"时指出:"蒙昧的动物皆仅仅热衷愉悦自己,因而自然会遵从其自身的天然性向,并不考虑其愉悦势必带给他人的利与害。"〔荷〕B. 曼德维尔:《蜜蜂的寓言》(第 1 卷),肖聿译,商务印书馆 2016 年版,第 31 页。相反,人类在利与害的选择中,则需要"政府的辖制"等外部的强制力量来达成群体的社会生活。"至于这种性质究竟是优是劣,我不打算做出判断,因为除人类外,没有任何生灵能被赋予社会性;不过,人既是一种精明的动物,亦是一种格外自私而顽固的动物。无论人如何为更高的力量所压制,都不可能单单依靠强力使人变得易于管教,并且获得切实的改进。"(同前。)事实上,无论是人类的自私,还是人类的利他,都是人类智慧与思想的结果,是一种社会伦理的产物,因此人类更需要一种能够达成社会生活的统一社会人性,而这种人性的生成,除了基于自然生物的本能与本体条件,一种外在的社会规范与治理不可缺少。"因此,立法者及其他智者为建立社会而殚精竭虑、奋力以求的一件最主要的事情,一向就是让被他们治理的人们相信:克服私俗,这比放纵私俗给每个个人带来的益处更多;而照顾公众利益亦比照顾私人利益要好得多。"(同前。)作为一个现实主义者,曼德维尔主张人性恶,认为人人皆有恶德,并认为:"各种卑劣的成分聚合起来,便会构成一个健康的混合体,即一个秩序井然的社会。"(同前,第 2 页。)虽然这极具寓言和讽刺的意味——人类的社会秩序确实是在人性弱点的相互制衡中产生的,但是他绝不是要求人类放弃改造自己的不良人性而无所作为。"娴熟地管理每一个人的恶德,将有助于造就全体的伟大及世间的幸福。"(同前,第 3 页。)

合理秩序的行为通过人性的社会统一性实现和进行有效控制,从而满足人类自然生态存续的目的与需要。

人性必然是以一定的社会统一性存在的,并以此构成人类自然性实现的普遍生态秩序条件而不是相反,即人性的社会性最终归于那种能够把人类在社会形态下可能随时"恶化"的自然人性,以超越自然人性的一般条件和形式统一到人类共同的生态结构中去的人类普遍的种群延续能力与品质。显然,无论人性在社会条件下变得如何多样与复杂,都必然在人性的自然生物性及其普遍存在的基础上而具有达成人类共同生活所需要的社会统一性,否则人类就不能自在。

社会性作为人的伦理性,是一种更高的生存需求性。人的需求性既有自然的需求性,又有社会的需求性,而人性的社会需求性作为人类自然属性实现的生态秩序条件,直接体现人类不同于动物的本质。动物没有人的思想意识,不能认识自身与自身的生命活动并对自身提出伦理性要求,更不能构造超越自身本能与外部世界的社会体系。换言之,动物的生命活动除了生存本能,不存在其他的目的性,因此动物的生命活动只是一种本能的对需求条件的获得与满足。而在需求条件的满足方式与内容上,动物不能进行自主的创造,而只能依赖自然的外部条件与本能的猎取行为,自然界提供什么和能够从自然界直接获得什么,决定了生存需求的满足和能否满足。虽然有的动物存在一定的储存、加工和利用自然物的活动,但也是极其有限的本能行为,根本不同于人类的智慧劳动。然而,人类作为智慧生物的需求,则在超越自然需求的基础上提出了更高的社会性需求,并创造了人类的社会文明及其制度体系。人固然需要衣、食、住、行的自然需求的满足,但是这些需求的满足已经不再是简单和自然的个人需要,而是成为了一个社会性的条件和目标。① 马克思将人满足生命的需求称为第一个需求,将人在活着的基础上产生的活得更好的需求称为第二个需求,满足第一个需求的活动与动物无异,满足第二个需求的活动才成为人类真正的历史活动。"第二个事实是,已经得到满足的第一个需要本身、满足需要的活动和已经获得的为满足需要而用的工具又引起新的需要,而这种新的

---

① 如人的衣着在很早的时期就已经不仅仅是为了御寒,而附着了审美、身份识别等社会性功能,随着人类社会的进步,这些功能进一步凸显,直至今天,服饰文化的社会功能甚至已经是人们首要的考虑。在社会不断发展和物质不断丰富的条件下,除了自然需求外,人的需求更重要地体现在社会需求上,表现为自我价值的实现、社会的尊重与认同、家庭中爱与被爱的情感、父母抚养子女的责任感、团体的归属感等,这些已经完全超越人的自然需求而作为一种社会需求成为人们的理性选择与奋斗目标。

需要的产生是第一个历史活动。"①在需求满足的实现方式上,人类超越了动物,不再是简单地直接获取自然界提供的物质条件,而是开启了自己的社会创造活动,这就是人类的社会性发展。

人类的社会创造是人类发展需求的结果。在人类的需求发展面前,自然界能够提供的物质条件是有限的,而直接利用自然物也就越来越不能满足人类的发展需求,因此为了实现人的更高发展需求,必须超越自然界直接提供的物质条件及其限度,而在社会创造的基础上进一步满足自己。②人的发展需求促进了人类的社会分化与分工,并进一步在社会分工的基础上发展起来。③ 亚当·斯密认为,"互通有无,物物交换,互相交易"④的人类需求导致了劳动或者社会分工的产生。⑤ 社会或者劳动分工与交换必然产生各种各样的社会结构关系,从而必然提出和要求共同适用和相互协同的社会关系条件,这就是人性的社会统一性,它既是人性的社会性的统一,又是人性的自然性实现的生态条件统一。也就是说,人性的社会性发展,不是个人的社会性发展,而是人的社会性的统一发展,是人的自然性及其生态秩序的普遍发展,社会性作为人的相互关系条件,必须是人类统一的生态规范与秩序条件,并必然存在于人性的自然性与社会性的生态秩序统一中而具有其规定性。

5. 人性的根本条件性

人性是构成人的本质并对人的本质具有决定意义的人类属性。人性

---

① 中共中央马克思恩格斯列宁斯大林著作编译局编译:《马克思恩格斯选集》(第1卷),人民出版社1995年版,第79页。
② 个体的人在自然界中的力量是有限的。如果仅靠一己之力,个体的人只能获取、生产、加工有限的物质资料或者产品,简单满足自我的需求,这种满足的程度是极其有限的。如此,人只能像动物一样为了基本的生存需求而四处奔波与相互竞争,以至于自然的需求亦难以满足。基于人的需求的无限性和自然界能够直接满足人的需求的条件的有限性,人类发展和创造出社会性的需求与实现方式——人与人的劳动分工与协作——社会生产与生活方式。人与其他群居动物的不同之处在于人类能够意识到群体生活这种生物性行为的社会功能与社会意义,并越来越多地利用自身的社会性来满足和提高自己的需求。
③ "由于生产效率的提高、需要的增长以及作为两者基础的人口的增多,这种绵羊意识或部落意识获得了进一步的发展和提高。与此同时劳动分工也发展起来。"中共中央马克思恩格斯列宁斯大林著作编译局编译:《马克思恩格斯选集》(第1卷),人民出版社2012年版,第35页。
④ 〔英〕亚当·斯密:《国富论》(上卷),郭大力、王亚南译,商务印书馆2014年版,第11页。"分工一经完全确立,一个人自己劳动的生产物便只能满足自己欲望的极小部分。他的大部分欲望,须用自己消费不了的剩余劳动生产物,交换自己所需要的别人劳动生产物的剩余部分来满足。于是,一切人都要依赖交换而生活,或者说,在一定程度上,一切人都成为商人,而社会本身,严格地说,也成为商业社会。"〔英〕亚当·斯密:《国富论》(上卷),郭大力、王亚南译,商务印书馆2014年版,第19页。
⑤ "许多人在同一生产过程中,或在不同的但互相联系的生产过程中,有计划地一起协同劳动,这种劳动形式叫作协作。"中共中央马克思恩格斯列宁斯大林著作编译局编译:《资本论》(第1卷),人民出版社1975年版,第362页。

在与人的其他条件或者属性的关系中,具有根本的条件地位。① 基于人性的根本条件性,人性条件决定人的其他一切条件和属性,人的其他一切条件和属性都必然以人性为根据并保持与人性条件的统一,并不能根本违背或者脱离人性的根本条件和要求,否则就不是或者不应当是人或者人类社会的存在条件而应当被人性的根本条件否定。例如,人类具有普遍喜爱饮用甜食的特性,但是人类这一饮食特性并不具有人性的意义,而只有食欲才是人性的自然属性。因此,在人性的认识上,应当区别人性与人或者个别人的生理特性的关系,不能把人的特性作为根本的人性。

所以,人类的任何社会制度及其秩序构造,都需要认知人性的条件及其根本的社会制度与秩序需求,并能够在人性条件的规定性基础上作出反映和代表人性条件的制度选择与秩序安排,从而建立和形成真正符合人性条件和要求的社会制度与秩序体系。虽然一些人的生理特性及其行为选择有时也需要成为一种制度对象,但这只是国家对部分社会群体及其行为的社会关怀与调整,不代表其构成人性的本质。

由此,任何有关社会规范与制度的理论,都应当以人或者人性作为理论的根据,并反映人性的根本条件,而不能直接把规范和制度本身作为理论的起点,从而脱离人性的生态条件与实证根据。"对系统行为进行内部分析的基础是人道主义中关于人的概念。但是许多社会理论不具备这种基础,因为许多社会理论家把社会规范作为理论的起点。把反映系统水平的社会规范作为起点的理论,强调人只能作为社会的人,人是社会系统中一种已被社会化了的元素。其结果,那些阐明人与社会之间存在基本矛盾的道德与政治哲学问题便丧失了其针对性。"② 一种社会理论一旦脱离了人性的条件并在某种形式规范上去认识人,人就不再是社会的主体和本源而只是被社会规范和支配的对象,因此也就不能有针对性地解决人的社会实现问题。这对法学理论的提醒是,法学不能简单地以法律规范与制度形式作为自己的研究对象,法学的真正研究对象是作为社会关系主体的人,应当把人和人性的根本条件作为法律规范与制度的客观根据并作为法学的理论起点,从而使法学成为关于人的学说,反映和代表人的行为条件

---

① 正是由于人性与人的其他条件或者属性的这一关系,决定了一切有关人的认识都离不开人性,都是对人性的认识,而一切有关对人的认识的学科也都必然建立与人性的关系。"显然,一切科学对于人性总是或多或少地有些关系,任何学科不论似乎与人性离得多远,它们总是会通过这样或那样的途径回到人性。"〔英〕休谟:《人性论》,关文运译,商务印书馆1980年版,第6页。
② 〔美〕詹姆斯·S.科尔曼:《社会理论的基础》(上),邓方译,社会科学文献出版社1999年版,第7页。

与社会秩序本质。

从人性的根本条件性出发,对人类社会制度提出以人性为根据并符合人性的社会规范与秩序体系,使社会制度反映人性的根本条件要求,实现人类社会制度与人性自身需求与条件的生态统一,应当是人类一切社会制度建构的唯一目的与根据,并构成人类社会存在的基本价值。所以,在社会制度构建即人类行为规范与秩序的安排上,首先应该接受和采纳进化理性主义的制度建构及其规范与秩序的生成路径,承认人与人之间基于人性条件及其规定性所生成和展开的自生自发的行为互动条件,尊重人的自然习惯与自觉认知作为规范与秩序形式的必要性与重要性,从而实现合乎人性根本条件的社会规范与秩序的发展形态。"在各种人际关系中,一系列具有明确目的的制度的生成,是极其复杂但却条理井然的,然而这既不是设计的结果,也不是发明的结果,而是产生于诸多并未明确意识到其所作所为会有如此结果的人的各自行动。"①当然,这种产生于"人的各自行动"的制度生成结果,离不开人类对社会制度形成与发展本身的理性认知与经验总结。同时,对需要采取的建构理性主义的制度形成路径,应当排斥和防止其可能带来的专断与任性的危害,因为建构理性主义将制度的形成看作一种"人为设计"的结果,不仅突出个人或者集团的"建构"作用,而且往往夸大人的理性能力,容易忽视人性的根本条件及其在整个社会构造中的规定性。因此,在建构主义的个人意志的支配下,简单的人为制度设计,既可能违背人性的根本条件,又难以符合与实现人性的目的,往往只能走向人性的反面。

二、人与人性的本质

人性的本质与人性的概念或者定义一样,仍然是一个关于什么是人性的问题。人性的本质是在人性概念的基础上对人性的进一步认识与抽象,是对人性内涵的具体阐释。② 人性的定义与释义让我们认识了什么是

---

① 〔英〕弗里德利希·冯·哈耶克:《自由秩序原理》(上),邓正来译,生活·读书·新知三联书店1997年版,第67页。
② 人类通过概念认识世界,概念构成对象的基本范畴。当客观世界呈现于人类面前时,便成为人类的认识对象,人类通过感官、理性认识客观世界,便形成了有关对象的各种知识,并且这种知识是不断深入并接近对象的本质的,而这也构成了人类认识的过程与目的。一般地,人类通过感官认识的事物都属于表象的、具体的,以此形成的感性认识亦是表面的、个别的与局部的,呈现为某种具体的知识与概念。与此不同,人类通过理性认识的对象或者事物则属于内在的和普遍性的认识,据此得出和形成的结论则是深刻的、全面的和本质的,表现为概念和理论上的高度概括和抽象。人性概念主要是从人性这一认识对象所指向的基本层面上去界定人性的内涵与外延而将人性与人的本能、天性、自然性、社会性等相关范畴区分开来。所以,在人性的概念界定之后,需要进一步从本质的层面上去认识和理解人与人性。

人性,但是还没有全面揭示和说明人性的客观规定性,即人性的具体内涵,而要全面揭示和说明人性,则必然需要深入人性的本质——人性的本质既是对人性的规定性及其真实性的客观说明,又是人性认识的根本归结。①

(一)人性与人的本质之辨

人性与人的本质的关系,是任何关于人性或者人的本质的理论所不能离开的基本主题。有的主张人的本质区别于人性,也有的主张人的本质等同于人性,还有的主张人的本质是人性的一部分,与人性具有统一性;有人把人的本质作为人的类本质而与人性的社会性相区别,也有人把人的本质作为人的现实性与社会性而与人性的伦理性相统一。人性或者人性的本质,必然与人的本质具有直接与内在的联系。人性以人的本质为根据,内含人的本质;人性反映人的本质,是人的本质的要求与表现,与人的本质具有统一性。

人性作为人的本性,一方面是人的本质属性,另一方面是在人的本质基础上存在的超越人的本质的社会伦理属性。"抽象人性论离开人的社会性去解释人的共同本质,把人的本质归结为抽象的、永恒不变的人性,否定人的本质的社会历史性。"②人性是人作为主体所具有或者应当具有的内在本质与属性,所以并不完全等同于人的本质。人的本质是人作为物类而与其他物类共性的和区别于其他物类特性的人类属性,即人类与其他动物相同的生物性和人类与其他动物区别的类特性。人的本质不仅是人区别于其他动物的本质,而且也包括人与其他动物共同的本质,仅仅把人的本

---

① 人性的认识是要将人性的普遍本质全面揭示出来,发现人性表象中潜藏的内在本质及其规定性与规律性。由于时代与知识发展的局限,人类对人性本质的认识长久停留在表象而无法全面深入。不过,古今中外的思想家一直都没有停止过对人性认识的直观与表象的突破而从更全面和深入的角度去发现人性的本质,其中人性的善恶之争与理性经验之辩都是这一突破性认识的结果。
② 陈新夏:《人性与人的本质及人的发展》,载《哲学研究》2010年第10期。"抽象人性论的失误不在于肯定普遍或抽象的人性,不在于确认人作为类存在物的共性,而在于以这种普遍、抽象的类特性取代了人的社会特性即其本质,从而否定了人及其生存发展的具体性和社会历史性。"(同前。)区别人的本质与人性的概念,并辩证地看待两者的联系与区别无疑是正确的,但是传统的人性理论把人的本质作为人的社会性和历史性,而把人性作为人的"类特性",则恰恰颠倒了人性与人的本质的关系。

质理解为人区别于其他动物的类特性，并不能代表人的本质的全部。①虽然人的本质与人性不同并区别于人性的本质，但人的本质是人性的一部分，是人性的基础属性，即人性在人的本质的基础上高于人的本质存在。"在强调人性与人的本质的区别时，我们亦应看到两者的内在联系。承认人的现实的本质并不意味着排斥其普遍的人性，反而是以之为前提的。人之所以能够成为现实的、社会历史性的存在，就是因为他是从事实际活动的人，而他之所以是从事实际活动的人，就在于他具有自由的有意识的类特性，在于他的实践性生存方式。没有实践的类特性，人从事实际活动的社会历史性就不复存在；否定了人这一类特性，人的社会本质就无从谈起。从这个意义上说，肯定并科学地说明人性，与肯定并科学地说明人的本质一样，也是马克思关于人的发展的理论的立论基础。"②然而，人的本质与人性的本质，不仅是相互联系的，而且是相互统一的，人的本质必然构成人的属性并被人性包含，而人性必然反映人的属性即人的本质并以人的本质为根据；否定人性是人的本质，或者否定人的本质构成人性，都是对人或者人性的一种根本否定，都是错误的。"人的本质比人性更根本，更深刻。人性即人的特性、本性和属性的总和，而人的特性、本性和属性是多方面、多层次、多向度的，这就决定了人性的内容是丰富的。人性的丰富性还表现为它在一定意义上涵盖着人的本质，比如说社会性既是人的本质，同样也可以说是人性的内核和基础。"③人的本质是根本的人性，而人性必然反映人的本质，不能把两者简单对立起来，任何把两者对立的观点都是机械和片面的，既不能正确认识人的本质，又不能全面把握人性。

马克思、恩格斯既论述到人的本质或者类本质，又论述到人性，但是在他们的著作里，人的本质与人性并不是被严格区别的概念，而都是被作为对人的基本认识范畴使用的。换言之，虽然在马克思、恩格斯的著作中，有丰富的关于人的本质与人性的论述并构成其理论基础，但是他们并不是系

---

① 人是"能制造工具并使用工具进行劳动的高等动物"。《现代汉语词典》（第 5 版），商务印书馆 2005 年版，第 1144 页。人是"前肢、前端进化为手，能进行复杂思维并使用工具劳动的高等动物"。《商务国际——现代汉语大词典》，商务印书馆国际有限公司 2015 年版，第 1203 页。人是"双足灵长类哺乳动物，属于智人。在解剖学上与巨型猿类关系最近；与猿类不同之处在于人脑更为高度发达，因此具有言语、抽象思维功能，而且身体直立，使双手得以灵活运用而成为进行操作的肢体"。《不列颠百科全书》（修订版）（第 8 卷），中国大百科全书出版社 2007 年版，第 233 页。
② 陈新夏：《人性与人的本质及人的发展》，载《哲学研究》2010 年第 10 期。
③ 马捷莎：《浅议人的本质的稳定性与人性的可变性》，载《现代哲学》1997 年第 2 期。

统的人性论者,不能用系统的人性论观点去认识他们关于人的本质与人性的论述,并把他们论述中的人的本质与人性严格区别开来。

(二)人的本质——人是如何的本质

"对人、人性的基本认知,是主体确证的基本前提。对人性的追问包含着'人之所是'的事实判断与'人之为人'的价值判断。"[1]显然,人的本质,即什么是人的问题,作为人与其他动物相同的和相互区别的存在属性,是关于人是如何的本质。人是如何的,即人是事实如何的,也就是人的客观规定性。这种规定性,是以人的一般生物规定性为基础的社会规定性及其统一。根据马克思关于人的本质是能动的和现实的认识,有观点认为:"人是追求生存自由的社会性动物,追求生存的自由就是人的本质。"[2]然而,自由只是生存的条件,而不是生存的本质,生存的本质是生命的实现,应当从人的生命实现上去认识人的本质。

人的本质,作为人的客观规定性,是人类追求自我生命实现的生态属性。这一生态属性既是人的自然性,又是人的社会性,是人的自然本质——生物本性与社会本质——存在条件的统一,即人的自然生物本性是在一定社会关系条件下表现和实现的;人的自然生物本性是有意识的自由实现的本性,反映为人类的社会实践活动,具有区别于动物的社会属性;人的自身实现,既是生命的自然实现,又是有意识的自我与自主实现,是超越动物本能的生命实现过程。

作为人的本质的社会性与人性的社会性不同,前者是人的社会客观存在,即人是"社会关系的总和",具有自主建立社会关系和在一定社会关系中自我实现的主体性,而后者是人的社会条件,即人的社会伦理属性,是对人的具体社会关系条件的要求,反映人作为主体的价值与目的。人的社会本质是人性的社会存在的根据与基础,而人性的社会性则是人在自己的社会本质的基础上实现的自我伦理认识与发展。人在自己的社会本质中需要发展出自己的社会人性,从而使自己的社会本质表现出具有一定目的和价值的社会关系条件。

人的本质是人的相对不变的属性,特别是其中的自然生物属性,虽然

---

[1] 庞俊来:《"伦理学"回到"伦理"的实践哲学概念》,载《哲学研究》2021年第8期。
[2] 范景华:《人:追求生存自由的社会性动物——关于人的本质问题的思考》,载《南开学报》1995年第4期。

它是人性中的低等属性,但却属于人性的基础属性,①是人性中的固有性与稳定性,是人性的根本规定性。"人的本质是稳定的,而人性则是可变的。人的本质作为人与动物相区别的内在根据具有确定性、固定性和稳定性。正是缘于此,才使人作为万物中某个特殊的'种'被确定下来,也才使人与动物从'种'上区别开来。"②虽然人性也具有一定的稳定性和不变性,但是它相对于人的本质,即人的自然生物属性和一般社会属性,具有相对的观念性、发展性与可变性,并具有多元文化的生态与形态特征。

人性的自然性与生物性,作为哲学社会学认识的对象,应当是区别于生物学概念而可以在相同意义上使用的范畴。③ 人的自然性也就是人的生物性或者动物性,合称即为人的自然生物属性,包括人的"属本质"与"种本质",前者是人与其他动物共同的一般生物本质,如人的食色本质;后者是人与其他动物相区别的特殊生物本质,如人的思维与语言本质。两者可以用人的"类本质"概括之。人的"类本质",是人的"种本质"与"属本质"的结合,是人的一般生物本质与特殊生物本质的统一,既反映人与其他动物的区别,又体现人与其他动物的共性,从而代表和具有人的自然生物本质的完整性与客观性。"人来自于自然、是从非人生成为人的;然而人的本性又不同于物性,超然于物性之上。这就是说,人与物,本性上既相联通,又有着根本性的区别。既相联通而又本质不同,这里体现的实质就是对物的超越性。这个'超越性'正是属于'人性'的特质,我们既不能割断人性与物性,更不能把二者混同。"④

---

① 有观点认为,"人没有绝对和固定的本质,人的本质具有具体性、相对性和发展性。人的本质是自然和社会、历史和现实、先天基质和后天创造的结合,是决定论和非决定论、确定性和不确定性的统一。因而人的本质具有复杂性、开放性和非决定性的特征"。邹焜、答凯艳:《人的本质与人的全新进化方式》,载《长沙理工大学学报(社会科学版)》2020 年第 4 期。然而,人如果没有绝对和固定的本质,也就没有自己的本质,因为只有绝对和固定的本质,才是人之所以构成人的本质。人的绝对和固定的本质,是人的相对不变的自然生物本质,遵循人的生物进化规律;而人的具体和发展的本质,是人的社会存在本质,具有社会条件的规定性;人既有绝对和固定的自然本质,又有相对和发展的社会本质,是两种本质的一体结合与统一。
② 马捷莎:《浅议人的本质的稳定性与人性的可变性》,载《现代哲学》1997 年第 2 期。
③ 有观点认为:"人的生物性是一种自然本性,但却不能反过来说,人的自然本性是生物性。'人性'的最低限度的规定性不包括人的生物性,因为生物学研究的有普遍意义的生物特征是可遗传的特征,即,通过基因复制的途径世代遗传的特征。为了避免把人性还原为基因的特征,最好不要把人的生物性归属于'人性'的范畴。"这样尤其可以避免把人的社会行为归结为基因遗传的还原论。参见赵敦华:《人性科学何以可能》,载《江海学刊》2005 年第 5 期。
④ 高清海:《论人的"本性"——解脱"抽象人性论"走向"具体人性观"》,载《社会科学战线》2002 年第 5 期。

关于人的本质,自古有诸多学说。① 无论是亚里士多德的"政治动物"说,还是马克思的"社会关系总和"说,以及其他各种学说,其关于人的本质的认识,首先都是基于人与动物的区别,这是对人的本质的直观的也是必然的客观认识,而人与动物的区别,无非在于人的意识自由,在于人的社会实践。而对人的本质是人与动物区别的本质的认识,反过来又证明,人是一种动物,必然具有和动物一样的本质,不可能在脱离动物本质的基础上独立存在和发展自己的人的本质,即人类在把自己区别于动物的同时又自然地作为动物存在。

马克思在《1844年经济学哲学手稿》中,详细论述了人的本质。他认为,"人是类存在物,不仅因为人在实践上和理论上都把类——他自身的类以及其他物的类——当做自己的对象;而且因为——这只是同一种事物的另一种说法——人把自身当做现有的、有生命的类来对待,因为人把自身当做普遍的因而也是自由的存在物来对待"。② 马克思认为,人是"类存在物",具有积极和有意识的生命活动,这是人区别于动物的本质,亦构成人的本质。"有意识的生命活动把人同动物的生命活动直接区别开来。正是由于这一点,人才是类存在物。或者说,正因为人是类存在物,他才是有意识的存在物,就是说,他自己的生活对他来说是对象。仅仅由于这一点,他的活动才是自由的活动。"③人作为类存在物,与其他动物的不同,就在于人是有意识的存在物,意识支配了人的生命活动,从而使人的生命活动即劳动成为一种积极和有价值的自由活动。"人证明自己是有意识的类存在物,就是说是这样一种存在物,它把类看做自己的本质,或者说把自身看做类存在物。"④

人作为有意识的类存在物,必然具有和反映出自己"类"的整体特性,即人类特有的生物属性。"一个种的整体特性、种的类特性就在于生命

---

① 参见范景华:《人:追求生存自由的社会性动物——关于人的本质问题的思考》,载《南开学报》1995年第4期。
② 中共中央马克思恩格斯列宁斯大林著作编译局编译:《马克思恩格斯选集》(第1卷),人民出版社2012年版,第55页。
③ 中共中央马克思恩格斯列宁斯大林著作编译局编译:《马克思恩格斯选集》(第1卷),人民出版社2012年版,第56页。人的"有意识的生命活动",是人基于人的生命智慧所特有的一种意识力、判断力与实践能力。亚里士多德指出:"一个人可以对他熟悉的那些事物作出正确的判断,在这些事物上他是一个好的判断者。"〔古希腊〕亚里士多德:《尼各马可伦理学》,廖申白译注,商务印书馆2003年版,第5页。
④ 中共中央马克思恩格斯列宁斯大林著作编译局编译:《马克思恩格斯选集》(第1卷),人民出版社2012年版,第56~57页。

活动的性质,而自由的有意识的活动恰恰就是人的类特性。"①人的类特性,反映人作为类存在物的整体特性,从而构成"人的类本质"。② 人的类本质,即人的"类存在物"本质,或者"物类"本质,也就是人的本质。有学者指出:"在马克思看来,人之所以具有类本质不是因为人有意识,更深刻的原因在于'人是类存在物'。"③人的"类"存在,即是人的"物"存在,是人的本质的根据与基础,人类不能脱离自己作为"类存在物"的本质而有自己区别于其他物类的本质。

马克思认为:"本质只能被理解为'类',理解为一种内在的、无声的、把许多个人自然地联系起来的普遍性。"④马克思关于人的"类本质"的认识,是对人作为类存在物的类特性的认识,而人的类特性作为人区别于其他动物的本质,不是生物分类学意义上的类特性,而是人区别于其他动物的社会本质,即人作为有意识的生命主体的现实的、社会的和实践的本质。然而,虽然马克思认为人的本质是人作为有意识的生命主体的社会本质,即人类不同于其他物类的本质,但是马克思从来不否认人类与自然界的联系,也不否认人类具有与其他物类相同的自然生物本质。"所谓人的肉体生活和精神生活同自然界相联系,不外是说自然界同自身相联系,因为人是自然界的一部分。"⑤人的类本质,是人的"物类"本质,作为人不同于其他物类而构成的人的本质,是以人与其他动物相同的生物本质为生命根据的本质。⑥ 所以,马克思关于人的本质的理论,虽然建立在人与动物根本区别的基础上,是通过对人作为有意识的和自由的生命主体的认识来揭示人的本质,但是这并不等于马克思在关于人的本质的认识上彻底割裂人与动物的本质联系,并在人的本质中抽象掉了人的生物本质。他在《关于费尔巴哈的提纲》一文中,批判"费尔巴哈把宗教的本质归结于人的本

---

① 中共中央马克思恩格斯列宁斯大林著作编译局编译:《马克思恩格斯选集》(第1卷),人民出版社2012年版,第56页。
② 中共中央马克思恩格斯列宁斯大林著作编译局编译:《马克思恩格斯选集》(第1卷),人民出版社2012年版,第57页。
③ 张奎良:《马克思人的本质思想的全景展示》,载《天津社会科学》2014年第1期。
④ 中共中央马克思恩格斯列宁斯大林著作编译局编译:《马克思恩格斯选集》(第1卷),人民出版社2012年版,第135页。
⑤ 中共中央马克思恩格斯列宁斯大林著作编译局编译:《马克思恩格斯选集》(第1卷),人民出版社2012年版,第56页。
⑥ 马克思关于人的"类本质"的认识,根本还是指人区别于其他动物的社会本质,而不是人作为"类"的生物本质。笔者认为,人的类本质,应当是指人作为动物而与其他动物相区别的"动物类"本质,这一本质作为人的生物进化本质,是人类超越其他类动物的生命本质,即人的智慧本质,它是人的社会本质产生的条件和根据。

质",指出"人的本质不是单个人所固有的抽象物,在其现实性上,它是一切社会关系的总和"。① 这一关于人的本质的论述,只是马克思对人的本质的一种社会性、现实性和历史性认识,它并不是马克思对人的本质的完整性和唯一性的认识,不能以此作为马克思关于人的本质的最终与最根本的总结,更不能把它作为马克思对人的本质的"定义"来看待。因此,笔者认为,以此认为马克思关于人的本质的认识,就是关于人的社会本质与实践本质,是片面的、狭隘的,既不完整,又不准确。马克思在对资本主义生产关系的批判中,强调人的本质的社会性与实践性方面,②反对人的本质在资本主义生产关系中的异化,而其强调的一面并不等于其认识对象的全部。"因此,社会是人同自然界的完成了的本质的统一,是自然界的真正复活,是人的实现了的自然主义和自然界的实现了的人道主义。"③可见,马克思关于人的本质的认识,在强调人的社会本质与实践本质的同时,并不否定人与自然的本质联系。

人的本质,首先也只能通过人与其他动物的差别性来揭示,否则也就没有关于人的本质的认识。这一对人的本质与特征的认识,是对千千万万的个体之人作为类存在物的共同属性进行归纳概括的结果,也就是通过揭示人与其他物种,特别是与动物的本质与属性的不同而发现的人的本质与属性。"本质本来就是一物与他物相区别的根本属性,人作为有生命的存在物与之最切近的是动物,动物也是有生命的存在物,人与动物之间不仅存在横向的包容性和可比性,而且还具有历史进化的渊源性。"④显然,把人作为动物,所谓人的本质也就是人作为动物的本质;把人区别于动物,所谓人的本质就是人超越一般动物的本质。可见,人的本质,作为人的动物

---

① 中共中央马克思恩格斯列宁斯大林著作编译局编译:《马克思恩格斯选集》(第 1 卷),人民出版社 2012 年版,第 139 页。
② 马克思从人的实践出发,揭示出实践只能是人的实践,是人的社会性活动,实践创造了人的本身。社会中的人通过实践活动,彼此之间产生了关系,人与人之间通过各种社会关系,从事有目的的社会实践,正是人与人的社会关系才真正使人与动物发生了本质的区别,才使人成为人并具有了人的本质。
③ 中共中央马克思恩格斯列宁斯大林著作编译局编译:《马克思恩格斯全集》(第 3 卷),人民出版社 2002 年版,第 301 页。
④ 张奎良:《马克思人的本质思想的全景展示》,载《天津社会科学》2014 年第 1 期。

性,也就是人性的自然属性,①是人性的社会属性存在的根据和基础。②

作为人本主义起源的古希腊和古罗马文化,正是它们的哲学家与思想家的人本主义思想创造了这一文化,而他们的一切人本主义的思想无不渗透着对人的本质的思考。柏拉图的《理想国》一书,以苏格拉底等人对话的形式对正义本质所进行的探讨,也就是对人的本质的探讨。"在这里,我们获得了对于'人是什么'这一问题的新的、间接的答案。人被宣称为应当是不断探究他自身的存在物———一个在他生存的每时每刻都必须查问和审视他的生存状况的存在物。人类生活的真正价值,恰恰就存在于这种审视中,存在于这种对人类生活的批判态度中。"③人类对自身的探究,也就是对自身生活的审视与批判,是人类基于理性所特有的本质。我们可以概括苏格拉底的思想说,他把人定义为:"人是一个对理性问题能给予理性回答的存在物。"④正是依靠这种对自己和他人作出回答的能力,"人成为一个'有责任的'(responsible)存在物,成为一个道德主体"。⑤ 显然,在古希腊哲学中,人的本质不再是自然的存在物,而是一种伦理的存在物。⑥作为古希腊哲学思想的继承者,古罗马皇帝奥勒留与苏格拉底同样深信:"为了发现人的真正本性或本质,我们首先就必须摆脱人的一切外部的和偶然的特性。"⑦这种摆脱了人的外部和偶然特性的东西才构成人的本质。"不能使他成为一个人的那种东西,根本就不能称为人的东西。它们无权自称为是属于人的东西;人的本性与它们无涉,它们不是那种本性的完成。"⑧作为人的东西也就是作为人的伦理物的自身价值。"人的本质不依赖于外部的环境,而只依赖于人给予他自身的价值。财富、地位、社会差

---

① 有观点认为,"人的自然属性不能等同于人的动物性",这种不同,是因为"随着人类的不断进化,人类的需求发生了重大的变化,实现这种需求的手段也有了质的变化"。潘天强:《马克思人性观的现代解读》,载《马克思主义与现实》2004年第3期。然而,这种"变化"在本质上并不是人的动物性变化,即不是人的自然属性特征及其与动物性的差别,而是人的不同于其他动物的社会性成长,是人的自然属性(动物性)在需求与实现方式上的社会性变化。
② "在人的意义上来说,实体、个体与伦理、道德是相互印证,不可分割的。人既是生活在一定历史中的具体个体,又是具有无限发展可能的类本质的人。"庞俊来:《"伦理学"回到"伦理"的实践哲学概念》,载《哲学研究》2021年第8期。
③ 〔德〕恩斯特·卡西尔:《人论》,甘阳译,上海译文出版社2004年版,第9页。
④ 〔德〕恩斯特·卡西尔:《人论》,甘阳译,上海译文出版社2004年版,第9页。
⑤ 〔德〕恩斯特·卡西尔:《人论》,甘阳译,上海译文出版社2004年版,第9页。
⑥ 正是这个意义上,"性质相同的人相类,性质不同的人不相类"。〔古希腊〕柏拉图:《理想国》,郭斌和、张竹明译,商务印书馆1986年版,第34页。
⑦ 〔德〕恩斯特·卡西尔:《人论》,甘阳译,上海译文出版社2004年版,第10页。
⑧ 奥勒留:《深思录》,第5卷,第15段。转引自〔德〕恩斯特·卡西尔:《人论》,甘阳译,上海译文出版社2004年版,第10~11页。

别,甚至健康和智慧的天资——所有这些都成了无关紧要的。惟一要紧的就是灵魂的意向、灵魂的内在态度;这种内在本性是不容扰乱的。"①所谓人的本质所依赖的人"自身的价值"和作为要紧的"灵魂",就是作为人的自由、自主和自足的判断力,它构成了人类伦理本质的基础。"在人那里,判断力是主要的力量,是真理和道德的共同源泉。"②

亚里士多德在自己的政治学与伦理学论述中,根据人的城邦生活这一人类不同于其他动物的社会或者政治团体性,阐述了人的本质。他认为:"无论是一个人或一匹马或一个家庭,当它生长完成以后,我们就见到了它的自然本性;每一自然事物生长的目的就在显明其本性。"③这个本性不仅是自然的,"我们在城邦这个终点也见到了社会的本性"。④ 城邦构成了人的社会团体亦即政治团体。"城邦的长成出于人类'生活'的发展,而其实际的存在却是为了'优良的生活'。"⑤也就是说,城邦或者社会(政治)团体是出于人类生活的自然演化,是一个自然的产物,"而人类自然是趋向于城邦生活的动物"——"人类在本性上,也正是一个政治动物"。⑥ 可见,人在本质上不仅是一个自然动物,而且是一个社会或者政治的动物。亚里士多德进一步指出:"作为动物而论,人类为什么比蜂类或者其他群居动物所结合的团体达到更高的政治组织,原因也是明显的。照我们的理论,自然不造无用的事物;而在各种动物中,独有人类具备言语的机能。"⑦人类的语言也是一种声音,但是它不同于其他动物发出的声音,它是与人类的思维联系在一起的,是人类所特有的用来表达意思、交流思想的工具,因此,它不仅是人的自然本能,而且是一种特殊的社会现象,⑧不仅能够互相传达信息,而且能够表达人类的思想观点,反映人类特定的社会伦理。"人类所不同于其他动物的特性就在他对善恶和是否合乎正义以及其他类似观念的辩认。"⑨显然,人类有善恶与是非的意识与判断,而这一不同于其他动物的特性与本质又构成了人类共同完成城邦即社会生活所不可缺少

---

① 〔德〕恩斯特·卡西尔:《人论》,甘阳译,上海译文出版社 2004 年版,第 11 页。
② 〔德〕恩斯特·卡西尔:《人论》,甘阳译,上海译文出版社 2004 年版,第 12 页。
③ 〔古希腊〕亚里士多德:《政治学》,吴寿彭译,商务印书馆 1965 年版,第 7 页。
④ 〔古希腊〕亚里士多德:《政治学》,吴寿彭译,商务印书馆 1965 年版,第 7 页。
⑤ 〔古希腊〕亚里士多德:《政治学》,吴寿彭译,商务印书馆 1965 年版,第 7 页。
⑥ 〔古希腊〕亚里士多德:《政治学》,吴寿彭译,商务印书馆 1965 年版,第 7 页。
⑦ 〔古希腊〕亚里士多德:《政治学》,吴寿彭译,商务印书馆 1965 年版,第 8 页。
⑧ "声音可以表白悲欢,一般动物都具有发声的机能:它们凭这种机能可将各自的哀乐互相传达。至于一事物的是否有利或有害,以及事物的是否合乎正义或不合正义,这就得凭借言语来为之说明。"〔古希腊〕亚里士多德:《政治学》,吴寿彭译,商务印书馆 1965 年版,第 8 页。
⑨ 〔古希腊〕亚里士多德:《政治学》,吴寿彭译,商务印书馆 1965 年版,第 8 页。

的伦理条件,这就不再简单是人的本质而是从人的本质走向了人性的本质。

黑格尔的人的本质论是建立在唯心主义基础上的抽象理性思辨。"在黑格尔那里,自我意识是人的一切精神活动的最高抽象,它能动地'异化'出一切内容,自身却是一个没有具体内容的纯粹独立的'主体'。"[1]费尔巴哈批判了黑格尔在揭示人的本质问题上的唯心主义,但是他关于人的本质的认识又陷入感性直觉的感觉论的泥潭里无法自拔,缺乏对人的本质认识的社会深刻性。[2] 自古希腊和古罗马以来的包括马克思主义在内的西方人本主义学说在人的本质的认识上,主要观察的还是关于人区别于动物的社会或者伦理本质以及与这一本质相联系的人类认识与实践的本质。人的本质,一方面是人作为动物的本质,另一方面是人超越动物而与动物区别的社会本质。[3] 人的动物本质,也就是人的本能属性,即人受自然生物规律支配而存在的生态本质,包括获取食物、维持生存和繁殖后代的本质。[4] 人与动物区别的本质,就是人作为智慧生命的认识本质与实践本质,也就是人的社会性与现实性。人能够有目的地认识自己和外部对象并能够进行有目的的实践。在人类的认识本质中,人获得了伦理和社会意识形态的本质;而在人类的实践本质中,人具有了理性创造的本质。

(三)人性的本质——人是和应当是如何的本质

人的本质作为人是如何或者事实如何的本质,是人性本质的生物条件及其客观规定性,是人性本质的基础部分;人性的本质作为人超越动物的本质,是人的本质在社会关系条件下的伦理化发展,包含了人的本质应当

---

[1] 邓晓芒:《费尔巴哈"人的本质"试析》,载《湖南师范大学社会科学学报》2001年第2期。
[2] "他只能把人的本质理解为'类',理解为一种内在的、无声的、把许多个人纯粹自然地联系起来的共同性。"中共中央马克思恩格斯列宁斯大林著作编译局编译:《马克思恩格斯选集》(第1卷),人民出版社1972年版,第18页。费尔巴哈关于人的本质的观点建立在简单归类的生物分类学的基础之上,这导致他对人的"类"的感觉论理解停留在远离本质的表面、偶然的生物分类学依据上,难以看到人的本质的社会性,因此难称其是一种科学的人的本质观。
[3] 动物:"生物的一大类,这一类生物多以有机物为食料,有神经,有感觉,能运动。"《现代汉语词典》(第5版),商务印书馆2005年版,第328页。"一类有神经和知觉,能自由行动,具备营养、生殖等机能的生物。"龚学胜主编:《商务国际:现代汉语大词典》(单色本),商务印书馆国际有限公司2015年版,第332页。"一般说,动物与植物、真菌的区别在于能够自由进行空间移动。能动性影响着生物体如何获得食物(是主动摄取还是被动摄取),如何生长和繁殖,其感觉系统和内部通讯系统如何发展,以及它们的组织和器官如何发育。"《不列颠百科全书》(修订版)(第8卷),中国大百科全书出版社2007年版,第357页。
[4] 人的动物本质,既包括一般的动物本质,又包括特殊的动物本质,前者是与其他动物相同的本质,后者是在一般动物本质的基础上的生物进化本质,即"人"的类本质,如语言和思维等智慧本质,它是产生人的社会本质的直接条件。

是如何的这一作为人的一般条件和标准。① 如果说人的本质仅是一种对人是如何的事实判断,那么人性的本质则是一种对人应当如何的价值判断。人性的本质不仅在于人的事实是如何的,而且还在于人的价值应当是如何的;不仅在于人的伦理性,而且还在于人的伦理的应然性。人的一般条件和价值标准显然不能脱离人的事实判断的基础,因此两者统一构成了人或者人性的本质,至于是归结于人还是人性的本质,只是一个概念和范畴的不同,或者仅构成认识的角度与视域的差别。

总之,与对人的本质的一般认识不同,人性的本质是关于人在维持自己的生命与生存的过程中所具有和应当具有的自身根本属性的认识。因此,人性的本质,不仅是人之事实的动物本质,而且是人之应然的社会本质;不仅是人的自然物,而且是人的伦理物;不仅是人的现实性,而且是人

---

① 传统的关于人的本质的理论,在人不同于动物的基础上,是对"人"作为类的存在物的揭示,即对人类不同于动物的本质的认识,亦即通过把人类与其他动物相比较而发现人不同于动物的属性与特征,这在认识论上显然是一种"寻异"。与此不同,人性的本质所研究和揭示的,既有人作为动物的"属"问题,又有人不同于动物的"类"问题,是通过认识人类作为自然与社会主体的普遍性存在,发现人类作为智慧生命及其在社会结构条件下所具有和应当具有的本质内涵。也就是说,对人性的认识,不局限于在人与动物之间"寻异",也在人与动物之间"求同"。换言之,人性的认识,不仅在于发现人与动物的区别,而且在于认识人的动物本性并在这一本性的基础上既认识人性中与动物相同的真实性,又找到人性中与动物不同的差别性。例如,在认识人性中的自然属性时,如对人类自然欲望与需求的认识,必然要把它放到某种动物本性中去考察;而认识人性中的社会属性时,自然会发现动物也有自己的社会属性。然而,我们关于人性的认识,不仅建立于人作为动物的相同属性,而且建立于人不同于动物的差别事实,所以,我们必然在发现人性中的动物属性的同时,也发现人性中不同于动物的"人类属性"。当然,人的本质与人性的本质的区别只是一个相对的判断,人的本质必然是人性的本质,而人性的本质也必然构成人的本质。换言之,关于人的本质与人性的本质之间是存在概念与内涵的差别,还是一个概念的选用和如何赋予概念的内涵的问题,这首先是一个概念的选用与运用问题。你可以在人性的本质上运用人的本质的概念,也可以在人的本质上运用人性的概念;你既可以对人的本质与人性的本质作不同的解读,又可以将两者作相同的认识而视为一物。不过,笔者认为,人的本质与人性的本质还是两个既有实质联系又具有不同内涵与外延的概念,既有相同的内涵,又有相异的指涉。从两者的相同性上来说,如人的生物性及其决定的人的客观需求性,既是人的本质,又是人性的本质,而以人的目的与理性为基础的人的伦理性与价值性,作为人性的本质也自然构成人的本质;从两者的相异性上来说,由于人性中的伦理性与价值性包括了人应当如何的本性,它不仅是对人的事实如何的描述,而且是对人应当如何即应当如何做人和为人的认识与追求,具有人类特定的本性或者属性的意义,在"定性"的意义上选用人性本质的概念而将其作为区别于人的本质的人性本质来认识,更能够在理想性和目的性上定义人。

的理想性;不仅是人的实践活动,而且是人的秩序条件。① 虽然人性中存在与动物相同或者相类似的本质,如自然欲求、趋利避害等共同属性,但是人性的本质并不是在人与动物的直接比较中获得的,而是在对人的普遍条件与根本要求的理性思考中被抽象和概括出来的,它不仅反映人的一般生物性,而且反映人的生物特殊性,包括人的社会性,是作为人所特有的一种规定性与规律性。

就人性本质的应当如何或者人性的应然性而言,人性包含以下内涵:

1. 人性的创造实践性

人的生命,是有意识的积极的生产实践过程,②并在生产实践中创造和改善自己的存在条件,因此人必然具有追求实践和创造的人性本质,并成为人性的第一社会属性。马克思指出:"全部社会生活在本质上是实践的。"③并指出:"以一定的方式进行生产活动的一定的个人,发生一定的社会关系和政治关系。"④个人的社会与政治关系,都是从个人的实践活动中创造的,没有个人的实践活动就没有个人的社会。"这里所说的个人不是他们自己或别人想象中的那种个人,而是现实中的个人,也就是说,这些个人是从事活动的,进行物质生产的,因而是在一定的物质的、不受他们任意支配的界限、前提和条件下活动着的。"⑤人是实践的动物,这一实践是一种积极的创造性实践,并产生人的实践关系即社会关系。这一关系,不仅决定人的本质,而且决定人性的条件。人性是一种实践性,是在实践中存在并以实践的形式表现的人性,人的生命活动与过程,都是一个实践的过程,这就必然提出人的实践要求。"个人怎样表现自己的生命,他们自己就

---

① "'现实的人'同时是自然存在物和社会存在物,具有自然属性和社会属性,其中社会性更具根本性。人作为自然存在物,虽然也吃喝生殖,但不像其他动物那样把它们当作最后的和唯一的终极目的。人作为类存在物,其区别于、高于其他动物的质的规定在于人在面对自然界时是自由的有意识的,即人能够进行生产实践活动生产自己的生活资料。"秦志龙、王岩:《"人性"概念考辩与人的本质探究——基于历史唯物主义的视角》,载《理论月刊》2017年第7期。笔者认为,社会性对于人性的意义,不在于它的根本性,而在于它是人性中与"物性"具有本质区别的部分。
② "这样,生命的生产,无论是通过劳动而生产自己的生命,还是通过生育而生产他人的生命,就立即表现为双重关系:一方面是自然关系;另一方面是社会关系。"中共中央马克思恩格斯列宁斯大林著作编译局编译:《马克思恩格斯选集》(第1卷),人民出版社2012年版,第160页。
③ 中共中央马克思恩格斯列宁斯大林著作编译局编译:《马克思恩格斯选集》(第1卷),人民出版社2012年版,第135页。
④ 中共中央马克思恩格斯列宁斯大林著作编译局编译:《马克思恩格斯选集》(第1卷),人民出版社2012年版,第151页。
⑤ 中共中央马克思恩格斯列宁斯大林著作编译局编译:《马克思恩格斯选集》(第1卷),人民出版社2012年版,第151页。

是怎样。因此,他们是什么样的,这同他们的生产是一致的——既和他们生产什么一致,又和他们怎样生产一致。因此,个人是什么样的,这取决于他们进行生产的物质条件。"①人是在一定的物质条件下从事实践活动的,而人的物质条件不仅决定人的实践活动,而且决定实践的人性诉求与实现。

卡西尔认为,人的本质就是人的无限的创造活动。他指出:"人的突出特征,人与众不同的标志,既不是他的形而上学本性也不是他的物理本性,而是人的劳作(work)。正是这种劳作,正是这种人类活动的体系,规定和划定了'人性'的团圆周。"②人的实践,不仅在于获得食物和居所等基本的生物生存条件,而且在于获得这些条件的同时创造和发展这些条件。例如,一种动物为了生存而编织或者挖掘的巢穴,作为一种生物本能的结果,始终维持一种相同或者不变的自然形态,而其功能和作用也只是满足一种生物上的需要;又如,一种动物的食物及其获取方式,无论是食肉还是食草,都是由这一动物的生理与遗传因素决定的,是一种自然不变的生物规律。然而,人则不同,人的实践不仅是在从大自然中直接获取和满足人类生存的基本物质条件,而是在通过人的智力能力不断地发明创造出各种旨在提升和改善人类生活与生存品质的物质与精神条件,因此人类实践的本质不是直接和简单的摄取行为,而是积极与能动的生产活动,伴随着不断的生产工具创新、生产方式变革和生产力的提高,不仅依赖自然,而且改变自然,创造自己的世界。

2. 人性的价值目的性

人是一种价值性和目的性动物,③在有意识的生命活动——社会关系及其实践中,积极追寻一定的价值和目的实现。④"无论怎样,对人而

---

① 中共中央马克思恩格斯列宁斯大林著作编译局编译:《马克思恩格斯选集》(第1卷),人民出版社2012年版,第147页。
② 〔德〕恩斯特·卡西尔:《人论》,甘阳译,上海译文出版社2004年版,第95~96页。
③ 价值"指对象物所具有的满足人的各种需要的客观特性"。《辞海》(第7版)(3),上海辞书出版社2020年版,第2033页。"从语义分析的角度来考察价值这一概念,可以发现,价值是一个表征'偏好'的范畴,是用以表示事物所具有的对主体有意义的、可以满足主体需要的功能和属性的概念。"张文显主编:《法理学》(第4版),高等教育出版社、北京大学出版社2011年版,第249页。
④ 人的价值,有人的社会价值与自我价值。"所谓人的社会价值,就是人对社会的积极效应,即人对社会的贡献。人对社会的贡献越大,其社会价值越大。人是社会的存在物,人的社会价值是人的根本价值";"人的自我价值就是人对自身的价值";"人的社会价值是人对社会的贡献,实质是使社会和他人更美好;人的自我价值在于使自身健康发展,实质是使自身自由而全面的发展。要使自身健康发展,为社会做出贡献,必须享有必要的物质文化生活资料。从这个意义上说,人的社会价值与自我价值的关系,是人的贡献与享有的关系"。王玉樑:《论人的价值》,载《理论导刊》2009年第4期。

言,生之价值不可或缺,从此意义上而言,精神世界是具有价值的。"① 价值是人的精神条件与需求,是人的意识形态。人的价值,是一种目的性价值,即人赋予自己的目的以一定的价值条件与属性,从而构成一种精神和社会意义的价值目的。

人类不仅是实践的动物,而且是目的性动物,人类的每一种生产或者生活实践都具有自己预见或者可预见的目的,即自主追求和想要达到的境地与结果。目的性是人类探索未知世界的根据与由来,因此,目的性既决定了人类的实践选择与现实追求,又决定了人类的未来与发展方向。

人类的目的,不仅是个人的目的,而且有共同的目的,正是在共同目的的基础上使人类不同个体的目的统一起来。人类的目的性使人类的实践活动具有了明确的方向和所需要的结果,避免了人类实践活动的盲目性与分散性,提高了人类实践活动的效率与效果。② 人的目的性不是一种简单的指向或者目标,而是目的和价值的结合与统一,这才是人的目的性的本质,也才构成人性的目的性。换言之,人的目的是一种价值目的,人的目的行为伴随着人的主观价值判断和选择——人的目的性的意义就在于它的价值性,即目的本身所具有的积极性和有益性。价值意义的目的性,决定了目的是人类有意识的生产和生活追求,是对生产和生活的一种美好的渴望与向往。③ 人类的主体性决定了人自身不能只有目的而没有目的性价值,目的必然伴随着价值,有价值的目的,才是积极和有益的目的。

在价值的意义上,目的性使人类的实践活动并不是简单和直接地作用于实践对象,而是对实践的结果作出一种预期的选择与安排。因此,它不仅能够统一人们的实践活动,而且能够共同收获一种符合理想的实践结果。"人及人性的价值问题,实质上是人对自身生存及其本质的意义、目的和人在宇宙中地位的自我意识和评价。人是能自觉意识并追求生存意义的社会存在物,这种意识和追求,是人的基本需要之一,它根植于人类生存、发展及人类对个体生存、发展的依赖性。"④ 也就是说,在价值的作用

---

① 〔日〕星野英一:《私法中的人》,王闯译,中国法制出版社 2004 年版,第 1 页。
② "如果'人性'这个词意味着任何什么东西的话,那么它就是意味着:尽管在它的各种形式中存在着一切的差别和对立,然而这些形式都是在向着一个共同目标而努力。"〔德〕恩斯特·卡西尔:《人论》,甘阳译,上海译文出版社 2004 年版,第 99 页。
③ "一个社会的生产方式、生活方式、制度环境、文化传统等事实因素都是具体价值观形成的基础,因此,在正常情况下,特定的物质和精神生活条件下共同的社会实践,总是能够使一个社会或时代形成某种'价值共识'和多数人共同确信的价值准则,如果在价值判断上连最低限度的共同标准也不复存在,一个社会就会马上解体了。"张文显主编:《法理学》(第 4 版),高等教育出版社、北京大学出版社 2011 年版,第 250 页。
④ 张宏:《人性系统三论》,载《烟台大学学报(哲学社会科学版)》1996 年第 4 期。

下,人类不仅具有共同的目的性,而且根据自己的目的进行积极的实践活动,从而使目的能够符合自己的理想和需要。不过,一方面,价值具有把握和控制目的的意义;另一方面,价值的选择也具有背离目的并使目的偏离方向的风险。因此,确立什么目的,追求什么价值,如何做到目的与价值的结合,实现目的与价值关系的统一,必然是人类所面临的一个如何生存与发展的深刻人性主题。

3. 人性的致善伦理性

"致善"是人性的基本伦理属性。"人虽是肉体的存在,但与其他动物的不同之处在于其是具备理性和意思的,可谓是伦理的存在。"① 伦理离不开善恶,虽然善恶不代表全部人性,但是人性确有善恶之分,而其中"善"构成人性的伦理本质。善是一种对他人和社会具有积极意义的心理与行为条件,它一方面是个人对道德原则和规范的承认与遵守,另一方面是社会对符合道德的行为给予的肯定性评价。所谓致善,即人性普遍具有善的条件与需求并追求善的目的与结果。人性的致善,虽然是人的社会伦理性,但它并不是简单的人的社会性,而是人的自然性对人的社会性的一种规定性,即人的自然性必然要求人在自己的社会性中表现出一种致善的行为选择——人性的致善伦理性根本上是人的自然生态条件所必然决定的社会结果。虽然人性在自然性即人的本性上没有善恶之分,因为自然性作为动物的本能性,不能言善恶是非,但是这并不等于人或者动物的自然性没有"善"的条件及其规定性,这里所谓的"善",就是在自然选择中表现出来的符合生存需求的生物行为特征——某种有益的生物规律性——这种行为特征与规律,在人类的进化及其社会形态下,就是人的致善伦理性。人的致善伦理性,不仅是人的社会规定性,而且是人的自然规定性,是被人的自然性所规定着的,是人的自然生态条件及其必然的社会行为选择。

伦理是人与人相处的各种道德准则,② 即人与人之间处理相互关系所应当遵循的道理或者常理。"道德是人性的社会规范性,是人性的社会条件的要求和反映。"③ 道德是人的善恶伦理,必有善恶之分,而人性的本质

---

① 〔日〕星野英一:《私法中的人》,王闯译,中国法制出版社2004年版,第1页。
② 参见《现代汉语词典》(第5版),商务印书馆2005年版,第896页。
③ 王利民:《民法道德论——市民社会的秩序构造》,法律出版社2019年版,第91页。

要求是善,致善则构成人性的社会规范性本质。① "人的独特之处就在于他们具有善与恶,公正与不公正以及诸如此类的感觉。家庭和城邦就是这类生物的集合体。"② 人在自己的社会现实与实践关系上,具有社会伦理性,而伦理的要义不外乎善恶。③ 伦理问题,作为人的社会道德问题,根本上是人性的善与恶、是与非问题,而在致善与求是的人性方面,伦理性则是人类寻求规范与秩序的属性。

人是有善恶的,人性也有性善与性恶之争,但人性的本质要求是善而不是恶。人性的善恶之争,既不是非善即恶,又不是非恶即善,而是去恶存善或者迁恶至善,也就是在本质上的求善,即求善和致善才是人性的伦理本质。显然,无论是性恶论还是性善论,其目的都不仅仅在于说明人性的善或者恶,而在于如何能够正确地利用人性或者改变人性而达到"善"的社会治理与秩序目的。人是社会的伦理主体,人性的恶就是社会的恶,人性的善就是社会的善,而人类最终是希望以人性的善来实现社会的善,并以社会的善来为人性的目的实现提供一个理想的社会条件。所谓善,就是人的道德性,即好的品性与品行,一个人只有性善或者具备一定善性,才能既不损害他人,又有利于社会,成为社会中有积极意义和价值的主体,所以,致善才是人的真正伦理性,也就是人在道德上应当如何的属性。如果人类在伦理的目的上不是致善,而是善恶不分,助长恶性与恶行,那么人类就难以构建美好的社会和实现理想的社会生活。"人性作为人的本体属性必然具有某种社会规定性,否则,人类既不能成为自己,又不能走向社会。人性的社会规定性必然通过一定的社会条件和形式反映出来,道德就是这种条件和形式的社会普遍存在,是人类谋求社会生活的内在品质与共性,并以其人性的规定性与内在性而构成人类本体的社会规范。道德是人

---

① 伦理的对象是道德,因此伦理学是"关于道德的起源、发展,人的行为准则和人与人之间的义务的学说"。《现代汉语词典》(第5版),商务印书馆2005年版,第896页。"伦理学的同义是道德哲学。它的任务是分析、评论并发展规范的道德标准,以处理各种道德问题。"《不列颠百科全书》(修订版)(第6卷),中国大百科全书出版社2007年版,第145页。现代伦理学有"元伦理学"和"规范伦理学"之分。"规范伦理学是道德哲学的一部分,它涉及道德上的是非好坏标准的证明和应用。规范伦理学的活动产生了规范道德的规则和判断。这些规则和判断对人类应当有怎样的行为、品质、制度和生活方式有直接的影响。"《不列颠百科全书》(修订版)(第6卷),中国大百科全书出版社2007年版,第146页。本书运用"规范伦理学"的观点分析和揭示人性的伦理本质并提出对人的行为品质与规范条件的要求。
② 苗力田主编:《亚里士多德全集》(第9卷),中国人民大学出版社1994年版,第7页。
③ "因为人的本质、人的特性、人的属性都涉及人的社会性,都与社会道德相关,就可以有价值判断与道德评价,可以用善恶去区分。"秦志龙、王岩:《"人性"概念考辩与人的本质探要——基于历史唯物主义的视角》,载《理论月刊》2017年第7期。

性的客观要求与表现,是人性的社会必要性与必然结果性。"①

4. 人性的正义社会性

人性的社会性,根本是正义性。正义性是人类最高的社会性,是人类灵魂的灯塔,照耀人类的理想与进步,没有正义,人类便会失去生命的方向、目标与动力。正义是人性价值与伦理的终极要求与目标,人性的本质在价值目的与求善伦理的基础上,必然发展到正义的社会性。"正义是一个无处不在的问题。人类遇到了正义问题和发展了一种正义感,这是人类学上的一个事实。"②无论人们如何认识和对待正义,正义都是人类社会的客观存在。"社会是被人类生态选择的最有利于实现自身目标与理想的构造性条件,而这一条件对人类目标与理想的实现离不开自身正义的属性。"③正义是人类实践目的与伦理价值的核心,也是人性的最高社会原则与要求,是符合人的规范与秩序属性的社会本质。人性的社会性或者善的归结,根本就在于正义,正义是一种社会合理性,即代表人类最高的规范状态与秩序境界。正义是人类的客观利益需求及其实现的规定性,是社会秩序构造的价值基础与理想目标。人类为了需要构成社会,必然在社会需要中产生对社会的理想与追求,这就是以正义形式表现出来的社会要求与状态。正义的状态与境界,是人类最美好的社会理想,是最高的善。人类一旦失去正义,就会失去自己的社会性,也就必然失去自己美好与理想的社会生活。所以,人类始终把正义作为自己的社会性实现的条件和目标,并始终围绕正义的条件和目标展开自己的全部生活画卷与社会实践。换言之,人类的社会性在根本意义上就是正义性,正义性构成了人性的社会规定性,而人类的社会性发展与完善也就是正义性的发展和完善。人类没有超越正义的社会性,正义是人类社会的灯塔与灵魂,坚持正义的社会理想与追求,就是坚持人类对美好社会生活的向往和选择,也就是坚持人性的社会性的正确本质与价值。

总之,人性在社会条件下,就不仅是事实如何的自然本质,而且具有应当如何的社会本质,这一本质也就是一种社会理想性。俄国哲学家索洛维约夫指出:"人之异于草木禽兽者,皆因人除外在存在之外还有愿望、道德和理想。"④人的愿望、道德和理想,就是人如何更好地成为人和作为人如

---

① 王利民:《民法道德论——市民社会的秩序构造》,法律出版社2019年版,第93页。
② 〔英〕麦考密克、〔奥〕魏因贝格尔:《制度法论》,周叶谦译,中国政法大学出版社1994年版,第249页。
③ 王利民:《民法道德论——市民社会的秩序构造》,法律出版社2019年版,第143页。
④ 徐凤林:《索洛维约夫哲学》,商务印书馆2007年版,第125页。

何实现更好生活的那种理性的追求。这种人的社会理想,并不能在人与其他动物一样的自然条件下实现,它只能构成人的社会存在。"只有在社会中,人的自然的存在对他说来才是他的人的存在。"①只有人的社会存在,才能够成为人的理想存在。人类的社会理想一经形成,就会通过价值形态、道德传统、文化教育、法律制度等形式影响和塑造社会中的人,要求人成为一个有社会理想的人,而人在社会存在中也必然有自己的社会理想,并不断追求社会理想的实现。

  人的社会理想是在社会中成长的。人首先是自然的主体,然后才能够成长为有理想的社会主体。对于刚出生的婴儿而言,虽然他(她)是社会主体,但他(她)还不是一个完全的社会性的人,在他(她)成熟或者有成熟的社会意识之前,还难有社会理想。然而,随着人的自然发育成长,他(她)必然在自然属性的基础上不断发展和形成自己的社会性并开始拥有自己的社会理想,这是一个人的社会属性不断萌发、生长、成熟的过程。在这一过程中,一定的社会价值观通过各种管道进入人的观念世界,影响并塑造人的意识、认识,最终内化为人性,表现为人的社会属性。"人性并非是一个抽象物,它就是人们在社会关系中表现出来的人的本性、特性、特质等。"②虽然我们不能脱离人的自然属性去认识人性,但是我们同样不能在人的社会条件之外去认识人性之应当如何的理想性。"一个人所做的一切从本质上说都是一种社会活动,都是以同他有一定关系的其他人的存在为前提的。甚至连吃饭、睡觉、交配、大小便的方式也是从社会学到的。"③当然,一个人在社会中学到和完善的,不仅是一种自然的本质,而且是一种社会理想,虽然人的社会理想不能脱离人的自然本质并必然以人的自然本质为根据,但是只有人的社会理想才能代表人类文化与文明的伟大与光辉。

---

① 中共中央马克思恩格斯列宁斯大林著作编译局编译:《马克思恩格斯全集》(第42卷),人民出版社1979年版,第122页。
② 武步云:《人本法学的哲学探究》,法律出版社2008年版,第127页。
③ 〔英〕莱斯利·史蒂文森:《人性七论》,袁荣生、张蕖生译,商务印书馆1994年版,第86页。

第一章 人法与人性——实在、联系和统一

——人必然具有和遵循人的自然法则,即"人法";"人法"是人的本体法,是以人的客观利益需求及其实现条件为根据的人类自然生态法则,即人的秩序本质,是人性的自然秩序产物,具有人性的客观规定性与规律性;"人法"与人性是人的客观实在,具有必然的联系和统一,构成民法的基础和根据。民法作为"人法"的国家法,是"人法"的表现形式,必然接受和反映人性的自然规范条件,具有人性的制度本质,构成人性的社会秩序体系。①

一、人法的本质

"人法"作为人的自然生态法则,也就是人的"自然法",②是以人的生命与生存的客观利益需求为根据的自然与必然的秩序形态,具有不以人的

---

① 笔者的"人法"范畴,作为民法哲学的认识根据和基础,与传统的各种人法概念与观念不同。人法作为一个历史概念,至少有三个方面的理解和使用:一是罗马法上的人法,是罗马法的三个组成部分之一,与物法和诉讼法并列,凡是不能归入物法和诉讼法的均纳入人法,内容以人的主体地位为主,十分庞杂。二是大陆法系民法的人法,在继承罗马法的基础上,是关于人的民事主体地位的法律,包括人的权利能力和行为能力以及权利的取得和丧失等方面的法律。《法国民法典》未设总则,人法为法典首编,其中包括了婚姻家庭等人身关系的法律。《德国民法典》的人法居于总则的首位。三是与永恒法、自然法和神法相并举的"人法",即人的制定法,亦即一般的成文法。中世纪托马斯·阿奎那的经院哲学思想将法律分为四种,即永恒法(神的自然法)、自然法(人的自然法)、人法(人的成文法)和神法(神的成文法——《圣经》),其所谓人法,就是由人或者国家制定的法。参见张乃根:《西方法哲学史纲》,中国政法大学出版社 2002 年版,第 113~121 页。我国学者多从民法中的"人法"即"民事主体法"的角度理解人法,即人法是狭义的民法。"人法是民法中关于民事主体资格、主体能力等一系列制度的总称。人法更为内在的含义并不是体现在民法的条文之中而是体现在民法的、乃至一个国家的文化——哲学层次上的。人法的规范是内在于人们的心中的而不仅仅是写在《民法通则》中的十数个条文。作为民法文化的浓缩之所在人法是物法和债法的前提。"杨振山、陈健:《平等身份与近现代民法学——从人法角度理解民法》,载《法律科学(西北政法学院学报)》1998 年第 2 期。

② 笔者在"人法"或者人的客观利益需求及其实现的自然生态法则,即人的生命与生存的客观秩序及其规定性与规律性上理解和认识的"自然法",作为自己的民法哲学基础,也与传统上的各种自然法学说不同,它是构成人的自然秩序本质并具有法的客观性的一种真正与真实的"人类法"范畴,即人类自身的秩序实在,并具有人性的秩序属性。

意志为转移的客观规定性。①"人法"不是人类共同制定的法,也不是人类统一的法,而是反映人类的自然秩序和生态条件而具有人的普遍性的"法"。"人的社会与社会秩序要求必然产生人的社会规范条件,而对这一条件的一般概括即归结为'人法'。"②"人法"是人性的自然秩序条件与客观规范要求。"人类自身存在着实现人性的可能性。"③人能够实现自己的人性,这是人性存在的根据和意义。人性在实现上构成人的行为条件,具有对人的行为的规定性,决定人的行为及其客观性与一般性。人性对人的行为的规定性及其行为的客观性与一般性,是人性的自然规范与秩序,具有"人法"的本质。④ 民法就是"人法",即反映人性的规范与秩序的国家法形式。"民法作为人法的形式,与人法一样,在反映人法的本质的同时反映人的自然生命的本质,也就是承认和尊重人的利益需求及其实现的规定性。"⑤

摩尔根在古代社会的研究中指出:"我们可以指出这样几点:人类的经验所遵循的途径大体上是一致的;在类似的情况下,人类的需要基本上是相同的;由于人类所有种族的大脑无不相同,因而心理法则的作用也是一致的。"⑥这些人类的需要与生理和心理相同或者基本相同的条件和因素,就是人性的统一性,由这一统一性所决定,人类必然有一致或者基本一致的人性法则,即"人法"。"人法"的本质,即"人法"的客观属性,是"人法"是什么的问题。"人法"是人的生态法则,是人的必然条件和产物,是人的秩序要求与结果。人自然具有人的法则,也必然遵循人的法则,这是一种人性的本质,反映人性的客观条件与秩序需求。所以,"人法"作为人

---

① "人类行为由意志引起。但一个人的意志行为并不总是前后一贯的,不同的人意志倾向也各有相同。而人已获得秩序并体面行事,所以必然存在着意志可以遵守的规则。"〔德〕塞缪尔·普芬道夫:《人和公民的自然法义务》,鞠成伟译,商务印书馆 2009 年版,第 54 页。这就是人类自然与必然的法则,而这一法则只能是人的自然生态法则,或者是以人的自然生态法则为本体和根据的法则,否则人类就不可能有真正的普遍法则及其行为秩序。
② 王利民等:《民法精神与法治文化民本模式论:自然生态的社会秩序体系及其规范形态与演进》(上册),当代中国出版社 2023 年版,第 242~243 页。
③ 〔德〕阿图尔·考夫曼、〔德〕温弗里德·哈斯默尔主编:《当代法哲学和法律理论导论》,郑永流译,法律出版社 2002 年版,第 488 页。
④ "所谓一物的本质,即有了它,则那物必然存在,取消了它则那物必然不存在;换言之,无本质则一物既不能存在又不能被理解,反之没有那物,则本质也既不能存在又不能被理解。"〔荷〕斯宾诺莎:《伦理学》,贺麟译,商务印书馆 1983 年版,第 43 页。
⑤ 王利民等:《民法精神与法治文化民本模式论:自然生态的社会秩序体系及其规范形态与演进》(上册),当代中国出版社 2023 年版,第 245 页。
⑥ 〔美〕路易斯·亨利·摩尔根:《古代社会》(上册),杨东莼、马雍、马巨译,商务印书馆 1977 年版,第 8 页。

的生态法则,就是人性的自然法则,即"人性法",①是由人性决定的人类自然生成并必然遵循的规范与秩序形态。

人有没有与自身本质即人性相联系而不以人的主观意志为转移的客观法则,这是"人法"的根本问题。"从最广泛的意义来说,法是由事物的性质产生出来的必然关系。在这个意义上,一切存在物都有它们的法。"②任何事物的存在,都有自己的法则,人亦不能例外,必有人的生存法则。"因为,在人类社会,人的一切活动的根本目的乃是人的生存、发展和完善,这是一个基本的社会事实。"③人的生存法则,就是"人法",④即人的自

---

① 基于人性及其"人法"的客观性,人应当成为自己的立法者,由人产生以自己的人法或者人性法则为根据的制定法。"人最适合于服从他给自己规定的法律——或者是给他单独规定的,或者是给他与别人共同规定的法律。"〔德〕康德:《法的形而上学原理:权利的科学》,沈叔平译,商务印书馆2011年版,第27页。
② 〔法〕孟德斯鸠:《论法的精神》(下册),张雁深译,商务印书馆1963年版,第1页。
③ 姚建宗、徐岱:《为法哲学申辩:法哲学研究提纲》,载《法律科学(西北政法学院学报)》1998年第1期。
④ 传统的"人法",作为法学或者民法学的一个范畴,一般是指民法或者民法中关于人的民事主体资格及其身份关系的法。"人法[Persons, Law of]指关于人的地位和人的能力的法律部门。有时,这个法律部门中也包括关于家庭关系的法律。因此,人法规定各种各样的人不同的地位、权力、能力、责任和无能力的状况。"〔英〕戴维·M.沃克:《牛津法律大辞典》,北京社会与科技发展研究所组织翻译,光明日报出版社1988年版,第690页。人法作为民法的概念和范畴,产生于罗马法。"我们所适用的全部法律,或是关于人的法律,或是关于物的法律,或是关于诉讼的法律。首先考察人,因为如果不了解作为法律的对象的人,就不可很好地了解法律。"〔罗马〕查士丁尼:《法学总论——法学阶梯》,张企泰译,商务印书馆1989年版,第11页。罗马法的人法是关于人的民事主体资格及其身份关系即"人"的法律,被置于罗马法各部分之首,具有"总则"的意义,决定和体现了罗马法的私法性质与地位。"人法中最重要的划分是:所有的人或者是自由人或者是奴隶。"〔古罗马〕盖尤斯:《法学阶梯》,黄风译,中国政法大学出版社1996年版,第4页。显然,罗马法的"人法"还不是指人的本体法,而是指人的身份法。"一般的古代原则都认为法是属人的。因而,非市民、异邦人(peregrinus),按照特定的罗马市民法是不享有权利的。"〔英〕巴里·尼古拉斯:《罗马法概论》,黄风译,法律出版社2000年版,第64页。早期罗马法的"人",特指市民法上的人,即市民,后来万民法的发展才缓解了罗马帝国统治范围内非罗马市民的权利地位问题。罗马法的市民法和万民法,虽然划分人的不同身份地位,但都是以人为主体的法律,都属于广义的人法即民法范畴。但是,在内涵上更接近"人法"本意即人的本体法的,是罗马法的自然法与万民法。查士丁尼《法学阶梯》的私法,包括自然法、万民法和市民法。"自然法是自然界教给一切动物的法律。"〔罗马〕查士丁尼:《法学总论——法学阶梯》,张企泰译,商务印书馆1989年版,第6页。自然法是人类和其他一切动物所共有的"法",虽为一般生物法则,但已经超越了"人法"范畴。后世自然法学派认为,"任何一个社会都可能通过合理运用人和自然本性所固有的原则而得到法"。〔英〕巴里·尼古拉斯:《罗马法概论》,黄风译,法律出版社2000年版,第50页。罗马法的万民法,更接近后世自然法的概念,它是"出于自然理性而为全人类制定的法",一切民族都适用。〔罗马〕查士丁尼:《法学总论——法学阶梯》,张企泰译,商务印书馆1989年版,第7页。这与其说是"国际法",不如说是以自然法则为基础的"人法"。以罗马法为母法的法国和德国民法典以及其他大陆法系民法,都将"人"即"人法"置于法典的首位,从而彰显民法与人的本质联系及其作为人法的客观属性。在大陆法系的民法学概念上,"人法"在内容上相当于

然法与本体法。"人法"是从人的本质及其需求中产生的自然与必然的关系,是人类生存的自然与必然的规则条件,是人类的自然生态规范与秩序选择。"人法"与人的存在相统一,是人的存在条件与根据,必然反映人的生命需求与本质,具有人与人性的客观规定性。

显然,从民事主体或者民法总则上理解的"人法",只是民法或者民事主体法的一种代称,虽然最能够反映民法的"人法"属性,是民法为"人法"的直接制度体现,代表了民法所具有的"人法"属性及其特质,但是却不是对民法的"人法"认识,也不能揭示"人法"作为人的本体法的本质。

"人法"作为人的自然秩序本质使人在自己的社会关系中自然具有主体性并获得自己的地位。这是任何一个社会确认人的主体地位的根据,也是任何有关人的立法的法源基础,特别是作为"人法"的直接形式的民法或者国家法,更体现"人法"的本质,具有"人法"的规定性。"人法"是人的生物主体性与社会秩序性的统一,是人类自然选择、自觉认同和自主遵从的生命法则。"人法"作为人的社会秩序本质是人类自然存在和对人类直接生效的生态法,也是人类真正实在并能够自主实现的法秩序,这就是"人法"的自然法本质及其生态秩序。

人既不可能简单存在,又不可能在简单中构成社会形态。社会作为人的自然生态结构需要特定的结构性条件,其基础就是人在社会结构中的规范与秩序条件,即一定的"人法"条件,从而使人能够在社会结构中成为既相互联系又相互统一的整体,并能够共同维持人类自然生态的社会存续与发展。所以,"人法"的最初形态不可能是某种外在的或者强加给人类的意识形态条件,也不可能是进入文明或者国家社会以后才产生的一种政治制度的强制形式,而只能是构成并作为人的社会秩序本质而自然生成和自始存在的生态条件,是人的自在之物,是人性的自然需求并作为人性的自然法则发展起来的。即使是作为"人法"的民法形式,虽然是国家的制定法,从国家法的形式上是外在的,但是作为"人法"的直接外化与存在形式,民法在根本上仍然是人的自然生态需求的内在秩序条件,是"人法"自然秩序的民法形式反映和结果,仍然具有"人法"的自然生态秩序本质,是一种人性的自然与必然的规范形式,而不是一种超越或者脱离人性即人的

民法典的"总则"部分,而在本质上则可以作为整个民法或者民法的特征来理解。在我国民法典的起草编纂过程中,有人提出采取《法学阶梯》的体系,用"人法"代替总则,从而凸显人法的特殊性。参见徐国栋:《民法典草案的基本结构》,载徐国栋编:《中国民法典起草思路论战》,中国政法大学出版社2001年版。不过,由于自近代变法以来我国就在民事立法上接受了德国民法的"总、分"模式,普遍和主导的观点仍然是"人法不能代替总则"。王利明:《民法典总则设立的必要性及基本结构》,载《湖南社会科学》2003年第5期。

自然生态秩序的单纯的国家意志。

(一)人法是人的自然法

"自然法"作为源自西方法律和法学的一个概念,历来有肯定和否定的不同学说。在肯定说中,也有关于自然法来源的各种不同学说,①从而源自西方的自然法学说反而使自然法变得不自然了。"自然法学说,不论是作为伦理学或神学的一部分,或者是作为一门自主的学科,其特征是往往依靠'自然秩序'的假设而运行。"②然而,自然法作为人的自然生态法则,反映的是人的自然生物属性,是人的客观利益需求及其实现条件的规定性与规律性,就如人需要保有生命与健康、需要占有和支配一定财产、需要两性结合与繁育后代一样,这些自然法则和根据这些法则而客观存在的各种自然与必然的人性法则,③即"天经地义"的那些法则,恰恰是实在的法则而不是假设或者推理的法则,这些法则作为"人法"通过人类伦理和习惯等各种外化形式表现出来,民法也只是构成这一法则的一种表现形式。相反,却是实在法或者制定法,作为一种直接的逻辑思维的结果,才是真正以人的"自然法"为根据而被推理或者假设出来的具体形式,④其之所以具有调整人类行为的正当性并能够被适用于人类生活,就在于它本于人的自然法——是人的客观利益需求与人的自然生态法则的内在联系和统一。因此,不承认"人法"或者人的"自然法",就没有民法或者实在法制定的客观根据,就没有民法或者实在法的规定性与规律性,也就没有民法或

---

① "自然法是正确理性的指令,它为了最持久地保存生命的可能,规定了什么是应该做的,什么是不该做的。"〔英〕霍布斯:《论公民》,应星、冯克利译,贵州人民出版社2003年版,第15页。"教导一个人如何使自己成为人类社会一个有用成员的法律——就是自然法。所以很明显,最基本的自然法是:每一个人都应尽其所能地培养和保存社会性。想要达到目的就必须要重视达到目的所必不可少的手段。因此,所有必然和通常会有助于社会性的事项就是自然法所允许的,所有破坏和违反社会性的事项就是自然法所禁止的。"〔德〕塞缪尔·普芬道夫:《人和公民的自然法义务》,鞠成伟译,商务印书馆2009年版,第61页。也就是说,自然法就是社会理性或者"社会性"法律。"既然自然法观念是'自然秩序'的观念,结果就是其规则直接来自自然、上帝或理性,就像逻辑规则那样是立即自明的,因而并不要求以武力来加以实现。"〔奥〕凯尔森:《法与国家的一般理论》,沈宗灵译,中国大百科全书出版社1996年版,第427页。

② 〔奥〕凯尔森:《法与国家的一般理论》,沈宗灵译,中国大百科全书出版社1996年版,第427页。

③ "自然法的特征是什么?它存在的必要条件是什么?在人类的实际生活中,它由哪些戒律组成?我们可以通过仔细考察人性和人的特征而获得关于这些问题的清晰的答案。"〔德〕塞缪尔·普芬道夫:《人和公民的自然法义务》,鞠成伟译,商务印书馆2009年版,第59页。

④ "实证主义的主要特征,和自然法学说相对比的话,可能正在于艰苦地摈弃一种绝对的、实质的根据,在于这种自我否认和自我承担限制,即限于基础规范中的一个仅仅假设的、形式的根基。"〔奥〕凯尔森:《法与国家的一般理论》,沈宗灵译,中国大百科全书出版社1996年版,第432页。

者实在法的价值性与正当性,民法或者实在法就是完全的任意物,而不是具有普遍性和一般性的客观法则,既不是科学的对象,又不能被科学认知并成为科学——显然,这不能成为结论。因此,恰恰是否定人的自然法——自然生态法则的实在法或者实证主义法学,才是脱离人的本质而陷入纯粹思辨的空洞理论。

"人法"是人和人类社会的秩序条件,与人和人类社会的自然生态需求相统一,人不能脱离人性及其"人法"而有自己固有的社会秩序属性。"人法"构成人性的社会秩序的必然性,是人性的自然法则与生态事实,具有人性的客观实在性。"人的社会生命起源于与他人的交流。"[①]人类是一个生物种群,没有与他人交往的单个人的生命是不能存在的,更不可能构成人的社会并实现种群延续,而人与人之间的社会关系与交往,无论是自然的生态现象,还是自主的社会行为,都需要共同接受某种生态与自然的习惯或者经验法规,否则就不能结成社会并进行成功与有序的交往,[②]以满足社会生态存续的需要。然而,在人类社会的初始与自然状态阶段,没有外在与强力的政治社会形态,也没有制定法,而支持和实现人类社会存在与运行的自然与必然的内在秩序条件,就构成一种"人法"的规则事实。[③]

因此,作为社会主体,人人都需要成为一个自主的自我立法者,即人人都必然遵循一种客观的并且是构成普遍条件的行为法则,这就是本源于人性的自然与自主的行为条件,也就是被概括为"人法"的人类事实法或者生态法,即所谓的"自然法"。"人法"作为人的客观秩序条件与生态自然法则,是人性的社会秩序本质,人的自然生态及其社会结构必然要求和产生符合人性的社会秩序形态,而作为这一秩序形态的本体规范需求,就是

[①] 〔美〕查尔斯·霍顿·库利:《人类本性与社会秩序》,包凡一、王源译,华夏出版社1999年版,第6页。
[②] "当我们个体的生命开始的时候,生命历史中产生的两个原素,即遗传和社会以一种崭新的整体的姿态出现。它们不再是分立的力量。个体所属和所为的一切都不能单独地归因于它们中的哪一个,因为一切都是以习惯和经验为基础的,而习惯和经验是不可分割地结合在一起的。"〔美〕查尔斯·霍顿·库利:《人类本性与社会秩序》,包凡一、王源译,华夏出版社1999年版,第12页。
[③] 孟德斯鸠认为:"所以称为自然法,是因为它们是单纯渊源于我们生命的本质。如果要很好地认识自然法,就应该考察社会建立以前的人类。自然法就是人类在这样一种状态之下所接受的规律。"〔法〕孟德斯鸠:《论法的精神》(上册),张雁深译,商务印书馆1959年版,第4页。自然法既是人类的自然生态法则,又是人类的社会产物,而人类社会与人类的存在相始终,自从人类脱离动物界而成为人,也就有了人类社会和人类社会的自然法。因此,人的自然法并不是"社会之前"的人类存在,但是,我们确实需要从人类进入文明社会之前的社会状态,去认识其自然与必然的生态法则——作为人的生命本质的自然法及其客观性与实在性。

构成"人法"的"自然法"形态。因此,"人法"是被概括和抽象为"人法"的人的自然秩序本质,是被用来反映人的自然生态秩序的"法"范畴,具有"自然法"的本质。①

1. 人法是人的自然生态法则

人是"自然人",属于自然的一部分,必然有人的"自然法",即"人法"。"人法"作为人的自然法,源于人的自然属性,是人的自然而然的生态需求与秩序结果。"人来自于自然,生存在自然界中,同其他存在物一样,同样要受到自然法则的制约,并且一时一刻不能脱离自然而存在。这是人身上的自然性质。"②人的自然性质决定了人的自然法则,即"人法"。"人法"作为人的自然生态法则,也就是人性的必然法则,是人的生命与生存的客观法则,是人的自然而然与自在自为的行为规范,是人的普遍行为条件与"行为法",是人类的社会构造与实现所不可缺少的行为规范与秩序形态。③ 因此,"人法"既是人的客观法,又是人的主观法,前者是指"人法"的自然生态性,后者是指"人法"作为社会范畴与意识形态,是人对自身法则的认识结果。人必然通过一定的形式表现自己的"人法"——人对自身的规则性认识,并以自己的"人法"条件构成自己的内在秩序品质与社会属性。

人法是"平民社会"④关系的人性法则,"人法"调整的人类自然生态关系,就是在国家法形态下上升为民法的人身与财产关系,是人类最根本的生存关系。这一关系的基本规则与秩序,无论是在民法产生以前的"人法"阶段,还是在民法产生以后的国家法阶段,都有人类生态与生存条件的统一规定性,都需要遵循人类最根本的生物与生存法则,因此也就不会有根本的规范性质与秩序条件的改变,如以配偶为条件的性欲满足与种群繁育,以占有和支配为条件的财产利益实现,等等,作为人类的根本生态法

---

① 可见,笔者所谓的"自然法",并不是意识形态的"法",而是人的自然生态秩序,是以人为本的关于"人法"即人的秩序本质及其规定性与规律性的认识,它揭示人的自然生态秩序与反映这一秩序的"形式法"即制定法之间的本质联系,是一种历史唯物主义法学观,是关于法的客观性与本体性理论,因此与传统自然法理论具有本质区别。
② 高清海:《人的天人一体本性——转变对"人"的传统观念》,载《江海学刊》1996年第3期。
③ 在这个意义上,"人法"作为人的生态法则,可以说就是人的自然法或者人类的"永恒"的法。
④ 所谓平民社会,或称普通人的社会,即平等民事主体的社会,亦即民法调整的平等民事主体之间的人身与财产关系的社会形态,是以人的生命与生存的客观利益需求及其实现为目的和基础的人类自然生态的社会秩序体系及其商品经济条件的社会发展形态。与传统的市民社会概念不同,笔者的平民社会的概念,虽然在作为国家政治社会以外的个人或者普通人社会这一点上,有与市民社会相同的内涵,但是笔者的平民社会,是直接以民法调整的社会关系及其秩序本质为根据的范畴。

则,无论是"人法"还是民法都不可能根本背弃这些规则条件。"人,作为一个'物理的存在物',是和一切物体一样,受不变的规律的支配。"① 在支配人的不变的规律中,就有"人法"的规律,构成人类不得背离的法则。事实上,"人法"的生态法则,包括一定的人身关系与财产关系法则,在国家法的民法制度安排中,不仅是根本不变的,而且是普遍接受的。② 虽然古今中外的不同社会有多元文化的不同民法制度与体系,但是除了社会发展水平和条件所决定的因素以及立法技术和方法等方面的差别外,不同国家和社会的民法并没有实质的条件不同,这在当代民法的人身权与财产权制度中得到实证与体现,充分反映了民法作为"人法"的自然生态本质及其规定性与规律性。

"人法"是以平等和自由为条件的法,这是"人法"存在和发展的客观条件——尽管这种平等和自由必然具有历史的局限性,并存在各种事实上的不自由和不平等。但是,"人法"作为人的自然生态法则,是人的自然生态条件即作为人的客观利益需求——人身与财产利益实现的生态体系,必然构成人与人之间相互依存的法,需要人与人之间自主承认与利益均衡的生态条件。

2. 人法是人的自然秩序法则

"人法"作为人的自然生态法则,也就是人的自然生态选择的秩序法则。任何事物的合理存在,都是一种秩序存在,需要秩序的形态与结果,而秩序以规则为前提,是规则的实现。"人法"就是人类的秩序法则,反映人类自然生态的客观秩序条件与需求,是人类自然生态选择的现实性与客观性。

秩序"意指在自然进程和社会进程中都存在着某种程度的一致性、连续性和确定性"。③ 秩序是人类生态结构具有稳定性和可持续性的客观条件,它最初是一种自然秩序,然后才发展到一种有组织的社会秩序——这

---

① 〔法〕孟德斯鸠:《论法的精神》(上册),张雁深译,商务印书馆1959年版,第4页。
② 在当代民法的趋同化发展中,我们越来越多地看到了这种"人法"的普遍性。我们必须承认一个基本事实,那就是以民法或者私法形式反映和代表的人类法则,即"人法",无论在哪个国家和民族的立法中,都需要具有人类普遍的和不可改变的生态秩序规则,问题只在于一个国家的法律如何具体表现这些规则——实际上它留给人类任意立法的自由空间是极其有限的。
③ 〔美〕E. 博登海默:《法理学:法律哲学与法律方法》,邓正来译,中国政法大学出版社2017年版,第234页。"历史表明,凡是在人类建立了政治或社会组织单位的地方,他们都曾力图防止出现不可控制的混乱现象,也曾试图确立某种适于生存的秩序形式。"(同前。)事实上,秩序不仅是人类建立政治或者社会组织单位的条件,而且是人类的自然社会的条件,即它首先是一种"人法"的自然形态,然后才是国家法的社会形态。

是一个从"人法"的生态秩序到国家法的组织秩序的转变与发展过程。"如同在自然界中一样,秩序在人类生活中也起着极为重要的作用。"①事实上,人类的生活秩序是自然秩序的一部分,它关系到人类的自然生态,对于人类不仅是重要的,而且是必需的。"对人类事务中秩序的寻求,已被普遍承认为个人努力或社会努力的一个有价值的目标。"②秩序的价值正如法的价值一样,不仅在于它对混乱和冲突的排斥与排除及其实现的社会关系的行为协调,而且在于它为人类利益的实现提供一种规范的普遍条件,从而获得实现的合理与正当性。

无论是人类的哪种秩序,它都需要以"人法"的自然秩序为基础,遵循人的自然秩序法则。"关于秩序的本质有不同的认识。从静态角度观察,秩序就是自然、社会、人和事物各自处于适当位置并形成某种合理与稳定的相互制约与制衡的状态;从动态角度分析,秩序是人们基于对社会行为规则的了解和认可而保持相互关系的有条不紊。秩序意味着一个人的行为所具有的可预测性和可控制性特征。从根本目的上看,秩序有利于人类自由本性的普遍实现,是人类全面发展的根本保障。秩序具有承认和遵守社会规则的稳定性和可预见性,而这些秩序属性正是形成、维护社会结构和推动社会发展的必要条件。"③人类无论是在自己的自然生态结构中,还是在社会组织结构中,都不能失去秩序,都必然具有维持和实现秩序的客观需要。"人类的这种倾向乃深深地植根于整个自然结构之中,而人类生活则恰恰是该结构的一个组成部分。"④基于秩序与人类生态结构的内在联系,"人法"作为人的自然秩序法则,必然构成人类存在的自然生态条件与选择。

秩序性是一种合乎法则性,秩序本身就代表着某种法则。因此,秩序才是"人法"的存在和目的,是人类自然进化与适者生存的选择结果。"这种规则和秩序本身,对任何要摆脱单纯的偶然性或任意性而取得社会的固定性和独立性的生产方式来说,是一个必不可少的要素。"⑤人类只有在一

---

① 〔美〕E.博登海默:《法理学:法律哲学与法律方法》,邓正来译,中国政法大学出版社2017年版,第239页。
② 〔美〕E.博登海默:《法理学:法律哲学与法律方法》,邓正来译,中国政法大学出版社2017年版,第241页。
③ 王利民等:《民法精神与法治文化民本模式论:自然生态的社会秩序体系及其规范形态与演进》(上册),当代中国出版社2023年版,第26页。
④ 〔美〕E.博登海默:《法理学:法律哲学与法律方法》,邓正来译,中国政法大学出版社2017年版,第234页。
⑤ 中共中央马克思恩格斯列宁斯大林著作编译局编译:《马克思恩格斯全集》(第25卷),人民出版社1974年版,第894页。

定的秩序形态下,才能够有效安排和预见自己的生活,避免自己的生活受到混乱或者不规则的无秩序现象的破坏与影响。"自然进程所具有的占支配地位的规则性,对于人类生活大有益处。如果没有这种规则性,我们就会生活在一个疯狂混乱的世界之中。"①那种失控的无序状态,必然破坏人类正常生活,直接危害人类生存,与人类的生态法则相悖。因此,人类必然用秩序控制无序,维护自身生态结构的和谐与稳定,秩序也就构成了人类的自然选择,并必然产生一致的秩序法则及其秩序行为。

没有自然秩序,就没有"人法"或者人的客观法则。自然秩序意味着这种秩序不是某种外在的意志或者力量强加给人类的,而是人类自身生态进化与行为选择的结果,是作为人类的本体条件存在的。"人法"一定是某种自然秩序的反映和表现形式,是自然的创造而不是人为的结果,从而具有客观的规定性与规律性。人的意志或者意识形态,只能成为反映自然秩序的条件,而不能代替自然秩序任意创造某种法则。不是人的意志或者人为的法则创造了秩序,而是人的自然秩序选择形成了具有一致性的法则。换言之,"人法"是人的本质,存在于人的生命秩序的本质之中。因此,"人法"一定是人类自然秩序的产物,与人类的自然生态相结合,并反映人类自然生态的秩序本质。② 它必然是在国家之前产生而与人类自然生态及其秩序条件相始终的存在物,国家法只能作为维护"人法"及其自然秩序的外在条件,而不能代替它的存在和作用。

当然,"人法"作为人性法则或者自然法的一般形式,并不能决定人的行为或者社会秩序的现实形态与具体细节——即便是制定法或者成文法也做不到这一点。但是,它在具体存在上,却能够决定人类行为或者社会秩序选择的基本原则与方向,并为人类的行为和社会秩序提供判断和评价的价值标准,而制定法或者成文法,不过是人性法则或者自然法的一种逻辑推演形式。当一个立法者参与一项立法和提供某种立法方案时,他无非把自己心中的人性或者自然法认知表现为具体和可操作的形式规范,而由于人性与自然法具有人的客观利益需求及其实现条件的规定性与规律性,即具有内在的普遍性,无论在具体立法形式上人们有多大的分歧与争议,人们都能够最终达成一致或者相对统一的立法意见,这就是人性法则或者自然法的力量及其对人类意识形态的决定性。因此,一切法的形式都

---

① 〔美〕E. 博登海默:《法理学:法律哲学与法律方法》,邓正来译,中国政法大学出版社2017年版,第236页。
② "因此,我们应当承认,在人为法建立了公道的关系之先,就已经有了公道关系的存在。"〔法〕孟德斯鸠:《论法的精神》(上册),张雁深译,商务印书馆1959年版,第2页。

不过是人性或者自然法的表现形式,人性或者自然法要么通过习惯或者道德的行为方式具象化,要么通过制定法或者成文法的形式表现出来;通过习惯或者道德方式具象化的,在司法裁量的条件下,产生"判例法"的认可形式,而在制定法或者成文法表现的情况下,同样需要在个人习惯或者道德的支配下转化为人们的具体行为条件。因此,"人法"在它的本体或者本质意义上,并不在于它的表现形式,而在于它在个人意志支配下的实然行为及其必然的趋同选择与秩序形态,而制定法或者成文法只不过是为人们的实然行为预设的一种形式规范,但是这种形式规范最终是否能够得到实施和实施效果如何,仍然决定于人们的行为意志,即"人性或者自然法"的行为条件。可见,在人类的社会秩序结构及其行为体系中,具有根本或者规定性地位的,永远是也只能是作为本体与本质的人性或者人的自然法。虽然人类并不是由于人性或者自然法而始终处于秩序或者理想秩序的状态,但是人类基于人性或者人的自然法的普遍规定性,最终能够回归秩序并维护自身的秩序平衡。

(二)人法是人的本体法

"人法"作为人的自然法则与生态秩序本质,是平民社会关系的固有条件与客观要求,构成人的本体法。① 所谓人的本体法,就是人的固有或者本有的一般法或者普遍法,是基于人的生命与生存的客观利益需求及其实现的规定性所不可或缺而必然遵循和实现的恒久生态法则,是内化为人的普遍理性的秩序意志与行为品质,是人类普遍存在和适用的共同与稳定的社会关系条件。显然,"人法"调整的人的自然生态关系,是人的客观需求与根本利益关系,反映人的客观利益需求及其实现的一般规律性与规定性,是人的必然需求与必要实现的利益条件与生存秩序。因此,"人法"是人类的社会存在及其结构条件,是与人类社会相始终的自然生态需求,只要人类社会存在,只要人类维系自己的人身与财产利益的社会秩序实现,"人法"就必然以一定的人类本有秩序的客观形态存在,以满足调整自身的人身与财产关系并实现其利益的需要。可见,"人法"是人类自身生存的法,是人类的生存利益法,是人类自然"向善"并能够合理分配生存利益的人性法。"每一个人必然追求他所认为是善的,避免他所认为是恶的。但这种追求或欲望不是别的,即是人的本质或本性的自身。所以单独依照他自己本性的法则,每一个人必然追求他所认为是善的,避免他所认为是

---

① 人法的本体性,根本是通过人的自然伦理形式,如习惯、道德等自然和自在的客观秩序条件表现出来的,并以这些形式及其存在被社会认知;当这些形式具有制定法的价值并作为制定民法的根据而上升为民法时,这些形式又成为民法的本体,即直接的形式条件。

恶的。"①人类初始的善,就是接受人性的自然约束,遵循人性的必然法则,是一种客观的善,这种客观和善,是人自觉向善的行为秩序,是人性及其"人法"的固有法则,构成人的本体法。

自然性作为人的不可或缺的生物秉性,也就是人的固有性与本体性,是构成人的本体性的条件与根据。也就是说,人的自然性必然构成人的固有属性即人的生物本体性,而人的自然法也就是构成人的生态固有法则的本体法,是人的生命与生存的自在条件与客观因素,它不可能作为人的外在物而由某种外部力量强加给人类自身,而只能是人类自然获得并自主遵循的生命与生存的生物规律与规定性,是基于人类生命与生存的规律性与规定性而必然具有和接受的生物法则,是人类无须通过意思联络和一体决定就可以共同认知和统一接受的内在条件与本有秩序。② 换言之,人的本体性是人的生命与生存条件的客观性,是自然选择和与生俱有的先天秉性即人性,它对于人类只能是一个自然的固有结果,而不能是一个可有可无和随意可变的不确定因素和偶然现象。由人的本体性秩序需求与条件所决定的本体法,也就是人类不可根本改变的固有法或者普遍法,否则,人类就永远不可能有所谓的秩序共识与一般法则,即使是在国家形态下的统一立法,③无论是其制定,还是其施行,都是以人的本体规范与内在秩序为基础和根据的,如果没有这种人类的本体规范与秩序条件及其规律性与规定性,也就不可能寻求和实现普遍的立法意志与施行效果。

人类在生存与发展中不断探索和认识客观对象,揭示事物的本质与真理,发现事物的客观规律与普遍法则,其中包括人类自身所固有的本体属性。人不仅是主体,具有主观意志性,把客观事物作为自己的认识对象,而且是客体,属于自然的一部分,具有客观的必然性,人在认识客观事物的同时,也把人自身作为客体认识并发现人的客观本质,也就是人的本体性及

---

① 〔荷〕斯宾诺莎:《伦理学》,贺麟译,商务印书馆1983年版,第185页。
② 人们在"自然法"上的权利,即自然权利,是一种"天赋权利",是人生而具有或者应当被赋予的权利。"天赋的权利是每个人根据自然而享有的权利,它不依赖于经验中的一切法律条例。"〔德〕康德:《法的形而上学原理:权利的科学》,沈叔平译,商务印书馆2011年版,第52页。康德把权利划分为自然的权利和实在法规定的权利,前者即为"天赋"的权利,后者即为获得的权利,即以法律为根据的权利。
③ 即使是国家立法或者当事人之间的契约,也需要有共同的作为自然与必然性的意志基础,即具有某种普遍性的秩序共识,否则,就算是大家能够聚在一起进行协商立法或者订约,也不可能形成任何共同的意志性结果。换言之,他们都是需要以某种自然与必然的普遍性为根据的,或者说,在立法或者订约的过程中,是有某种"自然法"作为基础和前提的,已经有一个"自然法"的体系框架,是在这个体系框架下的具体规则的制定与形成,人们不可能在毫无任何自然法共识的条件下达成具有普遍性和一般性的实在法或者契约。

其本体法则。换言之,人的本体性就是人的固有和原本属性,并必然表现为具有本体性的固有或者原本法则,这就是构成"人法"的那种毋庸置疑的规范与秩序事实。尽管对"人法"的本体性会有个人认识与主观评价的不同,即存在某种意识形态的差别,但是它的普遍性和一般性是不可否定的生态法则,其构成"人法"的客观法则及其秩序形态的真实性。可以说,没有本体性的"人法"存在,就没有人类的统一秩序规则,而人类正是在"人法"这一本体性的秩序规则的基础上寻求统一的生存和发展的。"人法"的本体性,意味着人类作为同一生物种群具有原本和固有的共同生物法则并接受其普遍性支配,需要也能够实现统一秩序规则条件下的生存与发展。因此,本体性也就构成了人类生态体系中具有稳定性和持续性的自我生存与发展条件,从而维护人类生态所固有的社会秩序及其文化形态。

"人法"的本体性,根本是人及其人性的本体性,是由人的本体性决定的。"人法"必然反映人的本体性条件并作为自己的秩序本质,从而与人的本体性相统一。"因此,人的本质问题,人的人格(Personalität),对于法的本质(Wesen des Rechts)是决定性的。法的标准,即法的观念本身,是人。"①人作为自然的主体而成为"人法"的主体,而以人为主体的"人法"在反映人的本体性的同时必然成为人的本体法。"人法"作为人的本体法,是与人俱生的人类生物与生态的法。只要人和人的社会生态存在,"人法"就必然存在,它反映人的生命及其生态实现的固有秩序条件与本质,体现人的生命秩序规则,具有人类共有法则的一体秩序属性。"一物竭力保持自己的存在的努力,只是为那物自身的本质所决定,而且这种努力必然地只是出于那种物的本质之自身,而不是出于他物的本质。"②"人法"作为人类生物延续与发展所不可缺少的规范与秩序条件,既出于人的生态需求,也就具有人的自然生态的本体性,构成人的本体法,既是一切人的法,又是一切"法"的本源。

"人法"作为人的本体法,是人性的一种固有能力,即内在于人的本质的一种自我法则实现能力,即自然与必然的自主构序力量。"以现实的知、行活动为指向,人的能力既体现于知与所知的交互作用,也表现于具体的实践过程。"③人性的能力作为人的生存能力,根本是一种知、行的能力,是

---

① 〔德〕阿图尔·考夫曼、〔德〕温弗里德·哈斯默尔主编:《当代法哲学和法律理论导论》,郑永流译,法律出版社2002年版,第490页。
② 〔荷〕斯宾诺莎:《伦理学》,贺麟译,商务印书馆1983年版,第188页。
③ 杨国荣:《论人性能力》,载《哲学研究》2008年第3期。"在其现实性上,人的能力构成了认识自我与改变自我、说明世界与改变世界(成己与成物)所有可能的内在条件。"(同前。)

认识自我与客观世界的能力,即实践的能力。"以'人性'规定人的这种能力,既在于它体现了人的本质力量,也在于以其所内含的本体论性质为根据。"①"人法"作为人性的能力,不仅是人的本质与事实,而且是人的实践条件,产生并存在于人的实践之中,是人的能动性,即人并不是像其他动物那样被动和本能地接受自己的法则,而是能够积极主动地认知和运用自己的法则,从而创造和改善自己的生存条件。

二、人法的形态

"人法"作为人的"法",是法的客观存在,是法的实在物,必然具有法的规范功能和产生现实的调整作用,即"人法"是作为一种普遍的规范条件存在的,必然有自己存在的客观形态。关于"人法"的形态,可以从不同的角度进行认识,并进行各种不同的划分。但是,从"人法"作为人的"自然法"而与国家法的关系上,则区分为制定法与事实法两种形态,而民法就是制定法的形式。

(一) 制定法与事实法

"人法"首先是一种事实法,即作为人类自然生态条件的"人法",是存在于人们头脑中的一种自觉的秩序认同意识和自主构序能力,包括一定的道德意识和习惯心理等,并通过一定的实践能力与行为秩序表现出来,是"人法"的客观与本体形态。另一种是制定法的形态,即在国家发展阶段,通过国家意志的形式把"人法"的主要规范与秩序条件制定为成文法,并通过成文法的实证规范与统一形式,强化并强制"人法"的普遍效力。制定法是对事实法的理性认知与经验总结,是被归纳和加工出来并用固定和统一的形式表现的"人法"。

1. 制定法与事实法的生态统一

人类的"法",②作为人的自然生态条件与现象,到底有哪些存在和表现形式,或者如何进行分类与认识,这是法理学和法哲学不断探讨的一个问题,也是法学的一个根本问题。在法学范畴上,狭义上的法,即制定的法

---

① 杨国荣:《论人性能力》,载《哲学研究》2008 年第 3 期。
② "'法'这一术语,就其最为普遍的理解方式而言,并且,就其严格含义的语词使用而言,可以认为是一个理性存在为约束(for the guidanceof)另外一个理性存在而制定的规则。当然,前者对于后者,是拥有统治权力的。"〔英〕约翰·奥斯丁:《法理学的范围》(中译本第 2 版),刘星译,北京大学出版社 2013 年版,第 15~16 页。

或者国家的法,也称为实在法,是一种人为的法,即形式的法。① 广义上的法,除制定法外,包括人类各种自在自为的生态秩序法则,这些法则是一种自然的法或者事实的法,特别是其中的习惯和道德等构成了事实法的主要条件和形式,并始终处于调整人类现实关系的生态规范地位,即使在制定法体系化与完备化的当今社会,也无法撼动和代替习惯与道德等"人法"对社会关系的自主调整与生态构序作用。② "法律秩序中的规范与事实这两个方面,互为条件且互相作用。这两者要素缺一不可,否则就不会有什么真正意义上的法律制度。"③ 所谓"事实",即人的行为秩序与规范条件的统一,而人的行为秩序就是"事实法",它作为"人法"的普遍秩序,不仅是人的意志秩序,而且是人的生态秩序,是作为人的生态条件而成为人的行为事实的。④ 人类最好的制定法,就是能够正确揭示和代表人类生态秩序的本质,从而为人类的行为事实——"人法"实践,提供一个符合人的生态秩序的明示与直接的规范形式,并附加违反这一秩序的强制责任,从而最大限度地加强"人法"的约束力并统一人的行为事实。换言之,人类的制定法,并不是凭空制造或者想象出来的,作为人类的"制定",是"以人为本"的制定,它根源于人类的规范需求并应当符合人类的规范条件及其生态秩序本质。

---

① "每一个实际存在的由人制定的法,或者,我们严格意义上所说的法,主要是指一个具有政治优势者角色特征的最高统治者或主权者主体所作的直接命令,或者间接命令。"〔英〕约翰·奥斯丁:《法理学的范围》(中译本第 2 版),刘星译,北京大学出版社 2013 年版,第 174 页。
② 在奥斯丁的人定法中,还有所谓"实际存在的道德或者伦理规则",这个法"就不是一个具有政治优势者角色特征的最高统治者或主权者实体所作出的直接命令,或者间接命令",实际上就是自然的或者事实的法,因此,在非统治者即国家制定这一特征上,奥斯丁也认为,"它们不是实际存在的由人制定的法。它们没有包含法律性质的制裁。同时,在法律意义上,它们也不具备强制他人应该如何行为的特征。但是,作为命令(作为由明确的个人或群体颁布的命令),它们的确是我们所说的准确意义上的法。而且,就'制裁'和'义务'这些术语被人们准确接受的意思而言,它们也是拥有制裁的内容,也向人们设定了义务"。〔英〕约翰·奥斯丁:《法理学的范围》(中译本第 2 版),刘星译,北京大学出版社 2013 年版,第 175、176 页。不过,奥斯丁对"实际存在的社会道德规则"的理解,最终是"制定法"意义上的,即使是他理解的自然状态的规则,也是指人"制定"的规则,即"生活在自然状态中的一个人,是可以向另外一个人,设定一个强制性法律的"。〔英〕约翰·奥斯丁:《法理学的范围》(中译本第 2 版),刘星译,北京大学出版社 2013 年版,第 179~180 页。换言之,奥斯丁所谓的"实际存在的社会道德规则",并不是一般意义上的自然法,即人的自然生态规则,尽管它们的形式反映这一规则的内容。显然,英美法上理解的制定法或者人定法,内涵更加宽泛,这与大陆法上关于"成文法"的认识有所不同。
③ 〔美〕E.博登海默:《法理学:法律哲学与法律方法》,邓正来译,中国政法大学出版社 2017 年版,第 260 页。"因此,规范性制度的存在以及对该规范性制度的严格遵守,乃是在社会中推行法治所必须依凭的一个不可或缺的前提条件。"(同前。)然而,人们对规范的严格遵守,在根本上并不是来自制定法本身的强制力,而是决定于人们在现实的行为关系中对规范的自觉行为认同。
④ 因此,事实法作为一种普遍的秩序形态,区别于具体的事实或者"法律事实"。

因此，无论一个国家的制定法如何健全和完备，都必须保持和实现与作为"人法"的事实法在规范上的生态衔接与价值上的本质统一。"一个成熟的法律规范体系是由两大部分构成的，即国家制定的强行性部分和历代相传的传统或曰习惯部分。而且，法律规范也有强行性和伦理性两个方面，这两个方面与构成法律体系的强行性要素和传统性要素是一致的。"①"人法"作为事实法，既是传统的，又是现实的，始终是现实的行为条件和标准。人们对制定法所谓"善法"与"恶法"的判断，以及对制定法是否存在缺陷的认识，其中渗透的各种标准与根据，在根本上都不过是制定法与事实法或者某种理想社会方案是否统一或者符合程度的问题。这种作为制定法的标准与根据的"事实法"，在本质上是遵循传统和代表时代的最先进的法观念，从而具有作为制定法标准与根据的价值。

事实法是行为法和生态法，是人们实际认知和遵循的法，是主观意志的法，是法的规范与秩序信仰。只有事实的法，才是有效的法，才作为"法"的条件实际约束行为人并构成现实的行为秩序。因此，制定法的形式从来都不是作为绝对的规范条件存在的，它一方面需要保持与事实法即"人法"的本质与生态统一，从而证明自己的合理性与正当性；另一方面又依赖于人们在事实法上的行为实践，在现实的秩序实现上不过是事实法的补充条件，在人们根据自己的行为意志即事实法行事的范围内，并不需要制定法的作用，或者制定法并不是现实的效力条件。② 人们并不是因为了解制定法而遵守制定法的，人们对制定法的遵守——行为与制定法的符合，不过是因为制定法反映了"人法"的普遍秩序，从而在人们根据"人法"决定的行为秩序中使行为"合法"成为一种事实。

在法学的一般理论或者观念上，虽然通常把法狭义地理解和定义为国家的法，即制定法，③但是，一方面，我们很难想象法的社会现象是人类社

---

① 〔美〕罗斯科·庞德：《法理学》（第2卷），封丽霞译，法律出版社2007年版，第8页。"就我们而言，制定法或法的强行性部分是现代意义上的法的构成要素；而且，只要法的形式发展，这种要素就趋向于占主导地位。"（同前。）虽然在英美法上所谓"传统性要素"是在"判例法"意义上理解的，但是它所揭示的法律现象的本质是，法首先是作为传统——事实存在的。
② "法律要能是强制性的，只有在其强制性是以某种客观上是好的，即是说，某种道德上的理由为基础时才行。"〔英〕麦考密克、〔奥〕魏因贝格尔：《制度法论》，周叶谦译，中国政法大学出版社1994年版，第3页。所谓法律能够具有强制性的道德理由即道德强制性，就是制定法具有"人法"上的正当根据而能够获得的行为主体的行为自律即自我强制，是转化为"事实法"上的人们自觉的行为秩序。
③ 制定法即大陆法系的成文法，而在以判例法为主的英美法系，法的内涵及其理解则更为复杂。"我们所思考的法律是由法律规范、法律技术和法律观念三部分构成的；即法律是根据权威性的传统法律观念或以其为背景，由权威性法律技术加以发展和适用的权威性法律规范体系。"〔美〕罗斯科·庞德：《法理学》（第2卷），封丽霞译，法律出版社2007年版，第85页。

会发展到国家阶段而在国家形态下才产生的,或者说国家法是与国家之前的社会秩序规则即事实法可以截然区分而没有任何生态联系和统一存在的两种不同社会现象。相反,国家的法一定是与人类在非国家形态下自然生成和发展起来的生态秩序规则一脉相承,并构成统一的社会规则体系。人类在国家尚未出现的早期社会发展阶段,即在比文明社会更加漫长的野蛮或者原始社会时期,一定有某种维持人类自然生态所必需的事实规则体系,以实现对人类的社会秩序调整,达到和满足人类自身生存与发展的生态目的,即只要人类社会存在,就必然具有起码的"人法"规范与秩序条件。另一方面,我们也很难想象,在国家的制定法或者法制文化已经达到几近完备与完善的当今社会发展阶段,制定法可以代替或者排除其他社会规范形式而能够单独实现和完成对社会关系的秩序调整,即法律在作为"人法"的事实法之外具有独立实现社会秩序调整的作用——这是根本无法想象的社会生态现实。事实上,制定法必然和只能是事实法的外化与延续并与事实法融为一体,而制定法作为事实法的外化形式必然具有其外化的局限性而不可能是一个绝对、至上和无缺陷的体系。相反,制定法作为人类理性的形式必然基于人类理性的局限性而成为一个存在各种问题与不足的有限体系,并只能对主要和有限的社会问题作出规范,而不可能明确和调整所有的社会秩序问题,需要作为"人法"的事实法的功能辅助与规范补充。所以,"人法"的自然或者事实法既是客观存在的,又是不可缺少的,更是与制定法不可分割而统一存在的体系,不可能被制定法代替。因此,我们必须思考国家的制定法与自然的"事实法"即其他"法"的形式之间的关系,并探求整个社会规范与秩序体系的构成与本质问题,从而发现法即"人法"的真实性。

可见,制定法与事实法或者自然法之间的关系,本质是制定法是从哪里来的或者是怎么产生和发展的,即制定法的本体或者制定根据或者基础是什么?具言之,制定法是否以作为"人法"的事实法为根据并需要在事实法的条件和基础上形成和发展自己的问题,亦即制定法是否与作为"人法"的事实法构成统一的社会生态体系并保持与事实法在规范与价值体系上的内在联系和统一。换言之,制定法与事实法之间到底是具有内在规范与秩序联系的一体存在,还是各自分立或者独立的不同社会现象,即它们之间的结构形式与功能作用到底是如何形成并具有价值和产生实效的。① 显

---

① 由于实证主义法学只承认实在法即制定法作为法的唯一存在形式,所以也就否定了制定法与"事实法"之间作为"法"的内在联系。根据自然法理论,承认在实在法即制定法之外的"自然法"即事实法的客观存在,所以自然法即事实法与制定法之间的关系,就成为自然法理论的一个核心和主题。

然,事实法需要制定法的规范形式与功能实现,而制定法也并不因为其制定和形式就能够脱离事实法的生态条件而直接产生规范作用。

2. 制定法与事实法的外在与实在

显然,制定法虽然是人为制定的,但却不是人为凭空想象出来的,它必然具有某种客观的或者自然的存在根据。或者说,法律作为调整社会关系的规范,虽然属于意识形态范畴,具有国家意志属性,但是它遵循和具有某种客观和自然的规律性和规定性,而不可能是由立法者任意制定或者决定的。社会关系作为人类的生态条件,具有其自身存在和发展的规律与规定性,这个规律和规定性就是人性的客观需求及其实现的一般社会秩序条件,反映为社会关系的秩序实现所应当具有和遵循的一般行为准则,这就是构成自然法或者事实法的"人法"。所以,制定法是事实法的表现形式,事实法是制定法的存在根据;制定法作为事实法的外在形式,必然依存于事实法,并只是事实法的一种有限形式,在制定法之外,既需要事实法的本体条件,又需要制定法与事实法的规范联系与秩序统一。

因此,由于事实的法是自然的和客观存在的,把事实法和制定法都作为人类的法即"人法",那么对"人法"的内涵应当持一种广义的理解,既不应当把"人法"等同于国家法之外的"事实法"形态,又不应当把"人法"只作为"制定法"——民事主体法。① 相反,制定法之外的"人法"即事实的自然法,是人更重要的本体法,作为一种自然生态的客观规定性,它既是制定法的价值和正当性根据,又是制定法的规范或者内容来源,更是制定法的实行条件,即形式秩序的行为化与生态化。因此,必须从作为事实法的"人法"条件去考察制定法的要求和结果,并从"人法"作为事实法的自然生态体系去认识制定法的本质。也就是说,对"人法"的认识应当明确以下两个方面:一方面,"人法"是从作为事实法的自然生态条件中发展起来的,是与人类社会相始终的法;另一方面,"人法"是人性的自然生态秩序,是人类本有的"法",在本质上属于自然人的规范形态,即私人社会的法或者私法。所以,作为私法的民法是"人法"的国家法即制定法,是"人法"的外化与实在化的直接表现形式,而作为政治社会的公法,则属于超越私人社会关系的意识形态与上层建筑范畴,不具有"人法"的必然条件与

---

① "人法"作为事实的法或者自然法与国家的法即制定法的联系与区分,正如自然或者天赋的权利与实在法的权利的联系和区分一样。"从科学的理论体系来看,权利的体系分成自然的权利和实在的权利。自然的权利以先验的纯粹理性的原则为根据;实在的或者法律的权利是由立法者的意志规定的。"[德]康德:《法的形而上学原理:权利的科学》,沈叔平译,商务印书馆2011年版,第52页。

普遍形式，不是直接和一般意义上的"人法"。总之，"人法"是基于人性条件而必然需求和自然形成的个人即私人社会的秩序形态，是人类自然生态的规范条件，是以人类的事实法即自然法为本体和根据并生态存续与发展的各种"法"条件与"法"形式，包括以实在法的条件和形式表现出来的平民社会的法即民法。① 所以，虽然民法作为私法与公法同为国家的法，构成不同于经济基础的上层建筑，但是私法作为"人法"即人的自然生态秩序的表现形式而与公法具有不同的存在条件与社会本质。

"人法"作为人类本体与固有的法则，是"实在"的社会法则，是普遍存在于人类的生态性社会结构条件。"人法"的实在，首先是一种生态与自然的实在，是不以人的主观意志为转移的人类生存与生命的必然与必要条件的客观实在，然后才是以何种形式表现和存在的实在，即某种外在的或者外化形式的实在。也就是说，"人法"的实在作为人类社会及其秩序实现的一种生态性及其规定性存在，是不以国家法的制定或者认可的外在形式为条件的实在，国家法的制定或者认可，作为"人法"的一种外在，只是"人法"实在性的转化与表现形式，是"人法"的实在性发展及其外在表现的一种客观形态，而不是"人法"的存在条件和唯一实在。诚然，"人法"的实在需要一定的外在与外化形式，并且随着人类社会文明的不断进步与发展这一外在与外化的形式最终获得了明确与直接固化的国家法形态，从而更充分与客观地展现了"人法"的实在性及其普遍的秩序条件。然而，"人法"并不因为"实在法"的形式存在而实在，那些与人类社会相始终的自然习惯与伦理道德等人类生态秩序法则，都是"人法"的实在，而实在必然是具有一定形式的，只不过这一实在及其形式是通过主观认可与行为秩序的方式表现出来的，虽然这一实在与形式不是采用书面文字的统一固化形态，但是它仍然是一种客观和普遍的社会规范与秩序形式，是人们共同接受与遵循的行为条件。

事实上，即使是国家的制定法，也只是一种形式实在，而不一定是秩序实在，制定法的形式实在要转化为秩序实在，只能通过人们自主支配的行为秩序实现，而这根本上是一种意志的内在统一，而不是一种形式的外在

---

① 虽然各国的"人法"或者私法在体系结构与表现形式上不尽相同，但是它们都有共同的条件要求与内容本质，这就是人性的客观需求及其自然与必然的规定性。即使是人类早期社会的"人法"或者私法，亦与当今社会的"人法"或者私法一样，无不涉及人格与身份、物权或者财产所有权、契约关系、婚姻家庭和财产继承等与自然人性直接相关的法条件与法形式，并且它们之间存在的民族传统与文化差异并不能掩盖它们在人性条件与生态本质上的一致性。特别是在当代人类普遍联系与全球化条件下的私法趋同化发展，更是彰显了"人法"即私法的共同条件与本质。

统一,而人们的内在意志作为制定法的实行条件,才是制定法在主体的行为秩序上获得的真正实在。因此,"人法"在国家形态下的制定法形式,只是"人法"的实在性以国家法形式的一种外化或者形式化,但它并不是"人法"的唯一外化与形式化,而是"人法"外化与形式化的终极形式。制定法作为"人法"的外在形式,与"人法"的社会生态秩序相统一,是"人法"的社会生态秩序以国家法形式的一种实在与外在的同构形态。

制定法作为"人法"的一种外在与实在的形式,是一种固定和静态的规范形式,也就是一种相对不变的形式。因此,在制定法与社会的关系上,制定法一经制定就已经在静态形式上落后于社会的发展。"社会是运动的有机体,而法典则是静止的无机物。社会是逐日月进化变迁的,而法典一经编纂而成,其法律的形体就固结,就不能顺应社会的变迁。"[①]这里相对于制定法静止的社会动态变迁与进步,在秩序本质上,就是"人法"的生态体系所固有的生命活力及其在事实形态与具体规则上的不断变化与发展。在人类社会的秩序结构中,作为事实法的"人法",是在人的自主意志支配下的一个动态和鲜活的生态行为体系,是伴随着人的实际需要而不断调整变化的具体行为条件,是自然的生态秩序的演变过程,是人类自然选择与行为进化的结果。

(二)民法与人法

现代"人法"的概念,是被作为民事主体法或者民法的同义词来理解和使用的,在揭示民法的本质上具有重要的表征意义。"民法的'民'是关于主体的人的概念,民法亦即'人法',是一个关于人的价值体系,是代表和反映'人法'的直接形式。它调整人的基本生活关系,代表并反映人的基本生活关系的社会性本质,与人和人之间的生活关系有着内在的联系。"[②]民法或者私法,即平民社会关系或者私人社会关系的法形态,是基础法(部门法)中唯一以"主体"为对象(命名)并将主体统一为"人"的立法。[③]民法之"民",在汉语概念上就是人,两者可以通用,即"人法"与"民法"具有同等之意义。换言之,民法作为私法,是"个人"的法,[④]其主体为

[①] 〔日〕穗积陈重:《法典论》,李求轶译,商务印书馆2014年版,第17页。
[②] 王利民:《民法的精神构造:民法哲学的思考》,法律出版社2010年版,第171页。
[③] 有学者对"民法"词源及其制度变迁进行了西方法制史上的详实考证,参见徐国栋:《"民法"变迁史考》,载《中国政法大学学报》2007年第2期。姑且不论西方的民法词源及其变迁,也不论在西方国家的语言体系中如何理解和使用"民法"(civil law)一词,我国在近代法律变革中对源自大陆法系划分的私法,接受"民"法的汉字概念表述,符合这一法律部门的本质与本意,是恰当和准确的。
[④] 虽然当代民法的主体在个人即自然人之外还包括"法人"和"非法人组织",但是民事主体根本在人即自然人,法人和其他民事主体,都是由人创造并用来享有和实现权利的社会组织形式。可以说,个人是真实的和最终的唯一社会主体。

"人",亦可谓之"人法",而"人法"必然是与人性发生联系并以人性为根据的法。① "人法"不仅更能准确揭示民法作为以个人为主体的私法而与公法相区别的社会属性,而且也更能客观反映民法的本源、本体与本质,从而直视并发现民法的内在规定性与规律性。可以说,近代以来法学的发展及其在立法上对民法的制度"纯化",使民法的制度结构更能够在科学的意义上代表"人法"的自然生态规范与秩序体系,不断还原了民法作为"人法"的客观性与真实性。

1. 民法的人法本质

民法作为当代法与制定法,是调整平等民事主体的人身关系与财产关系——平民社会关系的法,即以平等为条件关于人的行为自由与自由限制的法,也就是私法。民法是对市民法或者平民社会的法的简称,②而平民社会作为人类的本体社会,其自然生态的社会法则,就是"人法"。"人法"

---

① 民法学有"人性假设"理论,认为近代以来民法之体系建构系一种人性假设的制度结果。民法作为抽象概括的有限规范体系,是一种人性假设的拟制形式,无论是民法的人格设计还是民法之价值原则,乃至整个民法的制度结构,都建立于人性假设的逻辑前提与制度基础。"人性假设对近代以来民法的生成提供了本源性推进力与超越传统的现代化质素";"而对于人性之认同及民法典基于人性认同而产生的相应体系建构则构成其本质基础"。刘云生:《人性假设与近代民法之生成》,载肖厚国主编:《民法哲学研究》第1辑,法律出版社2009年版。民法上的制度"人性",具有规范形式与秩序条件的"假设"性,然而"人性假设"并不等于"人性假"。人性是真实的,只是反映人性的民法形式——立法者的理性水平和认知能力具有局限性。民法的"人性假设"包含和具有何种人性及其人性的本质,这才是民法制度的价值根本。民法的人性假设是一个人性认识和发现的形式与过程,其结果越接近和代表人性的客观性与真实性,就越符合人性的本质与价值,也就越反映"人法"与人性的规定性与规律性。

② "民法一语,典籍无所本,清季变法,抄自东瀛。东瀛则复从拿翁法典之 droit civil,译为今称。按 droit civil,源于罗马之 ius civile,盖即罗马市民法适用之法律之总称。"梅仲协:《民法要义》,中国政法大学出版社2004年版,第14页。近代日本制定民法典,学习法国民法,将法语民法(droit civil)"依字义直译"(同前),简为汉字民法(另一说是从荷兰语译 Burgerlyk Regt 为民法),而近代民法的语源,则是罗马法的市民法(jus civile),即罗马私法。虽然有学者认为,较之于"市民法","民法"去掉了一个"市"字,为误译(参见徐国栋:《市民社会与市民法——民法的调整对象研究》,载《法学研究》1994年第4期),但是汉语"民法"一词更符合民法作为个人关系或者私法的本意,更准确地反映了民法作为"人法"的本质。"按西方理论传统中流行的对国家与法的产生过程的解释,最古的民法,就是人类步入国家时代的法的整体,随着时间的流逝,各种各样的法从民法中分发出来,首先是宪法,其次是诉讼法,再次是刑法、行政法等等,直到最近,环境法还正在从民法的侵权行为法中分发出来。"参见徐国栋:《"民法"变迁史考》,载《中国政法大学学报》2007年第2期。民法作为"人法"和人的本体法,与人类自然生态相始终,是人类唯一的"法",自然是人类最古老的生存法则,并成为人类法的代表和整体;当人类进入国家阶段以后,作为人类自然生态秩序的"人法"在国家承认的范围内转变为了国家的法,并作为国家法的基础法,而在政治社会的条件下产生的"公法"则因法理不彰而自然成为与"人法"结合的体系,从而出现了人类社会早期诸法合体、民刑不分的法律发展阶段,并在各民族不同的社会文化背景下形成了各自不同的法系,这在东方有以中华法系为代表的以"刑"为主的体系,在西方有以罗马法为代表的以"市民法"(万民法)为核心的体系。

是民法的自然法，民法是"人法"的国家法形态，两者具有统一的调整对象。民法作为"人法"，是"人法"的制定法或者实在法，是人的生态法则的国家法形式，既本源于"人法"，又是"人法"的发展形态，以人为主体并调整人与人之间的社会关系，具有"人法"的本质，是"人法"的自然生态关系在国家法条件下的形式转化与外化的国家法体系。

民法作为"人法"，必然是以人性为根据的一种普遍的法，是以所有人为主体并对所有人都适用的法。民法的普遍适用性，甚至不受国家或者国籍的限制，即一国民法原则上应当适用于国家管辖范围内的所有人，无论是本国人还是外国人或者无国籍的人，都是一国民法的主体，并且在解决涉外民事关系纠纷上可以成为任何一个国家的冲突规范所指引的准据法，从而在另一国家的法院裁判中适用。"人类在一切公民间的关系上也有法律，这就是民法。"①虽然民法作为国家法，受国家主权限制，并不是"一切公民间"的法律，但是一国民法原则上确实具有可以适用于"一切人"的效力。这不仅反映的是民法作为"人法"所调整的社会关系的本质，而且反映的是民法作为"人法"必然在调整的社会关系上具有主体的普遍性，即民法作为"人法"必然是人类的法。虽然民法是一国制定的法，但是从来都不是只对本国人适用和只由本国法院适用的法，在这个意义上，民法是真正的"国际法"。②

民法作为"人法"，只是"人法"存在的一种表现形式，而不是"人法"之外的某种法形式，既不能脱离"人法"的本质而有自己的社会属性和规范体系，又不能代替"人法"的自然生态而独立发挥社会调整作用。"法律有实质以及形体的两种元素。一国的法律是否真正地具备实现国家利益，促进人民幸福的条规的问题就是该部法律的实质问题。"③民法的实质元素，就是作为"人法"的国家法形式与"人法"的本体——人的自然生态体系的本质要求与价值原则的符合程度，亦即是否反映人的根本利益需求并代表人的利益实现的合理条件，这就是"人法"对民法的实质规定性。民法是当事人行为的"任意法"，但并不是立法者任意制定的法，而民法"实质元素"的正当性，就在于它体现人的社会规范与秩序本质，能够正确反映和实现人的客观利益需求，而这一对民法的规定性，不是别的，就是作为"人法"的自然生态法则，唯有这一法则，才具有客观性和规律性，才能够使民法成为科学的对象，而民法学也才能够成为一门科学。

---

① 〔法〕孟德斯鸠：《论法的精神》（上册），张雁深译，商务印书馆1959年版，第6页。
② 参见王利民：《人的私法地位》（第2版），法律出版社2013年版，第282~283页。
③ 〔日〕穗积陈重：《法典论》，李求轶译，商务印书馆2014年版，第5页。

所以，民法作为"人法"在国家法条件下的发展形态，不仅具有"人法"的本质并归结为"人法"，是人法存在的一种表现形式，而且代表"人法"的自然生态法则，反映"人法"的自然生态秩序，与"人法"的自然生态具有本质及其规范体系的统一性。民法只有以"人法"为根据并反映"人法"的规定性及其规范与秩序本质，才能够在与"人法"的自然生态需求及其条件相统一的条件下，实现对"人法关系"调整的现实效力。

"人法"作为人类本有或者本体的生态体系，是人的内在与自然的"法"，是人性的客观规范条件与自然秩序要求，具有人性的必然性，是人性和人的生命实现的社会本质。任何"人法"的外在形式都只能表现人性的规定条件，而不能在人性之外具有自己形式的合理性，无论是"人法"的道德与习惯形式，还是"人法"的民法与其他法形式，其表现出来的人类自然秩序体系，都是以人或者人性为根据的一种客观和普遍的社会现象。因此，民法作为"人法"的发展及其外化与表现形式，应当反映和具有"人法"的内在人性本质，并只能在"人法"的内在人性条件及其客观基础上存在和发展自己的形式体系。

虽然"人法"的概念是法学发展及其抽象的产物，但是"人法"的生态法则却是作为人的社会秩序本质存在的，是一个超越狭义上"法"的观念与范畴的人的自然规范与秩序形态，具有人的本体性。因此，法学上的"人法"在它的本质形态上并不是或者不应当是指人为制定的法，即国家的法，而是指人的本体或者本有的法，即体现和反映人的社会生态秩序及其一般规律与规定性的人性法则，也就是以人为本的平民社会关系的基础生态规范，而制定法则不过是反映和表现"人法"的一种形式，是形式化的"人法"，是"人法"在国家形态下的外化与实在化，只有保持与人法的规范与秩序统一，才能够获得自己的合理性与现实性。

2.民法是人法的直接形式

"人法"在国家条件下的制定法形态，集中表现为民法。民法即市民法，是调整私人社会关系并以实现私人利益为目的的法，亦即私法。民法以"人"为主体，具有个人本位的社会属性，所以又被概括和称为"人法"。然而，"人法"作为人的本体法，在本质上，既不是民法的同义词，又不直接代表或者等于民法的范畴。相反，民法是"人法"的国家法和制定法，是反映和表现"人法"并构成"人法"的一种直接形式，因此具有"人法"的本质而被纳入"人法"的范畴和体系。虽然"人法"作为一个法学范畴是在人们认识民法的本质的基础上被概括和总结出来的，但是"人法"作为人的本体法并不是因为民法这一国家法的产生而存在的。"人法"是人的社会秩序本质,是由人的客观利益需求及其实现条件所决定的人类生态秩序;民法是"人法"的国家法即制定法,是代表和反映"人法"的实在法,是"人法"的直接外化形式。然而,民法只是反映和表现"人法"的一种形式而不是唯一形式,更不代表"人法"的全部秩序;"人法"并不等于或者只是民法,"人法"作为人类的本体法是一个由人的自然生态本质所规定的社会秩序体系,具有作为生态体系的整体性、完整性和不可分性;虽然民法是一个国家法的独立规范体系,但是它从来都不是一个能够脱离"人法"的整体生态体系而独立存在并发挥作用的国家法体系。至于人类的其他制定法形式,虽然不是个人本位的私法意义上的"人法",但是这些法律作为以"人法"为基础的法律,仍然需要遵循"人法"的目的与秩序规则,并符合一定的"人法"条件。当然,在国家法的体系中,只有私法意义上的民法,才属于作为人的本体法的"人法"范畴,是狭义上的"人法"。因此,在国家法的意义上,通常所谓的"人法"即指民法,或者说"人法"作为一个法学概念,是民法的一个代称,反映民法的"人法"本质与特征,体现民法的"人法"价值并把民法纳入了"人法"的统一秩序体系。

民法作为"人法"和"人法"的本质反映,并不是人的制度发明,而是人对自身本体秩序的秩序发现。在"人法"的意义上,民法只是以法的形式反映和接受的现实社会关系即"人法"秩序,体现"人法"的规范条件与秩序本质,遵循"人法"的规定性与规律性,而不是某种社会关系或者"人法"秩序的实在法创造。无论是民法还是其他法的形式,都不能创造"人法"与人格,而只能表现"人法"与人格并成为"人法"的制度形式——虽然这种表现形式在不同的风俗习惯与文化传统的社会背景下可能有所不同,但是它们都体现"人法"的共同秩序与本质,即人的客观利益需求及其实现的一般生态秩序条件,所以不同的"人法"文化并不能构成一种实质的"人法"差别。因此,民法作为"人法"的一般秩序规则,同样具有"人法"的客观性与普遍性,并必然体现"人法"的以人为本的社会属性。

在"人法"以民法的形式表现为国家法之后,"人法"便获得了国家意志上的普遍性与强制性。民法作为国家法即制定法上的"人法",是以国家法或者制定法的形式表现的以人为本的"人法",必然反映"人法"的生态本质,尊重和遵循"人法"的内在规律与自然条件,体现"人法"的根本价值。"人法"以民法形式的外化与外在说明,人或者"人法"的本质与本体性,在人类社会发展到一定阶段,需要通过最具明确性和直接性的制定法形式表现出来,并且这一表现形式最有利于确定"人法"的秩序条件和"人法"的秩序实现。① 因此,民法作为"人法"以自身的逻辑结构与规范体系,成为"人法"的一种完备的表现形式,并能够更充分地体现"人法"的价值与本质。

民法作为"人法"既逃不脱人类的自然生态规律,又必然具有人类本有的社会伦理形态。② 民法的本质不过是人或者"人法"的本质,需要从人和"人法"的内在秩序条件上把握它的规律性和规定性,从而揭示民法的本体与本质。"在这里我们已经看到,从外面来找事物的本质是决无办法的,无论人们如何探求,所得到的除了作为比喻的形象和空洞的名称之外,再没有什么了。这就好比一个人枉自绕着一座王宫走而寻不到进去的入口,只落得边走边把各面宫墙素描一番。"③民法并不是脱离人或者"人法"的独立或者单一的社会现象,而是与人和"人法"的本质相联系和统一的社会秩序体系,是"人法"的内在本体秩序与外在规范形式相结合的制度形态,是以"人法"的本体秩序为根据的平民社会关系的一种国家意志的规范形式,是"人法"的统一社会规范体系的一部分,必然服从和表现人的内在本体与普遍的秩序条件,这就是民法或者私法的规定性与规律性,并必然延及人本主义的法的其他形式。所以,民法或者法的本体与本质只能从其作为"人法"的内在秩序体系中去发现和寻找,这才是民法的实在性与真实性。

当民法不再被简单地作为国家法或者统治阶级的意志,而是被作为人的生态秩序并从"人法"的本体与本质上去认识时,民法最终不过是人和"人法"的社会制度现象,是人和"人法"的社会实在与表现形式。④ 民法是"人法",产生于人的生态需要,决定于人的内在秩序品质。

"人法观"是根本的民法观,是把"人法"作为民法的本体构造进行认识的社会秩序观,也就是把"人法"作为民法的本体规范的认识论。"人

---

① 民法作为"人法"的实在法形式,并不是"人法"的直接转化,而是借由人类的理性所表现出来的人类社会生活秩序的一般价值条件。"《法国民法典》也是以启蒙运动和理性法所确立的信念为基础的,即一种理性的社会生活秩序的基础,或许可以通过一种全面的法律规则的新秩序予以有目的地奠定。"〔德〕茨威格特、〔德〕克茨:《比较法总论》,潘汉典等译,贵州人民出版社1992年版,第161页。
② "孔德说过,社会现象就是服从于自然规律的自然事实。从这句话来看,他隐含地承认了社会现象是物,因为自然界中存在的只有物。"〔法〕E.迪尔凯姆:《社会学方法的准则》,狄玉明译,商务印书馆1995年版,第39页。
③ 〔德〕叔本华:《作为意志和表象的世界》,石冲白译,商务印书馆1982年版,第150页。
④ "一切行为方式,不论它是固定的还是不固定的,凡是能从外部给予个人以约束的,或者换一句话说,普遍存在于该社会各处并具有其固有存在的,不管其在个人身上的表现如何,都叫做社会事实。"〔法〕E.迪尔凯姆:《社会学方法的准则》,狄玉明译,商务印书馆1995年版,第33~34页。

法"的本体性,就是民法的根据性与规定性,即民法存在和发展的一般规律性。因此,民法必然是与"人法"的统一形式,是与"人法"同构的社会规范与秩序体系。"人法"的民法观不仅把"人法"作为民法的本体,而且把"人法"的本体作为民法和其他法的整个社会规范体系的基础秩序来认识,是法的规范与秩序的真正本源。① 民法作为实在法即形式意义的"人法",与本体的"人法"互为表里,构成内在联系与生态统一的社会规范与秩序体系。

因此,民法的价值性根本上是"人法"的价值性,而民法的知识则属于关于人的知识的范畴,所以民法学必须建立在一定的人法哲学或者伦理学的基础之上,否则关于民法的认识就失去了本体与本质。由此可见,民法学就是"人法学",是人法学的一部分,不能脱离人法学而有独立的民法学及其学说体系。民法学或者民法研究只能以"人法"的伦理价值为基础,如果不建立在一定的人法学的观点之上,就不可能有正确的民法知识与理论。

3. 民法作为私法与公法的分野

"人法"和作为其表现形式的民法,以平民社会关系这一人类基础的自然生态主关系为调整对象,是人的本体或者本有的法,具有个人或者私人的生态秩序本质,构成人类自身社会的"私法"。这一法律所调整的平民社会,在西方社会理论中,或称为市民社会。"市民社会这一名称始终标志着直接从生产和交往中发展起来的社会组织,这种社会组织在一切时代都构成国家的基础以及任何其他的观念的上层建筑的基础。"②平民社会

---

① "人法"是真正的人的法律,也就是市民或者私人社会本有的法律,是人的自然与自主的法律,表现在实在法上,就是以民法为核心的调整私人社会关系的法律即私法。
② 中共中央马克思恩格斯列宁斯大林著作编译局编译:《马克思恩格斯选集》(第1卷),人民出版社2012年版,第211页。马克思恩格斯认为,"市民社会包括各个人在生产力发展的一定阶段上的一切物质交往";"'市民社会'这一用语是在18世纪产生的,当时财产关系已经摆脱了古典古代的和中世纪的共同体";"真正的市民社会只是随同资产阶级发展起来的"。(同前。)可见,马克思恩格斯所谓的"市民社会",是指作为资本主义生产关系而超出国家和民族范围的商业社会或者个人社会。市民社会是源于西方市民国家的概念。在西方古代城市文明中,政治国家是市民社会的共同体,在早期民主制度的基础上,市民构成国家的主体。在古罗马,调整市民之间关系的法律称为市民法,是早期罗马私法的主要形式。市民社会的基本特征和要素是,以个人为主体,建立于一定的商品经济和民主制度的经济与政治基础。近代的"市民社会"概念,被用来指从中世纪封建专制统治下解放出来并获得自由和具有独立人格的市民社会阶层构成的代表资本主义生产关系的社会结构体系,是一个"脱离政治国家"的社会范畴。市民社会强调个人主体、财产私有和契约自由,构成民法即私法调整的社会关系,故被作为代表民法的调整对象及其本质的范畴使用。黑格尔在《法哲学原理》和马克思在《黑格尔法哲学批判》中都论述了自己的市民社会理论。恩格斯指出:"决不是国家制约和决定市民社会,而是市民社会制约和决定国家。"中共中央马克思恩格斯列宁斯大林著作编译局编译:《马克思恩格斯选集》(第4卷),人民出版社1995年版,第196页。"近代以来的市民社会观,主要是一种超现实的伦理性市民社会观,它并不是从个人社会的现实结构中发现的平民社会的真实形态。"王利民:《民法的精神构造:民法哲学的思考》,法律出版社2010年版,第151页。

的基础地位,是由这一社会构成人的自然生态社会决定的,而反映这一社会关系的"人法"及其国家法形式的民法,也就必然具有不同于其他法的"基础法"地位,并在性质上构成不同于其他法的"私法"。① 私法反映平民社会关系——个人生活关系的自然生态法则,是人类生命与生态的自然秩序需求,是人类的"自然法",从而有别于政治社会以国家或者政府公权为内容的法即公法。

与民法所代表的私法作为一种"自然法"及其具有的个人生态秩序属性不同,国家及其政治结构与治理的公权与公法形态,并不具有人类自然生态秩序的本质,虽然其产生和存在具有现实的社会需求和历史的必然性,但是其具体的形态和特征,则具有形成的偶然性和特殊性。② 作为必然性,人类社会发展到一定阶段必然产生政治社会及其国家和国家治理所需要的公权与公法,并且在人类社会的相同发展阶段,其公权与公法的形态亦具有一定的必然性发展,如无论是古代社会在彼此隔绝条件下独立形成的专制统治,还是近代国家在普遍联系条件下相互交融的民主体制,都呈现出一定相同或者类似的政治结构及其公权与公法的文化形态;作为偶然性,政治社会及其公权与公法形态并不具有个人的自然生态的直接规定性,并不是自然生态的社会生活关系的直接条件和现实反映,所以,它不以平民社会关系的人性及其自然性作为必然与普遍的根据与条件,而是具有不同民族与社会的上层建筑的强烈属性,表现出各自国家与政治社会的差别性和特异性,很难实现如同私法的一体化发展与趋同化现象。

显然,公法是作为人类及其社会治理的外在结构形式存在的,并不像"人法"那样构成人的本体与内在的生态秩序条件,既不是"人法"的自然法,又不具有"人法"的客观性与普遍性,而是维护"人法"和保障"人法"即人的目的实现的一种国家的政治手段与强制形式。一方面,公法需要以"人法"为根据并在"人法"的基础上形成和运行,并服务于"人法"的需求

---

① "在私法中,现存的所有制关系是作为普遍意志的结果来表达的。"中共中央马克思恩格斯列宁斯大林著作编译局编译:《马克思恩格斯选集》(第1卷),人民出版社2012年版,第213页。私法作为国家的法,是以国家意志即普遍意志的结果表现出来的,虽然它不一定代表普遍人的意志,但是它反映普遍人的关系,即以人的自然生态关系——平民社会为调整对象,具有调整对象上的普遍性与特殊性。
② 不同国家的公法,作为一种政治结构,并不具有和反映人类客观利益需求的规律性与规定性,也没有人性的必然法则,更不可能形成各国公法的一体化形态。虽然不同时代和社会条件下的公法可能具有或者表现出一定的共同文明特质,如古代的集权专制与当代的民主自由,但是它们不可能具有某种由人类共同的生态条件所直接决定和表现出来的制度形式。

与目的,即私法优先;①另一方面,公法作为非"人法"的意识形态又超越于"人法"的自然生态条件,不受"人法"的普遍法则的约束,而在平民社会关系的基础上呈现出各种独立的不同政治制度及其国家结构。因此,自从政治社会产生以来,代表政治社会的公法就既有与私人社会的私法即"人法"的统一,又始终存在与私法即"人法"的自然生态的分离、对立和矛盾,尤其是在古代专制制度的国家形态下,虽然政治的专制与强权有效地降低了社会秩序形成与维持的成本,但是却使代表政治社会的公法在很大程度上背离于"人法"即私法的人性条件和生态要求,并用公法的手段代替私法或者"人法"的地位与作用,从而干预和影响私人社会的自然与自由的生活秩序,甚至在一定程度和条件下走向"人法"及其人性本质的秩序反面。

因此,不仅需要把民法作为"人法"和私法来认识以揭示民法的本体性,而且需要区分私法与公法,即只有确立私人社会的主体与独立地位,才能够有作为"人法"和私法的民法的独立存在和发展,亦即才能够有以人性的自然生态为根据的"人法"及其民法秩序体系的实现。因此,罗马法的伟大贡献之一,就在于区分私法与公法,并以私法构成国家法律体系的主体,从而用私法规范和实现个人社会生活的发展,使私法成为表现人性与"人法"的基本制度形式。② 可见,私法与公法的划分及其分野,并不是一个简单的法律形态问题,而是对社会结构及其内在秩序的一种具有根本性的认识,即私人社会与政治社会的相互独立而私人社会作为本体的社会则构成人类社会的基础与目的。因此,承认作为"人法"的私法,就是承认和尊重人的主体性与自主性,而这一私法也必然是代表和实现人性的法律。

三、人性与人法的价值

"人法"的价值,是"人法"符合人的需要的客观属性,即"人法"所应当

---

① "任何社会在决定如何以公法或私法形成国民生活时,对于此种区别应有清楚的认识,并建构最妥适的规范。为保障个人自由权利,应遵循有疑义时为自由的原则,以私法为优先,其主要理由系个人乃自己事务的最佳判断者及照顾者,个人自主决定,就其行为负责,有助于促进社会进步及经济发展。国家必须保障私法制度能有发挥其功能的条件,并排除契约自由的滥用。国家为更高的价值或公益而为强制或干预时,应有正当理由。"王泽鉴:《民法概要》,中国政法大学出版社2003年版,第4页。
② "它标示着从法律上承认在国家和公共利益之外还有一个完整、独立的私域,而且,在罗马时期就发展出了调整这一私域的一系列精确、严密的法律概念和法律体系。它是如此严密和完整,以至于它完全独立于另一个公法领域,它的重要性甚至超过了公法,无论在观念还是在生活上,后来促进资本主义发展的法律因素是私法而不是公法。"尹伊君:《社会变迁的法律解释》,商务印书馆2003年版,第242页。

具有的内在秩序品质,是构成"人法"和具有"人法"本质所不可缺少的内在特性,是"人法"构成"善法"的本质条件。"人法"作为人的自然与本体的法,也就必然具有人的价值规定性,否则就不具有"人法"的本质,也就不是人所需要的法,不符合人的目的与理想。"只有对人类的具体存在保持开放的时代性法律才是真正的人性法律。"[1]"人法"的价值作为"人法"对人自身的价值,根本是人或者人性的价值,是人作为法的主体和目的的价值,即"人法"作为人的本体与固有的法应当如何使人成为人并实现人的利益目的的价值。人的价值是以人性的条件和要求反映出来的,是人性的价值法则,是由人性的客观需求与实现条件决定的,反映特定的人性目的与取向,并必然通过"人法"的形式表现出自己的客观性与现实性。有什么样的人性与人性的需求,就必然产生什么样的"人法","人法"也就必然具有什么样的价值,并构成"人法"存在的正当性与合理性。

"人法"的价值性,作为"人法"所具有的正面与积极的意义,是人和人性价值的必然要求和反映,是"人法"基于人性需求所应当具有的规范与秩序品质,构成"人法"的规范与秩序的本源与根据,决定"人法"的整个规范与秩序体系的根本特性。"人法"之所以构成人类社会的自然与本体的普遍条件和共有体系,不仅是它所具有的自然性与本体性的客观存在,而且在于它的自然性与本体性所具有的能够代表人和实现人的目的的价值属性。换言之,"人法"的规范与秩序体系,作为人类普遍接受和共同遵循的行为法则,根本上是以"人法"的形式表现出来的人的价值体系,这一价值体系是由人即人性的价值需求与目的决定的,是人性的价值需求与目的在社会规范秩序条件上的客观要求与必然反映。

"人法"的价值性,作为人和人性的价值条件,是人的自然性与社会性的统一,在"人法"的自然性与本体性的本质基础上,同样构成"人法"内在的普遍秩序属性。换言之,"人法"的价值性是作为"人法"的本质,即"人法"的自然性与本体性的普遍秩序条件存在的。凡是自然与本体的,必然是普遍的,都是作为本质的有价值的"人法"存在。自然与本体的"人法"本质及其内在的普遍秩序条件,既是"人法"的客观性,又是"人法"的价值性。人越是展现自己的人性并把人性的普遍秩序表现为"人法"并构成人法的规范本质,"人法"也就越具有人性的价值,并因此成为代表人和人性的"人法"而具有"人法"的真实性。

人性的价值,作为人的主体属性,构成人格的必然条件与普遍品质,是

---

[1] 〔德〕考夫曼:《法律哲学》,刘幸义等译,法律出版社2004年版,第406页。

高于其他任何事物的价值,是一切价值中最根本和最基础的价值,也是一切价值存在和尊重的起点。"人有智慧、能劳动创造,人不仅能享受已有的价值成果,而且能创造新的价值",一方面"人不仅有客体价值,还有主体价值",另一方面"人的价值不仅有功利价值,而且有超功利的价值,有真善美的价值"。① 人性的价值,作为主体价值,主要是人的社会价值,其核心是人的规范与秩序价值,表现为"人法"的条件与价值形式,是"人法"价值的根据与基础,并通过"人法"的价值形式客观化与规范化;人性价值是人的自然与本体的价值,没有了人性的价值,就是对人自身的否定,也就没有了人和有关人的一切价值形式;如果人类不承认和尊重自己的人性价值并通过"人法"等社会形式表现和实现自己的人性价值,则最终必然丧失自己的人性本质,因此人类不能最终背弃自己的人性价值;以"人法"的形式表现人性的价值,就是承认和尊重人性的基本社会秩序条件及其合理诉求,把人的自然与本体的生态秩序转化为与这一秩序相统一的社会规范体系。② 因此,"人法"的社会规范与秩序体系构造,必然反映和体现人性的正当价值,并构成符合人性价值的"人法"秩序形式,从而充分体现人在社会关系中的主体地位与利益目的,为人性的价值实现提供一种规范有序的"人法"条件。

(一)人法的主体价值

"人法"的主体价值,就是"人法"以人为主体的价值,就是人被作为主体得到承认和尊重的价值。"人法"的主体价值体现了"人法"的主体特性,并反映了"人法"的本质属性。"人贵在何处?人贵在他知道他的高贵,知道他是意义的根源和价值的尺度。"③人的高贵不在于是人,而在于作为人的主体价值。人不仅是价值的主体,而且是价值的尺度,这是"人法"作为人的本体法以人为主体的根本意义。

"人法"以人为主体,"人法"的主体价值,是人的价值。人的价值,根本上是人作为主体的价值。④ 人的主体价值,是人作为"人法"主体的价

---

① 王玉樑:《论人的价值》,载《理论导刊》2009年第4期。
② 所谓"人法"的制定法体系与人性或者"人法"的自然生态体系的统一,并不是两者的"一致",也不能在"一致"的意义上认识和判断,而是"人法"的制定法在本质或者价值体系上与人性或者"人法"的自然生态体系达到的某种程度的符合或者统一,是制定法对人的自然生态体系及其自然与必然的规范秩序条件即人性的规定性的实际接受与客观遵循。
③ 陈根法、汪堂家:《人生哲学》,复旦大学出版社2005年版,第69页。
④ "法律的历史作为人的历史,绝不仅仅因为人是创制法律的主体,而更重要的原因在于:人创造法律的目的也是为了人。"舒国滢:《法哲学沉思录》,北京大学出版社2010年版,第304页。笔者认为,法律尤其是民法,重要的不仅在于以人为目的,而且在于以人为根据,只有以人为根据并代表人性的法律,才能够反映人的目的,也才能够成为以人为目的的法律。

值。人是自身关系的主体,亦在自身关系中具有自身法则——"人法"的主体价值。"人法"的主体价值,是人作为"人法"主体而具有人的主体地位的价值,即人作为自身关系的主体被以"人法"的形式承认而具有"人法"上的主体性,能够以主体身份实现作为主体的利益。"人法"的主体价值,是"人法"价值的体现——以人为主体并承认人的主体价值,既是"人法"的本质属性,又是"人法"的根本意义,舍此就不是"人法"。

换言之,"人法"的主体价值,就是人的自然主体属性被以"人法"的形式表现出来,"人法"成为代表人和以人为目的的法,而"人法"的这一目的又构成了人类社会的根本目的,从而使"人法"构成了人类社会秩序体系的根据与核心。因此,"人法"的价值不仅在于以人为主体,而且在于以人为目的。① 当人作为主体,也就必然成为目的。② "人法"作为人的秩序本质,代表人的目的,以实现人的目的为目的。这一目的,是人类和人类社会唯一的目的,并成为检验人类自身行为及其社会秩序的价值尺度。

人的主体性是一种客观性和普遍性,③人在自己的社会关系中是作为主体存在的,必然作为人而成为"人法"的主体,需要得到"人法"的承认。④ "人法"的主体价值,本源于人的生态主体性,人作为生态主体自然应当构

---

① "以人为目的既包括以自身为目的,也包括以他人为目的,而且,只有将'以他人为目的'作为社会的道德要求时,以自己为目的才可能实现。自我与他人实质上处于互为目的和手段的关系。"陈根法、汪堂家:《人生哲学》,复旦大学出版社2005年版,第109页。
② "不论是谁在任何时候都不应把自己和他人仅仅当作工具,而应该永远看作自身就是目的。"〔德〕伊曼努尔·康德:《道德形而上学原理》,苗力田译,上海世纪出版集团2005年版,第53页。"把人当作目的,就是要把人当作人看待。这就意味着不能无视人的情感,人的意志,人的理性,即人的喜怒哀乐,人的思维方式和生活方式。"陈根法、汪堂家:《人生哲学》,复旦大学出版社2005年版,第107页。在"人法"的意义上,根本是尊重人的客观利益需求及其实现上的规定性与规律性,表现为人的利益实现的有序化、最大化以及实现方式上的行为化与自由化。
③ 人是作为主体存在的,是主体的存在物。虽然有的人在历史上曾被作为物(奴隶)或者客体对待,但这并不是人的存在本质,也不代表人的存在的普遍性。人作为自然的生命主体也就是其自身社会关系的主体,人不能脱离人的主体地位而成为人。
④ 有人从法的主体性上理解人的主体性。"所谓法的主体性原则,当然不是认为法是人的主观观念和自由意志的产物,不是说人们完全可以不顾及社会物质生活条件,不尊重客观的自然法则和社会法则,随心所欲地制定或颁布法律。而只是意在强调法是人类为了维护自我生存的有序状态而作出的选择和创造。人们在制定法时,必然自觉地注入主体的理性和意志,在这里,人的需要、能力和评价具有十分重要的作用。因此,人们在强调法的客观性时,千万莫要忘记,人是法的主体,人本身的存在状态,直接影响着法的形成和存在方式。在某种程度上,我们是否可以说,正是由于人本身的存在是客观的,人的主观需要、能力和评价均是一定社会物质生活条件的产物,不能超越既定的自然法则和社会法则,才使得法的存在必然具有客观性和社会历史性。"万斌:《关于法哲学研究的几个理论问题》,载《杭州大学学报(哲学社会科学版)》1996年第4期。

成"人法"的主体而具有主体价值。人的主体性,是"人法"的根本规范属性,"人法"之所以构成"人法"并具有"人法"的本质,就是"人法"以人为主体并构成人的本体法。当人在自身的关系中被自身的规则承认和尊重为人,成为自身关系的主体,人就不仅是生物上的人,而且是具有价值的人,即人不仅是类的客观存在,而且是主体的价值存在。

人被以"人法"的形式作为价值主体对待,这一"人法"的价值,就成为人类社会的最高价值。因此,"人法"的主体价值,作为人应当如何在"人法"中被作为人对待的地位问题,根本上是人的社会关系条件。这一条件,既有自然秩序的客观性,又有意识形态的主观性。人必然要在自己的"人法"中表现自己的主体价值,并通过"人法"的价值形式代表和实现自己的主体性。人作为超越一般动物的社会主体,是意识到了自己的主体地位并自主实现这一地位的主体,是"只有在共同体中才可能有个人自由"的主体,"在真正的共同体的条件下,各个人在自己的联合中并通过这种联合获得自己的自由"。① 人作为具有主体意识的动物,对自身主体性的认识,也就是对自身主体价值的认识,是把自己作为有价值的生命主体而成为"人法"的主体。因此,人作为主体具有不同于一般动物的社会价值属性,并构成"人法"的价值本质。

人的主体价值,是由人的自然价值决定的,是人、自然与社会的统一。② 承认和尊重人的价值性,就是承认和尊重人作为主体的自然性。人作为主体,是自然的生命,具有被承认为主体的生命本质。人作为自然的生命,具有实现生命愿望的能动性,是推动社会发展的唯一动力。承认和尊重人的价值,就是承认和尊重人自身作为自然生命主体的价值存在,人在自身的生存与发展中具有不可或缺的主体性,既不应当被擅自剥夺,又不应当被不合理限制,从而维护共同的生存条件和地位。

人作为人,就是要被承认和尊重为人,使人自身获得主体地位并具有主体价值。人作为主体,既是认识的主体,又是被认识的对象。对人的主体地位的承认与尊重过程,就是人的主体地位不断被认识和发现的过程。作为人的自然生态秩序的"人法",是以人为本和个人本位的法,必然存在和发展出人本主义的价值观,承认和尊重人的普遍主体地位,使人在自己

---

① 参见中共中央马克思恩格斯列宁斯大林著作编译局编译:《马克思恩格斯选集》(第1卷),人民出版社1995年版,第119页。
② "在人类历史的长河中,自然、社会和人自身的存在是人类认识的三重对象,人与自然、人与社会的三重关系则构成了人的历史经纬。"陈根法、汪堂家:《人生哲学》,复旦大学出版社2005年版,第65页。

的社会关系中具有作为人的共同主体价值。人是"人法"的主体,但是并不能简单地成为"人法"的主体,而是因为具有作为主体的价值而成为"人法"的普遍主体。人作为"人法"的主体,就是因为具有作为人的主体价值,而人的主体价值也就成为"人法"的价值,这样,人在"人法"中又成为代表"人法"价值并自主构建"人法"秩序的主体。人既是"人法"的价值主体,又是"人法"的行为主体;既反映"人法"主体的自然生态性,又体现"人法"主体的固有价值性。因此,作为"人法"的当代法文化与法形式的民法,在本质上,不仅是一个关于人的规范体系,而且是一个关于人的价值体系,必然以承认和尊重人的主体价值为根据和目的,并反映人性的主体价值诉求。

"人法"作为人的本体法,以人为主体,是承认和确立人的主体地位的法,也就是以人的主体价值为根据和目的的法。"人法"的主体价值,作为人的价值,是一种人性的价值,是由人性的目的和需要决定的,是人性的必然主体条件与规范要求。人性问题首先是人的主体地位及其价值实现问题,是人如何被承认和尊重为人并具有人的尊严和生存条件的问题,也就是必然以"人法"的秩序体系把人的主体价值作为统一的规范和调整对象,并必然发展出民法的规范和调整形式。

人作为主体的价值,在本质上不具有特殊性,而只具有普遍性,不能被个别和差别对待,而只能被作为无差别的共同主体。换言之,人作为主体,应当是被抽象掉那些差别事实和不同条件的一般人格,而不能是每个人都是不同于他人的差别与特殊主体,后者只能产生人压迫人和人剥夺人的关系,这并不符合人的自然生命本质及其生态发展的根本要求,因为人生下来就是作为人的自然主体存在的,是自然独立的个体而不是也不应当是被他人支配并被非人对待的对象。因此,人作为人的主体价值,就是人应当被普遍承认为人并具有作为一般人的共同人格的价值。人具有共同的人格性,就是人在自己的社会关系即个人社会关系中应当是被统一承认的主体并具有作为人的普遍主体地位,即人具有平等的自然人格本质,应当构成平等的"人法"主体,而不应当在自己的社会关系中被差别化和特殊化为各种不同的人格主体。

人的主体价值,一方面是人被作为主体的价值,另一方面是人作为主体所应当具有的价值。人是作为主体而具有价值的,因此人首先是应当被作为主体的。人的自然主体性决定了人的主体价值性。人的主体价值性是人的自然主体性的必然要求和体现。人作为自然的人,只有基于人的自然性而承认人的主体性,才能够确立人的主体地位从而使人具有普遍的主体价值。人是自然的主体,具有作为主体的自然价值,不仅需要被相互承认为主体并构成社会,形成统一的生命与社会共同体,而且是具有共同价值的自然生命主体,应当得到作为自然生命主体的普遍承认和尊重,并具有相同的主体地位。这样,人不仅要自己作为主体,而且还要尊重他人为主体,即在相互关系中互为主体,均享利益,共同生存,①实现共同的主体价值与目的。

因此,人的价值性,不仅是被作为主体承认的,而且是需要作为主体适格的,即人应当符合作为主体的条件和要求,成为自主的合格主体。前者是人的自然价值,后者是人的社会价值。因此,人不能像其他动物那样仅仅顺从自然的条件并简单地满足自己的自然需求,而应当在社会构造的条件下自主作为一个合格的社会主体,保持个人存在与社会发展的统一,使个人成为维护社会秩序和促进社会发展的主体性与能动性因素,实现从自然主体向社会主体的人性发展,完成从自然伦理到社会伦理的价值转变。由于人所具有的主体价值,人应当具有实现社会生活的共同理想与道德需求,在满足自然需求的同时成为具有社会价值的主体,而这一价值也就构成了"人法"的主体价值。

可见,人的主体价值,不仅是作为主体的价值,而且是如何作为主体的价值。前者是人作为生命的自然主体属性,后者是人作为主体的社会条件要求,即人的伦理属性,也就是人作为适格主体的价值条件。人的主体性及其作为主体的行为秩序,是以人的伦理性为基础的。人类的伦理性,或称为道德性,根本上是一种善恶曲直与是非的社会标准,而"人法"的规范秩序及其确立的人的主体地位就是一种伦理的社会表现形式,是人类伦理的社会认识与发展结果。人是以规范与秩序的主体构成社会的,"人法"的规范与秩序所表现的不仅是人的价值性,而且是人的伦理性。所以,"人法"确立人的主体价值,一方面要求人以符合社会规范与秩序的伦理条件构成社会主体;另一方面要求人以一定的伦理标准合理规范和控制自己的行为并增进社会合理构序。正如尼采发现的那样,人除了"为着自存,给万物以价值","他们还创造了万物之意义,一个人类的意义。所以,他们自称为'人',换言之,估价者"。② 也就是说,人类不仅对不同主体的价值及

---

① 人的"生活不仅仅是生存,它还是自我选择的生存,是被理念引导着的生存,是人在'互为'状态中的生存,具体地说,是人通过为自己生存而为他人生存,也就是通过他人生存而自己生存。就此而言,人是'互为'的存在,是自我与他'我'的相互支撑。人生存价值不仅体现在这种'互为'中,而且只有通过这种'互为'才能得到确认"。陈根法、汪堂家:《人生哲学》,复旦大学出版社2005年版,第65~66页。

② 〔德〕尼采:《查拉斯图拉如是说》,尹溟译,文化艺术出版社1996年版,第55页。

其附属利益赋予一种规范与秩序的实现方式,而且体现对自身规范与秩序的伦理构造、承认乃至于尊重。因此,人的主体性在超越自然生态基础上的社会秩序实现,是人作为主体所应当具有的伦理价值,是人在相互关系中所表现出来的积极作用与因素,这是一种人格的自主规范与构序的行为条件,是人性在维护和实现社会秩序中所应当具有的善良品质,代表了人作为"人法"主体的规范与秩序价值。

人作为生命的主体,是行为的能动主体,人的行为在相互关系中应当符合特定的行为规范与秩序需要,接受一般规范和维护普遍秩序,这才是一个合格的行为主体,也才具有"人法"的主体价值。换言之,人不仅作为主体而有价值,而且因为"合体"而有价值,即人作为主体应当符合主体条件,能够融入人类社会秩序体系,成为人类生态延续与社会发展的积极因素。因此,人的主体价值,根本上是人在主体实现中的社会规范与秩序价值,是人作为主体所应当具有的遵循规范与维护秩序的价值,是能够根据人类的一般规范与秩序条件融入社会体系并被接受为主体的价值。人作为主体,不能是社会规范与秩序体系的破坏者,而应当是这一社会体系的维护者与践行者,使自己的行为条件符合相互关系的群体规范与秩序条件的要求,只有这样的人,才能够被作为"人法"主体而具有主体的价值并获得作为主体的"人法"承认与保护。可见,人的主体价值,作为人应当如何成为人的伦理价值,是人适于群体生活并能够在群体关系中实现自我的价值,这是对人在群体关系中与他人相互协调的行为条件要求,即行为的"合体性",是人的自然生命价值与社会行为价值的统一。

人作为主体的规范与秩序价值,在行为价值的意义上,是人自主支配自己行为的精神与意志的价值。人的精神意志与情感是一种主体性的本质存在。人的主体价值,不仅是一种自然的客观存在,而且是一种主观的意志存在。人是能够意识到自己的主体性并把自己上升为主体的智慧生物,能够把自己作为主体对待并与外部世界分开。人的主体性是被人自己认识和赋予的,人只有意识到自己的主体性,并能够根据自己的意志支配自己的行为而构成自主与能动的主体,才具有主体价值。可见,人的主体价值,不仅反映人的自然客观存在,而且反映人的社会主观需求。这样,"人法"的主体价值,就从人的客观性转变为人的主观性,一方面社会秩序的实现需要人的主观能动条件与作用,另一方面在社会秩序的实现中需要对人的主观意志的承认与尊重。人只有在自己的社会关系中能够根据自己的意志作出决定并支配自己的行为,实现行为与意志的统一,才具有"人法"的主体价值。人作为主体的主观意志价值,作为人的行为价值,根本上是人的自由价值,①人只有是自由的,才是在自己的社会关系中能够体现自己的行为意志的有价值的主体,也才是把自己作为目的的主体。

"人法"的主体价值,在行为和意志上,是人的自由价值。主体必然是自由的,自由既是主体的存在,又是主体的价值存在。"人法"的主体,是自由的意志和行为主体,人因为自由而成为"人法"的主体并具有"人法"的主体价值。人的主体认识,根本上是一种自由的认识,人在自己的自由意志中建立了主体与客观即对象之间的关系,并从这一关系中反映和确立了自己的主体性。因此,人只有是自由的,才是有价值的,也才是主体。人作为自由的主体,必须把自己的自由或者行为作为客体认识,从而把握自由的一般标准与社会尺度,实现主体与客体在自由上的统一。② 人是能动的意志和自由的主体,人的主体性是由人的自由性决定的,③因此"人法"的主体价值,不仅在于人是主体,而且在于人如何成为自由的主体并实现人作为主体的行为自由。

人的主体价值,作为超越自然价值的社会价值,是人在自己的社会关系中的观念价值,是以自己的"人法"形式表现出来的符合人的自然生态秩序及其本质的思想价值,是以"人法"形式表现出来的人在社会关系中的主体地位,并构成一定的社会意识形态范畴。因此,人的主体价值,不仅是自然的事实,而且是观念的形态,是一个人类对自身的主体地位不断深化的思想认识过程,本身具有价值观念上的不确定性。换言之,对人类自身存在及其主体性的认识,虽然基于人类的自然主体事实,但并没有某种固有的价值观念。

---

① 康德指出:"实践理性所把握的东西要比理论理性所把握的东西要高,信仰比知识要高,本体比现象要高,自由比必然要高。"张世英等:《康德的〈纯粹理性批判〉》,北京大学出版社1987年版,第22页。
② "从前的一切唯物主义(包括费尔巴哈的唯物主义)的主要缺点是:对对象、现实、感性,只是从客体的或者直观的形式去理解,而不是把它们当作感性的人的活动,当作实践去理解,不是从主体方面去理解。"中共中央马克思恩格斯列宁斯大林著作编译局编译:《马克思恩格斯选集》(第1卷),人民出版社1995年版,第54页。
③ 18世纪法国唯物主义哲学家霍尔巴赫否定人作为主体所具有的自由性,认为,"人的任何行为举止都是不自由的","人一生的欲望和行为都是由他的意志不能自由改变的无数事件和偶然性预先决定的。人没有能力对将来未卜先知,……人从生到死,没有哪一个瞬间是自由的"。〔法〕霍尔巴赫:《健全的思想:或和超自然观念对立的自然观念》,王荫庭译,商务印书馆1966年版,第76~77页。这种所谓"彻底"的唯物主义思想不仅把人的自由意志看作一种纯粹的幻想,而且把现实的人的自由即主体性也完全否定掉了。即使是在经过德国哲学革命之后而出现的唯物主义者费尔巴哈,在面对事物、现实世界时也只是对其作纯客观的理解,而不知道要"当作实践"、从"主体方面去理解"。换句话说,我们应当首先重视并突出人的主体性及其发展,当这种主体性发展到对社会实践产生一定影响力时,就涉及人的价值性概念与范畴。

人的主体价值，作为一种社会价值，是一种文化与文明的人文价值，它以人的自然主体价值为根据和基础，但它并不是简单的自然条件与实证结果，而需要一种人类文化与文明的光辉与光彩。无论是人类早期与原始的荒蛮时代，还是人类已经步入社会文明的发展阶段，人与人性的价值都可能被压抑和被剥夺而得不到充分的彰显。当人的价值性出现严重的社会缺失，以至于"我们时代的根本疾患是价值的沦丧"时，①将会导致社会"缺乏值得信仰和值得为之奉献的东西"，②这必然给人类带来一种野蛮的与非理性的相互之间的主体性歧视与否定，并在价值缺失与沦丧的同时，导致以人的主体性为基础的社会发展动力的丧失，也就必然制约人类社会的文明发展与进步。

人性的使命，就是追求人的主体性，就是要实现人的主体价值。人一旦放弃了自己的主体价值，也就等于放弃了自己的人性与生命，人亦不复作为主体存在并具有主体的本质。人性作为人的本质属性，在客观方面，正是人所固有的主体价值属性，而在主观方面，则是人追求自我实现的主体价值观念，而人的主体价值也正是作为人性的客观属性与主观条件存在的。人的主体价值，作为以人性为根据的"人法"价值，是人的根本社会价值，是人自然具有而不可剥夺的主体地位。人是社会的主体，人的一切存在及其社会构造都以人为主体并需要落实人的主体价值，以实现人的主体价值为目的。否定人的主体价值，也就是否定人和人性自身的本质。人首先是被承认为主体的，是被作为有价值的存在，然后才有人和人的客观存在。人不可能在根本上否定自己，而是只有在相互承认中保存自己，所以人注定是要被作为主体对待的，是最具价值的存在。人以自己的主体性构成社会体系并实现自己的主体价值，而人在社会中如何体现和实现自己的主体价值，则构成一个社会的根本价值标准。"人之所以为人，并不是因为他是一种有肉体和精神的生物，而是因为根据法律规则的观点，人展现了一种自我目的。"③人必然要在自己的社会结构中展现自我目的和实现自我价值，但是如何展现和实现及其具体的条件和水平，则是人类为自我目的与价值的实现所创造的一种价值标准，即社会价值，并作为代表人的主体价值的形式，而作为"人法"的民法，就是这一形式之一。

(二) 人法的利益价值

"人法"的利益价值，就是"人法"反映人的利益需求与条件，以实现人

---

① 参见〔美〕马斯洛主编：《人类价值新论》，胡万福等译，河北人民出版社1988年版，第1页。
② 〔美〕马斯洛主编：《人类价值新论》，胡万福等译，河北人民出版社1988年版，第2页。
③ 〔德〕G.拉德布鲁赫：《法哲学》，王朴译，法律出版社2005年版，第134页。

的利益为目的,具有实现人的客观利益需求的秩序功能。"人性与人性诉求作为人的本质和条件,反映人的客观利益需求及其实现的规定性。"①"人法"是人的利益法,是人的利益实现的法则。人的社会结构,不仅是人与人的结合,而且是人与利益的结合,人的目的根本是利益目的。② 利益是维护人的生命与主体地位的客观条件,是人作为主体必然与必要满足的人身与财产方面的客观需求与自然生态条件,具有需求与实现条件上的客观性与规律性。③ "人法"的规定性,根本上是人的利益的规定性。利益的规定性表现在:第一,利益具有需求的客观性,利益是维系生命的条件,每一个人作为主体都是利益主体,都必然具有利益的客观需求;第二,利益具有条件的普遍性,每个人的利益需求,是本质相同的客观利益,即一定的人身利益与财产利益,是相对不变的普遍利益条件;第三,利益具有实现的必要性,利益的实现不仅是特定主体存在的需要,而且是人类种群延续的条件,人类必须整体满足自身利益,维护人类种群的自然生态;第四,利益具有相互的竞争性,利益是一种稀缺资源,不是无限满足的条件,不同主体之间必然存在一定的利益竞争关系。因此,人类需要一种能够维护自身利益实现的自然法则,即构成"人法"的利益分配秩序。

"人法"一开始就是作为人的利益分配条件存在的。"利益不同于权利,它不是法律的创造,而是一种客观存在,是创造法律的根据,法律的作用在于判断特定的利益是否应当得到承认而将其上升为权利形式保护。"④人的利益作为一种客观需求,具有条件的一般性和普遍性,而"人法"也因此具有客观性与规律性,成为代表人的利益实现条件的一般性与普遍性的法。"人法"作为人的利益关系法,其利益价值,就是人具有利益主体的地位并确立人的利益实现条件与秩序。"人法"的价值,不仅在于确立人的主体地位,而且在于实现人的主体利益,从而以人的利益价值满足和维护人的主体价值。"人法"的利益价值,作为人在个人社会关系中由"人法"调整和实现的价值,也就表现为民法调整的人身关系与财产关系

---

① 王利民等:《民法精神与法治文化民本模式论:自然生态的社会秩序体系及其规范形态与演进》(上册),当代中国出版社2023年版,第249页。
② "社会主体是利益主体,社会关系是利益关系,社会构造是利益构造,利益之外没有社会和社会问题。"王利民:《人的私法地位》(第2版),法律出版社2013年版,第380页。
③ "利益可以看作是人们——不管是单独地还是在群体或社团中或其关联中——寻求满足的需求、欲望或期望。"〔美〕罗斯科·庞德:《法理学》(第3卷),廖德宇译,法律出版社2007年版,第14页。"利益是人作为主体必须满足的客观需求,而人必须满足的客观需求无非在于人身与财产两个方面,人也就有人身和财产两个方面的利益需求并必须得到这两个方面的利益满足。"王利民:《民法道德论——市民社会的秩序构造》,法律出版社2019年版,第417页。
④ 王利民:《民法的精神构造:民法哲学的思考》,法律出版社2010年版,第130页。

价值,即一定的人身与财产利益价值,构成民法上的人身权和财产权范畴。

1. 人是利益的主体

人作为生命主体,根本是利益主体,需要一定利益条件的满足,否则就无法维系自己的生命性与主体性。① 利益对于人不是可有可无的,而是不可或缺的和必要满足的客观需求。人是现实的利益主体,利益是人的生命条件与根本需求,无论任何人,亦无论一个人有何种情操与品德,都不可能在根本上超越自身的利益条件与实现法则而有自己的主体价值与属性。人不能放弃自己的利益,就如同不能放弃自己的生命;而人遵循自己的利益法则,就如同尊重自己的生命。人因为利益的实现而具有作为人和"人法"主体的价值,而"人法"也正是因为构成人的利益实现条件而具有人的自然生态法则的价值。人作为利益主体,自然具有利益需求,需要利益的条件和满足,并具有作为主体的利益价值。人的主体性,除了需要被承认和尊重为主体的一般人格价值属性外,根本上是人的客观利益价值,是以一定的人身利益和财产利益表现的主体价值。人的利益价值,一方面,是人的利益需求作为一种人性的必然性,具有需求上的正当性与合理性;另一方面,是人的利益需求应当以符合人性的方式进行分配和满足,即具有实现上的普遍性与规律性,也就是通过"人法"及其外在的形式所表现出来的利益分配和实现的规范性与秩序性。

"人法"的必然性,是人的利益冲突及其规则协调的必要性。利益作为生命的条件与"好处",对于特定主体具有实现上的最大化和无限扩张的特性,必然存在相互之间的利益冲突。包括人与人之间的利益冲突,人与群体之间的利益冲突,人与社会或者国家之间的利益冲突,以及群体与群体之间、群体与社会或者国家之间的利益冲突等,其中最基本的冲突形式,就是人与人之间的利益冲突,代表了各种利益冲突的一般性和普遍性,是各种利益冲突的本质——因为个人利益是社会的根本利益,一切利益及其冲突最终都归结为个人利益及其冲突。② 所以,利益并不是自然和

---

① 人作为社会主体,根本是利益主体,具有利益的要求与目的,是利益的客观需要和实际享有者,无论是物质的还是精神的人格条件,都以利益为要素,都是一种利益条件,即人必然与必要满足的自然生命需求。利益不仅是人格要素与条件,而且是人格实现的价值和标准,利益性是人格的客观性与现实性,既没有利益之外的人格存在,又没有人格之外的利益条件。人格不仅以利益为要素,而且是利益实现的普遍主体条件。利益的实现体现了人格的价值与目的,是民法的利益调整及其规范与秩序所必然遵循和归结的自然伦理。

② "个人生命的利益、私有财产的利益、缔结合同的自由和言论的自由等,都可以被视为是个人利益";个人利益"即个人生活中的社会利益,这种利益要求每个个人都能够按照其所在社会的标准过一种人的生活"。〔美〕E.博登海默:《法理学:法律哲学与法律方法》,邓正来译,中国政法大学出版社 2017 年版,第 415 页。个人即民事主体,是利益真正和唯一的主体,其他一切主体的利益的存在和维护,都不过是为了实现个人利益的目的,是个人利益目的的实现方式。

谐的,而是在相互冲突中调整实现的,始终需要某种利益协调的条件,即利益的规范与秩序,这就是"人法"。所以,"人法"在自然的选择中,首先必须解决哪些需求是必须承认的正当利益,哪些需求是应当限制或者取缔的不当利益,以及在相互的利益冲突中如何协调和普遍实现人的利益,也就是为人的利益实现提供一个规范与秩序的社会治理方案,从而保证人的最大限度与范围内的利益满足。这一"人法"的功能,在国家形态下,则是通过颁布一定的制定法的方式,在人的自然生态秩序体系之外,进行必要的调整和干预。①

利益是生命的条件,人的一切价值,最终归结为利益价值,这是由人的客观利益需求决定的,也是人的主体价值的必然条件和要求。人的利益,作为一种生命与生存利益,是人的必然需要与必要满足的人身与财产利益,是人对一定人身与财产条件的客观需求,是以"人法"的形式调整和实现的人身与财产利益关系。人的主体价值遵循人的客观利益需求及其实现条件,而这一需求和条件构成了人和"人法"的规定性并具有人和"人法"的价值。从存在的意义上,人没有超越客观利益需求之外的主体价值,人只有得到利益需求的满足,才能够作为主体并具有主体的价值,人的主体价值是以人的利益价值为基础和根据的。

人性不过是人的利益本性,必然以人的客观利益需求为根据并追求人的利益实现的目的,而"人法"也必然反映人性的客观利益需求与实现条件,体现人的利益价值属性。无论是人的人身利益,还是人的财产利益,都是一种必然需要与必要满足的客观利益,即人的生存与生命利益。因此,人的利益价值,体现的是人的利益需求及其实现所客观具有和应当遵循的规定性与规律性,而任何人类社会都不能根本背离和彻底逃脱这一规定性与规律性,都需要在一定程度上以"人法"的形式承认和尊重这一规定性和规律性,从而构造社会的利益秩序以满足人的客观利益需求并实现人的利益价值。

可见,人的利益价值,既是人的必然需求与必要满足的利益条件,又是"人法"必须承认和尊重的利益分配与实现秩序的客观规律与规定性。利益不仅是人的生存条件,而且是社会的分配对象,是一切社会关系的根本

---

① "法律的主要作用之一就是调整及调和上述种种相互冲突的利益,无论个人的利益还是社会的利益。这在某种程度上必须通过颁布一些评价各种利益的重要性和提供调整这种种利益冲突标准的一般性规则方能实现。"〔美〕E. 博登海默:《法理学:法律哲学与法律方法》,邓正来译,中国政法大学出版社 2017 年版,第 414~415 页。

要求。人性的利益需求,是人的生物需求与自然属性。人是自然的产物,需要自然的利益条件,包括一定的人身与财产的利益条件,没有这一条件的需求和满足,人类既不能自足,又不能自在,更不具有主体性与价值性。显然,人类不会在自己的利益条件上,违背自己的人性,而是会以人性的方式满足自己的利益需求,从而符合自己的人性目的。所以,人类只能在自己的社会发展和创造中为自己的利益实现创造和提供更好的"人法"规范与秩序形式,并不断提高自己的主体地位与利益价值。

2. 人法是人的利益关系法

利益关系是人与人之间为了实现一定的利益目的而发生的社会关系。所谓利益目的,也就是作为人类生存条件的一定人身与财产需求,具有实现和满足的必要性。社会关系从来都是作为一定利益关系存在的,都是一定利益的表现形式,都不能抽象掉其中的利益内容。"人法"所调整的人身关系与财产关系,根本上是人的利益关系,是以利益为目的的关系,即利害关系。利益关系作为利害关系,是人与人之间相互冲突的竞争关系,需要利益协调才能够形成和具有共同实现的秩序条件,这就是"人法"存在的需要与目的。人作为利益主体,每个人都需要在相互关系中实现自己的利益,而"人法"作为人的利益关系法,就是调整人的利益关系和实现人的利益目的的根本法则。"人法"的自然与本体的秩序形态,根本上是人的客观利益需求及其实现的一般与普遍条件,正是这一利益条件,构成了"人法"的自然秩序法则,并使"人法"具有规范人的利益条件并实现人的利益的秩序价值。

人作为利益主体,是利益关系中的秩序主体,是受"人法"调整并需要根据"人法"实现的行为主体。"人法"对人的利益关系的调整,既表现为习惯、道德和宗教等自然生态的事实法条件,又表现为民法的制定法或者国家法形态,从而形成一个关于人的利益关系的社会结构。利益关系作为"人法"的对象,表现为"人法"上的权利义务关系,而权利义务只是一定利益关系的表现形式,是人的利益实现的规范条件,利益才是"人法"及其权利义务体系的目的,尤其是制定法的形式与设计,只是人类对自身目的的理性反映,本身绝对不能成为目的。[①] 人在法的关系中已经被对象化,即被抽象和异化了,只是由于法的目的是人而不是法本身,所以才能够控制

[①] "形式理性意味着,法律以其自以为合理的制度形式存在着,但法律本身却不是目的。"〔美〕艾伦·沃森:《民法法系的演变及形成》,李静冰、姚新华译,中国法制出版社2005年版,第32页。

这种异化的程度而不至于最终走向违反人性的目的。

人的利益是在群体中实现的利益,既依赖于群体,又在群体中竞争,以群体的利益关系维系个人利益的实现条件,从而需要把个人的利益实现纳入群体的利益关系之中,寻求个人利益的社会秩序实现,即相互关系的利益均衡状态。因此,无论人与人之间的利益关系面临何种境况与条件,人类总是能够在一定条件下维护相互关系的利益均衡,保证人类利益实现所需要具有的普遍性。所以,人作为主体,必然遵循人类的客观利益需求及其实现的规定性,并需要把这一规定性作为人类的生存与可持续发展条件,通过"人法"的规范与秩序形式表现出来,构成人的利益实现的普遍条件。在"人法"的规范与秩序体系中,人只是一个具有利益需求和需要利益满足与实现的自然实体。"人法"调整的人身与财产关系,就是作为人的利益关系并代表人的利益本质而成为"人法"的调整对象,而"人法"的利益调整则构成人的利益关系的秩序条件与实现规律,在反映人的客观利益需求及其实现的规定性上,成为代表人性诉求并体现人性的一般价值的生态法则。因此,民法作为"人法"的形式,其真实的调整对象,是作为人的生命需求并构成人的生存条件的人身与财产利益,而民法上的权利义务关系的规范形态,不过是表现这些利益及其实现条件的形式。"得到民法承认的利益,才由一般的客观利益成为受民法调整的民事利益。当某一利益被法律承认后,即意味着就该利益主体享有法律上的权利,可以借助法律权利保护该项利益的实现。法律的价值就在于它承认或拒绝什么样的利益以确定社会关系秩序。"[①]因此,在"人法"或者民法调整的范围内,我们更应当看到利益的根本性。

"人法"作为人的利益关系法,是现实的秩序法则,必然伴随着人类的利益需求与实现过程,只要人类社会存在,"人法"就必然存在,从而构成人的客观利益需求及其实现条件的必然要求和反映,并作为调整人的利益关系的一般规范与普遍秩序,[②]代表了人类客观利益需求及其实现的一般规定性与规律性。人的自然利益需求及其实现的规定性与规律性,构成了"人法"的规定性与规律性,是"人法"必须承认与遵循的价值,不仅自然表

---

① 王利民:《民法的精神构造:民法哲学的思考》,法律出版社2010年版,第130页。
② "人法"构成人类的一般法和普遍法,因此作为"人法"的表现形式的民法,具有私法的本质而不同于公法。不同民族和国家的公法可能存在不同或者根本不同,但是不同民族和国家的民法作为私法则必然在反映一般人性条件与人的利益需求及其实现的规定性的基础上存在一定程度的共同性,这就是民法或者私法趋同化的根据性与必然性。

现为"人法"的特定规范体系,而且必然构成"人法"的特定价值属性,成为人们自主遵循"人法"的行为根据,反映了"人法"的规范与秩序本质,即使是作为"人法"的国家法形式——民法,亦概不能外。①

四、人性与人法的普遍性

(一)人法的普遍性

法都是具有普遍性的,只是普遍性的范围有所不同,否则就没有法的统一秩序,也没有被人们共同接受的法。"人法"的自然法与本体法属性及其代表的人类内在的利益条件要求,决定了"人法"的普遍性,具有人性的统一规定性,是一种人性的普遍性,是不分民族、社会和国家的普遍性,即"人法"是人类共同存在并必然遵循的一般生态法则,具有任何一个民族、社会和国家都不可或缺和更改的共同规范与生态秩序属性。具言之,"人法"的普遍性,主要体现在以下两个方面:

一是主体的普遍性。"人法"是人的法,主体是自然之人,每一个自然之人都基于自然的生命属性而构成"人法"的主体,都遵循"人法"的自然生态法则,并根据"人法"生活和生存,享有"人法"的利益。"人法"的主体作为自然之人,是以人的自然生命为根据的,只要生命存在,人的主体地位就存在,这一存在作为一种人格存在,具有相同的人性本质,是毫无差别的和不可否认的存在,既应当被同等对待,又不能被排除在主体之外。民法或者私法作为"人法"的形式,之所以确立人的平等地位并把人的权利能力作为不可被任意限制和剥夺的人格条件,②就在于"人法"主体的普遍性,它不是民法或者私法的创造,而是民法或者私法遵循的"人法"与人性本质,是上升为国家法的人的自然生态秩序。换言之,民法或者私法的人格条件,作为一种形式或者制度条件,以人的自然生态条件为根据,反映人的自然生态条件的本质要求,具有"人法"上应然的规范与秩序属性。作为"人法"的民法,都是从人开始并根据人的条件展开的制度体系,可以说,离开了人和人的普遍性,就没有作为"人法"的民法,因此,一部民法要成为代表人的法律,就必须具有正确的人或者人性的观念。

---

① "民法的主要特征及规范意义在于私法自治,即个人得自主决定,自我负责地形成彼此间的权利义务关系。"王泽鉴:《民法总则》(增订版),中国政法大学出版社2001年版,第13页。
② "近代私法的特色首先在于承认所有的人的完全平等的法律'人格'。"〔日〕星野英一:《私法中的人》,王闯译,中国法制出版社2004年版,第8页。私法之所以要承认所有人的完全平等,就在于所有的人应当是完全平等的,这是所有人的自然生态本质,构成人性的条件和要求。

二是条件的普遍性。就是"人法"的规范条件的普遍性,即本质上的秩序形态的普遍性。"人法"作为人的自然法与本体法,是人类共同的或者统一的法,虽然不同的民族、社会和国家在"人法"的具体内容和表现形式上会有文化形态上的不同,但是"人法"对于任何一个民族、社会和国家都不存在本质上的差异性和特殊性,而构成任何一个民族、社会和国家都必然遵循和共同适用的统一法则。因此,"人法"不仅是一个历史范畴,具有特定的社会性,而且具有与人类共同的生命法则及其自然生态条件相联系的恒定秩序属性,是超越任何一个民族、社会和国家的意识形态而客观存在的人类一般规则现象。可见,"人法"的普遍性,不同于其他法的"普遍性",其他法的普遍性,是作为一种国家强制意志及其效力的普遍性,而唯有"人法"的普遍性,作为人的自然生态秩序条件的普遍性,是人的客观利益需求的普遍性,是由人的共同生态秩序本质所决定的普遍性,是一种自然的普遍性,而不是人为的或者选择的普遍性。因此,"人法"的普遍性是一种自然生态的稳定性和可持续性,是人的客观利益需求及其实现条件的统一性和不变性,而不是单纯地或者直接从人的意识形态中抽象出来的一种意志的普遍性。正是这个普遍性,构成了"人法"的生态秩序本质,并决定了民法作为"人法"的共同规范与秩序形式。

"人法"作为人的自然法与本体法必然反映和体现人的共同生物条件及其生态秩序的客观性与共同性,是人的生命与生存的普遍法则。一方面,基于人的自然生物属性,"人法"作为人的生命与生存法则,是人性的自然生物条件和要求,无论是其中的人身还是财产利益条件,都是生命与生存的条件要求,必然共同存在于人类社会,不同的民族和社会及其不同的发展阶段,在人身与财产利益条件的需求上,不会发生根本的改变,包括以配偶关系为基础的家庭关系即一定的人身利益需求和以财产支配关系为根据的财产利益需求,都是人类社会必然需求和延续的自然生态条件,即"人法"的利益分配构成人类的内在秩序本质,具有生态的客观性;另一方面,基于人性的生物共同属性,人类在人身与财产利益的条件与实现方式上,作为自然与必然的共同生物法则,不会发生利益条件及其实现方式的根本改变,包括以配偶关系为基础的家庭关系和以财产支配为条件的财产关系,都必然共同存在和延续以人的自然生态秩序为根据的普遍人性法则。换言之,不同民族和社会的"人法",基于"人法"的生态性与客观性而具有自然和必然的共同秩序本质,即"人法"构成人类的普遍秩序条件,具有生态的客观同一规则。① "人法"的普遍性反映人类利益需求及其实现的规定性与规律性,具有不可改变和代替的自然生态秩序属性。"显然,在社会生活中存有某种秩序、某种一致性和某种恒久性。如果社会生活中不存在这样一种有序性的东西,那么任何人都不可能有能力做好自己的事情或满足自己最基本的需求。"②这种具有一致性、恒久性的秩序就是可归结为"人法"的秩序法则,这种法则及其所具有的普遍秩序属性,是人类维护社会同构和实现共同生活的基本条件,人类不能丧失而必然拥有这一普遍的生态法则,从而构成人类的共同秩序本质。

正是这种"人法"的普遍性,人类不仅具有相互联系的共同生态基础,而且能够维持稳定、可靠和可预见的社会生活,从而以和谐统一的秩序形态实现一致的生活目的。"显而易见,在社会生活中,肯定存在着一致性和常规性的东西,而且社会也必定拥有着某种秩序,否则社会的成员就不可能生活在一起。完全是由于人们知道在各种各样的生活环境中其他人期望他们采取什么行为、又知道自己预期其他人采取哪些种类的行为,也完全是由于人们会依照规则协调彼此的行为并只遵循价值观念的指引,所以每个人或所有的人才能够干好自己的事情。人们之所以能够做出预测、预料事件、并与他们的同胞和睦相处,乃是因为每个社会都有一种我们可以称之为系统或结构的形式或模式;而社会成员正是在这种模式中,以及在与这种模式相符合的情况下,过自己生活的。"③

---

① 以作为"人法"代表的罗马法为例,罗马法虽然是一部奴隶制国家的法律,但是作为私法和"人法",它确立了商品经济条件下的平民社会生活的普遍秩序规则,以至于近代的法国和德国在未制定民法典之前,对于法律没有规定的平民社会生活领域,仍然可以援引罗马法。"查士丁尼的法律文献一经发现,虽然与日耳曼民俗法差异极大,也丝毫不妨碍蛮族将这些异邦法律视为真正的法律、理性的法律,奉为真理。布拉克顿(Bracton)甚至在13世纪不注明出处地从查士丁尼的《学说汇纂》中引用大约500个段落,并理所当然地将它们作为英格兰的'法律'。"尹伊君:《社会变迁的法律解释》,商务印书馆2003年版,第138~139页。"罗马法上的概念,如同它的数量众多的法律规则一样,是与具体类型的实际情况相联系的";"在各种世俗法律体系的发展中,发生了类似的概念化过程。大多来自罗马法的同样的术语被用于对一般原则的明确的表达,并最终用于形成一般概念。这些原则和概念在当时是被用于对新的应用作出推论的基础"。〔美〕哈罗德·J.伯尔曼:《法律与革命:西方法律传统的形成》(第1卷)(中文修订版),高鸿钧、张志铭、夏勇等译,法律出版社2008年版,第145~146页。我国近代变法,接受罗马法即大陆法系的法律文化传统,中国民法典的概念和制度体系,在继受德国法的基础上同样是与罗马法的传统一脉相承的。

② E. E. Evans-Pritchard, *Social Anthropology*, Cohen and West, 1951, p. 49. 转引自〔英〕弗里德利希·冯·哈耶克:《法律、立法与自由》(第1卷),邓正来、张守东、李静冰译,中国大百科全书出版社2000年版,第54页。

③ E. E. Evans-Pritchard, *Social Anthropology*, Cohen and West, 1951, p. 19. 转引自〔英〕弗里德利希·冯·哈耶克:《法律、立法与自由》(第1卷),邓正来、张守东、李静冰译,中国大百科全书出版社2000年版,第54页。

可见,"人法"的普遍性作为一种稳定性和可持续性,是人类秩序法则的生态基因,具有自然遗传属性,反映人类共同的社会秩序本质与特征,体现人类社会秩序的统一规定性与规律性,构成了人类社会秩序的内在联系和固有属性,维持了人类社会秩序在自然与文化形态上的生态稳定,并排除了人类社会秩序在发展路径上出现非生态性变异的可能性。

(二)人法的普遍性与人法文化形态的差别性

"人法"的普遍性,并不等于否定"人法"的具体文化形态所具有的差别性。虽然人性及其决定的"人法"的一般生态条件与秩序内涵是不变的,但是人性及其"人法"的秩序条件作为通过一种意识形态反映出来的社会形态,不仅具有一定的主观意志性,而且受到人类社会的不同发展阶段及其特定的自然与社会环境等客观因素的影响和作用,可能产生不同的伦理观念并形成不同的风俗习惯,从而表现出各种不同的"人法"秩序条件并形成不同的"人法"文化形态。① 同时,一定的"人法"秩序及其文化形态也可以通过教育和文化传播与融合的方式而发生一定的社会性改变或者异化。因此,不同的社会发展阶段以及不同的民族和社会在不同的环境与条件下形成的人性观念及其"人法"的具体形态,也必然存在和表现出一定文化形态上的差别性。然而,虽然这种变化和差别性可能构成人类社会秩序文化与文明的多样性,但是它相对于人类及其"人法"的普遍秩序及其不同文化之间的生态联系与本质统一,仍然是局限的和有条件的,是被人类的自然生态控制在一定范围内的,既不能熔断人类秩序之间的普遍联系,又不能改变人类及其"人法"所具有的普遍社会生态秩序本质,即"人法"的一般秩序法则。只要是人类和人类社会,就必然具有根本相同的利益需求与生活形态及其需要满足的共性条件,采取本质相同的生活方式,并在生活中遵循人性共有的生命与生存法则——"人法"。

人类现在所经历的,不仅是不同的民族和社会所共同经历的,而且也一定与我们祖先的生活有着统一的生态联系和共同的客观条件需求,并形成和延续一种千古不变的内在生活秩序,遵循和传承着与我们祖先那种自然相同的"人法"及其文化形态。不同的,只是那些用来满足我们人身与财产需求的具体条件,特别是其中的财产条件在不同的环境因素与社会发展的

---

① "人类的生命如同其他物种的生命一样,应该是永远既有普遍性又有特殊性,永远既有它的群体表现又有个体表现。"〔美〕查尔斯·霍顿·库利:《人类本性与社会秩序》,包凡一、王源译,华夏出版社1999年版,第33页。"如果我们理解人类的本性,我们可以让它按我们的意愿发挥作用,就像一个聪明的机械师,运用物质和运动的普遍规律来为他的目的服务。"(同前,第25页。)

条件下发生了变化,使人类拥有了更多不同于以往的甚至是更好的精神与物质条件来满足我们的生产与生活需求,这就是人类在不同的社会发展与进步中,不断实现的对自身的生态本质及其普遍秩序的自然秉持与传承。①

因此,虽然"人法"的具体形式与规则可能随着时代和条件的变化而发生一定的改变,但是以人性为根据的"人法",即构成"人法"的自然生态法则,是根本无法改变也不能改变的。虽然民法或者私法作为"人法"在不同的国家和社会表现出不同的制度形式,但是其建立于人类自然生态秩序基础上的人身与财产关系的基本秩序规则,却必然是根本相同的,而民法的趋同化形态与统一化发展,也正是以"人法"的普遍性为根据的一种必然秩序形态与结果。不同民族和社会的"人法"的差别性,仅仅是"人法"在普遍秩序本质的基础上呈现的具体文化形态上的差别性,而不是分别构成不同的人类生态秩序。"人法"在具体文化形态上的差别性决定了不同民族与社会的"人法"及其国家法形式,在反映人类自然生态秩序本质并遵循其普遍法则的基础上,没有绝对统一的习惯条件与制度模式,而是根据不同民族与社会的生活环境与条件及其认知差别,而有具体不同的规范条件与表现形式,从而呈现多元文化发展的"人法"形态。这一"人法"的多元文化形态并不会在当代私法的趋同化发展中消逝,而只能在相互借鉴与完善的条件下增加不同"人法"体系的本质联系及其相融性,从而更加具有各自独立存在与发展的制度活力。

---

① 以"人法"的契约行为为例,无论是罗马法的要式契约,还是中国古代自春秋末期产生的土地交易方式,虽然具体的表现形式不同,并且都过于重视形式,但是它们在根本上都是在意思表示及其社会信用条件具有局限性的情形下以自己的特定形式来证明和代表当事人意思表示的真实性与可靠性,这与当代的合同关系的本质并没有什么根本不同。无论是古代时期还是当代阶段,亦无论是西方国家还是中国社会,作为"人法"的契约形式,无论具有何种不同和发生何种变化,均必然具有当事人自主行为和体现当事人意志的普遍秩序属性。因此,抛开不同国家和不同时期的契约的形式差别,我们仍然能够看到它们之间传承不变与内在统一的普遍秩序形态。

第二章 民法的自然性——人性的生态秩序

——人是自然的生物,具有自然的生命本质,必然接受和遵循自身生命规定的自然生态秩序及其存在与发展的规律。民法作为"人法"是自然人的"自然法",并必然具有自然人的自然性。民法调整的人身与财产关系,是人的自然生态需求的社会秩序形态,代表和反映人性的自然生态秩序条件。自然性作为人的生命与生态秩序属性,既构成民法的规定性,又构成民法的科学性,整个民法的社会制度体系,就是一个人的自然规范体系,都自然在人性的生态秩序的规定性之中。

一、人性的自然性对民法秩序的规定性

民法的对象是人,人作为"自然物",是自然的主体,不仅是自然科学的对象,而且是社会和法律科学的对象。在传统民法学上,作为民法对象的人,不是人的自然现象,而是人的社会现象,所以民法学或者法律科学是不同于自然科学的社会科学,这就难以将民法或者法律这一人的社会现象作为科学对象去把握,而民法学或者法律科学也就难以成为科学。① 然而,人的社会现象,并不是脱离人的自然产生的,而是人的自然的产物,是由人的自然性决定的,必然反映人的自然规律并具有自然的规定性。恩格斯指出,思维和意识"它们都是人脑的产物,而人本身是自然界的产物,是在自己所处的环境中并且和这个环境一起发展起来的;这里不言而喻,归根结底也是自然界产物的人脑的产物,并不同自然界的其他联系相矛盾,而是相适应的"。② 因此,人的社会现象从来都没有脱离人的自然现

---

① "法律科学所针对的现实并不是构成自然科学对象的自然的现实。"〔奥〕凯尔森:《法与国家的一般理论》,沈宗灵译,中国大百科全书出版社1996年版,"作者序"第Ⅱ页。虽然法律科学的对象不是"自然的现实",但却根据和本于自然,是自然的结果,与人的自然之间具有必然的内在联系,最终是"自然"的。

② 中共中央马克思恩格斯列宁斯大林著作编译局编译:《马克思恩格斯选集》(第3卷),人民出版社2012年版,第410~411页。

象,从来都是人的自然现象的规定性结果,是人的自然需求的必然条件及其表现形式,与人的自然性具有内在的联系,所以只有在人性的自然性中才能够真正找到和发现民法的社会本质,也只有在民法的人性自然性的规定中,才能使人的民法或者法律现象成为科学对象并有作为科学的民法学。因此,任何人的社会现象或者意识形态,都是人的自然需求及其实现条件在一定环境下的反映和表现,是一种"自然"的形成,而不是单纯的意志产物——虽然它具有一定精神或者思想的本质与属性。

民法的自然性,即民法的自然规范属性,是以民法形式反映的人性生态秩序。"人既是自然的产物,服从自然的法则,不能超越自然,是自然的一部分,以自然的方式生活,表现自然的生态本质,遵循自然的生态规律。人的一切存在,根本是人的自然生态存在,必然反映人的自然生态秩序,不能脱离人的自然生态的规律性与规定性。"①因此,民法作为"人法"必然反映人的自然生态及其秩序属性,并具有"自然"的生态制度本质。"所谓自然的,是指符合于事物本质、或符合于自然为它所包容的一切存在物制定的法则的东西而言的。"②自然是事物的客观存在,体现事物的本有法则,代表事物的本质与规律。人性的自然性是人作为自然存在而必然具有的自然生态本质,是人遵循自然法则生存所必然具有的自然秩序属性,这是人作为自然物所不能背离的生物规律及其客观规定性。所谓民法的人性自然性,即民法具有自然秩序的规范属性,民法的自然性是人性的自然性,即人性的规定性。换言之,民法是具有自然性的社会秩序形态,这一自然性以人性的自然性为根据,表现人性的自然性,是人性自然性的必然制度形式,具有制度与体系的人性自然性的规定性与规律性。民法的人性自然性,旨在揭示民法的"自然性"及其人性本质,对象是民法的自然性,即民法的规范与制度体系所具有的自然秩序属性。

"法"作为人的产物,到底是人的自然物,还是人的社会物,即法的本质到底是"人性"的自然生态秩序,还是"人为"的社会制度规范,这是关于法的一个根本问题。尤其是作为制定法的民法,虽然它在形式上是人为制

---

① 王利民等:《民法精神与法治文化民本模式论:自然生态的社会秩序体系及其规范形态与演进》(上册),当代中国出版社 2023 年版,第 62 页。

② [法]霍尔巴赫:《自然的体系》(上卷),管士滨译,商务印书馆 1999 年版,第 11 页。狭义上的自然,属于物质世界。人既属于自然,又是自然的发展。人与自然的本质联系是,一方面,人作为生命系统即自然之人,属于狭义自然,即与人类社会相区别的物质世界;另一方面,人类社会即人的社会体系属于广义自然,是由自然界发展来的。"人类在生产劳动中与自然界发生相互作用,并且随着生产实践和科学技术的发展,在越来越大的程度上改变着自然界的面貌。"《中国大百科全书》(第 2 版)(第 30 卷),中国大百科全书出版社 2009 年版,第 101 页。

定的,但是人为的并不等于是"任意"的,而是"以人为本"的,是以人为目的和根据的。因此,对法的制度与秩序揭示,无法回避人为的制定法与人的自然生态秩序的本质联系,需要承认制定法尤其是作为"人法"的民法以人的自然生态秩序为根据并具有人性的自然性的事实。虽然自然主义具有一定局限性,但是用自然主义的哲学方法认识人与人的社会现象,无疑是科学的。[①] 由于民法作为"人法"是人的自然生态秩序的条件要求与客观产物,所以任何否认民法的人性自然性的观点,都必然是错误的,而任何一种科学的民法价值观与认识论,都不能回避民法与人性的自然性的本质联系,都必须对民法这一属于国家意识形态的社会现象进行人的自然生态秩序考察,从而在其具有的人性自然性的本质中发现其内在的规定性与规律性。民法学的目的在于认识民法作为"人法"的本质并寻找其规定性与规律性,而人们对民法的本质及其规定性与规律性的认识,只能从民法所反映的人类自然生态秩序即人性的自然性上去寻找和发现,因此对民法的科学发现和认识,根本上是对人自身的客观需求及其实现的秩序条件的认识,是对人性的规定性与规律性的认识,必然反映人性的自然性本质。

如果说民法是科学的法,而民法学是一门科学,那么我们对民法本质的全部认识及其科学内涵,无不在民法的秩序本质所具有的人性的自然性之中,无不在制度条件上受人性的自然性的规定。人性的自然规定性,决定了民法的规范本质与秩序体系,是民法的根本规定性,是人的自然生态条件对自身秩序的规定性的必然反映,民法作为"人法"无法在这一人的规定性之外而存在自己的规范本质与秩序体系。民法作为"人法"是人类自然生态条件及其秩序本质的社会制度反映,是人类自然规范与秩序的社会存在与表现方式。

---

① 自然主义哲学认为,"自然是一切存在的总和",它"把精神、思想意识和观念形成的东西纳入自然的范畴中加以研究,认为它们是自然发展过程中的产物","认为自然是全部的实在,超自然的领域是不存在的;自然界的一切都可以通过科学的方法去认识,无须借用超自然或非自然的力量"。《辞海》(第7版)(7),上海辞书出版社 2020 年版,第 5904 页。"自然哲学把价值观念引入对自然界的研究,指出了人类社会发展的正确方向。实证的自然科学就其内容来说是客观地、局部地反映自然界的本来面貌,而自然哲学则要在整体上把握自然界本来面貌的基础上,对人与自然的关系进行哲学反思。"《中国大百科全书》(第 2 版)(第 30 卷),中国大百科全书出版社 2009 年版,第 118 页。自然主义哲学"断言宇宙的一切存在和事件(不管它们内在的性质如何)都是自然的,从而把科学方法和哲学联系起来";自然主义认为,"在原则上自然界是完全可知的。自然界中,有一种具有客观规律的规则性、统一性、整体性"。《不列颠百科全书》(修订版)(第 10 卷),中国大百科全书出版社 2007 年版,第 88 页。自然是人的规定性与规律性存在,但不是人的唯一存在,人除了作为自然的存在,还是精神的存在,人的精神思想与意识形态在人的社会存在与发展中同样发挥不可替代的自主与能动作用。

民法调整人的行为,但是人的行为并不一定都是直接根据或者按照民法的行为条件发生的。"法律秩序决定着人们应当怎样行为,它是一种规范的体系,一种规范性的秩序。至于实际存在的个人行为,是由自然法则根据因果关系原则来决定的。"①因此,民法要真正成为"人法"并成为人的自然生态的行为秩序,就必须反映人的自然秩序法则,并代表人的行为秩序本质及其规范条件。"法的目的是组织人的社会生活。这就意味着要了解人和社会。"②要了解人和社会,首先要了解人和社会的本质及其行为与秩序的属性。人和社会并不是自然的对立物,而是自然的产物和存在物;人和社会是自然物这一客观本质决定了人类社会的秩序形态所必然具有的自然属性,并无法摆脱人的自然的规定性与规律性。

人不仅是社会主体,而且是自然生物,是由于自然主体性而获得社会主体地位的。人作为主体必然遵循自然的生物规律,并受自然生物规律支配。由于自然性构成了人的规定性,也就构成了民法的规定性,即民法的人性自然性。民法作为以人的自然生态为根据的法,其制度条件必然反映和具有人的自然生态秩序本质,以人性的自然性作为自己的规定性与规律性。③

(一)人性的自然秩序

人性作为人的本质属性,具有两个方面的规定性,一是人的客观需求性的规定性,人的需求不是主观形成的,而是客观存在的,是自然必然的生命决定;二是人的客观需求的实现条件的规定性,人的客观需求是有实现条件的,是应当根据条件有序实现的。这两个规定性作为人的生物规律存在,都是一种自然的规定性,具有自然秩序的本质。

1. 自然性是人的生态秩序属性

人的自然性必然决定人的生态法则即"人法"的自然性。"人法是与某种东西一致的,或者,人法是与某种东西背道而驰的,而这种东西,我们

---

① 〔奥〕凯尔森:《法与国家的一般理论》,沈宗灵译,中国大百科全书出版社1996年版,"作者序"第Ⅱ页。
② 〔法〕雅克·盖斯旦、〔法〕吉勒·古博:《法国民法总论》,陈鹏等译,法律出版社2004年版,第71页。
③ 人类的秩序"与自然的永恒的秩序相连。在此秩序中人不过是一个微粒而已。正是由于这个必然性,所有的个体都用某种特别的方式以生活与活动。所以,在自然界中,若是有什么我们觉得是可笑,荒谬或不好的东西,那是因为我们只知道一部分,几乎完全不知道自然整体的秩序与依存,而且也是因为我们要事事物物都按我们人类理智的命令安排"。〔荷〕斯宾诺莎:《神学政治论》,温锡增译,商务印书馆1963年版,第213~214页。

默默地已经将其视为一个标准,或者尺度。"①人法有自然的人法,也有制定的人法;制定的人法狭义上即民法,其标准或者尺度,应当是自然的人法,即人的生态法则。否则,我们就没有判断制定法的标准,就无法判断制定的对错,就根本不知道什么法是正当的或者不当的,也就无法对法作出正确的评价,而法学和人们对制定法的一切正当性评价的存在,都在说明有作为客观法的"自然法"的存在。人的客观法则,也就是人的生态法则,只能是自然的法则,特别是人类初始的生态秩序,不可能是在人为的条件下制定的,而只能是根据人性自然形成的,是自发与自主自为的秩序形态,否则人类就无法在原始状态下获得种群延续与生存的条件。

自然性作为人和人性的生态秩序属性,既是人法的存在形态,又是人法的发展根据,人法的存在和发展必然遵循人性的自然规定性。人法首先是作为人的生态秩序条件存在的,而人的生态秩序条件必然具有与生俱来的自然性,即使是人的生态秩序的发展形态,包括这一秩序的制定法即民法形式,也必然接受和反映人的生态秩序属性并具有自然的规定性。所谓自然的规定性,或者称为自然秩序法则,即人作为自然生物并基于自然的生物规律而固有和不可改变的内在秩序条件与本质属性。"显而易见,对于统辖一切其他有机体生命的生物学规律来说,人类世界并不构成什么例外。"②人作为一种自然生物必然接受和遵循那些人所具有的自然生物法则,即人类自然获得、稳定遗传和普遍存在的那种不可缺少和不可改变的自在条件。"我们的所做所思,以及我们现在怎样和将来如何,都只不过是普遍的自然给我们不断造成的;我们的一切观念、意欲、活动,都是这个自然所赋与我们的本质和特性的必然产物,也是自然强迫我们通过并且加以改善的那些环境的必然结果。"③人性的法则只能本源于人类自然生态的必然需求与条件,体现人类的自然生命的规律,而这一规律决定了人的利益需求及其实现条件,这就是人性的自然规定性,即人的客观利益的必然需求与必要满足的客观性及其具有和遵循的普遍法则。这一法则,首先是人类的本体法即"人法",其次才有上升为国家制定法的民法。

人类和其他动物一样,赖以存在的生物法则及其自然条件与需求,主要有两个方面:一方面是生命维持,即生命体通过各种可以采取的手段获取食物,满足食欲,维护身体机能,保有生命活力;维持生命条件,满足生命

---

① 〔英〕约翰·奥斯丁:《法理学的范围》(中译本第2版),刘星译,北京大学出版社2013年版,第166页。
② 〔德〕恩斯特·卡西尔:《人论》,甘阳译,上海译文出版社2004年版,第35页。
③ 〔法〕霍尔巴赫:《自然的体系》(上卷),管士滨译,商务印书馆1999年版,第4页。

与生活需求,实施穴居、屋居和迁徙等生物活动;抵御其他物种和自然界对自身的侵害,保护自己的生存利益。另一方面是生命延续,即为"物种"的延续而完成种群繁殖后代的生命活动,如求偶、交配和生产等生物行为;哺育后代,即为了保证后代的生命存活而采取的各种维持后代生命的"亲缘性"行为,如完成食物提供与安全保障等各种具有"监护"性质与作用的活动。概言之,人的生物法则,就是一定的生命利益需求及其实现的法则,即一定的人身与财产利益条件的维持法则,亦即"人法"或者民法调整的人身与财产利益关系的秩序法则。虽然作为人的人身与财产利益需求与实现的具体客体与方式可能发生变化,但是作为人的生命维持与延续的人身与财产利益需求与实现的根本生物法则,在自然生态条件上却永远不会改变。因此,作为"人法"的民法,在形成过程中,虽然可以有编制上的形态及其条件与条款的不同,但是这种不同只能限制在一定"技术方法"或者"正确理解"的范围内,而不可以有对人的生态法则即人身与财产关系的客观需求及其根本实现条件的违背,如剥夺他人的生命,侵害他人的财产,侮辱他人的人格,禁止他人食欲、性欲及其相关的人身与财产关系的实现,这在任何一个时代和社会背景下,都是违反人性的,都是不正义的,都不能成为"人法"或者民法的正当规则。"公正和法律的根据存在于自然界事物的和谐与恰当之中。它们是普遍有效的并不以人类的意志为转移。"[①]从这个意义上,我们考察古今中外的民法制度,除了以"市场"或者"自由"为根据和基础的规范制度在"编制"上的形式变化或者条款差异外,其实并没有在人的生态法则及其秩序条件上发生根本的改变或者有实质的不同,也不可能有这种改变和不同。

人的生命维持与生命延续的生物属性,作为一种普遍存在的生物规律性与规定性,亦是人性的规定性与规律性。这一规定性与规律性作为人性的自然属性,在根本上决定了人性的社会属性,包括"人法"或者民法的社会规范与秩序条件,都是这一自然属性的社会表现形式。马克思指出:"人们首先必须吃、喝、住、穿,然后才能从事政治、科学、艺术、宗教等等;所以,直接的物质的生活资料的生产,从而一个民族或一个时代的一定的经济发展阶段,便构成基础,人们的国家设施、法的观点、艺术以至宗教观念,就是从这个基础上发展起来的,因而,也必须由这个基础来解释,而不是像过去那样做得相反。"[②]所谓"人们首先必须吃、喝、住、穿",作为人必

---

① 〔美〕罗斯科·庞德:《法理学》(第1卷),余履雪译,法律出版社2007年版,第19页。
② 中共中央马克思恩格斯列宁斯大林著作编译局编译:《马克思恩格斯选集》(第3卷),人民出版社1995年版,第776页。

须满足的生物条件,就是人性的自然规定性,这一自然的并且是基本的欲求与本能,虽然会受到客观条件和社会因素的影响与制约,但是它作为人的不可改变的根本属性,是人的社会属性的存在基础和发生根据,离开人性的自然规定性,便无所谓人的社会属性。

总之,自然性作为人的生态秩序属性,是对人类整个社会秩序体系的规定性,即人类的社会秩序体系反映并被规定于人类的自然秩序条件,是人类自然秩序体系的表现形式。人类的社会秩序体系不过是人类的自然秩序体系的意识形态化,它无法从根本上摆脱人类自然秩序体系的客观条件与本质属性。有学者认为,社会秩序区分为自然秩序与人造秩序。"自然秩序系指不依人的主观意志而客观存在或自发形成的秩序,它包括天然秩序和自发秩序两种秩序。天然秩序是自然界客观存在的物质世界的秩序,……自发秩序是指动物世界以及人类社会非依人之主观意志而自发形成的行为秩序,此一秩序将使我们认识到,人类社会的绝大部分秩序与动物的秩序一样,都是在群居生活中自发形成的,虽然人类的社会秩序乃是比动物界的秩序更为高级也更为复杂的秩序。而人造秩序则是经由人的主观意志而刻意构建出来的那部分社会秩序,此一秩序将使我们认识到,只有人才能依凭主观意志构建出一种秩序,而此一秩序既是人所能达至的诸多伟大成就之一,也是人为自己的社会创造出的对立物。"[①]笔者认为,这一对自然秩序与人造秩序的区分,虽然作为单纯的对自然秩序与人造秩序两个范畴的抽象表达与一般界定在各自内涵上似乎是清晰的,但是它并没有深入两者的实证关系,并没有真正揭示所谓人造秩序与自然秩序共同作为社会秩序的内在联系与本质,即自然秩序的"人造形式"与人造秩序的"自然本质"的关系问题,亦即"人造秩序"是哪来的及其正当性根据是什么的问题。换言之,对于实证的社会秩序而言,并没有所谓单纯的自然秩序与人造秩序的区分问题。问题的根本是,人类的社会秩序,尤其是平民社会的"人法"或者民法秩序,作为一种"人造秩序"或者制定法的秩序,是人的生态秩序,根本上是人的自然秩序体系的一部分,是人的自然秩序的表现形式并反映人的自然秩序的本质、条件与要求。进言之,没有单纯的社会秩序或者人造秩序,一切人类的秩序都是人的生态条件的需求,都必然具有自然秩序的本质属性。

2. 自然性与自然主义的秩序观

人类的自然性必然产生人类的自然主义。人类生活在自然之中,是自

[①] 尹伊君:《社会变迁的法律解释》,商务印书馆2003年版,第279~280页。

然的一部分,遵循自然规律,所以自古就有一种自然主义的人性观与秩序观。在西方,有历史悠久和传承至今的自然人性观与自然法理论,把人的本质或者人性的权利归于自然或者天赋,而人类的法也必然来源于某种自然。"法是以对物、人和人类社会的观察为基础的。从这一现实当中,要归结出符合自然目的的东西。这样,人们从既存的事物中总结出事物和制度的本质,并鉴别出事物应当呈现的状态。"①也就是说,事物的实然与应然,是遵循自然的产物,两者之间并不是对立的关系,而应当是统一的秩序。

法国唯物主义哲学家霍尔巴赫认为,"凡是存在的事物必然与普遍的自然的体系联系着",人是一个整体,是由某些物质组合而成的,是自然的体系的一部分,必然与普遍的自然的体系相联系,"依赖于那个大整体的总体系",即自己"只是作为部分的那个普遍的自然的体系"。② 古希腊"哲学家试图通过比附自然世界日常现象的恒定性和普遍性,为社会秩序的可靠安全性找出依据,就像今日的实证社会学家们试图发现社会的一般规律那样"。③ 罗马法把"自然法"纳入自己的法律体系并置于法的最高形式。"罗马法学家们将自然正当转化成了自然法,并尝试发掘和宣告这种自然法的内容。因而他们向我们提供了一种以古罗马法律规范为理想模式的伦理性的哲理自然法。"④在中国古代的传统思想中,以老子为代表的自然主义哲学观,同样展现了自己的"自然法"思想。"老子从其自然主义哲学和人性喜爱自然的思想出发,极力推崇自然法,认为自然无为的'天道'是判断是非善恶的标准,是人类必须遵守的根本法则。"⑤他用自然解释万物,包括人性规律,提出了人性自然的思想,认为自然是人性必然接受和遵循的基本法则,所谓"人法地,地法天,天法道,道法自然",⑥即人类应当顺应自然,接受自然的规定性,按自然法则办事。"总之,人必须取法天道,顺

---

① 〔法〕雅克·盖斯旦、〔法〕吉勒·古博:《法国民法总论》,陈鹏等译,法律出版社2004年版,第10页。
② 〔法〕霍尔巴赫:《自然的体系》(上卷),管士滨译,商务印书馆1999年版,第10页。
③ 〔美〕罗斯科·庞德:《法律与道德》,陈林林译,中国政法大学出版社2003年版,第9页。
④ 〔美〕罗斯科·庞德:《法律与道德》,陈林林译,中国政法大学出版社2003年版,第17~18页。
⑤ 刘新主编:《中国法哲学史纲》,中国人民大学出版社2005年版,第31页。
⑥ 《老子·二十五章》。当然,老子的"道法自然",在根本上并不是平民社会的自然观,而是政治社会的自然观,是理想的政治社会形态,即统治者应当顺应自然。

应自然。"①所谓"顺应自然",应当包含遵循人的生态法则之意。生态法则作为人的自然法则,是人不可改变的法则,构成对人的社会规定性,而人的社会性,不过是人的自然性的表现形式,并不能超出人的自然性的范畴,并必然反映人的自然性条件与要求。

虽然中西方传统的自然主义哲学对"自然"的理解并不完全相同,②但是他们都是从人的某种自然的规定性上去理解人性及其社会秩序的本质,多是一种朴素唯物主义的哲学观,而这种哲学观必然直接影响和产生自然秩序的思想,并引导人们对社会秩序的根本认识。

人的社会秩序条件及其制度实现,作为人的自然秩序的表现形式,必然具有自然性并接受自然的规律与安排,不能成为一种反自然的秩序,否则就违背人的生态秩序的本质,是反人类的秩序。因此,法律作为人的社会现象,自然要从人的自然性上去认识和把握其规范与秩序条件,这就是"自然法"思想。③ 对法律的"自然"认识,作为一种古老的法学思想,是由人的自然本质决定的,人被自然所规定,必然在自己的自然中去认识自己的现象,包括法律现象,不断寻求法的自然本质。尽管人们寻找到的"自然"本身并不完全相同,但是除了西方神学的"自然法"思想外,这些不同的自然法思想都是在人的灵魂世界与意识形态之外去认识法的存在及其客观性与真实性,揭示法的本质与本体,并对法作出伦理性、正当性与价值性判断。如果我们不能找到法律的自然性,也就找不到法律的普遍性,法律也就不能成为客观的对象而为我们所把握和认知并揭示其科学本质。

(二)民法的人性自然生态秩序

自然秩序状态并不是人类的过去状态,即早期的原始状态,而是人类现实的始终状态,是人类生物与生态的客观状态,人类一直面对并生活在自己的自然世界之中,从来没有离开自己的自然秩序的生存状态。"自然

---

① 刘新主编:《中国法哲学史纲》,中国人民大学出版社 2005 年版,第 31 页。老子赞美的"自然法",归纳其特点,就是"无为"、"不争"和"公正无私"(同前),"这种自然法思想是建立在以'道'为核心的自然主义哲学基础之上,并从人的自然本质出发的"(同前,第 33 页)。不过,笔者认为,虽然老子的"道"具有"自然"的意义,但是在"道"的本体上,却极具神秘主义色彩,还不能完全代表和揭示人的自然生态秩序,即人的实有的自然本质。

② 一般来说,西方的自然主义所谓的"自然",主要是指人的生物本质,是具体和实证的自然;而中国传统哲学范畴的自然,则是一种抽象的自然,甚至是超自然,并不是一种实证的人性自然。

③ "自然法之所以能居于统摄地位,其根本原因即在于自然法集中体现了人作为自然人所应该具备并应得到法律保护之自然本性,人类法律对该种本性的认同程度直接反映其立法水平,法律理性的实际表征即是对人性的认同与关怀。"刘云生:《人性假设与近代民法之生成》,载肖厚国主编:《民法哲学研究》第 1 辑,法律出版社 2009 年版。

法"也不是"国家前"的法形态,而是人类本体和本有的生命与生存的自然生态法则,存在于人类生物进化与种群延续的全过程,既是民法或者制定法的本源与根据,又在民法或者制定法反映和代表"自然法"的基础上,与民法或者制定法构成统一的社会秩序体系,直接作用于民法或者制定法的生态行为秩序实现,是人性的普遍与一般的规范条件,是"人法"的本质和人性的法则。

人性的自然规律与规定性,既规定了人的自然生态秩序,具有"人法"的本质,又规定了作为"人法"形式的民法秩序,从而使民法的社会规范体系具有人性的自然生态秩序的本质。无论是民法调整的人身关系还是财产关系,都在人性的自然生态秩序的规定性之中,都需要遵循人性的自然生态秩序条件,都不能违背这一秩序的根本规范条件与需求。

民法不是脱离于"人法"之外的独立秩序形式,而是"人法"的自然生态秩序在国家形态下的制度反映。民法作为"人法"的国家法形式,是实在的"人法";民法的"实在",根源于人的自然生态秩序,是人的自然生态秩序的实在;民法必然接受"人法"的根本规范条件,成为反映人的自然生态秩序的国家法。民法虽然是国家的制定法,是上升为国家意志的法律形式,但是民法作为调整私人社会关系的国家意志的法,并不是简单由国家意志决定的,而是国家法的立法者根据人的自然生态秩序制定的,是人的自然生态秩序的社会规范要求与产物,必然具有人的自然生态秩序的本质并遵循其规定性。

因此,民法所调整和反映的社会关系的本质与规律性,就是人的自然生态秩序的客观性,并只有在人的自然生态秩序上才具有其本质与规律。换言之,所谓民法调整的社会关系的本质与规律性,根本是该社会关系所代表和反映的人的自然生态秩序的本质与规律性,也只有在人的自然生态秩序那里才能够找到和发现社会关系的本质与规律,单纯的意识形态是没有规律可言的,也不能成为科学的对象。换言之,法学之所以能够成为科学,就是因为法学的对象作为人的社会关系,具有人的自然生态秩序的本质并具有规律性,可以被法学发现和把握,而这一本质与规律,根本是人及其"人法"的自然生态的本质与规律,而不是"法"的意识形态的本质和规律。法的本质和规律,不过是以国家法的形式代表和反映的人的自然生态秩序的本质和规律,能够被作为具有客观性与规律性的科学对象进行认识并发现其本质。所以,法学的研究对象,在根本意义上,是法的规范所代表和反映的人的自然生态秩序条件,是对人自身的本质要求的考察,而不是单纯的法的规范现象。一旦抛开人和"人法"的秩序本质,法和法学都将失去自己的客观真实与价值目标。

这就应当提出一种关于民法或者法的自然主义观点,即民法是"人法"或者人的"自然法"的表现形式,应当代表和反映人类本有或者本体的社会关系,是人的自然与自主的法,它根源于人的生命利益需求,是人的自然应然的社会秩序形式,具有人的客观利益需求及其实现条件的自然的规定性与规律性。① 这一点,体现在中国特色社会主义法律体系上,就是立法所代表的最广大人民群众的根本利益,也就是最广大人民群众的生态利益需求,是为最广大人民群众的生态利益实现提供的最好规范条件,因为最广大人民群众的根本利益,就是他们的生态或者生存利益,这一利益直接决定和影响他们的生活及其品质。

民法作为"人法"的形式,就是反映人性的自然性即人的自然生态秩序的法,必然体现人的自然生命的规律性与规定性,这是民法的客观真实与正义本质。"正义的规则虽然是人为的,但并不是任意的。称这些规则为自然法则,用语也并非不当,如果我们所谓'自然的'一词是指任何一个物类所共有的东西而言,或者甚至如果我们把这个词限于专与那个物类所不能分离的事物而言。"②民法作为"人法"就是人这个物类所共有的法则,而这个法则只能是也必然是自然的法则,在这个意义上,民法是一种"自然法",称民法为自然法也是足够恰当的。民法是人类共有的并且是不能与人类分离的自然法则,具有自然的正义本质,表现人的自然正义条件。无论是民法调整的人身关系,还是民法调整的财产关系,都具有一种自然或者生物的规定性,也就是人的人身与财产利益的客观性及其实现的一般规律性。换言之,民法的本质在于自然,民法的价值亦在于自然,脱离了自然,既不能发现民法,又不能认识民法,更不能发展民法。当然,民法

---

① 利益需求就是一种生命需求,必然符合生命的本质并遵循生命的规律与规定性,这种基于生命本质的利益需求所建构的规范秩序就是反映人性并具有道德价值的规范体系。德国利益法学的代表人物菲利普·黑克认为:"规范的获得建基于对生活及其需要的研究之上。这些研究今天必须占据重要地位。人们将其称为利益研究、法社会学和法律事实研究。新的方法所追问的,是生活和符合生活要求的秩序。各种法律命令要从生活需要和利益状况出发来进行解释,并根据利益的要求予以补充。"〔德〕菲利普·黑克:《利益法学》,傅广宇译,商务印书馆2016年版,第43页。他认为,"认识法律规范与生活需要之间的关系并不是特别难,相反,还特别容易","总体来说,我们的法律并不像古时候女预言家的咒语那么深奥莫测,而只是人的决定。这些决定是如何作出的公众都看得到,在作决定的过程中发挥作用的各种利益也都很清楚"。(同前,第46~47页。)
② 〔英〕休谟:《人性论》(下册),关文运译,商务印书馆1980年版,第524页。

并不代表人的自然生态的全部规范与秩序,①而只是它的一部分,是其中的根本与主要部分,因此也是最基础和重要的"人法"条件与秩序要求。

承认民法的人性自然性,就是承认和尊重人的秩序本质及其生命的价值。只有在这一基础上,才能够以人本主义的自然生态秩序构造民法的制度体系,制定科学的民法,从而合理分配人的人身与财产利益关系,实现人的利益关系分配的公平与正义秩序。

1. 民法的自然生态秩序的客观性

民法调整的人身与财产关系秩序,作为一种自然生态秩序,是一种客观秩序,其秩序的基本规范与制度条件,具有人性的客观利益需求及其实现条件的规定性,反映人的自然生态的客观需求及其基本秩序法则,是不以人的主观意志为转移的秩序形态。② 自然生态秩序的客观性作为人的固有属性,代表人的生物与生命的秩序本质,是不依赖于人的主观意志而独立存在的,构成一种相对不变与普遍的秩序规则。

因此,对于民法调整的人身与财产关系而言,不论是大陆法系的成文法,还是英美法系的判例法,亦不论大陆法系的何种法典编纂体系,实际上都是根据人的自然生态秩序所展开的人身权与财产权制度,都离不开人的自然生态秩序在人身与财产关系上的规定性,都必然反映人的客观利益需求所决定的人身与财产关系的基本秩序条件,如在人身与财产支配关系上基于生命条件的绝对性和在财产取得上基于生命本质的行为自由性,作为不可改变的自然生态秩序,必然构成民法的客观条件,并成为民法的人身权与财产权制度的规定性与规律性基础。

作为一种客观性,虽然法律的历史发展具有不同民族和社会的特点,并且立法者可以采用和发挥立法方法与技术在法律形成中的作用,从而使各自形成的法律具有一定条款规范与制度体系的独特性,但是这些不同民族和社会的法律最终都被限定在人的自然生态秩序所允许的条件与范围内,只能是某种具体的制度规则的不同,而不能是人的客观需求及其实现条件在人身与财产关系上的根本改变。在这个意义上可以说,任何一个民族和社会的法律都不是无限发展的,而立法者的意志作用也是有限

---

① "整个法律秩序也从不决定从属这一秩序的人的全部生活,或影响他的所有的精神和肉体的功能。人只是在某种特定的行为或不行为方面才从属法律秩序;至少所有其他的行为或不行为方面,他与法律秩序就毫无关系。"〔奥〕凯尔森:《法与国家的一般理论》,沈宗灵译,中国大百科全书出版社1996年版,第106~107页。

② "自然按照一些简单、统一的不变法则活动,这些法则,经验可以使我们认识它们;我们凭着感官和普遍的自然联系起来;我们凭着感官能够经验这个自然,并且发现它的秘密。"〔法〕霍尔巴赫:《自然的体系》(上卷),管士滨译,商务印书馆1999年版,第6页。

的,不同法律体系的形成或者法典编纂,都需要遵循和反映人的自然生态秩序的本质并具有其客观性。

民法所调整的社会关系具有人类自然生态秩序的客观性,这是不以人的主观意志为转移的社会秩序特征,不能由人任意改变、创造或者消灭这一秩序的根本形态。虽然人可以利用自己的身体能力或者物质工具能动地作用于客观世界,引起自然界的某些变化,并能够有目的地引发、调节和控制自然界中的实物、能量和信息交换过程,使客观结果的发生符合人类自身的目的并维护人类社会的秩序条件,但是人的这一主观能动性应当服从自然生态秩序的客观规定性,即遵循民法调整的社会关系的客观规律。

事实上,民法的"趋同化"发展,就是民法的客观性发展,是民法的客观性要求与表现。无论是近代法国与德国民法以罗马法为母法,还是明治维新以法国、德国民法为基础制定日本民法典,乃至清末变法仿效德国和日本民法编纂大清民律草案,直至当代全面学习和借鉴人类先进民法文明的中国民法典编纂,都反映了民法作为人类自然生态秩序所具有的客观性,这是不同国家的民法得以跨时代、跨社会、跨制度进行借鉴的根据与基础。客观性意味着事物之间的统一性及其本质联系。没有事物之间的客观性,就没有事物之间的统一性与本质联系,也就没有事物发展的"趋同性"。趋同性根本上是一种客观的"统一性",是事物之间的本质联系,只有在具有统一性和本质联系的客观事物之间,才能够进行相互借鉴并实现趋同发展。

2. 民法的自然生态秩序的必然性

必然性是客观事物的规律性。民法的自然生态秩序作为一种客观秩序,是一种具有必然性的社会秩序,是必然发生和必然存在的人性秩序。[①]"必然性指由事物的本质规定的联系和必定的发展趋势。"[②]必然性是事物的本质属性与条件,构成事物的内在根据和本质联系。人性的自然规定性作为一种自然不变的生物本质,也就是一种具有确定性的必然性条件,并必然决定人的社会性,人的社会性必然受人的自然性支配,遵循人的自然性和具有自然性的本质。

---

① "我们所谓自然中的秩序,就是指一种绝对必然的存在方式,或自然各个部分绝对必然的一种安排";"秩序,不过就是从活动的系列方面来观察的那种必然性"。〔法〕霍尔巴赫:《自然的体系》(上卷),管士滨译,商务印书馆1999年版,第48、49页。
② 《辞海》(第7版)(1),上海辞书出版社2020年版,第267页。必然性是"指事物发展、变化中的不可避免和确定不移的趋势。必然性是由事物的本质决定的,认识事物的必然性就是认识事物的本质"。《现代汉语词典》(第5版),商务印书馆2005年版,第74页。

人性的自然性及其必然的规定性,决定了一切以人性为根据的社会秩序形式的必然性,包括民法的必然秩序条件。例如,民法作为"人法",必然在一定条件下承认人的主体性,并必然发展出以人格平等为原则的制度体系;又如,任何一个国家的民法都必然以"杀人偿命,欠债还钱"作为维护人的自然生态秩序的制度基础;再如,各种民法都必然基于人的自由意志本质而发展出"债"的关系体系;还有,不同社会的民法都必然在血亲之间实行以生活延续为目的的私有财产继承制度;等等。可以说,民法的制度形式,作为人的自然生态秩序,无论如何存在和表现,其根本的规范要求,都在人性的必然性之中,一个都不能缺,一个都不能少,否则就无法维护人类正常的生活秩序。

必然性意味着一种规律性,因此,可以预见,民法永远不能脱离以人格平等与行为自由的人类生态需求为根据的制度形态,民法必然是以人格为条件的关于自由与自由限制的法律,必然具有人格与自由的制度本质。换言之,由人的自然生态秩序所决定的民法的基本规范条件与制度体系,将永远得到维持而不会根本改变,人类将在自己的社会创造与发现中,获得越来越多的自身存在与发展的条件——平等与自由,而不会因此丧失这一人类自然生态秩序的本质条件与需求,这是人性的真正目的与必然结果。

3. 民法的自然生态秩序的稳定性

民法调整的社会关系,作为人类的自然生态条件,具有客观性与必然性,受人的自然生物规律的支配,在根本秩序形态上,是一种生态延续、循环发生、相对不变的生物秩序,表现为秩序形态的稳定性,即民法所调整的社会关系及其秩序条件在一定空间和时间范围内保持和具有自身形态的重复性和同一性特征,反映出与人的自然生态秩序的本质联系,具有存在和发展的一般规律,可以从历史和现实中预见其条件与未来。

民法的自然生态秩序在人性的自然规定性的基础上必然具有维持人类生态的超稳定性,这是人类生存的条件需求。虽然这一秩序在人类的生存环境与条件的变化中也会发生一定的变化,但是它在秩序本质上必然具有相对稳定或者不变的秩序属性,从而保持人类正常的生态秩序。因此,人类与其他生物一样,必然具有维持自身生态存续的稳定法则,即构成"人法"或者民法的人身与财产关系法则,这一法则的稳定性是绝对的,不可能有超出维护人类自然生态秩序所需要的变化,其变化必然受到自身稳定条件的限制。

民法秩序的稳定性,以人性的自然生态秩序的稳定性为根据,构成了人类社会制度及其秩序形态的基础。人类之所以能够形成与自身存在相适应的稳定的社会制度与秩序形态,从根本上就是由人性的稳定性决定的。在人性的稳定性的作用下,人类必然选择和建立一种能够表现自己的人性条件和要求的社会制度及其秩序形态,从而以一定的社会制度和规范形式表现自己的人性及其稳定性的规范条件需求,这是构成一种自然生态秩序的前提和基础。民法作为"人法",其表现的人类社会秩序,从古至今,看似有不同的法系和文化形态,也有许多制度与形式的历史变迁,但是在反映人类的基本生态或者生活状态上,则完全维持一种相对稳定的自然生态秩序条件。

4. 民法的自然生态秩序的普遍性

自然生态秩序的客观性、必然性与稳定性,最终反映和表现为规范与秩序体系上的普遍性。换言之,人类自然生态秩序的客观性、必然性与稳定性构成了这一秩序的普遍性的根据。同样,民法作为调整人类自然生态关系的法,必然在自然的规定性中具有人类社会关系的共性,是人类共有的不可改变的事物属性,构成一种普遍的社会关系条件,不仅是稳定的,而且是普遍的,是一种普遍的稳定秩序。"一切人,作为人来说,都有某些共同点",①这些共同点或者共性,就是人在自然的规定性基础上的人性的普遍性。人性的自然规定性作为一种普遍性,就意味着,他不是存在于个别人身上的,或者是个别人所特有的,而是所有的人都存在的本质性。在这个意义上,一方面,人性是绝对存在的,不能说某个人有人性或者某个人没有人性;另一方面,人性作为人的共性和普遍性,又是有一般条件和标准的,不能把某个人的特定人性视为所有人的人性,而只能在人所具有的人性共性中去把握人性的本质。"凡人之性者,尧舜之与桀跖,其性一也;君子之与小人,其性一也。"②在人性的普遍性上,每个人都需要给予人性承认和尊重,都需要平等地被承认和尊重为人,③而每个人也都需要表现出值得被人承认和尊重的人性和符合人性的普遍性要求。因此,人对自身社会关系即个人或者平民社会关系的"人法"调整,即在民法调整的人身与财产关系的范畴内,应当将每个人设定为具有同样人格本质的人即平等的民事主体,并应当对人的社会关系作出统一的条件规范,从而以"人法"的

---

① 中共中央马克思恩格斯列宁斯大林著作编译局编译:《马克思恩格斯选集》(第3卷),人民出版社2012年版,第480页。
② 《荀子·性恶》。
③ "这种平等要求更应当是从人的这种共同特性中,从人就他们是人而言的这种平等中引申出这样的要求:一切人,或至少是一个国家的一切公民,或一个社会的一切成员,都应当有平等的政治地位和社会地位。"中共中央马克思恩格斯列宁斯大林著作编译局编译:《马克思恩格斯选集》(第3卷),人民出版社2012年版,第480页。

社会秩序的普遍性反映和调整人性的普遍规定性。

民法的人性自然生态秩序,作为从特定的个人条件中被抽象出来的社会秩序条件,必然体现人性的共性并代表人性秩序的普遍性。"现实的个人不但具有个体性,而且还具有社会群体性和人类性。"①作为人性的自然规定性的条件,不是人的个性条件,而是人的共性条件,即人类的普遍性条件,只有这一条件才能够代表人类统一的生活目的,协调人们之间的相互关系,维系人类的一般生态秩序。"人是一种不断需求的动物,除短暂的时间外,极少达到完全满足的状况,一个欲望满足后往往又会迅速地被另一个欲望所占领。"②人的自然欲望,既是人性的任意条件,又是人性的秩序根据,因为只有能够满足人的欲望的秩序形态,才是有益的秩序,而只有这一普遍的秩序,才是符合人性的秩序。当个人的欲望是一种人性的普遍诉求,该欲望便构成了应当被顺从的社会秩序,从而成为一种根据性。人的欲望较之于其他动物完全出于自然本能的欲望有所不同,它既具有与人类社会文明形态相结合的规范性与有序性,又具有与自身智力和工具创造相结合的无限扩张性。人性欲望的这种扩张性特质,结合社会生产力的提高,就使得人与社会之间的结合与依赖不断增强,否则就无法维护人的社会存在与秩序。"任何人都不能脱离社会,任何人都必须依靠社会,人类所享受的日益丰富的物质和精神生活,自创自用的部分越来越少,来自社会的比重越来越大。"③人性的欲望本能决定了作为人性条件的自然规定性,既需要以人性为根据,又必须对人性的自然欲望进行合理的调整与节制,从而更好地满足和实现人的普遍存在与发展。

民法的自然生态秩序的普遍性,决定了以人性自然性为根据的民法具有普遍的规范条件与秩序形式。显然,民法作为"人法"必然接受人性自然性的普遍秩序条件,因此,民法在人类的社会秩序体系中,必然是具有普遍的规范内容与秩序形态的法律,而不可能根本超越于人类的普遍规范与秩序体系之外。民法的自然生态秩序具有代表人类一般规范与秩序的普遍性,越是理性与良善的民法,也就越能够代表和体现人类规范与秩序的普遍性本质。

民法自然生态秩序的普遍性,是不同民族和社会的民法所自然具有的

---

① 武天林:《马克思主义人学导论》,中国社会科学出版社2006年版,第65页。
② 〔美〕马斯洛:《马斯洛人本哲学》,成明编译,九州出版社2003年版,第1页。
③ 《主客体关系学系列丛书》撰写组编:《社会是什么——价值联结的生存单位》,商务印书馆2002年版,第2页。

共同规范与秩序属性。① 民法的普遍性,是一种人类自然的生态秩序的普遍性,而不是人为的制度条件的普遍性。民法作为"人法"必然基于人的"类本质"而成为具有自然的普遍秩序属性的法律。民法是不是具有普遍性的法律,这是我们认识民法本质与价值的一个根本问题。民法只有具有自然的普遍性,才是民法所调整的人类自然生态秩序具有客观性、必然性与稳定性的反映,才能够体现人类生态秩序的规律性和本质性,才是代表人的"类本质"的法律并构成人类的一般法律现象,才意味着民法作为"人法"具有不可改变的统一调整对象与秩序规则。"人法"及其秩序规则的普遍性决定于人性的自然性,而民法作为代表人性的普遍秩序形式,也必然具有普遍的社会规范与秩序属性。民法的规范与秩序,只有代表人类的自然规范与秩序,才能够成为一种具有普遍性的社会秩序。

(1)民事主体的普遍性。民事主体根本上是自然人主体,每个自然人都是民事主体,都具有民事主体地位。因此,民事主体的普遍性,是自然人主体的普遍性,是自然之人基于自然生命而直接获得民法的人格承认,成

---

① 近代以来,各国民法之"趋同化"发展,不仅代表了民法作为"人法"在自然生态秩序上的客观性与必然性,而且反映了民法所调整的社会关系在人类自然生态秩序的客观性与必然性条件下所具有的规范制度的普遍性。民法调整的平民社会关系是一种客观固有的普遍性条件,这些普遍性条件必然在民法的"趋同化"发展中表现出制度概念、价值原则与规范体系的相同或者相近似。民法"趋同化"是民法调整的社会关系的自然生态性在一定的社会发展条件下所表现出来的一种制度或者形式的"普遍性",而它的普遍性的秩序本质,作为人类的自然生态条件,固有于人类本体的客观利益法则之中。因此,近代以来民法作为"人法"所表现出来的趋同化发展趋势,归根结底不是民法"近代化"的产物,而是民法作为"人法"所调整的社会关系具有人性的自然规定性即统一的生态秩序的直接表现。民法的趋同化作为国家法形态的规范与秩序的趋同化,这是由民法调整的人的自然生态秩序所具有的共同规范与秩序本质所必然决定的民法文化现象,是人类共同的自然生态秩序在不同国家和民族的民法发展中所必然表现和形成的一种社会规范与秩序结果。以人性的自然规定性为根据的民法的自然生态秩序,是不同的人类所共同具有的生活秩序,即一定的人身与财产关系秩序,这种以人类的自然生态秩序为根据的民法秩序,具有共同的生态秩序条件与本质,也就自然具有趋同化的秩序形态。虽然在人类不同的法律文化与文明中,民法的形成及其制度体系表现出不同文化形态的差别性,但是它们仍然具有"人法"的内在秩序的统一性。如杀人偿命、欠债还钱、诚实守信、童叟无欺等,就是各个民族和社会所自然秉承而千古不变的人性法则与民法秩序,并必然表现于具体的民法制度。近代以来,人类社会发展开始进入全球化时代,不同民族和社会之间的普遍联系使不同的法律文化之间得以实现相互融合。法律文化的趋同化发展,主要是民法或者民法文化的趋同化发展。当代民法文化的趋同化发展,在根本上是一种在人性的自然性的规定性基础上以一定的民法文化形态所表现出来的人性与"人法"的内在秩序的普遍与统一,是以民法形式实现的一种人性与"人法"固有的自然趋同秩序。民法的趋同化发展,是由民法作为"人法"所自然具有的人性趋同秩序的本质所决定的,是在任何一个人类发展阶段的不同民族和社会的民法中都固有的一种秩序形态统一,所以它并不是在近代以后的民法中才出现和存在的,而只是在近代以后的民法发展中被以国家立法的意志形式所推动并积极表现出来的一种民法文化现象。

为民事主体的自然人。自然人是自然之人在民法上的人格化,自然人作为自然的社会主体,也是普遍的民事主体,这种主体的普遍性是一种自然之人的人格普遍性。① 显然,无论是哪一个国家的民法,自然人都以其自然的主体性构成最基本和最普遍的民事主体,甚至是真正和唯一的民事主体,构成民事主体的客观实在,②而民法的内在本质及其作为"人法"或者私法的人本主义价值,也根本是由自然人主体的普遍性决定的。民法作为"人法"就是自然人的本体或者本有的法,也就是自然人的自然与普遍的法。民法或者"人法"的普遍性,根本上是一种自然人主体及其秩序本质的普遍性,必然存在于自然人的普遍规定性之中,并必然以具体的规范与制度形式表现自然人的普遍主体性。

(2)调整对象的普遍性。民法调整对象的普遍性,即民法调整的社会关系作为自然生态秩序的普遍性。民法调整的社会关系,是民事主体为实现一定的私人利益目的而发生的社会关系,即以平等为条件的个人或者平民社会的人身与财产关系,也就是私的生产和生活关系。这一关系反映作为主体的自然人的客观利益需求及其实现条件,是人类生存所必须具有和依赖的社会关系。这种关系的"民事"性,即它的"人事"性,反映和代表了人与人之间相互需求与依存的内在秩序属性,亦即那种"人间"不可或缺而必然存在的生态条件与自然联系。

民法的调整对象,作为人类自然的相互依存与生存的关系,是由自然人的自然性所决定的人类本体与本有的生态关系,也就是必然需求与必要满足的利益关系,这一关系由自然人的客观利益条件的自然性及其共同秩序所决定,必然是具有普遍性的人身关系与财产关系。换言之,民法调整的人身与财产关系的内在规范条件与秩序本质并非人为所能够随意设计,而只能以民法的人为形式客观反映人类不可根本改变的自然生态条件并作出合理的规范与秩序安排。

可见,民法调整的社会关系,是"人的"自然生态关系,这种关系作为

---

① 关于民事主体的普遍性,另见本书第六章中"人的普遍主体秩序"等相关部分。
② 虽然在人类的民法发展中,产生了自然人以外的法人和非法人组织等社会实体人格,但是这些社会实体人格都是由自然人设计并为了自然人的目的而存在的。一方面,这些主体的存在并不能改变自然人作为根本民事主体的普遍性地位;另一方面,它们作为自然人的人格设计因为代表自然人的普遍性而同样具有其存在形式与条件的普遍性,所以它们最终都无法真正超出自然人的独立人格与秩序本质,并仍然存在于自然人的普遍条件之中而代表自然人的普遍性。因此,法人或者非法人组织,作为一定社会秩序的人格化,是一定的社会秩序条件符合一个特定化的人格目标而被人为设计为人格的主体,是人的目的性人格,它们的人格与秩序,最终归结为自然人的人格与秩序,所以,与这些主体的人为设计相伴的,必然是法人的人格否认制度与非法人组织的连带责任。

人的客观利益需求条件，无非是人类实现自身生态所不可缺少的人身关系与财产关系。因此，那些作为人的客观利益需求而发生的人身与财产关系便自然构成了"人法"即民法的调整对象，而这种民法所调整的社会关系必然基于人类的自然生态需求而成为具有普遍性的社会关系。民法调整对象的普遍性作为一种人身与财产关系的普遍性，反映了民法所调整的人身与财产关系所具有的人类自然生态秩序的共同本质。民法调整的人身关系不外是与人的主体地位直接相关的人格关系和以婚姻家庭为基础的身份关系；而财产关系则无非是一定的财产支配权关系和为实现支配所需要的请求权关系，即以一定的物权、债权与继承权等财产权形式所表现出来的财产关系。这些关系作为人类的生存利益关系必然表现出人类生态秩序的普遍性，从而使古今中外的民法在调整人身与财产关系上表现出统一的秩序原则与制度规则，并能够在"民法"的意义上被统一认识并成为特定与科学的认识对象。正是基于民法调整对象的普遍性，虽然中国古代并没有民法的概念及其独立的制度体系，但是人们在民法史的研究中仍然能够发现和总结出中国古代"民法"。民法及其调整的社会关系，作为一种"人法"的社会生态秩序，无论以何种形式存在，无论是否上升为"民法"的制度形式，作为一种自然与必然的社会关系，都是客观与普遍存在的关系。

（3）价值原则的普遍性。民法之所以构成"民法"，不仅是因为具有调整对象的普遍性，而且是因为具有其调整的社会关系的价值原则的普遍性，并能够使普遍的调整对象统一到一个"民法"的规范与秩序体系之中。否则，有民法对象的普遍性，却并不一定有民法调整的普遍性。民法价值原则的普遍性同样是由自然人的人性条件及其价值诉求的普遍性决定的，是一种自然的普遍性。民法的价值原则，是民法所调整的平民社会关系的秩序本质的集中反映，代表了民法的根本规范与秩序条件。无论是哪一个国家和民族的民法，都必然在"民法"的意义上具有统一的价值原则，表现出价值原则的自然普遍性，并决定了民法的共同规范条件与制度体系。

民法的价值是民法的制度灵魂。关于民法的价值可以有不同的认识，但是基于民法作为"人法"的本体属性与秩序目的，可以概括为"私法"和"正义"两个方面的核心价值。民法作为"人法"，不仅具有私法的客观与真实属性，而且只有作为"私法"并确立其秩序规则才具有合理调整平民社会关系的意义。因此，只有在私法的意义上才能够正确认识民法的价值与本质，并合理建立民法的规范与秩序体系。民法是私法，是调整私人社会关系的法,是实现个人利益目的的法,所以民法一定是以制衡或者对抗"公法"为目的和条件的法,它相对于"公法"必然是以实现人的利益为目的并需要以人的行为自由为条件的法。一个国家的法律体系应当是以民法为本位即以人为本位的人本主义的权利制度体系。如果不从私法的个人主体、个人利益与个人自由的本质上去认识民法及其普遍价值,就不能正确认识民法并构建合理的民法制度体系,结果必然是"民法"的异化与非本质化。

民法的正义价值,就是民法的理想社会规范与秩序形态,也就是理想的民法社会治理模式。[1] 民法的正义价值,以人的客观利益需求及其实现条件为根据,必然是自然的普遍价值,成为人类社会共同的规范认知与秩序理念。民法作为"人法"必然在人性自然性的基础上建立具有普遍性的正义价值,从而规范和引领人类利益需求与目的的合理秩序实现。民法的正义价值,有两个方面的普遍性条件和要求:一方面,是相互关系的人格承认与尊重;另一方面,是相互关系的利益均衡。这是民法调整的人身与财产关系的本质条件和要求,如果没有相互关系的人格承认与尊重就不能建立以人格和人格平等为条件的民法;如果没有相互关系的利益均衡,也就不可能有合理的人与人之间的利益分配关系及其可以共同接受的秩序结果。因此,虽然在不同的民族、文化与社会背景下人们对正义或者民法正义的内涵与本质可能存在不同的认识,但是人类基于共同的人性而对民法正义的实质判断从来都是基本一致的,这是人类共同存在和享有的一种自然普遍的社会秩序理想,并贯彻于民法的制度体系,成为民法调整的人身与财产关系的一般秩序价值。

与民法的价值最具有密切联系的是民法的基本原则。民法的基本原则是民法的规范基础,是民法的本质与价值的规范条件和要求,同样必然具有自然的普遍性。如平等、公平、意思自治、诚实信用、公序良俗等民法原则,作为以人性为根据的平民社会关系的自然秩序条件与要求,都不可能是某一个国家的民法所特有的原则,而是任何一个国家的民法都必然体现的平民社会关系的秩序原则,也只有贯彻这些以人性为基础的人本主义的规范原则,才能够建立符合人的自然性的平民社会关系的普遍秩序,也才是具有本质意义的民法规范体系。[2] 民法的基本原则作为体现人性的自然性与普遍性的平民社会的秩序原则,代表了民法作为"人法"的规范

---

[1] 本书关于民法的正义性及其秩序价值的阐释,主要见第七章。
[2] 当然,任何一个国家的民法都只能在自己的社会条件与文化观念下理解民法基本原则的具体内涵。虽然民法的基本原则是普遍的,但不是超意识形态的。

与秩序本质,是判断和认识"民法"是否具有"人法"的内在规范品质的基本标准,唯有符合这一普遍规范原则的民法,才体现了民法作为"人法"的自然秩序条件,也才具有了民法的真实本质与价值。

(4)制度体系的普遍性。所谓制度体系的普遍性,就是民法的制度构成及其整个规范体系的普遍性。基于人性的自然性及其对平民社会秩序的规定性,作为调整平民社会关系的民法,必然表现出在制度体系上的普遍性,即民法所建立的以人身与财产制度为核心的整个制度内容的共性。民法调整的人身关系及其形成的人身权制度,无外乎人格与身份两个方面,尽管不同的人类社会发展阶段以及在不同社会条件下的人格与身份权制度的内涵有所不同,但是它们解决的人格与身份问题的根本性质与内容是相同的,都需要把承认和维护自然的人格条件与身份关系作为"民法"的共同制度内涵。民法调整的财产关系,根据人类的财产利益需求,都需要在制度上解决人类的财产取得与支配问题,这就构成了民法以物权制度为基础的财产权制度。古今中外的民法都是由一定的人身权和财产权的制度体系构成的,表现为具有普遍规范条件与共同秩序本质的人格权、婚姻家庭权利、物权、债权和继承权等人类生存与生活的自然生态制度。正是由于人性的自然秩序所决定的"人法"即民法的平民社会制度体系的普遍性,人们才能够在"民法"的意义上认识不同民族和社会的民法,即使是在没有独立的民法制度体系的古代法中,亦能够找到"民法"的实在规范体系及其存在于人身权与财产权制度上的自然普遍性。

基于民法的制度体系的自然秩序的普遍性,不同国家和社会的民法具有共同的概念、规范与制度体系,可以相互借鉴,甚至可以适用于不同的时代与社会。正如以罗马法为母法的近代法国和德国,在没有制定民法典的条件下可以适用产生于奴隶制时代的罗马法一样,当代涉外民事关系中的"准据法"适用,更是以民法制度体系的自然普遍性为基础的一项国际私法制度,而在涉外民事关系领域中双边与多边国际条约的达成与签订,同样是以民法的制度体系的自然普遍性为根据的发展。即使是在制度变迁与政府更迭的情况下,新制度与新政权制定的新民法,也不可能背离人性的自然性而改变民法作为"人法"的根本制度体系。

5. 民法的自然生态秩序的规律性

自然生态的民法秩序,必然是一种具有规律性的秩序,是民法的人性自然性所固有的本质属性,既稳定延续,又普遍存在,代表了民法的一般运动与客观发展。规律性的表现是,只要对应的客观条件具备,它就起作用并且具有不变性;反之则会失效。① 自然的规定性作为自然规律或称为自然法则,是那种不经人为干预的,客观事物自身运动、变化和发展的内在必然联系,它是事物必定如此和确定不移的趋势。人性作为人的自然的规定性,反映和代表人的生命运动与生物需求所不可改变和必须满足的条件,所以是一种生物规律性,构成了人类自身可以预见的生命法则,必然作用于民法作为"人法"的自然趋同秩序。

　　人性是有规律的,是以一定的规律形式表现的。民法的自然生态秩序,既是人性规律的表现形式,又是人性规律决定的社会秩序结果,与人性的自然规律之间具有内在的本质联系,最终需要服从人性的自然规定性,并需要接受和遵守自然的规律与规范,从自然的规律与规范中发现社会规律与规范的本质。民法的自然生态秩序就是人性的自然规定性与规律性的表现形式,是以人性的自然规定性与规律性为根据的社会规范与秩序体系。只有这样的民法,才是科学的民法,而以这样的民法为研究对象的民法学,也才可能成为科学。

　　民法作为一种社会规范现象,其是否具有存在和发展的规律性,是民法和以民法为研究对象的民法学是否具有科学性和是否构成一门科学的前提与基础。显然,如果民法是没有规律性的一种社会现象,也就不具有自身的客观性、确定性和可预见性,那么就不是科学的对象,而民法学也就不是一门科学。

　　无疑,民法作为"人法"即平民社会关系的自然规范与秩序形态,具有其产生、存在和发展的规律性,这个规律性就是人的生命与生存的自然规律性,也就是人的自然生态维系与延续的普遍规律性。这一规律性,首先是人的自然生态规范与秩序的规律性,即平民社会关系形成和运动的规律性;其次才是表现人的自然生态规范与秩序的民法的规律性,即民法调整的人身与财产关系的制度规范及其实现条件的规律性。这一规律性主要表现为以下几个方面。

　　(1)民法的人格独立规律。民法的人格独立规律,即民法所具有的以普遍的个人为主体并确立其主体地位的规律性。人的普遍主体性,反映人作为主体的一般社会条件与人格属性。具体有两个方面:一是人的主体地

---

① 规律也叫法则,是"事物之间的内在的本质联系。这种联系不断重复出现,在一定条件下经常起作用,并且决定着事物必然向着某种趋势发展。规律是客观存在的,是不以人的意志为转移的,但人们能够通过实践认识它,利用它"。《现代汉语词典》(第5版),商务印书馆2005年版,第514页。自然规律可以离开人的实践活动而发生作用,如日食、地震、风雨雷电等;社会规律的作用则是通过人的有目的、有意识的活动表现出来。

位性,每个人都是具有独立人格的社会主体,每个人的主体地位都应当在民法中得到普遍承认,而不能以民法的形式否认一个人的人格,这是民法调整平民社会关系的特定功能及其维护人类种群延续的必要条件;二是人在平民社会关系中的主体地位,以自然平等为条件,具有应然的平等性,所以,民法作为调整平民社会关系的法,必然反映人格的自然平等条件和要求,并确立人格平等的原则。虽然在现实的社会关系中,有的人主体地位可能不被承认,而人的主体地位也存在和可能存在各种事实上的不平等,但是人的主体地位在普遍或者整体的意义上必须是被承认的,而人的主体地位也必然以平等为条件而具有不可否认的平等性。因此,民法的人格制度无论以何种形式和条件表现出来,都必然反映人格独立的自然规律性,具有内在平等的自然秩序本质,并将人格独立与平等上升为民法的基本制度与原则。换言之,如果不承认个人的人格独立性,建立人格独立与平等的制度,就不符合民法作为"人法"的自然规律性,也就不可能有"民法"的存在与发展。当然,人类对自身的人格独立规律的社会追寻是一个历史的发展过程,而作为民法自然规律的人格独立的社会实现,也必然具有一定的历史性和局限性。然而,民法必然具有和遵循人格独立的自然规律性,并必然实现人格独立的制度本质。

(2)民法的利益实现规律。民法的利益实现规律,就是民法所具有的以个人利益实现为目的并尊重个人利益实现条件的规律性。利益是人和人性的真正需求与目的,而民法就是关于人的利益实现条件的法。民法的利益条件性,反映了民法规范与秩序的利益本质及其实现规律,即民法的规范不过是以民法形式表现的个人利益实现的一般条件。民法是个人利益分配的规范与秩序体系,民法调整的平民社会关系,是一种以权利形式表现和实现的利益关系。因此,民法的利益条件反映了民法所调整的社会关系的个人利益本质及其秩序实现的规定性与规律性,这是人在民法调整的关系中无法逃脱的规定性与规律性。人作为民事主体,根本上是利益主体,追求个人利益的目的及其实现;民法调整的个人社会关系,根本上是一种个人利益关系,其形式上是一种权利义务规范,而实质上则是一种个人利益的分配与实现条件;民法作为"人法"是以人的客观利益需求为根据而设定的一种利益分配与实现的社会规则体系。民法以个人利益关系为调整对象,应当充分承认和尊重个人的客观利益需求及其实现的自然规律性,从而使民法调整的社会关系以其代表的个人利益条件成为符合人类利益目的及其实现需求的社会秩序体系。民法的社会意义,就是在私利与公利、私法与公法、私权与公权的冲突与对立关系中,能够以个人权利本位合理制衡公利、公法与公权并能够支配和主导个人利益的实现。否则,在一个以"公利"名义出现而由"公法"规范和"公权"主导与支配的社会中,就很难承认和尊重人的利益实现规律,更无法以完整的民法制度体系表现人的利益条件及其实现的自然规律性,从而必然影响和制约人的利益实现结果。

(3)民法的行为自由规律。民法的行为自由规律,就是民法所具有的以个人的行为自由作为其利益实现的普遍根据的规律性。行为自由的规律,体现了在民法调整的社会关系中主体行为与主体利益实现之间的本质联系,是个人利益由个人意志决定并由个人行为实现的规律。虽然人的利益实现的方式是多种多样的,从来没有单一的实现方式,单一的实现方式也不可能全面实现人的利益,但是人作为主体既是一种利益主体,又是一种意志和行为主体,自然追求个人利益的自我行为实现。个人行为就是个人意志的自由行为,个人利益的行为自由实现,是个人利益实现的直接与最佳方式。因此,民法作为调整个人利益关系的法,在承认个人的人格及其主体地位的同时,必然确立以个人的行为自由为主要事实根据的利益实现方式,这就是在民法中具有核心地位的法律行为制度。这一制度,以民法的意思自治原则为基础,贯穿于整个民法的制度体系之中,对于民法的体系构成具有结构性的意义,反映了个人自由的自然秩序本质。

民法的行为自由规律,是个人利益实现与个人主体地位的统一,代表了民法作为"人法"对于确立个人主体地位和实现个人利益的一般规范条件和要求,具有自然生态的规范与秩序属性。因此,个人行为自由是整个民法的制度核心与秩序本质,是民法的制度体系所必须遵循的个人社会关系的自然规律,只有承认个人可以通过自己的行为自由创设和实现个人利益,才体现了个人的主体地位,也才是以个人和个人自由为本位的民法的自然秩序条件。可以说,民法就是个人自由的法,是以个人自由为个人利益实现的根本方式的法。

与行为自由规律相联系的,是行为自律规律。行为自由作为个人利益实现的秩序条件,必须以行为主体的个人行为自律为条件。因此,民法的制度建构与秩序实现,一方面需要行为自由,另一方面依赖行为自律,否则,就没有民法的自然秩序,这是民法的行为制度所必然的生态条件与道德要求,因为自由而不能自律,则必然是滥用自由而丧失自由的秩序本质。"自律守法的本质是一种道德实践,道德自律同样构成了法律实施和有效的主体性条件,道德自律不仅是道德的行为条件,而且构成法律实行的社会基础",因此,"如果人们不能做到自律,不仅没有道德的现实性,而且没有法律成为有效秩序的可能性"。①

总之,民法的规律性,是由人性的自然性所决定的民法的普遍性的反映。只有普遍性的东西,才是具有规律性的东西,而普遍性必然是一种规律性的表现和要求。② 民法的普遍性和规律性,作为平民社会关系条件的普遍性与规律性,最终是由人或者人性的自然生态秩序性即人的客观利益需求及其实现条件的规定性所决定的。如果把民法作为一种单纯的立法者个人意志或者国家意识形态,那么这种完全出于人的主观性的民法是没有什么规律性可言的,因为个人的主观意志在纯粹的意识形态上就是一种思想的随意性,完全是由个人的意志决定和支配的,其内容和形式本身是不存在统一规律的。换言之,思维的规律性并不是思维本身所固有的条件和现象,而是由发动思维的外在客观条件的规律性所决定的,即思维的规律性本身,是一种被规律性,是被迫接受的一种外在客观条件的规律性。就民法的规律性而言,是人性的自然性及其决定的人的客观利益需求及其实现条件的规律性或者规定性,是这种规律性决定了民法的规律性。民法的规律性在自然生态上是以具有普遍意义的习惯、道德和礼仪等平民社会的自在自为的秩序形态表现出来的,然后在人类社会发展到一定阶段被以国家制定法的形式表现为民法的制度规律。显然,在民法的制定过程中,作为立法者的人,自然需要遵循人的自然生态规律,能够以民法的形式接受和反映作为平民社会关系的自然生态秩序的规律性,并在这一规律性的基础上自主寻求和达成作为民法的普遍意志,从而以民法的社会制度规律代表和实现人类的自然生态规律。

二、人性的自然性与民法的法定性

民法将其调整的社会关系上升为法律关系,具有法定性。民法(对社会关系)的法定性如何表现人性的自然性,即民法的法定性与人的自然秩序的关系,是衡量和评价民法的科学性与价值性的根据。民法作为国家法或者制定法,是通过国家立法程序形成的法,是一种国家的法形式,具有形式与内容的法定性,体现国家意志及其强制效力。然而,以国家意志形式

---

① 王利民:《民法道德论——市民社会的秩序构造》,法律出版社2019年版,第173页。在人性的道德自律中,人接受普遍的社会秩序条件,已经不再是完全的自我条件与要求,而是把自我的人格实现及其秩序条件与他人的现实存在相统一,表现出个人的社会人格性,从而使个人成为一个自律的社会生态秩序主体并构成社会生态秩序的普遍性条件。
② 任何一种事物的规律,都必然以一定的普遍性来表现和证明自己的实在性,因为只有普遍性才能够反映该事物的本质联系以及这种联系的可重复性和某种必然的发展趋向,所以必然要求以一定的普遍性条件代表自己的规律性。

表现出来的立法意志,并不是民法的最终根据与决定因素,它只是一种被规定或者被决定的结果,而规定和决定民法的法定性的因素,是民法调整的社会关系所具有的自然性,即由人性的客观利益需求及其实现条件所规定和决定的人的自然生态秩序条件与本质。

(一)民法的法定性是人性自然性的表现形式

民法作为一种社会现象,是一种法定的规范与秩序条件,是立法者以国家意志的形式表现出来的立法形式,甚至被认为是一种统治阶级的意志。然而,如果民法的法定性仅仅是一种意志性,那么民法的法定性就是一种主观结果,必然具有随意性和不确定性,既不可能表现为普遍性,又不可能具有形成和发展的规律性。因此,民法的法定性作为一种主观意志形式,在具有普遍性和规律性的意义上必然是某种客观性与必然性的结果,是被一定的客观性与必然性所规定的,这种客观性与必然性不是别的,就是民法作为"人法"对社会关系的调整所应当遵循的人的自然秩序要求,也就是人的客观利益需求及其实现条件的规定性与规律性,这种自然秩序的规定性与规律性,应当成为民法的法定性的本质。

民法的法定性必须以人性的自然性为根据,它不能是立法者凭空想象出来的,而是立法者对人性的自然性及其规定性与规律性认识和发现的结果,需要以民法的形式服从和遵循人性的自然秩序条件与要求,而不是也不能成为完全由立法者任意决定的对象。换言之,民法作为"人法"的国家法,应当代表和反映人的自然生态秩序,其法定性是一种人性的自然性的表现形式而不是立法者的任意创造。立法者不能在人性的自然性之外而只根据自己的意志创造民法、确立民法的法定性并赋予国家强制的效力,这种法定性代表的个人意志,背离民法的人性自然性,是个人意志以民法形式的国家意识形态化,在本质上是人的自然生态秩序的民法异化,而不是通过民法的生态优化与发展。任意的民法或者民法规范,既不是科学之立法,又不是良善之法,更不会是实际有效和有用之法。

(二)人性的自然性需要表现为民法的法定性

民法的自然性作为人性的自然性及其实现的社会秩序条件,需要表现为民法的法定性,即民法的法定性或者平民社会关系的法律形式,是民法的自然性即平民社会的自然生态秩序的必然发展要求与形式结果。民法的自然性是人的本有生态秩序,作为人性的规范与秩序本质,构成人类的本体秩序,表现为平民社会的自发与自为的"人法"秩序,但是这一秩序不能仅仅停留在"人法"的自然形态与发展上,而必然需要通过更高或者更具有普遍意义的公示与外化形式来实现自身规范与秩序形态的直接性与明确性,从而满足作为规范与秩序形式的稳定和可预见的条件要求,这就是人性的自然性及其秩序形式从"人法"的生态性到民法的法定性的发展,而民法的"法定性"也必然具有自然性的秩序本质。因此,人性的自然秩序在人类社会发展到一定阶段必然从"人法"的生态性走向和实现民法的"法定性",即上升为国家的实在法形式,并通过法定的实证规范表现人性及其"人法"的自然性。问题在于,民法的法定性应当代表和反映人性的自然性,这是民法制度发展的合理秩序形态,但不能在"人法"的民法化过程中脱离"人法"与人性的自然生态秩序而只是在"立法"的抽象中编制出一个民法的规范体系。

三、民事主体的自然性

民法的人性自然性,根本上是作为主体的人的自然性,人的自然性决定了以人为主体和对象的民法制度体系的自然性。虽然构成民事主体的"人"包括自然人和非自然的法人和非法人组织实体,但是自然人的自然性直接和间接决定了一切民事主体的自然性。

(一)自然人的自然主体地位

民法上的人,即民事主体,在根本的意义上是自然人。[①] 自然人是自然之人的人格化,即民事主体化,基于人的自然生命而取得民事主体地位,具有民事地位的自然性。这个意义上,"人法"或者民法是一个关于自然人的社会规范与秩序体系,这个体系,也是一个关于自然人的价值体系,即有关自然人的正义体系。现代"人法"或者民法之人,不仅包括自然人,而且也包括作为社会组织体的法人和非法人组织,即社会实体的人格化。然而,这些社会实体作为自然人的人为的人格发明与创造,不过是自然人的社会秩序在一定条件与形态下的人格转化,它以自然人的目的为目的,是自然人意志的体现,最终是自然人享有权利并实现自己主体利益与地位的中介形式。因此,在本质和实证的意义上,并不是在自然人之外真正具有一种能够独立的社会实体并能够代表"人法"即民法的本体性,而仅仅是自然人对自己的主体地位及其目的实现所作出的一种可以借助的

[①] 自然人作为民法的人格概念,是自然之人的民法人格化,是自然出生的人所具有的生物或者生命人格,并由特定的人格或者人格权要素构成其民事主体的本质。"享受私权之人,就是自然而然的世人,每个人都享有,并且相互以之对待。"周清林:《走向何种"自然":自然人观念在中国的变迁》,载肖厚国主编:《民法哲学研究》第2辑,法律出版社2010年版。

制度安排与补充形式。① 因此说，自然人作为自然生命的主体，是人类社会的根本主体，也是民法的真实主体，甚至是唯一主体。

自然人是自然的人，具有自然的主体需求，必然以自己的自然主体性而提出作为社会主体的人格诉求，从而以自己的主体地位与他人形成自然生态的社会秩序体系，即平民社会关系的行为规范体系，亦即"人法"或者民法的制度体系。

1. 自然之人的自然主体性

人作为自然的生命体，具有自然主体性，这一主体性就是"自然之人"的主体性。自然人作为民法上的人格，反映了自然人作为民事主体的自然之人的本质。人首先是自然之人，然后才是民法上的人格即自然人。换言之，自然人是以自然之人为对象的一种人格认识与发现，没有自然之人也就不存在民法上的自然人，自然人作为民法人格是被自然之人的自然生命性所规定的人格，不能脱离自然之人的自然生命属性而有自己的人格地位。②

自然之人的自然主体性，主要反映在以下几个方面：

一是自然之人的自然生命性。自然之人是生物与生命之人，具有自然的生物与生命属性，是一个自然生物与生命的客观存在。自然之人从孕育出生到出生后的生命维系与死亡，是一个人类物种的生命延续过程，这一过程是一个自然的过程，既不以个人意志为转移，又不因个人意志而改变。个人只能遵从自然生命的规律与本质，在人的自然生命的客观存在中，发现和认识自然之人的人格属性，并把这一属性作为社会制度的对象与本质。

二是自然之人的自然需求性。自然之人的生命延续，需要客观的生命条件满足，必然具有自然的客观条件的需求性。这一需求性，是一定的利益需求性，即一定的人身与财产利益的需求性。自然的需求性作为一种必然与必要满足的需求，是自然之人的生命维系条件，而需求的实现则使自

---

① 日本学者星野英一在《私法中的人》一书中，详细论证了近现代民法上人格的本质，尽管其整个立论离不开人是肉体存在的自然性基础，不过他更强调的是，"人虽是肉体的存在，但其与其他动物的不同之处在于其是具备理性和意思的，可谓是伦理的存在"。〔日〕星野英一：《私法中的人》，王闯译，中国法制出版社2004年版，第1页。既然人是伦理的存在，那么人在民法上的主体地位就不一定以人的自然性为根据。他认为，由于"人以外的存在"，即人或者财产的集合体被作为权利义务主体的法人承认，这种情形显示出所谓"法律人格"意味着"并不一定与人性有联系"（同前，第21页）。然而，法人作为自然人的创设形式，其社会伦理仍然离不开自然人的人性基础。

② 参见王利民：《法律之人》，载《光明日报》2014年4月30日，第16版。

然之人的生命及其种群得以自然延续,并在自己改造和利用自然的过程中使自己的生存条件不断地得以改善和优化。因此,法或者人类的其他社会形式,必须反映人的自然需求,并以这一需求及其实现为根据和目的。

三是自然之人的自然规律性。自然之人在自然生命与需求的实现过程中,有自然的规律,是根据自然规律发生并遵循自然规律的过程。这一规律作为自然的规律,就是生命的存在及其延续的客观规律,而这一规律反映为一定的社会关系条件,就是一种社会规律,包括以人的自然生态秩序为基础和根据的法的社会形成与发展规律。法的规律作为人的一种社会生存规律,根本上是人的自然规律的社会秩序条件反映,不能独立于人的自然规律之外。所以,法的社会规律只有符合自然之人的自然规律才构成一种规律并具有规律性。

2. 自然人的民事主体地位与自然之人的自然主体性

自然之人的自然主体性反映在民法上,就是作为民事主体的自然人的民事主体地位。自然人虽然是民法上的人格主体,是国家立法的抽象物,是能够依法享有民事权利和承担民事义务的当事人,但是自然人作为自然之人的民法人格化——民事主体化,仍然体现自然之人的自然人格性,并具有自然之人的自然人格本质,在制度设计和人格实现上需要体现和遵循自然之人的自然主体性。换言之,自然人作为民法人格,其民事主体地位的本质,仍然在于自然之人的"自然"性,不能在自然人格之外创造自然之人的非自然性人格,即民法上的自然人不能有超越人的自然人格的民事主体属性。因此,民法的自然人制度根本上是一种以人性的自然人格属性为根据的制度,这一制度的自然人的民事主体地位,具有为实现自然之人的自然主体性而必然表现出来的"自然制度"条件与本质。

(1)权利能力与行为能力制度的自然性。自然人作为"人法"的主体,而成为民法的调整与保护对象,并成为民事主体,具有民法上的人格地位。自然人的人格地位作为一种权利地位,反映在民法上的一个核心制度,就是具有人格意义的权利能力与行为能力制度。

《民法典》第13条规定:"自然人从出生时起到死亡时止,具有民事权利能力,依法享有民事权利,承担民事义务。"[①]民法上自然人的权利能力,始于出生,终于死亡,一生具有——与人的生命须臾不可分离,这就是在承认和尊重人的自然生命的基础上,实现了自然之人的自然主体性与自然人的民事主体地位的合一,凡是具有自然生命的自然之人,都具有自然

[①] 《民法典》第16条保护胎儿利益,承认"胎儿"的民事权利能力。

人的民事主体地位,从而构成一个人人平等的民事主体制度。《民法典》第 14 条规定:"自然人的民事权利能力一律平等。"民法对自然人的权利能力一律平等地确认,其根据仍然在于自然人作为自然生态的民事主体,基于人格的自然性而应当具有排除差别待遇的人格本质。虽然在历史上自然人的人格曾经被划分为不同的身份与等级,但是它一方面是人类在一定社会发展条件下具有局限性的人格认识,另一方面它也不能代表自然人的自然人格秩序,所以必然发展出民法上的权利能力一律平等的自然人制度。

《民法典》第 17 条至第 22 条,根据自然人的年龄和精神健康状况,划分自然人的行为能力,实际就是根据人的意思能力,即人的自然生理条件确认不同识别能力的人具有不同的行为能力,从而实现了人的自然生物条件与人的社会行为能力的统一,从而形成了保护那些自然生理条件存在欠缺的人并使他们同样能够享有和实现民事权利的制度。

可见,自然人的权利能力与行为能力不仅是法律赋予自然人的一种代表人格的法律能力,而且是自然人实现自身人格所必然具有的一种自然的权利地位。这种能力或者地位,作为代表和体现自然人的民事主体地位即人格的一种现实条件与资格,显然是以民法形式反映和接受的自然之人的人格事实而不是民法上的一种人格创造。无论是与人的生命相始终并具有人格本质的权利能力,还是以客观意思条件为根据的行为能力,都是自然之人的必然人格条件和要求,具有自然人格的本质属性。只要自然之人作为民法人格,无论如何承认和表述代表其人格的权利能力和行为能力,这两种能力作为一种人格事实都是自然存在的。虽然权利能力与行为能力的概念是民法的抽象物,但是这两种能力作为一种自然之人的人格事实,是不以人的意志为转移并必然以一定的民法或者"人法"形式所承认和表现的自然与客观的人格条件。

(2)监护制度的自然性。监护特别是其中的父母对未成年子女的监护即传统民法的亲权制度,作为对无民事行为能力人与限制行为能力人的人身与财产利益的监督和保护制度,完全是人类自然选择的制度事实,是上升为民法的人类自然生态秩序。事实上,"监护"作为一种自然生态秩序,是任何动物为实现物种延续所必然存在的一种自身物种保存的自然生命本能,它体现自然的生物与生命规律,并不为人类所独有,但唯有人类这一智慧生物把它上升到了民法制度的文化与文明的制度形态。

《民法典》第 26 条规定:"父母对未成年子女负有抚养、教育和保护的义务。成年子女对父母负有赡养、扶助和保护的义务。"这一监护制度,基于自然伦理而赋予父母对未成年子女的特殊监护(亲权)地位。《民法典》

第 27 条、第 28 条确立的其他监护关系,同样以人的自然伦理为基础,规定具有一定自然伦理义务的特定近亲属之间承担一定的监护责任。"一般来说,父母在培育自己的孩子以使其在成人后享有一满意的生活方面,会比任何其他人倾注更多的心血。"①这是由父母与子女之间的自然血亲关系决定的。因此,民法上的亲权与监护制度,虽然具有制度上的社会伦理性,但是这一制度反映的是人性的自然伦理秩序,遵循着人类自我生命延续与实现的规律与规定性,实现了人的自然伦理与社会伦理的秩序统一。

(3)宣告失踪与死亡制度的自然性。根据《民法典》第 40 条、第 46 条的规定,自然人下落不明达到一定期限的,利害关系人可以向人民法院申请宣告该自然人为失踪人或者死亡,从而产生相关法律后果。宣告失踪与死亡,虽然作为民法上对离开住所下落不明的失踪人所作出的一种失踪与死亡的推定,目的是解决因自然人成为失踪人而给住所地的法律关系所造成的不稳定问题,看上去好像是一个单纯的民法制度设计而完全与自然之人的自然性无关。然而,它仍然是一个关于自然人的民事主体地位的自然性的民法制度,是民法上关于自然人的一个自然与必然的人格制度选择。这一制度的设计,以人的自然主体现象的消失或者重新出现为根据,是体现对人的自然民事主体地位的承认与尊重的制度。

"离开住所下落不明",导致主体人格无法确认,这是唯有自然人才存在的一种客观事实,也是唯有自然人的民法人格才有的民法制度,在民法制度上是唯有自然人才存在的社会现象,客观上是自然人作为自然生命主体的一种自然活动现象而在民法上的必然制度要求。这种现象虽然并不是每一个人都必然发生的,但却是每一个人都可能发生的,即必然是有人发生的事实,而这种事实一旦出现,则自然产生或者需要产生一种与该自然人的自然主体性相关的合理秩序选择,这就是宣告失踪与宣告死亡制度产生的自然秩序基础。

因此,宣告失踪与宣告死亡的民法制度,仍然是由自然之人的自然生命主体性所决定的一种自然与必然的民法规则条件。一旦一个自然人离开住所下落不明而成为失踪人,这种主体的自然消失所造成的必然后果,就是其在住所地发生的既有社会关系包括一定人身与财产关系的不稳定,并构成对正常社会秩序的破坏,因此自然需要一种民法上的自然人制度予以秩序补救,以维护自然人失踪条件下的一种自然合理的社会秩

---

① 〔英〕弗里德利希·冯·哈耶克:《自由秩序原理》(上),邓正来译,生活·读书·新知三联书店 1997 年版,第 108 页。

序,这就是民法上以自然人的自然主体现象的失踪或者重新出现为根据的宣告失踪和宣告死亡制度。

(4)身份与住所制度的自然性。自然人的身份或者姓名作为代表特定人格属性并对不同人格进行相互区分的要素,是自然人的自然主体条件,是自然之人作为独立人格所必然具有的人格标表性,是人的自然人格需求并需要上升为民法的一种制度结果。因此,自然人的身份或者姓名是在社会关系条件下区分不同人格的一种自然要素,虽然它在意识形态的条件下被赋予了民法人格的社会属性,但是它在本质上仍然属于和代表自然人的自然人格现象。

住所不仅是自然人的主要生活场所,而且是一个人的社会关系发生的核心地域,是人的自然生活条件。因此,它仍然由人的自然条件所决定,是作为自然人的自然条件与需求而构成人的社会人格要素并上升为民法制度的自然事实。一个人要成为独立的民法人格并立足于社会,既不能没有标表自己人格的身份与姓名,又不能没有实现自己生活的惯常住所,否则,就不具备与其他人格相区别而独立存在于社会并建立自身社会关系的客观条件,更无法正常开展社会活动以体现和实现自己的人格地位。

(二)法人作为自然人的人格设计的自然性

法人(含非法人组织)是民法上的社会实体性主体。法人与自然人不同,它不是自然生态的民事主体,不是基于自然生理规律出生和存在的,但是法人作为自然人的人格设计,必然代表和反映自然人的自然性本质。《民法典》第58条第1款规定:"法人应当依法成立。"法人与自然人的人格差别是,法人是成立的,而自然人是出生的;成立是人为的和有条件与差别的,而出生则是自然的和无条件与无差别的。一般来说,法人与自然人的自然人格性相反,具有条件性和人为性的人格特性。然而,法人作为自然人的人格发明与创造,最终仍然不能脱离由自然人的自然人格性及其目的性所决定的自然秩序本质。

1.法人的条件性与自然人的目的性

凯尔森指出:"'国家的法律'给予法人以权利与义务并不意味个人以外的一个人被负有义务或授予权利;它只意味着义务与权利间接地给予个人。充当这一过程的中介就是部分法律秩序的特殊功能,而社团的法人就是这种法律秩序的人格化。"① 法人或者非法人组织是社会秩序人格,是一

---

① 〔奥〕凯尔森:《法与国家的一般理论》,沈宗灵译,中国大百科全书出版社1996年版,第113~114页。

定社会秩序的人格化,是被设定为人格的社会秩序形态,具有条件性与人为性的人格本质。《民法典》第58条第2款规定:"法人应当有自己的名称、组织机构、住所、财产或者经费。法人成立的具体条件和程序,依照法律、行政法规的规定。"基于法人的人为性及其特定的条件性人格本质,我国《民法典》规定了作为法人秩序条件的法定代表人制度、登记制度、合并、分立与终止、清算制度等法人的具体制度条件,反映了法人作为条件性与秩序性人格的特定人格内涵与属性。

法人的条件性与人为性,反映了法人作为人格的复杂性和不确定性,具有必然的制度差别性。不同国家和社会的法人,由不同国家和社会的不同立法者根据不同的社会条件与文化背景并基于不同的意识形态而确定的不同法人条件所创设,即各国的法人或者法人条件,并不能如同自然人一样具有自然生命的生态本质,而是各国根据自己的意志进行立法的产物。所以,各国立法确立的法人条件各不相同,法人的具体性质和功能也存在差别,因此世界各国很难达成一个相互承认法人的国际条约,因为承认他国根据自己的法定条件设立的法人就等于承认他国的法律,这可能违反本国的公共秩序并损害国家主权原则。

然而,虽然法人作为民事主体是条件和人为的,并且在条件构成和人为设立中可能存在法人的虚假性,①并成为自然人实施欺诈的手段与工具,但是法人作为社会实体,其产生、存在和被承认为民法人格,是人类社会发展的必然产物,仍然具有一定的普遍性与规律性。法人是自然人为了更好地实现自己的利益目的而创设的一种代表自己人格的人格现象,是自然人的自然主体人格以一定民法形式表现的一种人格外衣与外化,是以外衣和外化的人格形式掩盖自然人的自然主体人格的一种抽象人格,它根据自然人设定的条件而创设并为自然人的目的而存在,因此必然最终代表和反映自然人的自然秩序本质,这在各国不同的法人制度中仍然存在共同和不可缺少的制度条件与秩序而得到证明。

显然,法人在不同的创设条件下仍然基于自然人的自然目的而表现出共同的秩序形态,包括一定的组织秩序、财产秩序和行为秩序条件,只有这些秩序条件符合自然人的特定化人格目标才能够被自然人作为人格而被

---

① 包括非法组织以法人名义存在,或者成立的法人不符合法人条件,或者法人不遵守法人的人格秩序等各种导致法人人格虚假而可能被否认法人人格的情形。因此,法人作为条件性人格就存在是否具备或者符合法人条件的问题,即"人格"的合法与非法的问题,而自然人只有行为的合法与违法,并不存在人格本身的合法与非法问题,即自然人只要出生就无条件地获得人格地位。

"法人"化或者社会实体化。因此,法人不过是披上法人面纱的人格或者人格外衣,在法人的人格面纱或者外衣下掩盖的是自然人的真实人格,透过法人的这层人格面纱或者法律外衣,我们在法人的抽象人格背后看到的仍然是自然人的实在人格。

2. 法人的人为性是自然人的规定性

由于法人作为条件或者秩序性社会人格,是由自然人根据自己的需要成立创设的,具有自然人的人为性并代表自然人的目的,所以法人的人格设计仍然逃脱不了自然人的人格本质及其规定性,是自然人的规定性的结果,只能存在于自然人的人格规定性的条件下,不能违背自然人的人格规定性而成为超越自然人的人格设计。自然人不会创造一种违背自己的人格意志与本质或者损害自己的自然人格的法律人格,而只能创造一种能够代表自己的自然人格并能够实现自己的人格目的的法律人格,以服务于自己的人格目的与实现。因此,法人的人为性,并不是法人的任意设计性,自然人对法人的设计,必然遵循自然人的客观利益需求及其通过法人条件与形式实现的客观规定性,从而把自然人的自然主体性体现于对法人的人格设计。这一规定性设计,包括以下两个方面:

一是只有符合自然人的规定性的社会实体,才具有人格条件并能够被承认为具有法人或者非法人组织人格。《民法典》关于法人的规定,无论是法人的一般成立条件与制度内容,还是法人的分类及其具体制度构成,作为自然人的设计,都不仅体现社会实体的发展规律,而且反映自然人的人格目的与客观要求。法人的制度条件与秩序,既是自然人的需要,又是自然人确立的,必然符合自然人对法人设立的条件与秩序性要求,否则就无法满足自然人对法人这一人格设计的社会秩序目的,并无法保证这一人格设计的社会秩序安全,因此也就不能被自然人设立为法人并具有"人格"。

民法的法人制度及其人格本质,不过在于两个方面:一方面是自然人与构成法人的实体条件(物)的结合;另一方面是自然人的行为被视为法人行为并与法人人格的统一。这两个方面,体现在整个法人制度的设计之中,构成了法人制度的秩序实质,无论是法人的设立,还是法人的机构,乃至法人的行为,都是通过自然人及其行为的制度设计表现出来的,并最终归结为自然人,在根本上反映和代表的仍然是自然人的人格本质。因此,关于法人本质的三种学说,即拟制说、否定说和实在说,只是从不同的侧面透视法人的制度设计与秩序,都旨在揭示法人的条件性人格及其与自然人人格的本质联系与区别,虽然结论不同,但都是关于法人本质的正确认识。

　　法人作为一种社会秩序的人格设计,既可以作为社会秩序形式被自然人用来维护和实现社会秩序,又可以在不符合社会秩序的条件下被自然人用来破坏社会秩序。因此,法人的人为性并不是自然人的任意性,而是自然人在法人的制度设计中遵循自身对法人的制度需求及其规定性,只有符合自然人的规定条件才能够被承认为法人,否则就不能成为自然人之外的人格并构成独立的民事主体。所以,我们看到《民法典》的法人制度,都是自然人根据自己的秩序需求设计的,并在根本上反映自然人的规定性条件。

　　二是不符合自然人的规定性的法人,将被否认人格而可以直面其背后的真实人格。法人的人格既然是条件的和人为的,在不符合条件的情况下就成为一种虚假的非秩序性人格,这同样是法人区别于自然人的一个重要的人格特性,是法人的条件性和人为性的一个必然结果,而自然人基于自己的自然主体性无论其伦理品质如何都只是真实人格而不可能成为虚假人格。然而,法人一旦不符合自然人的规定性,即不能满足自身作为社会秩序人格的一般条件要求,就构成法律条件上的人格丧失,就不能再构成人格并被作为人格对待,就应当和需要被否定人格并直接面对法人面纱背后的真实"人格",这就是法人制度所特有的法人人格否认制度即"揭开法人面纱"的秩序规则,从而在法人违背自然人的规定性而不具备法人的人格条件时可以重新回归自然人的人格本质并直面自然人主体的真实性和自然人作为主体的唯一实在性。这就是《民法典》第83条第2款和《公司法》第23条第1款的规定。① 可见,法人的人格设计作为一种面纱人格或者人格外衣,实践中可能是一种虚假的人格幻象,是需要也是可以被揭开的,这是法人制度及其人格设计的必要秩序规则。一旦法人的虚假面纱或者外衣被揭开,就直面了法人背后实际操纵和控制法人的自然人的真实人格。

　　因此,民法上的"人",虽然包括作为人格设计或者社会秩序人格的法人和非法人组织,但是它们作为自然人的发明和设计,体现的仍然是自然人的人格本质,而自然人作为狭义上的民法人格,代表了民事主体的一般人格

---

① 《民法典》第83条第2款规定:"营利法人的出资人不得滥用法人独立地位和出资人有限责任损害法人债权人的利益;滥用法人独立地位和出资人有限责任,逃避债务,严重损害法人债权人的利益的,应当对法人债务承担连带责任。"《公司法》第23条第1款规定:"公司股东滥用公司法人独立地位和股东有限责任,逃避债务,严重损害公司债权人利益的,应当对公司债务承担连带责任。"

属性,其自然的主体条件与生态秩序需求构成民事主体的共同本质。①

四、人身权制度的自然性

民法调整的人身关系,包括一定的人格与身份关系,都是人作为自然生命的主体所必然存在和发生的社会关系。这一关系被民法调整并上升为民法的权利制度,就是人身权制度。人身权与特定人身相联系,具有与特定的人身不可分离的属性,是典型的"自然权利"。

(一)人格权制度的自然性

民法作为"人法"在本质上是人格法,②是以人格为根据的制度体系,离不开人格的制度条件。"人格"作为人的民事主体资格,不仅是一个社会伦理范畴,而且是人的自然主体属性。我国《民法典》首创"人格权"编,调整因人格权的享有和保护产生的民事关系。《民法典》第990条第1款规定的民事主体享有的生命权、身体权、健康权、姓名权、名称权、肖像权、名誉权、荣誉权、隐私权等具体人格权,除名称权、名誉权和荣誉权外,都是自然人专有的人格权,而法人的名称权、名誉权和荣誉权,则可以纳入法人的无形财产权或者商誉之中,并由其他相关法律调整,因此民法上的具体人格权的本质,仍然在于调整自然人的人格权,而这些人格权反映的都是自然人的自然属性。"人格脱离了人,自然就是一个抽象。"③民法上的人格概念的抽象并不等于人格权内涵的抽象。换言之,人格权的制度条件并不是简单的逻辑结论,而是以人为对象并对人的自然人格属性及其权利需求的客观揭示,是应当符合人的自然人格属性及其人格利益需求与实现条件的民法制度。

当人的自然本质上升为民法的抽象制度形式,人格的概念便逐步产生了,具体的自然之人成为法律上抽象的"自然人",并以法律上的一般人格形式实现了对具体的自然人的人格承认和保护。"法律人格的有无,决定了人在民法上的资格的有无;法律人格的完善程度,反映了人在民法中的

---

① 因此,本书在有关人格或者民事主体的论述中,一般不再特别强调和说明法人与非法人组织的人格,而以人即自然人的人格代表之。
② 关于人格的具体内涵,参见王利民等:《民法精神与法治文化民本模式论:自然生态的社会秩序体系及其规范形态与演进》,当代中国出版社2023年版,第281~298页("人格本质的自由诉求"部分)。
③ 中共中央马克思恩格斯列宁斯大林著作编译局编译:《马克思恩格斯全集》(第1卷),人民出版社1995年版,第277页。

地位的高低;法律人格的内涵的发展也扩展了人在民法中的权利。"①虽然人格的本质是自然具有的,但并不一定是自然实现的,也不一定是充分实现的,更不一定是公平实现的。所以,人要确定性地实现自己的人格,就需要借助一定的(外部)规范形式来表现自己的人格条件,这既是"人法"的本质,又是民法作为"人法"的形式所必然纳入的调整对象,从而成为表现和实现人格的实在法形式。

人作为自然的主体,应当在社会关系中被自然地确认为法律主体并具有人格权,即自然人应当以民法的形式获得平等与自由的人格地位,从而在现实社会关系中能够以民法的人格地位实现自己作为人的主体利益。可见,在民法形式上,人格不仅代表人的主体性,而且是被作为一项法定权利承认和保护的,这一承认和保护充分体现了人的自然主体地位与价值,并反映了人的客观利益需求及其实现条件的规定性。

民法作为"人法"不仅具有"人格法"的一般规范价值,而且还把人格权作为自己的一项具体制度内容。人格权作为以人格利益为客体的人身权利,是基于一定的人格条件而自然存在的,其自然性就在于它与人的自然生命之间存在的不可分离的属性。换言之,人格权与人格相联系,是人作为民事主体的最基础的自然权利,舍此权利,人就不能构成人格并成为民事主体。所以,人格权具有人性自然性的本质,必然与人的生命相始终,伴随人的生命全过程。② 显然,人权或者人格权是任何一个人都不可剥夺和限制的权利,是一种最高和最神圣的"人权"。《民法典》第991条规定,"民事主体的人格权受法律保护,任何组织或者个人不得侵害";第992条规定,"人格权不得放弃、转让或者继承",即民法的人格权的法定性、平等性和与特定人身的不可分离性,正是人格的自然秩序属性及其客观条件的制度反映。

1. 一般人格权的自然性

自然人的一般人格权包括人身自由和人格尊严。人身自由是"与人的身体直接相关的自由"。③ 人身自由与人格尊严不仅是民法上人与人之间

---

① 马骏驹、刘卉:《论法律人格内涵的变迁和人格权的发展——从民法中的人出发》,载《法学评论》2002年第1期。

② "所以,一个人可以是他自己的主人,但并不是他自己的所有者,他不能任意处理他自己,更不用说对他人有这种关系的可能了,因为他要对在他自身中的人性负责。"〔德〕康德:《法的形而上学原理:权利的科学》,沈叔平译,商务印书馆2011年版,第91页。换言之,与一个人的人身相联系的人格权是不可处分的,这不仅是法律的要求,而且是人性的本质,是人性的自然规定性。

③ 《辞海》(第7版)(5),上海辞书出版社2020年版,第3627页。

的一般人格权利,而且是宪法上人(公民)与国家之间的政治权利,①体现了人身自由与人格尊严对人格利益所具有的一般概括性与代表性,是最根本的人格权。

人身自由"是公民参加国家政治生活、社会生活的基础,是以人身保障为核心的权利体系",体现了人的价值。② 人身自由是人的自然生命特征,是人的自然生命所必然具有的活力与能力。作为受宪法和民法双重保护的权利,人身自由是人的基本权利,是人享有其他一切权利的自然权利基础,人一旦失去了人身自由,必然构成人格实现的障碍,就不可能享有其他权利。

人的主体资格所应当得到的承认、尊重与维护,这就是人格尊严。人格尊严是人所具有的应当被他人所敬畏的身份与地位,是对人的主体资格的肯定,是人的自身价值的不可贬损。人格尊严的本质是人的尊严,人应当有尊严地活着,就是要求人被作为具有威严的人格对待,能够获得作为人的主体资格。人格尊严是人作为主体的一般人格条件,是人具有社会地位与价值的体现。因此,人格尊严是自然人必须享有的自然权利,需要得到国家法律的普遍承认和保护。

无论是人身自由还是人格尊严,都是人作为主体的自然权利,都具有自然权利的人权属性。人身自由与人格尊严的人性自然性,一是它的自然生命性,二是它的普遍条件性,三是它的必然赋予性,四是它的不可剥夺性。这些人格权的自然性表现为民法的人格权的法定性特征,并体现在具体人格权之中,构成了各种人格权的普遍属性。

2. 具体人格权的自然性

自然人的具体人格权包括生命权、身体权、健康权、姓名权、肖像权、名誉权、荣誉权、隐私权、婚姻自主权等权利,其中无论是物质性人格权,还是精神性人格权,都是具有自然性的人格权利。

---

① 《民法典》第109条规定,"自然人的人身自由、人格尊严受法律保护";第990条第2款规定,"除前款规定的人格权外,自然人享有基于人身自由、人格尊严产生的其他人格权益"。《宪法》第37条规定,"中华人民共和国公民的人身自由不受侵犯。任何公民,非经人民检察院批准或者决定或者人民法院决定,并由公安机关执行,不受逮捕。禁止非法拘禁和以其他方法非法剥夺或者限制公民的人身自由,禁止非法搜查公民的身体";第38条规定,"中华人民共和国公民的人格尊严不受侵犯。禁止用任何方法对公民进行侮辱、诽谤和诬告陷害"。

② 参见《中国大百科全书》(第2版)(第18卷),中国大百科全书出版社2009年版,第403页。"主要的公民自由权之一。它的含义是来去自由,参加或者放弃自由,以及一般来说只要不违反成文法规则可做一个人想做之事的自由";"人身自由的另一十分重要的方面是,除了基于明确而有限的理由,不受逮捕或监禁的权利"。〔英〕戴维·M.沃克:《牛津法律大辞典》,北京社会与科技发展研究所组织翻译,光明日报出版社1988年版,第352页。

(1)生命权、身体权、健康权的自然性。自然人的生命权、身体权、健康权,作为物质性人格权,是以人的生命、身体和健康利益为客体的权利。无论是《民法典》第1002条关于"自然人的生命安全和生命尊严"的生命权,还是第1003条关于"自然人的身体完整和行动自由"的身体权,乃至第1004条关于"自然人的身心健康"的健康权,皆与人的物质及其机能这一自然生物属性相关,是维系人的自然生命及其身体与健康条件的基本权利,是人的最根本的人格利益需求,也是基于人的生物属性而最自然的权利事实。只要人的主体存在,只要人维护正常和健康的生命与生活秩序,就离不开生命权、身体权和健康权这些自然的权利条件,即使是民法之外的"人法"及其人格秩序,也必然对人的生命、身体和健康利益作出某种符合自然的秩序安排与调整,使其成为自然权利与客观事实,否则人既不能作为人,又不能成为主体。因此,任何国家和以任何形式存在的"人法"或者民法,都必然以一定的权利条件或者事实,承认作为人的自然权利的生命权、身体权和健康权,以维护人作为自然之人的人格主体地位。

(2)姓名权和肖像权的自然性。自然人的姓名权和肖像权,属于标表性(型)人格权。虽然在当代市场经济关系条件下具有人格权与财产权的双重属性,但它根本是一项人格权,是因为作为人格权的商品价值而具有一定的财产权属性。姓名和肖像都是自然人的人格"标志",姓名是自然人之间为了相互区别不同身份而自然使用的一种标志性要素;肖像则是以自然人的面部(外貌)特征所自然表现的而能够区分不同人格的自然形象。作为具有标表意义的姓名权与肖像权,是自然人之间区分不同人格的一种自然的权利形态,具有权利的自然性。

自然人的姓名起源于"姓",是"标志家族系统的称号",[1]凡出于同一家庭的子孙,均使用同一的姓。同姓之人,既意味着具有共同的祖先,又意味着是源于共同祖先的子孙,相互之间是由血缘相联系的自然血亲关系,而姓或者姓氏也就成为代表家族谱系并自然传承的一种稳定的人格与身份标志。《民法典》第1015条规定,"自然人应当随父姓或者母姓",即一个人的姓名应当源自父母和祖先,不仅是一种自然享有的人身权利,而且是应当自然传承的生命义务,并成为一种自然的人性要求与使命。虽然在当代法律中自然人的姓名权是一项法定权利,并且自然人依法享有姓名自由,但是这种自由不能改变人们传承祖先姓氏的传统习惯及其代表的自

---

[1] 《辞海》(第7版)(6),上海辞书出版社2020年版,第4952页。在中国古代的传统文化中,姓与氏合称为"姓氏",均具有区分不同族群或者身份的功能与内涵。

然权利,而且也与人们使用传承祖先姓氏的自然性与传统性并不矛盾。

肖像是自然人的自然形象并具有自然性,而肖像的自然性必然决定以肖像为对象的肖像权的自然性。《民法典》第 1018 条第 2 款规定,肖像是通过一定载体形式"所反映的特定自然人可以被识别的外部形象",即人的肖像是客观的,虽然肖像权是法律赋予的,但是法律对肖像权的赋予离不开人的自然形象,人的肖像及其自然形象必然决定肖像权的自然性。一方面,肖像权必然以人的自然肖像为根据,不能超脱人的自然形象而赋予人的肖像权,人的自然形象既是人与生俱来的自然事实,又是形成肖像权的客观对象和要素;另一方面,自然人的肖像具有不可更改的自然属性,无论是否承认为权利,它作为一项权利事实都是自然存在的,都自然具有标志和识别特定人格并与他人相区别的客观功能与作用,尤其在没有现代身份证明条件的古代社会,自然肖像在人格与身份区别上的现实作用就更加凸显。

(3) 名誉权、荣誉权和隐私权的自然性。名誉权、荣誉权和隐私权作为精神性人格权,其人格性仍然是一种自然的心理条件和需求。《民法典》第 1024 条第 2 款规定,"名誉是对民事主体的品德、声望、才能、信用等的社会评价"。一个人的名誉是社会对一个人的客观评价,是一个人在社会生产与生活实践中自然形成的事实,是外在的、客观的,无法索取、不能强求。[①] 同样,荣誉作为一种特殊名誉或者殊荣,基于人的社会贡献而获得,既具有评价上的客观性,又是人的自然需求。一个具有名誉或者荣誉的人,意味着"具有良好的地位、声望,并为他人所尊重"[②]。因此,一个人基于维护自身人格地位并提升自身人格品质的需要,自然会看重和珍视自身的名誉或者荣誉,并必然在面对诽谤或者诋毁自身名誉或者荣誉的行为时自主捍卫自己的客观名誉和荣誉。正因为人们对名誉和荣誉的心理感受与精神态度的自然性,所以才有承认和保护人的名誉权或者荣誉权的必要性及其共同的条件要求。可见,一个人的名誉和荣誉,不仅是一种精神性或者观念性权利,而且是具有自然性的权利,它一方面是社会客观承认和赋予的,另一方面是个人在社会生产和生活实践中自然形成的,是人的客观自然需求。民法上的名誉权和荣誉权,承认和保护的是自然人的自然或者客观名誉和荣誉,而不是简单的个人心理感受或者精神需求。

隐私权作为一项人格权的人性自然性,一方面在于隐私本身的自然

---

① "名不徒生,而誉不自长,功成名遂,名誉不可虚假,反之身者也。"《墨子·修身》。
② 〔英〕戴维·M. 沃克:《牛津法律大辞典》,北京社会与科技发展研究所组织翻译,光明日报出版社 1988 年版,第 418 页。

性,另一方面是人们保有隐私的需求的自然性。《民法典》第 1032 条第 2 款规定,"隐私是自然人的私人生活安宁和不愿为他人知晓的私密空间、私密活动、私密信息",即隐私是个人与公共或者社会利益无关而不愿为他人打扰和了解的个人私事;基于隐私的个人私事性,隐私是不受也不应当受到他人或者社会干涉和侵入的个人生活领域。隐私和隐私观念产生于人的羞耻感,当人类知道用树叶或者兽皮遮羞时,这种把自己的私处隐藏起来而不愿让他人看到的事实,就是有了对隐私的自然需求,隐私及其观念也就产生了,而这种人类早期的隐私就是被个人隐藏起来而不愿意被他人看到的私处。因此,隐私的需求及其观念的产生是人类文明进化的产物,而有没有"隐私"也就成为人类文明区别于其他动物世界的明显标志。

可见,隐私是人类进入文明社会的必然条件和要求,是个人的自然权利。随着人类的进化,当人类有了抽象思维,也就产生了羞耻感及其派生出来的隐私观念,这是人类进化与进步过程中必然表现的自然本能,它使人类从主观意志和客观行为两方面都告别了动物世界。无论是最具有个人隐蔽性的那些"阴私"内容,还是其他不愿向他人和社会公开的纯属个人生活的事项,对这些个人隐私的承认和保护都是自然人维护自身人格所不可或缺的权利,是自然人不可剥夺的自然权利,只要自然人自主隐瞒自己的隐私,隐私权即告成立,无论隐私的内容是否违反道德或者法律,也无论他人或者社会对隐私本身如何评价,隐私及其权利都是自然的和客观存在的。

(4)婚姻自主权的自然性。[①] 婚姻自主权是自然人依法按照自己的意志,自主决定结婚或者离婚,并不受他人干涉的权利。婚姻自主权不仅是法定权利,而且是自然或者事实的权利,即根据人的自然生理需求而在达到婚育年龄时就应当自然享有的权利,是自然人不可剥夺的天赋与自然的权利。婚姻自主权形式是婚姻权,实质上既是人的一种自然的性权利,是基于人的自然性需要而选择配偶并与之结合的权利,又是一项生育权,是一个人与配偶自然结合并生育子女的权利。虽然婚姻自主权在人类历史发展的早期阶段曾经受到各种条件的不合理限制,但是并不能因此改变婚姻自主权作为一项自然的权利事实及其存在的客观性。在当今人格独立与个人本位时代,婚姻自主权基于其自然的个人权利的本质而回归于个人并成为代表个人主体地位的一项人格权。

[①] 关于婚姻自主权的性质有不同的理论和认识,除了人格权的观点,还有观点认为婚姻自主权就是婚姻自由权,也有观点认为婚姻自主权是一种身份权。《民法典》第 110 条把婚姻自主权纳入民事主体的人格权范畴。

基于人格权的人性自然性，各国民法对于人格权的承认和保护，也都遵循着自然的规律，无论是人格权的种类，还是各项人格权的内容及其保护方法，都在人格权的自然性基础上，表现出制度体系及其内容的普遍性。

（二）身份权制度的自然性

民法调整的身份权关系，即传统的配偶权、亲权和亲属权关系，是基于人的自然血亲或者姻亲所形成的社会关系，即家庭关系。家庭是社会组织的细胞，人类社会组织就是从家庭关系的基础上发展起来的。"我们从最初以性为基础、随之以血缘为基础、而最后以地域为基础的社会组织中，可以看到家族制度的发展过程；从顺序相承的婚姻形态、家族形态和由此而产生的亲属制度中，从居住方式和建筑中，以及从有关财产所有权和继承权的习惯的进步过程中，也可以看到这种发展过程。"①家庭关系作为基础的社会关系及其组织形态，是一种特定的身份关系，具有自然伦理的社会关系属性，是人的自然条件与生物需求的制度产物，是人在自然生态的社会关系条件下所享有的不可剥夺的自然权利。②

1. 配偶权的自然性

配偶权是配偶之间所享有的权利，包括夫妻同居权、姓名权、住所决定权、家事代理权、扶养权等，即我国《民法典》婚姻家庭编所规定的夫妻关系。夫妻之间的关系及其"配偶权"是基于人类种群延续而发生的自然秩序形态，是维系夫妻共同生活并实现生活目的的自然秩序条件，具有自然生态的秩序属性。虽然"配偶权"是民法观念的产物，但是配偶权的内在条件则是自然秩序要求。我国立法关于夫妻关系的规定均符合"配偶权"的基本秩序内涵，并以夫妻关系的自然秩序条件构成婚姻制度的一般规则。

2. 亲权的自然性

亲权即我国民法规定的父母与未成年子女之间的权利义务关系。③父母子女之间的关系，是一种血缘或者血亲关系，这种关系不是自由意志的结果，而是基于父母生育子女的自然事实产生的。"他们之间的关系不是基于一种自由制定的概念，而是基于一种自然机制；因此，我们有必要揭示这种机制，并用它阐明他们的道德关系。"④父母哺幼是人类延续生命的

---

① 〔美〕路易斯·亨利·摩尔根：《古代社会》（上册），杨东莼、马雍、马巨译，商务印书馆1977年版，第7~8页。
② "法学家显然不能不了解人的自然属性。譬如性别差异、生育等，这些事实都在很大程度上影响着婚姻法、亲子法，或更广义的家庭法。"〔法〕雅克·盖斯旦、〔法〕吉勒·古博：《法国民法总论》，陈鹏等译，法律出版社2004年版，第72页。
③ 关于亲权的自然性，在前述"监护制度的自然性"中已有相关论述。
④ 〔德〕费希特：《伦理学体系》，梁志学、李理译，商务印书馆2007年版，第364页。

自然生物本能，无论是对于未成年子女，还是对于成年父母，都是无可选择而必然遵循的自然生态法则。未成年子女只有依靠父母的哺育和抚养才可能获得符合自然的生存条件，而父母对于未成年子女享有和行使亲权，则是由父母与未成年子女之间存在的血缘关系与自然亲情所决定的客观规律与结果。"人类父母哺幼的自然性与生态性不同于其他动物，它不仅是子孙繁衍的生物现象，而且是道德进化的文明形态，既是自然的，又是伦理的。"① 父母对未成年子女的亲权，为父母以外的其他人对未成年人的监护所不可替代，即使是在我国用监护吸收亲权的一元制度下，父母也是未成年人的一般监护人，父母对未成年子女的监护适用一般亲权规则而与其他人承担的监护职责不同，体现出亲权关系所特有的自然伦理属性。② 父母对未成年子女的哺育是人类自然进化与种群延续的必然生物与生命选择，是一种自然的和遵循一般生物规律的社会生态秩序。父母与未成年子女之间的自然血缘或者血亲关系本身就意味着一种权利，并且是一种不可放弃和不可剥夺的自然权利——除非对这一权利的行使超越了社会伦理所允许的范畴。当人类的进化超越一般动物而在自我意志和自然主体地位的条件下发展自己，就把生物的哺幼本能从自然伦理上升到社会伦理，并在道德基础和文化形态上把父母哺幼的自然伦理作为一种社会规范与秩序条件确定下来，并基于不可替代的父母与子女之间的血亲关系，需要赋予父母在哺育、监管和保护未成年子女上的特殊地位——亲权。

3. 亲属权的自然性

亲属权是除配偶权和亲权之外的近亲属或者家庭成员之间所享有的权利，即狭义上的亲属权。在我国《民法典》婚姻家庭编中，亲属权是"父母子女关系和其他近亲属关系"中除父母与未成年子女之间的关系即亲权之外的亲属关系。"我们从最初以性为基础、随之以血缘为基础、而最后以地域为基础的社会组织中，可以看到家族制度的发展过程；从顺序相承的婚姻形态、家族形态和由此而产生的亲属制度中，从居住方式和建筑中，以及从有关财产所有权和继承权的习惯的进步过程中，也可以看到这种发展

---

① 王利民：《民法道德论——市民社会的秩序构造》，法律出版社 2019 年版，第 447 页。
② 2020 年《民法典》总则编相对于 1986 年的《民法通则》在监护制度上的一个重要变化，就是在坚持《民法通则》确立的用"监护"吸收亲权的一元制度的原则下，又合理借鉴了传统民法的一些亲权制度规则，突出了父母在对未成年人监护中的特殊地位——"亲权"，从而以实际的亲权制度规则在一定程度上缓解了在一元监护体制下的制度缺失与矛盾。如《民法典》第 27 条单列一款即第 1 款规定，父母是未成年子女的监护人；第 29 条规定，被监护人的父母担任监护人的，可以通过遗嘱指定监护人。

过程。"①亲属制度以家庭为基础,而家庭则基于婚姻条件。"通过婚姻而组成了新的家庭,这个家庭对它所由来的宗族和家族来说,是一个自为的独立体。它同这些宗族和家族的联系是以自然血统为基础的,但是它本身是以伦理性的爱为基础的。"②

民法所调整的亲属权或者家庭成员之间的权利义务关系,除拟制的亲属关系外,主要是自然的血亲关系,即亲属权的主体之间一般都具有一定的血缘关系,构成一定的自然血亲,③并以血缘和血亲为基础而形成法律上的亲属关系并享有一定的亲属权。"这些亲属制度都是随着社会从低级状态发展到高级状态而自然产生的,每次亲属制度的改变都标志着某种对社会体制影响深刻的制度的出现。"④因此,亲属权作为一项民法上的权利,同样具有人性自然性的权利本质,是亲属之间具有的自然权利的反映,是以亲属之间的自然权利为根据的,是对亲属之间自然权利的一种法律承认和保护。"各种亲属制的采用、改变和废弃,都不是随心所欲的",⑤它是自然亲属关系的表现、优化与延续,法律上既不能把某种非自然或者违背自然的亲属关系强加给人类,又不能因为不承认某种亲属关系它就不自然存在。"这些亲属制既是自然产生的而不是人工制造的,它们之所以存在主要依靠习俗而不是依靠法律规定,因此,必须要有一种与习俗同样普遍的动力才能改变它们;这一点更有助于使它们维持长久的稳定性。"⑥

卢梭认为,家庭是自然的社会,是父母子女间的自然联系。⑦《民法典》婚姻家庭编规定的父母子女之间的抚养、赡养义务,祖父母、外祖父母与孙子女、外孙子女之间的抚养义务,兄弟姐妹之间的扶养义务,作为一种法定和不可否认的义务,其确立的根据就是这些近亲属之间的自然伦理秩序。这一自然伦理秩序具有普遍性,并决定了人类基本相同的亲属关系及其制度条件,反映为不同国家和社会的亲属关系及其秩序功能所具有的共

---

① 〔美〕路易斯·亨利·摩尔根:《古代社会》(上册),杨东莼、马雍、马巨译,商务印书馆1977年版,第7页。
② 〔德〕黑格尔:《法哲学原理》,范扬、张企泰译,商务印书馆1961年版,第186页。
③ 除配偶之间以及收养、捐献卵子或者精子等特殊情况外,亲属或者家庭成员之间均具有一定的血缘关系并构成自然血亲。
④ 〔美〕路易斯·亨利·摩尔根:《古代社会》(下册),杨东莼、马雍、马巨译,商务印书馆1977年版,第447页。
⑤ 〔美〕路易斯·亨利·摩尔根:《古代社会》(下册),杨东莼、马雍、马巨译,商务印书馆1977年版,第452页。
⑥ 〔美〕路易斯·亨利·摩尔根:《古代社会》(下册),杨东莼、马雍、马巨译,商务印书馆1977年版,第452页。
⑦ 参见〔法〕卢梭:《社会契约论》,何兆武译,商务印书馆2003年版,第5页。

性特征。由于亲属关系的人性自然性,必然表现出自然的习俗形式并构成稳定维持的社会秩序,所以亲属关系的根本变革是不可能的,即使是进行有限的制度变革,也必然面对传统与习俗的挑战而难以稳定和巩固。无论是西方国家还是中国社会,在近代以来的亲属制度变革中,无不遇到了传统婚姻家庭制度的强大阻力,[1]即使是实现了当代婚姻家庭制度的变革,也不可能在根本上否定传统与世俗的婚姻家庭秩序,而只能在传统与世俗的自然秩序的基础上对亲属关系进行不违背自然规律和不改变基本家庭结构的有限调整。

"家庭既关系到个人利益目的的存在和实现,也关系到国家和社会秩序的维护与稳定,是人类最基础的社会组织体系构造,人类的一切其他社会组织形式——包括政治社会在内,都是在家庭这一人类自然的社会形态——血亲生态的基础上发展起来的。"[2]基于亲属之间的权利义务及其享有和行使所具有的自然伦理规则,即使是上升为民法的亲属权制度,亦不能简单依靠法律上的强制去实施,所谓"清官难断家务事",反映的就是亲属权的自然伦理性及其调整方式与方法的必然特殊性。

总之,身份权的自然伦理性决定了它有自身内在的伦理秩序规则,既不要求那种市场经济关系条件的权利义务对等和有偿交换,又有对权利义务关系的自主认可与履行。所以,民法的身份关系调整及其外在的法律规范,只能承认和尊重身份权的自然伦理规则,而不能在身份权的自然伦理规则之外去创造身份权的制度规则或者秩序体系,从而用自然伦理的奉献性、宽容性和自主性规则实现对身份关系的有效与有序调整。

五、财产权制度的自然性

民法的财产权制度,在我国《民法典》中主要表现为物权、合同和侵权责任三编所调整的财产关系。财产权作为以市场经济为基础的社会制度,与人身权制度相比,虽然具有更多的社会复杂性,体现出各种不同的人为规范与秩序条件,但是它反映的仍然是以人的客观财产利益需求为基础的人性自然秩序,无论是作为物权的财产支配权制度,还是作为债权的财产请求权制度,都是人的自然财产秩序条件,具有人性的自然财产秩序的规定性。

---

[1] 近代最早制定民法典的西方国家,如法国、德国和日本,亲属关系都是其最难变革的制度,直到二战以后这些国家才逐步完成了对传统亲属关系的制度调整。我国清末变法和制定民律草案中,矛盾冲突与争议的焦点,同样是对传统亲属制度的变革问题。
[2] 王利民:《民法道德论——市民社会的秩序构造》,法律出版社2019年版,第461页。

(一) 财产利益的客观需求性

财产或者称为物,是能够被人支配和利用的物质财富。财产并不因为它的客观性而具有法律意义,而是因为它构成人的现实利益条件才成为民法的权利客体。财产是维系生命的利益要素,是维持人的生命与生理机能的客观需求与条件,人的生命实现必然需要一定的财产利益的条件满足。由于财产是人的客观利益条件,具有自然与必然的满足要求,获取一定的财产并实现其利益就成为人性的自然规定性。

基于财产利益需求的客观性,人必然自主获取财产并在获取财产的过程中自发形成一种自然生态的社会财产秩序,即一定财产归于特定人享有和支配的秩序,亦即以所有权为基础的财产权或者物权秩序。"一切资源均须由确定的主体拥有,或者,必须明了确定的主体如何获得对资源的所有权。该原则孕育着效率和秩序。尽管效率和秩序并不是人类社会中唯一值得追求的,但的确还是令人向往的。若资源为人所有,则拥有财产者便有合理的理由利用之以创造更多的财富和满足。"[1]因此,民法的财产权制度,同样是具有自然性的人性秩序,是人的自然财产秩序的条件要求与客观反映,是以人的自然财产秩序为根据并由这一秩序的人性自然性所决定,必然具有自然财产秩序的本质,并遵循自然财产秩序的一般规律。

一个国家和社会的财产权制度,无论在文化传统或者意识形态上表现出何种差异性,都必然具有共同的规范条件与客观秩序属性,都需要承认人的财产权主体或者财产利益地位,并通过具有人类共同秩序的一定财产分配形式满足个人的财产利益需求。通过民法上的财产权形式实现的个人财产利益分配,作为一种"人法"的分配形式,在充分承认和尊重个人财产权地位的基础上,实现了个人的人格地位与财产利益的统一,具有人本主义的制度价值,能够客观反映作为"人法"的财产权制度的人性自然性。

财产利益是个人的根本利益,任何一个社会都应当以促进个人财产利益实现为目的,不能放弃和剥夺个人的财产利益,更不能与个人争夺财产利益,而只能维护和增进个人财产利益,把最大限度地满足人的财产利益和实现人的财产富裕作为社会理想和目标。民法作为"人法"和国家的基本法,其重要性不仅在于它调整的人身关系,而且在于它调整的财产关系,没有了人的财产关系及其实现的财产利益分配,人身关系也就失去了客观利益条件而没有了存在的可能性。因此,改善人的生存状态和提高人

---

[1] 〔美〕迈克尔·D. 贝勒斯:《法律的原则———一个规范的分析》,张文显、宋金娜、朱卫国等译,中国大百科全书出版社 1996 年版,第 89 页。

的生命质量,在人身利益得到基本承认和维护的条件下,主要是作为生活条件的财产利益的满足与实现水平,而这一条件的人性要求及其自然实现的规范形式,就是以人格自由为基础的民法财产权制度。

(二)财产取得的先占秩序性

财产利益的满足以取得和占有一定财产为前提,没有财产的取得和占有,就没有财产利益条件及其满足的可能性,更不会发生和享有所谓财产权,而财产取得的自然秩序,就是作为事实的"先占"。先占是最原始也是最基础的财产取得方式。"无主财产之所有权归属于先占者。"①时间在先、顺位在先、权利在先、利益在先,这就是先占事实所确立的自然财产秩序,是一种具有客观合理性与正当性并能够被人们普遍接受的人性自然秩序法则。

1. 先占作为财产取得的自然秩序法则

财产或者财产权(所有权)的取得及其方式,首先是自然生态的行为事实,是"人法"的自然秩序形态,而不可能是人类社会发展到国家法阶段才根据民法的制度形式确认的条件。财产取得的自然秩序事实,是先占。"'先占'是蓄意占有在当时为无主的财产,目的在取得财产作为己有。"②先占直接体现人与无主财产的现实联系,即人对无主财产的控制关系,是人的财产利益需求以自然秩序事实的实现。在财产的取得方式中,先占是初始和基础的事实形态。"当我行动起来获得一物,于是它变成我的。当一外在物最初变成我的的时候,甚至用不着附加法律的行动。一个最初的和原始的获得,是指这种获得不是取得别人已占为己有的东西。"③先占作为民法上所有权的原始取得方式,就是民法承认的自然取得,是一种基于自然秩序条件的财产取得规则。梅因在研究罗马法和人类财产早期史时,把"先占"作为人类的一项重要的自然法则,即"自然取得方式"而置于首要位置。④ 在人类的早期发展阶段,由于人类数量的稀少及其占有条件和征服、控制能力的有限,大量的自然物为无主财产,而对这些财产的先占事实,就成为对这些财产权利的一种最原始和自然的取得方式,而先占者优先取得财产或者财产权也就成为天经地义的普遍法则。

---

① 〔美〕迈克尔·D.贝勒斯:《法律的原则——一个规范的分析》,张文显、宋金娜、朱卫国等译,中国大百科全书出版社1996年版,第92页。"为了减少纠纷和强取暴掠并为利用资源提供动因,占有的稳定性是很关键的。所以,谁先占有财产,谁就可以将其据为己有,除非他将财产自愿转让。"(同前)
② 〔英〕梅因:《古代法》,沈景一译,商务印书馆1959年版,第139页。
③ 〔德〕康德:《法的形而上学原理:权利的科学》,沈叔平译,商务印书馆2011年版,第75页。
④ 参见〔英〕梅因:《古代法》,沈景一译,商务印书馆1959年版,第139~146页。

"在所有这些物件中,完全的所有权为第一个占有它们、意图保留它们作为己有的占有人所取得。"①先占取得财产权的合理性就在于它控制和占有财产的时间在先性,从而以时间在先、顺位在先和权利在先形成一种自然的并且能够被普遍认可的财产支配秩序,这就是所谓的"先来后到",后到者应当自然承认先占者的优先地位,并尊重先占者因此取得的财产权利。② 当代民法作为财产所有权取得或者物权变动根据的占有转移,在本质上都具有"先占"实现的排他属性,都以占有的"先占"秩序作为确定财产所有权归属的自然秩序法则。换言之,作为当代民法所有权取得方式的"占有"转移,虽然是基于法律行为的继受取得,但是在根本上仍然是以"先占"为基础的物权变动制度。占有本身就是一种"先占"事实,是一种事实"优先",占有是先占的一种事实表现与结果,先占构成占有的秩序基础。因此,民法的所有权取得与享有的占有规则,同样是遵循"先占"的自然秩序法则。

罗马法学家认为,"'先占'是取得财产的'自然方式'之一,他们毫不怀疑地深信,如果人类真能生活在'自然'的制度下,'先占'必将为他们的实践之一",因此一个推理结论是,"'先占'是一个手续程序,通过了这个手续程序,原始世界的'无人物件'在世界历史中即成为个人的私有财产"。③ 并且他们认为,除了让渡,其他取得财产的方法都是原始或者自然的,而其中最原始或者自然的取得形态就是先占。"因为,根据自然法律和理性,凡是第一个开始使用它的人即在其中取得一种暂时所有权,只要他使用着它,这种所有权就继续存在,但是不能比使用期更长;或者,更确切一些讲,占有的权利只是与占有行为同时继续存在。"④先占是自然的财产支配秩序,也是财产权利取得的自然根据,既然是自然的财产秩序,也就是合理的秩序,因为对于无主物或者战利品而言,没有比先占的自然秩序法则更具合理性的取得方式。盖尤斯在《法学阶梯》中指出,通过先占取得的财产,"它们先前不归任何人所有;比如所有在陆地、海洋或天空中被抓

---

① 〔英〕梅因:《古代法》,沈景一译,商务印书馆1959年版,第139页。
② 正是基于先占的自然权利属性,逐步发展出"占有时效"制度,所有权的取得不过是一个"先占"的"时效"延续。萨维尼的法律格言是:"一切'所有权'都是为'时效'(Prescription)而成熟的'他主占有'(Adverse Possession)。"〔英〕梅因:《古代法》,沈景一译,商务印书馆1959年版,第144页。"我们所能得到的有关所有权的概念不外乎包括这三个要素——'占有','他主占有',即不是一种任意的或从属的而是一种针对世人来说的绝对占有,以及'时效',也就是'他主占有'不间断地延续着的一定期间。"(同前,第145页。)
③ 〔英〕梅因:《古代法》,沈景一译,商务印书馆1959年版,第142页。
④ 〔英〕梅因:《古代法》,沈景一译,商务印书馆1959年版,第143页。

获的动物"。① 先占原则以实力和争先的财产占有结果,不仅是"人法"或者民法的个人财产权取得的自然方式,而且也构成国家间主权取得的国际法原则。"罗马人的'先占'原则,以及法学专家把这原则发展而成的规则,是所有现代'国家法'有关'战利品'和在新发现国家中取得主权等主题的来源。"②

无论人们如何认识和推断人类早期或者原始的财产取得方式,那种方式必然是基于人类实现财产利益的客观需求而自然产生的,并且一定构成人类的自然有序的生态法则,而这种方式最初只有也只能是先占。这是人类进入农业文明之前的"狩猎"法则,即"丛林"法则并延续至今。

先占的财产取得,既是自然的取得,又是自由的取得,是基于自我意志的取得。"无论是什么东西,只要我根据外在自由法则把该物置于我的强力之下,并把它作为我自由意志活动的对象,我有能力依照实践理性的公设去使用它,而且,我依照可能联合起来的共同意志的观念,决意把一物变成我的,那么,此物就是我的。"③先占的财产取得,既是先占的行为取得,又是先占的意志取得,构成取得财产权利并确认财产归属的正当根据。

作为原始取得的先占,除了占有的行为意志以外,决定于人们最基础也是最自然的两个条件:一是实力,二是机会,而由此决定的财产先占与取得秩序就具有和代表一种自然的公正性。无论在何种社会条件下,实力都是决定财产取得或者其他社会秩序的条件。实力是一种排他的强力,包括体力、财力与智力,甚至是暴力,他们构成一个人获取财产的事实能力。实力的优先与排他无论如何都是人类生存竞争的一个基本的自然秩序事实,而实力的自然差别则必然决定和影响一切社会分配的秩序与结果。当众人一起采猎而发现和面对一个共同的财产获取目标时,一定由跑得最快或者枪法最快最准的人最后取得该物,这就是先占取得的实力排他原则。

机会是一个人取得财产的偶然条件,根据机会原则,无主财产由最先发现并有意占有它的人取得而与未发现的人无关或者不产生关系,从而排除了其他人取得的可能性。机会看起来是偶然出现的,但实际上是与个人

---

① 〔古罗马〕盖尤斯:《法学阶梯》,黄风译,中国政法大学出版社 1996 年版,第 100 页。
② 〔英〕梅因:《古代法》,沈景一译,商务印书馆 1959 年版,第 140 页。"罗马法的先占理论被现代国际法的奠基人所采纳,把它作为国家取得无主地域的根据(这种地域被认为也包括由'野蛮'部落占有的领土)。"〔英〕巴里·尼古拉斯:《罗马法概论》,黄风译,法律出版社 2000 年版,第 138 页。
③ 〔德〕康德:《法的形而上学原理:权利的科学》,沈叔平译,商务印书馆 2011 年版,第 76 页。"占为己用,在观念上,作为一种外在立法的共同意志的行为,根据这种行为,所有的人都有责任尊重我的意志并在行动上和我意志的行动相协调。"(同前,第 77 页。)

的经验与努力分不开的,所以机会是留给有准备的人的,只有不断为机会付出的人才可能获得机会并取得或者取得更多的财产。同时,机会也不完全是偶然的因素,它往往与实力相关,一定的实力往往能够成为人们获取机会的优势或者特殊条件,并导致人们取得财产机会的差别与不平等。所以,虽然在"人法"或者民法上,人们取得财产的资格或者地位是平等的,但是由于人的实力和机会的不平等,无论是基于先占还是其他方式,最后取得财产的事实与结果都是不平等的。

2. 以先占为基础的民法财产权取得制度

在当代民法中,虽然学理上仍然把先占作为财产权的原始取得方式,但是在法律或者制度的视野中似乎以先占方式取得财产的可能或者情形已经不多,然而,考察人们的财产实际取得,其实不然。

一方面,虽然在当代社会条件下,先占已经不是人们取得财产的主要和普遍方式,但是它仍然是现实生活中随时都可能出现和存在的财产取得方式。例如,在我国农村的"农地权"①取得中,虽然一般是根据民法规定通过签订土地承包经营权合同的方式设立并取得,但是这并不意味着没有事实上的其他取得方式,其中就包括各种条件和形式下形成的先占取得,如对于那些没有被列入土地发包范围的一些小面积或者局部的荒滩或者荒沟等土地,往往由农民根据田园走向等现实条件而以先占的方式取得了事实的耕作权利,这些"权利"事实往往都能够根据人们的习惯被事后稳定接受和认可,从而成为农地权的一部分,而这类由于先占而形成的土地使用权情形在现实生活中并不少见。事实上,虽然我国农村土地承包经营过程中客观存在的早期先占已经不再多见,但是出于水流冲击和山体滑坡等自然原因添附形成的滩涂荒坡等以及被人们闲置或者放弃的撂荒地,在不具备发包条件的情况下随时都可能成为人们先占取得的财产对象,形成一种权利事实。至于被特许的狩猎和在国家或者集体所有的土地上进行的樵采等行为,自然构成先占取得财产或者财产权的方式,虽然这种情形在现实生活中是局部或者偶然发生的,已经不存在于一般人的生活之中并对人们的生活不再具有决定意义,但是它仍然是大量发生的,是客观存在的财产或者财产权取得事实,只是其作用和意义不再凸显,从而成为一种习惯调整的自然秩序形态。

---

① "农地权"即土地承包经营权,笔者2005年出版的《物权本论》一书中,认为应当用"农地权"的概念界定我国的农村"土地承包经济权",并且用"基地权"的概念统一概括国有和集体"建设用地使用权"。详细论述参见王利民:《我国用益物权体系基本概念研究——兼评〈物权法征求意见稿〉规定之不足》,载《法学论坛》2005年第2期。

另一方面,一切市场经济条件下的其他财产取得方式,都是一种直接或者间接的先占方式,往往都离不开一定的"先占"条件与基础。《民法典》第 208 条规定:"不动产物权的设立、变更、转让和消灭,应当依照法律规定登记。动产物权的设立和转让,应当依照法律规定交付。"虽然物权的变动需要根据一定的合同关系作出登记和交付行为,但是对于特定标的物的物权实现,仍然需要一种"先占"或者优先交易的条件。正如人们的购物行为根据"先来后到"的顺序取得购买物一样,取得优先顺序的购买人,就是通过"先占"方式取得一种"优先购买权",只有取得"先占"的优先顺位,才可能取得或者优先购买到特定出卖人所出卖的特定商品。又如,财产共有人、承租人的优先购买权,都是基于他们在共有与承租关系中所形成的一定"先占"条件而优先取得的一种具有排他性的财产权利。再如,在知识产权的取得中,无论是专利权和商标权,还是著作权,都是基于权利人的一定智力性创造行为而首先形成一种对特定知识或者无形产品的先占事实,是这一先创成果的先占或者独占事实被法律承认为权利的结果,即知识产权及其产品的财产权的取得,同样是以一定的"先占"为基础的财产权。现代民法的财产权取得制度形式上不再适用自然的先占规则或者远离了先占事实,而实际上却从未脱离先占的自然秩序条件及其构成的自然权利基础。

(三)财产归属的客观占有性

与先占相联系的,是公示财产或者财产权归属的客观占有。① 在现代民法中,基于交付的占有,既是合同法上的所有权转移的根据,又是物权法上的动产物权变动和享有的公示方式,是民法的财产所有权取得的主要秩序规则。然而,占有作为民法上所有权转移和物权变动的一种公示方式,不过是民法接受的一种自然的财产秩序条件。

1. 占有的财产权公示与自然的财产权归属

财产归属反映人与物的关系,而这一关系的基础事实是人对物的占有及其实现的支配结果。"拥有外在物作为自己的东西就是法律上的占有。"②占有是通过交付或者其他法律事实而形成的人对物的支配关系,是直接控制财产和享受财产利益的客观事实,必然具有确认财产归属的客观

---

① 民法上的占有即对物的事实控制与管领,反映人与物的关系,而作为对他人占有的排除则成为人与人之间的关系。"一般而言,对于物已有确定与继续之支配关系,或者已立于得排除他人干涉之状态者,均可谓对于物已有事实上之管领力",即构成民法物权之占有。参见谢在全:《民法物权论》(下册)(修订 5 版),中国政法大学出版社 2011 年版,第 1137 页。
② 〔德〕康德:《法的形而上学原理:权利的科学》,沈叔平译,商务印书馆 2011 年版,第 204 页。

公示意义,是公示财产归属的自然秩序形态。① 在罗马法体系中,"占有最初表示单纯的持有关系,这不是一种法律关系,而是一种自然关系",即一种单纯的自然关系,②是作为自然的权利事实存在的。财产权或者物权是一项财产支配权,财产支配以财产占有为条件,只有占有财产,才能够支配财产并实现占有的财产利益,同时排除他人为同样占有和支配的可能性。占有公示了占有人对财产的支配地位,并确立了自然的财产秩序及其归属状态。一个人对财产权利的享有和实现,无论是基于法律上的观念权利,还是基于客观上的支配事实,都离不开间接或者直接占有。

占有是人与物的直接关系,是人对物的实际控制状态,是一种自然的财产权归属,没有占有即没有客观与现实的财产权利。"很明显,根据占有的原初含义,占有在本质上只是一个事实,与之相联系的法律后果也确凿无疑。因此,占有既是一项权利又是一种事实,也就是说根据其本质是事实,就其产生的后果而言则等同于一项权利,这种双重关系(zweisache verhältniss,double relation)对于所有的细微部分而言都是非常重要的。"③ 占有是享有财产权的客观事实,公示财产权的归属与支配结果,构成财产权归属的自然秩序形态。"占有作为财产归属的基础事实,成为基本的财

---

① 在财产归属的民法方式上,还有所谓登记权利规则,即对于不动产或者一些特殊动产,实现登记权利主义或者登记对抗主义。这一物权变动或者财产归属的公示方式,行政权通过登记的许可形式介入并作为确认物权变动或者财产归属的公权或者权威证明,从而加强物权变动和财产归属公示的效力性,而不以占有作为物权变动和财产取得的权利事实。然而,登记作为确认物权变动与财产归属的一种行政许可行为,就其作用本身,仅仅是以登记的形式确认物权变动和财产的权利归属,而不是物权或者财产归属的权利实现,财产或者支配权的事实归属,仍然需要通过占有来完成。因此,从法律上,登记是财产归属的实质要件,但是从事实上,登记只是财产归属的形式要件而不是实质结果,因为登记只是赋予了登记者对物或者财产占有或者请求占有的权利,而并不意味着登记者即是物或者财产的实际占有者和归属者。对于需要登记公示权利归属的财产,并不是占有不再具有确定财产归属的意义,而只是占有不再被作为确认财产归属的法律要件,而占有仍然是财产归属的实质要求,只有登记与占有的统一才是真正的财产归属及其归属权利的应然形态。登记并不是目的,它只是达到目的的行政手段,只有占有和通过占有实现的财产支配利益才是实在的权利地位。登记并不是排斥或者可以代替占有,登记的目的是实现与登记的权利秩序相统一的占有结果,并且也需要占有与登记的统一才能维护登记的权利秩序。因此,无论是动产还是不动产,占有都是实现财产归属与权利地位的必要条件。虽然在意思主义的立法模式下,财产权或者物权是债权的意思表现的结果,财产归属即物权的变动直接基于债权意思而发生,但是合意确定的财产归属如果不能发生最后的财产交付或者占有转移,仍不能实现财产权利及其归属关系的事实改变。换言之,受让人并不能基于债权意思而实际取得转让的财产并实现财产的归属与物权变动。因此,占有无论在何种物权变动模式下,都是最后确定财产归属和物权变动的客观根据。
② 参见〔德〕弗里德里希·卡尔·冯·萨维尼:《论占有》,朱虎、刘智慧译,法律出版社2007年版,第44页。
③ 〔德〕弗里德里希·卡尔·冯·萨维尼:《论占有》,朱虎、刘智慧译,法律出版社2007年版,第21~22页。

产关系秩序,是财产关系秩序的表现形式,财产秩序形态,是一定的占有秩序形态。因此,对财产占有秩序的维护,就是对财产归属秩序的维护,而对财产占有秩序的破坏,也就是对财产归属秩序的破坏。基于占有的财产支配性和财产秩序性,没有了占有秩序,也就没有了财产秩序,财产秩序是通过占有秩序形成和表现的社会秩序。财产归属和一定的财产权规则,首先是为了确立和维护一种自然生态的财产占有秩序,只有形成一定的财产占有秩序才能够实现财产归属和对财产利益的需要。"①

2. 占有的财产权推定与自然的财产权秩序

财产权作为法律上的观念权利,其是否成立或者实际享有,需要一定的事实证明,而对财产权的最基础证明形式,不过是自然的财产占有。占有作为财产分配与享有权利的自然秩序结果,没有比占有更能够证明权利存在的正当理由。②"如果一个对象被认为是我的,我就必须对该外在物具有某种形式的占有;否则,任何人干预这个对象时,不会因此影响我,因而,他不会对我有什么不公正。"③换言之,财产权的一切形式,本质上是财产占有权,占有既是享有权利的结果,又是行使权利的形式;占有是最自然的权利证明,也是最客观的权利事实,没有占有而有权利只是一句空话。

"任何人,如果他想坚持有权利把一个物作为他的(财产),他必须把该物作为一个对象占有它。假如它不是该对象真正的占有者或所有者,那么,当别人未得到他的同意而动用该物时,不算构成对他的侵犯或损害。"④法律的原则是,只要一个人占有一项财产,即使没有对该财产享有权利的证明,但是只要没有相反的权利事实,就应当依法推定占有该财产的人就是正确的权利人并享有该财产权利,所以占有就成为公示财产权归属并享有财产权利的客观根据,并具有社会公信力。《日本民法典》第188条规定:"占有者行使其占有物的权利,可推定其为合法。"⑤事实上,一个

---

① 王利民:《民法道德论——市民社会的秩序构造》,法律出版社2019年版,第489页。
② 耶林指出:"对正在占有的所有权人而言,占有所提供的利益,就是使其可以更轻松地保护自己而对抗其他人的攻击;但对正在占有的非所有权人而言,其同样可以借助这一点来抗辩并未占有的所有权人。"[美]詹姆斯·戈德雷、[美]阿瑟·泰勒·冯·梅伦:《私法比较研究导论:阅读、案例、材料》(第1册),张淞纶译,中国法制出版社2021年版,第174页。
③ [德]康德:《法的形而上学原理:权利的科学》,沈叔平译,商务印书馆2011年版,第65页。
④ [德]康德:《法的形而上学原理:权利的科学》,沈叔平译,商务印书馆2011年版,第61页。
⑤ "换言之,任何对财产的不正当取得,都是通过改变占有的方式实现的,是通过占有的事实而把不正当取得的财产表现为外观的财产归属的。占有——即使是不正当的占有,也可以获得财产归属与权利的外观形式。正是占有的财产归属的现实性,使各类能够实现财产占有转移的侵财行为成为社会禁而不绝的违法犯罪现象。"王利民:《民法道德论——市民社会的秩序构造》,法律出版社2019年版,第490页。

人往往很难证明自己对占有财产的权利,而只能通过对财产的占有即对财产的支配关系或者财产的实际归属来公示自己权利的自然存在,因此财产权的一般证明规则只能是也必然是——如果占有人的占有不能被证明为无权占有,就应当推定为有权占有,即占有人对占有的财产享有财产权利,应当是受法律承认和保护的占有。占有是一种基于人与财产之间的直接支配关系所确立的自然财产秩序,其作为享有财产权的事实根据,是对财产权的一种自然的证明,这一物权秩序,并不是法律的创造,而只是被法律发现和接受的一种"财产权"的自然秩序结果,具有人性自然秩序的本质。

财产权的一般秩序规则,不过是一种占有规则,占有规则构成了财产归属和享有财产权的自然秩序法则。无论是事实占有,还是权利占有,只要占有本身存在,其实现的对占有物的排他与优先的实际支配地位与效果,就是一种客观"权利"与现实利益的状态。"在法律上,纯粹的占有者的权利没有所有者那样广泛,但构成占有的事实所生成的权利,与构成所有的事实所生成的权利,是一样真实的。"①就人与物的关系而言,基于占有实现的财产利益,无论是有权占有还是无权占有都是一样的,并不因为观念上的权利有无而影响占有者支配财产的实际效用结果。"所以,只要占有权得到保护,它就是一种与寻求相同保护的所有权同等程度的法律权利渊源。"②

当然,作为民法形式的财产权,虽然占有构成正确权利的普遍形式,但是占有并不是财产权存在的绝对条件和根据,这就是无权占有。换言之,作为民法制度的财产占有,并不是"丛林法则"的必然支配结果,而是一种具有法律原因与正当根据的合理秩序,即合法占有。"把财产权归于现实占有者的这个规则虽然是自然的,并且因此是有用的,可是它的效用不超过社会最初形成的时期;永远遵守这个规则,就会是非常有害的。这个规则会排除财物偿还,而且使各种非义行为都得到认可和奖励。"③当人

---

① 〔美〕小奥利弗·温德尔·霍姆斯:《普通法》,冉昊、姚中秋译,中国政法大学出版社2006年版,第210页。因此,霍姆斯认为:"一项法律上的权利不是别的,就是允许行使某种自然的力量,在某种条件下借助于公共力量,得到保护、返还或补偿。只要此公共力量的帮助给予了某人,他就拥有了一项法律权利。"(同前。)
② 〔美〕小奥利弗·温德尔·霍姆斯:《普通法》,冉昊、姚中秋译,中国政法大学出版社2006年版,第188页。
③ 〔英〕休谟:《人性论》,关文运译,商务印书馆1980年版,第545页。"虽然关于稳定财产占有的规则的确立对人类社会不但是有用的,而且甚至于是绝对必需的,但是这个规则如果仅仅停留于这种笼统的说法,它就决不能达到任何目的。"(同前,第542页。)

类产生财产权观念,就不仅需要财产占有的客观性,而且需要财产占有的正当性。特别是民法调整的财产权,作为合法的财产权利,对财产归属的确认从来都不是简单的占有规则,而是占有事实与法律条件的结合,即占有的自然秩序与社会伦理的统一,需要构成一种法律上的有因占有,即权利占有。

任何一个国家和社会的民法,都必然接受占有的自然秩序法则并建立以此为根据的财产权制度,以占有的正确权利推定规则实现占有的自然秩序与法律秩序的统一,从而揭示财产权归属的人性自然秩序本质。根据《民法典》第208条规定的不动产物权登记、动产物权交付的物权变动方式,动产物权的交付即意味着占有转移和占有关系的改变,而不动产的登记权利也必须以占有为条件客观实现,同样都离不开占有的秩序基础。《民法典》第240条规定的所有权、第323条规定的用益物权及其各项权能,都是以占有的自然秩序为基础的权利和权能实现;在《民法典》规定的担保物权中,质权和留置权的设立与行使,都以财产占有的现实秩序为条件,而抵押权的实现,也需要一定的财产占有的转移方式。可以说,整个民法的物权制度乃至整个民法的财产权制度,都是以占有为基础的制度。因此,占有在任何国家的民法中都构成确立财产关系的自然秩序根据,具有重要的制度价值与地位。我国《民法典》物权编中有"占有"分编,专门规定占有保护以及非法占有的责任。

(四)财产支配的最大效益性

效益性是财产的根本价值属性,是一项财产对个人利益实现的意义与功能。满足个人的财产利益需求并扩大财产利用的效益,实现财产利用效益的最大化,是财产所有人支配财产的一项自然的目的与要求。人们占有财产,确认财产归属,实现对财产的稳定支配与利用,目的就是最大限度地实现财产利益和满足自身的财产利益需求。基于人性的自然利益条件,人对财产利用的一个自然利益取向,就是在实现自身财产利益的同时扩大财产利用的效益,从而提升自身财产利益的条件和水平。这一财产利用的最大效益性,具有两个方面的自然秩序规则:一方面,是财产权利人直接占有并自由支配其财产以满足个人财产利益需求的基本效益规则;另一方面,是财产权利人间接占有财产即将财产有条件地让与他人占有和利用,从而自由获取财产收益和实现财产增值的扩大效益规则。

1. 直接占有财产和自由满足个人利益需求的基本效益规则

人们获取和占有一定的财产,通常是直接占有和支配以满足个人的财产利益目的,实现财产的基本效益。换言之,个人财产的效益作用,首先是个人用来直接满足自己的财产利益需求，以实现个人的财产利益目的，这是财产占有和自由支配的基本效益规则，是个人对财产效益的一般和最低需求。这一财产权利人占有和支配财产的一般利益需求，是一种自然的财产目的与秩序规则，需要得到民法的制度承认，这就是民法的财产所有权制度。因此，明确物的归属，发挥物的效用，保护权利人的物权，使物之利益最大化，是民法物权即所有权的根本制度功能，也是民法必然接受的自然秩序法则，虽然各国民法存在制度与价值的差别，但是对所有权的基本制度功能的确认，则反映出自然秩序的普遍性。《法国民法典》第537条第1款规定，"除法律规定的限制外，私人得自由处分属于其所有的财产"；第544条规定："所有权是对于物有绝对无限制地使用、收益及处分的权利，但法令所禁止的使用不在此限。"上述规定确立的，就是资本主义社会所谓的所有权自由和绝对原则，其目的就是达到个人对财产支配的最大效益。我国民法物权的立法目的，是维护社会主义市场经济秩序，建立符合中国国情和具有中国特色的所有权制度及其财产秩序。《民法典》第240条规定："所有权人对自己的不动产或者动产，依法享有占有、使用、收益和处分的权利。"这一规定所建立的同样是以所有权自由为基础的财产支配关系。所有权是完全物权即自物权，它的内容和权能，一方面是所有权人对财产的占有和使用，另一方面是所有权人对财产的收益和处分。前者直接用于自己的利益目的，实现财产的基本效益；后者则是通过一定的方式让与或者变现财产，实现财产的扩大效益。

因此，人类为了实现财产支配利益的最大效益性，必然根据自己的财产支配需要而发展出自然的财产利益规则，这一规则作为一种物权规则，就是以所有权为核心的财产支配规则。所有权是在自然经济条件下最早发展起来的财产权，它的主要秩序规则及其效益功能，在于确定财产所有人对自身财产的占有和支配并排除他人干涉，以稳定满足所有权人对财产的客观利益需求。所以，所有权确立的财产支配规则及其具有的财产效益，是一种自然的财产利益规则，必然实现财产支配的最大效益结果。因此，无论是何种社会的财产所有权，都必然遵循共同的秩序规则，具有共同的权能与作用，体现共同的财产支配秩序及其效益目的，是一种普遍与恒定的人类自然生态秩序，不因为国家和社会意识形态的不同而改变。一个国家可以有个人所有权之外的国家或者集体等各类所有权，但是不能有超越个人所有权的自然生态秩序及其决定的所有权的基本制度规则，否则就不是民法的所有权，而是"人法"之外的非自然生态秩序的"所有权"。

2. 间接占有财产和自由实现财产增值需求的扩大效益规则

财产所有权人为了达到财产利用的最大效益,除了自己直接占有和支配财产以实现自己的基本财产利益外,还可以通过向他人让渡财产的使用,以实现财产增值的扩大效益。这一财产使用或者利用的秩序规则,作为所有权即自物权的制度延伸,反映在民法上,主要就是以市场经济为基础的他物权制度,包括用益物权和担保物权制度。在有剩余财产的情况下,财产所有人就必然在个人直接占有和支配财产之外产生扩大使用财产的需求,即采用其他方式拓展财产使用的范围,以增加财产利益和实现财产效益的最大化,因此必然导致财产秩序规则在权利人直接占有和支配基础上的进一步扩张与细化,从而产生财产的间接占有和支配秩序,表现在民法的制度形式上,就是从所有权的制度基础上发展出来的"他物权"的财产秩序规则。

他物权,包括用益物权和担保物权,是以满足财产所有人实现财产增值和扩大实现财产效益为目的的物权,是剩余财产的必然市场秩序规则。这一秩序规则,在实现所有权的权能分离与分化的基础上,使所有人能够充分利用财产的使用价值与交换价值,是扩大财产效益和满足所有人对财产的最大效益需求的自然秩序规则。《民法典》第 241 条规定:"所有权人有权在自己的不动产或者动产上设立用益物权和担保物权。"由用益物权和担保物权构成的民法他物权制度,作为从财产所有权派生出来的财产支配与使用的自由秩序,是一种市场经济的自然秩序,是实现财产支配与使用的最大效益目的而必然产生的制度条件,同样具有制度与秩序条件的自然性与普遍性。

(五)财产变动的自主行为性

财产权或者财产关系是不断变动的,财产变动的根据及其本质,决定了调整财产关系的制度规则及其秩序属性。民法调整的财产关系是一种平民社会的私人社会关系,具有私人社会关系自主与自愿即意思自治的秩序本质。因此,这一财产关系的变动,除了不以人的意志为根据的事件或者事实外,作为实现财产关系变动的主要和普遍事实,是当事人的自主行为,即以当事人的意思表示为要素的自由行为,也就是民法上的法律行为。《民法典》第 5 条规定的自愿原则,就是对实现财产变动的民事法律行为及其意思表示提出的自主与自由的行为条件要求。自主的财产变动行为就是遵循的私有财产变动的自然秩序规则,具有财产变动的自然性本质。

1. 自主实现财产变动的契约行为

私人社会关系的发生与变动,基于各种自然与必然的事实,这些事实不可能都是以当事人的意思表示为要素的自主行为,但是作为私人社会关系的财产变动秩序,最自然和普遍的事实根据,必然是当事人自主与自治的契约行为,即所谓契约之债。债权契约是人类社会生产与生活中自然产生的一种财产交易行为,当不同主体之间需要进行某种物的转移或者进行某种财产交易,从而实现某种物权或者财产变动时,其自然选择的变动方式,必然是与主体的人格自由相统一的财产自由的行为方式,即一种在民法上被概括为契约或者债权的财产变动规则。债权契约作为物权或者财产变动的原因行为与基础事实,是引起民法调整的财产关系变动的最普遍和最主要的法律事实,代表了民法作为"人法"的自然与自由的财产变动条件与要求。契约自由作为人的自然秩序本质,是私人社会关系运行的自然行为法则,必然构成民法调整的财产关系变动的自然行为秩序与属性。

契约行为作为一种市场经济行为,是联系市场主体和实现财产自由流转的形式与纽带。市场经济根本上是一种契约经济,而市场经济关系的运行及其实现的财产流转秩序,也就是民法调整的以契约行为为根据的财产或者财产权变动。实现财产变动的契约行为,作为财产变动的一种自由秩序形态,是与人的自由主体性相统一的财产变动条件,这一条件构成了"人法"或者民法作为任意法的规范特征与秩序属性。契约行为以其天然的平等性成为实现财产变动的最有效、最便捷和最公平的社会规范形式,充分反映了民法调整的财产关系的私人秩序本质及其自主与自治的条件要求,是人类社会在市场经济条件下自然存在和必然选择的一种财产变动模式,体现了人作为财产主体的人格自由地位,实现了财产变动的条件与人的主体地位即人的行为秩序的统一。因此,市场经济的契约行为及其确立的实现财产变动的自主条件,是一种具有人格本质的自然财产秩序,也是一种普遍的财产变动的自由秩序形态。无论在何种社会制度与社会发展条件下,财产变动都会以一定的财产自由的行为方式存在,而人类契约关系从古代到当代的社会形态发展,实证了人类财产变动的自然与自由的秩序本质。虽然在人类早期的财产关系及其形式中,基于契约行为的财产变动,一般并不构成普遍的社会事实,既不具有社会体制性,又没有上升为民法的制度体系,但是契约行为及其实现的财产变动作为一种自主自为的财产秩序,必然是一种自然的财产变动形态。

当代民法作为以市场经济为基础的私法,以个人权利为本位,强调个人的意思自治与行为自由,所以契约行为及其确立的财产自由秩序,成为财产变动的根本秩序与普遍秩序,也构成了民法秩序的自由秩序本质。契约行为作为财产变动的一种原因行为,它的自然秩序本质决定于财产变动的人性与人格的自由秩序条件,而基于人性与人格的自由秩序及其财产变动需求,必然是具有自然生态属性的自由秩序条件并具有其规律性与规定性。

契约行为作为当事人实现财产变动的自主行为,直接体现当事人的目的与动机,自然对当事人构成最佳的利益选择与实现方式。一方面是契约行为所自然体现的利益条件与利益需求的符合性,另一方面是契约行为能够自然实现的利益最大化。如果当事人实现的利益不符合自己的需求,或者实现的利益不能最大化,对于当事人自然不是一种合理选择。然而,契约这一财产变动的自主行为方式,由于体现当事人的自主性,为当事人的利益实现提供了一种最佳的行为方式。因此,当代各国民法都基于权利本位,以实现当事人的利益为目的,把自己的制度调整及其契约形式作为当事人利益实现的最佳社会方案。

自主实现财产变动的契约行为,作为一种人性自然的财产变动行为,必然表现出契约行为的自然秩序属性,并决定其秩序需求。

一是行为主体的信用秩序。契约行为的自主性,是在行为人之间设立请求权关系的自主性,因此,它一方面是行为人单方行为的自主性,另一方面是相对人之间的行为依赖性,只有相对人根据契约的作为或者配合才能够正常完成契约的订立与履行过程,所以自然需要行为主体具有可靠的信用,即行为主体有自主履行契约的行为能力与意志,这就涉及行为人的诚实信用这一普遍的人性条件。为此,既需要道德合格的行为主体,又需要确立行为主体的自主行为标准,建立契约当事人之间的社会诚实信用机制。《民法典》第7条规定:"民事主体从事民事活动,应当遵循诚信原则,秉持诚实,恪守承诺。"可以说,没有行为主体的诚实信用秩序,就没有契约的自然秩序体系,而诚实信用也就成为自罗马法以来就确立的民法道德原则,是各国民法所普遍维护和遵从的秩序条件。

二是行为内容的均衡秩序。契约作为实现财产变动的自主行为方式,必然在自主的基础上要求行为内容即当事人之间的利益或者权利义务关系的均衡性或者对等性。行为内容的均衡体现当事人在契约关系中的人格与地位等利益条件的平等或者对等,代表契约关系的合理性与正当性,是当事人自主接受和履行契约并形成契约秩序的前提条件,所以行为内容的均衡秩序也就构成了实现财产变动的契约行为的自然与必然的自主条件要求。《民法典》第4条规定的平等原则、第6条规定的公平原则,都对实现财产变动的契约行为提出了内容均衡的条件要求,这是各国契约立法普遍遵循的自然秩序法则。

三是行为过程的效率秩序。债权契约行为,以自愿实现财产关系变动即交易结果为目的,人们之所以选择债权契约的行为方式实现交易的结果,就在于这种自由的行为方式不仅可以反映交易关系当事人的自由意志和人格本质,而且通过当事人意志自由可以顺捷和有效地达成交易目的,提高交易的效率与秩序功能,最终有利于满足当事人的财产利益。由于契约行为作为当事人的合意行为,是当事人自主的交易行为,以实现当事人之间的财产变动为目的,自然具有符合当事人的利益需求的秩序属性。因此,民法在对财产变动的调整上,必然尊重当事人的意思自治,尽量减少对契约行为的权力介入与干预,最大限缩制度性的契约无效情形,有效维护契约关系的稳定与履行,这已经成为当代民法的普遍秩序原则与价值取向。

四是行为条件的市场秩序。契约行为是一种市场行为,即财产或者利益的交换行为,表现为自主的利益竞争,奉行优胜劣汰的自然行为法则。因此,契约行为的自主财产变动,既是市场行为的表现,又离不开一定的市场经济基础。虽然契约行为的存在并不以市场经济体制为根据,但是市场经济体制必然使契约行为成为实现财产变动的根本制度形式。可以说,市场经济是民法的制度基础,离开一定的市场或者商品经济提供的自由秩序条件,既没有基于契约的财产自由变动,又没有民法对实现财产变动的契约关系调整。

2. 自主实现财产变动的遗嘱行为

财产变动的自主行为实现,除了契约行为以外,还有遗嘱行为。遗嘱行为作为自然人处分遗产并实现死后遗产归属的自由行为,同样体现了民法的意思自治的规范本质及其确立的自由秩序条件。虽然基于遗嘱继承的财产变动从被继承人死亡时开始,但是作为被继承人自主意志的遗嘱行为仍然是遗产发生物权变动的基础或者原因行为,是遗产继承的根据。

财产的遗嘱处分与继承,作为财产所有权变动的形式,遵循"人法"的普遍规则。"遗产继承规则是私有财产的自然生态规则,也就是遗产继承的亲缘关系规则,即在共同生活的家庭成员或者具有血缘联系的亲属之间的遗产继承规则。"[①]一个财产所有人总是希望在死后能够将自己的遗产留给自己所中意的人继承,因此,他必然根据自主意志以遗嘱的方式把自己的遗产转移给自己选定的继承人,并通过继承在具有亲缘关系的家庭成员之间实现财产权变动。这一基于遗嘱的财产变动,体现的是一种家庭与社会的自然伦理,同样具有自然财产秩序的属性,是自主的遗嘱行为所不

---

① 王利民:《民法道德论——市民社会的秩序构造》,法律出版社2019年版,第585页。

能背离的人性伦理原则。

遗嘱行为作为实现财产变动的自主行为,虽然具有遗嘱自由和意思自治的行为属性,但是遗嘱人通过遗嘱将自己的遗产转移给哪些人,则维持一种自古不变的自然规律,即基于遗产的后事性,无论是哪一个国家和民族,亦无论法定继承还是遗嘱继承,都是把遗产转移给与被继承人具有一定亲缘关系的人,其中主要是直系血亲和共同生活的家庭成员。①"一切社会之中最古老的而又唯一自然的社会,就是家庭。"②因此,一种传统观念认为:"根据血缘关系的亲疏进行继承是一种自然权利。"③虽然遗嘱行为是一种自主的意志行为,但是它必然遵循亲缘继承的自然法则,④而不是一种随意任性的和超越私人社会一般生活条件和规律的行为,这就是遗产继承所必然具有的世袭性。所以,实现财产变动的遗嘱行为,一方面具有自然的自主性,另一方面遗嘱的自主性普遍遵循亲缘继承的自然法则,是在亲缘关系中选择继承人的自主性。"早在野蛮阶段初期,甚至更早到蒙昧阶段,即已定出一项原则,规定遗产必须保存在本氏族之内,并由本氏族的成员分得";"将遗产继承权实际上限于氏族内最近的亲属,这就是同宗亲属继承法的萌芽"。⑤ 直到当代社会,人类在实现财产变动的遗产继承上都一直遵循着这一亲缘继承的自然秩序——即使是自主实现财产变动的遗嘱行为,亦不能逃脱这一人性的自然规律。

正因为财产继承的自然秩序属性,我国《民法典》第1127条第1款对法定继承人的范围规定,唯一的条件和标准,就是近亲属,并且由亲属关系的远近决定继承顺位;同时,《民法典》第1133条第2款规定的遗嘱继

---

① "大陆的法学家们长期以来收集的证据证明,在罗马法和日耳曼法的初期,有一点是相同的,家庭是社会的基本单位。罗马《十二铜表法》也承认家庭的次一级成员对家庭财产享有利益。"〔美〕小奥利弗·温德尔·霍姆斯:《普通法》,冉昊、姚中秋译,中国政法大学出版社2006年版,第301页。也就是说,一个家庭成员从家庭或者家长那里取得财产或者遗产,就如同是取得了自己的财产或者说是取得了自己应有的财产份额。"家庭是人类基本的社会细胞,家庭成员之间基于血缘和姻缘的纽带联系,不仅组建了共同的生活群体,而且形成了共同的财产单位,自然产生了相互之间以维持生命延续和实现共同生活为目的的亲缘关系,即一种不计代价和不求回报的相互关心和扶持的身份关系。这一无价的情感投入关系,也是一种无偿的财产继承关系,并以此构成了家庭社会及其成员之间的基本伦理秩序。"王利民:《民法道德论——市民社会的秩序构造》,法律出版社2019年版,第589页。
② 〔法〕卢梭:《社会契约论》,何兆武译,商务印书馆2003年版,第5页。
③ 〔美〕罗斯科·庞德:《法理学》(第3卷),廖德宇译,法律出版社2007年版,第112页。
④ 遗产继承的亲缘关系法则,即在共同生活的家庭成员或者具有血亲联系的亲属之间实现的遗产转移,不仅是当事人的意志要求,而且是私有财产转移的自然生态秩序。
⑤ 〔美〕路易斯·亨利·摩尔根:《古代社会》(上册),杨东莼、马雍、马巨译,商务印书馆1977年版,第85页。

承,就是将个人财产指定由法定继承人中的一人或者数人继承。可见,法定继承遵循亲缘继承的自然秩序法则,而遗嘱继承即基于遗嘱的财产权变动,也把指定由法定继承人继承作为法定条件。总之,基于继承的财产变动,是发生在亲属之间的普遍秩序,具有自然秩序的属性,个人的遗嘱行为只能决定特定的遗产继承结果,但不能整体改变人类遗产继承的一般秩序。休谟指出:继承权(successionj)是一种很自然的权利,这是由于一般所假设的父母或近亲的同意,并由于人类的公益,这种同意和公益都要求人们的财物传给他们最亲近的人,借以使他们更加勤奋和节俭。① 亲属之间是具有血缘关系和情感联系的生活共同体,相互承担着自然的家庭义务,所以人们总是希望把自己的遗产转移给与自己具有亲属关系的个人。这一遗产转移的个人意志,构成一种自然的社会伦理秩序,各国继承法关于继承人范围和顺序的规定,正是接受这一自然秩序的结果,虽然存在一定的制度差异,但是却有基本秩序规则的普遍性。

---

① 参见〔英〕休谟:《人性论》,关文运译,商务印书馆1980年版,第551~553页。

第三章 民法的利益性——人性的客观秩序

——利益是生命需求的客观要素,人的生命与生存,需要人身与财产的利益条件与满足。人的自然性,根本上是人的客观利益需求的自然性,而人的客观利益需求及其实现条件,必然构成人性的客观秩序,并成为民法的制度条件与根据。民法就是根据人的自然生态法则及其人性的秩序条件,调整和实现人的客观利益需求的法形式。

一、人性的趋利避害行为

民法调整的人身与财产关系,本质上是人与人之间的利益关系。① "利益是人类基于生命规律而必须满足的自然与客观需求。利益具有自然性、客观性、需求性与必要满足性,也就是一种无法克服、排除和避免的生命条件。只要人或者主体存在,利益和利益需求就必然存在,只是利益满足与实现的条件和方式可能存在不同。"②民法及其调整的人身与财产关系的自然性,根本上是人的客观利益需求及其实现条件的自然性,利益构成民法调整的自然秩序条件,具有自然的客观秩序属性。利益性是人的自然性的实在性。有利益法学的观点认为:"每一个法律命令都决定着一种利益冲突,都建立在各种对立利益之间的相互作用之上,仿佛是这些对立力量(较力)的结果。"③由于利益的自然对立与冲突,人都具有趋利避害的

---

① "民法作为人法,是反映人的利益需求的法律形式,应当以人性的利益需求的规定性为根据,并在人性的利益需求的规定性的范围内实现自身的制度设计。"王利民等:《民法精神与法治文化民本模式论:自然生态的社会秩序体系及其规范形态与演进》(上册),当代中国出版社2023年版,第252页。

② 王利民等:《民法精神与法治文化民本模式论:自然生态的社会秩序体系及其规范形态与演进》(上册),当代中国出版社2023年版,第391页。

③ 〔德〕菲利普·黑克:《利益法学》,傅广宇译,商务印书馆2016年版,第17~18页。该利益法学观点认为,法律"只是人的决定","法律源于生活的需要","要根据生活需要对现有规范进行解释"(同前,第47页)。这显然是一种朴素唯物主义的法学观,但是它只说对了问题的一半,因为"人决定的法律"最终是由人的客观利益需求决定的,而"法律源于生活的需要"根本上是源于人的客观利益需求及其实现条件的规定性与规律性,这才是法律制定与解释的真正科学根据。

自然生物属性,民法对人身与财产关系的调整,就是合理规范人的趋利避害行为,保证人的利益关系及其趋利避害的行为能够以符合社会秩序的普遍形式实现,从而在化解利益对立与冲突的基础上,保证和实现社会的有序运行。

(一)民法是趋利避害的行为法

民法的调整对象,形式上是一种权利义务关系,而实质上则是一种利益关系,即一定的人身与财产利益关系。利益的规范与实现是民法及其设定权利义务规范的目的,而民法及其设定的权利义务规范不过是利益实现的一种自由的秩序形式。因此,民法作为"人法",与其说是权利法,不如说是个人利益法;人作为民事主体,与其说是权利主体,不如说是利益主体;人的主体地位,与其说是权利义务地位,不如说是利益地位,利益才是民法的真正调整对象。①

民法不仅是利益法,而且是以利益为目的的趋利避害的行为法。利益是人的生命与生存要素,是人性的根本需求。"生物界存在着这样一种普遍现象,即任何生物对外在的条件会有某种程度的选择,能够主动地趋之或避之。"②也就是说,趋利避害是生存的条件和选择。"生物具有一定的趋利避害的能力,趋利避害都是有选择的。选择性就是目的性。其目的就是为了主体能够更好地生存和发展。"③人的自然生态或者生物属性,根本上是利益性,也就是利益需求及其必然的行为驱动与选择性。人的利益需求及其行为驱动与选择,具有人性的规定性,即人的"自利性",亦即人的"趋利"而"避害"的本性并构成人性的客观秩序。人性的趋利避害,作为人的客观性,是一种生命与生存的生态本性,本身并无善恶,它在实现人的正当利益需求上构成客观的善,而在满足人的不当利益的目的上则走向现实的恶。

人的趋利避害性,就是需利与求利性。利益作为一种"好处",是维护

---

① "利益理论"与"权利理论"相交织,是重要的法学认识论。参见彭诚信:《现代权利理论研究》,法律出版社 2017 年版,第 56~100 页。"具体来说就是,权利人基于权利的实现而获得利益,但这要依赖于义务的履行。"(同前,第 60 页。)然而,虽然传统法学认识到了权利与利益的区别以及权利对于利益实现的意义,但是传统法学仍然立足于权利义务即法律规范研究,而对利益的本质及其对法律或者权利义务的规定性,则缺乏清晰、全面与系统的理论,存在明显的利益理论的缺陷与不足。
② 《主客体关系学系列丛书》撰写组编:《社会是什么——价值联结的生存单位》,商务印书馆 2002 年版,第 36 页。
③ 《主客体关系学系列丛书》撰写组编:《社会是什么——价值联结的生存单位》,商务印书馆 2002 年版,第 36 页。

人的生命与生存所不可缺少的条件,①是人的自然与必然的客观需求,包括一定的物质与精神或者财产与人身要素。利益作为人的生命要素,必然构成人的生命属性与主体条件。"利益就是人的行动的唯一动力。"②对于利益的客观需求与必要满足,"全无私利的人是绝对没有的",即"没有任何人可以称得上是无私的"。③ 作为利益需求与满足的"私",对于任何生物之人,都既是客观与必然的,又是正当与合理的。每个人都有自己的利益需求,每个人都需要以自己的行为趋利避害并致力于利益的实现。利益不仅具有人性的正当性,而且构成人性的本质,人必然趋利而避害,避害趋利是人性的客观条件与必然要求。"利益是各个人所提出来的,它们是这样一些要求、愿望或需要,即:如果要维护并促进文明,法律一定要为这些要求、愿望或需要作出某种规定,但是它们并不由于这一原因全部是个人的利益。"④民法调整人的利益关系,就是以实现人的利益为目的,确立人的趋利避害的行为条件,以规范有序的合理行为方式满足人的客观利益需求,是人的趋利避害的行为法。换言之,民法的权利义务规范,就是人的趋利避害的行为规范与条件,是人的趋利避害的自由形式及其行为限度,即民法上的自由根本上是趋利避害的行为自由,趋利避害受到民法上的自由保护,是可以通过民法自由的方式实现的利益行为。

(二)人为何趋利避害

人的趋利避害行为,是由需求决定的生物运动。"所谓生物运动,其起点是主体生存发展的需要,这是目的。要达到目的,就要采取一定的趋利避害的手段,……终点是生存发展需要的满足,即目的的实现。"⑤凡一物之存在,必有其存在的条件、理由和形态。"人类希望从精神和肉体上保存和发展自己",⑥而实现这一保存和发展的唯一自然与客观的条件,就是利益。利益是维持生命存在的要素,是人类共同的客观需求,所以人性必然趋利,而利害相对,趋利则必然避害,这就是中国传统思想中的所谓"自为之心"。⑦ 孔子云:"富与贵,人之所欲也。不以其道得之,不

---

① 利益就只是我们每个人看作对自己的幸福所不可少的东西。参见〔法〕霍尔巴赫:《自然的体系》(上卷),管士滨译,商务印书馆1999年版,第260页。
② 〔法〕霍尔巴赫:《自然的体系》(上卷),管士滨译,商务印书馆1999年版,第260页。
③ 〔法〕霍尔巴赫:《自然的体系》(上卷),管士滨译,商务印书馆1999年版,第260页。
④ 〔美〕罗斯科·庞德:《通过法律的社会控制》,沈宗灵译,商务印书馆1984年版,第34页。
⑤ 《主客体关系学系列丛书》撰写组编:《社会是什么——价值联结的生存单位》,商务印书馆2002年版,第35页。
⑥ 〔美〕梯利:《伦理学导论》,何意译,北京师范大学出版社2015年版,第207页。
⑦ 战国时期以法家为代表的一种人皆利己的人性理论。语出《慎子·因循》:"人莫不自为也。"商鞅强调:"民之于利也,若水之于下也。"《商君书·君臣》。韩非则更是认为,人天生"皆挟自为心也"。《韩非子·外储说左上》。

处也。"①管子云:"凡人之情,见利莫能勿就,见害莫能勿避。"②荀子云:"凡人有一同。饥而欲食,寒而欲暖,劳而欲息,好利而恶害,是人之所生而有也。"③韩非云:"好利恶害,夫人之所有也。"④斯宾诺莎认为,"人类理智的规律其目的只在求人的真正的利益与保存",并指出:"人性的一条普遍规律是,凡人断为有利的,他必不会等闲视之,除非是希望获得更大的好处,或出于害怕更大的祸患;人也不会忍受祸患,除非是为了避免更大的祸患,或获得更大的好处。也就是说,人人会两利相权取其大,两害相权取其轻。"⑤人类在生存竞争中必然基于生命的自然规定性而遵循一种功利主义或者实用主义的生存与生态法则,⑥这一法则的基本原则就是"趋利避害"。⑦ 所谓趋利避害的"利",就是人类维系生存所不可缺少而需要得到满足的各种利益条件,其根本就是民法所调整的人身与财产关系条件;所

---

① 《论语·里仁》。商鞅同样认为:"民之欲富贵也,共阖棺而后止。"《商君书·赏刑》。孔子并不反对追求富贵等个人利益,只是主张"取之有道"和"见利思义",反对"见利忘义"。也就是说,在追求个人利益的过程中,应当遵守仁义道德即普遍的社会秩序规则。因此,孔子把人的本质上升到道德的高度就是"仁",所谓"仁者人也",要求"仁者爱人"。孔子的义利观是为建立他的理想社会秩序服务的。基于他的义利观,他主张统治者应当"因民之所利而利之",即应当顺应人的利益需要。参见《论语·尧曰》。商鞅则认为:"人生而有好恶,故民可治矣。人君不可以不审好恶。好恶者,赏罚之本也。"《商君书·错法》。

② 《管子·禁藏》。

③ 《荀子·荣辱》。商鞅也认为:"民之性,饥而求食,劳而求逸,苦则索乐,辱则求荣,此民之情也……故民生则计利,死则忧名,名利之所出,不可不重也。"《商君书·算地》。

④ 《韩非子·难二》。"夫安利者就之,危害者云之,此人之情也。"《韩非子·奸劫弑臣》。韩非作为荀子的学生和法家思想的代表人物,为推行自己的治国之策,把性恶论推向了极端,成了赤裸裸的利益关系。他说:"医善吮人之伤,含人之血,非骨肉之亲也,利所加也。故与人成舆,则欲人之富贵;匠人成棺,则欲人之夭死也。非舆人仁而匠人贼也,人不贵,则舆不售;人不死,则棺不买。情非憎人也,利在人之死也。"《韩非子·备内》。他同样提出:"凡治天下,必因人情,人情有好恶,故赏罚可用,赏罚可用,则禁令可立,而治道具矣。"《韩非子·八经》。"君上之于民,有难则用其死,安平则用其力。"《韩非子·难一》。"父母之于子也,产男则相贺,产女则杀之……计其长利也。故父母之于子也,犹用计算之心以相待也。"《韩非子·六反》。无论是君对民,还是民与民之间,均在于对冷冰冰的现实利害关系的计较之中。

⑤ 〔荷〕斯宾诺莎:《神学政治论》,温锡增译,商务印书馆1963年版,第213~215页。

⑥ 本书所谓的功利主义或者实用主义法则,是指人的生存与生态法则,是人的客观利益法则,是作为法的根据与本体的人的自然法则,是一种自然与客观需求的法则,因此不同于西方传统的功利主义或者实用主义法学,后者是把法律作为功利或者实用的手段。例如,边沁认为,"法律秩序的目的就是实现最大多数个人的最大幸福,其途径就是留给每个人以最大的自由活动空间并使每个人在最广泛的范围内享有自决权";耶林认为,"法律概念是为人类而存在的,是实现人类目的的手段而不是相反,因而法律科学的主要使命就是发现正义和公正在当下的要求究竟是什么"。〔美〕罗斯科·庞德:《法理学》(第1卷),余履雪译,法律出版社2007年版,第102、104页。法律的功利主义或者实用主义不过是人的客观利益和自然生态法则的社会表现形式,是一种现实主义的法学观,其功利和实用的目的与结果,应当与人的利益和生态的本体条件与客观需求相一致。

⑦ "至于趋利避害,畏死乐生,亦复均也。"(汉)霍谞:《奏记大将军梁商》。

谓的"害",就是一切不利于人类生存的因素,这就是民法所救济调整的一切损害他人人身与财产利益的违约与侵权行为。人类以生存为目的的一切自然与社会的选择,均在于趋利而避害。一方面,任何人都要维护和固守自己的生存利益而避免遭受来自他人或者外界造成的不应有损害;另一方面,任何人在利益选择面前都会首先追逐自己的利益满足并希望自己的利益实现能够最大化。"所以,个人(就受天性左右而言)凡认为于其自身有用的,无论其为理智所指引,或为情欲所驱迫,他有绝大之权尽其可能以求之,以为己用,或用武力,或用狡黠,或用吁求,或用其他方法。因此之故,凡阻碍达到其目的者,他都可以视之为他的敌人。"①所谓"人为财死,鸟为食亡",揭示的不过就是作为经验总结的人性的利益本质与生存法则。趋利避害作为人的生存法则,是人的生存条件和自然本能,是由生存需要所自然决定的,人唯有趋利避害才能够获得生存的条件并满足生存的需要而得以生存下去。生存是人无法选择和逃脱的目的,人的生存现实就是必须趋利避害,以满足"利"的生存需求;否则,如果被"害"所困,就很难实现生存的目的和获得正常的生存条件。

显然,人的生存需求及其实现的自利性,决定了人的趋利避害的行为本质与属性。"我们的热情、欲求、肉体的和精神的能力的运用,都应归因于我们的种种需要。"②既然人的自然属性是作为人的那种自然而然的生存选择,而生存选择作为一种生物现象,是人必须满足的客观利益需求,那么这种需求的满足给人带来的就必然是一种好处和愉悦,而不能满足或者反受利益侵夺,就自然会带来一种伤害和痛苦,甚至可能使人丧失生存的条件而导致人的生命结束与主体地位的丧失。③"和所有具有自我意识的生物一样,人最为珍视自己,并想尽一切办法保存自己,努力获得对自己有用的东西,躲避对自己有害的东西。"④因此,利益满足的愉悦和不能满足的痛苦,必然使人以趋利避害的行为,寻求自己的利益满足和避免受到利益损害的结果。人的自利需求实现的最佳方式,就是个人趋利避害的行为

---

① 〔荷〕斯宾诺莎:《神学政治论》,温锡增译,商务印书馆1963年版,第213页。
② 〔法〕霍尔巴赫:《自然的体系》(下卷),管士滨译,商务印书馆1999年版,第6页。"正是我们的需要强迫我们去思维、去愿欲、去行动;也正是为了满足这些需要,或是为了让这些需要在我们身上引起的各种痛苦的感觉得以结束,我们才按照自己的自然的感性和我们特有的能力,发挥出我们肉体的或精神的力量。"(同前。)
③ "满足,这是人类欲望和能力的平衡。凡是某一个人凭借这种欲望和能力而侵害到其他人,在这里就有不满足。"〔德〕威廉·魏特林:《和谐与自由的保证》,孙则明译,商务印书馆1960年版,第69页。
④ 〔德〕塞缪尔·普芬道夫:《人和公民的自然法义务》,鞠成伟译,商务印书馆2009年版,第59页。

方式,作为"人法"的利益法则,即以相互关系的利益均衡为条件的秩序法则,亦即民法上以权利义务关系的规范形式调整和实现的利益体系。

所以,趋利避害在本质上不仅是自然的和本能的,而且在相互关系的利益条件下,必然是体现人类理性及其秩序条件的社会文明形态。① 人的理性根本上是一种趋利避害的行为理性,理性是作为趋利避害的行为条件存在的,是趋利避害所要求的相互关系的秩序理性。人只有具备趋利避害的秩序理性,才能够有符合人类利益目的的趋利避害的秩序行为,并满足趋利避害的社会规范与秩序要求,从而用理性代替感性,用秩序代替无序,用文明代替野蛮。"总之,一切生物都具有向性运动或趋性运动,因而也就都具有趋利避害的合目的选择性反应能力。这种反应的合目的性,直接说来,是为了达到各种具体结果;根本说来,则都是为了保持平衡稳定,从而生存下去。"②趋利避害符合人的生存需要与目的,是生存本能所必然产生的趋向运动并构成人的生存法则。"生物要满足生存发展的需要,一要趋利,二要避害。趋利就是向外摄取一定的生存发展的条件。避害就是保障安全。不论是趋利还是避害,都存在着一个效果的好与差、效率的高与低的问题(效率包含着效果)。"③

在趋利避害的行为条件下,如果每一个人既能够实现自己趋利避害,又能够做到不损害他人利益,那么每个人所作出的就不仅是个人的获益选择,而且是有利于所有人的互利行为,必然增进整个人类社会的利益及其实现,这是人类物种延续的必要条件与必然行为。所以,趋利避害是一种生物规律,是生物竞争与适者生存的客观要求,体现人类的客观利益属性,所以在人性上并非恶,而是人性的一种自然法则与生态条件,是人类伦理的客观根据和出发点,具有社会正当性并必然构成人类的基本规范与秩序体系,即每个人以不损害他人和公共秩序为条件的趋利避害行为及其个人利益的获取结果,都是一种客观的善,都具有社会正当性,都应当得到承认和保护,并构成合理的社会秩序。这一秩序,是人类的客观利益需求及其趋利避害的行为条件在相互制衡中所形成的一种社会"公约",民法作为"人法"就是这一"公约"的国家法形式,其调整的民事主体即人与人之间的人身与财产关系,是人的根本利益关系,而民法调整这一利益关

---

① "一个受理性指导的人,遵从公共法令在国家中生活,较之他只服从他自己,在孤独中生活,更为自由。"〔荷〕斯宾诺莎:《伦理学》,贺麟译,商务印书馆1983年版,第226页。
② 王海明:《人性论》,商务印书馆2005年版,第37页。
③ 《主客体关系学系列丛书》撰写组编:《社会是什么——价值联结的生存单位》,商务印书馆2002年版,第54页。

系,就是人身与财产利益的趋利避害法,即实现趋利避害的行为法。民法以权利义务的规范形式,一方面承认和促进人的正当人身与财产利益——趋利;另一方面对人的人身与财产利益进行救济和保护——避害,是趋利避害的利益安全法,是形式规范上的"权利法"和实质条件上的"利益法"。

人的趋利避害行为,虽然作为社会行为必然以秩序为条件,但是作为个人实现利益的能动行为,必然以个人的能力为根据,反映个人的能力条件,因此,人的趋利避害的行为法则,必然具有"丛林法则"的规范本质。而民法作为人类"趋利避害"的行为法,也必然反映一定的"丛林法则"的秩序属性,这就是民法的竞争及其秩序(市场)规则,即以个人的能力和初始不平等事实为秩序根据的人身与财产利益的实现规则,由此民法承认和保护的人身与财产关系,必然是个人利益竞争的差别性关系与结果。

(三)人如何趋利而避害

人的趋利避害取决于人的利益需求,而如何趋利避害则不仅取决于人的利益需求,而且取决于人如何能够实现利益,所以人如何趋利避害是一个如何解决利益冲突和实现利益平衡与利益秩序的问题,根本上是利益实现的价值判断与规范选择问题。因此,人类趋利避害的功利选择,既是伦理的目的,又是伦理的要求和对象,而伦理的规范与秩序不过是人类趋利避害的行为条件与限度,因为个人的趋利避害行为如果不限定在一定的条件和限度内并遵循一定的规范和秩序,就会产生恶行与恶果。也就是说,虽然人类趋利避害本身作为自然生态的秩序行为是一种客观的善,但是人类在趋利避害的行为手段或者方式与方法上则有主观的善恶之别,并可能走向恶,所以趋利避害的具体行为与结果,可能善恶并存,有善有恶,或者善大于恶,或者恶大于善。① 因此,趋利避害的功利选择作为人类生存与发展的自然秩序与生态法则,必然成为伦理或者"人法"的规范对象,并构成国家法的规范形态,即由民法调整的人身与财产关系的秩序体系。

人是自利的,自利性就是个人的利益目的性,或者说是一种私利性,它是人的自然伦理的基础,也是人的社会伦理的根本。② 人类在利益满足上

---

① "善恶观念从一个民族到另一个民族、从一个时代到另一个时代变更得这样厉害,以致它们常常是互相直接矛盾的。但是,如果有人反驳说,无论如何善不是恶,恶不是善;如果把善恶混淆起来,那么一切道德都将完结,而每个人都将可以为所欲为了。"中共中央马克思恩格斯列宁斯大林著作编译局编译:《马克思恩格斯选集》(第3卷),人民出版社2012年版,第469~470页。

② "个别的人,作为这种国家的市民来说,就是私人,他们都把本身利益作为自己的目的。"〔德〕黑格尔:《法哲学原理》,范扬、张企泰译,商务印书馆1961年版,第201页。

面临两个无法逃脱和超越的有限条件,一是财产利益条件即一定物质条件的稀缺性,二是个人利益品质即道德条件的局限性,即个人的利益既不可能得到无限和无条件的绝对满足,又不能完全做到自我利益协调与无争,所以必然产生相互之间的利益竞争与争夺,从而形成人与人之间的利益关系及其地位与立场的对立。因此,个人的趋利避害行为如果不能接受和遵循一种统一的行为法则并形成相互协调的行为秩序,则必然导致人类在无序的利益矛盾、争夺和冲突中丧失利益,这必然威胁人类的生存并可能导致人类陷入重大的生存危机。因此,人类趋利避害的生存竞争必然需要产生相互关系的利益实现法则,也就是人类应当如何实现趋利避害的共同行为条件与普遍秩序,并构成人类趋利避害的客观规定性与规律性。① 这就是以"人法"和民法的形式表现出来的人类利益法则,即作为人类根本利益条件的人身关系与财产关系法则。这一利益法则,是人类利己主义与利他主义的矛盾协调与价值统一。② "利己的目的,就在它的受普遍性制约的实现中建立起在一切方面相互倚赖的制度。"③人类并不是要在利己与利他之间作出非此即彼的单项选择,而是能够建立共同的利益法则并作出既利己又利他的利益均衡行为。④ 一个人的行为在利己的同时往往也是利他的,或者起码可以在保有自己利益的同时而不损害他人的利益,亦即每个人的利益都以满足或者不违背他人或者共同利益的秩序形态实现,从而形成普遍的利益秩序,这就是民法调整的权利与义务统一的人身与财产利益关系。这一关系,既以实现个人利益为目的,又需要克服极端的利己主义,⑤而把利己与利他的不同目的协调到一个统一的规范与秩

---

① 虽然个人都以自身利益为目的,但是个人利益并不是简单地自我实现的。"由于这个目的是以普遍物为中介的,从而在他们看来普遍物是一种手段,所以,如果他们要达到这个目的,就只能按普遍方式来规定他们的知识、意志和活动,并使自己成为社会联系的锁链中的一个环节。"〔德〕黑格尔:《法哲学原理》,范扬、张企泰译,商务印书馆1961年版,第201页。所以,个人为了实现自身的利益必须接受契约和国家形式及其法律等普遍物。
② "一般来说,人们的行为有促进个人和社会利益的倾向。不管动机如何,可以说,每个人的行为都不仅影响到自己,也影响到别人。文明社会中人与人的联系是如此紧密,以致每个成员的行为都必定要对行为者本人和社会产生一定的效果。""因此,我们不可能对行为的效果,划出一条明显的利己或利他的界限来。一个行为的效果既关系到行为者,又关系到别人。"〔美〕梯利:《伦理学导论》,何意译,北京师范大学出版社2015年版,第211、212页。
③ 〔德〕黑格尔:《法哲学原理》,范扬、张企泰译,商务印书馆1961年版,第198页。
④ "无论我们从动机还是从效果来判断行为,人们都不是纯粹利己或纯粹利他的。"〔美〕梯利:《伦理学导论》,何意译,北京师范大学出版社2015年版,第219页。
⑤ "一个极端利己主义者容易给社会生活造成危险。一个总是考虑自己而且只考虑自己的人会伤害到别人(除非他是绝顶机智)。"〔美〕梯利:《伦理学导论》,何意译,北京师范大学出版社2015年版,第220页。

序体系之中,使趋利避害的利己主义成为符合社会道德与规范要求的普遍利益条件。①

黑格尔指出,"具体的人作为特殊的人本身就是目的";又指出,"每个人都以自身为目的,其他一切在他看来都是虚无。但是,如果他不同别人发生关系,他就不能达到他的全部目的,因此,其他人便成为特殊的人达到目的的手段。但是特殊目的通过同他人的关系就取得了普遍性的形式,并且在满足他人福利的同时,满足自己"。② 一个人的利益行为,在遵守一般利益规则的条件下,其行为效果是既利己又利他的;而在破坏利益规则的相反条件下则是只利己而害他。"这种同时促进个人和社会利益的行为可以看成是进化的产物。实行有利于自己但妨碍集体利益行为的人,和实现有利于集体但却伤害个人利益行为的人,都容易在生存竞争中失败而灭亡。而那些善于采取既有利于自己又有利于集体行为的人却能够生存,并把他们的行为方式通过教育和遗传延续下来。"③然而,虽然人类基本上能够选择和实现一种利己与利他协调的社会行为方式,但是人类遗传的并不都是利己与利他协调的基因,两者之间的矛盾和冲突总是存在和不断发生的,其同样构成一种社会常态,并成为一切社会问题的根本。因此,人类的利益行为必须以某种外部规则的形式进行强制或者协调,而"人法"或者民法及其秩序法则,就是这一强制和协调的产物,是人类利益关系有序实现的必然与必要的外部规范条件。同时,"人法"即民法的条件存在本身也说明,人类在利己与利他的关系上是很难自主协调的。换言之,人类的自利性往往基于个人利益最大化的行为驱动而在趋利避害的选择中可能走向利己而害他的结果,因此,对于人类自利需求的趋利避害行为,是不能放任其自由发生的,而是需要通过外在的统一利益规则进行规范和调整,实现一个符合人类共同利益的整体利益秩序。

人类在趋利避害的利益满足中,有两个方面的整体条件,一方面是功利条件,另一方面是安全条件,功利性决定个人利益需求的行为动力及其行为与行为程度,表现为个人利益行为的客观性;安全性要求个人利益能够以稳定、可靠与可持续的状态实现,需要个人的利益行为能够作出共同的价值判断与行为选择。功利性是个人利益需求的客观性,没有功利

---

① "(a)利己主义只要不与利他主义冲突,在道德上是不受谴责的;(b)当它与利他主义一起产生好的结果时,它还会受到道德的赞扬;(c)当它的缺少引起损害时,这种缺乏也要受到谴责,例如,毫不爱惜自己生命的自杀行为就受到人类的道德反对。"〔美〕梯利:《伦理学导论》,何意译,北京师范大学出版社 2015 年版,第 220~221 页。
② 〔德〕黑格尔:《法哲学原理》,范扬、张企泰译,商务印书馆 1961 年版,第 197 页。
③ 〔美〕梯利:《伦理学导论》,何意译,北京师范大学出版社 2015 年版,第 212 页。

性,当然就没有个人的利益目的及其条件满足,而个人的利益满足如果不具有一定的安全性同样无法实现功利的现实性,功利性只有与安全性进行结合与统一,才有实现的保障与可能。所以,功利性是人类利益需求实现的客观根据,而安全性则是人类利益需求实现的社会条件,两者缺一不可,需要相互统一。

人的利益安全条件,有两个方面。一是利益要素的条件及其保障安全,即人身利益得到承认,而财产利益要素的获取和供给能够维持利益的需要,并能够逐步实现财产获取和供给的丰富与扩大化,这是利益安全的客观要素条件,它对人类如何承认自身的主体性和保护人类的生存资源与开发物质财富提出了要求;二是利益实现的社会分配秩序安全,即利益需求能够在有条不紊的有序状态下通过合理分配得到普遍实现,它需要人们遵守利益分配的共同规范与秩序条件,从而使个人利益实现成为一种社会秩序形态。这是利益安全的主观行为条件,即利益的实现既不能简单地依靠个人强力,又不能是单方和片面的个人满足,而需要与他人进行利益协调和交换并实现相互利益关系的均衡与和谐,这就是个人利益实现的正当社会秩序规则。① "任何形态的物质之所以能够保持自身的存在,都同样有赖于它与其内外环境的平衡、适应、稳定,即自身内部诸要素之间及其复合体与外界环境之间的适应、平衡、稳定。"②利益实现的社会秩序安全的前提,是趋利避害的行为规范和统一,即个人的趋利避害行为必须遵守统一的行为规范,从而在规范的前提下形成趋利避害的秩序安全保障。"总之,生物的趋利避害活动在正常情况下是进行得井然有序(无序就趋向死亡)的"。③ 趋利避害不是混乱的个人行为,而是有序的社会行为。因此,人作为利益主体在趋利避害的利益实现过程中,需要接受普遍的社会规范条件,并维护趋利避害的共同社会秩序,从而使趋利避害的行为不仅表现人的自然属性,而且体现人的社会属性,是自然秩序与社会伦理的人性统一。否则,既达不到趋利避害的个人利益目的,又不符合趋利避害的

---

① "个人首先欲望自己的生存,然后才是别人的生存。这也是应该如此的。每个人都必然采取保存自己的行动,对他有直接利害关系的事情他能干得最好。但是,如前所述,实现他的利益的行动并不必然就和实现别人利益的行动相冲突。他可以使自己得利而并不妨碍别人,而且,他通过注意自己和自己的利益,可以在一定程度上推进着他所属的集体的利益,使他处于造福别人的更有利地位。"〔美〕梯利:《伦理学导论》,何意译,北京师范大学出版社2015年版,第218页。
② 王海明:《人性论》,商务印书馆2005年版,第36页。
③ 《主客体关系学系列丛书》撰写组编:《社会是什么——价值联结的生存单位》,商务印书馆2002年版,第38页。

社会条件与人性要求。

所以,人类从一开始就需要学会和遵守如何趋利避害的行为法则,这些法则是在人类的利益竞争与冲突中不断形成和发展的,从自然的生态法则,到社会的伦理秩序,是一个不断进化与进步的过程。特别是人类进入文明社会以后,发展出更加严密的利益规则体系,包括一定的法律体系,其中作为基础与本体的,就是调整人身与财产关系的民法体系。①

二、人性的利益需求——特性与条件

人性的利益需求,即人的生存条件需求,是人的本质需求,对个人的行为及其整体的社会秩序具有规定性。"生物(包括人)从生存发展的需要开始","需要是一切生命运动的起点——目的、目标、路线、方向;需要的满足又是一切生命运动的终点、归宿、结局"。② 人类社会是由不同的利益主体及其不同的利益需求所组成的集合体,彼此之间既是利益合作与交换的对象,又是利益冲突与竞争的关系,而人们在处理利益关系和实现利益需求上的基本行为特征,就是趋利避害。人性的趋利避害是由人性的利益需求及其实现条件决定的,并由人性的利益需求的客观性与本体性所驱使,是自然与必然的人性选择。"人类的一切,生物的一切,都起源于'生存发展的需要'。"③因此,民法的目的和作用,就在于以规范的形式合理确立人的利益条件,有序满足人的利益需求。

(一)利益需求的特性

1. 利益需求的客观性

民法及其调整的人身与财产关系作为意识形态,是主观意志的产物,但是这一意志是由人的人身与财产利益需求及其条件决定的,而人的利益需求及其条件是客观的,是具有规定性的。"人的生存发展的需要不是纯主观的,不是无规律的。所谓'存在决定意识',人通过意识形态来表达的需要——需求,归根到底是由人的物质存在(生存单位)决定的。"④因

---

① 可以说,任何一个法律体系,都是人们趋利避害的行为规则体系。民法调整个人的人身与财产利益关系,就是为个人提供的一套如何趋利避害并有效实现个人利益需求的规范与秩序条件。
② 《主客体关系学系列丛书》撰写组编:《社会是什么——价值联结的生存单位》,商务印书馆2002年版,第23页。
③ 《主客体关系学系列丛书》撰写组编:《社会是什么——价值联结的生存单位》,商务印书馆2002年版,第28页。
④ 《主客体关系学系列丛书》撰写组编:《社会是什么——价值联结的生存单位》,商务印书馆2002年版,第27页。

此，人的趋利避害及其具体的行为条件，都必然决定和受制于人的利益需求及其实现的规定性。

人的趋利避害行为，具有客观行为属性，是由人的利益需求的客观性决定的。① 人有什么样的客观利益需求，就必然有什么样的趋利避害行为。"一个人无论何时转让或者放弃他的权利，目的都是为了能够换取某种权利或者希望因此而得到某种别的利益。"②人性的根本属性，是一种客观的利益性。人的客观利益需求决定了人的客观利益条件，这是人作为生物主体的自然需求，由此必然作出趋利避害的行为选择。

人性的利益需求，作为生命与生存的需求，是一种客观需求，是不以人的意志为转移的自然与必然的生物与生理需求。"需要是生命最本质的特征，需要是生命动力之源，需要就是生命线。"③"没有需要，就没有生命力，就没有生命运动（生物运动）。需要贯穿生命运动的全过程，这是铁一般的事实。所以完全可以作出这样的判断：需要就是生命的推动力、原动力。"④这一需求既是现实的，又是必然与必要的，其满足构成了人性的自然秩序条件。利益之所以构成人的客观需求，就在于它是维系生命和实现生命价值所不可缺少的要素。人因利而生，因害而亡，追求生命的人皆趋利而避害。"所以生物只要活着，就要维系生命的存在，就必然会产生维系体内物质构成上的特定组合和特定比例的'需要'。"⑤利益是生命的条

---

① 人性利益作为个人利益，是由"人法"即民法调整的利益，具有私益性。私益是满足个人生活需要的一种普遍利益，是个人或者私人社会的利益，即平民社会的利益，亦即私人社会的人身与财产利益。人性的私益性，是人的普遍利益需求，具有利益需求的客观性与本能性，是必须满足的根本利益，离不开"人法"的秩序调整，需要以民法这一"人法"即私法的形式实现。在普遍的和以每一个人为主体的私益之外，还有一种只为少数人享有的特殊利益，即具有一定政治社会地位的人在政治社会中所享有的不同于一般人的利益，这一利益是以官位、权力和等级为代表的对他人或者社会的支配或者统治利益，是不能为人们所普遍和平等享有的利益，是一种差别和特权利益。
② 〔英〕霍布斯：《利维坦：英汉对照全译本》，刘胜军、胡婷婷译，中国社会科学出版社 2007 年版，第 208～209 页。
③ 《主客体关系学系列丛书》撰写组编：《社会是什么——价值联结的生存单位》，商务印书馆 2002 年版，第 23 页。"可是，长期以来，这个生物生存、人类进化、社会发展的最根本的原因，最根本的动力，却被忽视和抛弃了。所以人文科学、社会科学就很难与时俱进，就很难建立起一个比较完整的科学理论体系。"（同前，第 28 页。）
④ 《主客体关系学系列丛书》撰写组编：《社会是什么——价值联结的生存单位》，商务印书馆 2002 年版，第 32 页。
⑤ 《主客体关系学系列丛书》撰写组编：《社会是什么——价值联结的生存单位》，商务印书馆 2002 年版，第 31 页。"生物不但要生存（包括生长、发育和繁殖），还要发展（进化），即要不断地提高生存的质量。这就在物质构成上，又产生质的方面能有更好组合，量的方面能有更好比例的'需要'。前者是'生存的需要'，后者是'发展的需要'。综合起来就是'生存发展的需要'。"（同前）

件,是生命的活力与动力之源,人的生命与生理机能根源于一定的利益条件,需要一定的利益满足,没有一定的利益条件,就没有人的生命,也就没有人的主体性。因此,利益性是人性的客观性,人必然具有利益需求与实现的自然属性。荀子主张:"今人之性,生而有好利焉。"① 卢梭认为:"人性的首要法则,是维护自身的生存,人性的首要关怀,是对于其自身所应有的关怀。"② 人首先要满足自己的利益,这是人性的客观第一需求。

人性的客观利益,包括一定的人身利益与财产利益,即民法调整的民事主体在人身与财产关系中的利益。人身利益包括生命、健康、情感、身份、名誉、愉悦、舒适、幸福等人身或者精神要素。人身利益是人的生命的直接属性,基于人身利益的客观需求,人们自然会要求保有生命和健康,选择异性或者配偶,生育子女,形成并依赖家庭生活,实现生活的和谐稳定,获得人生的快乐与幸福。财产利益是维系生命所需要的物质要素,与人身利益相互依存,同样是不可缺少的人性利益,包括衣、食、住、行等必要的物质条件,而人类在不同的社会发展阶段所实现的物质创造都是作为人的利益条件存在的,都是为了满足人们日益增长的客观利益需求,从而改善和提升人类自身趋利避害的行为条件与结果。摩尔根在对古代社会的财产关系的研究中指出:"对财产的最早观念是与获得生存资料紧密相连的,生存资料是基本的需要。在每一个顺序相承的文化阶段中,人所掌握的物品将随着生活方式所依靠的技术的增加而增加。因此,财产的发展当与发明和发现的进步并驾齐驱。"③ 虽然人的财产利益需求在衣、食、住、行的条件与本质需求上是恒定的,但是能够满足人的财产利益需求的具体物质利益条件与形态则是发展变化的,或者说,是随着人类社会物质文明的不断发展和进步而逐步得到改善和提高的。

基于人性利益需求的客观性,人类必然要通过一定的"人法"形式调整人的利益关系并有序实现人的利益。换言之,人性利益需求的客观性,决定了作为"人法"的民法存在的客观性,人类无论在何种发展阶段,都必然存在一定的"人法"即"民法"形式来满足人性利益实现的客观秩序需求。因此,民法是社会的首要立法,近代以来各国民法典的制定都证明了这一点,而我国《民法典》作为我国目前唯一以"法典"命名和条文最多的法律,充分反映了民法在我国社会生活中的基础法律地位。

---

① 《荀子·性恶》。
② 〔法〕卢梭:《社会契约论》,何兆武译,商务印书馆1980年版,第9页。
③ 〔美〕路易斯·亨利·摩尔根:《古代社会》(下册),杨东莼、马雍、马巨译,商务印书馆1977年版,第611页。

2. 利益需求的本能性

人的趋利避害行为,不仅是客观的,而且是本能的。人的本体性,一方面是求生的本能,另一方面是求利的本能。求生反映人的生存需求,是求利的根据;求利反映人的利益需求,是求生的条件。人类在自己的社会发展和创造中,不可能满足于过去和现有的生存状态及其利益条件,而是希望能够不断地创造、改善和提高自己的利益条件以实现更理想的生存与生活状态。

虽然人的利益需求受主观意识的调节而与其他生物不同,但是人作为生物,不可能摆脱生理机制的控制而具有本能性。"从根本上看,人的一切活动,跟一般生物的活动一样,都是为了满足自身生存单位(主体)的生存和发展的需要,这是没有区别的。"①人性的利益性作为一种私益性或者生命性,是人的本能性,是人的自然需求与生物条件。因此,人的利益行为与选择,必然有与其他生物相同的本质。如果我们能从这一内在的联系上去看待人和人的行为,那么就能够客观揭示人及其行为的本质与属性,从而正确认识人和人的社会。

利益需求的本能性,决定了人的利益需求是不可克服与不可避免的生物与生存需求,只有这样的需求,才是可靠的和能够永久维持的需求。因此,人的利益需求是无法控制的,是任何一个人都必然面对和需要解决的生物与生存条件,而任何一种超过人的生物与生存条件而克制人的利益的行为,都是一种损害人的生物与生存条件的行为,也都是一种违背人性的不合理行为,而这一行为的危害结果,最终是人的主体地位。所以,人的利益需求,原则上只在于满足和如何能够满足,而不能剥夺和进行不合理限制,这不符合人性的利益本质。

由人性利益需求的本能性所决定,民法作为人性的法律,其调整的人性利益关系,都是一种本能性的社会关系,其秩序规则也都是人类本能性的利益条件要求与具体表现。民法调整的人身权关系,都具有利益需求及其实现的本能性,而人类对人身关系的秩序要求与规则维护,也都反映人类趋利避害的本能条件;民法调整的财产关系,是以财产交付、占有和利用为主要秩序功能的制度体系,仍然是以人的利益需求的本能性为根据的财产秩序规则,任何一个国家的民法对财产关系的调整都无法脱离这一秩序规则的本能性。

---

① 《主客体关系学系列丛书》撰写组编:《社会是什么——价值联结的生存单位》,商务印书馆 2002年版,第37页。

由于人性的利益性，人的一切社会行为都是以一定的利益为目的的行为，都是利益行为，都是为了实现人的客观利益需求。"生存发展的需要是有规律的，需要的规律性，决定了生物运动的规律性。"①人的趋利避害行为作为一种社会行为，不是盲目或者随意作出的，而是具有一定的利益目的与针对性，都受制于人性的利益规定性，都可以在利益性上找到行为的根据和原因。

利益需求具有不以人的意志为转移的本能性，因此为了维护人的利益条件并稳定实现人的利益需求，人类必然形成和具有一种自然与必然的生态规范与秩序体系，并在普遍的规范与秩序形态下构成人类生存的社会结构。人性的利益规范与秩序作为人类本体的社会规范与秩序，构成一种"人法"的私人社会形态，这一形态在人类社会发展到一定阶段被上升为民法调整的形式，即以民法的权利与义务规范所实证的人性利益秩序体系，民法也就以人性的利益属性，而具有人性的规范与秩序本质。

由人性利益的客观性与本能性所决定，民法调整的人身与财产利益关系，也是人的客观与本能的关系，既具有存在和条件的客观性，又具有实现和维护的本能性，这不仅是民法作为"人法"的自然秩序条件，也是民法调整的社会关系本身所具有的规律性与规定性。因此，民法不过是承认和遵循人的利益需求的规范要求，是在自然生态条件的基础上对人的利益需求及其实现条件的进一步规范化。民法不能创造人的利益，只能发现、尊重和保护人的利益；民法的最好规范，也不是创造的规范，而是总结和反映人的利益需求的客观性与本能性的自然秩序规范，是这一规范的制度性表达；民法的制度规范，有的是唯一的条件，如出生与人格的本质联系，即使是可选择条件，也是由人的利益需求及其客观性与本能性所决定的有限条件。简言之，民法是任意法，但不是任意创造的法，民法作为"人法"和人的自然生态法则，是不可创造的，在这个意义上，民法是客观的法；民法的制定及其规范条件，即民法的意识形态，受制于人的利益需求的客观性与本能性，具有人的利益需求及其实现条件的规律性与规定性；任何在人的利益需求及其实现的规律性与规定性之外创造的民法，都必然违背人的本质并走向人性的反面。

(二)利益需求的条件

利益需求的条件，即符合人性的利益需求及其本质的利益条件，并赋

---

① 《主客体关系学系列丛书》撰写组编：《社会是什么——价值联结的生存单位》，商务印书馆2002年版，第32页。

予人的利益需求以符合人的本质的规定性,是人的利益需求的具体化与样态化。有什么样的人性利益及其利益需求,就必然需要什么样的利益条件来满足,人性的利益需求及其本质决定了人性的利益条件,包括一定的人身与财产利益条件,也就是民法调整的利益条件。人的利益需求的客观性与本能性必然以一定的利益条件的客观性与本能性反映出来,从而决定人的利益条件的规定性与规律性。这一规定性与规律性,构成民法调整的人身与财产关系及其在利益分配与实现条件上的规定性与规律性,并由此决定民法的规范条件与制度本质。

1. 利益要素的统一构成

人性的利益需求条件,是人身与财产利益要素的统一,两者缺一不可,没有主次之分,只有意义不同。人的利益需求条件,是人的生活与生存条件,由一定的人身与财产利益要素构成,需要人身与财产利益的统一条件与满足,是相互结合的整体利益条件,对于人的生活与生命维持具有同等重要意义。因此,我国民法不仅调整传统的财产关系,而且重视调整人身关系,并将人格权独立成编,彰显民法调整的利益条件及其要素的统一性;民法调整的人身与财产关系及其通过人身权与财产权的形式保护的人身与财产利益,都是与特定人身不可分离的要素,没有主次或者根据先后而有重要程度之分与轻重地位差别;无论它们在民法的制度结构中被如何划分和安排,也无论它们的规范条文或多或少,都只是具有立法技术的意义,而没有划分和区别不同利益条件并作为独立要素的意义。民法以"权利法"的规范形式调整的人身与财产关系及其利益本质,是人性的统一利益条件,只有作为统一的利益要素同时存在,才能够满足人性的利益需求并具有作为利益要素的价值。

换言之,民法调整的社会关系,①无论是人身关系还是财产关系,只是根据该关系的客体是人身还是财产要素划分的,而无视了两种关系的主体要素及其人本属性。事实上,两种关系都不是由单一的利益要素构成的,也不是单一的利益要素能够构成的,而是由两种利益要素结合才能够维系和存在的关系,是两种利益要素统一的结果。人身关系的维护和存在不仅需要人身利益要素,而且离不开一定的财产利益条件;财产关系及其财产利益是一定人格主体的关系和利益,不仅以人格和人身利益的存在为前提,而且以维护人格与人身利益为目的,是人格与人身利益存在的条件。

---

① "社会关系,就是由价值联结起来的相互交换的关系,也就是相互需求与供给的关系,即供求关系。"《主客体关系学系列丛书》撰写组编:《社会是什么——价值联结的生存单位》,商务印书馆2002年版,第144页。

简言之,人身利益是人的内在利益要素,财产利益是人的外在利益条件,两者的统一和结合,才构成人格与人性利益需求的整体条件。因此,民法在调整对象上的人身与财产关系划分及其不同的制度设计,并不能分割人与人性利益需求及其条件的统一性和完整性,无论是民法调整的人身关系及其人身利益,还是民法调整的财产关系及其财产利益,都是人类及其人性的统一利益条件。因此,民法调整和划分的人身与财产关系,只有形式上的不同制度与规范意义,而不是实质上的人性利益条件的分割,也不能分割。

2. 利益支配的现实要件

人性的利益需求作为一种客观与本能的需求,是一种必然与必要的生活与生命条件的需求,需要利益支配的即时性与直接性,即构成支配的现实要件。告子曰:"食色,性也。"①一方面,食物是维持人的生命利益所不可缺少的物质条件,②人不吃饭就会因为饥饿而亡,所以食物作为人的利益需求必须构成可支配的现实要件,是一种现实利益而不只是可期待的未来利益。人无论有没有或者有多少可期待利益,但都必须具有和享有现实利益。所以,如果一个人不能通过一定的秩序方式获得并支配一定的财产利益条件,就会发生盗窃或者抢劫等非秩序性的获取并支配财产利益的行为。另一方面,人的自然生理需求是现实的,当人发育到成熟阶段,就会自然产生生理上的需求,所以需要选择配偶并以配偶为性利益需求的实现对象,从而使自己的性利益需求成为具有可支配的现实条件。因此,人对一定的利益条件的支配必须是对现实条件的直接支配,只有作为可支配的现实利益,才是可以实现的客观利益,也才具有作为利益条件的实在性与客观性。

基于利益支配的现实要件,民法调整的人身与财产关系,必然是一种现实的社会关系,即人类的生态性关系,并需要遵循人类利益支配的现实性与生态性规则。例如,在民法调整的人身关系中,人格权关系必须是与生俱有的"法定权利",③否则就无法维护人的自然主体地位;身份权关系也必然是在具有一定身份的当事人之间自然形成的一种现实利益条件,如亲权和亲属权的利益条件需要存在于特定的近亲属之间,所以民法规定他们之间具有亲权和亲属权。因此,人身利益作为与特定人身不可分离的利

---

① 《孟子·告子章句上》。
② "无论哪一种动物都需要不断获取食物来维持生命,这是一项沉重的负担。"〔美〕路易斯·亨利·摩尔根:《古代社会》(上册),杨东莼、马雍、马巨译,商务印书馆1977年版,第22页。
③ 在此,与其说是一种法定权利,不如说是一种自然权利或者利益。

益，就是一种直接和现实的生态利益，民法调整人身利益关系，就是要保障这些利益支配的现实性。①

民法调整的财产关系及其财产利益的现实性，体现为利益主体对一定财产的占有和支配并享受其财产利益，所以，民法必然根据人性的利益需求建立财产支配的现实秩序体系，如财产的现实交付和直接占有与利用的财产秩序与效力规则。即使是非现实交付或者非直接占有与利用的财产关系，也需要具有履行上的强制与效力限制，或者能够以某种转换的财产条件满足人们对财产利益支配的现实要求。显然，民法上物的交付、占有与利用规则，债的效力与履行规则，以及责任的利益救济与强制规则，等等，都充分体现了民法对利益关系的调整在满足人的利益需求的现实支配条件上所应当建立的正当性规则。事实上，民法上的财产利益条件，根本上是财产的占有和支配条件，即作为绝对权或者所有权的利益满足条件，而只有作为绝对权的财产利益条件，才是人们现实的可支配和可实现的利益条件。而债权或者请求权作为相对权，是财产支配权的实现手段，并不构成主体的直接与现实的财产利益条件，也不具有独立的财产利益价值，所以财产利益需求的现实性，根本上是以占有和支配为要件的财产利益，即根据绝对权直接享有的财产利益。

3. 利益满足的维持诉求

人性的利益需求作为一种客观需求，是一种生物与生理需求，是不以人的意志为转移的本能需求，不仅需要利益支配的现实要件，而且具有利益满足的维持诉求，即人的利益需求具有满足程度的规定性，能够达到维持人的生命与生存的需要，是人的利益需求在满足上对"量"的要求，即人的利益需求作为一种生物需求受人的生理机制与规律的支配，具有客观的规定性限制，只有在一定程度或者水平上实现，才能够满足作为自然生理条件的利益需要。这是人的利益需求及其满足条件的客观性，否则，就是人的利益条件相对于客观生理需求的缺失与不足，也就是人的可支配利益无法满足人的客观生理需求，即在"量"的条件上不能实现由人的自然生理规律所决定的客观利益，从而在利益条件的生理满足上直接影响和损害人的生物主体性。正如，一个人不仅有对食物的利益需求，而且有对食量

---

① "人格权与其他私权不同，人格权不需有特别的取得原因，而是原始取得。人格较之财产尤为重要，其应受保护殊无疑义。然自拿破仑法典以下，多注重契约的形成自由，而漠视人格的保护。德国民法并未就人格权作一般性的原则规定，而仅于侵权行为章中规定个别人格权，承认其为应保护的法益。"黄立：《民法总则》，中国政法大学出版社2002年版，第91页。正是由于人格与人格权是一种自然的权利事实与客观的主体地位，反而在民法的制度体系中被忽视，这一点，在我国《民法典》人格权独立成编的立法体例中，得到了历史性的改变和弥补。

的利益条件诉求,需要食物满足的维持条件,否则就会因为食物与食量条件的不能满足而处于生理饥饿状态,如果这种状态持续一定时间或者达到一定程度,则必然危害人的生命与主体地位。

人类的利益需求及其条件满足,与其他生物一样,作为一种生理规律,需要一定的维持条件。因此,人类为了能够满足生理上的客观利益需求,就必然遵循人的生物与生理规律,需要获取更多的利益条件,以保证各种利益条件的维持与安全,为此可能想方设法和采取各种手段,甚至不惜损害他人利益,破坏社会秩序。所以,人的获取利益条件的行为,即趋利避害的逐利行为,具有无限膨胀的风险与可能性,必须形成和遵守一定的规范。这个规范,就是自然的"人法"规范和作为"人法"的民法规范。民法调整人的利益关系,就是合理规范利益分配,最大限度地承认和保护人的利益维持条件,充分满足普遍主体的利益需求。

利益条件的维持诉求,反映人的自然生理需求及其满足条件的规定性,具有客观利益属性。但是,人的利益维持条件是相对的,一方面利益条件是一种客观条件,受到各种客观因素的限制,没有绝对的利益满足及其维持标准;另一方面基于人性的逐利本性,人总是不断追求个人利益的最大化,甚至贪图超过自身维持需求的利益条件而不知满足。因此,人的利益满足的维持诉求,不是指人的最高利益条件,而是指维持人的生理机能与主体性要求所需要具有的一般利益条件,即一种符合人性要求的条件。利益条件的维持性,作为一种主体性的生理条件要求,必然构成一种利益衡量的人性标准,是作为人的利益需求与满足的基本人性条件存在的。所以,利益满足的维持诉求作为人的生理属性,不仅是人的客观条件,而且构成人的社会正当性,一个社会应当以民法和其他社会分配法的形式为人们的利益需求提供实现的优化制度,保证人的利益需求能够普遍获得生理维持的满足条件,也就是不断满足人们日益增长的物质与精神利益需求,这是衡量一个社会的制度合理性及其文明与进步的标准。

然而,人的现实利益诉求,不仅是自然的需求,而且是社会的需求,并不以生理或者生活的满足与维持为条件,而是不断追求利益条件的"最大化",是一种无限的利益诉求。所以,人的利益满足的维持诉求,必然转化为人对利益条件的最大诉求,即通过个人利益的最大化保证个人利益满足的维持条件。因此,民法调整人身与财产关系,并不是为人们提供某种利益满足的维持条件,而是通过最大限度地承认和保护人们的人身与财产利益,为人们的利益需求提供一种最大满足的可能性,即利益实现与满足所不可缺少的社会秩序条件,从而把人性的利益需求及其满足条件的维持性反映在作为"人法"的民法的制度体系中。民法调整人的人身与财产关系,是充分承认和保护人的利益条件的法律形式,其立法目的就是要以合理的人身与财产秩序,公平分配利益条件,承认和保护人身与财产利益,以最大限度的利益条件满足人们的利益需求。因此,民法的价值,不仅在于反映人的根本利益条件,保护人身与财产利益的实现,而且在于以自由的行为规范与秩序使人的利益最大化。民法作为个人利益自由的法律,也就是最有利于人们自主创造利益条件并充分实现利益需求的法律。无论是民法的意思自治原则与法律行为制度,还是民法的自由的财产支配与交易制度,都在人格平等与行为自由的基础上,通过一种扩大财产支配与使用范围和鼓励个人交易的权利规范体系,为人们的财产利益需求及其维持条件的实现提供一种可靠的制度保障。同时,当代民法高度重视人身利益的承认与实现,并在细化人身权特别是人格权保护的前提下,为人们的人身利益满足提供有效的制度条件。对此,我国《民法典》以人格权独立成编代表了当代民法的先进性及其发展趋势,从而使人格利益条件的维持在《民法典》中得到了最为充分的制度体现。

4. 利益存续的稳定基础

人性的利益需求,不仅需要充分满足,而且需要持续存在,不能持续存在的利益条件,就是不能实现的利益条件,更无所谓条件充分。换言之,利益条件作为一种生命与生存需求,在供给上不能间断;否则,同样无法维护人的生理机能而必然使人丧失主体性。因此,人的利益条件必须是根据生命与生理的需求而能够持续供给的条件,具有存续和满足的稳定基础,不能脱离特定人的生命与生理需求而中断或者出现重大改变。利益条件是人的生命与生理条件,只有与特定的生命主体结合并稳定存续,才能够维护人的生命延续与整个人类种群的自然生态及其可持续发展。因此,利益存续的稳定性,与利益条件的现实性与充分性一样,同样构成利益需求的安全与可靠条件。

人类为生命的自然需求必须获取和创造一种稳定和可持续存在的利益条件,这是人类始终面临的重大生存与发展课题。正如一个人如果连续中断食物就会因饥饿而亡,即使后来有再多再好的食物条件对于死者(消亡主体)而言也毫无利益价值。所以,只要承认和维持人的生命,就必须使人具有持续维护而不中断的物质利益条件,而人的人身或者精神利益条件同样需要存续的稳定性,尤其是直接构成人的主体性的人格利益条件,必须与人的主体地位相始终,即便是那些与人的特定身份关系相联系的身份利益,也必须构成一种稳定条件,同样不能与身份相分离而随意中断。如果利益条件不能稳定存续,就是人类生活与生存条件的不足与缺失,即使不是利益条件的根本丧失,也是一种非正常的维持状态,这不符合人性的利益需求。因此,一个理想的社会,应当实现人的利益条件的稳定供给与持续分配,保证利益条件对于主体的普遍与可靠实现。

利益稳定作为利益实现的安全要求,是人类始终努力维持和保有的生态条件。为了保证利益条件的稳定与安全,一方面从人身利益上必须承认和维护人类的生态条件,需要普遍确立人的主体地位,不能消灭自身种群与人格;另一方面从财产利益上需要保护和实现人对财产的占有和支配关系,合理分配人的财产利益条件。"如果所有权是不完全的,人们便会失去保护它的动机。没有持续不断的对所有权的保护措施,也就不会存在资本财富的累积过程。"[1]人类利益条件的恶性循环,必然导致人类利益条件的损害与丧失。

为了维护人类利益条件的稳定基础,一个社会需要存在有效的利益分配秩序,而民法作为"人法",就是人类利益分配的基础秩序形式。民法不仅普遍承认人的平等主体地位,而且调整和维护人的人身与财产利益,为人的利益条件的稳定实现,提供了最有效和最可靠的人身与财产秩序条件。为此,民法不仅规定自然人的权利能力即享有利益条件的资格,始于出生,终于死亡,一生具有,[2]而且建立自然人利益条件实现的中介形式,即法人和非法人组织的民事主体制度,通过社会组织所具备的财产秩序、组织秩序和行为秩序,保证自然人的民事主体地位及其利益获取与维持的稳定条件;民法确认每个人的平等主体地位及其遵循的普遍利益规则,保证每个人都能够通过自主的利益行为获得自己所需要的利益条件,从而在合理预见个人利益需求的基础上保证个人利益条件的稳定与安全可靠;基于利益条件的存续及其稳定性要求,民法对财产所有权的保护没有时间限制,且对物权请求权不适用诉讼时效;家庭是人们的基本生产和生活单位,民法通过维护家庭关系与家庭成员之间的财产继承,为人们提供稳定的生产和生活条件。同时,为了解决社会弱势群体的利益条件的稳定性欠缺及其存在的生活安全问题,现代社会建立多重利益分配体制,特别是一定的社会扶助与救济机制,切实保障这些特殊社会群体的利益条件及其生活稳定。

5. 利益品质的发展形态

虽然人性的利益需求是客观的,而维护人的利益需求的人身与财产要

---

[1] 〔英〕约翰·奥斯丁:《法理学的范围》(中译本第 2 版),刘星译,北京大学出版社 2013 年版,第 55 页。
[2] 自然人的人格及其民事主体地位的取得,基于自然的生命事实,无须人为的其他特别条件。

素也是不变或者相对不变的,但是现实的利益条件及其品质则是不断发展变化的具体形态。"人的需求是不断增长的,需求的增长在质方面是无限的,好了还要好,越新就越好,各类越多就越好。所以随着人们生活水平的不断提高,就会不断产生新的需求。"①这就是人的利益需求的条件形态变化,是人类社会进步与条件发展的必然结果。例如,人的食物利益需求及其基本的利益条件是不变的,但是人类的具体食物条件则从茹毛饮血的野蛮时代经过农业文明发展到现代工业社会,其种类日益丰富,品质不断提高。换言之,在原始社会、农业社会和工业社会的不同社会条件下,所能够给予人们的食物条件是不同的,处于不断改善和提高的形态变化过程。②又如,人类的居住利益需求及其一般利益条件也是不变的,但是人类的具体居住条件则从原始的洞穴和简陋的房屋发展到了现代社会的建筑形式,并逐步产生和形成了不动产物权保护的民法制度。可以说,人类支配的整个物质利益条件及其形态,都在发生日新月异的创新与变化。再如,人的人格利益需求及其根本条件同样是不变的,但是人格利益需求的内在精神条件,则从人类早期与古代社会的蒙昧人格意识,发展到了当代社会以人格尊严与自由为基础的人本主义的人格条件及其内在品质,法律保护的人格利益不断深化与具体化、类型化,并已经进入个人信息保护时代。此外,人类的财产利益条件从传统的有形财产到近代以来的无形财产再到当代的数据和网络虚拟财产保护,随着科学技术的不断发展进步及其财产与产品创新,人类享有的财产利益条件,无论是在范围还是在品质上,都在迅速超越前代而发生前所未有的形态变化。因此,民法调整的社会关系及其客体范围正在突破传统民法认知而在不断创新发展,如我国《民法典》第111条对个人信息的保护,第127条对数据和网络虚拟财产的保护,以及对各种新的人身与财产关系及其权利类型的调整确认等,都反映了民法适应调整新的社会关系的发展需要而发生的制度进步。

可见,在不同的社会和对不同的人,可能满足和实现的利益条件,是该特定的社会与个人所实际面对和可能获得的现实条件,即具体的生存与生活条件,即这个条件在不同的社会发展阶段和对于不同的个人,是一种差别的和不同品质的条件。由于人们可能获得的利益条件及其品质差别,人们的实际生活与生存状态也就存在不同,而人们在不同的生存与生活条件下,也就必然有不同的利益标准和品质要求。换言之,人的利益条件一方

---

① 《主客体关系学系列丛书》撰写组编:《社会是什么——价值联结的生存单位》,商务印书馆2002年版,第115页。
② 《礼记·礼运》:"未有火化,食草木之食,鸟兽之肉,饮其血,茹其毛,未有麻丝,衣其羽皮。"

面是有限的,另一方面是发展的,是以利益条件及其品质的不断发展解决和克服利益条件的需求与有限问题,从而不断提高和改善人的利益条件以满足人们日益增长的生活需要。"生物不但需要生存,还需要发展,需要不断提高生存的质量,即需要不断改善生存的条件,需要获得更好更多的客体。"①因此,民法作为人的利益关系法,不能限制人的利益条件,而是应当保护人类不断发展和创造的利益条件,扩大调整人身与财产关系及其可实现的利益条件范围,通过自由与竞争的利益制度体系,合理规范人们趋利避害的利益行为,促进人类利益条件的进步和改善,提高人的利益需求及其实现条件的品质。

人类的利益条件的发展,一方面是条件的形态变化,不同的社会和社会发展阶段有不同的利益条件;另一方面是条件的品质提高,即利益条件的质与量的增长性变化。② 这一发展变化,不仅是人类在社会发展创造中实现的精神与物质利益条件的进步与改善,而且是人类精神与物质利益需求的优化实现,是人类生活与生存质量的进一步提高。也就是说,利益条件发展的过程,也就是一个利益要素的优良化过程。"生物运动的目的,是为了满足主体(生存单位)物质构成上质的组合更加优化和量的比例更加合理的需要,从而进行各种各样的趋利和避害的活动。"③虽然无论在何种社会条件下,人的衣食住行与生命尊严的基本利益需求及其实现条件都不会发生根本改变,但是这些条件的实际品质与具体涵摄,则是在人类的生产与生活的实践中不断创造更新的。然而,这一发展形态,虽然整体上是提高和优化,但是也难免发生局部和时段的恶化。例如,在自然经济社会中,受社会发展水平与条件的限制,人类及其行为的社会化程度较低,因此,人的精神与物质利益条件的需求与实现水平也就较低。在当代市场经济社会中,人类迎来了前所未有的精神与物质财富的发展,从而使人类的精神与物质利益条件得到极大的改变和丰富,这不仅是人类利益条件的发展,而且必然改变人类的客观利益需求并不断提高人类的生活品质,从而

---

① 《主客体关系学系列丛书》撰写组编:《社会是什么——价值联结的生存单位》,商务印书馆2002年版,第41页。
② "由于生物不但要生存,还要发展,所以生物主体对客体的需要,总的趋势是不断增长的,这是问题的一个方面。另一方面,由于环境在不断变化,客体在不断地变化。这种变化也可能对主体有利,也可能对主体不利。客体方面发生了不利于主体的变化,就威胁着主体的生存。所以,出于主体生存发展的需要,作为具有能动性的生物,就要尽可能取得趋利避害好的效果。"《主客体关系学系列丛书》撰写组编:《社会是什么——价值联结的生存单位》,商务印书馆2002年版,第37~38页。
③ 《主客体关系学系列丛书》撰写组编:《社会是什么——价值联结的生存单位》,商务印书馆2002年版,第38页。

实现人类更美好的生活理想。然而,在人类社会发展特别是工业化的进程中,也产生了环境污染和资源枯竭等损害人类利益条件并导致其恶化的情形,即发生了不利于实现人的利益需求的条件变化,但是这一变化作为一种外部条件事实,并不能改变人类对利益条件及其发展的内在品质需求。

民法对人身与财产关系的调整,就在于给人的利益需求提供稳定和发展的规范条件。民法对人身与财产关系的规范,是相对静态和稳定的制度形式,无须发生经常性的变化,但是民法调整的人身与财产关系的实际利益条件,则是现实和具体的,是条件的动态变化过程。因此,民法的制度价值,就在于能够以相对不变的一般规范形式,调整纷繁复杂的社会关系,并实现不同主体的利益条件与需求。事实上,无论是民法调整的人身利益,还是财产利益,在客观的利益条件上都是在不断发展的,从而也就产生了实现这些利益条件的具体权利要求及其不同的意识形态。从封建的家长财产所有权发展到近代以来的个人财产所有权,从古代的身份等级制度发展到当代以人格平等与自由为基础的民法制度体系,等等,当代民法及其权利制度的形成与发展,虽然在形式上表现为一定的社会价值观念与规范形式的变化,但是在根本上则是一种社会利益条件及其品质的客观变化并由这一变化最终决定和推动了民法调整的人身与财产关系的制度变革与发展。

三、人性的利益秩序——生态与行为

人不仅有利益的需求,而且有利益的限制。黑格尔在论人的需要时指出:"动物是一种特异的东西,它有其本能和满足的手段,这些手段是有限度而不能越出的。"① 利益的限制,在社会方面,根本上是利益实现的秩序条件。黑格尔认为,市民或者私人,"他们都把本身利益作为自己的目的",但是"由于这个目的是以普遍物为中介的,从而在他们看来普遍物是一种手段,所以,如果他们要达到这个目的,就只能按普遍方式来规定他们的知识、意志和活动,并使自己成为社会联系的锁链中的一个环节"。② 作为个人目的与社会联系的"普遍物"是秩序。秩序是利益实现的本质属性,利益在需求竞争中只能有序存在和实现,只有遵循并构成秩序,才能够实现利益目的。"在社会生活中,明显存在着一种秩序、一贯性和恒长性。如果不存在秩序、一贯性和恒长性的话,则任何人都不可能从事其事业,甚或不可能满足其最为基本的需求。"③ 秩序是个人生活和社会成功的前提。

---

① 〔德〕黑格尔:《法哲学原理》,范扬、张企泰译,商务印书馆1961年版,第206页。
② 〔德〕黑格尔:《法哲学原理》,范扬、张企泰译,商务印书馆1961年版,第201页。
③ 〔英〕弗里德利希·冯·哈耶克:《自由秩序原理》(上),邓正来译,生活·读书·新知三联书店1997年版,第199~200页。

秩序是符合规则的现实状态,是规则或者规范实现的客观形态与结果,规则的价值就在于构成秩序的根据和前提,是作为秩序的条件存在的,具有秩序的价值和意义。换言之,规则是实现秩序的工具,是被作为秩序工具运用的,只有在构成秩序上才具有价值,人类对规则的条件需求,根本上是对秩序的社会结果需求,即对规则的遵循需求。秩序就是遵循规则,就是在具体的社会关系或者行为上按规则行事。规则是静态的秩序,秩序是动态的规则。"人的社会生活,甚或社会动物的群体生活,之所以可能,乃是因为个体依照某些规则行事。"①依照规则行事,就是依照普遍的社会条件行事,是遵循一种秩序的行为方式,达到每个人都能够同样行事的目的,从而构成人类的社会结构及其利益实现条件。

因此,秩序是生命的法则,是人的自然生态要求,是从自然秩序而转化为的社会秩序形态。"所谓社会的秩序,在本质上便意味着个人的运动是由成功的预见所指导的,这亦即是说人们不仅可以有效地运用他们的知识,而且还能够极有信心地预见到他们能从其他人那里所获得的合作。"②静态上,秩序就是自然、社会、人和事物之间各自处于适当位置并形成某种合理与稳定的相互制约与制衡的客观状态;动态上,秩序是人的行为秩序,是人们基于对社会行为规则的了解和认可而在相互关系中保持的有条不紊的行为结果。秩序意味着一个人的行为所具有的稳定性、可预测性和可控制性特征。③ 秩序作为人的行为结果,客观上是人类利益能够自由与普遍实现所不可缺少的外部规则条件;④主观上是人们追求普遍规则效果的内在行为意志,是内在秩序意志与外部行为规则的统一。秩序是利益秩

---

① 〔英〕弗里德利希·冯·哈耶克:《自由秩序原理》(上),邓正来译,生活·读书·新知三联书店1997年版,第184页。
② 〔英〕弗里德利希·冯·哈耶克:《自由秩序原理》(上),邓正来译,生活·读书·新知三联书店1997年版,第200页。
③ 马克思深刻指出:"这种规则和秩序,正好是一种生产方式的社会固定的形式,因而是它相对地摆脱了单纯偶然性和单纯任意性的形式。"中共中央马克思恩格斯列宁斯大林著作编译局编译:《马克思恩格斯全集》(第25卷),人民出版社1974年版,第894页。简言之,马克思认为,秩序是物质的、精神的、是生产方式和生活方式的社会固定形式,是人们的生产关系和交往活动的必备条件。
④ 哈耶克将规则分为内部规则与外部规则。外部规则是由组织或治理者的意志制定的,是与社会自生自发形成的内部规则相区别的一种独特类型的社会秩序规则。这种独特类型的外部规则"乃意指那种只适用于特定之人或服务于统治者的目的的规则。尽管这种规则仍具有各种程度的一般性,而且也指向各种各样的特定事例,但是它们仍将在不知不觉中从一般意义上的规则转变为特定的命令。它们是运作一个组织或外部秩序所必要的工具"。Hayek, *New Studies in hilosophy, Politics, Economics and the History of Ideas*, Routledge & Kegan Paul, 1978, p.77. 外部规则是某种他律规则,在此基础上形成外在秩序。

序,是利益实现的行为秩序,具有承认和遵守利益实现的社会规则并维护利益行为的稳定性和可预见性的意义,是人类构成社会和有效组织社会生活以实现个人利益所不可缺少的结构性条件。所以,秩序是人性的利益条件需求,人类的利益行为必须伴随行为秩序,构成普遍的社会秩序行为。

人性的利益秩序,是人的利益需求及其实现条件的秩序,人性的利益需求决定了人性的利益条件,而人性的利益条件则必然要求和决定与这一条件相适应的人性利益秩序。这一秩序是人性需求的秩序,在人类生态秩序或者个人生活秩序的一般发展上,是从最初的"人法"秩序,即习惯与道德的自然秩序,①逐步发展出作为国家意识形态的民法秩序。民法调整的人身与财产关系,不过是以权利义务的规范形式表现的利益秩序关系,秩序构成这些关系的规范本质,是规范的实现与实然状态。规范是观念和形式的,而秩序则是行为和现实的。我们现实社会所能看到的,只是规范的实现结果,即秩序的客观形态。

(一) 利益秩序的生态性

利益秩序作为民法调整的人身与财产关系的秩序,是人的生物需求及其实现秩序,具有人的自然生态秩序的客观本质。民法调整人身与财产关系,并不是创造这一关系的秩序,而是发现这一关系的自然生态秩序的本质并反映和表现为合理的规范形式。因此,民法作为一种人性与"人法"的利益秩序,是人的自然生命秩序的社会形态反映,在根本上是人的生态秩序,具有自然生态秩序的本质,是从自然生态秩序的本体上发展的"社会秩序",不仅是社会的生态秩序,而且作为自然生态秩序的表现形式,根本上是一种自然的生态秩序。在民法的调整上,秩序是一种规范设计的行为条件,是根据规范形成的社会关系形态,但是在实然的社会关系或者行为上,秩序本身才是规范的条件和反映。

1. 利益秩序的生态需求性

人性的利益需求是一种生态的客观需求,而作为这一需求实现条件的利益秩序,必然同样具有人性的生态需求性。秩序既不是人为创造的,又不是人为可以改变的,而是在人类的客观利益需求及其实现条件的规定性的基础上必然产生和形成的一种维持人的利益需求及其实现条件的自然

---

① "道德是个人利益冲突的产物。当一个人在生存斗争中损害另一个人的时候,他引起受害者的愤怒及其他人的气愤和同情。由损人利己引起的这些感情和冲突的总和发出了这样的命令:你勿这样,你须那样";"如果人们在生活中毫无冲突的话,也就不需要道德规范了。道德规范旨在阻止那些破坏社会生活的行为,以及整个集体由经验发现或相信是有悖于他们目的的行为"。〔美〕梯利:《伦理学导论》,何意译,北京师范大学出版社2015年版,第218~219页。

生态秩序,并且唯有这一秩序,才能够维持人的利益需求及其实现条件的现实性与可能性。所以,秩序首先是作为生态需求而自然发生的,它不会是人的规则创造或者创造规则的结果;如果这样的秩序是人为创造的规则事实,也就没有这样的秩序事实;人类进入文明时代的规则创造,即成文法的制定,在本质上是客观发现、认识和描述人的生态秩序需求,是把人的生态秩序需求表现为一定的规则形式,从而为人类提供一种直接和明确的秩序规范条件,而不是在人的生态秩序之外创造人类所不需求的规则,即人类不会接受自己生态需求之外的秩序规则。

利益秩序作为人的生态秩序,具有人的生态需求性,是以人的生态需求为根据的自生、自在与自为的秩序。[1] 就秩序而言,唯有生态需求的自然秩序,才是一种稳定和可靠的秩序,因为生态需求是一种生命需求,而生态需求的利益秩序,是一种生命的利益秩序,只有在生命与生态需求的本质上,才具有人性利益秩序的本体性与实在性。换言之,人性的利益秩序,只有作为生态需求,才具有需求的客观性、本能性及其条件的统一性,才能够成为一种自然的秩序需求并具有自然的秩序形态,而这一秩序才是人性的本质与本体秩序,才具有生命秩序的根本属性,也才能够成为自然有效的秩序。人性利益秩序的生态需求性满足了秩序存在与实现的自然构序条件并具有秩序构造本身所需要的一体性,从而才具有秩序或者秩序形态的客观性与普遍性。

人为的或者国家强制的秩序,只是人的生态秩序的反映并且是在人的生态秩序需求的基础上作为一种外在辅助形式的秩序手段。因此,民法调整的利益秩序只有反映人的生态需求性,尊重人的生态需求的秩序条件,才是一种符合人性的社会秩序,才具有社会秩序的人性本质,也才是一种有价值的社会秩序并具有作为社会秩序实现的正义性。所以,我们考察民法的规范秩序,无论人身秩序还是财产秩序,都是人类生态需求的秩序,并且只有在正确反映人的生态秩序需求上,才有其作为秩序的制度价值。

2. 利益秩序的生态构造性

人性的利益秩序作为生态的需求与事实,其秩序的形态与形成只能是

---

[1] 虽然秩序是人类的生态需求,但是这并不意味着人类能够一直生活在秩序之中,人类的秩序需求本身就说明人类的秩序不足及其非秩序的事实。"人一生中所体验的一切运动或变化,无论来自外在事物,还是来自他自身之内的东西,都是或者有利于他的存在,或者有害于他的存在,或者能维持他在秩序之中,或者使他陷于混乱。"〔法〕霍尔巴赫:《自然的体系》(上卷),管士滨译,商务印书馆1999年版,第62页。

一种生态构造的自然秩序结果。"这样一种与环境相调适的秩序,显然不可能通过集中指挥的方式得到建构,因为关于这种环境的知识乃是由众多的个人分散掌握的。这种秩序只能产生于作为社会要素的个人间的相互调适以及他们对那些直接作用于他们的事件的回应的过程之中。"①这就是哈耶克所谓的不同主体的自生自发的秩序,也就是所谓的"自由秩序"。② 人类的本体秩序,不一定是自由的,但一定是自然的,并且在自然的意义上也可谓是自由的。人性的利益秩序作为一种客观秩序,具有生态构造的自然秩序本质,只有在生态构造的基础上才能够人为作出适度的合理调整与安排。"我们能够为社会秩序的型构创造一些条件,但是我们却无力为各种社会要素安排一确定的方式,以使它们在恰当的条件下有序地调适它们自己。"③人为的规范只是一种形式条件,既不能直接适用于具体的个人行为,又不能创造具体的个人行为秩序。人的利益秩序,最终是不同主体的利益选择秩序,是具体的利益选择的行为结果,是不同行为的生态构造。人在选择利益的同时,必然选择利益实现的秩序条件,而人类共同的利益需求及其实现条件的统一性则必然产生共同的秩序选择,因此人类的利益选择必然受制于利益需求及其实现条件的规定性,从而形成自然的生态秩序构造,以满足自己的生态利益需求;这就是民法的意思自治与行为自由,是民法作为"人法"所必须承认和关注的秩序形态。换言之,人类的生态利益需求必然伴随着生态秩序构造,人类在自己的利益选择中不能放弃利益秩序,因为放弃秩序,就等于放弃利益实现的互利条件和可能性,也就等于背离和放弃自己的生态需求和条件——人类追求生命的自然本质必然接受和遵循符合自身生态需求的利益秩序,并不断重构这一秩序。所以,人类在自己的生态秩序构造中,已经认识到秩序与利益的统一,秩序是利益实现的必要条件,并自主驱动和形成一定的利益秩序,从而以自身的生态秩序构造维护人类自身的生态利益需求及其实现条件并推动人类社会的有序发展。

显然,人类社会面对的两个客观和现实条件决定了人类社会的基本生

---

① 〔英〕弗里德利希·冯·哈耶克:《自由秩序原理》(上),邓正来译,生活·读书·新知三联书店1997年版,第200页。
② "这些个人的行动之所以被认为是自由的,乃是因为这些行动并不是由任何具体的命令所决定的,而不论这种命令是出自一上级还是出自一政府机构;这些个人行动所受制于的强力,乃是非人格的和一般性。"〔英〕弗里德利希·冯·哈耶克:《自由秩序原理》(上),邓正来译,生活·读书·新知三联书店1997年版,第200页。
③ 〔英〕弗里德利希·冯·哈耶克:《自由秩序原理》(上),邓正来译,生活·读书·新知三联书店1997年版,第201页。

态秩序结构：一是利益条件的有限性和稀缺性，二是人类理性的局限性和非至上性。因此，人类的利益需求即意味着相互之间的利益竞争以及随时可能发生的利益争夺与侵害，而要维护自己的利益需求和实现就需要接受秩序的生态现实，否则秩序即不复存在，利益亦不能自保。所以，无论人类如何破坏秩序或者秩序受到何种破坏，秩序本身都必然构成人类的生态事实，即人类需要和维护一种最低限度的生态秩序，即能够满足和实现人类利益需求的基本秩序条件。

因此，利益秩序必然作为生命的法则而成为人类的生态构造，而这一构造首先是作为自然事实存在的，然后才发展出人类的自觉秩序意识。"从这个意义上讲，立法者的任务并不是建立某种特定的秩序，而只是创造一些条件，在这些条件下，一个有序的安排得以自生自发地型构起来并得以不断地重构。"①法律只能提供人们生态秩序构造的条件，而不能直接构造人们的生态秩序。民法作为人类的自觉秩序规范，虽然是一种制定法的主观秩序，体现立法者的秩序意志，并受国家强制力的保障，但是民法的真正规范与秩序作用，就在于反映"人法"或者人性的自然生态秩序构造，从而以民法的普遍规范秩序，实现人类的自然生态秩序在民法规范条件下的有效构造及其构造的整合与统一。民法只是人类生态秩序构造的外部条件而不是内在根据，因此民法的秩序条件是有限的，只有转化为人的行为条件，在民事法律行为的条件下遵循民法，民法才具有秩序实现的价值。

3. 利益秩序的生态普遍性

人性的利益秩序作为人类的生命秩序，是一种生态的普遍秩序，具有生态的普遍性。人性的利益秩序在人类生态的规定性基础上，必然具有普遍的生态秩序形态，无论是哪一个民族或者国家，也无论是在哪一个发展阶段，都必然具有相同的生态秩序本质，表现出相同或者基本相同的秩序内涵与属性，即使存在具体秩序形式的不同或者变化，也不能改变其基本的生态条件。如以平等为基础或者要求的人格秩序、以血缘和亲缘为根据并共营家庭生活的身份秩序、以财产占有和支配为条件的物权秩序、以自主交易为原则的债权秩序、以亲属关系为根据确定继承人范围和顺序的继承秩序、以过错责任为原则的损害赔偿秩序等，这些人性的利益秩序作为人类根本的生态秩序，必然构成人性的普遍生态秩序。因此，作为这一利益秩序的规范条件，"人法"或者民法调整的社会关系，必然具有生态秩序

---

① 〔英〕弗里德利希·冯·哈耶克：《自由秩序原理》（上），邓正来译，生活·读书·新知三联书店1997年版，第201页。

的本质,是一种普遍的社会规范秩序,具有秩序形态的一般性和统一性,为民法所不可打破。或言之,民法调整的人身与财产关系及其秩序规则与制度结构,必然反映和具有人类生态秩序的普遍条件并具有统一性或者趋同性的本质,接受人类利益秩序及其生态普遍性的事实。民法或者私法的统一性或者趋同性,正是由民法所调整的社会关系即人性的利益秩序所具有的普遍生态秩序本质决定的。人性利益秩序的生态性必然构成一种"人法"的普遍性,而人有什么样的生态秩序,也就必然具有什么样的"人法"或者民法秩序,普遍的生态秩序是民法的客观对象,民法秩序必然反映和具有生态秩序的普遍性。

基于利益秩序的生态普遍性,当代民法或者民法文化,必然是趋同化发展的文化,而多元基础上的趋同化的发展必然是一种一元化的发展,这种一元化的民法和民法文化发展,是人类共同的文化与文明发展的自然生态结果,而并不是某个民族或者某种文化的独有贡献,也不为哪个民族或者哪种文化的单独发展所能够代替。虽然不同的民族和社会有对民法和民法文化的不同探索和发展道路,但是无论这种探索与发展的结果存在何种文化形态上的差别,都不可能根本脱离人性利益秩序的生态性及其秩序形态的普遍性,因此民法或者民法文化的趋同化不过是人性利益秩序在社会化实现过程中的一种生态轮回与普遍发展。

4. 利益秩序的生态规律性

人的利益需求及其实现条件的客观性必然表现为人性利益秩序的客观规律性。这一规律性作为人性的规律性,就是人的生命秩序的规律性,是由人的生命秩序的本质及其特定的秩序条件与法则决定的。只有人性或者"人法"的利益秩序才具有人的客观利益需求及其实现条件的规定性与规律性,而以这一生态利益秩序为根据并决定的民法秩序,也才具有作为社会秩序的客观性与规律性,也才能够成为一种科学的认识对象。

如果说人的利益条件代表利益需求的规律,那么人性的利益秩序则反映利益实现的规律。这一规律,包括人类利益关系的相互依存与共同实现规律,相互关系的人格承认与利益均衡规律,利益的个人目的及其实现的个人自由与诚信规律;利益损害的救济及其合理补偿规律,利益秩序的自然生态性及其秩序形态的习俗与伦理规律,利益条件的有限性与利益需求的无限性决定的利益分配的社会协调规律,等等。民法调整的人身与财产关系,作为人的自然生态关系,应当客观反映和正确揭示这一关系的生态秩序规律,建构符合人的生态秩序规律的民法制度体系,从而使民法成为具有客观规定性与规律性的法律,而以民法为研究对象的民法学,也能够成为一门具有认知规律的真正科学。

5. 利益秩序的生态进化性

虽然人性的利益秩序具有自然生态的普遍秩序属性,但是它并不是一成不变和千篇一律的固化性秩序,而是以文化与文明的形式不断进化的多元秩序。人性利益秩序的进化性,不仅是一种发展性,而且是一种自然演化性。人性利益秩序的进化,作为一种文化与文明的发展形式,是在遵循人性利益秩序的生态性、自然性和普遍性的基础上实现的一种反映人性利益秩序的本质并具有规律性的进步过程与演变形态。一方面,人性利益秩序的进化是一个秩序形态在文化形式上的自主发展和变化过程,体现一定的人类文化与文明创造的主观性与能动性;另一方面,人性利益秩序的进化又是一个人类生态秩序在生态性的秩序需求与秩序条件上的自然控制与选择过程,具有不以人的意志为转移的本体性与客观性。

利益秩序的生态进化必然通过其秩序的规范形式表现出来,这就是民法的制度发展与进步。民法的发展进步与制度完善,形式上是立法或者法律编制的结果,实质上是人类利益秩序的生态进化及其必然的制度条件和要求。换言之,民法制度不能是单纯的人类意志的创造,而只能是立法意志遵循人类自身的利益需求并发现其实现条件的生态秩序规律的结果,是这一需求和规律的表现形式。

(二) 利益秩序的行为性

利益秩序是通过一定行为表现的生态秩序。行为或者活动,是人的生命特征,表现人的生命与生物能力。人的生命是以行为表现存在的,而人的生命行为都直接或者间接地具有一定的利益行为属性,代表一定的利益条件和目的。人作为利益主体,需要占有和支配一定的利益条件,而人对利益条件的占有和支配只能通过自身实施一定的行为来完成,所以行为是人类占有和支配一定利益条件的外部形态,是个人利益的实现手段。人只有将自己的利益需求转化为利益行为,才能够获取现实的利益条件并具有实现利益目的的可能性。

可见,利益秩序的生态性是以人的利益行为表现出来的,是一种利益行为的生态秩序,是行为的生态性。行为是秩序的对象,秩序是行为的条件,秩序的意义就是不同利益主体的行为符合共同的规范要求而形成相互协调的统一社会形态,从而避免和消除不同利益主体之间可能发生的行为矛盾与冲突,达到共同的利益实现的目的。无论人的秩序还是非秩序,都是人类的一种行为状态,是由人类的行为条件决定的。人类有什么样的行为,就有什么样的行为秩序或者非秩序,并构成人类的秩序生态。

1. 利益行为的客观性与利益秩序的生态规定性

人的利益行为,是受人的利益需求与目的支配的行为,由于人的利益需求的客观性,人的利益行为也必然具有客观性,是一种客观的意志行为,即人的利益行为需要遵循人的利益需求及其实现条件的规定性与规律性,从而表现出利益行为的生态秩序属性并对人类利益的生态秩序实现具有规定性。进言之,人性利益秩序的生态性,是一种利益行为的生态性,是通过人的利益行为表现和实现的生态行为秩序,是行为化和通过行为客观化的利益秩序形态。无论人的利益行为具有何种复杂性和多样性,都必然受人的客观利益需求及其实现条件的支配并具有行为的生态规定性,从而构成一种客观的生态秩序行为。

2. 利益行为的主观性与利益秩序的生态能动性

人的利益行为不仅是生态上的客观行为,而且是主观上的意志行为,是由人的主观意志支配的行为,而主观性和意志性同样构成利益行为的生态属性,并使人的利益行为具有生态的能动性,从而使利益秩序成为一种个人自主自为的行为秩序。可见,人性的利益秩序及其生态条件,不仅具有利益行为的客观规定性,而且具有利益行为的主观能动性。主观性或者意志性,既是人的生命本质,又是人的生态行为条件,但是作为一种主观的能动秩序条件,则是一种任意的和可变的秩序因素。人的主观意志对于行为的意义,不仅是积极的,而且也可能是消极的,它既是行为人自主构序并实现生态秩序的行为根据,又可能成为人们行为无序或者破坏秩序的决定因素,这就是人类社会具有秩序和非秩序的两种行为状态与结果的生态原因。因此,人类的利益行为一方面需要遵循利益需求及其实现条件的生态规定性,另一方面需要克制个人主观意志的随意性与非秩序性,从而实现不同个人利益行为的秩序形态与结果,而其间必然伴随各种行为目的与条件的利益衡量与判断。

然而,人类利益行为的主观性不可能根本超越人性利益需求的客观规定性,所以它必然是以人性的客观利益需求及其实现条件的规定性为根据而普遍作出的生态选择。虽然利益行为的选择是主观的,但是其选择的具体行为本身必然受制于人的利益条件的客观性而最终构成人类统一的生态秩序。

利益秩序的行为性,表现在民法上,就是民事法律行为制度。民事法律行为作为民事主体设权意思表示行为,就是以自主的权利义务形式表现人的利益要求及其秩序条件的行为。民事法律行为的制度形态建立了民法的制度体系与人的利益秩序之间的生态联系,并充分展现了民法的制度体系作为"人法"的生态秩序属性。

四、利益秩序的民法调整

人性的客观利益,不仅是人的自然生态利益,而且是由"人法"规范和调整的社会利益,是上升为民法的权利义务关系的利益秩序。民法作为"人法"的国家法形式,是在"人法"的本体规范基础上制定形成的人身与财产利益的制定法条件,是调整人性利益秩序的基本制度与规范形式。民法调整的民事主体之间的人身与财产关系,就是一种人身与财产利益关系,而民法对这一人类自然生态关系的调整,就是为这一关系的有序实现提供一种实证的规范条件。

(一)民法调整对象的利益属性

利益作为人的客观需求,必然反映为"人法"的利益秩序规则,而这一规则的国家法形式就是民法。民法调整的平等民事主体之间的人身关系与财产关系,即一定的权利义务关系,根本上就是平民社会以平等为条件或者具有平等本质的人身与财产利益关系,即所谓个人或者私人社会关系,也就是"民间"或者"民事"的私益关系。这一关系作为民法的调整对象,是通过民法上的权利义务关系形式表现的关系,即形式上的权利义务、实质上的利益关系。

1. 利益关系——民法的实质对象

民法调整的社会关系,作为民法上的人身与财产关系,即民事法律关系,是以民法的规范形式表现的权利义务关系。权利和义务构成民法或者民事法律关系的基本范畴。一方面,民法是权利义务法,权利和义务构成民法的基础规范形式,并具有民法或者民法规范的本质特征;另一方面,民事法律关系是权利义务关系,是以民法的权利义务形式表现出来的社会关系,权利义务构成了民事法律关系的规范形式。抛开民法范畴或者概念的抽象区别,在实证或者客观的意义上,所谓民法或者民法规范、民事法律关系、权利义务或者权利义务关系,具有实质的同一性,不过是对一个问题或者同一对象的不同概括和表达。民法调整的社会关系,是通过民法的规范形式表现的关系,而民法的规范形式是权利义务,权利义务构成了民法表现的关系即民事法律关系的规范内容,民法也就是以权利义务为内容的民事关系法,并反映和代表人性的利益秩序。因此,民法调整的社会关系,形式上是一种抽象的权利义务关系,实质上是一种现实的利益关系。民法把利益作为自己的调整对象,就是把利益作为自己的秩序本质。

民法调整的社会关系,即民法上的权利义务关系,有抽象和具体两种形态。抽象的权利义务关系,即民法或者立法上的形式关系。民法或者民事立法,就是民事关系法,亦即权利义务关系法,其确立的权利义务关系是为一般民事主体即民法上的"人"所设定的关系,是以民法的规范形式表现的抽象关系。具体的权利义务关系,即当事人之间的关系,是当事人根据民法上的抽象关系即民法的一般规范而基于一定的法律事实而在特定当事人之间形成的权利义务关系,是直接约束当事人的现实社会关系。抽象关系是具体关系发生的根据和前提,具体关系是根据抽象关系实施一定法律行为或者基于其他法律事实发生的结果,具体的关系符合抽象的关系,就是合法有效的关系,就应当受到国家法律的承认和保护,并能够产生设权意思表示或者法律规定的效果。

换言之,民法调整的社会关系,在权利义务的规范形式上,不过是为了实现一定的利益目的而设定的规范条件,是一种形式秩序而并非实质秩序。只有当特定的当事人根据法定条件设定具体的权利义务时,才能够把权利义务的规范条件转换为现实的利益秩序,才是一种现实的利益和利益的实现。①

2. 权利义务——利益的实现工具

民法调整利益,把利益作为对象,只是选择和维护利益,而不创造利益。民法通过权利义务的规范形式调整利益关系,就是把权利义务作为民法上的利益工具,即利益的实现手段或者规范条件。② "权利云者,法律赋

---

① 民法是权利义务法,权利义务构成民法规范的基本范畴,但是在民法的规范体系中却自然地大量使用"利益"的概念,以准确表达民法调整与保护的实质对象。事实上,利益已经成为民法规范中最具实质意义并代表核心价值的范畴,这一规范特性,已经全面体现于《民法典》的整个制度规范。显然,利益及其分配才是《民法典》的规范目的与制度核心,而权利义务不过是作为利益实现的规范条件存在的。简言之,利益作为人的自然与必然的客观需求,是民法调整与规范的实质对象与目的,而权利义务作为民法的规范形式,不过是利益存在的外观或者实现所借助的法律手段——民法之力。例如,《民法典》第 522 条规定的"当事人约定由债务人向第三人履行债务"的合同,被称为第三人"利益"而不是"权利"订立的合同,即利益才是实质的目的和内容。在民法的规范表达中,利益是一个可以代表权利的概念,如《民法典》第 16 条关于"胎儿利益"保护的规定;第 22 条关于限制民事行为能力人"纯获利益"的规定;第 35 条关于"被监护人利益"的规定;第 83 条关于"出资人利益"的规定;第 122 条关于"不当利益"的规定;第 126 条关于"其他民事权利和利益"并列的规定;第 169 条关于"被代理人利益"的规定;第 410 条关于"债权人利益"的规定;第 524 条关于"合法利益"的规定;第 576 条关于"第三人利益"的规定;第 584 条关于"履行利益"的规定;等等,在这些利益的表达中,利益具有权利的实质,是一个可以代表权利并超越权利的范畴。但是《民法典》中的权利概念,只能作为表达或者实现利益的规范形式,不能脱离利益的实质存在与条件;否则,便成为空物而毫无规范价值。

② "个人利益可以分作:人格的利益、家庭关系方面的利益和物质利益。"〔美〕罗斯科·庞德:《通过法律的社会控制》,沈宗灵译,商务印书馆 1984 年版,第 35 页。概言之,即民法调整的人身与财产利益关系。

与特定人,以享受其利益之权力也。例如法律赋与所有人以使用收益及处分之力,而使其得享受所有物上之利益是。"①"权利者可以享受特定利益之法律上之力也。法律以力予人,并非毫无目的,目的为何?在乎使人享受特定利益而已。"②从权利角度讲,权利是民法规定的民事主体为了实现一定的人身和财产利益目的而为一定支配或者请求行为的行为自由。在权利和利益的关系上,权利是实现利益的行为手段,是以法律行为即当事人的行为自由或者意思自治为根据的利益手段,利益才是权利的目的,是权利的现实性,脱离了利益,权利便毫无意义。权利作为行为自由,是主体具有的实现利益的一种可能性,即可以根据自己的意志为一定的支配或者请求行为而自主实现自身利益的身份或者资格,是民法上的利益规范形式,即被民法作为利益实现的工具而运用的。权利义务作为民法上的利益秩序设计,是代表利益的一种外在规范条件,是作为民法的直接形式存在的,所以人们往往把权利义务直接作为民法的对象——工具成为了目的,而民法调整的利益本质在权利义务的规范形式下反而不被直视和透视,也就变得模糊甚至是被忽视了。

(二)利益秩序的规范形式

民法作为"人法",调整人的利益关系,是人的利益规范形式,是利益秩序的条件外化,是利益的形式秩序。

1. 利益秩序的条件外化需求与民法的规范形式

利益秩序作为人性的客观秩序,是以一定的规范形式外化的秩序,既具有形式化与规范化的外化形态,又具有形式化与规范化的外化需求。利益秩序的形式外化,就是利益秩序以直接和明确的规范形式表现于外部,作为利益条件的公示化和公信化,具有建立普遍规范并约束当事人的社会意义,是建构利益秩序的统一性、稳定性和可预见性,是对利益秩序的公正性与合理性的证明。因此,利益实现的秩序条件必然产生利益秩序的外化需求,并必然表现为一定的利益秩序形式,否则就不能构成客观的利益。利益秩序的外化作为一种规范化代表了一定利益秩序的社会化程度和水平。一种利益秩序越具有外化的规范形式并具有外化形式的公认性、稳定性和可预见性,其社会化的程度和水平就越高,也就越构成普遍和统一的秩序。

正是基于利益秩序的外化需求,"人法"作为人的内在秩序本质即人

---

① 梅仲协:《民法要义》,中国政法大学出版社 2004 年版,第 32 页。
② 郑玉波:《民法总则》,中国政法大学出版社 2003 年版,第 63 页。

的本体法,伴随着人类的生态进化与社会进步,在长期的生产和生活实践中,表现为不断的形式外化和提升形式条件的发展过程。这一"人法"的形式外化的过程,从个人的自主自为的行为方式与行为秩序,到共同的社会秩序习惯与习俗,再到道德的自律意识与普遍的行为秩序,最后到国家的统一制定法即民法形式,等等,是一个从个人行为条件到普遍社会秩序、从自觉的秩序认同到国家法的统一形式的过程;这一发展过程从历史的文化与文明形态来看,是一个从人的自然生态秩序到社会的习惯与道德秩序,再到国家的法律秩序的进步过程,在这一过程中,人类的文字及其载体发明,是"人法"形式外化的一个根本转折条件;从人类社会秩序的存在形态来看,是一个从实践的社会生态秩序到上升为国家法的一般规范秩序并构成一体的社会秩序体系的完善过程,而这一体系中的国家法即制定法或者成文法,则是"人法"形式外化的终极形式,最终表现为成文与不成文的两种外化及其规范形式。在这一秩序形式的外化过程中,不同形式的外化与转变,既不是以一种形式代替另一种形式,又不是以新的形式消灭旧的形式,而是不同的规范形式一体构成人类利益的统一社会生态秩序体系并共同调整和维护人类的利益秩序。

在上述人类利益秩序即"人法"的外化形式中,除国家成文法外,其他外化形式都不具有直接和明确的规范载体而表现为人们基于秩序认同的共同行为方式,即通过行为秩序的外化而不是成文法的条文规范的外化形式。这些其他外化形式虽然构成人类利益关系的客观规范与秩序条件,但具有"形式"及其外化条件与程度的局限性,需要根据人们的普遍行为事实与一般行为评价来认知和判断,表现为一定的规范秩序的模糊性,而不具有成文法规范的实证性和统一性,即不是一种充分的和终极的外化形式,从而影响和限制其作为规范的价值功能。

民法的利益秩序外化形式,是一种制定法的成文形式,即以文字规范的权利义务形式客观描述和直接记载人与人之间的利益关系及其秩序条件,是一种最为明示、直接和普遍的秩序外化形式。以民法的成文规范形式实现人的利益秩序外化,是人类发明文字并发展到一定社会文明阶段而产生的制定法结果,因此它既不是与人类社会的利益秩序相始终的,又不是调整人类利益秩序的唯一形式,虽然它在当代社会条件下构成人类利益秩序体系中的主要规范形式,但它仍然是一种有限的形式,既不能代替其他秩序形式的存在和作用,又不能独立完成和实现对人类利益秩序的调整。换言之,民法的秩序形式只有代表和反映人性的利益秩序并融入和整合于整个人性的社会生态秩序体系,才能够成为真正有效和有价值的秩序形式。

2.民法与其他秩序形式统一的生态秩序体系

民法的规范形式在人类的利益秩序体系发展中处于何种地位和构成何种条件,这是需要我们思考的一个问题。正如前述,在利益秩序的形式外化发展中,民法的外化形式是不是一种终极的外化形式？或者说人类在自己的未来社会发展中是否能够超越民法的外化形式而再发展出更高和更新的其他外化形式？笔者认为,人类的利益秩序的民法外化形式,作为与人类思维相统一的成文形式,应当是利益秩序的终极外化形式,不可能有超越人类语言和文字表达的更直接和更明确的规范形式。因此,未来人类利益秩序的外化形式及其发展,应当是成文(法定和约定)条款的内容完善及其载体创新,而不可能是在成文形式之外产生某种更高的规范形式。

然而,也正如前述,利益秩序的民法形式外化,既不是秩序形式的单一化,又不是民法的规范形式可以替代或者消灭其他秩序形式,虽然其他秩序形式在民法的实证规范条件下必然表现为秩序功能的弱化,但是却不能导致其规范条件与秩序功能的生态消失,而是需要民法与这些秩序形式结合并构成统一的社会生态秩序体系,并共同发挥调整社会关系的生态作用,而民法并不能单独完成对社会关系的秩序调整。相反,民法的秩序形式不仅需要本源于人类的自然生态或者其他形式的秩序,并保持与人类自然生态秩序的本质统一,而且需要民法的形式规范进一步转化为民事主体的自主自为的行为秩序,即自然生态秩序,这样才能够真正成为普遍和有效的现实秩序。因此,当人类的利益秩序发展到一定阶段,不仅需要从非实在化的其他秩序形式向民法的实在化形式的发展,而且需要从民法的实在化形式向其他秩序条件的自然生态的生成,也就是民法秩序在民法形式之外的主体行为实现,即从民法的形式条件向自主的道德与习惯的行为秩序的生态构造。民法的利益秩序只有在社会发展中进一步实现秩序形态的个人习惯化与道德化,成为自主与自律的行为秩序,实现民法的形式秩序与道德和习惯的行为秩序的结合与统一,才能够实现民法的形式秩序的社会生态化,而民法形式秩序的个人习惯化与道德化的实现条件与水平,则代表了民法调整的利益秩序的生态化发展及其作为社会文化与文明的进步程度。显然,人类的利益秩序唯有在民法的实证形式的基础上进一步以行为方式回归于个人习惯与道德的秩序形态,才能够实现人类利益秩序的生态化与文明化,也才能够代表人类利益秩序的本体与本质。

(三)应然与实然的利益秩序

民法的利益调整,是一种实在法上的人身与财产利益的实现秩序,包括人格利益的支配秩序、财产利益的支配与请求秩序,并把这些利益秩序通过体系化的制度形式特别是具体的各项权利制度表现出来,其代表的立法形式就是民法典。我国《民法典》分 7 编及附则,共 1260 条,是通过民法的权利义务的规范形式表现的一个完整的当代社会条件的人身与财产利益秩序体系。

1. 民法的应然利益秩序

民法调整的利益秩序,是一种法律上的权利义务秩序,即通过权利义务的规范形式为当事人之间的人身与财产关系设定秩序条件,而这一规范秩序作为一种具有约束力的形式秩序,也就是民法上的应然秩序,即民法以文字内容形式直接描述的规范秩序,作为应当依据规范实现的秩序,不仅实证了人性的利益秩序是应当如何的,而且实证了人性的利益秩序是应当如何实现的。也就是说,民法对人身与财产关系的调整,不仅是一个认识、接受和遵循人类自然生态秩序的过程,而且也是对人类自然生态秩序的选择、具化和实证的过程,它不是对人类自然生态秩序的直接复制和简单反映,而是对人类自然生态秩序的合理社会条件判断及其形式规范的提炼、加工与证成,是自然生态秩序的社会制度形成与优化,因此民法调整的人身与财产关系,是人类利益的应然秩序形态,代表了人类利益实现的普遍规范条件与要求。

民法对人身与财产关系的调整,使人的利益秩序被以实在法的形式统一化和规范化,并被赋予内在秩序价值,成为规范与价值统一的利益规范体系,具有应然秩序的正当性与合理性,成为人身与财产关系应当实现的普遍秩序。这一秩序不仅使人的利益秩序具有了实证的规范形式,公示了民法调整的人身与财产关系及其利益秩序的基本行为准则及其应然的秩序条件,而且确立了整个秩序体系的一般价值原则,[①]从而代表人类利益秩序的根本目的与发展方向。因此,民法调整的人身与财产关系,是根据人类利益秩序实现的普遍要求作出的统一规范安排,是一种普遍和统一的社会秩序体系,体现社会公平与公正的利益原则。"人类或者人类的某一部分(群体或个人)总是在特定时代根据人的需要,根据自身对于法律的认识来确定法律的价值目标的。特定法律所包含的价值内涵也是由那个时代的人们尤其是立法者的认识所制约的。人们同时也将用自身的价值

---

① 不仅民法的基本原则,而且整个民法的规范体系及其利益秩序构造,都体现了人们对人性利益秩序实现的一种价值判断并把一定的价值渗透和贯彻在立法的具体条款之中,从而以民法条款的规范条件与价值取向引导人性利益秩序实现的目标与发展。

标准来衡量和评价现实的法律现象。"①因此,如何根据人性的利益需求及其秩序实现的规定性制定民法,并确定民法的价值原则与秩序目标,实现民法与人类生态秩序体系的统一,就成为民法的根本任务与规范要求。

民法的应然秩序是一种人类的社会理想秩序。人类不仅生活在自然生态之中,而且生活在社会理想之中,人类的社会理想是对美好生活的向往,而美好生活的实现需要理想的社会秩序,这一秩序不仅是人类客观存在和必然面对的自然生态事实,而且是人类自主追求的社会愿景,人类既受制于这一秩序的客观生态性,又可以积极创造和改善这一秩序的现实条件。因此,民法的利益调整,一方面是接受和反映人类的自然生态秩序,另一方面是提出和设计一种人们理想的社会秩序方案,从而以合理的社会秩序引导、实现人们的生活目的和对美好生活的向往。换言之,民法调整的人身与财产关系,不仅是人的基本利益秩序,而且是人性的社会秩序理想,是人性秩序与理想社会条件的结合,也就是以良善之法实现与自身生态需求的统一。

2. 民法的实然利益秩序

虽然利益秩序作为一种人性的本体秩序,是一种自然的生态秩序,具有秩序形态的客观性与事实性,但是非民法形式调整下的人性利益秩序的客观性和事实性到底如何,是不能被普遍实证的,所以这种客观性和事实性只是一种自然和生态的客观性与事实性,而不是被民法的文字条款所直接描述和表现出来的实在规范性。因此,民法的利益调整所赋予的人性利益秩序及其实现,不仅具有法律上的应然性,而且具有以法律为根据的实然性,即当事人之间发生的具体民事法律关系需要与民法规定的抽象关系相符合与统一,应当具有规范的实然秩序性,这是民法具有约束力并由国家强制力保证实施的要求和反映。换言之,在民法调整的条件下,现实的利益秩序,是应当按照民法的调整发生的秩序,是应当符合民法规范条件的秩序,民法秩序的应然性即意味着它的实然性,或者实然的秩序不可能根本或者整体脱离民法的应然秩序。这不仅是民法的效力条件与要求,而且是民法与自然生态秩序统一的必然结果。

然而,民法的应然秩序,并不是直接的民法实然秩序,民法的实然秩序是具体的个人或者当事人即民事主体实施具体民事法律行为的结果,是具体的个人行为秩序,是从民法的形式秩序向具体的个人行为秩序的转化过程。在这一行为过程中,具体的个人行为是否符合民法规范以及对民法规

---

① 卓泽渊:《法的价值论》(第2版),法律出版社2006年版,第463页。

范的符合程度,才代表了民法调整的人身与财产关系的实然社会秩序形态,而起根本作用的,是人的行为意志。虽然民法构成人的统一行为模式,并用这一模式要求每一个人的行为统一,但是人的具体行为发生直接受个人行为意志的支配,并不必然遵守和符合民法的行为模式。因此,只有个人行为意志根据民法条件的统一,才是民法调整的人身与财产关系的社会秩序统一,也才是真正的实然秩序及其统一。可是,这种行为与民法的统一,从来都是相对的,只有上升到一般社会评价即司法裁判时才具有客观实证的意义,而司法裁判的实证结论是,民法调整的人身与财产关系从来都没有在民法形式下的实然秩序的统一。

(四) 利益秩序的形成控制

民法调整的利益秩序,作为私人社会秩序,是可以基于意思自治设立的秩序,即行为自由秩序,所以民法的利益秩序调整,不仅要体现个人意志自由,而且要代表国家意志干预,反映个人利益秩序与社会公共秩序的协调与平衡,从而建立个人利益秩序形成的控制机制。因此,民法调整的利益秩序,作为国家的法律秩序,不仅应当尊重和承认民法作为"人法"在人性利益秩序形成和实现上的自然生态条件及其当事人的意思自治要求,而且代表国家意志,反映国家对这一秩序的条件需要及其控制状态。虽然民法是"人法"的规范形式,但是它作为国家的意识形态,是国家的社会治理与控制系统,是调整利益秩序和克服利益冲突的一种强制形式,所以它只是调整个人利益的国家意志,体现的是个人的整体利益,是上升为公共秩序的个人利益,不仅确认个人利益的行为自由,而且设定个人利益的行为自由的效力条件。"由于特殊利益和共同利益之间的这种矛盾,共同利益才采取国家这种与实际的单个利益和全体利益相脱离的独立形式,同时采取虚幻的共同体的形式。"①民法调整的个人利益秩序,总是以符合全体的或者共同利益的普遍形式出现,既是利益的行为条件,又是利益的行为限制,具有解决利益矛盾与冲突的一般规范意义。

1. 利益秩序的统一条件

民法的利益调整,是以国家法的形式,为人性的利益秩序设定统一的秩序条件。秩序的条件统一是构成秩序和秩序实现的前提,秩序和秩序实现是以统一的秩序条件为根据的,没有统一的秩序条件,就没有秩序事实和秩序实现。秩序是一种利益的统一形态,是以利益行为的统一协调为条

---

① 中共中央马克思恩格斯列宁斯大林著作编译局编译:《马克思恩格斯选集》(第1卷),人民出版社1995年版,第84页。

件的,任何一种秩序条件和形式,都在于实现秩序和秩序的统一,而秩序条件的统一也就是秩序和秩序实现的统一。一种秩序条件越具有统一性,也就越具有代表秩序和秩序实现的属性,而民法的利益调整就是以国家的意志形式为人性的利益秩序实现提供了一种其他秩序形式所不具有的统一规范条件。

民法调整并提供的统一利益秩序条件,是一种以国家法的形式公示与公认的条件,这一条件是一种代表公平与公正的秩序实现条件。民法的人性利益秩序条件,作为一种普遍的规范条件,其效力根据,一方面是它的公示性与统一性,另一方面是它的公信性与公正性,公示的统一秩序作为一种普遍的社会秩序设计,本身就具有秩序实现的公信与公正的秩序属性。

2. 利益秩序的强制规范

民法作为国家意志的法,其调整和确立的利益规范,不仅是一种任意规范,而且也是一种强制规范。虽然其中"任意性"规范代替民法的"人法"本质,但是任意性规范作为一种国家法的示范性规范,是对当事人的意思表示的拟制,在当事人没有约定或者约定不明的情形下,仍然构成对当事人适用的"强制性"规范。同时,民法的强制规范,①特别是其中的"效力性"强制规范,是不得违背和变通的规范,一旦违背则构成违法并需要承担法律责任。"制定法借着限制个人的恣意,而使普遍的自由成为可能","法律,乃是'使个人恣意与他人恣意,依据有关自由的普遍制定法,得以互相共同一致的条件整体',或者是:法律是'防止自由的障碍'"。② 民法的利益调整,作为利益秩序的国家意识形态,具有国家意志的社会化与强制性特征,构成人性利益秩序实现的普遍规范条件,是利益实现的统一秩序形态。

3. 利益秩序的无效干预

民法的利益调整,作为一种国家法的调整,一方面需要承认民法作为"人法"或者私法的当事人意思自治,以任意性条款允许当事人根据自己的意思表示或者法律行为设定权利义务关系,实现当事人在权利义务关系或者利益秩序变动中的意志与行为自由;另一方面是基于维护公共利益秩序的需要而设立一定的无效条款以控制当事人的意思自治。民法中的法律行为或者意思表示的无效条款,是作为意思自治的对立面存在的,是行

---

① 包括民事法律行为所应当遵守的其他法律的强制规范。
② 〔德〕考夫曼:《法律哲学》,刘幸义等译,法律出版社2004年版,第222页。"当然,有法律,原则上,即得行使强制,但是有强制,并非即是法律。我们不能以强制来构成法律的效力,但是,为使秩序与法律和平存在,应要求有效的法律,在必要时以强制力予以贯彻。"(同前,第223页。)虽然法律本身并不能强制人们遵守法律,但是法律在本质上却需要赋予和承认它的强制效力。

为自由的"负面清单",具有禁止滥用行为自由的意义。"无效性使法律行为不能有效成立,亦即法律行为自始无效,并且一般是相对于任何人都不生效力。因此,无效性是不生效力(Unwirksamkeit)的最强程度。"①民法的无效条款及其行为干预与效力控制,不仅是强制的,而且是统一的,是在当事人具有行为自由的条件下维护自由秩序的前提条件,是为了达到自由而有序的利益实现目的。

因此,无效条款与意思自治的条件及其相互关系,构成衡量民法规范及其价值的根本标准。一个国家的民法利益调整,构建什么样的意思自治的利益秩序体系和设立什么样的无效条款以干预和控制意思自治,就成为民法的利益选择及其秩序实现的根本构造问题,体现民法的伦理与价值及其作为"人法"所反映的人性利益秩序的本质属性。任何一种利益秩序都以接受一定的强制规范为自己的效力条件,只有受社会规范约束和限制并在社会规范的条件下实现的利益秩序,才是合理的利益秩序,才符合人性的利益秩序条件,也才具有人性的利益秩序的规定性。否则,既不是合理的利益秩序,又不是应当受到承认和保护的利益秩序,更不具有利益实现的秩序价值。价值性既构成了利益秩序实现的合理条件性,又构成了利益秩序实现的社会正当性。

4. 利益秩序的损害救济

人性利益需求及其实现条件的客观性与普遍性,既不是每个人所面对和实际获得的利益条件的特定性与恒定性,又不是一个社会的整体利益条件的永久不变与常态存在性。事实上,每一个人面对的现实利益条件都是不断变化的,而一定的利益条件变化则必然导致利益秩序的变化,特别是人的利益条件可能遭受各种人为的侵害,并导致不同主体之间的利益秩序的破坏与失衡,这不仅有发生在特定个人主体之间的利益加害行为,而且有不同民族、国家或者势力集团之间为争夺利益而破坏秩序的冲突或者战争行为,从而导致人类社会的利益秩序随时都可能因遭受侵害而被破坏或者处于损毁与灭失的状态。对利益秩序的侵害与破坏,打破了原有利益秩序的现状与平衡,从而损害和影响利益主体的利益实现,这是人类在保有和维持自身生态秩序的同时又不得不面对的客观生态现实。

人类的利益损害,特别是故意损害,根本上是一种人性的善意缺失与恶意结果,需要人类具有一种利益秩序的恢复和修补能力,以实现对利益损害的救济及其可逆状态,从而维护人类正常的生态条件,这就是损害的

---

① 〔德〕迪特尔·梅迪库斯:《德国民法总论》,邵建东译,法律出版社2000年版,第372页。

补偿救济。"人们所受损失应由那些在其活动中造成损害的加害人负责补偿,只要加害人无法在不造成此种损害的条件下从事这些活动,并且有能力分散损害之成本。"①利益的损害补偿与救济,是维护利益秩序所不可缺少的平衡条件。无论是当事人之间利益损害及其纠纷的化解,还是不同的民族和国家之间从战争走向和平的利益瓜分和争夺过程,人类必然在失序后有恢复秩序的生态能力,从而使人性的利益秩序成为一种可控制和可持续的常态条件。总之,人类的利益秩序是一种可逆秩序,能够在秩序破坏与缺失的情况下恢复秩序状态,并为自身保有生存与生态条件。否则,利益秩序的丧失必然是人类自然生态的消亡。

显然,对人性利益的损害,就是对合理社会秩序的违背,应当构成违法行为,并需要对损害的利益结果实现恢复和救济。因此,民法调整人身与财产利益关系,禁止利益损害行为,包括对利益的侵权与违约行为,都是违法无效行为,不仅不能发生侵权或者违约行为人所期待的结果,而且应当由侵权或者违约行为人对被损害的相对人利益承担补救责任,从而恢复正常的利益状态,维持合理的利益秩序,实现相互关系的利益均衡。所以,民法的利益调整,既建立有序的人身与财产关系,形成人身与财产利益的权利义务规范结构及其制度体系,又对利益侵权与损害进行救济,建立补救利益秩序缺失的民事责任制度,从而使合理的利益秩序获得保护。违法的利益损害行为受到禁止,这正是维护人性的利益秩序及其可逆形态所不可缺少的制度形式与条件。

5. 利益秩序的司法裁判

民法是实体法,民法调整的利益秩序,是一种实体秩序,但是民法的利益秩序最终需要借助一定的程序即司法裁判实现。也就是说,民法的利益调整及其利益实现,不仅受民法本身的规范和约束,而且必然延伸到程序领域,受到民法适用的司法裁判结果的限制和影响。民法适用的司法裁判,是法官以国家意志的名义对当事人之间的利益秩序作出的一种具有国家强制力的分配结果,这一结果具有强制执行的法律效力,不仅直接影响甚至改变当事人的意思自治,而且直接作用于当事人之间的利益及其秩序实现,所以司法裁判如何体现和维护当事人之间的利益秩序并合理实现其利益,就成为问题的关键,并提出了对司法裁判在分配利益秩序上的公平正义的要求,这就是依法司法。"依法司法能够确保社会和个人的更有价

---

① 〔美〕迈克尔·D. 贝勒斯:《法律的原则——一个规范的分析》,张文显、宋金娜、朱卫国等译,中国大百科全书出版社1996年版,第258页。

值和更为根本的利益,而不会屈服于更明显和紧迫的但又没有什么真正价值的直接利益。"[1]由法官作为国家意志的代表以司法裁判的形式对当事人之间的利益秩序作出判断和分配,这不仅是一个法律问题,即实体法如何通过程序法落实的问题,而且在本质上提出了一个作为法官的条件和标准问题——法官一定能够成为公平与公正的利益秩序的代表者与分配者,否则就不能也没有资格作为法官并裁判当事人之间的利益关系。法官及其司法裁判,是利益秩序的分配过程,一个不能代表公平正义的法官,就不可能作出符合人性的利益秩序裁判,也就不可能有人性的利益秩序实现。在背离法律和正义的司法裁判面前,即使制定再好的法律,即使再正当的利益,也变得毫无价值,都会被无视和践踏,而这却是在权力的名义下发生的"合法"行为。

根据成文法系的制度与原则,法律是唯一的权威,法官应当处于对法律的服从者地位,只能依法自由裁量,不能有超越法律的个人权威。然而,由于法官的司法裁判所适用的法典化法律存在先天不足,包括法律规范及其秩序的有限性和法官填补漏洞的必然造法事实,法律在具体案件中的适用成为法官的主观识别,同一法律在不同法官和不同案件中的理解与适用的结果可能不同或者完全不同。[2] 虽然这一司法裁判是隐藏在具体案件中的法律理解与适用,并不具有公开创设一般性规则的意义,但是在个案的裁判结果中却有创造规则的事实。[3] 这一法典化条件下司法裁判的非连续性、非稳定性和非统一性,一方面可能在法律错误适用的条件下破坏正当的利益秩序,另一方面则可能在法律正确适用的条件下实现对个案正当利益秩序的有效维护。[4] 这一通过司法裁判实现的利益秩序控制,是利益秩序形成的最终根据。

---

[1] 〔美〕罗斯科·庞德:《法理学》(第2卷),封丽霞译,法律出版社2007年版,第358页。

[2] "在司法活动中,规则是实现法律秩序目的的最好手段",但是"司法都不受规则的支配或者说它们都没有对规则进行统一、连贯和理智的适用。在司法活动中,自由裁量是最能配合实现法律秩序的目的的,它需要受到培养的理性思维和经过训练的判断能力"。〔美〕罗斯科·庞德:《法理学》(第2卷),封丽霞译,法律出版社2007年版,第364页。

[3] "任何一种通过法官立法形式大规模地设定新前提的尝试都会不适当地损害法律以及经济秩序的稳定性,这是因为法官立法是溯及既往的,而一般立法则是为将来制定的。"〔美〕罗斯科·庞德:《法理学》(第2卷),封丽霞译,法律出版社2007年版,第362页。

[4] 它在本质上构成对法律和司法的破坏,损害一个社会的法律与法治秩序。利益秩序的形成需要司法裁判的秩序统一,而司法裁判的标准不一,根本上是对社会利益秩序与法治的破坏。因此,对于成文法系国家来说,如何推动司法统一,实现"同案同判",形成与社会利益秩序与法治目标要求相统一的司法秩序,对于维护社会的利益秩序与法治实现,至关重要。在我国,最高人民法院通过司法解释、案例库和裁判文书公开上网等方式,逐步推动了司法裁判的统一工作。

第四章　民法的习惯性——人性的自发秩序

——习惯是人的"自然法",是"人法"的自然规范形式,是表现"人法"的直接社会意识形态,"人法"的自然性就是直接的习惯的自然性。习惯作为人性自发与自在的行为秩序,是人类自然的利益分配形式,具有代表人性秩序的本体性与客观性,构成民法的基础法源与社会实在;民法作为人的行为法,应当接受和符合人的行为习惯,并需要在人的行为习惯中遵守和形成现实秩序。

一、人性的行为习惯规律

人首先是物质存在而不是意识形态的对象。"人,作为一个'物理的存在物'来说,是和一切物体一样,受不变的规律的支配。"①在支配人的生态规律中,有人性的行为规律,包括行为习惯规律。习惯规律是人性的基本行为规律,习惯是人的行为本性,人的行为及其秩序,大部分是由普遍的重复行为即习惯构成的。不论人类的行为规则最初是怎样形成的,都在生态上表现为一定的社会习惯性。习惯作为一种社会意识形态,具有伦理性,是人类的一种自然的社会调整方式与控制能力,也是人类自发自为的共同行为秩序及其秩序认知。

习惯是人类的自然生态法则的表现形式,其本身具有意识形态的道德合理性。② 人类的社会秩序构造是自然建立在习惯方式的生态基础上的,人类在相互依存的关系中首先必须把共同的行为条件以习惯形式确定下来,而一定的生态习惯结构也必然构成人类最初的社会规范与秩序条件,任何社会的规范与秩序都必然从习惯起步并从习惯的生态条件中逐步

---

① 〔法〕孟德斯鸠:《论法的精神》(上册),张雁深译,商务印书馆1961年版,第4页。
② 笔者认为,习惯作为人性的自发秩序,是"人法"的直接秩序形式,属于自然生态秩序的范畴,其先于道德而在人类初始秩序阶段产生,最初并不是严格的社会意识形态并具有直接的伦理或者道德的价值属性,只是后来人类进入道德社会,习惯才成为道德评价的对象,并具有了道德标准和要求,与道德和法律成为交叉与平行的统一社会秩序体系。

发展起来。① 民法作为"人法"不可能在人的行为习惯之外而有自己的独立规范与发展。"习惯乃是为不同阶级或各种群体所普遍遵守的行动习惯或行为模式。它们所涉及的可能是服饰、礼节或围绕有关出生、结婚、死亡等生活重大事件的仪式。它们也有可能与达成交易或履行债务有关。"② 行为习惯是人类自生自发的"社会性"秩序,③是人的自然生态规律的条件要求与反映,人是在行为习惯中遵循自然生态规律的,接受行为习惯规律就是遵循自然生态规律,即生命规律。人因为行为习惯,一开始就过上了有规律的生活,能够在行为习惯规律的支配下实现有序的行为选择,满足了人性利益实现的行为秩序需求。

(一)人性的行为习惯

梅因在《古代法》中论述了人类行为规范从习惯或者"习惯法"到成文法典的发展过程。④ 人具有习惯的行为规律,即人的行为表现为习惯的规律与条件性,具有根据习惯发生的行为属性与特征。人的行为规律,首先是习惯规律,是形成习惯和根据习惯发生的规律。"人在习惯中与之发生

---

① 参见王利民等:《民法精神与法治文化民本模式论:自然生态的社会秩序体系及其规范形态与演进》(上册),当代中国出版社 2023 年版,第 62 页。
② 〔美〕E.博登海默:《法理学:法律哲学与法律方法》,邓正来译,中国政法大学出版社 2017 年版,第 400 页。"这些习惯被视为是人们的一些具体义务和责任。这类习惯可能会关涉到婚姻和子女抚养的责任、遗产的留传,或缔结与履行协议的方式等问题。这类习惯所涉及的并不是社会常规、外在礼仪或审美等问题,而是重要的社会事务,亦即为了确保令人满意的集体生活而必须完成的工作。"(同前,第 401 页。)博登海默认为,"每个社会都有一些与社会生活中不太重要的方面相关的习惯",也有"被视为是人们的一些具体义务和责任"的习惯,这些习惯的规范与秩序意义并不相同。
③ 哈耶克在讨论法律与立法的关系时,系统阐释了"自生自发秩序"即自由秩序的理论。"社会的有序性极大地增进了个人行动的有效性,但是社会所具有的这种有序性并不只是因那些为了增进个人行动有效性这个目的而发明或设计出来的制度或惯例(practices)所致,而在很大程度上是由那个起初被称为'增长'(growth)尔后又被称为'进化'(evolution)的过程所促成的;在这个过程中,一些惯例一开始是出于其他原因而被采纳的,甚或完全是出于偶然的缘故而被采纳的;尔后这些惯例之所以得到维续,乃是因为它们使它们产生于其间的那个群体胜过了其他群体。"〔英〕弗里德利希·冯·哈耶克:《法律、立法与自由》(第 1 卷),邓正来等译,中国大百科全书出版社 2000 年版,第 4 页。"这种自生自发的秩序有别于另一种由某人通过把一系列要素各置其位且指导或控制其运动的方式而确立起来的秩序。这一区别对于理解社会进程以及对于制定各种社会政策来说都是至关重要的。"(同前,第 55 页。)对于所谓与自生自发的秩序相区别的秩序,哈耶克称为"人造秩序",即一种源于外部的秩序或者安排。
④ 参见〔英〕梅因:《古代法》,沈景一译,商务印书馆 1959 年版,第 3~12 页。有观点认为:"道德、习惯与法律,同是人类社会的行为规范,其间的关系非常密切。法律的前驱是习惯,而习惯又是启端于道德。所以法律的最初发展,无不是道德意识经由习惯而成文化。"王伯琦:《近代法律思潮与中国固有文化》,清华大学出版社 2005 年版,第 283 页。笔者认为,习惯、道德和法律,不仅代表人类社会秩序的不同形态,而且代表人类社会秩序的统一发展,不是谁代表谁或者谁代替谁的关系,而是共同的社会秩序存在。

关系的不是一个偶然的、个别的感受、表象、欲求等等,而是自己本身,即一个构成他的个体性、由他本身所建立起来并已成为他所有的行动的普遍方式。"① 习惯的行为规律是一种人性的规律。人性的利益行为,作为一种生态行为,不仅具有自然的规律,而且具有习惯的规律,习惯是自然的行为表现。人性作为人的自然本性,在行为上必然表现为自然习惯的行为特性,即习惯是人性的自然行为产物,人的行为必然受先前行为的引导,并在行为的引导与反复中自然形成一定的行为习惯。常言道:"习俗移人,贤智者不免。"习惯具有"习以成性"的人性属性,构成人性的基本特征。作为人性的行为习惯,不仅是个人的行为特性,而且是人们的共同行为属性,具有行为的普遍性,所以是一种团体或者集体的行为习惯,具有行为习惯的社会性。行为习惯是人的生活习惯,是一定的生活条件和要求,是以生活的行为习惯自然存在的,具有行为惯性的自然驱动力。人性的生活需求最终要表现为人的行为条件并必然以一定行为习惯的方式持续和稳定地作用于人的生活,形成人的生活秩序。人类最初的社会秩序,作为一种自然秩序,是被接受为生活条件的习惯秩序,是以生活习惯的形式在漫长与不断的生活实践中形成和表现出来的自为秩序。这一秩序作为人的生活秩序,是人类生活的自然条件和需要,代表和符合人性的秩序诉求,是一种人性的行为秩序。

不论人类的行为秩序及其规则条件最初是怎样形成的,都必然表现为某种生活的行为习惯或者习俗的方式。人性具有行为条件的习惯性,习惯是人性的一种自发形态与生活表现形式,它在一定的地域和时间范围内流行,是一种普遍和稳定的意识形态与行为方式,具有民间规则与自发秩序的社会行为或者"社会法"属性,必然表现人性的行为本质并具有人性的行为特征。② 习惯是人性的自然行为法则,具有作为生活方式的现实性与必要性。人类的社会秩序首先是以人的自然习惯或者习俗的方式为基础形成的,人类在相互依存的关系中首先必须把共同的生活方式与行为条件以习惯或者习俗的形式确定下来,而一定的习惯或者习俗条件必然构成人

---

① 《黑格尔著作集:哲学科学百科全书Ⅲ·精神哲学》(第10卷),杨祖陶译,人民出版社2015年版,第170页。
② 习惯性不仅构成道德的属性,而且也直接影响法律的形式和产生。与分析法学派"认为法律是由某个机构或政治团体树立并予以执行的权威性规范"不同,历史法学派认为"法律就是习惯性规范,后者在起源上完全独立于政治团体,在司法过程中获得承认并生效"。参见〔美〕罗斯科·庞德:《法律与道德》,陈林林译,中国政法大学出版社2003年版,第34页。民法并不是直接的人的习惯但它必然表现并需要符合人的习惯,民法对人的习惯的符合与反映水平必然影响它的实然效力。因此,习惯本身不仅具有道德意义,而且也具有法律价值。

类最初的社会规范形态,人类社会必然从自然习惯起步并在习惯的行为规范中逐步形成自发的社会秩序结构。

人性的必然行为习惯,揭示了人性与行为习惯的内在联系,即人性的行为要求及其规定性必然以自发的行为方式表现出人类生活实践的习惯或者惯性特征,而这一习惯具有实现人类社会生活的自然构序性。人类的社会秩序形态必须首先以习惯的方式构成并且是具有习惯的规范功能与作用的秩序形态。习惯是一种自然规则事实,是人的行为的自觉支配性,代表了人性的社会秩序需要,具有人性的自发秩序特征。可以说,在非法典化或者非形式化的"人法"或者"民法"的体系中,都能够找到习惯作为主要规范的存在,这些习惯在进入法律时代后成为判例或者成文法的规范基础,即习惯构成直接的法源。

(二)人性的习惯能力

人性具有习惯的必然行为条件,也就必然具有习惯的行为能力。"习惯作为有组织的活动,是第二性的和后天获得的,而不是最初的和天生就有的。它们是非习得性的活动之产物,而这种活动是人与生俱来的天赋中的一部分。"[1]人类的社会构造是一种自然的秩序生成与生态维系,是人类生存与发展的自然秩序形态,这一形态最早的且始终作为人类秩序基础存在的就是习惯能力。这一能力是一种人性的能力,也唯有人性的能力才是源于人类自身的生活能力并能够规定人类自身的习惯生成,习惯也就成为人性的自然秩序形式与行为条件要求。这样,人性就以一定的行为习惯能力确立了人类社会构造与发展的秩序基础。所以,对于人类的行为习惯而言,只能是人性本身所具有的习惯能力,是作为人性的自然条件和内在要求而自发地在人类或者特定人类群体中形成的行为方式并具有统一调整人类社会行为的规范作用。习惯是一种自然的社会规则,人类选择了社会,首先是基于人性的习惯能力而接受了共同的生活或者行为习惯,习惯代表人性条件的统一社会规则与秩序,是人类社会自然生成的规则事实。

因此,人性的习惯能力是一种社会习惯能力,即共同的社会行为及其社会秩序的构造能力。人类的社会选择正是源于人类所具有的这一习惯能力,是人类根据这一能力形成和接受共同的社会条件的结果。没有人类的社会习惯能力及其社会生活方式的行为选择,就没有社会的形成,人类的社会形态只有作为行为习惯存在,才能够作为自然生态的秩序存在。

---

[1] 〔美〕约翰·杜威:《人性与行为——社会心理学导论》,罗跃军译,华东师范大学出版社2020年版,第79页。

"政教习俗,相顺而后行。"①习惯的社会意义在于,社会因习惯而存在,习惯构成了社会的基础性结构条件,而它的社会根据就在于自身所具有的人性秩序特征。

二、人的行为与人法的习惯

生活习惯作为一种社会习惯,主要是行为习惯,即构成平民社会关系的"人法"习惯,也就是个人在生活经验中自发形成的行为条件。换言之,习惯一开始就具有"人法"的本质,是作为"人法"的主要条件和形式存在的,并稳定地发挥着调整人们的行为关系的规范作用。

人作为主体是生命和行为的主体,需要通过自身能动的行为获取生命需要的利益条件并实现生命的利益需求。生命必然表现为一定的利益行为并通过这一行为获取生命满足的利益条件,即行为作为生命的必然条件构成人的主体性。人的主体行为是一种生命的利益需求与实现的行为,由人的客观利益需求及其实现的共同行为条件所决定。人们必然产生和形成具有统一性、重复性和普遍性的行为方式,这种行为方式作为人们自然理解和接受的行为共识,就是习惯。② "从起源的角度来看,一个习惯,是经由社会中被统治者日积月累的遵守而形成的行为规则,与人们追求的经由政治优势者制定法律这一活动,没有任何关系。"③习惯涉及从个人养成的生活与行为方式到人们普遍接受的社会规范与秩序形态,人越是具有社会性也就越是需要承认和遵守习惯并具有规范与秩序的社会品质。习惯不仅在人类形成社会结构之初,而且在人类的整个社会发展过程中都具有其他规范所不可替代的行为调整作用,只是由于人们普遍生活在习惯中反而习惯成自然而"见惯不惯"了。

个人具有良好的行为习惯,坚持和养成习惯性的行为,就是具有能够把自己的行为与他人和社会的行为需求相统一的条件和能力,就是能够在

---

① 《荀子·大略》。
② 有西方社会学观点认为:"习惯本身并不足以使一种思想进入自我而被其专有。许多习惯和熟悉的事物是被环境强加到我们身上,而不是因为它们符合我们的意愿而被选择的;它们对自我来说仍然是外部的,而且可能是被排斥的。"〔美〕查尔斯·霍顿·库利:《人类本性与社会秩序》,包凡一、王源译,华夏出版社 1999 年版,第 133 页。习惯有时或者在有的情况下,确实是被动接受或者不得不接受的,但被接受为习惯的,则必然是作为人们的行为共识存在的。
③ 〔英〕约翰·奥斯丁:《法理学的范围》(中译本第 2 版),刘星译,北京大学出版社 2013 年版,第 42 页。

自己的行为中遵循既有益于自己也有益于他人和社会的行为规则。① 习惯作为人的普遍行为方式,决定人的社会行为与生活,不仅是人性的社会条件,而且是"人法"的自然形态,构成民法的生态形式与秩序本源。因此,民法必然具有人性的习惯秩序本质,不能脱离习惯的规范条件与秩序调整。

人的习惯性作为一种人性,是人性的习惯性,具有人性的行为属性。人性必然表现为行为的习惯性,习惯必然是人性决定的行为规范。换言之,习惯具有人性的条件规定性,人性具有习惯的行为必然性。一方面,人在自己的生命性中需要使自己的行为接受和符合一定的习惯条件,这实际上就是要求自己的行为具有习惯的人性本质,这种习惯的人性本质,就是习惯的人性规定性;另一方面,人性作为人的本质,是人的一般条件和普遍性,必然支配和作用于人的行为并表现为一定的行为存在和特征,这种人性的习惯形式,构成了人性的习惯必然性,是对人性的习惯性证明。

(一) 习惯

习惯是"由于重复或多次练习而巩固下来并变成需要的行动方式",② 与制定的国家法相对,具有"社会法"的本质。习惯是休谟人性哲学的重要概念,他认为:"凡不经任何新的推理或结论而单是由过去的重复所产生的一切,我们都称之为习惯(custom)。"③黑格尔认为,习惯形成于"重复"和"练习"而"砌入"灵魂的存在,是"反思的普遍性"。④ "习惯是一种自然规则事实,是人的行为的自觉支配性,是人类在长期的社会实践中自然形成并循环往复和不易改变的行为方式。"⑤习惯是一种自然的社会行为的

---

① "人不仅是一种追求目的(purpose-seeking)的动物,而且在很大程度上也是一种遵循规则(rule-following)的动物。人之所以获得成功,并不是因为他知道他为什么应当遵守那些他实际上所遵守的规则,甚至更不是因为他有能力把所有这些规则形诸于文字,而是因为他的思维和行动受着这样一些规则的调整——这些规则是在他生活于其间的社会中经由一种选择过程而演化出来的,从而它们也是世世代代的经验的产物。"〔英〕弗里德利希·冯·哈耶克:《法律、立法与自由》(第1卷),邓正来等译,中国大百科全书出版社2000年版,第7页。
② 《辞海》(第7版)(6),上海辞书出版社2020年版,第4735页。《汉书·贾谊传》载:"少成若天性,习贯如自然。"《大戴礼记·保傅》载:"少成若性,习贯之为常。"东汉应劭所撰《〈风俗通义〉序》载:"俗间行语,众所共传,积非习贯,莫能原察。"《尚书·太甲上》载:"兹乃不义,习与性成。"以上均揭示了习惯与人性、习惯与自然之间的关系。
③ 〔英〕休谟:《人性论》,关文运译,商务印书馆1980年版,第122页。"在一切情形下,我们总是明白地或默认地、直接地或间接地把我们的经验转移到我们所没有经验过的例子上。"(同前,第125页。)休谟人性哲学的习惯,虽然坚持经验主义原则,但是他在把习惯作为人的自然本性的同时并不否定习惯与信念和知性等主观性的联系。
④ 参见《黑格尔著作集:哲学科学百科全书Ⅲ·精神哲学》(第10卷),杨祖陶译,人民出版社2015年版,第166页。
⑤ 王利民:《民法道德论——市民社会的秩序构造》,法律出版社2019年版,第156页。

调整方式与控制能力,是人类自发自为的共同行为规范与秩序。习惯作为一种自然与自发秩序是一定主体的共有或者集体秩序。"如果这种秩序是被有意识地发展为规则,而不仅仅是自然而成,那么它就具有'惯例'和'习惯'的性质,或者说,它是许多个人基于自己利益行为的合理准则,每个人在行动时既考虑自己,也顾及他人的行动。"①习惯的行为选择,是一种利益选择,是构成普遍利益条件的自主秩序。"习惯是指在没有任何(物理的或心理的)强制力,至少没有任何外界表示同意与否的直接反映的情况下做出的行为。"②习惯的遵守和实施不以外部强制为条件。黑格尔认为:"习惯是人的'第二自然',它是精神在特殊经验形式中的自然存在。习惯之所以被称之为自然的,是因为它'是灵魂的一种直接的存在',具有'机械性'或本能性,是当然如此的自然而然。习惯之所以被认为是第二自然,是因为它是精神塑造出来的自然物。作为被精神'制作'出来成为一种'自然存在着'的东西,习惯是理当如此的自然而然。"③习惯不是单纯的自然物,而是经由人的精神意志而直接表现出来的自然行为秩序,是精神对自然的接受与符合,是通过自发的行为意志表现出来的自然秩序。④ 因此,习惯的自为性,与其说是自然的,不如说是精神的。"这样,对于习惯形成于'感觉规定'的'重复''练习',我们就可以有进一步的认识:习惯所由以形成的这种'重复''练习',实乃是主体通过形成一种行为秩序(或行为样式)而形成一种心灵秩序(或心灵内容),这种行为秩序是心灵秩序的呈现。在这个意义上,习惯是心灵秩序与行为秩序的直接

---

① 〔德〕马克斯·韦伯:《论经济与社会中的法律》,张乃根译,中国大百科全书出版社1998年版,第25页。
② 〔德〕马克斯·韦伯:《论经济与社会中的法律》,张乃根译,中国大百科全书出版社1998年版,第20~21页。
③ 《黑格尔著作集:哲学科学百科全书Ⅲ·精神哲学》(第10卷),杨祖陶译,人民出版社2015年版,第167页。
④ 但是,关于习惯的认识,也有一种"窄化"的行为主义的观点,其认为习惯系机械行为,否认习惯的心理与思维过程,即不把习惯作为意识或者精神活动。"最先涉及习惯研究的可以说是行为主义者,他们将习惯看作为一种'机械化'的行为反应,并认为习惯的运转不需要心理加工过程的干涉,它只是基于过去行为频率基础上产生的,当相同的行为反复出现时,就会形成习惯而不需要触发推理或认知上的思考。"李斌、马红宇:《习惯研究的现状与展望》,载《心理科学》2012年第3期。"行为主义将习惯理解为对外在刺激的稳定反应方式,也就是说习惯来自于外在刺激。在这里,主体与外在刺激的地位被翻转,外在刺激成了第一位的,而主体则是被动反应的第二位的存在,失去了习惯形成的主导性。"高德胜:《习惯与习惯培养的再思考》,载《教育学报》2019年第3期。

统一。"①

黑格尔在论述平民社会时指出:"我必须配合着别人而行动,普遍性的形式就是由此而来的。我既从别人那里取得满足的手段,我就得接受别人的意见,而同时我也不得不生产满足别人的手段。于是彼此配合,相互联系,一切各别的东西就这样地成为社会的。"②这就是平民社会习惯或者习俗形成的原因与根据。习惯作为已有的行为方式,"人们必须接受,因为在这些事情上,用不着白费力气坚持表示自己的见解;最聪明的办法是按着别人那样的去做"。③ 习惯作为人的行为秩序或者行动方式,是在长期的生产和生活过程中逐渐养成的,是一种长期存在和不容易改变的行为倾向和社会风尚,是人们在一定的情景下自主接受某种特定条件并实施某种特定行为的行为特性。习惯一般是人们在无意识中经过无数次的行为重复而逐渐形成的行为方式并上升为意识形态的秩序实在,也有一些习惯是通过人们有意识的行为控制和反复的行为实践而积久养成的处事态度,其更具有行为规范的属性。④ 习惯作为秩序与规范事实,是具有重复性和稳定性的行为条件,它以惯性作用于人的行为,使人的行为不由自主地接受和遵守某种行为方式,不论是好习惯还是坏习惯,习惯总是客观存在的,并实际控制和影响人的行为和生活形态。

"如同在自然界中一样,秩序在人类生活中也起着极为重要的作用。大多数人在安排他们各自的生活时都遵循某些习惯,并按一定的方式组织他们的活动和空闲时间。"⑤显然,人类在社会中生存需要具有一定的规范条件与秩序能力,即人类在社会生态结构中实现相互关系的协调与稳定的条件与能力,从而能够对相互关系作出一种可靠安排与合理调整,以有序的人身与财产利益分配来满足人类生存的社会需要。这种条件和能力在人类最初的发展中既没有什么外部的力量能够统一强加给人类,也没有什么

---

① 高兆明:《论习惯》,载《哲学研究》2011 年第 5 期。在心理学上,有学者将习惯定义为"一种由某特定线索引发并指向某特定目标(包括外显目标与内隐目标)的自动化反应"。李斌、马红宇:《习惯研究的现状与展望》,载《心理科学》2012 年第 3 期。
② 〔德〕黑格尔:《法哲学原理》,范扬、张企泰译,商务印书馆 1961 年版,第 207 页。
③ 〔德〕黑格尔:《法哲学原理》,范扬、张企泰译,商务印书馆 1961 年版,第 207 页。
④ "主体通过'重复''练习'形成习惯,所获得的不是仅具有'机械性'的'感觉规定',而是以这种'感觉规定'为形体的某种精神、灵魂。"高兆明:《论习惯》,载《哲学研究》2011 年第 5 期。"无论规则或习惯的情况,有关的行为必须是普遍的,虽然不必是一成不变的;这意味着每当出现这种场合,该群体的多数人会重复这个行为。"〔英〕哈特:《法律的概念》,张文显等译,中国大百科全书出版社 1996 年版,第 57 页。
⑤ 〔美〕E. 博登海默:《法理学:法律哲学与法律方法》,邓正来译,中国政法大学出版社 2017 年版,第 239 页。

个人可以强加给他人，人类只能在自己的生态结构中自然形成和具有这种条件和能力，这就是以一定的习惯方式产生并接受的相互关系的行为条件。① 人类在习惯中逐步形成了各种相互关系的稳定状态，即各种习惯的规范与秩序的社会形态，并维护和满足了自身的社会生存。"一个社会联合体是这样一群人，他们在相互关系中，承认一些行为规则具有拘束力，并且至少在通常情况下，实际上按照这些规则来调节他们的行为。"② 虽然这些规则是各种各样的，但是它的最初形式只能是一种自发的行为习惯或者从自然的行为条件而来。习惯是人类的一种自然秩序规则，人类选择了社会生活，就必然选择和接受社会生活的习惯，习惯自然构成人类社会生活的规则事实。没有社会习惯就没有人类的社会选择，社会不仅是在习惯中形成的，而且是在习惯中维护的，习惯是人类社会运行的基础秩序规则。人类的规则只有作为习惯秩序，才能够有秩序事实的存在。习惯的规则意义在于，规则因习惯而自发生成和有效。习惯是人的自然生态的生活方式，不论一个民族和社会有何种不同的生活方式即习惯选择，都必然基于共同的客观利益需求及其自然生态条件的规定性而具有共同的生活秩序及其习惯形式。③ 换言之，人类共同的利益需求及其实现条件必然表现为共同的生活行为，而共同的生活行为又必然形成共同的行为方式，这一共同的行为方式作为一种共同条件必然是一种具有一定重复性和普遍性的生活形态，这就是生活习惯或者生活的习惯秩序。因此，在一定意义上，人们的习惯性作为一种自然应然的普遍行为选择，代表着一定的规律性和规定性，凡是习惯的行为，一般是人们应当接受和遵守的合理行为。

显然，人类共同的利益需求及其实现条件决定了共同的行为习惯，即习惯必然是具有一定共性和普遍性的生活方式，这种生活方式作为一种"人法"形式是伴随人类的社会生活而产生的，是一种"先民法"的个人社会秩序条件与形式，而在"民法时代"则必然同时作为平民社会的自然生

---

① "习惯风俗还是社会有机体组织'再生'自身的方式。一方面，习惯风俗作为集体性'记忆'，使社会有内在秩序，并在这内在秩序中不断将社会诸要素组织起来，反复再生社会有机体组织自身；另一方面，习惯在'记忆'了既有社会内在秩序的同时，还'记忆'了作为时代精神的社会精神，这种社会精神不仅使社会具有内在凝聚力，而且还使社会诸多成员即使是在模糊状态下，也能彼此沟通、理解与预期，并据此合理安排活动。这样，习惯风俗就在社会精神与物质生活方式的双重意义上，使社会生活有据可依、有理可循，并成为社会组织自身的有效方式。"高兆明：《论习惯》，载《哲学研究》2011 年第 5 期。
② 〔奥〕尤根·埃利希：《法律社会学基本原理》（第 1 册），叶名怡、袁震译，九州出版社 2007 年版，第 81 页。
③ "习惯就是被记忆了的那种社会生活方式、存在方式。"高兆明：《论习惯》，载《哲学研究》2011 年第 5 期。

态秩序条件即"人法"而构成民法的渊源或者实质的民法形式。

总之,习惯的内涵非常广泛和复杂,法学、哲学、伦理学、经济学、社会学和教育学等不同的学科理论对习惯的理解各有侧重,形成有各自不同的习惯范畴。在法学上,习惯是与成文法相对的"人法"或者民法"法源",需要确定习惯作为行为条件的"法源"意义及其与民法的规范联系。基于行为主义,①有的习惯仅仅是个人或者群体的一种共同行为方式,并不构成共同的社会关系条件,即一般意义上的风俗习气;也有的习惯不仅是人们共同的行为方式,而且还是调整人们社会关系的共同行为规则,即构成"人法"并作为民法渊源的习惯。

1. 习惯与风俗或者习俗

习惯或可称为风俗、习俗。风俗或者习俗与习惯具有内在的联系,习惯具有风俗或者习俗的一般意义。②"风俗或普遍一致的习惯的存在,在相当大的程度上,是由于个体面对同样的情形并作出相似的反应所致。但是,风俗的持续存在,在更大程度上,是因为个体在先前风俗所规定的条件作用下形成了他们的个人习惯。"③所谓风俗,是"历代相沿积久而成的风尚、习俗",④"它是传统社会生活的表达形式,此长时间的被遵守而制度化以及因此经常降为一纯粹形式"。⑤ 风俗是一种具有普遍性的生活习性或者风气与时尚,是人们奉行的一种具有普遍性的生活形态,是个人或者集体构成传统并传承的各种风尚、礼节、习性等。⑥ 可以说,凡是具有一定流

---

① "在习惯的思想史上,习惯虽然总是与行动、活动、行为交织在一起,但很少有人把习惯只局限于行为,心灵习惯、灵魂习惯、感觉习惯、情感习惯的说法都不少见。行为主义则把习惯仅仅限于行为,习惯就是行为习惯,习惯从此被推向了与内在心灵无关的外在化境地。"高德胜:《习惯与习惯培养的再思考》,载《教育学报》2019年第3期。行为主义作为认识习惯的科学思维方式,必然在各学科的习惯理论中都有所反映。虽然法学上以"行为习惯"为对象,是对习惯的规范属性的认识,但是并不排除行为习惯与人的意志或者精神的内在联系。本书中的习惯是指作为"人法"或者民法"法源"的习惯,即具有"设权性"的平民社会的行为习惯,具有与民法统一的功能和价值。

② 在一般概念上,风俗是"习惯"与"风俗"的合称,习惯是自发生成并相袭的生活方式与行为规则;风俗是个人或者团体的传统和传承的风尚、礼节和习性。两者的内涵具有相容性,都代表了特定区域和人群积久而成的社会传统和道德经验。

③ 〔美〕约翰·杜威:《人性与行为——社会心理学导论》,罗跃军译,华东师范大学出版社2020年版,第51页。

④ 《辞海》(第7版)(2)"风俗"条,上海辞书出版社2020年版,第1181页。"美教化,移风俗。"《诗经·国风·周南·关雎·序》。"凡民禀王常之性,而有刚柔缓急音声不同,系水土之风气,故谓之风;好恶取舍动静无常,随君上之情欲,故谓之俗。"《汉书·地理志》。

⑤ 〔德〕考夫曼:《法律哲学》,刘幸义等译,法律出版社2004年版,第314页。

⑥ "先王以是经夫妇,成孝敬,厚人伦,美教化,移风俗。"《诗经·毛诗序》。"洛阳风俗重繁华,荷担樵夫亦戴花。"(宋)司马光:《效赵学士体成口号十章献开府太师》之四。"予既乐其风俗之淳,而其吏民亦安予之拙也。"(宋)苏轼:《超然台记》。

行范围和区域并流行一定时间的意识行为,不论是民间自发的,还是官方组织的,都可谓之风俗。风俗是以具有群体性和重复性的个人生活形态为主体的习惯或者习俗,虽然风俗具有一种生活形态上的共同性或者趋同性,但是它通常是指那些并不构成相互关系条件的日常生产和生活习俗。例如,人们在节庆日放烟花、赶庙会、逛夜市、扭秧歌、贴对联、吃饺子、煮元宵、喝喜酒等,这些共同的行为方式,就属于一般的风俗或者习俗之类。在各种各样的风俗中,既有一个民族和社会的共同风俗,也有不同地方、区域和民族的不同风俗,甚至不同组织、家庭和个人也都有自己的风俗。这些风俗中既有构成传统和信仰的意识形态,也有时令和特定条件要求下的生活方式,从婚丧嫁娶到衣食住行,从日常生活到一年四季,春种秋收夏耘冬藏,各个环节与方方面面,都有各种不同的风俗,可谓层出不穷,数不胜数。正是这些不同的风俗构成一幅人类生活的画卷,展现了人类生活的丰富多彩。①

然而,作为"人法"形式和民法渊源的习惯,只是风俗或者习俗中具有一定规范意义的部分,而风俗或者风俗性习惯,虽然具有一定的"习惯性",即行为的相同性和重复性,但是一般意义上的风俗作为人们的生活传统与信仰,只是一种个人的生活方式,与作为人们相互关系条件的习惯相区别。也就是说,风俗虽然是具有社会性的个人行为规范,但是一般并不构成人与人之间相互关系的交易性规则,它只影响人们的"平行"行为,而不调整人们的"交叉"行为,不具有平民社会关系的"设权"规范属性。因此,风俗虽然具有"习惯性",但并不是作为"人法"或者社会规范的习惯性;而狭义上的习惯也只是风俗或者习俗的一部分,是风俗或者习俗中因构成人们交易或者相互关系条件而具有"人法"性质的"习惯"。例如,举办婚礼置办酒席是具有习惯性的一般"风俗",而去参加婚礼喝喜酒时需要交纳礼金则构成风俗中的"习惯",接受礼金一方需要还礼,具有一种交易规则的意义。可见,风俗或者习俗作为各种相同或者趋同的生活方式,既有外部性和共同规则性的内容,也有内部性和非共同规则性的条

---

① 风俗或者习俗,是特定社会文化区域内人们共同遵守的行为模式和规范。一方面,风俗具有地域性和多样性,有因自然环境条件的不同而形成的不同社会或者群体的行为与文化的差异,所谓"百里不同风,千里不同俗",正是这种差异的恰当反映;另一方面,风俗是一种社会传统,这一传统的形成不仅具有不同文化的差异性,而且具有人类自然秩序的客观规定性,因此必然具有统一的基础性或者可以实现统一的可变性。风俗的形成与改变是一个历史进化与选择的过程,也是一个文化的趋同化发展过程。风俗会发生与生活事实及其要求相统一的变化,原有风俗中不适宜生活的部分,会随着历史与生活条件的变迁而发生改变,即"移风易俗"。风俗是在历史发展中形成的,对特定群体的社会成员具有共同的约束作用。

件,其内涵远远大于作为"人法"或者"自然法"的行为习惯,而不以调整和规范人与人之间的相互关系为构成要件,只要是一种传统或者信仰,都可以纳入风俗的范畴。

2. 人法的习惯与惯例

惯例即通常的习惯做法,亦即常规和一贯的办法。① 惯例是习惯的一种形式,是构成"通例"或者"成例"的习惯。"惯例是指一种典型的、根据常规的统一行动。行动者'习惯于'这样做,并且毫不思索地模仿着做。"② 惯例具有正式规则的意义,是更具有公认性、稳定性和约束力的习惯,是普遍认可的交易规则。"惯例则涉及外在与一宽广的行为空间允许的端正的规则。"③"惯例相反的则是受时尚的支配。"④因此,作为"人法"或者民法渊源的习惯,应当是构成惯例的一种习惯,是习惯中最具有规范功能和作用的一种习惯。习惯只有构成惯例,才具有规则的具体性、明确性和权威性,便于人们在特定的行为关系中接受为共同的行为条件并反复适用和共同遵守,从而成为对人们具有普遍约束力的行为规范。习惯的惯例性,既构成习惯的"人法"性,也是习惯区别于一般风俗或者习俗的重要特征。

习惯作为自然的行为方式在它的形成过程中,一般应当是从个人或者少数人的自发行为到多数人和群体性的公认与自觉行为,从不稳定的一时性做法到长期和反复适用的惯常性做法的一个发展过程,即从一般生活习惯向构成"人法"的习惯即惯例发展的过程。因此,在"人法"意义上认识的习惯,应当是惯例性习惯,具有习惯的一般社会规范属性和特征。

(二)习惯的规范属性与特征

1. 习惯的规范属性

习惯作为人的生活方式,构成社会关系的行为条件,具有规范的社会属性。习惯的规范属性是习惯作为人的生活方式而对人的社会行为所具有的普遍约束性。显然,习惯是多方面的,并不是所有的习惯都具有社会规范的属性而构成一种社会秩序条件,那些纯粹是个人生活方式而不对外

---

① 惯例是"一向的做法;常规","亦称'例''成例''通例''旧例'。法律上没有明文规定,但过去曾经施行,可以仿照办理的做法。习惯是一种事实上的惯例,经国家认可并赋予法律效力后成为习惯法"。陈至立主编:《辞海》(第7版)(2)"惯例"条,上海辞书出版社2020年版,第1471页。惯例是"通常的习惯和做法"。〔英〕沃克编辑:《牛津法律大辞典》"惯例"条,北京社会与科技发展研究所译,光明日报出版社1988年版,第917页。
② 〔德〕马克斯·韦伯:《论经济与社会中的法律》,张乃根译,中国大百科全书出版社1998年版,第20页。
③ 〔德〕考夫曼:《法律哲学》,刘幸义等译,法律出版社2004年版,第314页。
④ 〔德〕考夫曼:《法律哲学》,刘幸义等译,法律出版社2004年版,第314页。

构成社会交往条件的习惯,则仅仅是"生活习惯"而不是社会习惯。换言之,生活习惯是一种个人习惯,每个人都有自己的生活习惯,虽然个人的生活习惯也必然具有一定的共同性,但是这些习惯一般只是适用于个人的生活范围,不产生相互关系的约束力,所以不属于社会行为习惯,不具有作为相互关系条件的社会属性,所以也就不构成"人法"的习惯。[①] 作为"人法"的习惯,是一种社会习惯或者行为习惯,只有那些脱离了单纯的个人生活方式而成为一种社会交往条件的习惯,才是构成"人法"的社会习惯并具有行为规范的属性。

当然,也并不是个人的社会习惯就是作为社会规范的习惯。有的习惯只是个人的社会交往习惯,虽然这些习惯是行为者个人的规范条件,但是它不是在一定社会范围内被人们普遍接受或者共同养成的行为习惯,因此同样不具有构成社会规范的属性。

具有社会规范属性的习惯不仅需要具有一定的社会性,而且需要作为一定的行为方式而构成一定的社会关系的行为条件,即能够引起一定社会关系的产生、变更和消灭,是作为一定的社会关系变动的行为事实存在的习惯,也就是构成利益条件的习惯。这种习惯在市场经济条件下,通常表现为交易习惯。

因此,作为"人法"形式或者民法渊源的习惯,其规范属性不仅是个人的行为规范性,而且是个人的社会规范性,是个人在相互关系中的社会规范条件,是作为一定社会关系的存在或者变动基础与根据的行为规范。因此,习惯是人们在反复的社会实践经验的不断积累中自然形成的一种社会关系的共同条件和行为定式。人有什么样的行为,就会养成什么样的行为习惯,而个人习惯在社会生活中的反复适用就会形成一种社会习惯即构成人们共同规范的固定行为模式。人们依据这一模式或者定式在相互关系中统一自己的作为或者不作为,从而构成了人们的共同行为条件并对人们的行为产生普遍约束力,成为一种社会规范与秩序形态。

2.习惯的规范特征

根据习惯的社会规范属性,习惯具有以下规范特征:

一是习惯的相沿成俗性。习惯的要求是,"至今仍然发生的、作为传统的东西,也应于将来发生;所有人都在做的、大家约定俗成的,你也应该去做"。[②] 习惯规范并不是制定或者成文规范,而是相沿成俗的一种自

[①] 当人们违反某种生活习惯时,并不会产生社会(责任)后果,即使得到否定性评价而受到排斥,也并不意味着将被人们强制纠正。

[②] 〔德〕拉德布鲁赫:《法学导论》,米健译,法律出版社2012年版,第2页。

然与自为的行为规范,属于"自然法"的范畴,①既是自然成习惯,也是习惯成自然。②"这一群体的各种活动早就已经存在于那里,并且把他们自己的行为同化于他们的模式之中,这里是参与其中的一个先决条件,因而也是参与到正在发生的事情中的一个先决条件。"③习惯不是由某个组织统一制定或者发布的规范,而是由个人从一般生活方式到共同社会行为,经过周而复始的循环选择而在公认和共同遵守与沿用中形成的一种相对稳定的社会关系与交往形态,是经过长期的社会实践而约定俗成的社会行为条件。"人们要满足需要必须相互合作,并且采取有效技术,向环境获取资源。这套方法并不是由每个人自行设计,或临时聚集了若干人加以规划的。人们有学习的能力,上一代所试验出来有效的结果,可以教给下一代。这样一代一代地累积出一套帮助人们生活的方法。"④这就是作为社会经验的传统或者习惯。因此,习惯规范的形成不是基于外部强制,而是人们在行为交往过程中不间断地长期坚持行为选择的结果,是人们在反复的社会实践过程中通过不断的惯性能力积累而表现出来的一种相似或者相同的行为规范模式,⑤从而构成社会秩序条件的事实。"由于人的诸个别行动通过反复练习获得了习惯的性质,即某种被纳入记忆中、也就是精神内心的普遍性中的东西的形式,灵魂就把一种也能够传递给其他人的普遍的行动方式、即一条规则带进它的各种表现中。这个普遍东西是一个这样概括成为自身简单性的东西,以致我在这个东西里面不再意识到我的种种个

---

① "在所有这些规律之先存在着的,就是自然法。所以称为自然法,是因为它们是单纯渊源于我们生命的本质。如果要很好地认识自然法,就应该考察社会建立以前的人类。自然法就是人类在这样的一种状态之下所接受的规律。"〔法〕孟德斯鸠:《论法的精神》(上册),张雁深译,商务印书馆1961年版,第4页。自然法并不是人类社会建立以前的法,而是人的自然生态的"法",即与人类的自然生态相伴始终的客观法则,习惯作为自发秩序就是人类的一种客观法则并具有"自然"的社会秩序属性。
② 习惯在无意识状态下的相沿成俗,并不意味着个人习惯本身不可培养。尤其是在现代社会,随着人们生活品位与品质的提高,人们往往把良好的习惯作为一项人生规划来培养,即有目的、有计划和有措施地培养个人的良性习惯,并可以通过良性习惯的培养来遏制个人的不良习惯的作用及其无意识形成。不过,这些可以自主培养的习惯主要是一种个人的生活习惯,而对于那些作为相互关系或者交易条件的社会行为习惯,则只能在相沿成俗中获得人们的公认与遵循。
③ 〔美〕约翰·杜威:《人性与行为——社会心理学导论》,罗跃军译,华东师范大学出版社2020年版,第51页。
④ 费孝通:《乡土中国》,青岛出版社2019年版,第86页。
⑤ 惯性是"物质的基本属性之一",它"反映物体具有保持原有机械运动状态的性质"。《辞海》(第7版)(2)"惯性"条,上海辞书出版社2020年版,第1471页。

别行动的特殊区别。"①当习惯通过人的记忆相沿成俗时,也就变为人的"精神对肉体直接起作用"的自然行动,"因而赋予它们一种机械性东西、即一种单纯自然作用的形态"。②

二是习惯的社会普遍性。习惯作为一种社会规范,不仅是社会行为规范,而且是社会普遍性规范,具有在一定社会或者区域与族群范围内被公认并普遍适用的规范特征。"这就是说与此相关的人对其都非常了解",是众所周知的;"它必须是一般的,这意味着它所涉及人的大部分都一般地服从它"。③换言之,作为社会规范的习惯,不能是个别人或者少数人的习惯,而必须是在一定社会范围内被人们群体性认知并自然接受和自发遵守的习惯,不仅具有一定的社会适用范围,而且具有较为广泛的社会秩序影响,从而在一定的社会群体内具有一定的行为约束力而成为一种社会群体的秩序性结构因素。习惯的社会普遍性往往具有一定的区域特性。"习惯是长期以来在特定区域所形成的、且在该区域自发运行、即该区域内所有主体自觉自愿地接受的、具有事实上对其进行权利义务配置功能的行为规范。"④由于习惯是人们的自然选择与自发形成的规范,所以习惯的社会普遍性,并不等于国家范围内的普遍性和统一性,而是在一定地方或者区域的普遍性,往往具有一定的地域或者群体性特征,即习惯的社会普遍性是一种相对的普遍性,只要是在一定范围和群体内被公认和遵守的习惯,就是具有社会普遍性的习惯并具有社会规范的本质。

三是习惯的相对稳定性。稳定性是指一定事物所具有的保持恒定而不变的能力。习惯的稳定性就是习惯一经形成所具有的长期保持不变而被持续适用的一种状态。"习惯的本性是坚定自信的、持续的和自我永存的。"⑤习惯的稳定性来自人们对习惯的确信与坚守。"这意味着在一定的时期内,行为必须非常普遍化地相似。"⑥换言之,在环境和条件不变的条件下,习惯不会随着时间的推移而轻易发生变化,从而在较长时间内保持

---

① 《黑格尔著作集:哲学科学百科全书Ⅲ·精神哲学》(第10卷),杨祖陶译,人民出版社2015年版,第173页。
② 《黑格尔著作集:哲学科学百科全书Ⅲ·精神哲学》(第10卷),杨祖陶译,人民出版社2015年版,第173页。
③ 〔法〕雅克·盖斯旦、〔法〕吉勒·古博:《法国民法总论》,陈鹏等译,法律出版社2004年版,第478页。
④ 谢晖:《"可以适用习惯"的法教义学解释》,载《现代法学》2018年第2期。
⑤ 〔美〕约翰·杜威:《人性与行为——社会心理学导论》,罗跃军译,华东师范大学出版社2020年版,第51页。
⑥ 〔法〕雅克·盖斯旦、〔法〕吉勒·古博:《法国民法总论》,陈鹏等译,法律出版社2004年版,第478页。

和具有一定的不变性。① 习惯作为一定社会群体在一定范围内经过反复适用而逐步形成的普遍性规范,必然是具有一定社会稳定性的规范,即稳定性是习惯的固有属性。习惯作为社会规范不仅是在被反复稳定的适用中形成的,而且是在稳定性的长期维持中构成社会规范的。稳定性是规范性的前提,没有一定的稳定性就不可能表现出社会的规范性,只有具有稳定性的规范才能够实现对社会关系的持续普遍调整并形成和维护统一的社会秩序。不过,由于习惯是以个人的行为选择形式存在的,既不是直接明示的实证规范,也不是由国家或者特定组织的统一强制力保障实施的规范,虽然认可和遵守习惯构成一定区域和群体的普遍行为选择,但是一方面并不是每个人都需要遵守和能够遵守习惯,另一方面习惯并不具有规范形式的统一性而每个人认知和遵守的习惯也必然存在一定条件或者程度的差别,所以习惯的稳定性是一种相对的稳定性,在没有习惯的形式统一及其强制实施的条件下必然影响和限制人们对习惯选择的稳定性,从而导致习惯的稳定性条件及其水平的相对有限,即习惯相对于实证的法律规范具有稳定性的不足。

四是习惯的思维方式性。思维方式决定行为方式,人的外在社会行为或者行为习惯,是由人的内在思维或者意识习惯决定的。黑格尔认为,"习惯是自身感觉的机制,正如记忆是理智的机制一样",虽然"人在习惯中就是在自然实存的方式中",但是"习惯只应在灵魂的存在中",所以"这种习惯直接地把感受、意识、直观、知性等等的许多规定结合在一个简单的行动里。完全自由的、在它自己的纯粹要素中工作着的思维同样需要习惯和熟练这种直接性的形式,通过这种形式思维就是我的单独的自身用以自由地贯彻目的的所有物。通过这种习惯我才作为思维着的我自为地实存着"。② 思维的过程,作为习惯形成与落实的过程,就是一个记忆和记忆释放的过程。"记忆在心灵中保存了经验,但记忆所保存的不是经验的外在感觉,而是经验的'内在本质'。深刻的经验记忆是心灵、精神的塑造,记忆的过程即是主体精神世界的重建或塑造过程。一旦经验的本质被记忆形成习惯,习惯本身就成为一种生活方式与标准,成为人们判断事物合理

---

① "习惯风俗的'稳定性'品格特质,注定了一种好的习惯风俗的形成是一个长期过程。因而,一个民族的新文化、新精神的塑造,是一个持久的日常生活实践陶冶的过程。"高兆明:《论习惯》,载《哲学研究》2011年第5期。
② 《黑格尔著作集:哲学科学百科全书Ⅲ·精神哲学》(第10卷),杨祖陶译,人民出版社2015年版,第167~168页。

与否的'天然'价值标准。"①习惯不仅是经验的,而且是精神的,是通过思维的精神条件存在和表现的。习惯在根本上是一种以记忆为根据的思维习惯,是以一定思维习惯的形式表现和存在的行为方式,是由一定思维决定的行为结果。人的社会行为首先是一种思想或者思维条件,而人的社会行为选择也首先是一种思想和思维方式的选择。可以说,人与人之间的行为差别,根本上是思维方式的差别,是受何种思维方式约束和限制的差别。一个人有什么样的思维方式,就会有什么样的行为选择,也就会有什么样的社会或者行为习惯。思维方式形成思维习惯,而思维习惯决定人的行为条件,一个人选择具有积极性和规范性的思维方式,就必然须表现为一定的具有积极性和规范性的行为。因此,人的思维方式,是一定习惯形成和遵守的条件,而一定的习惯形成和改变首先必须是一种思维方式的转换。同样,一定习惯的遵守和约束力,是一种思维习惯的选择,必须具有人们与习惯相统一的定势思维方式。

五是习惯的自主约束性。"社会的联系是长成的,是熟习的,到某种程度使人感觉到是自动的。"②习惯不是机械的行为,而是自主的行为约束。黑格尔指出:"如果在为精神服务中所必须完成的肉体的种种活动多次地被重复,这些活动就得到一种程度越来越高的适合性,因为灵魂与所有那时必须加以注意的情况达到了一种越来越大的亲密性,因而灵魂就越来越熟悉自己的种种表现,结果就达到了一种总是增长着的、将其内在规定直接形体化的能力。"③这种行为与灵魂自主统一的内在能力,就是习惯。基于习惯是一种思维习惯,具有思维方式的规范特征,习惯并不是行为主体的外在规范,而是行为主体的内在规范,即人们自觉遵守和自主约束的行为规范。不论是习惯的形成,还是习惯的规范作用,都离不开人的主观能动性机制,表现出个人的行为态度。④"重复、反复训练,不仅是要让人熟

---

① 高兆明:《论习惯》,载《哲学研究》2011年第5期。"在这种记忆中,存在着其长期观人察物历事的经验及其历史,以及在这种经验历史中所形成的对生活意义、存在真谛、人生众相的本质性理解。这种本质性记忆尽管以习惯这一简洁的方式呈现,并以大量具体感性经验为背景,但已不再是简单、散在、感性的东西,而是一种本质的、精神性的东西。在这里,习惯由于其历史本质的记忆而具有深度与力量。一个心地善良者与一个心地阴暗者,所持有的对人、事的完全不同的认识、处理习惯,就来源于各自对经验生活的本质性记忆。"(同前。)
② 费孝通:《乡土中国》,青岛出版社2019年版,第75页。
③ 《黑格尔著作集:哲学科学百科全书Ⅲ·精神哲学》(第10卷),杨祖陶译,人民出版社2015年版,第172页。
④ "毫无疑问,行为态度对行为表现与习惯形成有重要影响作用,但行为态度可能是一种弥漫性的态度,如果没有具体的目标指向可能不足以引导行为表现或习惯的形成,因此也有研究者提出了不同观点,认为目标在习惯形成过程中起到关键作用。"李斌、马红宇:《习惯研究的现状与展望》,载《心理科学》2012年第3期。

悉这些形式，更是要在灵魂中刻画上精神的这种形式，并在这种熟悉、刻画中将这些经验形式当作精神本身。这个重复、反复训练的过程，既是个体文而化之的过程，又是成为单一自我的人格塑造过程。这个过程的核心是成人的文化——心理结构之建构过程。"①虽然习惯的选择和遵守具有外在评价和舆论影响的约束力，但是它在根本上是依赖行为惯力产生的结果，具有行为主体自主约束的规范特征。人们自主接受习惯约束并按照习惯行事，不仅是习惯的形成根据，而且是习惯的施行条件。习惯作为个人的意志形态和具有定势的思维方式，必然是一种依靠主体自主约束实施的行为规范，没有了主体的自主选择与约束，也就没有了习惯的社会规范条件及其适用的普遍性。

三、习惯与道德

习惯作为人的自主与自律的行为规范与秩序，与道德具有内在的联系和统一。一方面，习惯或者习惯行为作为人们公认和普遍的行为方式，应当是被认为"道德"的行为条件，并因为它的道德性而被人们普遍认可和遵守。因此，习惯以道德为根据，道德性是习惯的价值性，是习惯的存在条件和合理根据，习惯的一般就是道德的，是具有道德性的，道德构成习惯的品质与灵魂。另一方面，道德作为主体的善良意志，是人们在长期的习惯中养成的，人们遵循某种道德也就是把该道德作为自己的行为习惯并在习惯上遵循该道德。所以，道德以习惯为基础，习惯性是道德的行为性，是道德的表现形式，道德的同样是习惯的，具有习惯的行为特征。同样，法律与道德的联系，往往也是法律与习惯的联系，后者构成了法律与道德联系的形式，因为道德只有在习惯的基础上才能够具有自律性。

(一) 习惯的道德价值

美国思想家杜威指出："一个个体由于继承了其所处的社会群体之言语，所以通常会获得道德。"②群体习惯就是群体的道德要求，具有代表群体道德的属性，接受并按照群体习惯行事，就具有道德的合理性，必然被群体赞赏和认可。"一个民族的精神习惯，即是这个民族的文化、价值观与道德品格。"③习惯的道德性，既是习惯的自主构序性，又是习惯的正当价值性。"不知道权利、公平、法律与正义的由来和成因的人，往往把习惯和先

---

① 高兆明：《论习惯》，载《哲学研究》2011年第5期。
② 〔美〕约翰·杜威：《人性与行为——社会心理学导论》，罗跃军译，华东师范大学出版社2020年版，第51页。
③ 高兆明：《论习惯》，载《哲学研究》2011年第5期。

例列为自己行为的准则。在他们的观念中,凡是习俗所惩罚的事就是非正义的,而只要有证据表明习俗不惩罚的或习俗鼓励、赞成的就认为是正义的。"①在早期人类社会发展中,人们习惯的做法或者行为即代表一种正义和道德的事实,是对习惯的道德或者道德价值的认可。人类的社会组织形态是自然建立在一定习惯方式的秩序基础之上的,人类在相互依存的人身与财产关系中必须把共同或者自然接受的行为条件以习惯的形式确定下来,而一定的习惯认知及其秩序认可,必然构成人类最初的自律条件即社会道德。可以说,没有对一定行为的道德支撑或者道德认知,就不可能形成和认可一定的习惯并遵循之,道德性构成习惯的合理性与正当性根据,是一项习惯事实能够被人们普遍接受并成为人们的自觉规范的内在条件与价值基础。显然,对于人类而言,最初的习惯只是社会构造的必然选择,是人类社会构造的自然生态条件,并没有作为价值观念的道德问题。但是,当人类社会发展到一定阶段,形成并具有了一定的习惯认知和习惯意识时,这种认知和意识就具有一定的道德和道德价值属性,构成人们的一种道德观念,人们就必然把自己的道德观念渗透到自己的习惯中,并用这种道德观念反思自己的习惯,赋予习惯一定的道德价值,习惯就成为道德判断的对象并具有了道德意义。习惯一旦构成道德并具有道德的价值,就是体现善良意志的习惯,这一习惯的遵守就能够产生积极和良性的社会秩序效果。

一个人习惯于为善或者经常为善,就是具有道德的习惯,即道德习惯。习惯控制的社会过程,也就是以道德的性质发挥规范作用的过程。然而,不仅习惯具有复杂性,而且道德的标准也各不相同,被人们普遍认为符合道德的习惯,也可能会被个别人认为不符合道德。"人们不仅在习惯中表现道德,而且也在习惯中存在非道德。一个有道德的人,是以道德为习惯的人,也是习惯于乐善好施的人",②即能够用道德方式处理事物和对待他人的人。所以,习惯的道德性,只是习惯的一般性,并不意味着所有的习惯都符合道德并具有道德价值,只有那些构成善良风俗或者不违背善良风俗的习惯,才是道德习惯,才具有道德价值并具有积极的社会规范意义,同时能够维护和促进良性社会秩序的调整与形成。

总之,习惯作为人们的行为方式,在人们的共同认可和长期遵循中,就不仅是接受一种习惯的行为事实,而且是作出的行为价值判断。所以,习

---

① 〔英〕霍布斯:《利维坦》,吴克峰编译,北京出版社 2008 年版,第 51 页。
② 王利民:《民法道德论——市民社会的秩序构造》,法律出版社 2019 年版,第 158 页。

惯的社会性并不是单纯作为规范的属性,而且还是一定的伦理条件要求。习惯对于人类行为的调整与支配意义,就在于它不仅给人们的行为提供规范条件,而且为人们的行为提供伦理的价值根据,而人们的良性习惯,也就是道德习惯,本身就体现和代表一定的社会伦理要求,具有被肯定的伦理价值。

习惯的道德价值并不等于习惯就是道德或者与道德同一。一方面,虽然习惯与道德都有非常复杂的内涵与外延,并具有内在与边际联系,但是我们所谓的行为习惯并不是作为个人品性存在的,[1]而仅仅是一种自发自为并被适用于特定群体和特定社会关系的普遍行为规范,最初并不具有道德属性,只是在人类的道德观念产生以后或者被纳入道德评价的对象之后,才有了对习惯的道德认知与结果,也才有了习惯的道德性或者是否符合道德价值的问题;另一方面,习惯作为在一定范围内普遍适用的交易规则,是直接调整特定社会关系的外部行为条件,能够直接作为设定权利义务关系的规范条件,具有在规则上明确、公认的"人法"属性,而这一实用规则并不必然具有和道德的一致性。可见,道德是个人内在于心而外在于行的秩序条件,主要以个人为评价对象,是作为个人的内在行为标准而成为行为的评价根据,即道德主要体现为价值属性,并不必然构成对特定群体与行为普遍适用的公认规则;而习惯则以群体为对象,是群体的外部规范被适用于特定社会关系的客观事实,是作为群体的普遍行为规范存在的,即习惯主要表现为规范条件,与人如何为人的个人品性无关。因此,虽然道德构成民法的价值与基本原则,但是习惯却可以直接作为成文法之外的民法法源。《民法典》第10条关于在没有法律规定的情况下处理民事纠纷"可以适用习惯,但是不得违背公序良俗"的规定,既反映了习惯作为直接规范的条件与属性,也反映了对可以适用的习惯的道德要求以及习惯并不必然与道德统一的规范特征。

(二)道德的习惯生成

道德是自然的,也是习惯的,是通过习惯表现的自然秩序,道德的规范美,也就是习惯的秩序美。道德的习惯性,即道德的习惯生成性,亦即习惯构成道德的表现形式。"通常意义上的道德规范是指由个人组成的群体的习惯或风俗所支持的行为标准。"[2]道德具有习惯的行为特性,是以习惯方式形成和表现的社会关系条件,是在习惯中构造并具有习惯性功能和作用

---

[1] "我们因习惯而产生的与各个阶层和职业相适应的特殊品质和举止,或许有时具有一种跟习惯无关的合宜性。"〔英〕亚当·斯密:《道德情操论》,蒋自强等译,商务印书馆1997年版,第256页。换言之,道德品质的合宜性并不等于习惯规范的条件性,或者与习惯规范无关。

[2] 〔美〕罗斯科·庞德:《法理学》(第2卷),封丽霞译,法律出版社2007年版,第175页。

的规范与秩序形态。① 不论人类的道德最初是怎样形成的,作为外部行为,都一定表现为某种习惯的行为方式。人的行为惯性或者习惯性,作为一种自然性和规律性,必然构成人们的善良意志和行为规范,而这种由人们共同认可和自律遵守的习惯规范就是道德规范,或者起码在习惯者看来是道德的。虽然习惯的不一定是道德的,但是任何社会的道德都必然从习惯起步并从习惯中逐步形成自己的道德形态。道德自律就是一种行为习惯或者一贯的合序行为,但习惯的行为不一定是道德,道德习惯养成道德行为,非道德习惯产生非道德结果。道德是一种具有意志性的习惯行为,人们不仅在习惯中生成道德,而且在习惯中表现道德,如果道德观念不构成行为习惯,也就不具有约束人们行为的普遍规范与秩序意义。

基于道德的习惯生成和习惯对道德的决定意义,一个人养成什么样的习惯也就会生成什么样的道德或者非道德。道德是习惯的结果,习惯对于道德实践非常重要,道德习惯是规范与伦理统一的自发秩序。"一个人的实现活动怎样,他的品质也就怎样。所以,我们应当重视实现活动的性质,因为我们是怎样的就取决于我们的实现活动的性质。从小养成这样的习惯还是那样的习惯决不是小事。正相反,它非常重要,或宁可说,它最重要。"②道德作为自律性社会规范,既是自然秩序,也是习惯行为。"没有自然的规定性就没有道德的普遍性,但道德的自然性并不意味着道德是一成不变的自然事实,相反,它需要在自然的基础上进行后天的习惯养成,即道德不是自然的直接性,而是通过习惯形成的符合自然的社会品性。在道德的形成过程中,习惯具有直接的社会与实践意义,人们在不同的环境和条件下会产生适应这一环境和条件的不同行为习惯并养成不同的道德从而表现出道德的习惯变化。"③

亚当·斯密认为,习惯"是支配我们对各种美的判断的原则","由于我们对各种美的情感受到习惯和风气如此重大的影响,所以不能指望对行为美的情感完全避免那些原则的支配"。④ 他的"论一般准则的起源和效

---

① 亚里士多德认为,道德"通过习惯养成",因此,道德是从"习惯"这个词演变而来的。虽然他主张道德"都不是由自然在我们身上造成的",因为"由自然造就的东西不可能由习惯改变",但是他仍然承认,"德性在我们身上的养成既不是出于自然,也不是反乎于自然","自然赋予我们接受德性的能力,而这种能力通过习惯而完善"。〔古希腊〕亚里士多德:《尼各马可伦理学》,廖申白译注,商务印书馆 2003 年版,第 36~38 页。"在他看来,道德德性的获得与德性的现实活动二者一体。道德德性具有实践的品性,在道德德性的现实活动中形成一种习惯的过程,也就是成就道德德性的过程。'通过习惯养成'的道德德性,具有'稳定'的特质。"高兆明:《论习惯》,载《哲学研究》2011 年第 5 期。
② 〔古希腊〕亚里士多德:《尼各马可伦理学》,廖申白译注,商务印书馆 2003 年版,第 38 页。
③ 王利民:《民法道德论——市民社会的秩序构造》,法律出版社 2019 年版,第 158 页。
④ 〔英〕亚当·斯密:《道德情操论》,蒋自强等译,商务印书馆 1997 年版,第 245、253 页。

用",实际上把握了道德作为一般社会规则在生成与作用上的习惯性。①道德的自生自为的生成与作用过程,实际上就是一种习惯的行为支配过程,当一个人效仿他人或者前人的行为而为善良行为时,就是把道德的行为条件作为一种习惯并在习惯的行为方式中加强和巩固道德的行为信念与行为约束,道德正是在习惯的行为方式中成为了人们普遍的行为秩序。道德并不是一种自然的先验存在,而是一种自然的经验产物,是人的社会实践的经验总结,是人们在经验或者对经验的观察中形成和确认的社会行为条件。这样的经验积累与行为条件的形成过程,就是一种习惯或者习惯养成的过程,经验在习惯的基础上必然形成某种确定性的行为秩序,这种行为秩序必然具有一定的道德属性。"人们对于道德的善恶选择,最初并不是直接认识到善恶才接受为道德的,而是在对周边人的行为观察中发现人们一般接受或者反对什么行为才逐步确立起了善恶标准和道德观念。"②分析法学派创始人约翰·奥斯丁认为,"在立法机关或法官赋予某一习惯惯例以法律效力以前,它应被认为是一种实在的道德规则",③即习惯作为一种正当性规则在上升为法律之前是以道德条件形式存在的。道德在本质上就是一种社会习惯,是从习惯演变而来的,具有习惯性特征。道德由习惯形成,习惯表现道德的行为条件,道德决定习惯的价值目标。

由于道德的习惯性,道德不仅在习惯中生成,而且一经在习惯中生成就具有习惯性遵循的行为惯性。道德的生成需要一个从不习惯到习惯的过程,也就是从行为经验到道德认知的过程,这个过程通常是一个习惯的行为意识和行为标准的确立过程。道德的习惯性不仅是道德的生成性,而且是道德的稳定性。道德在习惯的生成和遵循中自然获得了自身规范的稳定性,而道德的习惯性和稳定性则构成了道德的生态基础。

习惯不仅具有生成道德的意义,而且具有改变道德的作用。道德不仅

---

① "我们对他人行为不断的观察会不知不觉地引导我们为自己订立了关于什么事情适宜和应该做或什么事情不适宜或不应该做的某些一般准则。别人的某些行为震动了我们的一切天然情感。我们听到周围每个人对那些行为表现出相同的憎恶。这就进一步巩固、甚至激化了我们对那些行为的缺陷的天然感觉。我们感到满意的是,当我们看到别人用合宜的眼光看待它们时,自己用相同的眼光看待它们。我们决意不重犯相同的罪恶,也不因任何原因以这种方式使自己成为人们普遍指责的对象。这样,我们就自然而然地为自己规定了一条一般的行为准则,即避免所有这样的行为,因为它们往往会使自己变得可憎、可鄙或遭受惩罚,即成为所有那些我们最害怕和最讨厌的情感的对象。"〔英〕亚当·斯密:《道德情操论》,蒋自强等译,商务印书馆1997年版,第192~193页。
② 王利民:《民法道德论——市民社会的秩序构造》,法律出版社2019年版,第159页。
③ 〔美〕E. 博登海默:《法理学:法律哲学与法律方法》,邓正来译,中国政法大学出版社2017年版,第493页。

需要在习惯中生成,也需要在习惯中改变和进步。习惯的行为表现是从众,是一种自我心理强制和行为暗示,而这种强制和暗示必然构成潜在的道德意识。因此,不论是人的道德形成,还是人的道德改变,都离不开一定的习惯条件,是"习惯"的改变与形成。然而,不论是习惯的行为,还是道德的生成,都必然是一个漫长的过程,由于习惯的行为惯性是不容易改变的,所以道德也是不能轻易改变和更新的。因此,习惯对于道德的重要性,不仅是生成和改变道德,而且是巩固和稳定道德,而后者才构成了道德秩序的存在与实在。

四、习惯与习惯法

习惯的行为规范性,必然是一种"人法"性,是一种"人法"的习惯法。"习惯法者,基于国民之直接的法之认识,以继续不息,反复奉行之习惯,确信为法律,而援用之法规也。"[①]人类自然以习惯作为自身的行为方式并调整自身的行为,故而习惯一开始就必然具有"人法"的规范地位与作用,并成为"人法"进一步演化与发展的基础。

(一)习惯的人法性

人类离不开自己的"人法"即本体法,这是人类生态构造的结构性条件,具有人性的规定性,必然与人类社会相始终,即伴随人类社会存在和发展的全过程。有人类必然有"人法",以构成人类的生态条件,使人成为人并构成人的社会形态,因此,人类必然以一定的形式表现和形成自己的"人法"。"人法"是个人社会的法,即私人或者平民社会关系的法,属于私法,所以"人法"自然生长于个人社会,是个人社会生态选择与自然发展的结果,而并不是政治社会或者人类社会发展到一定阶段的产物。因此,"人法"是人类社会即私人社会自生自发的法,而人类生成"人法"或者私法具有两种自然生态形式,即道德和习惯,并且两者之间相互依存,具有内在的联系和统一性。

在人类最初的社会结构中,一定需要把自己最自然、最行之有效的行为方式固定下来,这一固定方式,不可能有一个统一的组织或者命令的形式,也不可能有一种一开始就被人们精心策划和统一承认的行为法则,而只能是基于一定的自然生态运动规律而自发形成的。"我们的世界是由物质的运动形成的,并且是没有智能的东西,但是它却永恒地生存着。所

---

① 梅仲协:《民法要义》,中国政法大学出版社 2004 年版,第 9 页。

以,它的运动必定有不变的规律。"①人类行为规则的自发形成与最初形态,形式上是人的行为方式,而实质上是人的自然生态运动,遵循着人的自然与生命的运动规律。这显然不是人的行为创造,而是人的行为在自然与生命规律支配下的运动结果,这一运动需要具备三个必然的事实条件:一是人们必然基于共同的客观利益需求及其实现条件而作出共同或者相似的行为;二是人们作出的共同或者相似的行为必然被人们长期重复地实施而成为一种稳定的行为方式;三是人们长期重复实施的共同或者相似的行为方式必然成为人们的行为共识并被接受为共同的行为条件。显然,这种"人法"形成所需要的必然或者事实的条件,就是一种习惯的生成条件,人类最初一定需要也能够以一种自然的习惯方式自主调整自己的行为而能够适应和满足一定的社会结构需求。

"一套使人类行为服从于规则之治的系统所必需具备的首要素质是显而易见的:必须有规则存在。"②人类必须存在的规则,作为自然与必然的条件,是必须在初始接受和由习惯生成的规则,是需要从习惯开始并以习惯形式表现的规则。习惯是人类最初的"人法"规则,也是人类最初的文明形式,人类在习惯的行为方式及其规范与秩序中展现了自己的自然生态及其社会构造能力,从而形成了自己的社会结构性条件,维护了自身的生存与发展,产生了自身生存与发展的文化与文明形态。因此,"人法"作为人的本体和本有的法,一方面是人的自然生命的法,另一方面是人的行为习惯的法,即人的生命与生存需求所自然规定并必然以习惯方式生成的法。习惯性既是"人法"的自然性,也是"人法"的必然性,而人的习惯能力,作为一种规范与秩序的能力,也是一种生命与生存的能力,对于人类社会的生存与发展具有决定性的规范意义。

习惯不仅是"人法"的最初形式,而且是"人法"的始终形式,是人类社会结构的基础规范条件,必然需要和存在于人类社会生存与发展的全过程。习惯作为"人法"的本体形式和最初与基础的"人法",具有其他社会规范不可替代的地位和属性,包括国家的实在法在内的其他社会规范,虽然可以也需要把习惯转化为自身的规范内容和条件,却不能因此代替习惯并取缔习惯的存在和作用。相反,在人类的"后习惯时代",即使是在法律和行业规则等各种社会规范十分发达的当代社会,习惯对于人类行为秩序的生态调整与自然形成仍然发挥着其他规范所不可替代的支配与基础作

---

① 〔法〕孟德斯鸠:《论法的精神》(上册),张雁深译,商务印书馆1961年版,第2页。
② 〔美〕富勒:《法律的道德性》,郑戈译,商务印书馆2005年版,第55页。

用。正如亚里士多德所言:"立法者通过塑造公民的习惯而使他们变好。这是所有立法者心中的目标。如果一个立法者做不到这一点,他也就实现不了他的目标。"①

(二)从人法习惯到习惯法

习惯与习惯法的关系,是如何理解习惯和习惯法的问题,尤其是如何理解"习惯法"及其概念是否妥当的问题。如果在"人法"的意义上认识习惯,那么习惯就是"习惯法",习惯法就是在"人法"的意义上理解的习惯。从习惯法区别于习惯的意义上来看,有两种习惯法的理解。一种广义的习惯法观念,是把习惯法理解为更具有强制性的习惯规范。"根据一般的术语学,作为习惯法的规范,其效力在很大程度上依赖于一种类似的强制性实施机制,尽管这种强制效力是来自同意,而不是制定;习惯则不以任何强制性机制为特征。"②在这个意义上区分的习惯与习惯法,实际上是一种对习惯的规范程度的认识,因此也就很难区分出习惯与习惯法,其所谓"习惯法"应当是更接近或者类似于"惯例"的一种规范形态。③ 在这个意义上理解的习惯法,作为一种主观认识与形态,并不具有确定性,很难与习惯或者惯例作事实上的区别。

另一种狭义理解的习惯法,是上升为国家法的习惯。习惯作为"人法"或者具有"人法"性质的行为方式,是一个不断的规范深化与社会发展过程,是在社会发展中不断获得"人法"的规范属性与作用的过程。到当代国家法即成文法的成熟阶段,"人法"习惯被作为国家法的法源,即在成文法之外构成国家法的"习惯法"形式。也就是说,就人的社会行为而言,只要构成行为习惯就具有统一调整人的行为并规范行为秩序的一般"人法"意义,是一种"人法"习惯,但是构成"人法"的习惯,并不一定是"习惯法",习惯法是"人法"习惯发展并表现为国家法的形态,是被国家认可为"法"的形式并具有法律效力的习惯规范,即习惯法并不是"习惯"的法,而是"国家"的法。换言之,是在国家法意义上的习惯。

---

① 〔古希腊〕亚里士多德:《尼各马可伦理学》,廖申白译注,商务印书馆2003年版,第37页。
② 〔德〕马克斯·韦伯:《论经济与社会中的法律》,张乃根译,中国大百科全书出版社1998年版,第21页。
③ "当某种行为持续地存在,在特定规范的保障者头脑里就会浮现一个观念,即他们所面临的不再是习惯或者惯例,而是要求实施的法律义务。赋予这种实际效力的规范被称为习惯法。"〔德〕马克斯·韦伯:《论经济与社会中的法律》,张乃根译,中国大百科全书出版社1998年版,第23页。然而,这种在行为者头脑中自主浮现并确认的"习惯法",不是共同的规范存在,并不能获得现实的客观性与普遍性,即不能被作为一般规范意义上的习惯法而得到认定并区别于习惯与惯例。

有英美法学观点认为:"如果我们将习惯法,看做是经由道德规则转变而来的实际存在的由人制定的法,那么,习惯法,就是由国家确立的。当国家在制定法中,将习惯明确规定出来的时候,国家是以直接形式确立习惯法的。与此不同,如果习惯是由国家中的司法机构所适用的,那么,国家是以间接方式确立习惯法的。"①然而,国家在制定法中规定习惯,是习惯转变为成文法而不是由习惯到习惯法,而司法机构对习惯的适用在英美法系则直接产生判例法。

习惯法作为国家法,不论通过何种方式确立,都只构成大陆法系的主要非成文法形式。"所有非起源于立法的法律,被称为习惯法。"②"习惯法是一种在一定条件下变成法律规则的惯例";"习惯法是一种法律规则,它对个人有拘束力,并且是法律之外,同法律一样的一种实体法渊源"。③ 习惯法不仅以习惯为基础,具有习惯的行为规范性与安全性,④而且还被国家认可,上升为国家法的形式,具有国家强制执行的效力。

在人类的相互关系中,人们具有何种地位并遵循何种行为条件,是在习惯中不断形成和巩固的,是一种由习惯发展起来的社会关系。人类的社会关系形态及其条件的发展,一方面是这一关系的形态发展,另一方面是作为这一关系条件的习惯的发展。人类早期的社会关系是简单和原始的,主要是反映家庭成员或者氏族、部落内部基于自然血亲和共同生活所形成的身份与地位关系,相应的习惯也主要是一种内部的自然伦理习惯。虽然人类早期的习惯同样具有"人法"的本质与属性,但是其社会性不强,也没有上升为国家法即习惯法的条件与可能。然而,随着人类社会的不断发展和国家形态的产生,人类的社会关系结构越来越多样化和复杂化,这不仅需要在习惯之外产生其他的社会关系结构与调整形式,而且习惯在适用于国家法调整的社会关系时,不仅具有了实质的国家法的性质与作用,而且需要得到国家法的认可并上升为国家法源即习惯法。

根据《民法典》第 10 条的规定,可以适用的习惯在其被适用的特定法律关系中,即具有"习惯法"的地位和意义,并构成法源,但我国《民法典》并不承认一般规范意义上的"习惯法"。习惯被作为"法源"适用于特定的

---

① 〔英〕约翰·奥斯丁:《法理学的范围》(中译本第 2 版),刘星译,北京大学出版社 2013 年版,第 43 页。
② 〔美〕罗斯科·庞德:《法律与道德》,陈林林译,中国政法大学出版社 2003 年版,第 31 页。
③ 〔法〕雅克·盖斯旦、〔法〕吉勒·古博:《法国民法总论》,陈鹏等译,法律出版社 2004 年版,第 475、476 页。
④ "相似行为的模仿和众多,并不足以成为习惯法。习惯法要具有规则效力,需要时间来证明其本质所固有的持久和安全。"〔法〕雅克·盖斯旦、〔法〕吉勒·古博:《法国民法总论》,陈鹏等译,法律出版社 2004 年版,第 478 页。

法律关系,需要具备两个条件:一是形式或者功能条件,即适用的习惯本身具有调整平民社会关系的实际规范作用,得到人们的普遍认可并据此行事,可以在行为人之间设立权利义务并能够达到履行的明确程度,对行为人具有现实的约束力;二是实质或者价值条件,即适用的习惯不得违背公序良俗——符合道德的条件和标准,是实质的道德规范,具有价值或者伦理上的肯定性。具备这两个条件的习惯,既然是"处理民事纠纷"可以适用的习惯,那么也就是实施民事法律行为可以适用或者是被实际适用的习惯。这一习惯,不仅是"人法"的行为法,具有实然的行为约束力,而且作为"人法"和行为法还具有在特定的法律关系中被上升为国家"习惯法"并作为处理民事纠纷的民法法源的可能性。[1]

事实上,在人类的秩序形态上,习惯与习惯法之间是难以区别的,这一难以区别在根本上反映的是习惯与法律之间的规范与界限模糊,尤其是无法把它们从社会秩序形态中明确划分出来。换言之,在社会秩序的意义上,法律的形式确定性并不等于法律规范及其秩序形成的确定性,它存在无限的和各种形式的在习惯领域的转化与延伸。不论是习惯还是法律作为意识形态的范畴,都具有认识和理解的相对性,法律是被强制的习惯,而习惯是客观的法律,两者之间必然存在规范与秩序形态上的交叉与相融。"法律和习惯作为人们行动的原因和效果,相互交错,难分难解。"[2]习惯与习惯法或者法律即使作为不同范畴或者被视为不同事物,它们之间也不是对立的,相反它们是也始终是统一和相融的社会秩序条件。"社会学认为,法律秩序和习惯秩序并不对立,因为除了非常明显的转变过程,习惯也得到心理的和(至少间接的)物理性强制力的支持。习惯和法律的区别仅仅在于强制力的社会结构差异:习惯秩序没有专门实施强制力的人员(神职人员、法官、警察、军队,等等)。"[3]

五、民法的习惯法源

习惯的规则发展,不仅是从习惯到习惯法的过程,而且是从习惯或者

---

[1] 当然,一旦法官就此习惯适用于个案,可能因此产生判例法(特别是在英美法系国家),或产生"指导性案例"(如在我国)。可见,习惯的司法识别、查明、确认和适用过程,不仅证明习惯对个案的可能适用效力,而且表明法官在司法中的创造性,以及司法的实际法律产出。参见谢晖:《"可以适用习惯"的法教义学解释》,载《现代法学》2018年第2期。

[2] 〔德〕马克斯·韦伯:《论经济与社会中的法律》,张乃根译,中国大百科全书出版社1998年版,第27页。

[3] 〔德〕马克斯·韦伯:《论经济与社会中的法律》,张乃根译,中国大百科全书出版社1998年版,第26页。

习惯法到法律的过程,即习惯构成民法的法源。① 所谓法源,即法的源头,是法的根源、本源或者起源。狭义上,民法的习惯法源即民法的习惯或者习惯法形式或者渊源,是与民法成文法相对的一种民法形态;广义上,民法的习惯法源即习惯作为自发与自为的"人法",构成调整平民社会关系的基础规范,具有与民法规范的统一性,是民法的来源或者本源。换言之,民法的规范或者制度体系,一般应当是人的习惯性规范或者是能够被人们在习惯中接受和遵守的规范,具有与习惯的符合度,是能够与习惯统一或者相融的规范与制度,并成为人们的习惯行为条件。②"那些成文法规,最初是自发制定的,那时被认为不过是对习惯进行了发布;之后,它们被有意识地予以制定,但仍假托是在宣示习惯;最后,它们作为新规则被自觉地予以制定。"③显然,"人际交往的习惯、具体经验和公示规范构成了我们所谓的法律"。④ 法律既不可能由制定者临时编造出来,也不可能任意编造出来,它起码在主要规范内容上是对以往成熟经验与行为条件即习惯的人性总结。换言之,民法的本质是上升为制定法的习惯,民法的制定应当总结和考察既有习惯,并首先接受和尊重习惯的规范体系,即能够成为人们在行为习惯中遵守并成为现实秩序的规范体系。

考察习惯的规范本质与作用,习惯对于民法的法源意义,显然不限于习惯上升为"习惯法"即国家法的形式或者被作为"法源"适用而具有国家法的效力,而是具有更广泛的民法法源的内涵。习惯作为法源,不仅是狭义的从"人法"习惯到习惯法的社会发展过程,而且是广义的从"人法"的习惯上升为"人法"的国家法形式即作为国家制定法或者实在法的民法的过程,即习惯作为民法的法源,不仅表现为被认可为习惯法或者作为法源适用,而且整个民法的制定及其规范体系都是表现和接受习惯的形式,而在习惯作为法源并上升为国家法的形式后,其自身作为"人法"或者"行为法"的规范条件与生态作用仍然在客观上独立存在,即习惯不仅作为民法

---

① 虽然"制定法并不表达传统,而是人类的意志,而意志又可以任意地赞同抑或否定传统","但法律只能在其毫不脱离民众生活实际的情况下才能实现其效力,否则民众生活就会拒绝服从它……因而,法律的具体创新基本上只是要尽其所能地作出这样一些规定,它们在没有任何附加其他影响的情况下,发展了与人民生活现实紧密相关的习惯"。〔德〕拉德布鲁赫:《法学导论》,米健译,法律出版社 2012 年版,第 2~3 页。人类的意志不是凭空产生的,而是来源于人类的需要,而这一需要要离不开代表人类需要结果的传统或者习惯——尽管制定法有任意甚至任性的一面,但是它最终不能脱离人类传统或者习惯所能接受的规范条件。
② 如果一个国家制定的民法根本上不能与人的善良习惯相融,甚至相抵触,那么这样的民法必然会被人们的习惯打破,不仅不能够被人们遵守,而且只能成为一场社会灾难。
③ 〔美〕罗斯科·庞德:《法律与道德》,陈林林译,中国政法大学出版社 2003 年版,第 38 页。
④ 〔美〕罗斯科·庞德:《法律与道德》,陈林林译,中国政法大学出版社 2003 年版,第 39 页。

的法源而成为民法的规范,而且自身具有"实质民法"的行为规范意义,与民法平行发挥统一的规范与控制作用。①

"我们在习惯性规则(rules of custom)到现代意义上的法律的进化过程中,也能够发现一个类似的从具体性和特殊性向日渐增多的一般性和抽象性的转变。"②习惯作为民法的法源,其转化为民法的法律体系,主要有两种,一是制定法的体系,二是判例法的体系,前者为大陆法系的民法,后者为英美法系的普通法。在英美法系,"法院参考了预先存在的习惯,然后进行司法立法",③即在尊重习惯经验的基础上通过司法先例的形式把习惯上升为国家法。在大陆法系,虽然整个民法的成文法都是反映和接受习惯的体系,但是人们对习惯的法源认识,一般局限于"习惯法",即成文法之外被认可为"法"的习惯,习惯或者习惯法被作为与成文法不同的多元法形式的一种。"在成文法社会,经由习惯而产生之法律的重要性,远逊于成文法,甚而有人认为在成文法社会并无习惯法存在的余地。"④然而,正如前述,大陆法系的成文法仍然是在对行之有效的习惯经验进行总结的基础上形成的规则,尽管成文法并不等于习惯和习惯法,但是它却以习惯为基础,不能背离人类的习惯条件和要求。

显然,习惯作为民法的法源,不仅是民法产生的根据,而且是民法的正当性基础,民法以习惯为法源,就是接受了平民社会关系的自然行为习惯,而人们自然习惯的行为规范,必然是具有一定正当性的一般规范,也是能够被人们习惯遵守的行为规范。换言之,民法不能违反或者根本违反人性的行为习惯,如果违反人性的普遍习惯,就违反了平民社会关系的一般秩序条件,也就必然使自己的规范缺少正当性和可适用性,更不可能成为人们现实的行为习惯选择。

(一)行为法与行为习惯

法律是规范的载体和表达形式,必然继承规范的传统条件,保存规范

---

① "应该强调,仅仅是行为模式的习惯,维持这种习惯的本能,以及传统,便会产生有利于习惯性法律秩序的强大影响,即使这种秩序来源于法律的制定也不例外。"〔德〕马克斯·韦伯:《论经济与社会中的法律》,张乃根译,中国大百科全书出版社1998年版,第27页。
② 〔英〕弗里德利希·冯·哈耶克:《自由秩序原理》(上),邓正来译,生活·读书·新知三联书店1997年版,第187页。
③ 〔英〕约翰·奥斯丁:《法理学的范围》(中译本第2版),刘星译,北京大学出版社2013年版,第206页。"在这里,当习惯没有成为司法判决根据的时候,习惯,也不过仅仅是被统治者舆论所确立的规则,这种规则的制裁性,或者强制性,仅仅具有道德上的意义。但是,我们可以认为,当习惯成为法院判决的理由的时候,并且,当习惯是以主权者个人或群体所设定的法律制裁作为后盾的时候,这种习惯,的确就是实际存在的由人制定的法律规则。"(同前。)
④ 黄立:《民法总则》,中国政法大学出版社2002年版,第54页。

的习惯内容。民法作为"人法"是以行为习惯为基础的直接规范,构成了与人的行为习惯相融的规范体系。民法是人的行为法,需要承认和尊重人的行为习惯,将习惯上升为法源,成为平民社会"习惯"的法。换言之,民法作为行为法只有接受人们的行为习惯并成为符合人们行为习惯的法,才能够以人们的行为习惯为根据而获得普遍的习惯遵守,从而使民法在人们的习惯遵守中成为有效的生态秩序。"习惯法通常是能够较好地适应社会生活的现实,因为它直接来自现实认可的实践。在这一点上,它比法律更灵活,更有弹性。这也是法律多元化的一个工具,它能够使法律适应地方或专业的特殊条件。"①习惯来源和形成于人们长期的经验积累和有效的社会实践,是人们自主认可与自发自为的行为秩序,所以具有直接与行为秩序相结合的现实性与适用性。

1. 习惯的必然法源性

人作为主体,是行为主体,人在行为中发生与外界的关系,包括人与人之间的社会关系,并在相互关系中获得和实现作为主体所需要的利益。因此,社会关系根本上是人的行为关系,是人基于一定的社会行为所产生的关系,而这一关系也就由人的行为所决定,需要以共同的行为条件来确立和维护这一关系,而这一共同的行为条件就是作为"人法"或者"行为法"的规范与秩序条件。"人法"或者行为法的条件,构成人类社会即私人社会的本体法和根本法,是真正的社会的"法"。"人法"作为人类的本体存在,与人类社会相始终,经历了从"自然法"向"人为法"的形态发展与转变。②"人法"的"自然法"形态,主要是人性的自然习惯,是习惯成自然的行为规则体系;"人法"的"人为法"形式,即人的制定法或者成文法,亦即以人为普遍主体的民事立法,即狭义上的作为国家意识形态的民法,是一种有计划安排的规范体系。"人法"从自然与自发的行为习惯开始,并在行为习惯的基础上发展出包括民法在内的各种构成"人法"或者行为法的规范条件与形式,共同成为多元统一的社会秩序体系。

民法是"人法"或者行为法的最高发展形式,是"人法"的国家法,是平民社会关系深化调整的产物,是平民社会关系的成文法。民法作为成文的行为法有两个方面的意义:一方面,民法是国家范围内调整个人行为或者

---

① 〔法〕雅克·盖斯旦、〔法〕吉勒·古博:《法国民法总论》,陈鹏等译,法律出版社2004年版,第475、477页。
② 孟德斯鸠在《论法的精神》一书中,不仅把法律分为"自然法"与"人为法",而且把人为法划分为政治法与民法,民法是建立在一切公民间的关系上的法律。参见〔法〕孟德斯鸠:《论法的精神》(上册),张雁深译,商务印书馆1961年版,第4~8页。

行为关系的统一法律,个人即民事主体应当接受民法调整并根据民法实施个人行为即民事法律行为;另一方面,民法虽然是国家的法,具有国家的强制性,但是民法调整的行为关系,作为一种"人法"或者私法上的平民社会关系,是承认当事人意思自治并允许当事人通过个人意思表示即法律行为设定的关系。民法作为"人法"和行为法,既调整人的行为关系,又承认人的自主行为效力,所以必然接受和尊重人的行为习惯,是在人的行为习惯的基础上形成和发展的法,是必然以人的行为习惯为规范与秩序根据的法。因此,民法既不能在人的行为习惯之外独立产生和存在,也不能在人的行为习惯之外独立发挥规范与调整的作用。

同时,在民法调整的平民社会关系的自治行为领域,基于人性使然的行为关系及其行为人的主体地位,人们必然基于意思自治而在行为中自发形成和表现为某种体现特定主体条件和需求的行为方式,即一定的行为习惯。这些行为习惯作为民法的法源,既与民法的规范相统一,又存在于民法的意思自治条件所允许或者非禁止的范围内,所以必然为人们的自主行为所选择和遵循。换言之,对于民法调整的平民社会关系,人们自然会首先选择和根据自己的行为习惯作出安排和处理,从而以行为习惯实现对个人行为的自主调整。因此,一方面,习惯必然构成民法的法源或者形式,即使在民法调整的条件下,其亦不能代替习惯的规范作用;另一方面,习惯构成民法的法源或者形式,不仅是一种行为选择与规则事实,而且基于习惯的思维属性,还需要逐步构成人们自主的规范心理和自觉的规范意识,即具有人们的主观认可性。"这意味着遵守这个习惯的人,必须有将其作为一个法律规则,作为对自身有约束力的规则的信念,虽然这一信念未被明确表达出来。正是这种心理因素,从本质上将习惯法从惯例中区别出来。"[1]这样,构成"习惯法"或者民法法源的习惯,就不仅是一种规则事实,还是一种必然的"行为法",而且通过民法的形式加强和巩固人们的习惯行为与观念,则必然使习惯成为与民法更加统一的普遍行为秩序。

2. 习惯的法源形式

习惯作为法源的具体形式有以下五种与"民法"的规范联系:一是在没有民法调整的情形下,习惯实际调整那些应当纳入"民法"调整的人身与财产关系,即一定的"民事"关系,对于这些关系,习惯实际代替"民法"的调整作用,成为现实的设权条件与履行根据,从而构成事实上的"法源"

---

[1] 〔法〕雅克·盖斯旦、〔法〕吉勒·古博:《法国民法总论》,陈鹏等译,法律出版社2004年版,第479页。

或者法的"延伸"形式。①《民法典》第 10 条规定的处理民事纠纷时可以适用的习惯,也就是在具体的民事法律行为中可以被作为行为法遵循的习惯。二是在民法没有规定或者规定存在缺失或不明的情形下,习惯被适用于对特定民事纠纷的处理从而使该习惯在对特定民事纠纷的处理中成为"法"的根据并具有"法"的效力,具有了"习惯法"的性质与地位。《民法典》第 10 条规定的可以适用习惯处理民事纠纷的情形,就属于这一类。②三是国家认可某一习惯具有国家法的一般效力,从而使该习惯成为国家的不成文法,这是习惯构成民法法源的典型或者一般形式,即通常所说的习惯法。《瑞士民法典》第 1 条关于"无法从本法得出相应规定时,法官应依据习惯法裁判"的规定,应属此类。③ 四是在对意思表示有争议的情况下,习惯被用来解释当事人的意思表示即法律行为,这样被用来解释意思表示并确定当事人之间权利义务关系的习惯,就具有了民法法源的意义。我国《民法典》规定习惯可以作为解释合同条款或者意思表示的根据。④五是习惯被用来解释民法,从而在对民法的习惯解释中,直接将习惯转化为民法的规范形式。在最高人民法院的大量司法解释中,许多解释的内容接受和遵循了习惯,从而将习惯以司法解释的规范形式直接转化为了民法并具有法律效力。

"如果原封不动地接受法教义学上的拟制,那么所有文明国家的普遍性法律,看起来就是以大众行为的习惯为实际基础的。习惯自生自长,它

---

① 中国古代没有独立的民法体系,民事关系的实体部分一般都由一定的习惯或者伦理规范进行调整,因此,习惯构成了中国古代"民法"的主要规范与秩序形式。
② "除了司法裁判处理民事纠纷这一方式'可以适用习惯'之外,在其他民事纠纷的处理方式中,常常不仅是'可以适用习惯',而且事实上是'应当(必须)适用习惯'。"谢晖:《"可以适用习惯"的法教义学解释》,载《现代法学》2018 年第 2 期。
③ 习惯法是"国家认可并赋予法律效力的习惯。不成文法的一种。按是否记载于文字,分成文习惯与不成文习惯。成文习惯虽记载于文字,但因未经国家立法程序制定,故仍属于不成文法。"《辞海》(第 7 版)(6)"习惯法"条,上海辞书出版社 2020 年版,第 4735 页。"正是对这类并非出于设计的规则和惯例的遵从(而且我们在很大程度上并不理解它们的重要性和意义),亦即对传统规则和习俗的遵循,被唯理主义观点视为不可理喻,尽管这种对自愿性规则的遵循乃是自由社会得以有效运行所不可或缺的条件。"[英]弗里德利希·冯·哈耶克:《自由秩序原理》(上),邓正来译,生活·读书·新知三联书店 1997 年版,第 73 页。
④ 《民法典》第 142 条规定:"有相对人的意思表示的解释,应当按照所使用的词句,结合相关条款、行为的性质和目的、习惯以及诚信原则,确定意思表示的含义。无相对人的意思表示的解释,不能完全拘泥于所使用的词句,而应当结合相关条款、行为的性质和目的、习惯以及诚信原则,确定行为人的真实意思。"根据习惯对合同条款或者意思表示进行解释,自然就是把用来解释的习惯转化为合同条款或者当事人的意思表示并使之成为确立当事人之间权利义务关系的根据,这样的习惯对于被解释的合同条款或者当事人的意思表示,就具有了作为当事人之间的法律即民法的意义。

们并不是为了治理而创制出来的。所以法律也是自生自长的,而不是创制出来的。立法的功能仅仅是'重述'、公布并提供一个更为有序、系统和调合了偶然出现之矛盾的表述。"①换言之,法律不过是发布和公示的习惯,习惯从来都是社会控制的基础规范。从习惯作为民法的法源来看,民法从来都不能脱离习惯,习惯构成民法的人性条件与规范基础。一方面,习惯不仅是民法的本源或者来源,而且习惯作为"人法"调整平民社会关系,是一种实质的"民法",人们是通过行为习惯的形式表现和遵循民法的;另一方面,在民法不能自足的条件下,习惯是解释民法和补充民法规范不足的法源与根据,是上升为民法的规范形式,所以习惯不仅是"实质"的民法或者"人法",而且又是一种"形式"的民法。因此,可以说,民法就是"民间"或者"民事"的"习惯法",是本源于习惯并且应当符合习惯的法,是民法与习惯以各种法源形式实现的现实统一。

当然,在当代民法体系中,习惯或者习惯法作为民法的法源之一,只是民法典或者成文法的一种补充或者替代法源,相对于民法典或者成文法,仍然处于附属地位。② 不过,习惯作为民法形式的附属地位,并不等于习惯在调整的规范作用上的附属性,因为在习惯存在和调整的领域,它作为独立的规范发挥作用,反而为成文民法所不可替代。

(二) 习惯的法源地位

习惯的民法法源地位,是习惯作为民法法源所具有的价值和意义。一方面是习惯作为民法的"形式渊源"的地位,即习惯作为国家认可的"习惯"或者"习惯法"的地位,基于这一地位,习惯或者习惯法作为"形式民法",构成多元的民法形式之一;另一方面是习惯作为民法的"实质法源"的地位,即习惯作为"人法"或者行为法,是调整平民社会关系的"本体法"并构成民法的基础法源,是与民法统一的实体规范,亦即习惯具有"实质民法"的地位,基于这一地位,习惯不仅是人们的现实行为规范,而且通过民法的形式表现自己的规范条件并被赋予国家法的强制效力。不论你是否承认习惯与民法的这一实质联系,习惯作为"人法"所具有的实质民法地位都是客观实在的。以上两种习惯的法源地位,是习惯对于平民社会关系的统一规范地位,其中任何一种地位,都决定习惯具有"法"或者"习惯法"的社会规范意义。尽管并不是所有的习惯都具有法源意义,但是那些有法

---

① 〔美〕罗斯科·庞德:《法律与道德》,陈林林译,中国政法大学出版社2003年版,第32页。
② 习惯法,作为法律的一种渊源,只有在无适当的成文法时才可以供参考,或只有当成文法里提到时,才可以供参照,因而在这个意义上,习惯法只处于附属地位。参见〔美〕艾伦·沃森:《民法法系的演变及形成》,李静冰、姚新华译,中国法制出版社2005年版,第232页。

源价值的习惯总是构成一个社会的主体行为条件,所以习惯必然构成民法的法源,并具有不可替代性。

1. 习惯的本体法源性

习惯的本体法源性,即习惯作为"人法"构成"民法"的基础或者本体规范形式,亦即"习惯"调整平民社会关系,具有"民法"的现实约束力和作为民法的直接形式来源的规范属性。根据《民法典》第 10 条的规定,在处理民事纠纷时可以适用的习惯,就是作为"人法"而可以被人们在具体的法律关系中作为准据的行为规范,即作为实质"民法"的规范。"人们常常断言说,法律与习惯在早期社会是毫无分别的,而且社会习惯与习惯法之间所划定的界限本身也只是长期渐进的法律进化的产物。"①这实际上涉及如何认识"习惯"与"习惯法"及其与"法"的本质联系与区别问题。如果认为习惯法是国家法的非成文法形式,那么在没有出现国家的原始社会,当然不存在习惯与习惯法之间的划定与界限,即不论原始社会的习惯是否具有"习惯法"或者"人法"的本质,都不存在形式上的习惯与习惯法的区别,各种法的观念与划分只是后世法学的产物。"如果说习惯法是法的一种渊源,正是因为社会群体(le groupe social)本身明确了规范的内容,立法机关只限于赋予其效力","因此,不是由法律来陈述什么是必须的,什么是正确的,而是由人们自己:习惯法直接就是法的渊源,其陈述了法律规则"。② 习惯是平民社会自身的行为规则,是行为人对自己的有效立法,是应当被承认为"习惯法"的"人法"。"一种颇有影响的观点认为,一旦一个家庭、一个群体、一个部落或一个民族的成员开始普遍而持续地遵守某些被认为具有法律强制力的惯例和习惯时,习惯法便产生了。"③平民社会关系作为个人或者私人社会的自然与生态的关系,是必然从习惯开始并遵循习惯的关系,人们需要在处理平民社会关系时养成、接受和适

---

① 〔美〕E. 博登海默:《法理学:法律哲学与法律方法》,邓正来译,中国政法大学出版社 2017 年版,第 401 页。"人类学家布罗尼斯劳·马林诺斯基对这一观点提出了质疑。他试图表明,即使在早期社会,一些习惯规则也与其他社会规则显然不同,因为它们被认为是代表着一个人的明确责任与另一个人的正当性要求。"(同前。)"据此,马林诺斯基提出了这样一个命题,即原始社会就已经认识到了法律规则的特性;这些规则设定了明确的具有约束力的责任。他进一步强调指出,这些规则并不一定是靠与当今法律制裁相似的强制方式加以实施的;从心理上要求相互遵守规则的需要乃是当时促使人们服从规则的首要保证。"(同前,第 402 页。)事实上,马林诺斯基所认识的原始社会的"法律规则",只不过是具有更明确的规范属性与更强约束力的习惯,即构成"人法"的习惯规则。

② 〔法〕雅克·盖斯旦、〔法〕吉勒·古博:《法国民法总论》,陈鹏等译,法律出版社 2004 年版,第 476 页。

③ 〔美〕E. 博登海默:《法理学:法律哲学与法律方法》,邓正来译,中国政法大学出版社 2017 年版,第 402~403 页。

应某种日常或者一般的行为方式即一定的行为习惯。换言之,平民社会的规范与秩序是在人们的自发与自为的习惯中形成的,习惯是人们最早接受的具有明确的行为条件与约束力的社会规范,而人们的规范观念也是从习惯开始养成的,人们认可某种习惯,从习惯中产生了共同的行为意识,也就具有了早期和原始的规范观念。人们根据习惯的统一行为方式支配自己的行为,从而形成了有序的社会控制形态。

习惯以自发与自为的行为规范属性,必然构成人类社会早期最主要的"人法"形式。"原始法律在很大程度上是以习惯规则为基础的,而且这些规则并未得到立法者的颁布,或者未得到受过职业训练的法官以书面形式的阐述。"①在人类社会早期,不论习惯是否被上升为原始的法律,习惯都自然具有和发挥"习惯法"的规范作用,并成为早期立法的规范选择。奥斯丁认为:"大多数文明社会确立的许多法律规则和道德规则,是以日常习惯作为根基的。一般来说,它们并不依赖理性思考。它们没有经过仔细的考察,便从前人那里延续下来。"②习惯作为"人法"的基础性规范作用,在人类进入国家阶段以后并没有因为民法形式的产生而被取代,相反习惯作为基础性规范的作用通过上升为民法而以二元形式得到自身规范属性与作用的巩固和加强。一方面,民法只是习惯的规范表现与发展形式,而不是习惯的代替与终结条件,民法以习惯为法源,把"人法"的习惯发展和转化为民法形式,使民法成为一种代表和反映人性习惯的"人法"或者私法的统一形式,与习惯具有内在的规范联系,并与习惯发挥统一的规范作用;虽然民法既不是接受的全部习惯,也不是什么习惯都能被接受为民法,更不是对习惯的简单和直接的接受,而是以国家制定法的规范形式所实现的一种创设性的接受,但是民法作为平民社会关系的法,仍然需要建立于习惯的基础之上,并需要在足够的程度和范围内保持与人性习惯的相融和统一,这既是民法的正当性根据,也是民法秩序生态化的现实条件与可靠保证。另一方面,习惯在上升为民法的同时并没有因为民法形式的存在而丧失自己的独立存在与规范作用。习惯仍然在民法未调整的平民社会领域发挥着规范功能与调整作用,虽然这些社会关系并不是"民法"上的关系,但是它们对于当事人而言却是同样的实体上的利益或者利害关系,具有客观的权利义务的本质属性。因此,这些调整平民社会的实体性利益关系的习惯,对于平民社会主体而言仍然具有"法"或者"习惯法"的实质意

---

① 〔美〕E.博登海默:《法理学:法律哲学与法律方法》,邓正来译,中国政法大学出版社2017年版,第402页。
② 〔英〕约翰·奥斯丁:《法理学的范围》(中译本第2版),刘星译,北京大学出版社2013年版,第89页。

义,是一种真正实在的客观的"法"。① 而且,即使在民法已经调整的平民社会关系领域,习惯同样作为人们自生自发的行为条件对人们的法律行为起着基础的规范与调整作用,而人们的行为习惯越是接近于民法或者与民法相统一,就越是能够通过人们的行为习惯促使人们的行为符合民法并成为有效的法律行为。"法律和习惯作为人们行动的原因和效果,互相交错,难分难解。"②法律作为表现习惯的形式,在根本上是无法与习惯区分的,而人们对法律与习惯的划分,只不过是人们的一种观念形态,而不是它们所共同代表和形成的社会秩序。"黑格尔通过思辨的方式表达了一个极为重要的思想:法律、道德规范要求只有成为人们的行为习惯,成为社会风俗,成为社会的'普遍行为方式',才能成为真实的;只有在社会风尚习俗中,才有可能真正把握那个社会的法律、道德及其时代精神。"③换言之,对于民法调整的社会关系,民法同样不是独立发挥调整作用并单一完成的调整过程,人们的法律行为不仅是遵守民法的行为,而且是按习惯行事的行为,所以习惯在民法调整的社会关系领域及其运行调整中仍然具有基础的生态规范作用。

可见,习惯的本体法源地位,不仅体现在习惯对人类社会早期法律起源的规范意义上,而且体现在作为"人法"与人类社会的生态秩序相始终的调整作用上。④ 虽然在现代法律体系中,习惯或者习惯法是被作为法的一种形式或者补充存在的,但是习惯作为人们的行为意识在构造现实行为秩序上仍然是一种独立的规范条件,具有其他规范所不可替代的基础规范地位和作用。⑤ "习惯规则依然绝对地有着现实的特征:至今仍然发生的、

---

① 例如,在中国社会的"婚姻关系"上,普遍存在订婚、给付彩礼、举行结婚仪式等社会风俗,同时随着人们性观念的改变而有大量非婚同居的生活事实。这些"婚姻性"的社会关系并不在民法婚姻法调整的范围内,而是由人们的习惯进行调整和约束的,这些调整人们"实体性"利益关系的习惯,就具有了"客观法"或者"习惯法"的意义,是一种事实上的"民法"形式。
② 〔德〕马克斯·韦伯:《论经济与社会中的法律》,张乃根译,中国大百科全书出版社1998年版,第27页。
③ 高兆明:《论习惯》,载《哲学研究》2011年第5期。
④ 我国著名法学家张友渔先生在"藏族部落习惯法研究丛书""原版序言"中指出:"青海藏区部落习惯法,是青海藏族部落在长期的历史发展过程中逐渐积淀而成的部分观念形态与约定俗成的群众生活模式的规范。像任何时代的成文法一样,青海藏区部落习惯法是历代藏族社会上层建筑的重要组成部分;是居于支配地位,体现部落统治阶段意志的社会行为表现,在藏区部落的纷繁生活中,有着深厚的社会基础。"张济民主编:《渊源流近——藏族部落习惯法法规及案例辑录》,青海人民出版社2002年版。
⑤ "人类最早的法便为习惯法,随着社会的不断发展,习惯法也日益发展并在社会生活的各个领域发挥作用,规范特定社会成员的行为。习惯法的某些内容可能被国家认可而具有国家法的强制性、约束力,但大部分习惯法则是依靠某种社会组织、社会权威而保证实施。因此,习惯法是独立于国家制定法之外,依据某种社会权威和社会组织,具有一定的强制性的行为规范的总和。"高其才:《中国习惯法论》,中国法制出版社2008年版,第3页。

作为传统的东西,也应于将来发生,它要求凡是大家都做的,大家所需要的,你也应该去做;它崇尚习惯势力,平常之人就是它的理想之人,而且正常就是它的标准。"① 基于习惯对于平民社会关系的基础规范性,国家制定民法不是寻求代替习惯,而是应当与习惯保持规范的统一,尽可能承认和遵守人性的善良习惯。虽然民法应当具有引导人们习惯更新与发展的价值意义,但是这种引导只能在承认和尊重习惯的基础上发生,既不能代替人们的习惯,也不能违背习惯的普遍条件与一般秩序。

2. 习惯的基础法源性

所谓习惯的基础法源性,就是习惯作为成文法的基础或者主体规范的属性。习惯或者习惯法是相对于"成文法"的范畴,在法典化的当代法律体系中,成文法相对于习惯或者习惯法即不成文法,以其公示状态具有明显的规范优势,构成国家的主要法律形式,甚至是排斥非成文法的一元体系。然而,在成文法的规范来源与存在上,成文法并不是独立于习惯或者习惯法的形式,而是从习惯或者习惯法转化为成文法并进一步通过成文法转化为行为习惯的社会控制过程,具有与习惯或者习惯法的规范统一性,习惯规范构成了成文法的本体或者主要规范形式,是成文法的基础法源。换言之,虽然成文法是与非成文的习惯相对的民法形式,但是它并不是脱离习惯或者与习惯对立的形式,而是从习惯中产生并需要习惯补充的形式,是统一的行为文化载体,两者之间相互联系,不能断裂。"其中制度规范作为人们行为方式的规范依凭,也是行为、语言、文字等符号的高级表达,虽然它自身构成一个高级符号体系,但它又是行为、语言、文字等符号表达的结果,因此是'符号的符号'。"②

社会规范与秩序事实的证明是"法"的成文化或者法典化过程,并不是法律独立生成并脱离习惯的过程,而是习惯的成文化或者法典化过程,是依赖习惯并在习惯的基础上制定法律的过程,即成文法不过是转化为法律的习惯,是习惯被制定加工成"法律"后的文字表达形式,成文法来源于习惯,是不能脱离习惯的规范体系。因此,所谓民法的成文化或者法典化中,作为对象或者前提的,不是"民法",而是既有的民事习惯,是习惯被以成文或者法典的立法形式表现出来,是习惯被加工或者制定成法律或

---

① 〔德〕拉德布鲁赫:《法学导论》,米健、朱林译,中国大百科全书出版社1997年版,第1~2页。
② 谢晖:《论新型权利生成的习惯基础》,载《法商研究》2015年第1期。

法典的过程。① 换言之,法律是被加工成文的习惯,是习惯的成文形式。加工法"必须依赖习惯,或者被习惯化,才可能更加稳固地、持久地、深入人心地发挥作用。这说明,尽管人们因为现代法治建设的迫切需要而尽量排斥传统的、多元的、粗糙的、凌乱的、甚至良莠不齐的习惯,但现代法律本身并不排斥习惯,反而如前所述,还要尽量设法被习惯化,才可能深入人心,持久发力"②。只有被习惯化的成文法,才是能够在人们的行为习惯中被自发遵循的法律。对人性的和以人为本的法律而言,真正由立法者创造的规范是极其有限的,即使是创造也是被限定在人的行为习惯所允许或者可能接受的范围内的,是对现有习惯和经验总结的合理规范结果而不是凭空的主观杜撰,否则就不会成为人们在内心自然接受和自觉遵守的法律。法律不过是在既有习惯和经验的基础上拟制的并需要人们接受为行为习惯并按照习惯遵守的规范。因此,成文法不仅是以习惯为本源而被习惯化的统一法律,而且是以法律的形式在更普遍的意义上进一步塑造、形成和推广的全民习惯。

各国民法和我国《民法典》的各项人身与财产权制度,都是人们的"习惯"制度。以民法调整的财产关系为例,在总体制度上,所有权与债权(含侵权责任)不过是对人们占有支配和取得财产的行为习惯的总结,各项制度都体现和具体符合人的需求与习惯的规范特征;在具体制度方面,不论是公示公信、一物一权等物权的基本制度原则,还是相邻权、共有权、所有权与使用权等各种物权关系的处理规则,③也不论是契约关系的订立、变更和履行,还是违反契约关系的后果、责任与处理,各项规则无不在人们的

---

① 因此,任何一部分民法的制定,都需要直接或者间接收集民事习惯并作为其制定的规范根据,尤其是在一部最初的民法典(成文民法)制定和形成时,民事习惯的收集整理,是民法典制定的重要基础工作。例如,我国清末民初的民法典制定,就进行了大规模的民事习惯调查。参见眭鸿明:《清末民初民商事习惯调查之研究》,法律出版社 2005 年版;张生:《清末民事习惯调查与〈大清民律草案〉的编纂》,载《法学研究》2007 年第 1 期。
② 谢晖:《"可以适用习惯"的法教义学解释》,载《现代法学》2018 年第 2 期。
③ 例如,《民法典》第 224 条规定:"动产物权的设立和转让,自交付时发生效力……"也就是说,占有的转移是物权变动的根据和公示方式,以此,如无相反的证据证明,占有动产的人即该动产的正确权利人,这就是在物权制度中具有基础意义的"占有的权利推定规则"。这一看起来理论性很强的物权变动规则,其实就是交易关系中一个非常简单的习惯规则,因为如果在交易关系中需要核实或者证明占有人的权利人身份,那么不仅真正的权利人也常常在"占有"之外不能证明自己的权利人地位,而且必然构成交易障碍,阻碍交易关系的顺利进行,从而影响交易人的利益目的与实现,这就违背人的现实习惯规则。所以,不管有没有民法或者物权法规定,"占有的权利推定规则"都必然是人们现实的习惯规则,并必然构成民法的制度规则。即使是在民法为加强保护而以"登记"公示的不动产物权变动中,不论是登记实现还是物权享有,也都不可能脱离一定的"占有"这一事实的习惯基础。

交易习惯的范围之内。至于民法所调整的婚姻家庭关系、继承关系，都是在人类的自然习惯的发展中形成的法律制度，具有世代传承的习惯属性。除纯粹的法技术规范，可以说没有哪一项民法的制度规范，不是人的行为习惯的条件反映，不需要符合人的行为习惯和作为行为习惯被接受。换言之，民法的制度规范具有普遍的习惯规范属性，是以习惯为法源的形式表现与规范结果。习惯作为民法的基础法源，不仅构成民法的正当规范，而且是民事主体的正当权利根据与来源。"习惯权利"是民事主体的正当权利，应当成为民法调整和保护的"合法"权利。①

因此，我们在民法中看到的，不仅应当是形式上的成文条款，而且应当是实质上的人的行为习惯。习惯是检验民法的规范标准，构成民法的规范价值与合理性。以人为主体的民法，应当与人统一，而与人统一就不能违背人的习惯意志，需要人的"习惯"遵守，成为人的"习惯法"，所以接受和符合人的习惯，就是代表民法作为"人法"与人的统一，即民法与人性的统一，是民法深入人心并成为人的行为意志而被人们"习惯"遵守的规范条件和要求。所以，在民法上，合理的制度规范等于符合人的习惯或者可以转化为人的习惯的制度规范，也就是人们现实可行的行为规范。习惯作为民法的基础法源，不仅代表民法，而且检验民法，凡是违背或者不符合人的善良习惯的民法，就不是"善法"，不能被人们"习惯"遵守而成为人们的行为"习惯法"，而是应当被代替或者修改的法律。

习惯上升为民法的过程，当然并不是立法者简单或者直接接受习惯的过程，而是对习惯的选择、整理、加工和编辑的过程，是习惯的规范升华与发展过程，也是塑造和创生新的习惯的过程。立法者在自己的专业技术与能力的基础上，对习惯规范作出的文字（条款）表达，不仅使习惯的规范条件更加明确、精准和完善，而且通过成文法的统一形式实现了习惯规范的制度化与体系化。

---

① 民法上的许多新型权利，如"胎儿权利保护""隐私权""探望权""家事代理权"等，都是从"习惯权利"发展来的，在上升为民事权利之前都是通过习惯调整的，都是习惯上的实质权利，不论民法是否承认，它们都作为自发自为的"习惯权利"存在，即使在上升为民事权利之后亦离不开习惯的实际行为调整。可以说，民法的制定及其形式规范的形成，既是立法者接受习惯，又是立法者对习惯的规范拟制，是对习惯的重新塑造和发展，即民法中要么是接受的习惯，要么是需要成为习惯的规范，离开习惯，民法既不能自成，也不能自行。"基于传统习惯的习惯权利作为制度，正是如此一方面源自于文化习惯的涵化养育，另一方面又反过来涵化、养育和规训文化习惯。制度规范及其习惯权利，既是文化习惯的产物，也是文化习惯的有机构成。"谢晖：《论新型权利生成的习惯基础》，载《法商研究》2015 年第 1 期。

3.习惯的补充法源性

习惯的补充法源性,是习惯作为国家法的形式或者渊源,即国家认可的具有法律效力的习惯或者习惯法作为非成文法相对于制定法或者成文法处于一种补充法源的地位,亦即习惯法是成文法的补充法律形式,具有补充成文法不足的规范意义。换言之,习惯或者习惯法作为非成文法相对于实证的成文法,不是主要的法源,只在成文法没有规定或者规定不明的情况下,才被作为处理民事纠纷的"法源"适用而上升为"习惯法"并具有法律效力。①"习惯达于社会上对之有法的认识及法的确信,并经社会中心势力(主要为国家权力)之承认而强行之程度时,即成为习惯法。"②对非成文的"习惯"或者"习惯法"只是成文法(制定法)的补充形式的认识,是以法典化条件下成文法为民法或者法的一般或者主要形式为前提的,即只有成文法才是正式或者典型的法,而不成文的习惯或者习惯法只有在成文法不能自足的情况下,才不得已被作为一种补充法源形式对待。"不成文法是主观或偶然地被知道的,是一种自然衍化的结果;而成文法是'社会最高权力直接与形式上的效果,是立法者和法学家深思熟虑的结果',是法治的象征和动作的前提。"③成文法的最高形式是法典,是成文法发展到一定阶段的产物。"与一般的成文法相比,现代意义上的法典具有更强的系统性、确定性、普遍性、科学性和更大程度上的可获知性。"④

关于民法的形式或者渊源,大陆法系历来有一元论、二元论或者多元论的不同观点。一元论认为,人类的认识能力可以至上化和绝对化,立法者能够预见未来一切可能发生的社会关系并加以规定,所以制定法不存在

---

① 有人在更广义的"新型权利"的生成基础上理解习惯的补充法源地位。"所谓新型权利,就是指在国家实在法上没有规定,但在司法实践中当事人向法院诉请要求保护,法院或以推定和裁定的方式肯定之,或尽管未予肯定,但该请求得到了社会的普遍理解、默认和接受而形成的权利。在这里,法院推定的前提是当事人所诉请的权利已经以习惯权利的方式存在于习惯中。换言之,这些以习惯方式存在的权利,一旦因为当事人在交往中产生纠纷而被诉诸法院并被法院所推(裁)定或虽然未经推(裁)定但被社会接受就成为新型权利,从而向正式制度拓展其空间,展示其内容,并借助正当的诉讼程序,在立法之外或被肯定和正式化,或即使没被肯定和正式化也被社会所接受。"谢晖:《论新型权利生成的习惯基础》,载《法商研究》2015年第1期。
② 郑玉波:《民法总则》,中国政法大学出版社2003年版,第21~22页。"依法律发生之历史观之,系先有习惯,而后有成文法,不过成文法发生后习惯法不惟不因之而敛迹,且更有层出不穷之概,良以社会不断进步,则新习惯势必产生,久之,即演成新习惯法,殊非一成难变之成文法所得阻遏也。"(同前,第21页。)然而,先于成文法的"习惯法",一定不是作为成文法补充形式产生的"习惯民法",而一定是作为"人法"或者"民法"认识的"习惯"。
③ 封丽霞:《法典编纂论———一个比较法的视角》,清华大学出版社2002年版,第4页。
④ 封丽霞:《法典编纂论———一个比较法的视角》,清华大学出版社2002年版,第5页。

漏洞,无须其他法律形式的补充。"一部法典可以为某一特定领域中可能出现的所有问题提供答案。法典是一套体系,具有建立于某些共同原则之上的统一的概念,而其精确性正是来自于这种统一性。它能够调整所有可能出现的情况,包括那些以前从未出现过的情况。从这个意义上说,它是完善无缺的。"[1]对于民法调整的社会关系,成文法的体系是自我周延的,不需要习惯等其他规范的补充即能够调整之,即在成文法之外不需要习惯等其他形式的"法源",因此也就没有把习惯作为国家认可的习惯或者"习惯法"而使之成为民法的补充形式或者渊源的必要性。《法国民法典》第 5 条规定:"法官对其审理的案件,不得以一般规则的处理方法进行判决。"根据一元论,法官审理案件只能适用作为一般规则的制定法,不得以创造一般规则或者立法的形式处理案件,即不得在审理案件时将习惯或者其他规范形式上升为一般规则或者立法,亦即不承认除成文法以外的其他法源形式。

二元论或者多元论认为,人的思维与理性并非至上而有局限性,所以基于人的思维和理性制定的成文法也是有局限性的,必然存在规范上的缺陷和漏洞。因此,应当承认裁判者即法官的司法行为能够创立法律,即承认裁判者根据习惯等规范形式处理案件的地位,在成文法没有规定的情况下,法官可以将习惯等非成文的规范形式上升为法律。近代以来,由于对法律局限性的认识,各国逐渐淡化立法与司法之间的界限,认为由一般立法者制定法律之大纲,法官为个别立法者,制定法律之细则,法官可以根据习惯等作出裁判以补充成文法之不足,从而使习惯等构成民法的补充法源。

习惯的补充法源性,也是习惯的选择法源性,是习惯作为成文法的补充法源的一种体现,即习惯法作为成文法的补充法源,只是一个相对的可选择条件。在成文法有规定或者与成文法代表的公共秩序相抵触的情况下,只能选择和适用成文法或者其他法形式而没有适用习惯法的可能性,即成文法及其代表的价值法则排除习惯的适用。具体有两种情形:一是在成文法直接排斥习惯的情况下,即使成文法的内容不符合习惯或者与习惯相比更不具有规范的合理性,也只能适用成文法或者其他法形式;二是在成文法并不直接排斥习惯的情况下,只要习惯被认定为违背公共秩序,即使其再具有行为的普遍性,也不能被作为法源适用,即习惯的选择与

---

[1] 〔德〕罗伯特·霍恩等:《德国民商法导论》,楚建译,中国大百科全书出版社 1996 年版,第 63 页。

适用具有条件的限制,虽然没有成文法的规定或者当事人的行为有依照某习惯的意思,但是对习惯的适用仍然需要符合公序良俗条件,是有条件限制的选择和适用,在不符合选择条件的情况下习惯同样不能被作为法源适用。

大陆法系国家多在承认习惯作为补充法源的同时,确认习惯作为选择法源的地位。例如,《瑞士民法典》第1条第3款规定,在依据习惯法裁判时,"法官应依据公认的学理和惯例"。《意大利民法典》第1条规定,法源有律、条例和惯例;第8条规定:"在法律和条例调整的范围内,惯例只有在法律和条例援引的情况下才发生效力。即使在由法律和条例援引的情况下,行业规则的效力亦优先于惯例,行业规则另有规定的除外。"我国《民法典》第10条和第289条都严格规定了习惯可以选择适用的条件。以上立法都采用民法渊源的二元或者多元主义,在民法调整的社会关系领域或者对民事纠纷的处理中,均承认习惯作为民法的补充与选择法源的地位。

4. 习惯的优先法源性

由习惯的本体与基础法源地位所决定,习惯相对于成文法的法源地位,不仅是补充或者选择适用的,也可能是优先适用的。"最近法律之趋势,对于习惯法更加重视,不惟认其补充效力,更进而认其与成文法对等效力,而我民法且有多处以明文规定其优先效力矣。"①《日本民法典》第92条规定:"有与法令中无关公共秩序的规定相异的习惯,如果可以认定法律行为当事人有依该习惯的意思时,则从其习惯。"即使习惯与法令相异,只要该法令的规定无关公共秩序,且当事人的法律行为有依照该习惯的意思,就应当从其习惯,即习惯的适用不受有成文法的限制。可见,这一习惯的"选择"条件,体现的是习惯的"优先"法源性,即使习惯与成文法令相异,只要该法令无关公共秩序且当事人有依照习惯的意思,就应当适用习惯,即习惯具有在该条件下优先于法令适用的法源地位。《日本商法典》第1条规定:"关于商事,本法无规定者,适用商习惯法,无商习惯法者,适用民法典。"也就是说对于商事行为,商习惯具有优先于民法典适用的效力。《俄罗斯联邦民法典》第5条规定:"在经营活动的某一领域形成并广泛适用、立法并未作规定的行为规则,不论它是否在某个文件中固定下来,均被认为是交易习惯。与相应关系参加者必须执行的立法规定或合同相抵触的交易习惯,不得适用。"也就是说只有与立法的强制规定或者合同约定相抵触时,交易习惯才不得适用。日本商法典和俄罗斯民法典规定

---

① 郑玉波:《民法总则》,中国政法大学出版社2003年版,第22页。

"商习惯法"和"交易习惯",具有商事惯例的规范属性,因被广泛适用于现实的交易关系而更加具有稳定的法源地位。

习惯的优先法源性,体现了习惯作为"人法"的自主行为条件根据民法的意思自治原则在当事人的民事法律行为中的"法律适用"地位。

5. 习惯的地域法源性

习惯的地域法源性,即作为民法法源的习惯应当是行为地通行或者适用的习惯,具有习惯及其适用的地域性。"任何一个当权者都不可能长时间地实施与当时当地的社会需要背道而驰的规则或安排。"[1]虽然习惯是具有普遍性的行为方式,但是习惯的普遍性往往具有一定的相对性,即一种习惯可能只在特定地域才具有的习惯,具有适用上的地域性。[2] 因此,适用习惯处理民事纠纷,只能适用纠纷发生地的习惯。只有这样的地域性习惯,才是在行为地被人们公开认可和普遍适用的习惯,也才是行为人熟悉和应当接受与遵守的习惯。这一习惯体现行为人应有的行为意志,是应当构成行为人的一般行为规范的习惯,而依据这样的地域习惯处理民事纠纷,就是把行为人应当遵守的行为习惯作为行为的法律根据,所以其处理结果必然具有和代表一定的公理性和正当性。《意大利民法典》第1368条关于"契约的解释"规定:"模棱两可的条款要根据契约缔结地的一般惯例进行解释。在契约中,若当事人一方是企业主,则模棱两可的条款要根据企业所在地的一般惯例进行解释。"我国《民法典》第289条关于处理相邻关系"可以按照当地习惯"的法源规定,正是体现了习惯作为法源的地域性。如果不根据习惯的地域性而选择非当地的不同习惯处理案件纠纷,就是违背人们的行为习惯,也就是把行为人的非习惯意志强加给行为人,所以不具有其正当性与合理性。换言之,对于地域性习惯,其适用受到地域限制,只能在当地适用,不能跨地域适用非当地的不同习惯处理民事纠纷,以保证民事纠纷的处理规则与人们的行为习惯相一致。

习惯的地域性往往是一定民族性的反映。"按照萨维尼的观点,习惯法产生于一个民族的社会安排(这些安排是经由传统和习惯而得到巩固的

---

[1] 〔美〕E. 博登海默:《法理学:法律哲学与法律方法》,邓正来译,中国政法大学出版社2017年版,第404页。"如果我们从这一观点来认识这个问题,那么萨维尼关于法律产生于民族的法律意识的观点就具有了一种重要的真理部分。为了使行为规则能够发挥有效的作用,行为规则的执行就需要从这些规则有效运行的社会中得到一定程度的合作与支持。"(同前。)

[2] 不论是习惯还是惯例或者习惯法,都是在一定地域形成并对一定地域有效的。"惯例的这种一般性与它的适用领域不无关系。惯例可以限于某一特定的行业、局部地区、或甚至一个企业。然而它可以构成习惯法,只要在被考虑的行业或地区它得到普遍的遵守。"〔法〕雅克·盖斯旦、〔法〕吉勒·古博:《法国民法总论》,陈鹏等译,法律出版社2004年版,第478页。

而且是与该民族的法律意识相符合的),而不是源于政府当局的政令。"①对于多民族的国家和社会,不同的民族生活在不同的地域,具有不同的习惯,从而使习惯的地域性与民族性结合在一起。因此,习惯的地域法源性,就是习惯的民族性。在依据地域习惯处理民事纠纷时,必须考虑习惯的民族性,并根据符合民族的地域性习惯处理案件纠纷,从而在正确认知和适用地域习惯的基础上,对民事纠纷作出符合和维护当地社会与民族秩序的处理结果。

(三)习惯的法源意义

习惯的法源地位反映了民法作为"任意法"的本质。习惯作为当事人自发自为的行为条件,代表当事人自主设立民事法律关系的意志,所以习惯作为本体与基础法源,体现的就是习惯在调整当事人的行为关系时必然构成"人法"或者民法法源的规范属性。同样,习惯作为补充、优先和地域法源的地位,进一步揭示和体现了民法作为调整平民社会关系的"任意法"必然以习惯为法源的客观本质,反映了民法与人的行为秩序的生态统一,建立了民法与人性习惯的内在联系。

在习惯作为形式法源上,习惯在成文法之外对民事法律关系的调整,主要是对当事人之间依据习惯发生的行为关系的调整,即对民事法律行为的调整,体现了习惯作为当事人的行为条件在调整民事法律行为中的法源地位。习惯作为行为人自发与自为的行为规范,是自主与自愿选择的民事法律行为规范,根据民法的自愿或者意思自治原则,当事人在民事法律行为中具有适用或者优先适用习惯并把自己的行为与行为习惯相统一的主观意志与条件需求,体现了习惯作为当事人的自主行为条件被适用于自己的民事法律行为的规范属性,是在意思自治范围内当事人对行为规范的自愿选择,即当事人根据意思自治的原则,可以选择习惯作为适用于自己行为的规范,或者习惯作为当事人在民事法律行为中可以选择的规范,可以被用来代表或者拟制当事人的真实意思表示并作为处理民事纠纷的适用规范。

1. 人性的行为习惯构成民法的规范本质

习惯的法源意义,即习惯作为民法的法源而对民法的规范体系即民法的形成与施行所具有的作用和影响。法的一般理论认为法是国家意志的反映,是上升为国家意志的统治阶级的意志,民法也不例外。然而,当我们

---

① 〔美〕E. 博登海默:《法理学:法律哲学与法律方法》,邓正来译,中国政法大学出版社2017年版,第403页。

从法的本源即习惯作为民法的本源及其与民法的规范体系所具有的内在联系角度考察时,法或者民法就不再是简单的国家或者统治阶级的意志,而是以人的行为习惯为本体或者主要规范来源的个人社会的秩序形式,所谓的国家或者统治阶级的意志,不过是反映习惯等社会本体秩序并将其上升为立法的一种条件。民法是人的利益关系法,反映人的利益需求与目的,是人的利益行为法,以人为主体,坚持人的主体地位,反映人的主体意志,遵循人的主体行为,而这在根本上是以民法形式反映的人在自身行为关系中的习惯条件和要求,提供人们习惯守法的规范环境,使民法成为人们"习惯"遵守的规范,而不能拂逆个人习惯,成为个人不能习惯的法律。所以,民法的规范必然被规定于人们习惯的社会行为结构之中,只有在习惯中才能找到民法的规范条件与本质。

因此,民法必须以自身的形式体现人的习惯地位,尊重人的习惯意志,接受人的习惯行为,符合人的习惯要求,与社会善良习惯保持一致。换言之,民法的权利义务规范作为个人利益关系的表现形式和实现手段,不过是上升为民法的自主自为的习惯规范,即民法的权利义务规范形式反映的是民法调整的个人利益关系的自主自为的习惯规范属性,是人的自然生态关系在民法上的必然要求和表现。"这说明,权利是习惯地生成的,正如人们的交往行为是习惯地生成的一样。因此,权利永远被人们交往行为所处于其间的社会结构所决定。""国家有关权利的立法,必须植根于社会的习惯和需要,而不是对习惯的强制性改变,更不是对人们需要的不闻不问而纯粹根据法学家们的既有知识和凭空想象所进行的创造。"[①]在平民社会关系领域,即使没有民法调整,人们也会依照习惯而自然运作,并产生合序社会结构,也就是说,习惯才是民法的生态条件,而民法不过是习惯的表现和发展形式,应当以习惯为母体并符合人的习惯需求,人们永远不可能在自身习惯之外创造适用于自身的民法,即违背自身习惯的民法,作为违背人的目的与需求的立法,就是违背人性的立法,也就不应当成为人自身的立法。

善良的行为习惯是具有正当性的行为规范,承认和尊重习惯,就是承认和尊重人的正当行为及其所代表的利益条件。民法作为人的利益关系法,只要反映人的正当利益条件,就必须建立在代表人的利益的行为习惯的基础之上。民法在形式上是国家意志,而实质上这一意志代表的是以行为习惯为主体的既有社会秩序,是普遍的行为主体的意志反映,是已经被

[①] 谢晖:《论新型权利生成的习惯基础》,载《法商研究》2015 年第 1 期。

证明行之有效的经验结果,即使是立法者对法律规范的加工制定,也不能脱离人的行为习惯所能够接受和允许的程度,同样民法不是简单的个人意志的体现,而是通过立法者的个人意志反映的普遍行为条件。换言之,习惯作为民法的法源,就是以人的普遍行为意志为法源,而由于习惯及其行为意志的人性本质,也就是以人性为根据,是人性的规范与秩序条件,同样具有人性的规范与秩序属性,即民法根本上是人性的产物,是以国家意志的形式反映的人性习惯,人性才是民法的真正法源,民法最终需要遵循人性的条件和要求,而不是某种超越人性的意志或者抽象物。因此,民法尤其是民事法律行为制度,应当以行为习惯反映行为自由,只有遵循和符合人的行为习惯,才能够在人性的基础上产生与民法自由相统一的行为效果。

2. 民法的制度实施与人性的行为习惯的效果统一

民法作为人性的行为规范,不是人的外在条件,而是人的内在需求,是人的生活对秩序规范的一种依赖。所以,人们遵守法律,不是把它作为外在物,而是把它作为与自身生活与行为相统一的规范条件,是在构成个人自为条件即习惯的情况下发生的。因此,在个人的行为秩序上,法律与习惯是结合一体并统一发挥作用的,其是通过行为习惯转化的法律秩序,所以根本就不可能区分那是法律还是习惯的结果。"从仅仅是习惯的自然形成,到自觉地接受根据某规范行动的普遍原则,两者之间的转变并无明确的界线。对某种行动的反复调整,会导致具有相应内容的道德和法律的信念。另一方面,物理的和心理的强制力威胁会对一定的行动方式产生影响,因而形成习惯及行动规则。"① 法律的规范与施行效果取决于人们遵守法律的实然行为,而不是法律的形式及其外在的国家强制力,这在根本上是由人的行为习惯所决定的。所以,习惯作为民法的法源,既以民法的形式表现和塑造习惯,把习惯变成国家的普遍规范,又以民法的统一形式普及和推广习惯,进一步形成"习惯"的生成环境。② 民法不仅是国家统一的

---

① 〔德〕马克斯·韦伯:《论经济与社会中的法律》,张乃根译,中国大百科全书出版社1998年版,第27页。
② 这里是把民法的规范条件及其行为引导作为影响和形成人们习惯的社会环境因素。习惯是环境要求和个人适应环境的结果。"环境激发习惯,或者说习惯之形成来自环境所发出的要求。人要在环境中生存,就要适应环境,就要'懂得'环境所提出的要求,就要建构与环境互动的稳定方式。"高德胜:《习惯与习惯培养的再思考》,载《教育学报》2019年第3期。"虽然不少研究表明环境对习惯行为形成有重要影响作用,但它们却忽略了个体的主观能动性,更多的研究者认为个体主观的行为态度才是促进习惯形成的关键因素。"李斌、马红宇:《习惯研究的现状与展望》,载《心理科学》2012年第3期。

法律规范,而且是全民统一的行为习惯。人们在符合行为习惯的情况下实施的民事法律行为,或者被人们的行为习惯所接受的民事守法,就不仅是民法的制度实施,而且是人性的习惯条件,必然能够产生制度与习惯相统一的社会效果。

第五章　民法的伦理性——人性的自律秩序

——民法作为"人法",具有人的伦理性,是人的"伦理法",反映人性的伦理秩序需求,既是伦理的制度体系,又依赖于伦理的自律秩序实现。伦理作为道德准则,是人类自觉与自律的秩序认知,是代表"人法"及其秩序价值的社会意识形态,构成"人法"即人的自然生态法则的本体与自证形式。

一、人性的伦理规范

民法作为"人法"必然是人性的伦理原则与规范条件的法律化,具有伦理的社会属性。① "人是社会的,就必然是道德的。道德具有与人和社会的必然联系性。道德是内在于人类本体的社会规范与秩序属性,是人的社会秩序品性,具有人性的社会性。"②伦理或者道德作为人性的本质,亦构成民法的本质,是民法的灵魂与价值基础。民法必然属于伦理的规范体系,存在于一定伦理规范的架构之中,反映伦理的规范条件和要求。③ 伦理是人性的本体规范属性,与人性具有内在的本质联系,是人性的条件和反映,既不能在人性之外而有某种超越的社会伦理,也不能在伦理之外而有某种单纯的自然人性。④

---

① 在这个意义上,伦理及其秩序形式,又成为民法的本体。换言之,人性或者人法即人的自然生态法则的本体性,是通过一定的伦理秩序存在并被表现为民法的,且民法不能代替伦理的社会秩序。伦理不仅是民法的本源与制度基础,而且构成民法的价值与秩序合理性,民法的制度与规范价值,根本上是人性的伦理秩序价值,是民法与伦理的秩序统一。
② 王利民等:《民法精神与法治文化民本模式论:自然生态的社会秩序体系及其规范形态与演进》(上册),当代中国出版社 2023 年版,第 319 页。
③ "任何想在更深、更高层次研究法律并探究其最终基础的人,都不能不涉足道德领域。一切法律在根本上都不可能与伦理道德无涉;理论上如此,实践上也同样如此。"田宏杰:《法律与道德:正义的法哲学及其发展——以瑞特纳帕拉法学思想研究为核心》,载《法学杂志》2022 年第 1 期。
④ 这种"实际存在的由人制定的社会道德,或者实际存在的由人制定的道德规则,或者实际存在的由人制定的社会伦理规则"[英]约翰·奥斯丁:《法理学的范围》(中译本第 2 版),刘星译,北京大学出版社 2013 年版,第 160 页),被作为"法"的一种类型,是"人对人制定的(我们所说的准确意义上的)法,它们既不是由政治优势者制定的,也不是由拥有法律权利的个人制定的"。(同前,第 161 页)人类实际存在的道德或者伦理规则,虽然并不是由人"制定"的法,但却是对人类自然有效的秩序规则,属于人类自然生态秩序的"人法"范畴。

伦理是"事物的条理",指"人们相互关系的行为准则,或指具有一定行为准则的人际关系"。① 伦理是人性的基本行为准则,即人作为人所必须遵守的相互关系的行为条件或者限制。伦理通常与道德同义,意指人们处理相互关系时所应当遵循的道德规范。② 因此,人性的伦理性,即人性的道德性,是以人伦为基础的规范属性,③伦理作为人的道德规范,是人性的根本规范价值。当人类有了对是非的认识与判断能力,也就有了道德伦理,人类从此不仅具有自然的生态,而且追求人性的目的。伦理作为人性的准则是把人与人联系在一起并组成群体或者社会生活的自然生态条件,是作为人类的社会生存秩序存在的,因此必然构成"人法"的规范条件与秩序本质,并决定"人法"的价值与规范属性,而民法作为"人法"的形式也必然在伦理的规范与价值之中,具有伦理的本质。

伦理或者道德的规范作用,与反复适用的习惯不同,主要在于认知与评价方面。"品德(Moral)和道德一样,即使没有表现在人类行为中,但却事实上存活于人类的良知中,与此相反,习惯法则是在没有任何超越于真实世界之上自由摆动支持的情况下发生的。虽然习惯法则意识的变迁可能依赖于历史——社会关系的事实,但是在追求效力方面,它却摆脱了现实规定的每个限制。"④道德不一定提供给人们一种既有或者直接的行为规范,而往往是作为一种人性的理想行为标准存在的,⑤既以道德情感或者行为意志的内在因素作用于自身行为,又在衡量和评价他人行为的外部形式中构成普遍的行为约束与规范,是判断人的行为是否具有正当性与合理性的一般标准。因此,伦理或者道德的规范性,主要体现在价值判断方面,是通过对一定行为的肯定或者否定表现出来的行为条件与规范要求。凡是被认为是道德的或者符合伦理的行为,就是具有社会正当性与合理性

---

① 《辞海》(第7版)(4)"伦理"条,上海辞书出版社2020年版,第2843页。《礼记·乐记》载:"乐者,通伦理者也。"郑玄注:"伦,犹类也;理,分也。"
② 主张区分道德与伦理的观点认为,道德通常是指个体和主观的品性或者操守,而伦理一般是指客观与现实的人际关系。事实上,道德与伦理很难作具体的区分。
③ "人伦是中国传统伦理思想中一个基本范畴。在中国人的观念中,道德是和人伦联系在一起的,有人伦道德之称。人伦构成了道德的基础和核心。"王利民:《民法道德论——市民社会的秩序构造》,法律出版社2019年版,第99页。"在普遍性上,人伦是那些被视为不可改变的人与人之间的基本关系。这种关系是依据自然和天性存在的,具有在不同时代和不同社会的维续性,并构成了一般的社会道德现象,具有文化上的传承性和不同文化传统的兼容性。"(同前,第101页。)
④ 〔德〕拉伦布鲁赫:《法学导论》,米健译,法律出版社2012年版,第3页。
⑤ "道德在很大程度上关注的是对人性的控制。"〔美〕约翰·杜威:《人性与行为——社会心理学导论》,罗跃军译,华东师范大学出版社2020年版,第2页。道德是人性中的善性,控制人的社会行为而使之趋善远恶。

的行为,也就是符合社会规范与标准的行为,即具有"合法性"的行为。然而,习惯则不同,虽然习惯应当具有道德价值,而道德也是通过习惯生成的,但是习惯的生成并不必然是一个道德过程,习惯作为一种具有约束力的固化规范,对于特定的群体和行为具有稳定和直接的规范功能、作用与属性,所以不仅构成自然生态的"人法"行为规范,而且不违背公序良俗的习惯还可以作为国家认可的民法形式,直接成为处理民事纠纷的法源。①

(一)道德品性

人性作为人的本性,是人应当如何为人的属性,反映在相互关系中,即人的伦理规范性,也就是人的道德品性与品行。"道德心理涉及'想什么',它是道德行为'做什么'的前提。"②人性的伦理性首先是一种"德性",即人性的善性或者向善的道德本性。③ 这一本性作为人应当如何为人的主体属性构成了人区别于其他动物的价值条件。人性的本质不仅是何为人的自然生态事实,而且是如何为人的社会道德要求,人之所以成为人并作为人必然具有区别于其他动物的道德品性并需要生活在道德条件中,被个人的道德品性所决定。"只有在道德领域,应然才完全不依赖于现

---

① 参见本书第四章第三节第一部分"习惯的道德价值"。
② 庞俊来:《"伦理学"回到"伦理"的实践哲学概念》,载《哲学研究》2021年第8期。
③ 个人和社会生活的保存和发展是至善,是人类的目的。参见〔美〕梯利:《伦理学导论》,何意译,北京师范大学出版社2015年版,第225页。"善"是西方伦理学的主要范畴。苏格拉底和柏拉图把至善作为伦理的主要内容,亚里士多德认为"善"是人的道德品性,是德性的本质。西方现代元伦理学的创始人物摩尔在《伦理学原理》中认为作为伦理学的基本问题,善是不能定义的,任何给善定义的做法都是错误的,它既不能证明也不能证伪。"摩尔主张,称一个行为是善的,只不过是说,在所有可供选择的行为中,它是事实上正在或已经产生最大善的行为",基于这一功利主义观点的结论是,"没有一个行为本身是对的或错的。无论什么事情在一定环境之下都可能被允许"。参见〔美〕A. 麦金太尔:《追寻美德——伦理理论研究》,宋继杰译,译林出版社2003年版,第14页。然而,虽然善与恶是一个相对的伦理标准,但是它们并不是无法认知和判断的对象,作为一种社会行为事实,人们总是能够从某一行为对社会构造的价值和作用上来认识其善与恶的本质。"人性作为人的利益本性有善恶之分,其中只有善才构成道德的价值与条件,道德是人的善性品质。人性并不是全然的道德,道德只是人性善的一面,人性有善也有恶,人性中包含了一切道德的可能,也包含一切非道德的可能。善作为道德的根本价值,是个人和社会发展的目的,也是人类存在的目的,人类社会发展的目的是至善,反映在法律上就是实现正义。道德服务于作为最高理想的至善,并在某种程度上依赖于这个理想。道德有德性与德行,善亦有善性与善行,一个人对他人或者社会有益的情感就是善性,而用善性指导的个人行为就是善行。善是人对社会构造的有益性,其情感发挥促进人的利益;恶是人对社会构造的有害性,其情感作用减损人的利益。道德规范作为一种行为自律,具有善良意志性,是人性中的善性,它构成社会关系的一般条件,是以善性扼制人性之恶而使人具有作为社会主体的适格性即人格品质,并以其行为的社会恰当性与合序性而使个人行为不再是简单地接受自身命令而遵循社会普遍性。"王利民:《民法道德论——市民社会的秩序构造》,法律出版社2019年版,第38~39页。

实。"①道德是人性的社会性,人性既具有人的自然生态性,又具有人的社会伦理性,即人的道德品性,这一品性决定着个人的思想与行为世界。人的生态与伦理的统一,不仅需要生态条件的客观满足,而且需要道德价值的主观实现。人性论的根本目的就是在客观揭示人的自然本质及其利益需求与条件的基础上确立人实现自身利益的社会行为标准,这一标准就是具有价值意义的道德要求。

德性反映为一个人的道德观念,是以观念形态存在的个人行为规范体系。"道德观念是在社会里生活的人自觉应当遵守社会行为规范的信念。"②亚里士多德把善作为德性的本质。德性是人在城邦生活即一定社会关系中表现出来的一种美德即最高的善。③"我们不是先获得德性再做合德性的事,而是通过做合德性的事而成为有德性的人。所以重要的只是合德性的活动本身。"④"人的德性就是既使得一个人好又使得他出色地完成他的活动的品质。"⑤人类具有追求美好生活的本性,而人类美好生活的实现需要人们共同具有一种对待生活的美好态度,这就是人性的善性或者德性。"当我们考虑各种类型的道德问题的时候,我们可以很方便地设想出某种刻度或标尺,它的最低起点是社会生活的最明显要求,向上逐渐延伸到人类愿望所能企及的最高境界。"⑥人性的道德品性作为人性的善性,是对人的本质要求,是人应当如何为人的适度标准。⑦ 人只有具备一定的道德品性或者善性,才能够在相互关系中趋于善行,成为符合社会规范与秩序要求的人,即善良行为主体。⑧"德性伦理主要关注'成就什么'(成就何种人格)的问题,其进路在于通过形成完美的德性以担保具体的

---

① 〔德〕拉德布鲁赫:《法学导论》,米健译,法律出版社2012年版,第3页。
② 费孝通:《乡土中国》,青岛出版社2019年版,第53页。
③ 亚里士多德认为,人的"德性的本性"与人的"幸福的本性"是一致的,"幸福是灵魂的一种合于完满德性的实现活动"。〔古希腊〕亚里士多德:《尼各马可伦理学》,廖申白译注,商务印书馆2003年版,第32页。这种灵魂上存在并统一的幸福与德性就是善,最高善就是人的美好生活或者幸福,是人的目的,也就是最符合德性的事物。
④ 〔古希腊〕亚里士多德:《尼各马可伦理学》,廖申白译注,商务印书馆2003年版,"译注者序"第xxvi页。
⑤ 〔古希腊〕亚里士多德:《尼各马可伦理学》,廖申白译注,商务印书馆2003年版,第47页。
⑥ 〔美〕富勒:《法律的道德性》,郑戈译,商务印书馆2005年版,第12页。
⑦ 亚里士多德认为,道德品性即德性是一种既非过度也非不及的适度品质。"所以德性是一种选择的品质,存在于相对于我们的适度之中。"〔古希腊〕亚里士多德:《尼各马可伦理学》,廖申白译注,商务印书馆2003年版,第47~48页。
⑧ "毫无疑义,一个人可以具有习惯地履行某些义务的特性,而当他意愿履行它们时,他既没有想到它们是任务,也没有想到它们会产生任务善。关于这样的一个人,我们不能,事实也不会拒绝主张:他具有由履行那些义务的气质所构成的德性。"〔英〕乔治·摩尔:《伦理学原理》,长河译,上海人民出版社2005年版,第163页。

德行。德性伦理所理解的完美德性,大致表现为向善的品格,对德性伦理而言,基于这种品格,个体既有与人为善的意向,也以行善为自身的存在方式,由此展开的行为固然也会面临某种冲突,但其主导的趋向主要在于顺乎个体内在的向善要求。"①人类的社会控制,首先是人作为行为主体的自我控制。这是从建立德性开始的,也就是从人的道德情感开始的。"无论人们会认为某人怎样自私,这个人的天赋中总是明显地存在着这样一些本性,这些本性使他关心别人的命运,把别人的幸福看成是自己的事情,虽然他除了看到别人幸福而感到高兴以外,一无所得。"②这一本性就是人的怜悯与同情的道德情感,是人性中的善性,是最原始的道德品性,对人类的行为具有自然支配与控制的秩序意义。

民法作为人的行为法,需要个人的法律行为能够自主符合法定的行为条件,而这种支配个人行为并使之合法的行为意志,就是人的道德品性。"道德性(Moralität)以行为人自愿使其行为服从法律为前提。"③因此,民法不仅作为"人法"而具有人性的伦理本质,而且必然依赖于人们自觉守法的道德品性及其自律控制的行为效果。"道德的任务就是通过要求一种内心的服从而赋予那种不过是外在的法律实现所强求的法律命令以一种内心深处的力量。"④守法是一种行为意志,而这一意志就是个人服从法律或者使自身行为合法的道德品性。

(二) 道德品行

人性的伦理规范性,既是道德的意志品性,又是道德的客观品行。"道德行为都既基于自觉的道德意向,也关乎道德习惯和道德直觉。"⑤人的道德品行是符合社会秩序的自主行为条件,是个人行为习惯于维护相互关系的社会规范与秩序而使之具有正当性与合理性,⑥构成民法调整的法律行为及其意思自治的根本行为要求。因此,人性的伦理性一方面是对人的德性即善性的要求,另一方面是对人的德行即善行的要求。"按照完美的谨慎、严格的正义和合宜的仁慈这些准则去行事的人,可以说是具有完善的

---

① 杨国荣:《道德行为的两重形态》,载《哲学研究》2020年第6期。
② 〔英〕亚当·斯密:《道德情操论》,蒋自强等译,商务印书馆1997年版,第5页。
③ 〔德〕拉德布鲁赫:《法学导论》,米健译,法律出版社2012年版,第7页。
④ 〔德〕拉德布鲁赫:《法学导论》,米健译,法律出版社2012年版,第9页。
⑤ 杨国荣:《道德行为的两重形态》,载《哲学研究》2020年第6期。
⑥ "如果一个人的动机是绝对利己的,如果他所做的仅仅是为了自己的利益而不顾他人的死活,如果他心中没有一丝同情的火花,我们就不应把他看成一个有道德的人,而应把他看作一个反常的人,一个不道德的人。"〔美〕梯利:《伦理学导论》,何意译,北京师范大学出版社2015年版,第220页。

美德的人。"①一个具有德性的人,必然关注自己的行为合宜性而使之成为有益于他人和社会的德行。"这种关注,构成了美德的真正精髓。如果我们对自己的行为所能产生的结果漠不关心,则我们几乎不会挂虑这些行为的合宜性。"②德性作为人性的内在规范品性只有转化为主体的行为条件即德行,才具有积极和现实的社会意义。换言之,人不可能只是好人而不做好事,一个好人既要有好人的品性,又要表现出好人的品行,即与内在品性相统一的外在行为,从而成为能够与他人或者群体和谐共存的社会主体。"对于德行的意识来说,规律是本质的东西,个体是要扬弃的东西,而且既要在德行意识自身里又要在世界进程里予以扬弃。在德行的意识那里,各人私有的个体必须接受普遍、自在的真与善的训练约束。"③德行是自我行为控制的普遍结果,④是个人行为符合群体规范的社会秩序形态,构成个人的社会本质,即所谓做人的基本道理,也就是人性的社会条件和要求。

规范性是道德品行的社会本质,是对人的社会行为的基本伦理要求,表现为大家普遍接受的行为标准。"当我们把一事物看作道德法则或道德规律时,我们意指它是这样一条法则,这种法则是几乎每个人在假定它所能适用的社会状态下,由于磨砺意志,而都能加以遵守的。"⑤道德法则与个人法律行为的统一,就是民法上自觉守法的行为事实。"从社会观点说,道德是社会对个人行为的制裁力,使他们合于规定下的形式行使,用以维持该社会的生存和绵续。"⑥人作为社会主体,既具有人格自由,又不能任意而为,自然存在自由的限度和可接受的行为范围,这就是德行的行为条件。一个人的行为是否构成德行并符合社会的规范与秩序要求,是人性的善恶问题,人是在善恶的行为标准中把握行为的适宜性与合理性的,善行即德行,是有益于社会的行为。⑦ 人性的善不仅是一种善性及其追求美好生活的愿望,而且是一种善行的自主行为规范与控制。虽然人有

---

① 〔英〕亚当·斯密:《道德情操论》,蒋自强等译,商务印书馆1997年版,第308页。
② 〔英〕亚当·斯密:《道德情操论》,蒋自强等译,商务印书馆1997年版,第318页。
③ 〔德〕黑格尔:《精神现象学》(上卷),贺麟、王玖兴译,上海人民出版社2013年版,第316页。
④ "没有自我克制便没有美德。"〔荷〕B.曼德维尔:《蜜蜂的寓言》(第1卷),肖聿译,商务印书馆2016年版,第271页。自我克制就是自律,没有自律就没有社会生态秩序,自律的社会秩序就是自然生态秩序,是法治的社会文化形态。
⑤ 〔英〕乔治·摩尔:《伦理学原理》,长河译,上海人民出版社2005年版,第150页。
⑥ 费孝通:《乡土中国》,青岛出版社2019年版,第54页。
⑦ "我知道什么是善的,而实行什么是恶的,那么,就没有什么东西可以阻止我们相信一切行为都是自由的。"〔荷〕斯宾诺莎:《伦理学》,贺麟译,商务印书馆1983年版,第102页。善恶是自由的尺度,一个人掌握了善恶标准,也就掌握了行为自由。

破坏社会秩序或者恶的一面,但是也唯有人才是自主的行为主体,能够主动控制和规范自己的行为使之达到"善"的社会境界,故而人的行为都是本性的决定,都在自己本性的决定范围之内,这就是人性的社会规定性。①

人类的意志与自由的本性,在自己的生态体系中,必然是一个被控制的关于自由的规范与秩序体系,而这一体系开始于人类对自由的认识与把握,是首先作为自律的道德情感而在人类的内在心灵中形成的。换言之,规范是自由的条件要求,而自由的规范必然从伦理起步,首先表现为伦理的规范形态。"如果说愿望的道德是以人类所能达致的最高境界作为出发点的话,那么,义务的道德则是从最低点出发。它确立了使有序社会成为可能或者使有序社会得以达致其特定目标的那些基本规则。"②不论是最高的道德理想,还是最低的道德要求,都是作为人性的伦理规范条件存在的。人性的伦理性根本上是一种行为的规范性,是在规范基础上的行为秩序,是在行为秩序条件下的社会组织形态。"历史的趋势就是精神生活的进一步发展和个人在社会中的更完美实现。人类的理智和道德会继续发展,人能够更深刻地认识到自己的心理和生理实质,更有力地控制自然,各社会和社会各成员间的摩擦会比现在少。"③虽然人类自产生以来,经历了各种灾难与毁灭,充满了各种战争与杀戮、邪恶与罪孽,但是人类最终都能够重归和谐、和平与秩序,这根本上决定于人类永远不能泯灭的追求向善和实现美好生活的自主控制、规范与构序的伦理能力与本性,并能够形成和促进各种规范与秩序的社会组织形态。人性的伦理选择应当是人类社会的一般选择,是一种自然与必然的规定性选择,不论人类社会曾经在背离伦理的道路上走出多远,都必然要回归于伦理的社会规范生态。任何一个社会,如果没有伦理,丧失了道德的基本行为规范,就不会有和平与美好的社会生活秩序,而一个社会对美好生活的向往与维护,不仅需要一定的规范与秩序条件,而且需要实现规范与秩序的社会伦理本质。尤其是对于平民社会关系,其正是在个人自主构序的道德规范的基础上实现了自然生态的社会秩序构造。人类在各种战争与罪行的毁灭中仍然能够维系自身的社会生态与秩序运行,最根本的条件就是人类的伦理本质对于社会秩序的最终控制与支配,这是人类社会永远存在的一种生命动

---

① "主动就是当我们内部或外部有什么事情发生,其发生乃出于我们的本性,单是通过我们的本性,对这事便可得到清楚明晰的理解。"〔荷〕斯宾诺莎:《伦理学》,贺麟译,商务印书馆1983年版,第97页。
② 〔美〕富勒:《法律的道德性》,郑戈译,商务印书馆2005年版,第8页。
③ 〔美〕梯利:《伦理学导论》,何意译,北京师范大学出版社2015年版,第225页。

力,也就是人类自主与自然构序的生态维护与修复能力。

二、道德的人性法则

所谓道德的人性法则,就是构成或者符合人性的道德法则,是人性的道德要求,是人性对道德的规定性,是人性与道德的统一。人性在规定道德的同时也规定了以道德为基础的各种规范形式,其中包括民法的形式。民法的普遍性和趋同性说明,它在本质上是被规定的,而其规定性就来源于作为主体的人本身,即人性的共同法则,而道德就是这一法则中最基础的价值法则,具有人性法则的规定性本质。道德的人性法则,即道德的"人法"属性及其规范与秩序,构成道德的实质条件与内涵。道德作为"人法"是平民社会的本体法,是平民社会关系本有或者固有的规范形式。道德的"人法"性作为平民社会关系的自然生态条件,包含了与人类的自然生态选择相关的各种道德方面的人性法则。虽然道德的人性法则是方方面面的,但是其作为"人法"的核心法则有两个,一是道德的人性功利法则,二是道德的人性自律法则。

(一)道德的人性功利法则

道德的人性功利法则,就是功利法则与道德法则在人性基础上的统一。人性既是功利的,又是道德的,前者是人性的自然性,后者是人性的社会性。人作为生命的主体,必须满足生命的条件和需求,是一个功利的主体。人的功利性作为人的本质属性,就是人性。人性的功利性是人的生命条件与客观需求的本质属性,是人性的根据和出发点。人的生命与生存的本质就是人的功利条件和要求,并必然具有和遵循人性的功利法则,而自然使这一法则获得正当性与合理性,即具有道德性。道德作为平民社会关系的"人法"形式,首先不是某种以他人为目的的高尚情操,而是以自己为目的的人性功利法则,离不开功利的目的与实现。① "人类一切的行为都离不开功利主义的现实基础。人类既追求功利的现实目标,又离不开功利的实现手段,人类不可能生活在功利之外,而只能在功利的生活中选择功利的生活方式。道德是人类功利选择的自然结果,代表了人类功利主义的一种最高理想。如果道德不符合人类的功利性,也就不构成道德存在,功

---

① "事实上,目的几乎是没有尽头的,它随着新的活动引致新的后果而永远处于形成之中。'无尽的目的'就是认为没有目的——即没有固定的、自我封闭的终结点——的另一种说法。"〔美〕约翰·杜威:《人性与行为——社会心理学导论》,罗跃军译,华东师范大学出版社 2020 年版,第 202 页。虽然人的目的是在变化和过程中存在的,但是人的最基础的目的,就是满足生命与生存的基础条件,包括不可缺少的利益与秩序条件。

利不仅是道德的现实性,而且也是道德的价值性,同样,道德的现实性和价值性也正是在于它的功利性。"①人类的社会关系,是以利益为目的的功利关系,调整功利关系的社会规范,即使是道德的法则,也只能是人性功利法则的条件和要求。

功利法则就是一种利益法则,功利关系就是一种利益关系,是以利益为目的的社会关系。因此,调整个人利益关系即一定人身与财产关系的民法,必然基于人性的功利需求,以功利为基础,无法脱离功利的人性条件,并只能作出功利的规范安排,从而构成一种人性的功利法则,是表现个人功利的权利义务规范体系,是典型的人身与财产关系的"功利法"。

1. 人性的功利法则与功利的道德选择

人性的功利法则必然是一种道德的规范选择,成为道德法则。② 道德的人性法则,是人在自身社会关系即平民社会的人身与财产关系中的行为法则,也就是民法所调整的社会关系的法则,而平民社会的人身与财产关系作为一种利益关系是一种自然生态的功利关系,所以道德的人性法则必然建立于一定的功利基础之上,以功利为目的,反映人性的功利条件,是人性的功利法则。③ "就法和道德应当如何而言,法律规则,以及道德规则,一直是以功利原则为基础的,或者,一直是通过观察人类行为趋向,并从中进行归纳而确立的。"④一种道德不论具有何种的人性善的品质,都必然是以人性的利益为目的的功利法则,是一种以功利为目的和进行功利选择的结果。换言之,人的道德选择根本上是一种人性的功利选择,对于现实的人性或者人性法则而言,人们是选择道德还是非道德以及选择何种道德,根本上是由人的功利需求决定的。人的功利选择,作为以个人自由为条件的利益选择,必然产生和形成最有利于个人利益实现的法则并具有道德性。"一种允许所有的人运用自己的知识去实现自己的目的且只受普遍适用的正当行为规则(rules of just conduct)的约束的自由状态,有可能为

---

① 王利民:《民法道德论——市民社会的秩序构造》,法律出版社 2019 年版,第 178 页。
② "道德选择是遵照道德法则以意志与行为的关系作为对象进行判断,其所对应的语词为'应该'与'不应该'或'应当'与'不应当';道德判断则是以社会公认的道德标准为尺度辩证地对行为结果进行判断,其所对应的语词为'善'与'恶'或'好'与'坏'。"晏辉、张蕴睿:《论道德意愿的原始发生及其实践逻辑》,载《中州学刊》2022 年第 9 期。
③ 功利主义或者称"功用主义""功利论",是以实际功效或利益作为道德标准的伦理学说。战国思想家墨子以功利言善,是我国早期功利主义的重要代表。功利主义的伦理学说,是以人性的功利性为根据的学说,是对人性功利性的一种概括和总结。因此,功利主义不仅是一种伦理学说,而且是一种人性现实。
④ 〔英〕约翰·奥斯丁:《法理学的范围》(中译本第 2 版),刘星译,北京大学出版社 2013 年版,第 85 页。

他们实现他们自己的目的提供最佳的条件。"①功利的选择作为人性的普遍选择,不仅是自由的选择,而且一定是以自主的行为规范为基础的秩序选择,即道德的选择。

人作为主体既是功利的需求主体,又是道德的规范主体。基于功利的需求目的,一个人对自己的行为所实际或者首要考虑的是行为的目的实现及其实际的利益结果,而不是行为的动机和手段,即行为只有增加个人的快乐和幸福,才是对个人的善,是行为的个人功利性;基于道德的规范条件,一个人的行为应当考虑社会价值,符合行为规范和具有积极意义,而不是单纯为了个人目的,即行为只有促进他人或者整体的快乐和幸福,才是对社会的善,是行为的公共道德性。然而,事实上,人性的行为法则,既不是全然的功利法则,也不是单纯的道德法则,而是以功利为目的的道德选择,是功利与道德的结合与统一,是行为对个人利益与社会目标所具有和体现的整体实现与价值。② 如果一个人为了实现自身的目的而不顾社会规范与秩序,甚至是损害他人和社会利益,那么这就是完全的个人功利主义,是行为的非道德性,属于人性的恶;如果一个人在追求个人的目的时能够兼顾他人利益和社会整体利益,承认和遵守社会的一般规范和秩序,那么这就是功利与道德的结合,是行为的道德性,属于人性的善。"追求个人自己的目标的自由,无论是对于彻底的利他主义者(altruist)还是对于极端自私的人,至少都具有同等重要的意义。"③人没有绝对的利他或者利己主义,但有绝对的功利主义。显然,虽然在人类的行为选择中,那种脱离一般道德的完全个人的功利行为是不可避免的,但是它既不可能是普遍的,也不可能是恒久的,而必然是一种整体上个人功利与社会道德的结合形式。一个人的行为,越是能够摆脱单纯的个人功利主义而最大限度地增进他人利益或者社会整体利益,就越是走向最高的善,也就越是符合道德的人性功利法则。

事实上,道德作用的平民社会关系,即民法调整的人身与财产关系,作为一种利益关系,就是一种以个人功利为目的的社会关系,而个人的功利目的在民法的调整中无不处于相互的制约之中,这就是民法关于权利与义务的规范设计,民法的权利与义务就是代表的主体的功利条件及其相互制

---

① 〔英〕弗里德利希·冯·哈耶克:《法律、立法与自由》(第1卷),邓正来等译,中国大百科全书出版社2000年版,第86页。
② "当然,也有不损害别人就不能满足个人欲望的情况。一个人的利己欲望可能变得如此强烈,也可能是外界条件,诱惑他牺牲周围人的利益而获得自己的利益。"〔美〕梯利:《伦理学导论》,何意译,北京师范大学出版社2015年版,第218页。
③ 〔英〕弗里德利希·冯·哈耶克:《法律、立法与自由》(第1卷),邓正来等译,中国大百科全书出版社2000年版,第88页。

约与制衡的关系。这种关系不是源于民法的原创,而是作为人类的自然生态条件而一开始就纳入了自主调整的"道德"规范与秩序之中。所以,民法的产生,不过是个人功利及其道德条件的延续和发展形式,它一方面接受和调整个人的功利目的,另一方面接受和遵循个人功利的道德条件。民法必然是功利与道德统一的社会秩序体系,既是功利的法,又是道德的法,不可能有超越功利与道德即人性的民法。

显然,不论是道德还是民法,只有选择个人功利与社会道德即个人目的与社会秩序条件的结合,才能够达到个人的功利目的。因此,人性的功利选择,不仅是个人的目的选择,而且是个人目的的社会实现及其规范与秩序选择,这一选择必然以道德为基础,是一种道德选择。人性的一般功利需求与行为选择并不必然与道德条件相矛盾,而是应当遵循道德条件,具有选择的道德性并构成一种道德行为。换言之,人性的道德的规范性与价值性并不排斥人性的功利需求,而且以实现人的功利为目的,构成个人功利目的的条件和需要。当然,极端的个人功利主义则背离人性的道德规范要求与价值目标,是一种对抗社会和破坏社会秩序的非道德选择,并不符合真正的和有价值的人性功利法则。任何一个人的功利行为及其行为条件,虽然以追求个人利益为目的,旨在满足个人的利益需求,但是作为社会行为应当遵循相互关系的行为和谐与秩序标准。然而,现实的功利行为及其利益选择既可能在和谐之内,也可能在秩序之外,超越个人功利与利益实现的社会合理性的情形,既是不可避免的,也是经常发生的,从而从道德的需要走向道德的反面,所以需要社会的调整和控制,包括道德的个人行为约束,自主使个人行为成为功利与道德结合的社会行为秩序。

2. 人性的功利法则与功利的道德实现

道德作为人性的功利法则必然成为功利的实现法则。功利不仅是一种道德的需求,具有道德的合理性,而且需要受道德的控制,通过道德的规范形式实现。功利不能存在于道德之外,道德必然成为功利实现的人性法则,当道德成为相互关系的功利法则与选择时,也就成为相互关系的功利实现条件。功利必然以道德的形式表现自己,也就被限定在一定的道德行为体系之中,成为道德实现的目标。道德作为一种人性法则,其产生首先不是作为一种价值需求,而是作为一种相互关系的功利条件,是作为功利条件而被赋予价值属性的,在本质上,就是个人功利实现的一种规范要求,是以功利为目的的客观标准。"道德是个人利益冲突的产物",[①]而不

---

① 〔美〕梯利:《伦理学导论》,何意译,北京师范大学出版社2015年版,第218页。

是人类美好生活的结果。"如果人们在生活中毫无冲突的话,也就不需要任何道德规范了,道德规范旨在阻止那些破坏社会生活的行为,以及整个集体由经验发现或相信是有悖于他们目的的行为。"① 道德作为人性法则的价值性不仅在于它的社会规范性,而且在于它的个人功利性,是把个人的功利统一于社会规范与秩序体系之中,以道德的方式实现功利,以功利的目的表现道德。虽然道德是人的高尚社会情感,但却是社会关系与功利主义的产物,个人承担道德义务的超功利性并不意味着道德的无功利性。相反,道德源于个人功利的普遍秩序要求,以个人功利为现实目的与根据,个人的道德实践始终联系着某种功利的内容与目标,而道德秩序也始终是一种以功利为内容并具有功利性质的社会秩序,只是每个人的具体功利目的、条件、对象和程度有所不同。

道德的人性法则以个人功利性与社会规范性的统一成为平民社会秩序构造的"人法"本质。道德的规范性及其秩序实现,是由人性的功利法则所决定的社会形式与结果,道德既代表功利,又包容功利,是个人功利与社会秩序融合的统一条件,个人的功利行为只有能够纳入道德的范畴并把握道德的规范尺度,才可以避免个人功利目的与社会道德实现之间的矛盾与冲突,从而使人性的功利法则成为一种道德现实。"实现他的利益的行动并不必然就和实现别人利益的行动相冲突。他可以使自己得利而并不妨碍别人,而且,他通过注意自己和自己的利益,可以在一定程度上推进着他所属的集体的利益,使他处于造福别人的更有利地位。"② 如果人性的功利法则不能表现为道德并以道德的形式实现,那么个人的功利行为就成为一种"脱序"行为,没有功利的道德实现,也就没有功利的实现,道德是功利的社会要求,是功利实现的规范与秩序条件,必然发挥协调和实现个人利益关系的规范与秩序功能。道德是功利社会的结构要素,没有道德就没有人的社会结合,也就没有社会。因此人类社会的个人功利实现的过程一定是规范调整与秩序存在的过程,即作为人性功利法则的道德作用与实现的过程。

道德的人性功利法则,是人或者人性的规定性,是人的自然规定性与社会规定性的统一,既反映人的功利目的,又体现人的社会价值。换言之,道德的人性功利法则是人的自然与社会生态秩序的必然条件和要求,是人的普遍规定性,人的功利法则作为人性的法则,必然是道德法则并

---

① 〔美〕梯利:《伦理学导论》,何意译,北京师范大学出版社2015年版,第218~219页。
② 〔美〕梯利:《伦理学导论》,何意译,北京师范大学出版社2015年版,第218页。

通过道德的形式实现。"人在自己的道德实践中选择自己的功利目的,并为这一目的实现付出必要的道德成本与代价,道德的功利性代表了人的价值性,也代表了人的自觉与自主性。然而,道德的功利性作为道德的本质及其现实意义,更在于它反映人性的本质,在根本上是由人的自然属性所决定的,反映人的自然功利性条件,守护着人的自然功利性的法则。人的一切道德,既不能脱离自己的自然性,也就必然以自己的功利性为目的。"①人性的功利法则作为人的自然需求性,具有人性的客观性与正当性,也就具有最高的道德价值,道德必然以人性的功利法则为根据,承认和尊重人的功利性并表现人性的功利条件,把人的功利性上升为道德性,并以道德的方式规范和实现人的功利目的。

基于道德的人性功利法则及其必然的行为目的,有什么样的人性功利需求,就需要什么样的道德实现,也就会有什么样的道德和道德行为。人性的功利需求及其实现法则决定了人类社会的道德现实,人类既没有功利之外的道德,也没有道德之外的功利。然而,什么样的功利目的符合人性的功利法则并具有道德实现的价值和正当性,这既是一个功利的社会规范条件问题,又是一个人性功利法则的道德本质问题。虽然道德是一种人性的功利法则,但是并不意味着什么样的功利目的与实现都是道德的,这是一个功利目的与实现的道德判断与标准问题,是人性功利法则的道德确立问题,也是人的行为标准与社会价值的认知与形成问题。"在功利与道德的关系上,一个人或者一个社会的功利选择,决定了这个人或者这个民族的道德水平,我们选择了什么样的功利,也就选择了什么样的道德。同时,我们的功利目标的转换和提高,也必然带来道德的改变和发展。"②基于道德的人性功利法则即道德与功利的统一条件,人性的功利法则就是道德和道德法则,直接决定个人的道德表现与实现。功利是否符合人性并构成人性之道德,在根本上是一个功利观问题。功利观就是一种道德观,一个社会要树立正确的道德观并形成良好的社会道德秩序,就必须首先确立个人功利与社会秩序统一的功利观。一种功利观只有摆脱极度的个人偏私而包容于人性法则的社会道德体系之中,才是符合人类理性的功利观并具有其社会价值,也才具有积极的社会规范与道德实现意义。

功利的道德实现,不仅是道德的实现,而且是通过代表道德的各种规范形式的实现,包括民法的实现。民法调整的社会关系必须符合人性的道

---

① 王利民:《民法道德论——市民社会的秩序构造》,法律出版社2019年版,第176页。
② 王利民:《民法道德论——市民社会的秩序构造》,法律出版社2019年版,第180页。

德价值,具有道德的正当性与合理性,这就是民法的"善法"标准,而民法之善就是道德之善。民法调整的人身与财产关系,作为一种利益关系,其实现不仅需要遵循人性的功利法则,而且需要遵循人性的道德法则。如果说民法的权利义务规范是一种调整和实现个人利益的功利规范,那么这一规范所应当具备的价值与标准,就是民法的道德要求。民法本身不仅是一种社会规范现象,而且是一种社会道德现象,是道德的表现和实现形式,从来没有超越道德的单纯民法规范及其制度体系,民法调整的个人利益实现,不仅是个人的利益目的或者功利的实现,而且是民法所代表的社会道德的实现。

(二)道德的人性自律法则

道德是一种自律规范,具有主体的行为自律性,是通过行为自律实现的行为秩序。道德的自律性是人性对道德法则的规定性,即人必然基于自然生态而具有一种自我控制能力并以自我控制的行为规范与秩序维系,实现自然生态的存在与目标。道德自律作为人的自然生态条件,是一种人性法则,是人性自然法则的道德规范形态。

道德的人性自律法则,对于民法的意思自治具有决定意义,构成民法的灵魂与本质。民法作为私法是个人的行为法,具有任意法或者行为自由的本质,主体的法律行为成为设权的主要形式,且任何法律关系的履行都依赖于主体的自治行为。因此,民法调整范围内的行为自治,根本上是道德上的行为自律,没有道德上的行为自律,也就没有民法上的行为自治及其自治下的权利义务实现。民法不仅是国家强制的法,而且是个人自律的法,道德的人性自律法则,也是以道德为基础的民法法则。

1.人性自律法则与自律的道德行为

自律是自由的行为条件和产物,它使自由的行为条件获得道德的普遍性。"无疑,道德以个体的自由为前提;因着自由,个体才可能以自身为其行为的出发点,从而承担道德责任。但是,自由并不意味着任意,否则道德也就无从谈起。一旦该行为侵犯了他者的自由,他者便可以从自身出发侵犯我的自由,此时,不仅道德无从谈起,自由也变相地取消了它自己。因此,道德意味着自由者的行为需要遵守不矛盾律,即:每个人的自由行为都以其能获得普遍性为前提。就此而言,现代个体的自由也好,道德也好,必然与普遍性相关——这便是国家所具有的普遍意志之要旨。"[①]道德的人

[①] 尚文华:《现代道德的含义、困境及可能解决方案———种黑格尔和克尔凯郭尔互释的视角》,载《哲学动态》2022年第5期。

性自律法则是人维护自身社会生态的一种自主构序的行为与意志本质。人为了构造社会并适应社会形态,必然具有控制自身行为并使之符合社会条件与需要的自主构序能力,即人性的行为与意志自由的规定性,是对人的社会实践的要求,人的行为应当满足行为自由的秩序条件。根据人性自律法则,只有自律并符合社会条件的个人行为,才是具有社会价值的道德行为。"自律性是道德的唯一原则",①是人性自律法则的社会规范条件与形式。没有自律,就没有道德和道德行为,道德行为是一种自律行为,而道德的自律行为之所以能够成为一种现实的社会生态秩序行为,就是因为人的行为必然具有和体现人性自律法则的规定性,能够自主调整自己的行为并使之符合社会构造的条件。因此,自律性是人的社会生态性,是人的社会生态的自然与必然的行为要求与结果,并因此构成人的道德实践。自律是道德的行为条件,在自律之外既没有道德实践,②也不存在人性的社会本质。人只有成为一个自律的人,才是一个有道德的人,也才是一个具有人性并遵循人性法则且能够获得行为自由的人。在道德的自律中,人性法则已经超越了自我与自利而成为一种社会人格品质,并具有普遍的社会生态规范与秩序实现意义。

自律作为道德的人性法则,是人的自我意志性,以人的意志自由为基础。但是,人的意志自由作为一种社会自由,是相互关系中的行为自由,必然受到相互关系的条件限制并需要自主接受和遵守相互关系的统一行为规则,否则就无法开展和实现自由的社会生态,这就是人性的自律法则,是构成道德的个人行为自由的规范条件。所以,道德虽然是意志和自由的,但是却需要具有个人行为控制的社会合序性。换言之,虽然道德是一种主观的个人意志与行为自由,但是它必然受制于人性的自律法则,构成一种自律的规范和秩序的意志与行为自由,是个人克服自身行为任意的行为约束,在自由的同时自主承担个人的道义负担。③ 因此,自律构成道德的人性法则,不仅是人的社会自由要求,而且是人的社会生态条件,人在自己的社会生态中从来都不是绝对自由的,而是自由与自律的统一,从而构

---

① 〔德〕伊曼努尔·康德:《道德形而上学原理》,苗力田译,上海人民出版社2005年版,第62页。
② 自律是道德实践的行为特征,人以自律行为表现道德实践,构成道德的现实性。自律构成道德的行为控制,是道德的内在效力根据。道德实践是行为的自律过程,反映一个人的自律能力与水平,一个人的自律能力越强,其行为也就越是具有道德性并符合社会秩序。人无法在自律之外而获得道德实践的行为能力。
③ 基于道德自律,人们所背负的道德义务往往并不是对自己有利的结果,相反却可能是一种为了他人目的的善良动机和行为选择,在满足他人利益目的的同时,把个人的行为自律转化为一个现实的人格目标。

成了人性的道德本质。然而,既然道德的人性自律法则是一种个人的意志法则,那么就必然具有个人行为意志的局限性,难免受个人自律条件与能力的限制,从而表现出个人的自律形态及其道德水平的差异与不足,所以任何一种背离人性自律法则的非道德行为都可能发生。因此,道德的局限性根本上是人性的局限性,是人性缺失与不足的必然结果。

同样,任何违法行为的发生,包括违约或者侵权的民事违法行为的发生,在根本上都不是法律的强制问题,而是主体的自律问题,是不能自律导致的行为结果。任何民事违法都是不能自律的道德性违法。

2. 人性自律法则与个人的行为品格

自律作为道德的人性法则,虽然具有人性的规定性,具有行为自律的自然本质,但是自律并不是在人性中自然或者直接完成的,而是作为人的行为意志存在的,是行为意志在具体行为关系中的体现,决定于人的秩序意志及其具体的行为条件。换言之,自律是人的行为意志,是由意志支配的行为结果,受意志秩序的限制和影响。人的意志秩序决定人的社会行为,反映人的社会行为条件,构成人的社会行为修养,属于道德品质范畴。"人的有限性同时也体现于行为者自身规定的独特性和限度性:作为具体的个体,行为者既有其特定的需要和满足这种需要的欲求,也有自身特定的价值取向和价值追求,价值需求和价值追求的独特性不仅表现为价值追求的差异性,而且也从一个角度折射了个体存在的限度性:每一个体都具有属于他的价值需求和价值追求。"[①]人的行为的有限性根本上是道德自律及其行为品格的有限性。所以,一个人的行为自律的水平与实现,不仅具有人性法则的一般规定性,而且决定于人的德性或者行为品格,需要人的行为意志与人性自律法则的符合,是对行为意志的道德品质要求,自律法则只有构成人的道德意志并作用于人的道德实践,才具有社会规范的价值和作用。

人性的复杂性就在于,人既是自然的,又是意志的,不仅受制于自然,而且决定于意志。道德自律作为人性法则,不仅是人性的自然法则,具有生态性,而且是人性的意志法则,具有个人的行为品格属性。一个人的道德情感与道德行为只有在人性自然法则的基础上接受和遵守社会的一般行为条件,即具有个人合序的社会行为品格,才能够把道德的人性自律法则转化为现实的社会行为秩序。人的道德自律的行为品格,除了根源于人性的自然秩序本质属性,也是人的一种社会行为条件与选择,需要在人

[①] 杨国荣:《道德行为的两重形态》,载《哲学研究》2020 年第 6 期。

的社会经验与行为习惯中逐步形成。因此,人的道德自律,不仅是一个自然生态条件问题,而且是一个社会行为文化问题,既涉及社会习惯与传统,又涉及社会教育和环境,更涉及个人意志品质的养成。每个民族和社会,都具有构成自身传统和一定文化形态的自律意识,并反映出道德文化的差别,即不同的民族和社会在道德自律的具体条件、要求和目标上必然表现出自身的民族与社会特性,从而为一个社会和民族的平民社会关系即民法的调整对象提供不同的基础秩序形态。

虽然道德自律具有人性法则的规定性,但是这一人性法则是在一定的社会文化和传统中存在和发挥作用的,离不开特定社会文化和传统及其对人的社会行为品格的塑造。一个社会和民族的性格必然影响个人的行为品格,并实际作用于人性自律法则的道德实现。因此,"在中国从人治社会向法治社会、从计划经济社会向市场经济社会、从传统自然农业社会向现代市场工业化社会转型时期,文明秩序的进步不仅在于法律数量的增加与法律体系建构的完成,更在于已有的法律须获得全体社会成员的普遍服从与遵守。而后者绝非法律自身所能实现的,它必须依赖每个公民道德水平的提升与道德信仰的养成"。①

3. 人性自律法则与民法的意思自治

道德的人性自律法则,作为个人的行为法则,是一种"人法"法则,即"人法"的社会关系法则,亦即作为民法调整对象的社会关系的行为的法则,与民法的意思自治具有内在的统一和联系,是民法意思自治的条件与根据。《民法典》第5条规定:"民事主体从事民事活动,应当遵循自愿原则,按照自己的意思设立、变更、终止民事法律关系。"民法的自愿或者意思自治,作为行为自由,应当是道德的行为自律,构成道德性守法。"真正有内在约束力的规则,必须建基于真正的社会共识",②即普遍的规则意识,是对法律的道德承认及其自律的守法行为。意思自治是道德的人性自律法则在民法上的制度体现,是民法制度的道德行为化,而道德的人性自律法则需要通过意思自治的民法制度形式,完成其从生态法则向实在法条款的规范转化与秩序实现。

民法作为私法或者"人法"的国家法形式,不能不反映出"私法"的本质,需要承认当事人自主的意思表示在设定民事法律关系中作为基础的法律事实的地位,即意思自治。当事人的意思自治,就是民法上的个人行为

---

① 范进学:《法律与道德——社会秩序的规制》,上海交通大学出版社2011年版,第2页。
② 王小章:《从"道德代替法律"到"道德的律则化"——走向反思性的社会秩序》,载《浙江学刊》2021年第1期。

自由,是民法作为个人本位的任意法和权利法的行为制度体现。然而,民法的意思自治,一方面是当事人的行为自由,另一方面是当事人的行为限制,是行为自由与限制的统一。换言之,民法上的意思自治,是在民法规范条件下的行为自由,需要符合行为自由的规范要求,否则,滥用自由的结果就是无效行为而不具有法律效力。

因此,民法的意思自治能否有效发挥当事人的行为自由的作用,关键在于当事人能否做到行为自律,即把意思自治的民事法律行为上升为个人自律的道德行为,用道德的人性自律法则实现对个人意思自治的行为控制,从而使民事法律行为在意思自治的条件下能够自主遵循民法而不触碰无效的法律底线。可见,民法的意思自治就是民事法律行为的自治,而民事法律行为自治的本质是个人的自觉守法与行为合法,即民事法律行为的道德自律,是以民法的意思自治形式表现的道德自律行为,是道德的人性自律法则在民法上的制度体现。因此,民法的意思自治,一方面揭示了民法与道德的内在联系,民法的意思自治形式体现了民法的道德条件和要求;另一方面反映了道德的人性自律法则在民法实施中具有决定性的地位和作用,没有通过道德的人性自律法则实现的民事法律行为的自主控制,就没有民法调整的人身与财产关系的自然生态秩序,也就没有符合民法的社会秩序体系。

三、民法与道德的统一

民法与道德虽然是两种不同的意识形态,但却是具有内在联系和统一的社会规范与秩序体系。"一个法律制度必须展示出与道德或正义的某些具体的一致性,或必须依靠我们有服从法律制度的道德义务这种广为流传的信念。"[①]法律尤其是民法,既需要具备道德价值而成为善良之法,又依赖道德遵守而成为自律规范。"民法的人性根据,从人性的社会性来说,在本质上是人的道德根据。虽然道德与法律在形成原因、存在条件、表现形式、调整范围和实现方式等方面存在一定的不同,但道德和法律一样,都是社会现象和意识形态范畴,是一定社会关系的反映,具有规范性和价值性,与法律特别是民法具有本质上的统一性,它们同属于人类的行为规范并共同构筑了一个人类行为的价值评价体系。"[②]虽然人们对民法与道德的关系认识并非一致,但是任何脱离于道德的纯粹民法理论,都是无法自

---

① 〔英〕哈特:《法律的概念》,张文显等译,中国大百科全书出版社 1996 年版,第 181 页。
② 王利民:《民法道德论——市民社会的秩序构造》,法律出版社 2019 年版,"论民法与道德——代序"第 7 页。

立的。这是人的自然生态秩序的不同形式之间的必然联系,是人性秩序的规定性及其秩序共性。民法作为"人法"必然是人的伦理对象,是人的"伦理"法,无法超越社会伦理,需要遵循社会伦理的原则,必然构成社会伦理的规范与秩序体系。

民法与道德的统一,即调整平民社会关系的规范与秩序体系的生态统一,是民法形式与道德本体的统一。"作为伦理实体的社会是一种保持个体自身独立与自由的'公共场所',但是需要遵从'公共规范',这就形成了原子式的'市民社会'。"[1]民法调整的平民社会关系,作为人的自然生态关系,是以个人为主体并体现个人意志的人身与财产利益关系,必然具有和表现人性的一般或者应然法则。"规定我们的意愿和行为的伦理上的应然法则有三种:道德(Sittlichkeit)、习惯(Sitten)和法律(Recht)。这三者分别提供了善良的、应有的和公正的行为准则。"[2]民法作为"人法"是以人的意志和行为为根据的应然法则的一种形态,必然与其他应然法则具有内在的统一联系,是生态秩序的统一体系。民法调整的社会关系,首先是私人社会的道德关系,道德构成了私人社会的"人法"即本体法,而民法作为调整平民社会关系的国家法,是道德的表现形式,具有与道德的统一性。道德的最高原则是,"'依照一个能够像一项普遍法则那样有效的法则去行动。'凡是不符合这个条件的准则,就是违背道德"[3]。道德的普遍法则,就是人性的法则,是以人性为根据并具有人性的规定性的法则,而民法作为"人法"的国家法即实在法形式,必然接受和遵循人性的道德法则,具有道德法则的本质属性。不论人们对民法的规范与秩序本质具有何种认识,都会承认民法作为"人法"是依据某种普遍性的社会秩序,而道德就构成了这一秩序的基础。道德性在人性的价值意义上就是民法的普遍性,对民法的规范条件与制度体系具有规定性。民法必然表现道德,并以自身的道德性而获得普遍的秩序认同与自律的行为效力。

(一)民法与道德的本质统一

法律与道德的关系是法学与伦理学的一个恒久主题,法律的实在与发展作为人的实在与发展,根本上是人的道德的实在与发展。道德作为人性法则的本体规范形式,既没有人性之外的道德,也没有道德之外的法律,道德与法律是统一的社会规范与秩序体系。人类的社会构造作为一种规范与秩序构造,必然具有一般的生态法则,这一法则显然不是从法律开始

---

[1] 庞俊来:《"伦理学"回到"伦理"的实践哲学概念》,载《哲学研究》2021年第8期。
[2] 〔德〕拉德布鲁赫:《法学导论》,米健译,法律出版社2012年版,第2页。
[3] 〔德〕康德:《法的形而上学原理:权利的科学》,沈叔平译,商务印书馆2011年版,第30页。

的,而是在法律之前产生并与人类社会相始终的"人法"条件,即作为人性法则的本体或者普遍形式,这就是以道德、习惯等形态表现的人类自然生态秩序。法律并不是这一秩序体系之外的独立规范与创造,而是这一体系的发展形式,是人类本体规则或者道德的一般发展结果,即法律不过是道德的外在与外化形式。"使法律和道德趋同的努力——以法律规范覆盖道德领域,并使既存规范吻合一个合理的道德体系的要求——造就了近代法。"①法律从来都是一个道德事实,或者起码不能离开一定的道德条件,没有道德之外的法律规则及其知识体系;法学也从来都需要进行伦理的考察,从伦理上认识法律问题,表达伦理的观点并作为自身立论或者正当性的基础,而不能全然独立于伦理学的体系与视域之外。尤其是调整平民社会关系的民法,本身就是一个以个人伦理为基础和根据的法,具有伦理道德的本质与属性。对民法的认识或者有关民法的理论,从来都离不开一定的伦理知识与道德观点。

庞德指出:"以往关于法律和道德的讨论,即将被并入关于法律在整个社会控制过程中的地位这一更广泛的考虑之中。"②法律与道德的关系,根本上是作为私人社会关系的民法即私法与道德的关系,民法是私人社会关系的本体道德规范的直接实在法形式。因此,揭示民法的本质离不开对民法与"人法"的本体形式即道德的关系认识。一个国家和社会的民法伦理与价值体系的形成是一个超越民法的制度体系的范畴,即与民法相统一的道德体系的生态发展过程,民法不过是表现社会道德体系的一种法律形式。

近代自然法思想强调理性、道德与法律的统一性。"理性认为正确的东西就是法律;因为它是正确的。法治是对于无可争辩的具有普遍效力的道德主张或伦理主张的适用。"③不论如何认识法律、道德以及它们之间的关系,它们都是作为一个社会的结构性条件存在的,是统一的社会规范与秩序体系的一种表现形式。"在社会学研究中,一个最根本的理念性问题是社会延续的本质。社会结构和内容包括人们之间关系的安排,它的延续性是社会生活方式得以延续的依赖条件。"④社会延续所依赖的人们之间

---

① 〔美〕罗斯科·庞德:《法律与道德》,陈林林译,中国政法大学出版社2003年版,"第一版前言"第45页。
② 〔美〕罗斯科·庞德:《法律与道德》,陈林林译,中国政法大学出版社2003年版,"第一版前言"第2页。
③ 〔美〕罗斯科·庞德:《法理学》(第4卷),王保民、王玉译,法律出版社2007年版,第396页。
④ 〔英〕A.R.拉德克利夫-布朗:《原始社会结构与功能》(第1册),丁国勇译,九州出版社2007年版,第25页。"这种社会结构延续性的分析就像我们分析人体一样,作为人体来说其结构性是一直延续的,但组成人体的分子却是在一刻不停地发展变化的。"(同前)

关系的安排条件,即一定的社会规范与秩序条件的维系,并不是单独的法律或者民法构造,而是一个完整的社会控制系统,在这一系统中,法律或者民法只是其中的一种控制形式,它无法离开其他形式尤其是道德而独立调整人的行为,相反,它只是道德这一本体规范的外在与补充的形式,既需要与道德的本质统一,又需要与道德的共同作用。"所以,任何一种源自于社会内部的法律或者民法问题,都不可能只通过法律形式自身得到破解,相反,它必须在道德那里即它的本体中寻求实质的答案。"①

"我们对法律与道德之关系的思考,在很大程度上取决于我们对'法律'一词的理解。在分析法学家这一极端,法律是权威性法律规范的总称,而这些规范为特定时空的审判所适用。在另一个极端,历史法学家倾向于将所有社会控制的历史,看作是法律的历史。"②如果认为法律来源于国家或者政治权威,那么法律作为依靠国家强制力执行的规范,就不是道德的形式和产物,或者凡非依靠国家强制力执行的规范就不是法律;如果认为法律作为社会控制手段而其本体在国家和政治权威之外独立存在,那么不论是道德还是习惯,本身就具有"人法"或者"法律"的本质,或者法律不可能在道德和习惯之外而独立存在并发挥其作用力。"的确,上世纪不同学派的法学家们,初步看到了'法律'这一复合体的不同要素。"③在分析法学派和历史法学派对法律与道德的关系即"法律"的本质的不同认识中,我们不仅发现了法律与道德的差别性,而且也发现了它们之间的统一性,特别是看到了社会规范体系的本体与形式条件的复杂性。"在社会规范体系中,法律与道德作为两种不同属性的行为规范,在调整社会关系方面尽管两者手段不一,但其功能却相互补充。"④当然,法律与道德的关系并不只是功能的相互补充,而且在本体与形式的关系上具有本质的统一性,构成社会规范与秩序的统一体系。所谓统一,并不是法律与道德的同一,而是法律需要反映道德条件并离不开道德的社会基础,而道德规范的本体价值也需要获得法律的规范形式并通过法律形式实现其确定性和普遍性。"将法律和道德彻底分开的做法(像分析法学家所追求的那样),以及将法律和道德完全等同的做法(像自然法学家所追求的那样),都是错误的。"⑤当然,法律和道德既不可能分开,也不可能等同,作为代表人的目

---

① 王利民:《民法道德论——市民社会的秩序构造》,法律出版社2019年版,"论民法与道德——代序"第3页。
② 〔美〕罗斯科·庞德:《法律与道德》,陈林林译,中国政法大学出版社2003年版,第33~34页。
③ 〔美〕罗斯科·庞德:《法律与道德》,陈林林译,中国政法大学出版社2003年版,第35页。
④ 赵万一:《民法的伦理分析》,法律出版社2012年版,第53页。
⑤ 〔美〕罗斯科·庞德:《法律与道德》,陈林林译,中国政法大学出版社2003年版,第106页。

的与价值的两种形式,必然具有共同的对象与本质,而两者之间的形式与条件差别,只是各自的构成与存在因素,不能由此作实质的区分。所以,唯有两者之间的生态一体化,才能反映它们作为统一社会控制体系的特征,并代表共同的规范属性。

民法作为"人法"即人的"自然法",必然表现人的本有伦理与自然生态,①所以必须从人性的伦理本质的内在秩序中去发现。"在这里我们已经看到,从外面来找事物的本质是决无办法的,无论人们如何探求,所得到的除了作为比喻的形象和空洞的名称之外,再没有什么了。这就好比一个人枉自绕着一座王宫走而寻不到进去的入口,只落得边走边把各面宫墙素描一番。"②民法的本质并不是人的外在性,而是人的内在性,既不是由立法者或者国家赋予的,也未超越人的抽象意志与外在形式,而是人及其社会生态关系本身所固有的,是人性的内在秩序条件,是在人的本体规范的基础上发展形成的一种代表人的规范形式,只能从人的本体规范上把握它的规律性与规定性,并正确揭示其本体与本质。民法的科学性与价值性就在于它所具有的人性的客观规定性与规律性,而这一规定性与规律性就是民法作为"人法"的规定性与规律性,即民法反映人的本质,表现和服从人的内在本体规范与自然生态条件,体现"人法"的道德性及其人性法则,否则,民法就没有规定性与规律性,也就没有科学性和价值性。

显然,民法或者法律是社会发展到一定阶段的产物,而规范与秩序则是社会存在的始终条件,是作为社会事实存在的。社会的规范与秩序在本体上是一种人的道德条件与要求,是社会的自然生态事实,是人的社会必然性。社会是人的秩序结构,社会本身意味着秩序,社会必须首先满足一定的秩序条件与要求,而社会秩序形成的前提是社会关系的规范性。社会秩序与规范的存在,就意味着道德及其作用的存在,道德是代表和反映社会本体秩序构造的范畴,社会规范与秩序首先以道德本体的形式存在,然后才可能要求和表现为某种外在的形式,其中构成实在法体系的就是以人为本的民法形式。因此,我们既不用怀疑社会的道德性,因为道德是社会的本体构造形式,也不用怀疑民法的道德本质,因为民法必然和道德相联系并构成统一的社会生态秩序体系,不能脱离道德本体。我们需要认识的是道德的要求和表现道德的要求之间的关系,即道德存在与道德形式之间

---

① "孔德说过,社会现象就是服从于自然规律的自然事实。从这句话来看,他隐含地承认了社会现象是物,因为自然界中存在的只有物。"〔法〕E.迪尔凯姆:《社会学方法的准则》,狄玉明译,商务印书馆1995年版,第39页。
② 〔德〕叔本华:《作为意志和表象的世界》,石冲白译,商务印书馆1982年版,第150页。

的关系,也就是道德与表现道德的民法形式之间的矛盾与统一性,从而发现道德的民法要求和民法的道德条件的客观性与真实性,揭示民法的本质及其规范的伦理基础与本体形态,认知民法的价值及其存在的规律与规定性,以民法的道德实在性和道德的民法形式性实现人的社会生态秩序的本质统一,并在这一统一的秩序形态中构造和实现人的理想社会。

当我们不再简单地看待民法的形式存在,而是从民法作为人类本有的社会行为体系去认识民法现象时,则民法最终不是制度形式而是一种行为精神,是作为社会行为事实存在的,是一种社会生态秩序。① 民法是"人法",产生于人的需要,是人的内在精神和社会秩序意志,是由精神条件而成为形式规则的;民法表现社会行为精神,反映社会的文化与传统,是社会行为精神的价值选择,不能脱离社会行为精神而存在;民法依赖社会行为精神,需要自律的行为约束与遵行,没有社会行为精神之外的民法秩序。② 精神规则是人的社会结构的产物,而作为社会结构条件的规则是一个社会内在的秩序精神,这种精神作为秩序本体就是被以道德范畴认知的社会事实。"任何方式的人类社会生活都建立在一定的社会结构上,这种社会结构是由各种个人之间或团体之间的关系网构成的。这些关系包括一定的权利和责任。规范这些权利和责任的原则在于:既不能破坏社会结构的完整,又可以解决各种权利之间的冲突。正是为了满足这种需求,司法机构和法律制度便得以建立。"③社会构造的形成和存在,需要具备一定的功能性结构条件,这一条件就是作为一般社会条件的共识性精神,即共同的行为规范与行为秩序构造,而产生这一共同规范与秩序的根据,是人们在社

---

① "一切行为方式,不论它是固定的还是不固定的,凡是能从外部给予个人以约束的,或者换一句话说,普遍存在于该社会各处并具有其固有存在的,不管其在个人身上的表现如何,都叫做社会事实。"〔法〕E.迪尔凯姆:《社会学方法的准则》,狄玉明译,商务印书馆1995年版,第33~34页。

② 因此,与道德统一并以道德形式表现的"人法"或者民法,就是人的社会行为习惯或者风俗,是构成"民俗"的一种社会规范与秩序现象。"民俗事象使人们的行为趋于一致,目标和情感朝着同一方向迈进,但每个人并不会在民俗对话、交际中消融自己内在的独立性,亦即个人;相反,作为参与者,每个人都有属于自己的情感活动、情感指向和情感寄托。"万建中:《民间文化的多维视域》,北京师范大学出版社2016年版,第5页。"在现实生活中,只有民俗仪式场合既确立了人的自由、独立、主体性,又建立了人的平等的对话机制。"(同前。)"民俗生活是自然形态的文化表现。它是具体的、实在的,而不是概念的、抽象的和思辨的。"(同前,第8页。)也就是说,"民俗作为一种文化形态,是在人的生存本能及生活本身中的文化。民俗文化是生命的文化,是没有从生活中挣脱出来的文化,所以又称之为民俗生活"。(同前,第9页。)因此,"人法"即民法作为以道德为本体的法律,就是民俗的法律,应当符合民俗并以民俗为根据,所以"良俗"必然构成民法的渊源与原则。

③ 〔英〕A.R.拉德克利夫-布朗:《原始社会结构与功能》(第1册),丁国勇译,九州出版社2007年版,第67页。

会结构条件下的相互利益承认与依存所必然产生的内在规范与秩序诉求,并必然在这一诉求中形成普遍的行为统一与秩序共识,这就是本体的道德构造。道德这一概念在根本上就是指人类本有的那种自然生态的社会规范与秩序形态,并因此具有一切社会规范与秩序的本体意义与价值。民法就是道德本体的表现与存在形式,对民法的本质认识,必须建立在道德本体的基础之上,只有基于本体的社会道德观,才能有正确的民法价值观与认识论。

卢梭指出:"在我看来,所有的科学中最为有用但发展最少的就是有关于'人'的知识。"①民法作为"人法"是关于人的最基础的社会知识,这个知识的对象是人在自身社会结构中的行为条件,也就是人在自身社会关系中的地位,它首先是以人的精神条件形式存在的,并在被人的精神意志确定和认可后,才表现为所谓民法或者民法精神的形式。在"人法"的内在秩序与外在形式的统一上,民法不过是"人法"的本体社会秩序,是道德的产物和表现形式,具有道德的规定性,是与道德统一的社会规范体系。也许,我们关于民法的一般知识很多,而对民法的道德了解却很少,缺乏一种本体或者道德的民法认知。本体的问题是人自身的问题,包括道德和民法在内的一切社会现象都不过是人的现象和人的自然条件与生态需求的反映。对这一本体的不知,就是对人自身的不知,也就无法产生对包括民法在内的一切有关人的社会现象及其价值的正确认知。民法作为一种规范形式不能脱离人的本体秩序,民法脱离了本体,也就是脱离了人自身和人的秩序意志,而民法一旦和人的秩序意志脱离,②就不可能成为代表人和被人有效实行的法律。人的秩序意志就是本体的道德精神,民法只能在一定道德精神的条件下存在并发挥规范作用,是一定道德精神的行为要求和反映,正如《民法典》总则编第一章确立的基本原则根本上是道德原则一样,实际上就是民法把道德置于自己的核心与灵魂地位,道德成为立法、守法和司法的最终根据。不论是民法的制定还是践行,都离不开与之相适应的道德精神条件,民法在道德之外既不能自立,也不能自行。作为道德的形式,民法必然反映道德的本质,遵从道德的精神,追求道德的价值,践行道德的目的。对民法的认识,必须寻求其本体,在道德精神的基础上认知民法的规范与秩序的实在性。

---

① 〔法〕让·雅克·卢梭:《论人类不平等的起源》,吕卓译,九州出版社2007年版,第27页。
② 民法和人的精神脱离,对于非民法传统的社会,不是民法的问题,而是人的问题,是人的民法精神缺失,而民法本身却可能在对不同法律文化与体系的法律移植中得到超越人的精神即道德的制度发展。

民法与道德的本质统一并不是把民法完全等同于道德,但是民法总是代表着一定的道德,总和道德保持着内在的联系。民法或者法律与道德的关系,作为社会秩序构造中的一对基本范畴,历来有不同的认识与学说。分析法学派创始人约翰·奥斯丁的法学思想在回答法学研究的范围、法和道德的关系以及法的概念时,由于道德这一本体性社会规则不具有法律定义的要素而被从法律体系中分离出来。"实际存在的由人制定的法,与实际存在的社会道德,时常是彼此一致的。……因此,这种由人制定的法的真正性质,以及渊源,时常被法理学的学者所误解。当实际存在的由人制定的法,是以实际存在的社会道德作为基础的时候……这些学者忘记了,这样一种情形实际上是主权者造成的。"①人制定的法固然是主权者的创造,但是主权者的创造并不是任意的创造,其创造与道德的一致也并不是一种巧合,而是法的制定者需要也必然接纳和运用道德的结果。法的创造过程不过是法的制定者将一定的道德认知上升为法律形式的过程,是人类社会的本体秩序转化为形式秩序的过程。然而,作为功利主义的信奉者,奥斯丁认为法与道德无关或者至少两者之间并不存在必然的联系,只要是合法制定的法律,即使是不道德或者不正义的,也仍应具有法律效力,这就是"恶法亦法"之说的由来。然而,"恶法亦法"反映的仅仅是法律形式的效力属性,是一种法律技术结果,并不能代表法律与道德的内在联系。

实用主义法学的代表人物霍姆斯也主张把法律与道德分开,其认为把法律与道德混淆是危险的,"就内容而言,法律(the law)的生长是立法性的"。② 虽然法律与道德是不同的范畴并具有不同的本质,既不能把道德直接作为法律,也不能把法律完全等同于道德,但是,当法律的认知必须或者有必要回答法律与道德的关系时,不论对法律与道德的关系如何认识和持何种观点,这本身就意味着法律与道德具有内在联系的客观事实。法律是一个不能在道德之外或者不能离开道德而被根本认识和说明的对象。法律是源于人的内在秩序条件与要求的规范形式,这种法律的渊源或者根据就是道德。虽然法律是国家制定的,并以立法的形式表现出来,但是它仍然是人的道德精神的产物,最终是由人的意志即道德生成的秩序。任何一种行为规则,不论以何种形式存在,都必然是道德性的,道德性是一切规范的价值性。法律不仅不能与道德分开,而且必须遵从道德并从道德中寻

---

① 〔英〕约翰·奥斯丁:《法理学的范围》(中译本第 2 版),刘星译,北京大学出版社 2013 年版,第 206 页。
② 〔美〕小奥利弗·温德尔·霍姆斯:《普通法》,冉昊、姚中秋译,中国政法大学出版社 2006 年版,第 32 页。

找自身存在的正当性与合理性。"法律与道德,原有体与用的关系,如影随形,不可分离,其间的距离愈接近,社会愈安定,人民亦愈幸福。"①在当代社会控制体系中,没有能够完全脱离道德条件的法律,也没有根本不需要法律形式的道德,②两者之间具有相辅相成的内在统一性。尤其是作为"人法"的民法,其直接的人性或者人本条件本身就是一种自然的道德属性,道德就是民法的本源,不能在道德之外认识民法的本质,任何对民法本质的探讨及其结论都离不开两者之间的关系及其相互作用和影响的基本事实。

人作为主体,是伦理的目的。民法作为"人法"对人身权与财产权的调整与保护,反映了社会的最高伦理,代表了社会的根本道德,体现了民法对道德秩序的接纳与尊重,揭示了民法的道德规范本质。民法的伦理属性在《民法典》中得到了充分的体现。《民法典》的具体制度是从"自然人"开始的,即把人的民事主体地位作为民法的最高伦理以及整个民法制度体系展开的前提与基础,反映了民法的道德本质及其与伦理的统一,不仅体现了人的主体地位,而且体现了人的伦理价值——人是民法的立法目的与制度起点。在民事权利中,《民法典》第 109 条首先规定"自然人的人身自由、人格尊严受法律保护",即把人身自由与人格尊严这一根本道德要求上升到一般人格权的高度加以保护,充分反映了民法对人格伦理秩序的尊重及其共同的秩序本质。《民法典》第 8 条规定,"民事主体从事民事活动,不得违反法律,不得违背公序良俗",即在"合法原则"中包含了公序良俗的道德要求,并将其与法律相并立;第 143 条第 3 项规定的民事法律行为的有效条件,同样把"不违背公序良俗"与"不违反法律、行政法规的强制性规定"相提并论,从而把"公序良俗"的道德原则与内涵上升到与国家法律的强制性规定相同的法律地位,成为民事活动的行为准则与民事法律行为的效力根据,揭示了民法与道德的共同价值与规范属性;第 132 条关于"民事主体不得滥用民事权利损害国家利益、社会公共利益或者他人合法权益"的规定中,其禁止权利滥用行为保护的即法律没有明文规定而又应当受到法律保护的利益或者权益,属于"道德权利"的范畴,并因为其道德权利属性而具有了受民法保护的必要性与合理性。事实上,《民法典》的整个规范体系及其各项制度安排,都是按照法律规范的逻辑形式而展开和表现出来的道德命题与判断,无不具有和体现一定的道德本质并作为自身的价值根据。

---

① 王伯琦:《近代法律思潮与中国固有文化》,清华大学出版社 2005 年版,第 6 页。
② 至于一项道德是否需要上升为法律形式,则是另外一回事。

(二)民法与道德的规范统一

民法的道德性决定了民法不是单纯的国家意志或者国家规范体系,而是以国家意志的规范形式表现的社会伦理条件。正是基于民法的道德本质和道德对民法规范与价值体系的规定性,道德构成了影响民法规范与效力的决定性因素。一个国家的民法体系作为一个行为法体系,不过是以民法形式表现的道德行为体系,民法体系的正当性只能从其规范的道德性中得到证明。① 当然,民法与道德的规范统一,既不等于道德是直接的民法形式,也不等于民法规范的范围与道德规范的范围完全相同,而是民法规范必然与道德规范保持某种程度的一致,并具有道德的规范本质。

1. 道德性是民法规范的本源性

民法规范的本源性即民法的根据性,是民法规范的本体与渊源问题,即民法到底从何而来并具有何种规范属性。"法律在事实上在逻辑和价值上必须以一定的道德准则为基础和前提,尤其在立法方面,任何法律都必须奠基于正当的伦理和道德原则之上,无论是私法还是公法,都不例外。"②显然,民法规范并不是由立法者任意想象出来的,而是从人性的社会规范中总结出来的,是以道德为主体的"人法"本体规范的外化与发展结果,是以人性道德为根据的一种"人法"的实在法形式。道德不同于习惯,虽然不构成民法的直接渊源或者表现形式,但是却构成民法规范的本源。民法本源于社会即本源于作为社会主体的人本身,而其不能背离的主体条件就是以道德形式存在的人性法则,即人的社会伦理。

一般认为,民法中的道德规范主要体现为婚姻家庭关系中的相关规则,然而事实上民法的婚姻家庭制度只是具有更强的人伦道德属性,而考察民法的整个制度规范,不论是民法的原则性规范,还是具体的制度性规范,亦不论是人身权规范,还是财产权规范,都以道德规范为本体和根据,都体现一定的平民社会的道德规范条件与要求,都具有一定的道德本质,是一种道德规范。例如,《民法典》总则编关于民事主体的规定,承认和确立人的主体地位,就是把人作为最高的道德目的从而基于人的主体需求来展开其制度体系;总则编中的民事法律行为制度,就是人的行为自由制度,充分反映了民法作为"人法"或者人的行为法而对人的行为自由及

---

① 民法的道德性应当保持与国家根本法的统一,国家根本法也应当认可并尊重民法的道德性,因为它是社会秩序的本体与基石,代表了人的普遍正义诉求。"一种有效的政治正义观念就包括被公共地视作是公民需求并因此而被视为有利于所有人的东西的一种政治性理解。"〔美〕约翰·罗尔斯:《政治自由主义》,万俊人译,译林出版社2011年版,第166页。
② 姚建宗编著:《法理学———一般法律科学》,中国政法大学出版社2006年版,第312页。

其作为设权根据的价值的尊重,实际上也就是对人的自由本质的根本尊重,是把实现人的行为自由这一基本的伦理原则作为统领民法财产自由、契约自由、婚姻自由和遗嘱自由的制度基础,而民法的一切权利制度都是以这一自由为目的作出的规范布局与设计,都追求自由的伦理目的。例如,《民法典》第240条关于"所有权人对自己的不动产或者动产,依法享有占有、使用、收益和处分的权利"的规定,其形式上是对所有权的定义,而实质上是对财产关系的根本伦理条件的规范反映,代表自然生态的财产关系秩序,舍此不存在所有权,也不存在人的财产利益及其保护与实现。

显然,一项民法规范是否本源于道德并具有道德的根据性是检视民法规范的正当性标准。因此,民法的制度形成与体系构建,应当从道德本体上去寻找和认识民法的规范条件,发现民法作为道德形式所应当遵循的人性道德法则,即人性固有的并在人性的固有中必然需要上升为国家法的那些规范形式,这才是民法规范及其制定的真正根据。民法作为人的社会规范现象,是人的道德本质的反映,不能在人的道德规范之外表现和存在一种来源于人的外在而不以人为目的和根据的民法形式。民法规范具有人的道德本源的规定性,是以"人法"的道德本体为根据而形成的一种平民社会的规范体系,是人的道德规范的一种国家法形式,所以必然以道德为本源并建立于人性的道德法则及其普遍的社会伦理基础之上。

2. 道德性是民法规范的客观性

民法以道德为本源,必然具有道德的客观性。"法律通过为人们的行动提供理由而规范并指导人们的行动,其客观性既是法律规范性(normativity)与合法性(legitimacy)的内在要求,也直接影响着法律的安定性与权威性。"①民法的制度体系在本质上是平民社会的伦理需求,需要代表和反映道德的真实性,并以道德的真实性构成自己的客观性,即道德作为民法规范的评价标准而具有和代表民法规范的合理性及其客观本质。根据康德对道德法则的普遍性即客观性的阐明,"这就意味着道德法则必须清除掉或过滤掉道德行为主体间具有个体性差异的经验性内容,去获取

---

① 杨晓畅:《伦理学中的建构主义与道德—法律的客观性——围绕罗尔斯建构主义方法的考察》,载《中国法律评论》2020年第6期。法律的客观性问题可见于两个层面:一是法律认知与识别层面的客观性,二是司法推理过程中的客观性。"如果我们承认在上述两个层面上,法律理由群都存在包含道德理由群的可能(即法律的内容或效力并非必然与道德无关),那么只有当道德规范及道德推理是客观的时候,法律才可能是客观的。因此,法律领域的客观性问题,特别是与实质性道德或价值判断相关的部分,取决于我们对道德客观性的理解,进而不仅涉及各种规范伦理学理论对道德客观性标准及其方法论的理解,也涉及元伦理学层面对道德判断到底存不存在客观性的理解。"(同前。)

完全不依赖于任何感性欲望和偏好的那种纯粹性"。① 虽然纯粹的道德法则的客观性是难以实证的,但是道德法则总有其普遍性和客观性,并必然通过民法规范的客观性表现出来。民法规范的客观性即平民社会关系的生态秩序及其行为条件的客观性,亦即平民社会关系到底应当形成和遵守什么样的民法规范的问题,是平民社会关系的民法规范应当是什么样的问题,也就是平民社会关系的一般规范与秩序要求问题。可见,民法规范的客观性,是民法规范所代表和反映的平民社会关系的客观性,是来源于民法之外并作为民法根据的生态秩序的客观性,即民法"本源"的客观性,是构成民法规范的"人法"条件的客观性,而不是民法规范本身的客观性。民法规范只是"表现"的客观性,而不是"本源"的客观性,即由"本源"决定的客观性。"本源"是检验民法规范客观性的根据和标准,民法应当是"本源"允许范围内的规范秩序,保持与"本源"的本质统一。这一客观性就是平等社会关系的人性法则,是作为本体或者普遍规范的道德实在,具有道德或者人性法则的规定性。

换言之,民法规范的客观性,是民法规范与平民社会的自然生态规范即道德行为的关系问题,即民法对道德条件的符合问题,这实际上提出了立法者到底应当制定什么样的民法和民法规范到底应当接受和符合什么样的客观标准问题,亦即应当把什么样的平民社会的规范条件上升为民法和民法规范的道德真实性问题,而民法作为私法或者任意法,其道德的真实性根本上是行为自由法则应当反映何种道德的真实性。"就这些自由法则仅仅涉及外在的行为和这些行为的合法性而论,它们被称为法律的法则。可是,如果它们作为法则,还要求它们本身成为决定我们行为的原则,那么,它们又称为伦理的法则。如果一种行为与法律的法则一致就是它的合法性;如果一种行为与伦理的法则一致就是它的道德性。"②民法的客观性并不是立法者的意志的真实性,而是民法调整的平民社会关系的人性法则及其道德条件的真实性。民法调整的人身与财产关系应当遵循什么样的道德规范,就应当表现什么样的道德本质,就应当把什么样的道德规范上升为民法规范,从而使民法规范符合道德规范的真实条件及其客观秩序需求。换言之,民法规范的客观性不是立法者的意志创造,而是平民社会关系的道德需求,是立法者对平民社会的本体规范即人性法则及其道德条件的客观发现从而以民法规范的形式反映出来的行为条件的真实性。

---

① 蒋小杰:《论康德道德法则之普遍性的阐明——兼谈罗尔斯解读康德道德哲学之理论得失》,载《哲学研究》2020 年第 7 期。
② 〔德〕康德:《法的形而上学原理:权利的科学》,沈叔平译,商务印书馆 2011 年版,第 14 页。

因此,民法规范的客观性,并不是被上升为民法形式的客观性,而是作为道德的人性法则或者"人法"的本质与条件的客观性,不论这一本质和条件是否被上升为民法形式,其作为社会生态秩序,都必然是根植于人性并被人们实际遵循和支配人们行为的生态自然法则,它始终都是客观实在的,都在实际发挥真实有效的客观规范作用。如果民法的规范不具有与道德统一的客观性,即使存在民法的规范形式,也不能代表平民社会关系及其规范与秩序的真实性。虽然人类最初的规范主要是一种经验事实,但是当它构成一种普遍的一般规则和道德事实时,则是人们的一种自然理性的规范选择。理性是人类自我反思的能力,这种能力并不只在事情的最初发生作用,而是还在事情发生后的反思过程中反映出对事物认知的深化,并必然进一步产生对事物的规定性认识,表现在行为理性上,就是行为规范的自主意识及其支配下的行为秩序。民法的制定,就是人们理性认知和发现民法规范的客观性过程,也就是如何保持与平民社会关系的人性法则或者普遍道德秩序的统一过程。人们正是借助于理性才实现了对民法规范的道德真实性认知,从而在发现民法规范的客观性与普遍性的基础上,建立起一个符合平民社会关系生态条件及其客观秩序需求的科学民法制度体系。所以,民法的制定必须在民法之外认识民法规范的客观性并发现民法的真实性,这就是民法规范与道德的一般人性法则的统一。

以《民法典》为例,民法各项条款作为制度设计,直接来源于规范需求的必要性与合理性,而这一条款设计和提出的根据就是一种道德或者伦理的需要,是首先作为伦理条件提出来的。"道德思维和法律思维紧密相关。道德理念影响着具体的法律制度设计,而具体的法律制度设计也影响着现实社会中的道德表现。两者在我国现实生活中产生的相互影响,在民法典中也有明显体现。"[1]《民法典》的人身权制度来源于人的生命价值的伦理规范需求,无论是其中的人格权制度还是人身权制度,都表现了它的本体的伦理秩序的内在规定性,具有不可改变的客观规则属性,表现出人性法则的自然规范本质。例如,《民法典》第13条规定:"自然人从出生时起到死亡时止,具有民事权利能力,依法享有民事权利,承担民事义务。"这直接体现了民法以人为本和维护人的尊严与人格的伦理基础。《民法典》的财产权制度,包括作为支配权的物权制度和以物权为基础并作为物权实现根据的合同或者债权制度,都是反映人的财产利益需求的根本规范条件及其人性的财产自由秩序,是对人的自然生态行为的客观描述,同样体现的是

---

[1] 彭诚信:《论民法典中的道德思维与法律思维》,载《东方法学》2020年第4期。

财产关系的基本道德伦理要求,而整个财产关系都被控制在道德体系的范围内。例如,《民法典》第 116 条规定,"物权的种类和内容,由法律规定"。此即物权法定原则,为民法调整的财产关系的伦理根基,使正常的社会财产秩序免受财产自由的侵害。特别是《民法典》中的无因管理、不当得利、见义勇为、善意取得、拾得遗失物等制度,更是道德的直接要求和体现。"人不等同于一般动物,他被赋予有知识和按照一般原则行为的本能。维持社会秩序与人性相一致,这正是法律的渊源;从他人手里获得的任何东西,都应当归还给他人,有所获,便有所得,遵守诺言,承担因自己的错误而遭受的损失,以及按照功过而承担奖罚,这就是因此而产生的一系列法定义务。"①民法这些原则和规范的形成,就是对平民社会关系的道德规范及其客观秩序的遵守,具有道德规范的真实性,是不可改变的道德规定性。

3. 道德性是民法规范的价值性

民法规范的价值性是民法规范的合理性、正当性与有益性,即一项民法规范所具有的积极意义。民法规范既然以道德为本源,具有道德的客观性,那么道德也就必然构成民法规范的价值属性。"道德属于人类自我本质的一种存在,是内在于人的本质的规范意识,是人性中的社会性,它以善和恶、正义和非义、诚实和虚伪等社会观念来评价和调节人们的行为,是人类维系共同的生活基础和社会存在所必须认可的价值准则,是人类之所以构成社会并以社会形式存在所不可缺乏的共性本质与要求。换言之,道德是人的社会品质,是构成社会的基础,是人类生存的基本条件,是人类的本质或本性问题。"②民法价值是一种道德价值,不能脱离道德。"法官或者法学家认为,法律创制者意欲指示一条正确的规则;法律制定者关于什么是正确的理念和自己所持有的理念,实质上是一致的;他们实质上持有同样的法律理想模式、社会的理想图景以及由此而来的法律目的之理想图景。"③而立法的正确理念或者理想模式与目的就是对立法提出的道德价值要求。民法的道德价值,不仅体现在立法者的道德选择上,而且也体现在司法者的法律解释上。"法官必须决定,依据文字及文本的字面含义标准来解读内容,能否得出一个'令人满意的'解决方案。如果他认为不能,就必须细究各种候选解释的'内在价值'。在实践中,'令人满意的'往

---

① 〔美〕艾伦·沃森:《民法法系的演变及形成》,李静冰、姚新华译,中国法制出版社 2005 年版,第 130 页。
② 王利民:《民法的精神构造:民法哲学的思考》,法律出版社 2010 年版,第 43 页。
③ 〔美〕罗斯科·庞德:《法律与道德》,陈林林译,中国政法大学出版社 2003 年版,第 74 页。

往意指在道德上是令人满意的,而'内在价值'往往意指内在的伦理价值。"①司法者对法律条文的适用,必然是把自己的道德价值内化在"令人满意"的规范理解之中。"事实上,在实际的司法过程中,法律适用中的伦理因素从来都未曾被排除去过。"②无论是民事立法还是民事司法,乃至于民事守法,都是一个把道德价值内化为民法规范并使民法规范获得道德合理性的过程,是一个道德价值的判断和选择过程。民法规范只有符合或者不违背道德,即具有道德价值,才具有作为民法规范的价值,而民法规范的价值就是民法所具有的道德价值,民法没有脱离道德的价值,脱离道德的民法就是没有价值的民法,也就不是好的或者有意义的民法。

民法规范的价值性就是民法在道德意义上的善法性和良法性,只有作为善法和良法的民法,才是具有规范价值的民法。"人类社会交往中的善与恶的科学便是道德哲学。"③对民法的善与恶或者好与坏的价值认识,就是对民法的道德评价,是关于民法的道德观念,属于道德知识的范畴。在这个意义上,有关民法知识的民法学应当是一种民法哲学或者伦理学。"不论是民法的规范——权利义务的分配与设计,还是责任的归属与承担,都是一种是非的选择与判断,离不开一定的善恶标准与价值评价,是一种具体的善与恶。所以,民法学或者民法研究必须是以道德哲学或者伦理学为基础的,如果不建立在一定的道德观点上,就不可能有正确的民法认识与理论。"④所以,民法道德论的目的之一就是"精细说明什么可以作为实际存在的由人制定的法的尺度,或者,精细说明这种实在法所依赖的若干基本原则,从而,表明这种实在法是值得赞同的。换句话说,这一科学的目的,是阐明存在的由人制定的法,应该是怎样的,阐明实际存在的由人制定的法,必须是怎样的。或者,我们也可以这样表述,如果认定了什么是良好的,什么是值得赞同的,那么,这一科学,便需要阐明实际存在的由人制定的法最好是如何的。而且,如果这种法,符合了被假定的标准,那么,这一科学应该细致阐明这种法只能是怎样的"。⑤

民法的道德价值就是民法的道德理想,也就是民法所追求的社会秩序目标,是民法的检验和批判标准。"有这个道德理想,哪怕明知它不能实

---

① 〔美〕罗斯科·庞德:《法律与道德》,陈林林译,中国政法大学出版社2003年版,第74~76页。
② 〔美〕罗斯科·庞德:《法律与道德》,陈林林译,中国政法大学出版社2003年版,第76页。
③ 〔英〕霍布斯:《利维坦》,吴克峰编译,北京出版社2008年版,第77页。
④ 王利民:《民法道德论——市民社会的秩序构造》,法律出版社2019年版,"论民法与道德——代序"第7页。
⑤ 〔英〕约翰·奥斯丁:《法理学的范围》(中译本第2版),刘星译,北京大学出版社2013年版,第165页。

现,也就有了一个对现实进行批判的标准,而人类也就有了一个不断改善自身、不断从恶向善进步的可能。哪怕这种善在现实中最终只能是伪善,也能够显示出真正的善的威力,它看起来毫无意义,但整个人类从野蛮的'自然状态'逐步提升到文明的过程背后,终究离不开它的推动,所以在这种意义上,人类的历史就是'道德史'。"①民法的历史发展,也就是对民法的道德价值的认识与发展过程,是民法的道德价值的发现与实现过程。显然,民法作为"人法"应当具有而不能脱离"人法"的道德价值,道德价值决定了人性的目的与需求,也决定了"人法"和作为其形式的民法所应当具备的规范内涵与条件。人们总是用是否具有正当性、合理性或者是否符合某种正义标准对实在法提出要求并评价其是非善恶,总是希望制定的实在法具有正当性与合理性并能够代表正义的标准,这就是法律或者民法的规范价值问题。②虽然制定的民法最终可能无法达到理想的价值目的,但是民法的价值总是在立法的规范条件与要求中客观存在,总是需要在一定程度上保持与道德价值的统一,人们不可能在民法规范的道德价值之外寻找到民法的价值性与正义性。

"当我们讨论人法(human law)的好坏,或者,讨论人法值得赞扬或应受谴责的时候,当我们讨论人法应该如何以及不应如何,或者,讨论人法必须如何以及不能如何的时候,我们的意思(除非我们直接表明我们的喜恶),表达了这样一个观念:人法是与某种东西一致的,或者,人法是与某种东西背道而驰的,而这种东西,我们默默地已经将其视为一个标准,或者尺度。"③虽然"人法"的标准或者尺度作为人的生态条件具有十分复杂的自然与社会内涵,但是这种标准或者尺度总是客观存在的并构成实在法的一般规范标准,这就是"人法"的道德价值问题。人类必须具有以道德价值确立和统一民法规范的能力,这是一种对民法规范的评价、判断与选择能力,如果人类没有了这一为自身立法的能力,也就不可能制定正确的法律,人类的社会行为调整也就必然失去具有普遍价值的正当标准与行为尺

---

① 邓晓芒:《黑格尔论道德与伦理的关系》,载《哲学分析》2021年第3期。
② 道德构成民法的正义性,道德的民法就是正义的民法,道德的民法设计就是正义的社会设计,是构成社会世界的规范与秩序条件。"正义原则的设计是用来形成社会世界的,在这个社会世界里,我们首先获得了我们的品格和我们把自己视为个人的观念,获得了我们的完备性观点及其善观念;而在这一社会世界里,我们必须实现我们的道德能力,假如它们能得到充分实现的话。这些正义原则必须在市民社会的背景制度中给予基本自由和机会以优先性,它们使我们能够首先成为自由而平等的公民,并根据这种身份将我们的角色理解为个人。"〔美〕约翰·罗尔斯:《政治自由主义》,万俊人译,译林出版社2011年版,第37页。
③ 〔英〕约翰·奥斯丁:《法理学的范围》(中译本第2版),刘星译,北京大学出版社2013年版,第166页。

度,从而影响和损害人类自身利益的有序实现,这显然不是人类的目的。因此,人类必然为自己正确立法,而实现这一立法的前提就是正确认识民法作为"人法"的伦理性,确立民法的道德价值与目标,从而在道德价值的基础上展开和控制立法,保证立法的质量。

(三)民事责任的过错要件与道德违法

在民事责任的一般构成中,过错是不可缺少的要件,无过错即无责任,这就是传统民法的过错责任原则。① 所谓过错责任,就是主观性违法,是民事责任与道德违法的统一。民事责任作为对他人损害必须承担的人身或者财产行为后果,不可能脱离民法调整的社会伦理基础,这一基础是以行为人对损害的故意或者过失即过错为根据的,是一种主观不法的行为结果。在基本含义上,一方面,一个人只能对自己的行为负责并对他人承担责任;另一方面,一个人只能对自己认识或者应当认识到的行为负责并承担责任。如果一个人要对他人的行为或者他认识不到也不应当认识到的行为负责,也就是要就他意志以外的行为或者结果对他人负责,这就背离个人意志法则,必然是对个人的人格与自由价值的否定。因此,民法调整的人身与财产关系及其责任构成必然以过错为归责原则,而任何一种不以过错为条件的责任或者损害结果分配,都不可能成为一般归责原则,即普遍的责任规则。富勒认为:"法律的整个肌体中渗透着两项不断出现的决策标准:过错和意图。"②对于民法调整的社会关系,当事人在意思自治条件下实施的民事法律行为,都渗透一定的"意图"和动机,而对一个人行为结果是否合法的判断,必然是对支配该行为的意图或者动机是否错误的判断,也就是行为人是否存在主观过错的判断,即行为人的行为是否构成道德性违法的善恶标准问题。"法律的道德性的第一个载体是行为中的'过错'。所谓'过错',是对行为结果作出的以善恶为标准的价值判断。"③过错作为承担民事责任的主观要件,就是个人行为的道德不法,具有道德上的应受责难性,从而构成民事违法和承担民事责任的伦理基础。"一个人的客观行为是由其主观心理状态决定的,而一定的主观心理状态也必然表现为一定的客观行为,主观过错仅仅停留在心理阶段而没有转化为客观行为就没有社会伦理性,不能成为社会评价的对象,也就不能作为

---

① "如果所有当事人似乎都不能直接被谴责为有过错,我们就会问:他们当中谁最有机会防止损害的发生——换句话说,就是谁离过错最近?"〔美〕富勒:《法律的道德性》,郑戈译,商务印书馆 2009 年版,第 194 页。
② 〔美〕富勒:《法律的道德性》,郑戈译,商务印书馆 2009 年版,第 193 页。
③ 王淑荣、张博:《富勒对法律与道德"中间地带"的划定及启示》,载《社会科学战线》2022 年第 7 期。

过错和归责条件。"①过错作为行为人的主观恶意或者不法,就是行为的非道德性,是构成行为责任的独立价值根据。正如康德认为,"法权归根到底是一个道德问题,撇开道德原则,任何行为的单纯合法性都不可思议"。②

虽然当代民法发展出无过错责任,且在立法上不再强调责任的过错条件,但是过错作为主观性违法,仍然是民事责任构成的一般要件。《民法典》第180条规定:"因不可抗力不能履行民事义务的,不承担民事责任。法律另有规定的,依照其规定。不可抗力是不能预见、不能避免且不能克服的客观情况。"民事责任的免责与归责具有条件的对应性,而构成免责条件的不可抗力,作为"不能预见、不能避免且不能克服的客观情况",就是当事人不具有可归责的主观过错。换言之,行为人的过错,就是行为人对行为及其后果的可预见性、可避免性和可克服性。凡是行为人对损害结果的发生是可预见、可避免并且是可以克服的,均构成行为人的主观过错,应当对行为后果承担责任;相反,行为人对不可预见、不可避免并且不可克服的损害结果的发生没有主观过错,也就无须承担责任。可见,过错与否构成一个人对损害结果发生的善恶之分,也成为是否承担责任的伦理根据与道德基础。

虽然严格或者无过错责任是当代民法实现民事责任公平的伦理需要,但是它并不是主要的归责方式,而且这种归责方式也不是对过错及其伦理原则的根本放弃,相反它是对传统过错责任规则的一种完善和加强,过错仍然是民事责任构成的基础,它只是不再强调责任的过错性,而不等于责任的行为发生根本与过错无关。也就是说,我国民法的归责原则仍然是一元的,即过错责任原则;当代民法归责原则的发展,是过错责任原则的适用伦理即过错推定规则在传统规则基础上的演进,而不是由过错责任到无过错责任的伦理性改变,③即民事责任的构成仍然保持着与道德违法的统一。

基于过错责任的伦理原则,人只对自己有意思能力并能够合理控制的行为承担责任,否则就没有要求一个人对自己的行为承担责任的道德原因,即民法上的责任能力与伦理条件的统一。"人没有能力作出负责任的

---

① 王利民:《民法道德论——市民社会的秩序构造》,法律出版社2019年版,第560页。
② 戴茂堂、葛梦喆:《论法律道德化——兼析法律与道德之间的价值秩序》,载《道德与文明》2020年第4期。
③ 参见王利民:《民法本论》,东北财经大学出版社2001年版,第467~473页;王利民、郭明龙:《民事责任归责原则新论——过错推定规则的演进:现代归责原则的发展》,载《法学论坛》2006年第6期。

行动,那么法律的道德性就失去了它的存在理由。"①这就是民法根据意思能力划分自然人的民事行为能力的根据,凡是无意思能力且不能正确认识和实施民事法律行为的人,就是无民事行为能力人,其实施的民事法律行为无效。可以说,《民法典》规定的无效或者可撤销的民事法律行为,都是不具有道德合理性的行为,也都是应当在道德上受到谴责的行为,所以不能发生当事人预期的法律后果。

与归责责任原则相对应的是民事责任的承担方式与道德责任的统一。《民法典》第179条第1款第11项将"赔礼道歉"上升为承担民事责任的方式,而所谓赔礼道歉,就是在道德上承认错误,是一种道德的责任承担方式,既是道德责任的民法化,也是民事责任的道德要求。该条规定的承担民事责任的财产或者其他方式,基于其构成的过错责任基础,同样是对民法调整的社会关系所承担的伦理责任,维系着民法的道德法则。

四、民法强制与道德自律的相对与互补

传统观点认为,民法基于强制而道德出于自律。民法作为国家法具有强制性即他律性,而道德作为主体的行为意志具有自律性,两者表现为不同的实施条件。"法律要求人们绝对服从它的规定与命令,而不论特定的个人是否赞成这些规则和命令;法律的特征乃在于这样一个事实,即它总是威胁适用物理性的强制手段。根据这一点,道德是自律的(产生于人的内心),而法律则是他律的(从外界强加于人的)。"②如果民法强制与道德自律是两者之间的简单区分条件,那么就不会有社会构造中如此复杂的道德与法律的关系。显然,民法强制与道德自律并不是绝对的区分条件,民法与道德作为统一的社会规范与秩序体系,在强制与自律之间必然具有某种内在的联系,从而共同作用于民法或者道德的秩序实现。

(一)民法强制与道德自律的条件相对

虽然民法强制与道德自律构成了两种不同规范的一般实施条件,但是这绝非两者的简单区别。"因为人虽是个人,但非绝对意义的个人,因此使得道德非基于纯粹的自律,而法律亦非基于纯粹的他律所形成的。"③民法应当遵守,则个人守法就是民法的外部强制转化为内部的主体自律;道德需要自律,而个人自律亦构成主体对自身行为的一种内在强制。所以,民

---

① 〔美〕富勒:《法律的道德性》,郑戈译,商务印书馆2009年版,第193页。
② 〔美〕E.博登海默:《法理学:法律哲学与法律方法》,邓正来译,中国政法大学出版社2004年版,第388页。
③ 〔德〕考夫曼:《法律哲学》,刘幸义等译,法律出版社2004年版,第308页。

法强制与道德自律的条件是相对性条件,而不是绝对性条件。

1. 民法的强制与自律

民法是国家法,以国家强制力为保障实施的条件。然而,民法的国家强制力只是对违反民法行为所应当承担的民事责任的强制力,而不是对人的民事守法行为的强制力,民法对人的民事守法行为的强制力是通过对民事责任的强制力间接发挥作用的,这在本质上不构成一种民事守法行为的强制,而民事守法行为的发生在本质上仍然是主体行为自律的结果。尤其是民法作为行为法和任意法,在意思自治的范围内,不仅需要当事人的行为自律,而且以当事人的行为自律作为实现意思自治的条件,没有自律就没有民事法律行为及其正确实施。也就是说,虽然民法作为国家法是强制的他律形式,但是民法调整的行为结果并不是由于民法强制而直接产生的,相反,它产生于行为人基于意思自治的自律性守法,正是由于民法作为行为法和任意法所形成的主体行为自律,民法才成为具有普遍行为效力的社会生态秩序。

无疑,虽然民法的效力与责任表现为外在或者形式上的国家强制条件,但是民法的行为遵守仍然需要行为主体的道德自律条件并以自律的行为方式完成具体的民事法律行为。相反,一切民事违法行为都是不能行为自律的表现和结果,而行为自律也就成为民法实施的主体条件与行为动因。因此,一切对民法的行为遵守都是一个行为主体的道德自律过程,不能在道德自律的行为条件之外而构成民法的行为秩序。民法在形式和手段上的国家强制性并不等于民法实施条件的主体外在性,民事法律行为是由主体的内在意志决定并实施的行为,是内化为道德自律需求和需要道德自律实现的民法制度形式。"真正的政治家,都要专门研究德性,因为他的目的是使公民有德性和服从法律。"①如果行为主体不能自律遵守民法,民法同样只能是立法者编制的理想行为模式而不是现实的行为秩序。可见,自律守法的本质是一种道德行为,道德自律同样构成了民法实施的根本条件。

2. 道德的自律与强制

道德在本质上是自律和应当自律的,但一定的外在强制或者他律同样是遵守道德的条件。道德是人性的自律法则,具有自律的本质属性,以自律为道德实施的行为条件。然而,道德运行也并不是全然的自律条件,没有一定的他律条件道德同样不能自律发生,这就是道德的外在强制及其实

---

① [古希腊]亚里士多德:《尼各马可伦理学》,廖申白译注,商务印书馆2003年版,第32页。

施保障问题。① 只有在一定的强制或者他律的条件下,人们才能够以自律的行为条件保证道德的实施,使道德行为成为一种现实的社会生态秩序,因此,一定的他律强制仍然是道德实现的必要条件。但是,道德的强制与民法或者法律的强制不同,它不是直接或者间接来自国家机器的暴力或者强制力,而是产生于某种社会舆论或者权威者代表的力量,是一种外在的道德评价对个人道德人格实现所具有的社会控制与影响力。可见,道德的他律或者强制性,仍然是道德性的,是一种来自主体外在的一般规则要求,一个人的自律只有符合一般的他律条件即一定的外在强制标准,才具有普遍的道德意义。自律行为所表现出来的应当是一种道德的他律条件,而外在的他律也只有转化为内在的自律才产生对个人行为的道德强制。

(二)民法强制与道德自律的功能互补

民法的强制性与道德的自律性,并不是一种行为的对立条件,而是一种功能的互补条件,具有行为功能的互补性。民法的强制功能需要道德自律功能的秩序补充,否则,就没有人们的自觉守法,并使民法的强制秩序转变为人们自觉守法的道德秩序即社会生态秩序;道德的自律功能不仅是一种自主接受的强制条件,而且需要一定的上升,即成为法律或者民法的强制功能的补充,因此,人们才能够道德自律,并且可以因为法律责任的强制而避免超越道德的违法行为的发生。

虽然并不是所有的道德关系都是法律或者民法所调整的,但是民法必须与一定的道德条件相结合并以道德的行为自律作为自己实施行为的必要条件;同样,道德之所以需要外化为民法形式,就在于需要通过民法的形式及其责任强制把自律的规范转化为可被执行的实证秩序。所以,虽然道德与民法并不是完全一致的规范体系,但是两者之间在共同的规范与价值的基础上实现自律与强制的功能互补,使两者之间只能相互依赖而不能彼此脱离。"人自己的激情非常容易把他引入歧途——这些激情有时促使他、有时引诱他去违反他在清醒和冷静时赞成的一切准则。对这些准则的最充分的了解,如果得不到最完善的自我控制的支持,总是不能使他尽到

---

① 但是,道德的他律与法律不同,它不是来源于国家的强制力,而是来源于社会舆论的力量和支配者的权威等外在道德评价的要求和影响。道德的他律仍然是道德性的,它只不过是一种外在的道德标准。因此,一个人的自律只有符合他律的条件,才是一种普遍的道德秩序。自律表现的应当是一种他律的普遍道德条件,而他律也只有转化为自律条件才能够实现道德的普遍性。

自己的职责。"①既然人不可能全然做到道德自律,那么他律就是自律所不可缺少的强制手段;同样,由于他律的强制只有通过主体的行为意志才能够产生作用,所以自律也是他律的必要补充条件。从民法的社会生态秩序调整及其形成的要求上来看,应当强调民法的行为自律,因为如果没有行为自律,即使有再好的民法也不能在强制下成为秩序,而只能是徒有的规范形式。

《民法典》的规范体系充分体现了民法强制与道德自律的结合与功能互补。例如,《民法典》第7条关于"民事主体从事民事活动,应当遵循诚信原则,秉持诚实,恪守承诺"的规定,就是民法自律的总原则;第288条关于"不动产的相邻权利人应当按照有利生产、方便生活、团结互助、公平合理的原则,正确处理相邻关系"的规定,确立了处理相邻关系的自律原则;第509条第1款关于"当事人应当按照约定全面履行自己的义务"的规定,确立了合同履行的自律原则。总之,凡是民法调整的属于当事人意思自治的民事法律关系,即基于当事人的民事法律行为设立、变更和终止的关系,都是由当事人的意志支配和决定的关系,也就都是应当由当事人自律的行为关系,自律构成该关系的秩序基础,这一基础也是整个民法秩序形成的根据。因此,民法规范的秩序实现,都直接或者间接地依赖于民事主体行为自律的秩序功能。当然,在《民法典》中,也有大量条款明显具有强制性规范的特征。例如,第3条关于"民事主体的人身权利、财产权利以及其他合法权益受法律保护,任何组织或者个人不得侵犯"的规定,第132条关于"民事主体不得滥用民事权利损害国家利益、社会公共利益或者他人合法权益"的规定,从"保护"和"禁止"两个方面对民法的强制效力作出了原则规定。《民法典》中的"禁止"和"不得"条款,都是对民法规范的国家强制性要求,意味着违反民法的强制责任后果,体现了民法作为国家法律所具有的强制功能。以上民法规范及其实施中的自律与强制两个方面的规范属性,反映了民法与道德在秩序功能上的统一与互补关系。民法是国家的法,以国家强制力为后盾,离不开强制性规范的秩序功能,但是民法作为"人法"或者私法,又具有任意法的规范本质,在根本上是以道德自律为基础秩序功能的法。

---

① 〔英〕亚当·斯密:《道德情操论》,蒋自强等译,商务印书馆1997年版,第308页。

第六章 民法的自由性——人性的意志秩序

——民法的"人法"与自然秩序，根本上是人的生命与生存的自由秩序。自由是人和人性的本质，亦必然构成以人为主体的民法的规范本质及其制度条件，从而使民法成为自由的法，具有自由的制度属性，并以民事法律行为的制度设计代表民法的自由秩序，而这一秩序根本上是人性的意志秩序。①

一、人性的人格自由性

人性自由根本上是指人格自由，即人应当作为自由的主体存在，这一存在既是自然的，也是社会的。"人的本质是自由，人格的本质亦是自由和实现自由。自由是人存在和发展的条件，也是人全面发展的终极目标。"②民法就是以人格自由为基础的社会制度体系。"所谓自由，就是不受他人的强制。要言之，既不存在做某事的命令，也不存在不许做的禁止，这才是自由本来的涵义。"③自由作为一个社会或者伦理范畴，是人格的不被束缚和不被强制的秩序状态，是人性的自然有序的释放形式。④ 人性作为人的

---

① 所谓民法自由，作为一个学术概念和范畴，也就是作为民法基本原则的自愿或者意思自治。
② 王利民等：《民法精神与法治文化民本模式论：自然生态的社会秩序体系及其规范形态与演进》（上册），当代中国出版社2023年版，第290页。
③ 〔日〕山本敬三：《民法讲义Ⅰ·总则》，解亘译，北京大学出版社2012年版，第86页。
④ "'自由'一词可以表示不受外力阻挠。某一民族或某一个人不受外力阻挠时是自由的，我能做我愿意做的，那么我是自由的，也就是说，我的行动是我自己意识的表现，是我的意志的流露，而不是什么我以外意志的表现。"〔美〕梯利：《伦理学导论》，何亘译，北京师范大学出版社2015年版，第211、256~257页。"它是获得正确发展的机会。正确发展就是朝符合我们理性的理想生活发展"；"因此，任何一个人，在他的各个发展阶段，都可以按照他周围环境有利于个人发展的完满与和谐程度，而被称为是自由的或者不自由的"。〔美〕查尔斯·霍顿·库利：《人类本性与社会秩序》，包凡一、王源译，华夏出版社1999年版，第298页。自由作为生命与人性的本质，是人的生存与发展的必要条件与环境，自由有利于扩大和丰富人的社会生活与实践，并使人获得最大限度的发展，从而实现人与人性的本质。

生命性，是一种人格自由性，自由既是人的生命本质，又是人的人格条件。① 人的生命以自由的形式存在，而生命的结束也就是自由的终止；人的人格以自由作为主体条件，没有自由就不是主体，也就不具有人格。自由是人的生命维系与存在的自然条件及其必然的伦理要求。"因此，自由就在于根据对自然界的必然性的认识来支配我们自己和外部自然；因此它必然是历史发展的产物。"②

（一）自由——不可限制和剥夺的生命本质

自由是一种人的生命和生存状态。"在此状态中，一些人对另一些人所施以的强制（coercion），在社会中被减至最小可能之限度。"③自由是生命的自然机能，生命必然是自由的，没有自由就没有生命。自由作为人的生命本质，构成人的生态状态与价值。"一切存在物，一切生活在地上和水中的东西，只是由于某种运动才得以存在、生活。"④运动作为生命存在的本质就是自由，没有自由就没有运动，亦没有生命，因此自由不能被禁止，而只能是如何享有。

1. 自由与人的生命释放

人性的根本问题是人的生命问题，人的一切自然需求和社会构造都在于维护人的生命状态和提供人的生命条件。"自由是独立于别人的强制意志，而且根据普遍的法则，它能够和所有人的自由并存，它是每个人由于他的人性而具有的独一无二的、原生的、与生俱来的权利。"⑤马克思在《1844年经济学哲学手稿》中提出："一个种的整体特性、种的类特性就在于生命活动的性质，而自由的有意识的活动恰恰就是人的类特性。"⑥人的生命是一种自由的生物现象，具有自由的生理特征与需求，表现出自由的生命本质。人的生命，从自由开始到不自由结束，始终离不开自由的机能与生理

---

① "人，是主体，他有能力承担加于他的行为。因此，道德的人格不是别的，它是受道德法则约束的一个有理性的人的自由。"〔德〕康德：《法的形而上学原理：权利的科学》，沈叔平译，商务印书馆2011年版，第27页。
② 中共中央马克思恩格斯列宁斯大林著作编译局编译：《马克思恩格斯选集》（第3卷），人民出版社2012年版，第492页。
③ 〔英〕弗里德利希·冯·哈耶克：《自由秩序原理》（上），邓正来译，生活·读书·新知三联书店1997年版，第3页。
④ 中共中央马克思恩格斯列宁斯大林著作编译局编译：《马克思恩格斯选集》（第1卷），人民出版社2012年版，第220页。
⑤ 〔德〕康德：《法的形而上学原理：权利的科学》，沈叔平译，商务印书馆2011年版，第53页。"可见，这是每个人生来就有的品质，根据这种品质，通过权利的概念，他应该是他自己的主人。"（同前）
⑥ 中共中央马克思恩格斯列宁斯大林著作编译局编译：《马克思恩格斯选集》（第1卷），人民出版社2012年版，第56页。

条件。因此，人越是自由或者能够自由，就越是具有自由的能力，也就越是反映人不断提高的生命与生存的释放状态。就人的生命本质而言，就是要在生理自由的基础上满足人的生命需求，保证人的生命健康，提高人的生命质量，实现人的生命延续，促进人的生命发展。

所以，人的生命释放及其状态，是人的自由能力及其实现水平的反映。"自由就是没有障碍能够阻止我们行动或阻止我们行使能力。人们认为，每逢我们行使这些能力，产生我们所预期的结果时，我们就是自由的。"[1]人的生命状态越好，就越是需要受自由的支配和更高的自由度，而不受阻止的自由能力的行使，就是人的更多预期结果的实现。正是基于自由与人的生命释放的内在联系，人类要使自己有更好的生命，就要使自己有更好和更多的自由，要为生命的自由实现提供更好和更多的自由与自由实现的条件。可见，自由与生命具有本质的联系，自由是生命的自然需求，人类的生命状态是由人的自由决定的，人类能否获得自由和获得何种自由，既反映人的生命条件，又代表人的生命状态，人类不可能在没有自由或者自由缺失的条件下而能够获得良好的生存与生活。例如，一个没有食物而处在饥饿状态的人，由于不能满足作为自由的生理条件需求，必然因身体与生理机能的逐步削弱和衰竭而丧失自己的意志与行动自由，并最终失去生命自由。又如，一个被关押或者封闭在一定区域内而限制其活动范围的人，其身体自由被以物理条件强制限定在特定的活动空间之内，这同样是人的正常生命状态及其质量条件的一种缺失和被剥夺。不论是生理自由条件的无法满足，还是身体自由条件的物理限制，都不符合人性自由的自然释放条件与需求，从而影响人的生命质量与实现。

人的生命自由，既是人的生理与身体机能的自由，也是人的社会行为和条件的自由。因此，人的生命自由的状态，既是一种自然状态，也是一种社会状态。人类社会的发展根本上离不开人的自由的发展，并以这一发展为条件和目标。"每个人的自由发展是一切人的自由发展的条件。"[2]人类不仅要在与自然的关系中获得生命与自由实现的物质条件，而且要在与他人的关系中获得生命与自由实现的社会条件，其中根本条件是人在平民社会关系中的自由与秩序的生存状态，即"人法"或者民法调整的人身与财产关系的自由实现。换言之，作为"人法"的民法就是为了实现人的生命与自由的本质而以"人法"为根据创设的行为规范，是人的生命自由本质

---

[1] 〔法〕霍尔巴赫：《自然的体系》（上卷），管士滨译，商务印书馆1999年版，第169页。
[2] 中共中央马克思恩格斯列宁斯大林著作编译局编译：《马克思恩格斯选集》（第1卷），人民出版社2012年版，第422页。

的人性需求及其必然的制度产物,是人的生命自由本质实现所不可缺少的社会规范与秩序条件,所以应当符合人性及其"人法"的生命自由的本质及其实现的社会条件需要,能够遵循人的生命自由的秩序本质及其实现的规定性与规律性。

由于自由构成生命的本质,是生命状态的自然存在与释放,所以人类社会的一切发展过程,是一个不断创造人的生命实现的自由条件的过程,无论是物质条件的创造还是精神条件的创造,都是为了实现人性的生命自由的本质。① 无疑,对于乘用现代交通工具、采用现代通信技术、居住现代房屋、拥有现代生活条件、沐浴在现代社会思想文明之中的人类来说,显然是获得了近代社会以前的人类所无法获得和实现的生命自由本质。中国改革开放40多年的实践证明,我们的社会进步,无论是物质科技条件,还是社会意识形态或者精神思想条件,根本上都是人的生命本质的进步,都是人的生命本质以当代的社会自由为条件的有序释放,并且我们难以想象和预见未来人类将把这一进步推进和提高到何种文明的程度。可见,人类只能在自己的社会创造与发展中不断扩大和实现自己的生命自由的人性本质,而不可能使这一本质受到越来越多的非人性限制,更不可能使自己的这一本质丧失,因为这对于人类而言无疑意味着一种灾难性结果。

当然,自由的不受限制性,是指应当免受不合理的限制,即不能有违反人性本质的自由限制,而不是对自由不能限制和不需要限制,对于普遍的社会自由而言,自由即意味着自由的限制。"普遍自由的第一个条件是一定程度的普遍限制。没有这种限制,有些人可能自由,另一些人却不自由。一个人也许能够照自己的意愿行事,而其余的人除了这个人认为可以容许的意愿以外,却无任何意愿可言。"②在这个意义上,自由是一种社会秩序条件,而自由的限制也是以一定的社会秩序条件存在的。"没有限制的自由肯定是不存在的;脱离了社会秩序就没有人的存在,人只能通过社会秩序来发展自己的个性,并且随着社会的发展而发展。没有限制性条件的自由是不可想象的。"③一方面,自由的限制就是自由成为社会秩序的一部分,既不违反人性自由的本质,又与社会秩序相统一;另一方面,社会秩序

---

① "自由是大自然在借助理性、劳作、贪婪、痛苦乃至战争等悲剧性矛盾法则得以展开的历史过程中才能实现的最高目标。"刘敬东:《理性、自由与实践批判:两个世界的内在张力与历史理念的动力结构》,北京师范大学出版社2015年版,第90页。
② 〔英〕霍布豪斯:《自由主义》,朱曾汶译,商务印书馆1996年版,第9页。
③ 〔美〕查尔斯·霍顿·库利:《人类本性与社会秩序》,包凡一、王源译,华夏出版社1999年版,第297~298页。

以实现人性自由为目的和条件,而不能成为剥夺或者不合理限制人性自由的强制与暴力手段。① "只有糟糕的社会秩序才是和自由对立的。自由只有通过社会秩序或者在社会秩序中才能存在,而且只有当社会秩序得到健康的发展,自由才可能增长。"②社会秩序必须以承认和接受人性自由为前提,即一切对自由的限制,都应当以实现人性自由为目的,都不得违背人性自由的价值,不得以维持社会秩序的名义对自由进行某种非人性的限制。无可否认,对人类自由的非人性限制,就是对人类生命本质的限制,这一限制是对人性的生命自由本质的根本违背,只可能针对一时一事,不可能长久和普遍,更不可能成为永久不变的社会生命状态,这就是人类必然的生命自由本质的实现所决定的结果,是不可违背的人性及其社会发展规律。"因此,强制是一种恶,它阻止了一个人充分运用他的思考能力,从而也阻止了他为社会做出他所可能做出的最大贡献。尽管被强制者在任何时候仍会为了自己的利益而竭尽努力,但是在强制的境况下,他的行动所必须符合的唯一的综合设计却出于另一个人的心智,而非他自己的意志。"③

2. 自由与人的生命价值

自由的生命性决定了自由的生命价值。人的生命必然与自由结合,自由的人生才是有价值的人生,自由的生命才是有价值的生命。自由不仅决定了人的生命本质,而且决定了人的生命价值。自由在作为生命本质的同时亦构成人的生命价值,有生命而没有自由便没有生命价值,亦等于没有生命。自由构成了人的生命目的与发展过程,是与人的生命及其规定性与规律性的客观统一。④ 显然,人越是自由和具有自由的生命条件,就越是能够实现生命的本质并具有生命的价值,所以人必然是为自由而生的,必然以自由为条件和目的。因此,人的生命价值,作为生命的积极意义与内

---

① 虽然秩序并不是直接的自由,但它一定是自由的条件,自由只有在一定秩序中才能够存在,而秩序也只有作为自由实现的条件才有意义。所以,对自由的限制完全可以在人性与社会秩序的统一中得到解决,因为秩序从来都是人性的本质和要求,人性自由也从来不是放弃秩序。因此,问题的根本永远在于如何在自由与秩序之间作出合理的选择,而这一选择最终决定于人类的理性,并考验人类实现自由与秩序的能力与水平。
② 〔美〕查尔斯·霍顿·库利:《人类本性与社会秩序》,包凡一、王源译,华夏出版社1999年版,第300~301页。
③ 〔英〕弗里德利希·冯·哈耶克:《自由秩序原理》(上),邓正来译,生活·读书·新知三联书店1997年版,第165页。
④ 根据康德的历史观念,"大自然的根本宗旨就在于使人类的自然秉赋通过合目的性法则而充分实现出来,这种实现所借以进行的根本手段和基本工具就是人的理性的运用,并以理性和以理性为基础的意志自由获得充分发展并最终实现为基本目标"。刘敬东:《理性、自由与实践批判:两个世界的内在张力与历史理念的动力结构》,北京师范大学出版社2015年版,第89页。

在品质,不仅是生命的长短与过程,而且是生命的自由实现及其质量。由于自由条件对自由价值的决定性,一个人不可能在自己的自由条件之外而实现自己的生命价值,就像常态下一个乞丐不可能比一个富人更有自由和自由价值的实现一样。

生命的自由价值问题根本上是人的生命自由和自由的实现条件与水平问题,即人可以获得和实现何种生命自由的问题。决定生命价值的自由条件,包括一定的物质自由和精神自由条件,尤其是作为平民社会关系的"人法"即民法条件,构成人身与财产关系的基础个人自由条件,直接决定在人身与财产自由中的个人主体地位与价值。生命的自由价值条件,既是个人条件,又是社会条件,就特定主体而言,应当包括:(1)健康——自由实现的体质条件;(2)财产——自由实现的物质条件;(3)强壮——自由实现的体能条件;(4)家庭——自由实现的身份条件;(5)文化——自由实现的精神条件。以上自由的生命价值条件,既是人的自然生态条件,也是人作为主体的社会地位条件,是人需要在相互关系中有序实现的利益条件,这些条件都包含在民法调整的人身与财产关系之中,并通过具体的人身权与财产权的形式提供给民事主体享有和行使。

生命的自由价值是在特定的社会条件中被赋予和存在的,一个社会能够提供给人们什么样的自由,人们就能够享有什么样的生命价值。一般来说:

(1)民主社会的人民更有自由实现的制度保证。① 民主社会在民主的制度条件下就是自由社会,是一个在政治社会方面有宪法上的民主制度,在个人社会方面有民法上的自治规范的社会治理体系。这样的社会政治与经济体制,能够为人们提供宽松良好的社会自由环境,具有稳定可靠的社会自由秩序,人们可以依法表达自己的自由意志和实施自治的社会行为,既禁止违反人性的滥用自由,又限制对人性自由的不当行使,从而使人们的自由价值能够得到充分的权利保证与制度实现。

(2)发达社会的人民更有自由实现的客观条件。② 人的自由实现是一个自由的条件需求与满足体系,因此越是发达的社会,越是具有更高文明的物质与精神财富,也就越是能够为人们的生命自由提供更多和更好的客观条件。"只要按照需要的干线和谱系来管理社会,就会避免和消除许多

---

① 本处所称的民主或者自由社会,是在一般意义上而言的,是指一切实行民主制度和具有自由条件的社会,而并非特指西方所谓的"民主或者自由社会"。

② 本处所称发达社会,同样是在一般意义上而言的,是指一切具备发达国家条件的社会,而并非特指所谓的西方发达社会。

人间的不幸和祸害,从此社会的发展就能产生一次质的飞跃。"①社会的发展必然是人的自由的发展。人的生命自由不是空中楼阁,而只能在一定的客观条件的基础上实现,需要一定的客观条件的满足。② 这就要求任何以人为主体和目的的社会,都应当为人的自由实现创造更好的物质与精神条件,以满足人们日益增长的自由实现的需要。

(3)公平社会的人民更有自由实现的现实机会。公平社会即公正平等的理想社会,作为具有公平制度和有序治理的社会,是一个法治社会,人民在这一社会中享有自由实现的公平机会,能够公平实现个人利益的社会分配,并能够在遭受权利损害时实现个人权利的有效救济。一个社会,如果没有公平,就不可能有公平的个人自由及其生命价值的公平实现。"在自由的状态下,每个人都能够运用自己的知识去实现自己的目的。"③自由之所以是每个人的目的实现条件,是因为它代表了个人条件的公平,是一种公平社会的个人自由,不为个人利益单独所用。

(4)强大社会的人民更有自由实现的国家实力。强大社会即具有强国与大国实力的社会,对于强大社会而言,由于具有不同于小国与弱国的超强国家实力,能够在国防、外交等方面通过具有绝对优势的军事与政治手段实现对本国公民的保护,可以使本国社会既不易遭受外来侵略,也不易因外部势力干预而发生内部动乱。由于本国社会的繁荣与和平,人民免于战争与内乱的苦难,从而能够更好地享有和实现自由与生命的价值。④这一国家与社会的强大实力,无疑构成了这个国家和社会的人民在自由实现上的一种实力。

因此,一个社会为了个人自由的生命价值实现,一方面要创造生命的自由条件,另一方面要尊重生命的自由实现,在日益创新和发展的物质条件和不断变革和完善的社会制度条件下实现对人的生命价值的更高尊重。

---

① 《主客体关系学系列丛书》撰写组编:《社会是什么——价值联结的生存单位》,商务印书馆2002年版,第29页。
② "人的需求是不断增长的,需求的增长在质方面是无限的,好了还要好,越新就越好,种类越多就越好。所以随着人们生活水平的不断提高,就会不断产生新的需求。"《主客体关系学系列丛书》撰写组编:《社会是什么——价值联结的生存单位》,商务印书馆2002年版,第115页。因此人的自由条件应当在需求中不断创新和发展,需求是推动自由条件改变与完善的动力。
③ 〔英〕弗里德利希·冯·哈耶克:《法律、立法与自由》(第1卷),邓正来等译,中国大百科全书出版社2000年版,第87页。
④ 21世纪以来,由于强国的干预和发动而在阿富汗、伊拉克、利比亚和叙利亚等弱国发生的战争与恐怖的社会灾难,充分证明了在强弱不同国家的人民之间存在的生命与自由价值实现的不同社会现实。

(二)自由——自然与社会生态的人格条件

人作为主体,是社会关系中的人格主体,具有人格的主体地位。人格作为人的主体形式,是人的社会自由条件,即人基于自然生态的自由规定性而可以在社会生态的条件下获得的以人格形式表现的自由主体地位。人格自由是自由意志与自由行为的条件统一,是以主观自由为根据的客观自由。① 自由首先是意志的,然后才是行为的和人格的;虽然意志的行为决定是有原因的,即实现一定客观利益需求的目的与动机,也可能因为意志的任意决定而偏离自由的正当条件,但是意志对于自由的意义则是绝对的,自由是意志的条件和需要,没有意志就没有自由。

1.人格的意志自由

意志是自由的根据,构成人格的内在条件。"存在着一个所谓人身自由的领域,这个领域很难说清楚,但它是人类最深沉的感觉和激情的最猛烈的斗争场所。其基础是思想自由———一个人自己头脑里形成的想法不受他人审讯——必须由人自己来统治的内在堡垒。"② 自由作为人的本质,并不是人的外在物,而是人的内在物,即人的意志。③ 人是意志的,意志是自由的,自由即构成意志的本质,表现为意志自由。④ 意志自由作为人的本质而构成人的主体或者人格条件。意志自由即思想或者精神自由,是一个人可以进行自主思维并作出独立判断的自由。⑤ "意志自由只

---

① 意志自由论者认为,意志"不受因果律支配,意志不是一个结果而是一个原因","他意味着创造一系列效果的能力,具有这种能力而不被任何东西决定的人是自由的,不依靠任何前提条件的自因的精神活动也是自由的","自由本质上就意味着一个无因的意志";而自由决定论者则相反,其"认为无论在生理和心理方面,都没有无因的东西,每一现象,无论它是动作还是思想、感情或一个意志行为,都是有原因的,都依赖于别的东西,而不是一个孤立的成分"。参见〔美〕梯利:《伦理学导论》,何意译,北京师范大学出版社 2015 年版,第 257~258 页。
② 〔英〕霍布豪斯:《自由主义》,朱曾汶译,商务印书馆 1996 年版,第 11~12 页。
③ 意志是"决定达到某种目的而产生的心理状态,往往由语言和行动表现出来"。《现代汉语词典》,商务印书馆 2005 年版,第 1618 页。意志是"人确立目标后,自行决定行为的能力"。龚学胜主编,汉语科学研究中心编纂:《现代汉语大词典》,商务印书馆国际有限公司 2015 年版,第 1738 页。意志使客观世界成为人的表象。"这是一个真理,是对于任何一个生活着和认识着的生物都有效的真理;不过只有人能够将它纳入反省的、抽象的意识罢了。并且,要是人真的这样做了,那么,在他那儿就出现了哲学思考。"〔德〕叔本华:《作为意志和表象的世界》,石冲白译,商务印书馆 1982 年版,第 25 页。
④ 意志这个要素所含有的是:我能摆脱一切东西,放弃一切目的,从一切东西中抽象出来。参见〔德〕黑格尔:《法哲学原理》,范扬、张企泰译,商务印书馆 1961 年版,第 15 页。"自由的东西就是意志。意志而没有自由,只是一句空话;同时,自由只有作为意志,作为主体,才是现实。"(同前,第 12 页。)
⑤ "'意志'一词可以表示自我对待自己的观念的态度,构成决定的因素、命令或禁止";"我们也可以用'意志'这个词表示意识的冲动性质、行动倾向、灵魂的自我决定能力,即所谓精神的力量"。〔美〕梯利:《伦理学导论》,何意译,北京师范大学出版社 2015 年版,第 256 页。

是借助于对事物的认识来作出决定的能力。"①意志自由作为一种社会意志自由,体现在平民社会关系上,就是人作为民事主体即以一定的人格地位所具有的设权意思表示的自由。意志自由是不可剥夺的人格条件,人不论在何种情形下都需要保有自己的意志自由,即保有自己的人格存在。

人格首先是人的主观意志性,然后才能够转变为人的客观自由性。人格只是能够表现人的自由意志的主体条件,而自由意志才是人格的本质,没有意志自由,就没有人格与人性的本质。黑格尔认为:"自由是意志的根本规定,正如重量是物体的根本规定一样。"②他指出:"在近代哲学的原则里,主体本身是自由的,人作为人是自由的;与这个定义相关联,就发生了这样一种观念,认为人有使其自身成为实质物的无限天职,由于人的本性,人就是精神。"③意志是人的思维与主观心理特性,是人的一种内在目的与行为目标选择,具有思想倾向性,是追求特定目标的思维定向;意志也是一种客观行为性,它必然要支配和表现为外部的行为,是决定外部行为的根据,没有转化为行为的意志不是客观意志。人格的意志性是一种目的意志性,是追求人格目的的意志根据,目的只有构成一种意志,才能够成为实践的目的。人格的意志目的,是作为人的客观需求的利益目的,虽然利益是客观的,意志是主观的,但是客观的利益只有通过主观的意志才能够转化为人们实现利益的能动行为,成为一种由意志推动和行为实现的利益目的。

意志自由作为人格条件,是一种社会意志自由,具有人格的社会性,所以意志自由必须具有社会边界,需要进行社会控制,从而使个人的意志自由符合作为人格的社会秩序条件并满足社会的人格条件需要。一方面,人格的意志自由性特征决定了对意志自由的最根本和最有效的控制,就是人的自我意志控制,即意志自律;另一方面,基于意志自由的社会人格性,需要把社会性的意志自由上升至法律调整的范畴,使个人意志自由服从法律的强制性。也就是说,人固然具有在自己的头脑中进行随意思维的意志自由,可是对于那些具有社会公共秩序条件要求的社会思维,就有社会自由的一般条件要求,就不再具有可以随意表达个人思维的意志自由,即对于

---

① 中共中央马克思恩格斯列宁斯大林著作编译局编译:《马克思恩格斯选集》(第3卷),人民出版社2012年版,第492页。自由意志"即人们在自己推理的基础上,在不完全受种种限制的支配的基础上,对各种事物进行选择以及在特定情况中从事活动的力量或能力"。〔英〕沃克编辑:《牛津法律大辞典》"自由意志"条,北京社会与科技发展研究所译,光明日报出版社1988年版,第351页。
② 〔德〕黑格尔:《法哲学原理》,范扬、张企泰译,商务印书馆1961年版,第11页。
③ 〔德〕黑格尔:《哲学史讲演录》(第1卷),贺麟、王太庆译,商务印书馆1959年版,第104页。

社会意志自由而言,有意志而不一定有自由,意志自由并不是绝对的。换言之,自由是有规律的,规律是需要遵守的,只有遵守自由的规律才能够实现自由。"自由不在于幻想中摆脱自然规律而独立,而在于认识这些规律,从而能够有计划地使自然规律为一定的目的服务。这无论对外部自然的规律,或对支配人本身的肉体存在和精神存在的规律来说,都是一样的。"①

由于意志自由作为人格条件所具有的行为与秩序意义,即对行为与秩序的规定性,所以意志自由必然成为判定人的外部行为效果的根据,特别是在法律调整的个人行为领域。"对各种犯罪、侵权行为和其他行为负责,承担处罚和赔偿损失的义务都意味着这样一个假设,即个人能运用他的意志,能避免去做他想做的事情。如果某人没有自由意志而认定他可以承担法律责任,这是不公平的。因此,一个头脑不健全或神志不清的人没有法律责任。这个概念在自愿行为和非自愿行为之间划了一条界限。"②这就是罪过或者过错在刑法和民法上对人的行为性质与效果的影响。民法上,根据人的主观过错即意志自由判断人的法律行为的性质与效果,就是把人的主观行为作为行为的真实性并构成客观行为的标准,建立起人的主观行为与客观行为之间的内在联系与统一。人的客观行为的本质,就是人的主观意志的真实,意志自由具有真正的自由价值。因此,凡是违背意志自由的行为,就不是真实的自由行为,就是非人格本质的行为,就是不具有行为价值而应当被否定的行为。

2. 人格的行为自由

人格不仅是意志的,而且是行为的——就人格的实在条件而言,其根本上是意志支配的行为,行为构造了自主人格的客观本质。行为自由是人格的外部能动表现与客观形式,是人格的客观自由形态,是人自主获取生命利益所实施的活动。人要根据自己的意志自由实现自己的利益目的与人格需求,就不会把自由停留在意志阶段而需要表现为外部行为,所以意志自由必然转化为行为自由,从而构成人格的社会现实条件。

人格的行为自由是一种社会自由,即人在相互关系中的自由,人的意志自由只有在相互关系中表现为一定的行为自由,才作为现实的人格条件而具有社会意义。相互关系作为人与人之间的社会关系,是一种行为关

---

① 中共中央马克思恩格斯列宁斯大林著作编译局编译:《马克思恩格斯选集》(第3卷),人民出版社2012年版,第491~492页。

② 〔英〕沃克编辑:《牛津法律大辞典》"自由意志"条,北京社会与科技发展研究所译,光明日报出版社1988年版,第351~352页。

系,是通过人的行为方式表现的关系。在相互行为的社会关系中,涉及个人的主体地位和共同的行为条件等群体性规则要求,从而需要通过确定个人的主体资格即人格和行为的评价标准与尺度来调整社会关系中的行为自由,也就是建立社会关系中的行为自由的共同行为条件即行为规范。换言之,行为自由是一种规范自由,是一定规范调整下的社会自由,是一种自由的行为秩序,是自由与秩序的结合与统一,构成一个自由的社会行为规范与秩序体系。

行为自由作为一种社会行为自由,是一定社会关系中的利益行为自由,即利益的行为实现自由,具有行为自由的利益目的性。行为自由之所以具有社会意义并需要社会规范,就在于它的利益目的与条件属性,正是由于行为自由作为人格条件,是一个利益实现条件,即人格利益的社会分配条件,所以必然产生和存在社会关系中的行为矛盾与冲突,也就需要对行为自由所代表的利益条件进行调整与规范,使个人的行为自由成为一种相互关系条件下的行为协调与统一的社会规范与秩序的形态,从而保证自由的实现。

行为自由作为个人的社会自由,是个人或者私人社会关系即平民社会关系的自由,亦即"人法"规范的行为自由。"人法"的行为自由,虽然有习惯、道德等各种自由形式,但是表现为实在法的形式,就是民法调整的平等民事主体或者各种人格之间的人身与财产关系的自由,也就是人身与财产关系中的民事法律行为自由——行为人的设权意思表示自由。在民法调整的行为自由中,行为自由表现为行为人在民事法律关系中具有法律意义与效果的作为或者不作为的自由,是民事法律行为的意思自治,并因此行为自由而使行为主体具有自由的人格条件与地位,是以具有民事权利能力和民事行为能力即可以为一定行为自由的人格条件为基础的一个行为自由的制度体系。

然而,人格的行为自由并不是简单受个人意志支配的自由,并不是个人的意志想要什么样的自由就可以为什么样的行为自由。人的行为自由是一个现实的行为条件,受个人及外在的双重条件限制,是有限的自由。行为自由作为财产自由受个人财产条件的限制,不可能有超越个人财产条件的行为自由,同时如果一个人受他人或者外在的意志或者行为强制,亦不可能有行为自由,即只有在每个人接受和遵守普遍和平等的人格自由法则时才能够有共同的行为自由。在民法调整的平民社会关系中,只能有普遍和平等的主体条件而不能有特权或者特殊的人格地位,因为任何一个人的特权或者特殊地位,都是他人自由的对立面,构成对普遍自由的限制,为自由所不容许。换言之,一个人的行为自由,一方面,受合法条件的限制,即一个人只对自己的合法行为享有自由,因此《民法典》规定有无效或者可撤销民事法律行为制度,作为行为自由即意思自治的对立面,以控制行为人的行为自由,禁止滥用;另一方面,受事实条件的限制,一个人只能在自己具有的人身与财产条件范围内享有和实现行为自由,而不可能有超越自身实际或者客观条件的自由。所以,在事实条件上,每个人的行为自由是不平等的。

二、民法是人性自由的法

民法与自由的联系,正如民法与人的本质联系。"自由价值既决定了民法之'人'法性质,同时也决定了民法之'私'法性质。"[①]民法是"人法",也就是人性的法;民法是人的行为法,也就是行为自由的法。民法的自由,是人性的自由,具有人性自由的本质与规定性。民法的私法性就是民法所调整的社会关系由特定的民事主体自主决定,也就是民事主体可以根据自己的民事法律行为即意思表示而进行设权的自由性。民法以民事法律行为制度保持了自身制度体系与人性自由法则的统一。民法必有自由,自由构成民法的"人法"本质,而揭示民法的自由,离不开人性自由法则,需要寻找民法自由的人性条件与根据。

(一)民法在人性自由基础上的形成与发展

民法既不是凭空产生的,也不是随意形成的,更不是任性发展的。民法是人类社会发展的客观需求和产物,以人性或者人的客观利益需求及其实现条件为根据,是具有人性规定性的社会规范体系。人类有什么样的人性需求就必然要建立和实现什么样的人性社会,从而也就必然有代表这一人性的社会规范与秩序,即一定的"人法"形式,而民法就是"人法"形式的发展结果与客观实在。

1.人性自由的平民社会

民法是平民社会的法,平民社会是以个人为主体的私人社会,这一社会具有人类自然生态的属性,是一种人性自由的社会。因此,民法关联了平民社会及其人性自由,是平民社会的自由秩序的法。自由不仅是政治社会的目标,而且是平民社会的生态要求,从根本上说,政治社会的民主是为了平民社会的自由服务的。以人性为根据的自由,构成了平民社会的生态

[①] 刘云生:《人性假设与近代民法之生成》,载肖厚国主编:《民法哲学研究》第1辑,法律出版社2009年版。

基础,亦构成了以平民社会为对象的民法的秩序本质。因此,对民法的本质认识需要根植于平民社会的生态秩序需求及其人性自由的制度规定性。

关于平民社会是一个什么样的社会,历来有不同的认识,尤其是对于人类早期的"自然社会",到底是自然有序的和平与自由的社会,还是弱肉强食的战争与动乱的社会,人们作出了各种不同的推测与判断。孟德斯鸠认为:"人类一有了社会,便立即失掉自身软弱的感觉;存在于他们之间的平等就消失了,于是战争的状态开始。"①人在社会中的实然状态是一回事儿,而人在社会中的应然状态又是另一回事儿,即人在社会上是否是自由的和人在社会中是否应当是自由的,这是两个不同的社会命题。"由于不认识自己的本性、倾向、需要和权利,人在社会中才失去自由而沦为奴隶。"②人在社会中没有获得自由,并不意味着人的本质不是自由的和不应当是自由的。换言之,如果人类社会是不自由的,那么到底是符合人性的要求,还是违背了人性的本质,这是一个根本的问题。对此,可以得出的一个基本结论是,人性的本质作为一种生命的本质必然是自由的并且需要社会自由,只有社会自由才能够实现人性自由,也才符合人性自由的本质,而人类不论如何不自由都不可能最终丧失人性自由,更不可能放弃自由。相反,人类始终在人性自由的追求与实现之中,并不断地在扩大自己的人性自由。因此,人类总需要一定的自由秩序来表现自己的平民社会条件及其人性自由的本质,这就是平民社会的"人法"或者民法形式。

人性自由根本上是人在自己的社会即平民社会中的自由。在平民社会中,人基于自己的自然性而具有自然的主体性,并因此具有人性自由的主体地位,需要实现自己的人性自由。人性自由在平民社会中的实现,既是一种生命本质的实现,又是一种生存利益的实现,因此,人在平民社会中必然具有和需要实现一定的自由,这是不能改变的平民社会的根本秩序条件。总之,自由既然是人性,就是人类自然需求和必然具有的生态属性,是不可能在根本上被限制和剥夺的,不论是什么样的社会治理结构,都必然具有一定的人性自由的行为条件与存在空间,都需要保证和保有一定的人性自由的社会实现,否则,这个社会结构自身也很难存在下去,即必然被人性自由的社会条件和要求所摧毁。因此,平民社会的人性自由必然表现在这一社会关系的规范体系之中,这就是通过"人法"或者民法形式表现的人性自由法则及其具有的制度规定性,每个人都应当遵守自由的统一秩序

---

① [法]孟德斯鸠:《论法的精神》(上册),张雁深译,商务印书馆1959年版,第6页。
② [法]霍尔巴赫:《自然的体系》(上卷),管士滨译,商务印书馆1999年版,第7页。

法则。"所有的人都遵守规则,对于每个人来说都是极为重要的,因为个人目的的实现正依赖于此,尽管人们的各自目的有可能完全不同。"①

2. 平民社会的民法自由

平民社会的民法是自由的法,应当反映人性的自由法则。然而,平民社会的人性自由法则是如何上升为民法的,即民法是如何反映自身规定性的,这是一个复杂的社会问题。一般理论认为,"在民法法系里,特别是在法典化以前,法条大都出自法学家之手,而在普通法系里,它们却由法官一手创造"。② 然而,问题不在于法学家或者法官创造了两种法系的不同民法表现形式,而在于法学家或者法官是根据什么创造自己的民法形式的,这才是问题的根本。换言之,是法学家或者法官可以随意杜撰规范而成为民法,还是他们需要遵循某种民法的规定性与规律性才能够创造出被人们接受为法律的民法规范,显然只能是后者。不论是大陆法系的法学家制定成文的民法典,还是英美法系的法官创造不成文的民事判例法,都需要寻找到平民社会关系的合理规范条件,而这一合理规范条件的一般根据就是这一社会关系的人性自由法则。

民法作为自由的法,根本上是人性自由的法,本源于民法作为平民社会关系条件的人性自由本质与属性。民法的自由,即平民社会关系的自由,既以平民社会关系的人性自由为根据,又以平民社会关系的人性自由为目的。换言之,民法既是平民社会关系的人性自由产物,又是平民社会关系的人性自由的秩序条件,具有平民社会关系的人性自由的规定性与规律性。

民法作为平民社会的法,是平民社会关系的条件和产物。民法产生于平民社会,是平民社会的个人关系条件,以平民社会的个人利益需求及其实现条件为基础。民法产生的平民社会关系的基础是平民社会关系的自然生态条件,即人在自身社会关系中所应当反映的生命本质即人性自由法则。

平民社会是人类本体和本有的自然社会,是以个人为主体的私人社会,既是个人利益的社会,又是个人自由的社会,个人既不能放弃利益,又需要获得利益自由,而利益的自由实现,才符合平民社会的秩序本质。所以,个人利益目的与个人自由条件的结合,必然需要形成一种能够实现人

---

① 〔英〕弗里德利希·冯·哈耶克:《法律、立法与自由》(第1卷),邓正来等译,中国大百科全书出版社2000年版,第159页。

② 〔美〕艾伦·沃森:《民法法系的演变及形成》,李静冰、姚新华译,中国法制出版社2005年版,第117页。

的利益目的的行为自由条件,即人的行为自由条件与人的利益实现的秩序需求的统一形态。这就是平民社会的行为自由法则,这一法则是人的自然需求法则,也就必然是人性的自由法则。平民社会的行为自由是以人性为根据并由人性支配的自由,具有人性自由的本质属性。因此,民法作为平民社会的法,即"人法"的实在法,是在人性自由的平民社会法则的基础上形成和发展起来的国家法,是人性自由的平民社会条件的必然要求和产物,具有人性自由的自然生态秩序本质。这一本质在民法中的表现,就是以意思自治为基础的民事法律行为制度。"私法自治之意义,在于法律给个人提供一种法律上的权力手段,并以此实现个人的意思。这即是说,私法自治给个人提供一种受法律保护的自由,使个人获得自主决定(Selbstbestimmung)的可能性。这是私法自治的优越性所在。"①意思或者私法自治作为民法上的行为自由与秩序规则,对民事主体享有的权利及其法律关系的变动与运行具有决定意义。"个人得依其意思决定,形成其私法上的权利义务,以契约自由,所有权自由,及遗嘱自由(遗产自由处分)为其主要内容。"②民法的制度体系正是在这一自由制度的基础上建立起来的。

所以,民法以平民社会的人性自由为根据,没有平民社会的自然生态条件的人性自由要求,就没有民法及其自由,而民法作为"人法"或者市民法,必然将平民社会的人性自由上升为自己的规范条件与制度本质,不能在民法的规范与制度体系中丧失平民社会的人性自由,否则就不是民法,或者起码不是完善的或者具有"人法"本质的民法。

(二)民法以人性自由为根据的社会秩序形态

民法作为以平民社会的人性自由法则为根据的法,构成人性自由的实在法形式,反映人性自由的平民社会的基本秩序条件。平民社会的人性自由秩序表现为以下两个基本秩序条件并构成民法的制度基础:

1. 人的普遍主体秩序

人是伦理的主体,也是民法上的普遍权利主体。民法调整人的社会秩序,首先确立人的主体地位,形成人的普遍主体秩序,即民法调整的社会关系构成以人的普遍主体性为根据的普遍社会秩序。③ 人作为民法调整的

---

① 〔德〕迪特尔·梅迪库斯:《德国民法总论》,邵建东译,法律出版社2000年版,第143页。
② 王泽鉴:《民法概要》,中国政法大学出版社2003年版,第29页。
③ 民法调整的社会关系中人具有普遍的主体资格,即民事主体是所有的人。"只有人才拥有权利能力,才能成为权利主体,因为只有人的福祉才具有终极价值。"彭诚信:《现代权利理论研究:基于"意志理论"与"利益理论"的评析》,法律出版社2017年版,第83~84页。

社会关系的普遍主体,形成人的普遍主体秩序。换言之,民法调整的平民社会的人身与财产关系,作为平等民事主体之间的关系是以普遍主体为条件的社会关系,即每个自然之人都是民事主体,都能够以主体身份平等地参与民法调整的社会关系,形成民法调整的普遍主体之间的社会秩序。

普遍的行为自由只能以普遍的行为主体为前提,即普遍的行为秩序形成于普遍的主体秩序。没有普遍的主体,就不能建立普遍的主体关系,也就没有普遍的主体秩序。民法调整的社会秩序是以人作为普遍主体的秩序,即人的普遍主体秩序。换言之,民法的秩序主体或者民事主体是普遍的人或者个人,而不是某些特殊或者特定的主体,只要是人即平民社会的自然主体,就是民法的秩序主体,都具有一定的民事主体地位。主体秩序之"普遍",既是一种人格自由的普遍,也是一种人格平等的普遍。自由与平等互为条件,相互依赖,彼此以对方存在作为自己存在的根据。① 因此,普遍的主体秩序,作为普遍的人格自由秩序,也是普遍的人格平等秩序,是人格的普遍自由与平等的统一。这一秩序作为本源于平民社会关系的自然生态秩序,就是每一个人都是平民社会关系的行为主体,都能够参与平民社会关系并在平民社会关系中以一定的主体身份实现自己的利益目的,即每一个人都基于自己的人格自由而构成民事主体并形成自己的主体秩序。概言之,人的普遍主体秩序,一是普遍的主体,二是普遍的秩序,是由普遍主体实施并构成的普遍主体秩序。因此,《民法典》第 13 条规定,自然人的权利能力,只以出生和死亡为条件;② 第 14 条规定,自然人的民事权利能力一律平等,即每个人都是在民法上平等的民事主体,都具有民法上的权利和自由。③ "自然人为权利主体,乃本诸人的尊严及价值,具有伦理性,体现以人为本位的私法理念。"④ 人作为民事主体的根本伦理,就是人人得被尊重为人并具有平等主体地位的伦理,就是普遍主体秩

---

① 人类的一切自由运动与发展,都是一种社会平等的进步,在相互关系的自由领域,包括民法调整的人身与财产关系中,自由即意味着平等,而平等必然决定自由,所以自由与平等始终互为条件和基础。"充分自由同样意味着充分平等。"〔英〕霍布豪斯:《自由主义》,朱曾汶译,商务印书馆 1996 年版,第 13 页。
② "既然规定人之权利能力始于出生,则可知人一出生,即当然的无条件的取得权利能力,故该条非仅在规定权利能力之始期,他方面亦正含有一切自然人皆平等的具有权利能力之意义在内。"郑玉波:《民法总则》,中国政法大学出版社 2003 年版,第 98 页。
③ 民事主体的自然人是指每一个人,每一个人自其出生时起就是作为自然人的民事主体,这是所有国家的民法都遵循的原则。"《德国民法典》认为每一个人(Mensch)都生而为'人'(Person),对这一基本观念的内涵及其产生的全部后果,我们只有从伦理学上的人的概念出发才能理解。对我们的整个法律制度来说,伦理学上的人的概念须臾也不可或缺。"〔德〕卡尔·拉伦茨:《德国民法通论》(上册),王晓晔等译,法律出版社 2003 年版,第 45 页。
④ 王泽鉴:《民法概要》,中国政法大学出版社 2003 年版,第 29 页。

序的伦理。人的普遍主体秩序作为一种人格自由秩序,需要人作为普遍主体的一般人格条件,即只有作为平民社会主体的自然之人被普遍确认为作为民事主体的自然人,才能够建立平民社会以人的主体自由为根据的普遍主体秩序。

然而,在平民社会关系中,虽然人具有自然的人格自由,但是却不一定具有自由的社会人格并构成民事主体,只有人获得普遍的社会主体地位,才是人作为民事主体的伦理条件。自然人作为民事主体的资格,虽然基于出生而自然获得,但并不是自然实现的,其实现是一个社会过程,需要一定的社会条件。因此,没有人性自由的一般社会人格发展,就没有普遍的民事主体,也就没有代表人性自由秩序的民法及其自然人的伦理人格。民法的历史证明,一个社会的民法发展过程,是一个普遍主体秩序的形成过程,是主体自由的实现过程,是以人获得普遍主体地位开始的过程。人越是具有普遍的人格自由,就越是具有民事主体地位,也就越是具有以人性自由为基础的民法秩序发展,而在没有普遍主体的社会,则不可能产生以普遍主体秩序为条件的民法。

2. 人的自主行为秩序

民法调整的平民社会关系是一种行为秩序,即人的自主行为秩序,也就是人的行为自由秩序。基于这一秩序的私人社会本质,一方面,民法必须赋予民事主体自由的行为条件,建立以自由为根据的法律行为制度,并构成民法的制度本质与核心;另一方面,民法调整的社会关系秩序,必须依赖于民事主体的法律行为实现,即人的行为自由的条件与能力最终决定民法的秩序效果。①

当然,人的自主行为秩序,是根据自己的意志形成的。在普遍的主体秩序的基础上,人们自然要求和必然形成普遍的行为秩序,而普遍的行为秩序同样是以人性自由为根据的自然生态秩序。民法的制度条件,根本上是作为人性自由的自主行为秩序的生态要求,而民法的一切制度形成与发展,也根本上是人性自由的自主行为秩序的形成与发展。在民法的规范体系中,不论是强制性还是任意性规范,其对社会关系的调整,都依赖于人的自主行为秩序,没有人的自主行为秩序,也就没有民法调整的社会秩序。因此,民法秩序的实现,不仅需要有民法提供的规范性条件,而且需要民法的规范性条件与民法调整的社会关系的生态秩序统一,只有普遍的行为主

---

① "人依其本质属性,有能力在给定的各种可能性的范围内,自主地和负责地决定他的存在和关系,为自己设定目标并对自己的行为加以限制。"〔德〕卡尔·拉伦茨:《德国民法通论》(上册),王晓晔等译,法律出版社2003年版,第45~46页。

体接受普遍的行为秩序,从而使民法的规范条件成为自主的行为条件,民法的制度形式才能够转变为现实的生态秩序。

作为民法存在基础的平民社会,是一个自然生态的社会,平民社会的自然生态需要自主行为的生态秩序,而这一秩序最后必然以一定的民法自由秩序的形式反映出来,成为一种民法条件及其调整的人性自由的秩序形态。可见,民法对社会关系的调整,一方面需要遵循人性自由的平民社会的秩序法则,构成以行为自由为基础的制度体系;另一方面依赖于个人自由的行为秩序,应当符合人的行为条件与需求,从而使民法的规则实现不仅存在于人们对规则的理解之中,而且也是人们自然的行为秩序结果。

三、民法的人性自由法则

民法的自由,根本上是由其"人法"本质及其人性自由法则决定的。民法作为人性自由的法,必然遵循人性自由的法则。这一法则确定了民法的基本秩序条件与规则体系,具有民法的本质意义。

(一)人性自由的自然秩序法则

人性自由的法则,首先是自然秩序法则。人性必然自由,而自由必然遵循自然,人性自由的自然秩序法则,就是人的自然生态法则。人是自然生物,具有自然生态,必然遵循自然秩序法则,这一法则是人的生命法则,具有自然与必然的规定性与规律性,是人类生命不能逃脱的法则。人的生命以人的自然自由为条件,没有自然自由便没有自然生命,自由具有人性的自然性与必然性,并规定人性的自然秩序法则,即人性自由的自然生态法则。

人性自由的自然秩序法则是最基本的人类法则,即维护人类生命与种群延续所必然具有的最低条件法则,亦即人的基本生存条件的满足法则。人的基本生存条件是人的生存利益条件,人缺少一定的利益条件便不可能生存,而人类的利益需求与实现,既具有人性自由的本质,又构成人类生存的自然秩序。

人性自由的自然秩序法则,作为人的生命秩序法则,一方面是人身秩序法则,另一方面是财产秩序法则,即一定的人身与财产利益的自由实现与客观满足法则。这一法则要求,一个人可以不被他人控制地采取一定的方法和手段以最大限度地获取和实现自己所需要的人身与财产利益条件。"一个人被他人控制是不自由的,只有当他被全社会必须服从的原则和规则所控制时才是自由的,因为社会是自由人的真正主人。"①人只能接受规则即秩序控制,而规则与秩序作为人类普遍接受的社会结构条件,不过是人类自由和获得自由的前提,即实现自身利益的自由形式。自由作为一种社会条件,是人与人之间的一种相互自由的可能状态,是人与人之间相互享有实现自由的权利和负有实现自由的义务的一种社会秩序。"一个人对另一个人没有合法权益,完全受另一个人支配,被那人随意摆布,就是那人的奴隶。"②人作为主体是人身利益主体,不仅需要一定的人身与财产利益,而且需要各种利益的自主实现。没有这一条件,人既不能构成主体,也不能维持生存,而这一条件的获得和实现的基本法则,作为一种人的本质要求,应当是以人性自由为根据的自然秩序法则。只有这一秩序法则,作为一种自然和必然的人性法则,才能够在没有某种特别的外在构造的条件下即在人们之间形成一种自发自为的利益实现秩序。

人性自由的自然秩序法则,根本上是平民社会的人身关系与财产关系的自然秩序法则,这一法则的国家法形式,就是以自由—意思自治为制度原则的民法。民法的规范体系作为平民社会有关系的"人法"规范体系,必然是一个以人性自由为根据的自由规范体系,这是由民法调整的人身关系与财产关系作为平民社会关系的人性自由法则决定的,民法作为"人法"在调整平民社会关系时必然接受人性自由的自然秩序条件法则,并把这一秩序法则上升为民法的一般制度与原则,形成民法的自由规范体系。

(二)人性自由的人格尊重法则

人性自由,不论是人身自由还是财产自由,根本上是人格自由,是人如何成为人和作为人的自由,而人格自由的根本是人格尊重,即人能够像人那样获得应有的人格地位并能够实现生命的自由本质。人格尊重作为民法的人性自由法则,既是人性自由的制度条件与要求,又是人性自由的实现状态与结果。没有人格尊重,人便不被承认为人,既不能获得人格,也没有作为人格本质的人性自由,因此人格尊重必然构成人性自由的生态法则。很难想象,在一个没有人格尊重的社会或者社会关系中,能够有人性和人性自由,如果一个人的人格不被他人尊重就不可能获得以他人的人格尊重为条件的人性自由;同样,如果一个人不尊重他人的人格也就不可能让他人获得以自己的人格尊重为条件的人性自由,从而丧失自由的社会秩

---

① 〔英〕霍布豪斯:《自由主义》,朱曾汶译,商务印书馆1996年版,第11页。
② 〔英〕霍布豪斯:《自由主义》,朱曾汶译,商务印书馆1996年版,第8页。

序。"人正因为是伦理学意义上的'人',因此他本身具有一种价值,即人不能作为其他人达到目的的手段,人具有其'尊严'。"①尊严是人格的本质,人性自由必然要求人与人之间的人格尊重,维护人格尊严,并需要在国家法时代把这一法则上升为民法的制度体系。

人格尊重的人性自由法则,一方面是人格普遍的法则,另一方面是人格平等的法则——以人格的普遍承认与人人平等为条件;一方面是相互关系的行为法则,另一方面是公共政策的社会法则——需要在个人行为与公共政策中统一衡量把握。这是一个社会及其人性自由的统一人格尊重法则,缺少哪一个方面,都是人格尊重与人性自由的社会缺失与制度不足。民法同样是在遵循这一法则的基础上建立起自己的规则体系的。所以,《民法典》把人身自由与人格尊严置于最重要的一般人格权的地位,而人享有自由和尊严的结果,必然要求人们在现实的社会关系中遵循人性自由与人格尊重法则,以维护和实现人的自由与尊严。

1. 人格普遍与平等的人性自由法则

民法的社会秩序是一种人的普遍主体秩序,而人的普遍主体性以人格的普遍承认和尊重为前提,需要遵循人格普遍与平等的人性自由法则。人不仅是自然的主体,而且具有人格的伦理属性。人构成普遍的主体根本上是人普遍具有作为主体的资格即人格条件,需要人格上的普遍与平等,是普遍人格与普遍平等的统一秩序。人格普遍的人性自由法则,就是在民法调整的社会关系中,人被以人格的主体形式得到普遍承认和尊重的社会秩序法则,即每一个人不论其自然情况和社会条件,都是人格体,都具有人格地位和平等享有人格条件的法则。孟德斯鸠指出:"在一个有法律的社会里,自由仅仅是:一个人能够做他应该做的事情,而不被强迫去做他不应该做的事情。"同时指出:"自由是做法律所许可的一切事情的权利;如果一个公民能够做法律所禁止的事情,他就不再有自由了,因为其他的人也同样会有这个权利。"②自由作为人格条件应当被普遍和平等地赋予每一个人,从而人人在有限的自由中获得自由的普遍性。人能否被普遍承认为人并具有平等人格,是人对待人的根本态度,是人际关系的基本准则,代表了一个社会的秩序文明及其发展程度。

人在本质上都是需要被承认为人的,也都是需要被平等对待的,这是人的自然生命需求,而基于人的自然生命需求应当得到普遍的人格承

---

① 〔德〕卡尔·拉伦茨:《德国民法通论》(上册),王晓晔等译,法律出版社2003年版,第47页。
② 〔法〕孟德斯鸠:《论法的精神》(上册),张雁深译,商务印书馆1959年版,第183页。

认,在人格与人的自然生命需求统一的条件下,须获得人性的自由生存条件并能够以人格尊严自由地生存下去。"不难发现人性和人格本质之一致:意志之表示要求为人性,意志之表示资格为人格。人格是人性之追求。人性无非是企图享有人格。"[1]然而,人类几千年的文明发展史告诉我们,人格一方面是自然存在并被承认的,必然具有人格的普遍性及其平等诉求;另一方面是在人的自然不平等的条件下存在和承认的,又必然在一定程度和范围内表现为人格的普遍性缺失。前者以人类的自然生态事实的普遍条件为根据,后者被"以人为物"的奴隶制度以及各种人类不平等的事实所证明。然而,正是由于人格的普遍性是一项人性自由的自然法则,所以人类必然向实现人格普遍性的方向发展,也就是向人格尊重与平等的人性自由实现方向发展。这一人格尊重与平等的普遍性发展体现在民法调整的平等社会关系的规范与秩序体系上,就是从有限人格的差别社会到普遍人格的平等制度的发展,即从人类早期"人法"或者市民法到近代以来的民法及其制度文明的发展。

可见,人格的普遍与平等之间具有内在的联系。人格的普遍需要人格平等的普遍性条件,人格的普遍是人格平等的结果,而人格平等则是人格普遍的体现。不过,人格的普遍性并不等于人格的平等性,前者是人格在"面"上的存在,后者是人格在"质"上的实现,只要人作为人,在一般意义上都具有一定的"人格"事实,但却不一定具有平等人格。人格平等不仅是人的事实问题,而且是人的价值问题,是人格尊严的制度体现,代表了人格尊重与人性自由的根本条件与法则。

平等是人的自然本质,而不平等又是人的自然事实,这看似相互矛盾的两种生态是相互依存的。人既不能因为平等的自然本质而具有平等的自然事实,也不能因为不平等的自然事实而丧失平等的自然本质。然而,人格平等作为一种社会平等,是人的价值与尊严平等,即人在社会关系中的主体地位平等,而在非社会关系的条件下,即使存在不平等的自然事实,也不会产生对社会不平等的作用和影响。卢梭认为,"对于自然状态中没有任何联系的人们来说","不平等几乎是观察不到的,并且它的影响力几乎为零"。[2] 然而问题是,人类从来没有在纯粹的没有任何联系的自然状态下生活过,只是人类相互联系的社会性与普遍性在不同的社会发展阶段存在条件和程度的差别。因此,不平等从来都是影响人类的人格及其普

---

[1] 李锡鹤:《民法哲学论稿》,复旦大学出版社2009年版,第94页。
[2] 〔法〕让·雅克·卢梭:《论人类不平等的起源》,吕卓译,九州出版社2007年版,第107、109页。

遍性实现的事实,只是影响的条件和程度不同而已。人类在自己的社会发展中,必然不断要求人格平等并以此为条件实现对人格的普遍承认与尊重,并以人格的平等与普遍来获得和实现更多的人性自由。

1804年《法国民法典》第8条规定,"所有法国人都享有民事权利";第11条规定,"外国人,如其本国和法国订有条约允许法国人在其国内享有某些民事权利者,在法国亦得享有同样的民事权利"。这一规定直接宣告了近代民法最为普遍与根本的秩序原则,即在民法调整的人身与财产关系中,每个人都是民事主体,都能够平等地享有民事权利。这一民法的基本制度原则被后来以《德国民法典》为代表的民法体系概括在权利能力与行为能力的制度内涵中。正是基于人格普遍与平等的人性自由法则,我国《民法典》以自然人、法人和非法人组织为民事主体,①并根据民事主体即人的客观利益需求及其实现条件的规定性,对人的各项人身与财产关系,以权利和义务的形式,作出了系统的规范设计与制度安排,形成了以人格普遍与平等为基础的完整制度体系。在这一体系中,除权利能力与行为能力制度外,还有监护、宣告失踪和宣告死亡等自然人制度,并以人格权、物权、债权、婚姻家庭权、继承权等权利制度调整和分配人身与财产利益秩序,不论个人处于何种事实条件与状态下,都能够作为民事主体普遍而平等地享有和实现其生存所需要的人身与财产利益。"一个人的'权利能力',并不以他的年龄和精神发展状态为条件,也并不取决于他能否亲自行使其权利、识别和履行其义务、依'私法自治'而行为。如果他不能做到这些,那么他可以依法有一个'代理人',由代理人来为他处理事务。"②民法的制度体系本质上就是自然人的社会生态体系,是人性的生存秩序条件,是人格普遍与平等的人性自由秩序的规范化与实证化。

2. 相互关系与公共政策的人格尊重法则

人格尊重是人格普遍与平等的必然结果。当人格成为普遍和平等的事实时,也就必然成为被尊重的事实并形成相互关系的人格尊重法则。人格尊重是人性自由的条件和要求,既是相互关系的个人行为法则,也是公共政策的社会制度法则。作为相互关系的个人行为法则,体现个人的行为品质,是一个人在相互关系中所应当遵循的人格条件与秩序。"相互关系的人格尊重,既是道德的要求,也是正义的表现。人作为社会主体,应当在相互关系中得到承认和尊重,只有当人被承认和尊重为人,才能够在人与

---

① 由于自然人是根本的民事主体,法人和非法人组织不过是自然人享有权利和承担义务的一种中介形式,所以本书除自然人外,一般不再就法人和非法人组织进行论述。
② 〔德〕卡尔·拉伦茨:《德国民法通论》(上册),王晓晔等译,法律出版社2003年版,第56~57页。

人之间建立公平合理的关系,人们也才能够以对己之心对待他人并在与他人的关系中规范自己的行为,从而实现人与人之间的道德关系。"①人格尊重是民法调整的社会关系的基本行为法则,构成人性自由的基本伦理条件和要求,人只有在相互关系的人格尊重中,才能够获得和实现彼此自由的人格地位与社会秩序。"人们一旦学会彼此评论,一旦在头脑中形成关于尊重的观念,每一个人就都认为自己有被尊重的权利:一个人不被他人尊重而不被认为是侮辱,已经是不可能的事情了。"②人格尊重的道德观念一经形成并根植于人的社会理性,就必然以此行为观念对待他人并约束自己的行为,从而成为一种人性自由实现的个人行为条件。

人格尊重不仅应当是相互关系的个人行为法则,更应当是文明社会的一项具有人性自由价值的公共政策,是一种社会制度选择。"只有在实现普遍利益或公益所必需的时候,才能允许对个人施以强制;此乃自由传统的一项基本原则。"③一个国家或者社会应当把人格尊重作为一项公共政策法则,以制度或者法律的形式实现对人格的普遍承认和尊重。作为公共政策和社会制度的人格承认与尊重法则,应当是人格普遍平等的自由法则,即人人基于人格平等而具有相互关系的人格自由。这样,一项有关人性自由的公共政策或者法律应当以人格的普遍承认和尊重为条件,不可能在针对不同的人制定不同的人格政策或者法律而不同的人因此具有不同的人格条件的情况下实现普遍的人性自由。"如果一条法律是对政府,另一条是对百姓的,一条是对贵族的,另一条是对平民的,一条是对富人的,另一条是对穷人的,那么,法律就不能保证所有的人都享有自由。就这一点来说,自由意味着平等。"④由于法律在社会控制与治理中的工具作用,人格尊重与人性自由的普遍实现,需要以法律形式确认普遍与平等的人格,没有人能够具有超越法律的特殊人格。"自由统治的首要条件是:不是由统治者独断独行,而是由明文规定的法律实行统治,统治者本人也必须遵守法律。"⑤这一点,目前人类只有在民法调整的社会秩序体系的人格制度设计中实现得最为全面、彻底和完整。

《民法典》的整个制度体系及其规范设计,以人格尊重的平等社会关系条件及其秩序为基础,充分体现了我国民法的人格尊重精神,是以民法

---

① 王利民:《民法道德论——市民社会的秩序构造》,法律出版社2019年版,第58页。
② [法]让·雅克·卢梭:《论人类不平等的起源》,吕卓译,九州出版社2007年版,第127页。
③ [英]弗里德利希·冯·哈耶克:《法律、立法与自由》(第1卷),邓正来等译,中国大百科全书出版社2000年版,第2页。
④ [英]霍布豪斯:《自由主义》,朱曾汶译,商务印书馆1996年版,第10页。
⑤ [英]霍布豪斯:《自由主义》,朱曾汶译,商务印书馆1996年版,第9页。

的社会公共政策形式反映的人格尊重的人性自由法则。《民法典》关于民事主体即自然人、法人和非法人组织的制度确立,就是以人格尊重为根据的人格设计,奠定了民法作为独立法律部门的伦理基础;《民法典》的民事法律行为制度,把人格尊重转变为通贯整个民法体系的私法自治与权利自由规则,成为民法的制度性结构支点;《民法典》的权利本位及其以民事权利为主的制度构成,使人格尊重成为各种具体的权利秩序,形成了以人格尊重为规范本质的完整私法体系。我们检视整个《民法典》的制度内容可以发现,如果没有相互关系的人格尊重贯彻其中,民法作为独立法律部门的制度体系及其具体的制度规范,就根本无法建立。中国民法是这样,外国民法也是这样。因为没有相互关系的人格尊重,就没有平等的民事主体人格,也就没有民法调整的以平等为条件的人身与财产关系及其制度实现。

(三)人性自由的利益均衡法则

人性自由在人格自由的基础上是一种利益自由,即利益需求与实现的自主意志支配与自主行为条件。利益自由是与人格相统一的人性自由,没有人格自由,就没有利益自由,利益自由是作为一项人格自由存在的,是人格自由的必然条件和要求。"既然它是一个自愿行为,因此每个人这种自愿行为的目的都是为了自己的某种利益。"①在每个人都是利益主体而都有利益需求和都需要利益满足的条件下,每个人的利益实现都不可能依赖于他人,因为这不可能成为普遍而可靠的现实,所以人的利益最终需要自己实现,即以一定的自主与自由的方式实现,而个人利益的自由实现,符合人性的本质,构成人性的生态法则。

人性自由的利益实现,不是每个人在绝对自由的支配下的实现,而是在一定的自由条件下的实现,即自由意味着相互关系的条件与限制。"个人的自由必须约制在这样一个界限上,就是必须不使自己成为他人的妨碍。"②作为人性自由的利益自由,其人性自由的条件限制,在根本上就是利益均衡法则,③即利益自由不能是片面的、个别的和局部的,而应当是整

---

① 〔英〕霍布斯:《利维坦:英汉对照全译本》,刘胜军、胡婷婷译,中国社会科学出版社2007年版,第209页。
② 〔英〕约翰·密尔:《论自由》,许宝骙译,商务印书馆1959年版,第66页。"但很明显,在一种法律制度下,几乎没有绝对自由的人,因为他知道在很多情况下,选择一个可能的行动方向将导致不愉快的法律制裁。在另一些情况下,如因社会或经济的原因,许多人不能自由地去做他想做的事。"〔英〕沃克编辑:《牛津法律大辞典》,北京社会与科技发展研究所译,光明日报出版社1988年版,第352页。
③ 均衡即"平衡","矛盾暂时的相对的统一或协调。事物发展稳定性和有序性的标志之一"。《辞海》(第7版),上海辞书出版社2020年版,第3351页。

体的、相互的和普遍的,即每个人都是利益主体,每个人的利益都应当得到合理承认,都有条件和可能实现自己的利益。换言之,人性自由的利益均衡法则作为平民社会关系的行为法则,首先是作为相互关系的条件存在的,然后才是作为目的实现的,因为没有或者不遵循这一法则,便达不成利益主体之间的相互利益关系,结果也就没有相互利益关系的自由,更不会有主体之间的自由及其利益实现。

人作为主体既是利益的主体,又是自由的主体,人因为利益而需要自由,因为自由而能够实现利益。人没有利益,便不需要自由,也就没有自由,更没有自由的利益实现。人的利益条件和需求在自然的生物本质上是相同的,因此人的利益在个人社会中需要相互的普遍承认,而一旦失去相互的利益承认,也便失去相互的利益自由。所以,在平民社会的利益关系中,人性自由法则应当是一项利益均衡法则,因为平民社会的个人作为相互独立与自由的利益主体,只有在相互关系的利益均衡中,才能够各自实现自己的利益,也才能够达到一种符合人性法则的利益自由状态。

人性的利益均衡法则表现在民法的具体制度形态上,就是当事人之间权利义务对等的法则,即任何一方要享有权利,都应当履行一定的义务,不能只享有权利而不履行义务,也不能只履行义务而不享有权利。民法的每一项权利制度,不论是人身权的还是财产权的,亦不论是人格权的还是身份权的,抑或是物权的还是债权的,在具体的规范设计与权利义务的布置上,都以当事人之间的利益均衡作为制度安排的基本条件与要求。换言之,民法上的规范合理性及其制度完善,根本上是当事人之间的权利义务实现一种均衡与制衡的规范状态。《民法典》第131条规定,"民事主体行使权利时,应当履行法律规定的和当事人约定的义务";第241条规定,"所有权人有权在自己的不动产或者动产上设立用益物权和担保物权。用益物权人、担保物权人行使权利,不得损害所有权人的权益";第509条第1款规定,"当事人应当按照约定全面履行自己的义务";第525条规定,"当事人互负债务,没有先后履行顺序的,应当同时履行……";第1043条第2款规定,"夫妻应当互相忠实,互相尊重,互相关爱;家庭成员应当敬老爱幼,互相帮助,维护平等、和睦、文明的婚姻家庭关系";等等。可以说,民法的每一项制度设计与条文安排,无不体现当事人之间利益均衡的法则这一民法的制度精神与目的。民法通过权利义务的对等规范形式表现出来的相互关系的利益均衡,是民法公平与正义的根本制度条件与规范要求。换言之,没有规范上的权利义务对等及其实现的利益均衡,就没有民法上的制度公平与正义,也就没有民法上的制度合理性与正当性。

(四)人性自由的个人后果法则

所谓人性自由的个人后果法则,即一个人只对体现个人自由的行为后果负责,而对非个人自由决定的行为不承担责任后果,亦即不产生民法效果上的责任,即所谓的后果,并不是积极的利益后果,而是消极的不利后果。"个人既能自主决定,就其行为理应'自我负责',相对人的信赖及交易安全亦须兼筹并顾。"①人性自由是以个人行为自由表现和实现的自由,个人行为在自由意志的支配下既有积极和正当的行为,也有消极和不当的行为,其中后者是可能给他人和社会带来不利或者损害后果的行为,这一基于人性自由而产生的个人行为后果,是个人自由意志支配的结果,具有个人自由的滥用与过失性,因此应当由自由的行为人本人来承担其过失性责任,这就是人性自由的个人后果法则。根据这一法则,一个人不仅可以享受人性自由的积极利益结果,而且也需要承担因个人自由的不当行使而产生的消极与不利益后果,对自己不当的行为自由后果负责,归结到民法的制度形态上,就是过错责任。②

人性自由,只是正当行使自由的自由,而不是滥用个人自由的自由。"唯一实称其名的自由,乃是按照我们自己的道路去追求我们自己的好处的自由,只要我们不试图剥夺他人的这种自由,不试图阻碍他们取得这种自由的努力","这种自由,只要我们所作所为并无害于我们的同胞,就不应遭到他们的妨碍"。③ 所以,以人性自由为根据的行为自由,应当是不妨碍和损害他人和社会的自由,即他人能够获得同样自由的自由,而一旦个人的行为自由构成了对他人自由和社会秩序的妨碍或者损害,则对于个人而言就不是取得积极的自由利益,而是应当承担消极的自由后果。

1.应当对什么样的行为承担行为自由的后果

人性自由不仅决定行为自由,而且产生行为后果,应当由行为人对自己的行为后果负责,即由行为自由者对自己的行为自由负责,不存在只享有自由利益而不负担自由后果的自由。这就提出一个问题,即一个人应当对什么样的行为承担行为自由的后果,即什么是我的和我应当承担后果的行为自由。一个人的行为是由这个人的自由决定的,一个人对自己的行为负责,只是对体现在自己行为中的自由负责,是承担自由的行为后果而不

---

① 王泽鉴:《民法概要》,中国政法大学出版社 2003 年版,第 79 页。
② "过错责任是一种个人责任,个人或者过错责任作为现代法的基础性责任规则是人类法律发展的最高成就之一。它与个人的主体人格与行为自由构成了现代法律的伦理基石与核心价值。"王利民:《民法道德论——市民社会的秩序构造》,法律出版社 2019 年版,第 554 页。
③ 〔英〕约翰·密尔:《论自由》,许宝骙译,商务印书馆 1959 年版,第 14 页。

是有行为就承担行为后果,这就是人性自由的个人后果法则。这一法则,不仅体现了人性自由的自然行为属性,而且反映了人性自由的社会行为伦理,是行为后果与行为责任的统一。

基于人性自由的行为法则,一个人只能对自己的自由行为负责,而不对自己的非自由行为承担后果,那么什么是个人行为即个人的自由行为就成为一个行为责任的构成条件与标准问题。自由是对行为及其后果的必然性认识。"因此,人对一定问题的判断越是自由,这个判断的内容所具有的必然性就越大;而犹豫不决是以不知为基础的,它看来好像是在许多不同的和相互矛盾的可能的决定中任意进行选择,但恰好由此证明它的不自由,证明它被正好应该由它支配的对象所支配。"①就人性自由的本质而言,只有体现人的意志自由的行为,才是人的本质行为,才构成一个人的行为,也才是一个人应当负责的行为。② 所以,人的行为越是自由的,就越是符合自己人性本质的,也就越是代表自己并应当由自己负责的行为。

因此,在人性自由的个人后果法则上,必须首先在社会伦理上界定什么是个人自由的行为,即什么是我的和我个人应当负责的自由行为。③ 这一自由行为一定是以人性自由为根据的行为,即体现个人自由本质的行为,不仅能够作为人性自由的本质存在,而且能够代表人性自由的行为法则。"我的行为当然是我作为的行为,我作为的行为,既可能是在我的意志支配下的自由的行为,也可能是不由我的主观意志支配而仅有我的客观表现的行为。基于我的主体人格性和我的行为自由,并不是表现于我的外部行为就是我的行为,构成我的行为的只能是那些由我的意志支配的我的自觉与自主行为。我的行为作为我的自由,必须是我的意志行为,是有我的预期并能够按照我的预期发生的行为,也就是我的目的性行为,我只需要对我的这一行为后果负责。"④个人自由的行为,应当是由个人自由意志支配的行为,即个人具有主观自由的行为,否则虽然作出一定行为,具有行为

---

① 中共中央马克思恩格斯列宁斯大林著作编译局编译:《马克思恩格斯选集》(第3卷),人民出版社2012年版,第492页。
② "在行为归责上,基于行为与行为责任的统一性,一个人只能对自己的行为负责,而不能对他人的行为负责,因为他人的行为不代表自己的主体人格性,也就不构成自己的责任后果。"王利民:《民法道德论——市民社会的秩序构造》,法律出版社2019年版,第555页。
③ 自我责任有两个方面的内涵:一是自我行为,即何为我的行为,我只对我的行为承担责任,不是我的行为与我的责任无关;二是自我责任行为,即何为我应当负责的行为,我的行为并不一定是我应当负责的行为,凡是我应当负责的行为都应当是归责于我的责任行为。不论是自我行为还是自我责任行为,其构成和认定,既有自然伦理的行为要求,也有社会伦理的价值标准。
④ 王利民:《民法道德论——市民社会的秩序构造》,法律出版社2019年版,第556页。

的客观性,但是其作为非自主意志的行为,是违背人性自由的非人性本质行为,既不能为自己设定行为利益,也不能对自己产生行为后果。

2. 不承担个人行为后果就没有个人行为自由

显然,在个人的社会关系中,一个人如果不能对自己的行为后果负责,就不能有行为自由,因为这样的行为自由与实现自由的社会秩序条件相背。① 人性自由的目的与诉求,不仅在于需要和实现自由,而且在于需要和实现自由的社会秩序,而对自由的秩序维护是以承担破坏秩序的行为自由后果为前提的。任何一种自由都不应当破坏秩序,而任何一个人的自由也都不能凌驾于秩序之上而构成一种可以破坏秩序的自由。所以,人类必然以对破坏自由的行为后果负担来维护符合人性自由的行为秩序,保障作为自由的社会实现,即普遍的自由实现。

在自由与秩序的关系上,首先是秩序而不是自由。维护秩序并不代表丧失自由,但是丧失秩序一定最终失去自由。自由是秩序中的自由,失去秩序的自由,便没有自由的意义和价值,更没有实现自由的可能性。秩序是自由的必要条件与前提,自由只有以秩序的方式与结果实现才是一种符合人的社会本质的自由,也才是真正的人性自由。虽然人类绝对不可能丧失自由,但人类也绝对应当在个人自由中保有自由的社会秩序,实现自由与秩序的结合与统一。② 人性自由必须符合人性自由的秩序条件与需求,即一个人应当对自己破坏自由的行为负责,否则就不该有行为自由,因为这样的行为自由,既不代表人性的本质,也不能实现人性的目的。

所以,人类的自由从来都是以承担一定的行为后果来维持的,不承担后果的自由是破坏自由的自由,是危险与有害的自由。在一个人可以不对自己的行为自由承担后果的条件下,就不可能有自由条件下的社会秩序,那么这个社会也就不会有符合人性自由的自由实现,而所谓的自由最多不过是少数人的自由,而不是多数人的自由;是个别的自由,而不是普遍的自由。

四、民法的自由制度体系

民法作为"人法",是任意法和权利法,具有个人行为自由的法律本

---

① 民法上的自由或者意思自治,是以个人责任为前提的。"个人得依其自主的意思,自我负责地形成其私法上的权利义务。"王泽鉴:《民法概要》,中国政法大学出版社 2003 年版,第 78 页。
② "首要问题不是自由,而是创建一个合法的政治秩序。很显然,人类可以无自由而有秩序,但不能无秩序而有自由。必须有权威,然后才能对它加以限制。"〔美〕塞缪尔·P. 亨廷顿:《变化社会中的政治秩序》,王冠华、刘为等译,上海人民出版社 2008 年版,第 8 页。

质。"法的基地一般说来是精神的东西,它的确定的地位和出发点是意志。意志是自由的,所以自由就构成法的实体和规定性。"①民法作为人性自由的法则,以人性自由为根据,是一个关于个人行为自由的社会规范与秩序体系,即作为国家法或者实在法的自由制度体系。在这一体系中,基于意思自治与法律行为的设权地位,"法律只有在自由超越了它应有的范围之外时才发生效力"。② 民法不仅限制自由,而且受自由的限制。"民法典各项制度的确立,都是为人的自由提供制度保障。民法中的物权制度、债和合同制度、知识产权制度等,为实现社会的共同富裕奠定物质基础和制度保障的同时,也为社会成员从制度上提供了根本的平等和自由,使个体获得经济独立和经济自由。民法中的人格权制度、婚姻家庭制度等保障公民的人格独立、人格尊严和人身自由,并在此基础上确立了以维护家庭伦理为前提的婚姻自由。"③自由是民法的核心价值,是民法的制度基础,是民法之所以构成民法的根本规范属性。民法调整平民社会的人身与财产关系,以人格权为根本的人身自由体系和以所有权为基础的财产自由体系,构成了一个完整的平民社会关系的行为制度体系。

在民法的制度规则中,不论是任意的自由性规范,还是法定的强制性规范,都不过是以民法形式表现的人性自由或者作为自由条件的规范;亦不论是人身权所具有的专属性与法定性,还是物权法实行的物权法定原则,乃至合同法上的效力规则,实质体现的都是民法所调整的人身与财产关系的自然规范性及其不可改变的人性秩序。所谓民法的"法定",④不过是民法作为"人法"只能接受而不能变通的人性法则,是人性的规定性与规律性,在根本上是"人性"而不是"法性"。民法作为"人法"或者人性法,其人性本质在民法的"法定性"中表现得最为直接。民法上的"法定性"及其对任意性的排除,作为实在法的一种强制性规范选择,形式上是对

---

① 〔德〕黑格尔:《法哲学原理》,范扬、张企泰译,商务印书馆1961年版,第10页。
② 〔美〕杜威:《自由与文化》,傅统先译,商务印书馆2013年版,第23页。
③ 钟瑞栋:《社会主义核心价值观融入民法典编纂论纲》,载《暨南学报(哲学社会科学版)》2019年第6期。
④ 此即那些只能由法律规定而不允许当事人约定或者协商变通的民法制度内容与原则。以物权法定原则为例,其根本目的在于确保物权支配地位的确定性及其自由支配秩序的实现,而不是对物权支配自由的限制。"物权乃是对标的物直接支配之权利,且任何人不得侵害或干涉,尤其是所有权更是贵在其对标的物具有完全圆满与永久之支配权利,故必须以法律限定其种类、确定其支配内容,使物权支配之内容统一化,继而确定所有权标的物永久全面支配,不受限制之绝对地位,以确保物权之特性,并以此为基础建立定型化之物权体系,复与一物一权主义在确定物权支配之外部范围相互呼应,使物权之法律关系清晰明确,在商品交换之现代社会,具备交易客体之条件。"谢在全:《民法物权论》(上册),中国政法大学出版社2011年版,第32~33页。

意思自治即自由的限制，实质上则是人性自由的一般规范条件和要求，是具有人性本质的自然与自由的秩序法则，在根本上是实现人性自由所需要共同接受和遵循的普遍秩序，而不是对人性自由的简单国家强制或者限制，是国家意志选择的人性，而不是人性屈从于国家意志。因此，民法的"法定性"及其强制性本源于人性的平民社会秩序法则，只能根据人性法则作出统一规定，而不能任由当事人的意志决定，所以只有人性才是其价值性与正当性的真正根据，[①]任何从其他方面寻找到的原因都不可能是根本和实质的。

所以，不论是民法的任意性规范，还是民法的强制性规范，都不过是人性自由的实现规范，都反映和代表人性自由的法则和条件。

（一）以人格权为根本的人身自由

人性自由首先是人身自由，即与特定人身相联系而不能与之分离的一种生命或者身份自由。"'人身自由'的核心是主体在意志层面享有的对切身利益的自决地位。"[②]人身自由是民事主体的自主意志秩序，是生命的固有特征，具有生命自由的本质属性，与生命利益相始终。人身权或者人身自由，作为民法的调整对象，构成以人格权为根本的人身自由体系。民法调整的人身自由体系即平民社会的人身权关系，包括一定的人格权关系与身份权关系，其中人格权在整个人身权制度体系中具有人身自由的根本地位，并因此对身份自由具有决定意义。

1. 与生俱有的人格自由

在民法调整的人身关系中，人格权始于出生终于死亡，是与生俱有的人格自由，具有自然权利的本质。由于人格与人的生命本质相联系，所以它不能与人的生命相分离，而是人的生命所必须具有的权利地位。人一旦失去人格或者没有人格权，就无法维护和保障自己的生命条件，即丧失生命与生存的主体地位。所以人格权作为一种生命自由的体系，不仅是一种权利自由，而且属于"权利能力"的范畴，是享有一切权利的根据和基础。

因此，民法上的人格权既不是法律的创造和发明，也不是因法律的规定和赋予才能够享有和开始享有的权利，而是人必然基于自身的人性自由及其人格本质而表现为民法形式的一种人格发现，是以民法形式承认和尊

---

① 有学者概括确立物权法定原则的主要理由有四点：(1)物权绝对性的原因；(2)物尽其用的经济效用原因；(3)交易安全与便捷的原因；(4)整理旧物权，适应社会需要的原因。参见王泽鉴：《民法物权:通则·所有权》(第1册)，中国政法大学出版社2001年版，第45页。这些物权法定原则的确立原因，都是民法形式上的表面原因，而实质原因则是更深层次的人性秩序法则，是本源于人性的根本需要。

② 温世扬：《民法典视域下的"人身自由"》，载《法制与社会发展》2022年第3期。

重的生命本质,是自然人格的必然社会结果。人格权是人作为生命体所自然具有和需要实现的生命条件,是民法代表人的秩序本质而必须接受的人性与人格自由。人类种族延续与社会发展的前提条件,就是基于人性自由的人格承认和保护,需要形成一种能够满足人格自由需求及其实现条件的社会生存与发展体系,这就是以民法人格权为代表的人格自由体系。人格自由是人性的自然秩序与需求,原则上不能附加任何条件,而只能以一定的生命自由的规范形式实现相互之间的人格承认。所以,在人类漫长的早期发展史中,虽然没有人格和人格权的概念,但是却有人格保护和人格自由实现的社会事实,其中最根本的表现就是不同民族和社会对"杀人偿命"这一人性法则的自然认可与确立,并由此代表和衍生出整个"人法"或者民法的"人格权"体系。尽管人类的历史上杀戮不断,但是"杀人偿命"这一人性法则却始终发挥作用并支撑了人类的种族延续与发展。人类之间的战争与杀戮不仅残酷地剥夺了无数人的生命,而且也让人类以自身面对的生命现实来反思自己的生存条件和要求,从而寻求和建立一种稳定的生命与人格的社会保障与实现体系,这一体系的终极发展就是以民法为代表的国家法形式。① 显然,人类在自我人格否定的战争与杀戮中所实现的结果,不仅有为己方利益而对他方生命的剥夺,而且有浴火重生而对社会进步的反思与推动。显然,人类在从战争走向和平中,在对奴隶制的否定和殉葬制度的废除中,在人的平等的不断实现中,自然展现了与生俱有的人格自由的客观条件及其秩序需求,是不可阻挡和改变的人格发展趋势,具有人性自由与生命本质的规定性与规律性。

人格权是自然的,具有人性的本质及其自由的规定性。人格权作为人性与生命的权利,一方面,以主体自身的内在人格要素为客体,具有客体与主体不可分离的自然属性,是一种基于人性的自然权利事实,不具有通过交易关系表现和实现的复杂性,只要一个人被承认为人,具有作为主体的独立性、自由性和尊严性,就自然具有一定人格和人格权地位,并能够在人格自由的基础上实现人的生命条件与需求;另一方面,人格权不像财产权那样具有主体之外即与主体分离的客体及其利益的相对性与交叉性,只要主体自身积极支配其人格就可以自然实现其人格利益,具有不同主体之间独立享有和行使的平行权利属性,只要不把侵害或者剥夺他人的人格作为达到某种目的的手段,不同的人格或者人格利益本身并不构成直接冲突的

---

① "战争的目的是胜利。胜利的目的是征服。征服的目的是保全。应该从这条和前一条原则推出一切构成国家法的准则。"〔法〕孟德斯鸠:《论法的精神》(上册),张雁深译,商务印书馆1959年版,第6页。

要素。尤其是在自然经济或者商品经济前的古代社会,既没有人格的商品化,也没有人与人之间的普遍联系,所以人格或者人格权是以人的独立、自由和尊严等一般人格条件和整体人格要素所表现出来的一种自然主体地位,是一种不言而喻的自然权利与客观事实,所以对人格或者人格权的承认和保护即使没有具体人格权的细化,亦可基于人性而在人格的实际承认与禁止侵害人格的一般条件下实现,这就是在民法制度条件下被概括和表现出来的人格权保护的"一般条款"①所具有的对人格权调整与保护的规范功能与地位。

近代以来,人类对人格权保护的认识和重视,不论是在一国公法还是私法上,亦不论是在内国法还是国际法上,都达到了历史上的空前高度。1804年《法国民法典》虽然没有关于人格权的具体规定,但却全面体现了人格自由的思想。该法典以"人"开卷,第一编为"民事权利的享有及丧失",核心就是作为民事主体的权利与人格,确立人的人格地位。该法典第488条规定:"年满21岁为成年;到达此年龄后,除结婚章规定的例外,有能力为一切民事生活上的行为。"可见,虽然当时的《法国民法典》没有使用人格的概念,也没有具体人格权的规定,但是却以一切人的"民事权利享有"的制度内涵完整地表现了人作为普遍主体而与生俱有的人格权条件;并且该法典第7条规定,"民事权利的行使,不以按照宪法与选举法所取得的政治权利为条件",充分反映以自然法思想为基础的"自由、平等、博爱"的人格权观念,已经深深根植于整个民法典的制度体系。

《德国民法典》是继《法国民法典》之后又一部具有世界影响的民法典。该法典总则第一章"人"和第一节"自然人",仍然是从"人"和"人格"开始的权利制度体系。该法典以"权利能力"表述人格并作出制度规定。"人的权利能力自出生完成时开始"(第1条),从而以权利能力的制度形式实现对人格本质的承认。该法典规定了自然人的"姓名使用权"及其权利保护(第12条),并规定"因故意或有过失不法侵害他人的生命、身体、健康、自由、所有权或其他权利者,负向他人赔偿因此所生损害的义务"(第823条第1款),即以侵权责任"一般条款"的形式列举人格权并进行侵权损害保护。这一规范虽然具有公民的基本权利在民法中引申的权利

---

① 关于禁止侵害人格权或者人身权的"一般条款",狭义上是指近代以来民法或者侵权责任法上的"一般条款",即形式上或者法典上的一般条款,然而,在近代以前的人类历史上虽然对人身权利的保护存在各种缺失和不足,但是也一直以"杀人偿命"等对人或者人性的基本承认而在总体上维护了人的一般人身地位,这就是广义上存在的人身权承认和保护的"一般条款"。

处理特征,但是仍然构成了一种民法上的人格权承认和保护的独立模式。

改革开放以来,我国一直在探索具有中国特色的人格自由与人格权保护的民法制度的实现形式,并取得了历史性的进展。1986年颁布的《民法通则》(已失效)在"民事权利"一章中规定了生命健康权、姓名权、肖像权、名誉权、荣誉权、婚姻自主权等人格权;2009年颁布的《侵权责任法》(已失效)第2条第2款规定,受《侵权责任法》保护的权利包括生命权、健康权、姓名权、名誉权、荣誉权、肖像权、隐私权、婚姻自主权、监护权等人身权益。2017年《民法总则》(已失效,现参见《民法典》总则编)第109条规定,"自然人的人身自由、人格尊严受法律保护";第110条第1款规定,"自然人享有生命权、身体权、健康权、姓名权、肖像权、名誉权、荣誉权、隐私权、婚姻自主权等权利"。前者是一般人格权,后者是具体人格权;在一般人格权中,人身自由是一般人格权的权利基础,是人格尊严存在的根据。① "在社会交往的背景下,自由与尊严相互影响,互为条件。一方面,自由是尊严的基础。……另一方面,尊严是自由的边界。"② 人身自由作为《民法典》规定的一般人格权,也就是人格自由。没有人身或者人格自由,一切人身与财产权利都不可能实现,人身自由不仅决定人身权,而且决定财产权,财产权同样是以人身自由为根据的权利。2020年通过的《民法典》将人格权作为独立一编,除对各种具体人格权的权利内涵及其保护作出了系统规定,还在第990条第2款规定,"自然人享有基于人身自由、人格尊严产生的其他人格权益",即民法承认和保护基于一般人格权而派生出来的各种具体人格权;第992条规定,"人格权不得放弃、转让或者继承",强调了人格权作为人的生命本质而与生俱有的自然属性及其法定性,更加彰显了我国民法对以人性自由为基础的人格权的客观尊重及其制度实现水平。人身自由还落实在《民法典》的具体人格权及其保护中。第1003条规定,"自然人享有身体权。自然人的身体完整和行动自由受法律保护……"第1011条规定,"以非法拘禁等方式剥夺、限制他人的行动自由,或者非法搜查他人身体的,受害人有权依法请求行为人承担民事责任"。人身自由不仅是人的意志自由,而且是人的行动自由,人一旦失去身体上的行动自由,也就失去了以自己的意志支配自己行为的自由,也就根本没有了人身自由。

---

① "'人身自由'和'人格尊严'具有价值底蕴方面的内在一致性,二者属于紧密结合、不可分离的整体性教义。"温世扬:《民法典视域下的"人身自由"》,载《法制与社会发展》2022年第3期。
② 温世扬:《民法典视域下的"人身自由"》,载《法制与社会发展》2022年第3期。"狭义的人身自由仅指行动自由,即人们身体活动的自由。广义的人身自由不仅包括行动自由,还包括精神活动的自由和个人自主决定的自由。"(同前)

总之,近代以来的各国民法以民事权利享有和权利能力为核心的人格权保护,逐步形成和发展成为一个完整的反映人性自由的人格本质及其规范要求的制度体系。这一人格自由的制度体系,遵循了人格权的生命性、法定性和平等性等普遍的自然秩序,体现了民法对人格价值的承认和尊重,是民法只能接受和表现而不可改变的人性自由法则。

2. 自然伦理的身份自由

在民法调整的人身关系中,自然人的身份权作为以婚姻家庭关系为基础而形成的人身自由体系,是一种反映人性自然伦理的制度体系。我国《民法典》第112条规定:"自然人因婚姻家庭关系等产生的人身权利受法律保护。"对于身份权关系所具有的人性本质,基于其反映的自然伦理秩序一般不会有人怀疑,但是就身份关系的自由属性,则会有不同的认识。因为在民法调整的社会关系中,身份关系一直被认为是缺少自由的关系,是一种身份不平等的关系,特别是近代以前代表传统伦理的身份关系,被普遍认为是一种典型的人身不平等关系,具有人身支配和依附的社会属性,所以并不是一种代表人性自由的社会制度体系。正是由于身份关系所具有的特定传统与伦理秩序属性,所以成为近代以来各国民法制度中最难变革的部分,直到"二战"以后,以人身依附和支配为基础的传统身份关系才逐渐被废止而得以制度更新。

然而,不论当代民法的身份权制度如何变革和更新,身份关系本身所固有的"人身依附或者不平等"的自然伦理属性是无法在根本上改变的,因为这本身构成自然人身份关系的本质。相反,一定的"人身依附或者不平等"恰恰是构成这种关系的必要条件与伦理基础,具有一定的合理性。

没有未成年子女对父母的人身依附,就没有以父母权利(力)为基础的亲权。以大陆法系民法的亲权为例,《法国民法典》规定,"子女不问其年龄,对父母负尊敬的义务"(第371条);"子女在成年或亲权解除前,均处于父母权力之下"(第372条);"父母婚姻关系存续中,亲权由父单独行使之"(第373条);等等。《德国民法典》第1626条第1款规定,"父母有义务和权利照顾未成年的子女(父母照顾权)。父母照顾包括对子女的人身的照顾(人身照顾权)和对子女的财产的照顾(财产照顾权)"。我国《民法典》第1067条第1款规定,"父母不履行抚养义务的,未成年子女或者不能独立生活的成年子女,有要求父母给付抚养费的权利";第1068条规定,"父母有教育、保护未成年子女的权利和义务。未成年子女造成他人损害的,父母应当依法承担民事责任"。显然,父母对未成年子女享有和行使亲权,是基于自然伦理的必然血亲秩序,它在本质上并不是父母的权利需要,而是未成年子女在没有自由能力的条件下实现成长的客观要求,是以父母享有和行使权利的条件来达到保障未成年子女健康成长并最终获得人身自由的目的,是由父母子女之间的生命联系所自然规定的生命过程及其秩序形态。

同样,夫妻之间的人身依附是婚姻关系存在的目的和条件,并因这一依附的需要而产生特定的夫妻之间的配偶权。以大陆法系民法的配偶权为例,《法国民法典》第212条规定,"夫妻负相互忠实、帮助、救援的义务";《日本民法典》第752条规定,"夫妻应同居,相互协力,相互扶助";《德国民法典》第1353条第1款规定,"婚姻双方相互之间有义务过共同的婚姻生活;婚姻双方互相向对方负责"。[①] 我国《民法典》第1059条规定,"夫妻有相互扶养的义务。需要扶养的一方,在另一方不履行扶养义务时,有要求其给付扶养费的权利";第1060条规定,"夫妻一方因家庭日常生活需要而实施的民事法律行为,对夫妻双方发生效力,但是夫妻一方与相对人另有约定的除外。夫妻之间对一方可以实施的民事法律行为范围的限制,不得对抗善意相对人"。夫妻之间的婚姻关系是一种特定的身份关系,具有相互之间人身依赖与依附的秩序属性,如果没有相互的人身依赖与依附的条件需求,就没有夫妻关系存在的必要与可能,这种相互依赖与依附在本质上是实现相互自由的生活目的的条件。显然,人身依赖与依附构成了夫妻关系存在和维系的秩序基础,配偶权或者夫妻关系中的人身依赖与依附并不以双方或者其中一方失去自由为前提,也不必然导致这一结果,而恰恰是夫妻双方达到人生自由的特定条件。正是夫妻关系或者配偶权所达成的相互人身依赖与依附,从根本上解决和满足了人的生理与生活自由的客观需求,建构和实现了人的生理与生活自由的自然与合理秩序。

另外,亲属权是以亲属关系为基础的权利,亲属关系包括血亲关系和姻亲关系,在血亲关系中,又包括直系血亲和旁系血亲。广义上,父母与未成年子女之间的亲权关系和夫妻之间的配偶权关系,都属于亲属关系的范畴。狭义上,亲属权是除亲权与配偶权之外的特定亲属之间所具有的一种相互扶养与扶助的关系。因此,并不是所有的亲属之间的关系都是具有亲属权的关系,亲属权是只发生在部分亲属之间的法定权利义务关系。《德

---

① 虽然传统上西方国家民法的配偶权以夫权为主、妻权为辅,但是这并不意味着是一种片面的权利关系,一方面夫不得滥用权利,另一方面有妻权与之相平衡,且以夫对妻承担扶养义务为主。特别是经过变革和修改完善后的当代西方民法,强调夫妻双方的平等地位,如《德国民法典》第1360条规定,"婚姻双方相互之间负有义务"。

国民法典》第 1601 条规定,"直系亲属有义务相互提供生活费";《日本民法典》第 730 条规定,"直系血亲与同居的亲属,应相互扶助"。根据我国《民法典》的规定,亲属权属于"其他近亲属关系"的范畴,包括有负担能力的祖父母与孙子女、外祖父母与外孙子女、兄姐与弟妹之间,在一定条件下彼此负有抚养、赡养或者扶养的义务(第 1074、1075 条),是享有亲属权的亲属关系。亲属权是在一定的亲属之间由于一方缺少必要的生活条件和能力而需要他方给予一定的抚养、赡养或者扶养条件而产生的权利义务关系,是为了弥补一方生命与生活的自由条件不足而需要在一定亲属之间发生的关系。因此,亲属权同样是为了实现人性自由的目的而基于自然伦理在一定的亲属之间确立的权利地位,具有自由的权利本质。

总之,身份权或者身份关系是以相互承担义务的人身不自由而达到人身自由的社会关系。在相互的身份关系中,不论是一方的自由限制,还是双方的自由束缚,都是作为达到自由的条件存在的,自由才是目的。在身份关系中的一定人身依附与自由限制,并不意味着与人性自由法则的对立,而恰恰是人性自由法则在特定的身份关系实现中的必然与必要条件。因此,基于自然伦理秩序的身份关系,在根本上都是以实现自由为目的的关系,都是自由的关系。民法对这一关系的调整只是对这一特定的人性自由条件的确认,而不是为了某种非自由的目的。

(二)以所有权为基础的财产自由

财产利益作为人的生命与生存利益,是人格维持所不可缺少的要素,同样具有人性与人格利益的本质,必然是一种以自由为条件的利益,需要自由的财产支配与财产利益实现的秩序条件,这就是人性的财产自由法则。体现在民法的自由制度的形式与发展上,就是以所有权为基础的财产自由体系。①

民法调整的财产关系是"在不违犯正义的法则和道德上的公平的范围以内,允许一个人自由使用并占有一个物品,并禁止其他任何人这样使用和占有这个物品的那样一种人与物的关系"。② 民法作为人的本体法,产生于人性自由的目的及其秩序条件,其调整的财产关系是平民社会的财产自由关系,是个人财产利益的自由实现关系。这一民法调整的财产关

---

① "所有权就是一项根据意志支配物的法律能力,并排除其他人对此物的使用,所有权的行使即通过持有来实现,对应于作为法律条件的所有权,持有即构成事实条件。"〔德〕弗里德里希·卡尔·冯·萨维尼:《论占有》,朱虎、刘智慧译,法律出版社 2007 年版,第 4~5 页。在所有权的权能中,无论是所有人根据意志对所有物的支配,还是排除其他人对物之支配的干涉,都只能在所有权自由的条件下完成。

② 〔英〕休谟:《人性论》,关文运译,商务印书馆 1980 年版,第 345 页。

系,是以所有权为基础构成的财产自由的制度体系,是人格自由的必然财产条件要求。财产作为生命不可缺少的利益要素,既是生命的本质条件,也是人格自由的客观要求,没有一定的财产利益满足,便没有人的生命与人格,也就没有人和人性的自由。"作为人类,他必须运用头脑,确定目标和方式;如果有人强迫他改变自主选择的道路,就会违背其天性,违背其作为人必须发挥的作用。"①因此,财产自由是人格自由的基础,人格自由以财产自由为实现条件,财产自由构成人性自由的基本秩序法则,并需要以符合人性自由的民法秩序实现财产自由。

在财产关系上,人对财产的支配,是人的直接的财产自由,而人对财产支配的最完全的自由体系,就是财产所有权。人必然以一定的财产自由即直接的财产支配来满足自己的财产利益需求,而这一支配的最彻底的自由形式就是基于财产所有权而形成和实现的财产占有、使用、收益和处分的行为关系。人对财产的直接支配及其财产利益的满足一定是构成某种财产自由的形式,但是那些供人们支配的财产的取得,则既不一定是自由行为的取得,也不一定是依据民法制度的取得。在各种财产取得方式中,除了民法上的行为自由取得外,有的是以个人实力为根据的先占取得,有的是以人身依附为条件的家庭财产用益,有的是在公有制的基础上通过行政权或者权力行使的财产分配,这些都不是财产的自由取得,特别是后者更不构成民法上的财产取得方式。

民法上的财产取得,虽然不一定是自由的取得,但一定是以自由为基础的或者是以自由形式为主的取得,也就是在承认和尊重人性自由法则的基础上以主体的人格与行为自由为条件的取得,即以商品经济和市场交换为主体的个人财产取得。这一财产的自由取得,构成民法上的财产权变动的行为自由体系。

1. 所有权的财产支配自由

所有权是民法物权的基础与核心,又称为完全物权和自物权,是完全的财产支配权,是一种支配财产的自由权。所有权制度的本质就是财产或者财产所有权自由,是以个人为主体的财产自由支配的规范与秩序体系。财产自由与人格自由、契约自由、遗嘱自由等一起构成了完整的民法上的人性自由制度体系,不仅是契约自由和遗嘱自由的制度根据,而且是民法上人格自由的实现条件。

所有权作为完全物权,没有也不可能再有超越所有权的财产自由范

---

① 〔美〕穆瑞·罗斯巴德:《自由的伦理》,吕炳斌等译,复旦大学出版社2008年版,第94页。

畴。①所有权作为财产自由支配的制度体系,其自由的完全性充分体现在所有权的制度本质中。"所有权人的决定自由以'不损害第三人的权利(Rechter Dritter)'为限。"②所有权自由应当遵循财产支配的行为规则,这就是民法上的所有权制度。《法国民法典》第537条第1款规定,"除法律规定的限制外,私人得自由处分属于其所有的财产";第544条规定,"所有权是对于物有绝对无限制地使用、收益及处分的权利,但法令所禁止的使用不在此限";第545条规定,"任何人不得被强制出让其所有权,但因公用,且受公正并事前的补偿时,不在此限"。基于财产自由的原则,虽然对财产所有权设定有基于法律或者公用目的的限制,但是保证财产支配的自由才是所有权制度的目的与本质。《德国民法典》第903条规定,"在不违反法律和第三人利益的范围内,物的所有人可以随意处分其物,并排除他人的任何干涉"。所有人对所有物可以为自由处分,而所谓排除他人对物的干涉,就是排除他人对所有人自由支配其物即所有权自由的干涉。《日本民法典》第206条规定,"所有者在法令允许的限度内,有权自由地使用、受益以及处理其所有物"。法令对所有权的限制只是财产自由的条件,而所有权的本质则在于实现所有者的财产自由。可见,各国民法关于所有权的内容与本质的规定,均在于实现财产自由。我国《民法典》第114条规定,"民事主体依法享有物权。物权是权利人依法对特定的物享有直接支配和排他的权利,包括所有权、用益物权和担保物权";第240条规定,"所有权人对自己的不动产或者动产,依法享有占有、使用、收益和处分的权利"。虽然我国民法没有强调物权或者所有权的自由,但是物权或者所有权人对物的占有、使用、收益和处分的实现,同样需要财产自由和以自由为前提。物权或者所有权自由作为完全的财产自由,包括对所有物的占有、使用、收益和处分自由,能够充分实现所有人支配其物和满足其利益并排除他人干涉的需要。

为了保护财产所有权和实现财产自由的目的,民法不仅确立了一物一权原则,而且赋予所有权以绝对性、排他性、追及性和永续性的权能与效力,既保证所有人对财产的绝对支配与永续享用,又保证在所有权受到侵占时能够追及其物并排除他人对所有权自由的妨碍与干涉,从而实现在所

---

① "所有权是对某物最全面的绝对的归属权。物之归属权意味着,该物直接归权利人所有,并且物之所有权人可以直接干涉该物,而无须事先取得他人的许可。"〔德〕曼弗雷德·沃尔夫:《物权法》,吴越、李大雪译,法律出版社2002年版,第4页。

② 〔德〕迪特尔·梅迪库斯:《德国民法总论》,邵建东译,法律出版社2000年版,第48页。

有人意志基础上的财产自由。任何国家的民法,都必然基于人性自由的财产法则,承认财产所有权即私有财产的不可侵犯性,①从而以符合人性自由本质的财产所有权为基础,建构财产支配的自由制度体系,实现对社会财产关系的根本调整。

事实上,所有权在本质上并不是民法的制度生成结果,而是人性的财产自由支配的自然秩序,是人性自由的必然权利事实及其制度条件与要求。所以,财产所有权及其财产支配自由,作为人格的条件与本质,是在根本上不可剥夺的权利与自由。不论在什么社会条件与制度结构下,都不可能在根本上消灭私有财产和个人财产自由,因为不论什么性质的财产,都应当是具有主体归属的财产,最终都只能与人结合和由人支配并构成特定主体的利益财产才具有财产意义,即使是公有或者公共财产,也只有转化为个人财产或者作为满足个人利益的财产,才能够实现其作为公有或者公共财产的目的。因此,一个良好的社会制度就在于建构民法的财产所有权的自由制度体系,以对人的本质及其财产利益需求与实现条件的尊重,合理调整平等社会的财产支配关系,鼓励、促进和保护个人财产所有权,从而以财产自由的制度形式实现人性自由法则的财产秩序本质。

2. 他物权的财产扩张自由

基于人性的财产自由法则,所有人不仅需要直接利用其物以满足自身的财产利益需求,而且需要扩大利用其物以实现财产价值的增值与最大化,这就是在所有权的制度基础上以他物权的制度形式实现的财产扩张自由体系。

他物权是相对于自物权即所有权的概念,是在他人所有的物上设定的所有权以外的其他物权,即物的非所有人根据法律规定或所有人的意思而对他人所有之物享有的进行有限支配的物权。② 在他物权与所有权的关系上,所有权为原始物权,他物权为派生物权。"所有权作为最完整、最充分的物权,为充分发挥物的效用,以全面实现权利的利益目的,可以从中分

---

① 侵犯他人财产,就是剥夺他人财产自由,与剥夺他人人身自由一样,都是对他人人格的侵害。参见〔美〕穆瑞·罗斯巴德:《自由的伦理》,吕炳斌等译,复旦大学出版社2017年版,第92页。
② 他物权制度源于罗马法,是所有权以外可以纳入物权的一切其他物权范畴。他物权以他人的所有权为前提和根据,只体现所有权的部分权能,是所有权的一种延伸。近现代民法继承了罗马法的他物权概念及其理论与制度体系,但是在具体的制度形式上更加丰富和多元化发展。他物权又被称为"限制物权"或者"定限物权",即限制所有权的物权,所有权人在自己的物上设定有他物权的情况下,为保障他物权的实现而有限制所有权的意义,但这在根本上是所有权人的财产自由实现,而不是所有权人的财产自由限制。

离出各种其他物权。"①他物权既是所有权的财产自由实现形式,又是从所有权的财产自由中派生出来的一种财产自由,是以所有权制度为基础的财产自由的扩张形式,是所有权自由的进一步制度细化与实现。

所有人基于所有权而对物的全面支配,有两种形式:一是利用物的使用价值,二是利用物的交换价值。除了所有权人自己直接支配其物而实现物的使用与价值变现外,前者产生以所有人向他人让渡物的使用权为内容的用益物权,后者产生以所有人向他人让渡物的交换价值为内容的担保物权,从而构成一个完整的他物权的财产自由扩张体系。《民法典》第323条规定,"用益物权人对他人所有的不动产或者动产,依法享有占有、使用和收益的权利";第387条第1款规定,"债权人在借贷、买卖等民事活动中,为保障实现其债权,需要担保的,可以依照本法和其他法律的规定设立担保物权"。用益物权和担保物权作为市场经济条件下的民法财产权制度,扩大了所有权的财产自由的范围和形式,使财产所有权的自由得以充分实现。

他物权以所有权的某项权能为内容,在实现所有权人的财产自由扩张和非所有人对他人财产的支配的基础上,彼此接受财产自由的合理条件与限制,并都能够实现各自的财产自由。他物权是一个非常具有想象力的概念,它把所有权以外的一切物权概括其中,并用一个"他"字表示之,从而使自身的内涵特定化,这就为物权法理论的体系化提供了一个基本范畴。他物权一词之"他",起码表明了以下三种含义:(1)他物权是所有权人以外的他人享有的物权;(2)他物权是对他人之物享有的物权;(3)他物权是所有权以外的其他物权。同时,他物权之"他"又对他物权作出了以下界定:(1)他物权的主体是特定的非所有人以外的他人;(2)他物权的内容是所有权的一部分而不是他的全部权能;(3)他物权的行使受到他人所有权的限制;(4)他物权的产生是他人所有权的部分权能与所有权分离的结果。他物权在实现财产自由上的意义在于,一方面使所有人在不丧失所有权的基础上得以扩张财产自由的范围,另一方面是在所有人扩张财产自由的同时使他人在自己的财产上能够获得所需要的财产自由。所以,他物权所扩张实现的是所有权人与他物权人共同的财产自由与财产利益目的,是民法的制度体系对财产自由的全面安排。

所有权的财产自由体系的深化发展,正是以他物权的扩张自由的形式

---

① 王利民:《物权本论》,法律出版社2005年版,第20页。

实现的,是各种他物权制度与财产自由的不断创新。① 特别是在市场经济的条件下,他物权作为所有权的财产自由与市场经济相结合的制度形式,通过市场条件下的所有权的自由扩张利用,在最大限度地实现所有权市场化的同时使所有权的财产自由全面社会化,并构成了市场经济的重要财产制度。

3. 财产权变动的行为自由

民法调整的财产关系自由,不仅是财产支配的自由,而且是财产变动的自由,并且基于财产支配的物权或者所有权自由而必然产生和需要财产变动的行为自由即契约自由。这就是民法调整的合同或者债权关系,构成所有权自由的必然财产关系要求和条件,是从所有权的财产支配自由中派生出来的财产行为自由。民法调整的社会关系的秩序本质都在于自由。自由是个人行为的根据,是个人行为关系的发生及其权利变动的基础事实。人对物或者财产的支配,不论是支配的事实,还是支配的权利,都是一个变动的状态,而如何实现物权或者财产权的变动,就构成了一个国家和社会的财产制度的条件与本质。当然,任何一个国家或者社会的财产权变动,都不可能是某种单一制度的形式,但以何种制度为实现财产权变动的主体形式,则是一个社会的财产分配基本制度即经济体制问题,涉及社会的根本财产秩序与财产自由的实现。

民法调整的平民社会关系,基于人性自由法则而具有市场经济条件的基本需求,所以平民社会的自由发展必然在财产关系上走向商品或者市场经济,即需要财产关系或者财产权的自由变动,并必然形成财产权变动的行为自由体系。换言之,在民法调整的平民社会关系领域,任何社会都不能没有也不可能根本消灭财产的商品性质及其自由交换行为。相反,一个社会必然在自然经济的基础上发展出商品和商品经济,而基于个人意志的商品交换则必然成为普遍的财产变动事实,这就是民法上的基于行为自由的财产权或者物权变动,是人性自由法则在财产关系变动上的必然行为要求与制度结果。

---

① "须注意者,近代物权价值化之结果,所有权之有效运用,乃系将利用权能转化为供他人利用,以收取对价之权能,他人因此取得利用权(定限物权),又由于所有权社会化,讲求利用权之保护,是以利用权已逐渐独立为永久的一面支配权,所有权之弹力性难得恢复,全面的支配惟理论上徒其形式也,所有权之全面支配权,所包含之权能遂又有分裂之倾向。"谢在全:《民法物权论》(上册),中国政法大学出版社1999年版,第49页。以他物权形式实现的财产自由的发展与扩张,确导致了人们的物权及其财产自由观念的更新并改变了人们对财产价值的认识与判断,但是把通过他物权实现财产自由扩张的所有权说成是"徒其形式"的全面支配权,则是一种过喻之言,不符合他物权的制度本质与功能。

从人性自由法则上考察民法调整的财产关系,财产权变动的行为自由及其制度体系的形成就变得非常简单和自然。因为财产利益作为主体的人格利益,根本上是一种自由的利益,基于人性自由的本质,既需要自由的满足与实现,也需要自由的取得和变动。因此,民法上的财产权变动的行为自由体系,不过是人性自由法则的行为条件和反映,同样具有人性自由的规定性,是人性的决定,而不是民法的决定。民法是"人法",只能反映人性的财产权变动条件,而不能在人性之外创设某种财产权变动的形式。

民法的财产权变动的行为自由体系,是以行为自由即意思自治为基础的法律行为制度。① 法律行为是基于行为人的设权意思表示而实现民事权利变动的自由制度形式,体现在财产关系上,就是以契约自由和遗嘱自由的规范条件所表现出来的行为自由制度。

(1)债权行为的契约自由。民法上的财产权变动的行为自由体系,表现在市场经济关系上,主要是债权行为的契约自由体系,即通过契约或者债权行为反映主体意志并实现的财产权变动。② 契约或者债权,作为人性自由法则在财产关系变动上的民法自由制度存在,构成民法上的财产权变动的主要事实根据,是人性自由法则在财产权变动形式上的民法制度创设,是民法在财产关系上对人性自由法则的根本制度发现。换言之,契约或者债权,作为财产关系或者财产权即物权实现的一种民法手段,不过是财产关系或者财产权变动的一种行为自由的方式,是以人性自由法则为根据的民法自由制度,③是人的财产自由在财产权变动上的必然条件要求和制度反映。

所以,当代民法的契约自由原则,在本质上是物权或者财产权变动的行为自由原则,是依附于作为绝对权的物权或者财产权的一种相对权即"债权"的形式。换言之,所谓债权债务关系,不过是实现物权或者财产权

---

① "法律行为"制度由《德国民法典》纳入民法总则。"在德国民法典中,法律行为被放置在第一编总则部分而非债法编,这意味着相关规定涉及第二编到第五编的全部内容甚至是整个私法领域。德国模式的特点是法律行为中心化。"李世刚:《法国新债法——债之渊源(准合同)》,人民日报出版社 2017 年版,第 39 页。

② "因为实在的契约中,当事人每一方所保持的是他用以订立契约而同时予以放弃的同一个所有权,所以,那个永恒同一的东西,作为在契约中自在地存在的所有权,与外在物是有区别的,外在物因交换而其所有人变更了。上述永恒同一的东西就是价值。契约的对象尽管在性质上和外形上千差万别,在价值上却是彼此相等的。价值是物的普遍物。"[德]黑格尔:《法哲学原理》,范扬、张企泰译,商务印书馆 1961 年版,第 83~84 页。

③ "契约自由,指当事人得依其意思之合致,缔结契约而取得权利,负担义务",其基本内容即缔结自由、相对人自由、内容自由、变更或废弃自由、方式自由。参见王泽鉴:《民法概要》,中国政法大学出版社 2003 年版,第 79 页。契约自由作为财产自由的必然要求和反映,体现了民法作为私法及其意思自治的制度本质。

自由变动的行为关系即请求权关系,没有基于人性自由法则的财产权自由变动需要,就不会有契约或者债权制度的产生条件和存在必要。①《法国民法典》第 1134 条第 1 款规定,"依法成立的契约,在缔结契约的当事人间有相当于法律的效力";《德国民法典》第 305 条规定,"根据法律行为成立债的关系以及变更债的内容的,需有双方当事人之间的合同,但法律另有规定的除外"。民法赋予契约或者合同形式以实现财产权变动的法律效力,从而使基于契约即当事人意志的财产自由变动成为民法的基本财产秩序规则。

当代民法的物权或者财产权变动,虽然被概括和总结为各种模式,但是在根本上只有两种:一是以法国民法为代表的债权意思主义模式,即作为债权或者契约效果的物权变动模式;二是以德国民法为代表的以物权行为理论为基础的物权形式主义模式,即在"区分原则"下以债权行为作为物权变动的原因或者根据的模式。不论其为何种模式,根本上都是以契约自由为基础和根据的物权变动模式,虽然在不同的模式中契约对于实现物权变动的意义有所差别,但是都离不开契约自由作为实现物权变动的条件。《法国民法典》第 711 条规定:"财产所有权,得因继承、生前赠与、遗赠以及债的效果而取得或转移。"《德国民法典》第 873 条规定,"转让土地所有权、对土地设定权利以及转让此种权利或者对此种权利设定其他权利,需有权利人与相对人对于权利变更的协议,并应将权利变更在土地登记簿中登记注册,但法律另有其他规定的除外";第 929 条规定,"转让动产所有权需由所有权人将物交付与受让人,并就所有权的转移由双方成立合意。受让人已占有该物,仅需转移所有权的合意即可"。我国《民法典》把物权变动区分为基于法律行为的物权变动和法律行为以外原因的物权变动两种情形,并把基于法律行为即契约自由的物权变动作为物权变动的基本形式,确立了基于合同即法律行为的各种物权变动制度,从而在物权变动上建立了物权与合同之间的制度联系及其统一的财产制度体系。

(2)继承行为的遗嘱自由。民法调整的财产关系是以个人私有财产

---

① "通过契约所成立的所有权,它的定在或外在性这一方面已不再是单纯的物,而包含着意志(从而是他人的意志)的环节。契约是一个过程,在这个过程中表现出并解决了一个矛盾,即直到我在与他人合意的条件下终止为所有人时,我是而且始终是排除他人意志的独立的所有人。"〔德〕黑格尔:《法哲学原理》,范扬、张企泰译,商务印书馆 1961 年版,第 81 页。"由此可知,契约关系起着中介作用,使在绝对区分中的独立所有人达到意志同一。它的含义是:一方根据其本身和他方的共同意志,终止为所有人,然而他是并且始终是所有人。"(同前。)换言之,契约作为一种中介,是基于当事人的同一意志即合意在终止或者让渡所有权的同时而取得所有权的形式,从而在个人意志或者合意的基础上保持了所有权——价值在变动中的平衡。

权为主体或者基础的财产关系,私人财产所有权在所有人死亡后的财产权转移和变动是以遗产的私有权转移的继承行为实现的,而作为财产自由的一部分,民法的继承行为及其实现的遗产变动是以遗嘱自由为基础的制度体系。这一制度体系所确立的遗产继承的本质与原则有两个:一是遗产作为私有财产的私权转移,二是遗产在私有主体之间的自由转移。一方面,遗产继承不是遗产的公有化和社会化过程,应当保持遗产作为私人财产所有权的性质不变;另一方面,实现遗产转移的继承行为应当尊重当事人的自由意志,既不能剥夺所有人的遗嘱自由,也不能剥夺继承人的继承自由。

以遗嘱自由为基础的遗产自由继承制度,是人性自由法则在财产继承关系中的自然伦理秩序。"遗产是个人生前的私有财产,基于个人财产所有权,个人对身后个人财产的处分,正如生前对个人财产的支配一样,属于个人财产自由的一部分,首先应当承认和尊重个人对身后遗产处分的自由性,即通过遗嘱方式的遗产继承。"① 私有财产具有特定的家庭伦理属性,应当在家庭成员或者亲属之间实现所有权转移,而在这一财产转移中,作为所有权自由的一部分和行使所有权即财产自由的一种形式,自然应当根据遗产所有人的意志,将遗产转移给其最中意的人继承,这就是遗嘱自由,是人性自由在遗产继承上的必然条件要求。② 民法继承权制度必须尊重这一人性自由法则,并不能以自己的强制性规范任意改变和剥夺遗嘱人通过遗嘱所表示的自由意志,因为这无疑是剥夺和限制遗嘱人的财产所有权及其对财产的自由支配。③ 同样,继承人也有决定继承或者放弃继承遗产的自由,这一自由应当根据继承人的意思表示决定,而不能以立法

---

① 王利民:《民法道德论——市民社会的秩序构造》,法律出版社2019年版,第574页。"遗产是自然人死亡时遗留的个人合法财产,基于遗产继承的所有权变动,是物权变动的重要条件和形式。这一所有权变动的条件和形式是个人财产所有权即私有权的必然要求和结果,是人类自然生态的财产权秩序。"(同前。)

② "除了为受其抚养的子女提供充分的物质保障外,人们可通过明确的书面形式依其所愿将财产在其死后处分给他人,若不如此处分,则财产将依一般人之意愿让渡。"〔美〕迈克尔·D.贝勒斯:《法律的原则——一个规范的分析》,张文显等译,中国大百科全书出版社1996年版,第163~164页。所谓"依一般人之意愿让渡",就是法定继承,或者没有法定继承人情况下的国家或社会所有。

③ "遗产是死者生前的个人私有财产,而死者对身后财产的处理,属于财产自由和所有权行使的范畴,是所有人对财产的一种支配行为,应当体现自由原则。因此,遗产继承的社会正当性方式,就是死者生前对财产的自由处分,也就是遗嘱行为和基于这一行为的遗嘱继承。通过遗嘱行为,遗产所有人可以避免在自己死后的遗产被按一般继承规则即继承法的结果转移,从而使遗产转移给遗产所有人自己生前选定和中意的继承人所有。"王利民:《民法道德论——市民社会的秩序构造》,法律出版社2019年版,第577页。

的形式进行不合理推定,否则不仅是对继承自由的否定,也是对遗嘱自由及其确立的遗产转移的改变,在根本上违背人性自由的遗产继承法则。

4.财产权损害的责任自由

康德指出:"责任是自由行为的必要性。"①有自由权利,必有自由责任,责任同样是自由意志的必然结果,人接受自己的自由意志,也就必须承认和承担基于自由意志的行为责任,②就如同享有自由意志的权利一样。根据人性自由法则,人不仅可以自由享有权利,也应当自由承担权利损害的责任。权利损害的责任包括财产权损害和非财产权损害的责任,作为民事责任,是民事主体之间的责任,是一种私法责任,属于当事人可以意思自治即责任自由的范畴,这就是以民事责任的约定性确立的责任自由。这一责任自由体系,既包括民事责任的自由约定制度,也包括民事责任的自愿承担制度,其中核心是由违约金、定金和因违约产生的损失赔偿额的计算方法等构成的民法约定责任制度。约定责任和民事责任的自愿承担作为民法的自由责任,体现当事人的意志自由,应当得到民法的充分承认和尊重,③这是人性自由法则在民事责任制度上的体现。

因此,民法必须正确处理和界定法定责任与约定责任的关系,尽量扩大自由责任的适用范围,减少和避免对当事人约定责任的不合理干涉和限制,最大限度地实现当事人的责任自由。即使民法基于公平考虑而对约定责任作出一定的限制,也应当是任意性条款,是当事人可以通过约定变通的内容,如果当事人有相反的约定,作为当事人对自己责任的合理预见和自主确认,一般与第三人利益和公共秩序无关,应当尊重当事人基于自由

---

① 〔德〕康德:《法的形而上学原理:权利的科学》,沈叔平译,商务印书馆2011年版,第24页。"任何与责任不相矛盾的行为都被允许去做,这种自由,由于不被相反的绝对命令所制约,便构成道德的权利,作为该行为的保证或资格。从这点便可以立刻明白,什么行为是不允许的或不正当的。"(同前,第25页。)

② "人把他每个决定的行动都看作他人格的表现","行动是他的行动,出自他的意志,是他性格的产物。他并不把他的性格看作他外面的某个东西,这个东西强迫他这样做,推动他那样做;而是把性格与自己视为一体。他的性格事实上就是他自己,因此他认为要对他的行为和动机负责"。〔美〕梯利:《伦理学导论》,何意译,北京师范大学出版社2015年版,第270~271页。

③ "在行为归责上,基于行为与行为责任的统一性,一个人只能对自己的行为负责,而不能对他人的行为负责,因为他人的行为不代表自己的主体人格性,也就不构成自己的责任后果。责任自负,在契约关系的条件下,就是责任自由,属于行为自由的一部分,是行为自由的当然性。没有责任自由,就不会有行为自由,如果一个人可以不为自己的行为自由负责,并承担自由约定的责任,而可以把自己的行为归责于他人,由他人对自己或者自己对他人的行为负责,就是一种强加于人的责任,是责任的不自由,也就是违反行为自由。"王利民:《民法道德论——市民社会的秩序构造》,法律出版社2019年版,第555页。

意志的责任选择,承认当事人自由约定的责任结果。① 否则,如果这些条款不作为任意性条款并给予当事人可以事后反悔的一定条件和理由,就只能是违约者在违约后试图减少或者不承担约定责任的自由,而不是守约者根据约定获得合理赔偿的自由,从而违约者可以违背自己对责任的自由承诺而不承担约定的责任,而守约者因违约造成的权利损害也不能得到约定的合理救济。如果根据某一民法条款或者对该条款的适用,结果是违约者可以不遵守自己在契约自由基础上的责任诚信,其结果就是对违约者的保护和对守约者的损害,这显然不符合契约自由原则,亦违背人性自由的责任法则。

五、基于人性自由的行为限制与无效

民法的行为自由与民法作为行为法的自由本质相一致。民法作为"人法"和行为法,在本质上就是人的行为自由法,应当以行为自由作为民法的制度基础并构建自由的民法制度体系。民法自由作为行为人设权意思表示的自由,是行为人可以自己为自己设定法律关系——权利义务并得到法律承认和保护的行为自由,即"意思自治",是民法作为国家法基于自己的"人法"或者私法属性而确立的以民事主体的行为自由为条件的设权制度。

民法的行为自由是一种社会自由,普遍的自由即意味着普遍的限制或者不自由。"在社会内,尤其在国家内有可能的自由,不能是免于任何约束的自由,它只能是免于一个特种约束的自由。"②自由不是纯粹的"自然"或者无政府状态,而是以秩序为条件的自由,即每个人都享有同样的自由,也都接受同样的自由约束。民法以国家法的形式所承认和保护的个人利益的自由空间,是以个人行为自由的"秩序实现"为条件的,表现为对行为自由的规范限制与控制。"如果不加限制地承认私域自治、契约自由,反过来也会出问题。特别是在当事人之间存在信息、交涉力不均衡的情形。因为在此情形,强者有可能会利用这种不均衡将有利于自己的契约强加给弱者。"③民法调整和保护的个人行为自由,不是单纯的自然行为事实,而是具有利益性和利害结果的社会自由,是以民法上的权利义务为内容的自由,所以必须是以一定的规范和秩序条件为根据实现的自由,需要为实现

---

① 根据人性自由法则及民法意思自治原则,《民法典》第 585 条第 2 款关于"约定的违约金低于造成的损失的,人民法院或者仲裁机构可以根据当事人的请求予以增加;约定的违约金过分高于造成的损失的,人民法院或者仲裁机构可以根据当事人的请求予以适当减少"的规定,以及第 588 条第 1 款关于"当事人既约定违约金,又约定定金的,一方违约时,对方可以选择适用违约金或者定金条款"的规定的合理性及其适用条件都需要反思和检讨。
② 〔奥〕凯尔森:《法与国家的一般理论》,沈宗灵译,中国大百科全书出版社 1996 年版,第 316 页。
③ 〔日〕山本敬三:《民法讲义Ⅰ:总则》,解亘译,北京大学出版社 2012 年版,第 88 页。

自由及其秩序目的的行为控制。"一个法律制度不可能规定,只要完成了外部的意思表示的事实构成——通常是意思表示的发出以及有些情况下的到达——法律行为就可以有效地成立。相反,一系列的限制是必要的或合目的的。"①民法控制行为自由的主要制度手段,就是作为行为自由对立面的行为无效制度,即对滥用自由和超过自由限度的法律行为及其效力的国家强制否定制度。基于这一制度,已经成立的个人自由即法律行为,可能被认定为无效而不具有法律效力,不被法律承认和保护,不能产生行为人根据行为自由的预期私法效果——权利义务关系。"即使某项意思表示的内容和形式都是无可指责的,也还不能从此事实中直接得出它就是有效行为的结论。"②法律行为被认定为无效,就是行为人自由被否定。无效制度作为体现国家意志的强制性规范,是行为自由的负面清单,行为人的行为自由以不违背民法的无效条款这一"负面"规范为前提,否则就是滥用行为自由,必然被法律所禁止。

各国民法关于无效制度的立法模式,包括无效和可撤销的行为种类与划分以及无效的确认和撤销权的行使方式等,虽然不尽相同,但是却在客观上保持了无效制度在内容和条件上的实质统一。概括各国民法关于行为无效的规定可知,无效或者可撤销的行为可以归为三大类:一是主体不合理的行为;二是意思表示不真实的行为;三是内容违法或者违背公序良俗的行为。《民法典》第143条规定,具备下列条件的民事法律行为有效:(1)行为人具有相应的民事行为能力;(2)意思表示真实;(3)不违反法律、行政法规的强制性规定,不违背公序良俗。这一对法律行为有效条件的规定,保持了与无效行为种类与性质的一致;《民法典》第144~151条、第153条、第154条规定的无效和可撤销的民事法律行为,都属于不符合或者违背第143条规定的有效条件的行为。

不论是法律行为的有效条件,还是对民法自由的无效规定,都必然以一定的民事法律行为的伦理为基础,即行为自由的人性秩序法则。换言之,民法的无效行为规定,作为对行为自由的限制和否定条件,并不是立法者任意的选择,而是立法者对行为自由的秩序条件及其无效的本质要求进行客观认识的结果。各国民法在无效行为制度上所表现出来的高度统一和趋同,反映了民法对无效法律行为制度的共同规范要求,代表了民法以人性自由法则为根据的普遍行为条件。显然,对民法的这一行为制度及其

---

① 〔德〕迪特尔·梅迪库斯:《德国民法总论》,邵建东译,法律出版社2000年版,第368页。
② 〔德〕迪特尔·梅迪库斯:《德国民法总论》,邵建东译,法律出版社2000年版,第369页。

条件要求与秩序本质,只能基于民法作为"人法"而从人的行为本质中去寻找和认识,即从构成民法本体与本源的人性自由的行为法则中去理解和选择。因此,凡是被民法确认为无效的行为,作为民法以国家意志的形式反对或者否定的行为,都是破坏社会秩序和损害人的共同利益的行为,即违背人性自由法则的有害行为。各国民法对无效行为确认的共同根据,就是人性自由法则的根本秩序条件和要求。凡是应当遵循人性自由法则的行为,都应当因为违反这一法则而获得否定的评价,民法的无效行为制度正是遵循这一人性自由法则的制度结果,是人性自由法则对民法行为自由的规定性。

(一)非自由主体的行为无效

民法上的行为自由,应当是本人实施法律行为的自由,即本人行为的自由。本人行为不仅体现本人的意志,而且构成本人对他人或者社会的承诺。只有本人实施的行为,才是本人的行为,也才体现本人的行为自由并对本人产生行为效果,即本人只能对个人行为负责并接受个人行为结果,亦即本人应当承认个人行为并受个人行为的约束。因此,"可能要求从事法律行为的人具备某种合理地形成其意思的能力。这就是行为能力"。① 只有具备行为能力的人,才构成民法上的自由主体,并能够由本人实施行为并享有行为自由。本人的行为应当具备两个条件:一是本人具有行为能力,即实现行为自由的主体能力,②二是本人或者经本人同意实施。③ 相反,如果本人不具有行为自由的主体能力或者非经本人同意而实施行为,即本人不具有自由主体性,是非本人自由的行为,不代表本人的行为自由,不是本人的行为,根据人性自由法则,就不应当约束本人并由本人承担行为后果,即该行为对本人无效。这就是民法上的主体不合格的无效行为,这一无效行为对于本人构成非自由主体或者非本人的行为,对本人不具有产生行为效力的根据,即非自由主体或者非本人的行为是违反人性自由的无效行为。

根据人性自由法则,本人的行为是本人具有行为能力并应当由本人或者经本人同意而实施的代表本人意志的行为。因此,凡是不具备上述主体

---

① 〔德〕迪特尔·梅迪库斯:《德国民法总论》,邵建东译,法律出版社2000年版,第369页。
② "一个无行为能力人的意思表示之所以无效,是因为他缺乏理智地形成其意思的能力。"〔德〕迪特尔·梅迪库斯:《德国民法总论》,邵建东译,法律出版社2000年版,第369页。
③ "不过,如要作出具有法律行为性质的决定(如订立一项买卖合同),决定者就必须具备特别的资格,即他必须具有行为能力。如果决定者不具备这种资格,他还可以通过其法定代理人来作出这样的决定。"〔德〕迪特尔·梅迪库斯:《德国民法总论》,邵建东译,法律出版社2000年版,第47页。

能力与实施条件的行为,都是主体不合格的非自由主体的行为,也都是对本人无效的行为。① 关于主体不合格的无效行为,概括我国《民法典》的规定及其调整的社会关系,大体或者主要有四类:(1)无民事行为能力人实施或者限制民事行为能力人不能独立实施的行为(第144、145条);②(2)无处分权人(非权利人)处分他人财产权的行为(第311条);③(3)无代理权人以本人名义实施的行为(第171条);④(4)根据约定或者法定应当由本人亲自实施而本人未亲自实施的行为。⑤ 我国民法规定的因主体不合格而无效或者可撤销的民事法律行为,都在这四类行为之内。⑥ 由于这类行为的非自由主体性决定了对本人的无效性,所以不论是归入无效还是可撤销,都是根本否定其有效价值,不能对本人有效并产生约束力。

(二)非自由意志的行为无效

根据人性自由法则,行为自由是行为人自己的自由,即行为人自己实施行为的自由,而不是把他人的行为强加给行为人的自由。行为自由构成个人行为的本质,而行为自由的条件,一是个人意志性,二是个人行为

---

① 无民事行为能力人并不一定是没有任何意思表示能力和实施法律行为的条件,而限制民事行为能力人也不一定就是没有实施特定民事法律行为的能力,法律确认他们为无民事行为能力人和限制民事行为能力人(对于不能实施的行为,等于无民事行为能力),就是通过否定他们实施或者不能独立实施的民事法律行为的效力,即确认他们的非自由主体地位,实现对他们的行为保护。因此,对于无民事行为能力人或者被认定为不能实施特定民事法律行为的限制民事行为能力人而言,无论其是否具有一定的意思表示能力,都不能影响和改变他们作为"无民事行为能力人"的主体地位及其实施的民事法律行为的无效结果。

② 《民法典》第1143条第1款规定,"无民事行为能力人或者限制民事行为能力人所立的遗嘱无效"。

③ 无处分权人转让他人财产的,所有权人有权追回,即转让行为无效,但是受善意取得的限制,以维护交易安全。

④ 根据《民法典》第504条的规定,法人的法定代表人或者非法人组织的负责人超越权限订立的合同,在相对人知道或者应当知道其超越权限的情况下无效,即"代表"行为的无效情形。

⑤ 《民法典》第1076条第1款规定,夫妻双方自愿离婚的,应当"亲自到婚姻登记机关申请离婚登记",即离婚的意思表示应当由本人亲自实施,不得代理,即代理无效。

⑥ 对于因主体不合格而可以由合格的权利主体追认或者同意的行为,我国民法理论中有所谓"效力待定行为"的概念。所谓"效力待定"的法律行为,是法律行为的一个"效力类型"概念。然而,法律行为的效力及其本质是由行为本身决定的,即行为本身是否具有违法或者不符合法律规定的情形,与第三人的意志无关,第三人的意志只能使一个未成立的行为成立或者使一个无效行为转变为另一有效行为,而不能独立使一个行为的效力处于不确定的"待定"状态。事实上,在归入"效力待定"的法律行为中,所谓"欠缺债权人同意的债务转让行为",实际上是一个并未合意和成立的法律行为,行为本身根本不在所谓的有效或者无效的"效力待定"范畴,而另外三种"主体不合格"的行为,在所谓"效力待定"的阶段或者状态下,根据我国法律或者司法解释,则是一个效力确定无效或者在特定条件下可能有效的行为,而第三人的同意或者追认,在本质上是第三人与相对人以原行为的意思表示而实施的一个新行为,是意思表示的主体"转换"与效力"更新",可谓之"可转换"或者"可更新"的法律行为。因此,"效力待定行为"的概念,既不具有逻辑周延,也不代表这类行为的本质。《德国民法典》第141条第1款规定:"无效的法律行为经行为人确认者,其确认视为缔结新的行为。"这一规定符合权利人追认或者同意行为的本质属性。

性,即个人意志支配个人行为的自由性。如果一个人有意志而没有自己意志支配下的行为,或者虽有行为但却不是自己的真实意志或者是被迫根据他人意志行事的结果,那么则没有行为自由,即使有外部行为,亦是非个人意志自由的行为,不具有个人行为自由的本质属性,不代表本人或者行为人的行为意志,既不是本人的真实行为,也不具有本人的行为本质,所以不应当对本人有效和由行为人承担行为结果。"毋宁说,还要考虑到该法律行为的目的,亦即使各个主体可以自主地形成其法律关系。为了实现这一宗旨,表示后面的意思(Wille)才具有本质性意义。"①非本意的行为表现为民法的行为制度,就是意思表示不真实的行为,由于这类行为是非自由意志的行为,其发生都具有一定的不正当性或者不法目的性,所以构成一种民法上的行为无效,不具有受民法保护的行为效力。

人性的自由行为,应当是人性真实的行为,即由个人意志支配并代表个人意志或者意思的真实性的行为,这是人性自由及其自由行为的本质,也是一个人的行为对他人产生行为信赖并需要维护行为效果及其稳定性的价值根据。因此,民事主体作为意志自由的行为主体,在法律行为中享有"自由行使个人意志的利益——即免受强制和欺骗,而强制和欺骗使一个人被迫或被骗去做他在自由意志下或在了解事实真相时所不会做的事情"。② 个人的法律行为,如果没有意志或者意思真实,或者是丧失行为选择的条件和能力,就没有行为真实,就丧失行为的客观性,从而不能产生对第三人而言可预见和可信赖的效果,是一种不具有秩序本质的行为,所以法律不承认这类行为的有效性。"虽然行为人具有法律行为上的意思,但是该意思与表示之可识别的意义背道而驰,或者意思具有其他的瑕疵。这里涉及的是错误、恶意欺诈和非法胁迫。"③这就是民法上意思表示不真实或者非自由意志的无效或者可撤销行为。我国《民法典》规定有:(1)虚假表示与隐藏行为(第146条);④(2)重大误解行为(第147条);⑤(3)欺诈和第三人欺诈行为(第148、149条);⑥(4)胁迫行为(第

---

① 〔德〕迪特尔·梅迪库斯:《德国民法总论》,邵建东译,法律出版社2000年版,第369页。
② 〔美〕罗斯科·庞德:《通过法律的社会控制》,沈宗灵译,商务印书馆1984年版,第35页。
③ 〔德〕迪特尔·梅迪库斯:《德国民法总论》,邵建东译,法律出版社2000年版,第370页。
④ 或称为"虚伪表示","是指与相对人通谋实施的、没有真实意思的意思表示"。〔日〕山本敬三:《民法讲义Ⅰ:总则》,解亘译,北京大学出版社2012年版,第120页。与此相联系,传统民法上还有所谓真意或者心里保留的行为,"是指表意人明知没有与表示行为对应的意思(意思与表示不一致),在不告诉对方的情况下所实施的意思表示"。(同前,第117页)。
⑤ 《民法典》第1053条第1款规定"隐瞒重大疾病的婚姻"可撤销。
⑥ "在这种情形,虽然意思与表示一致,但是在意思表示的过程中表意人受到了他人的不当干涉。"〔日〕山本敬三:《民法讲义Ⅰ:总则》,解亘译,北京大学出版社2012年版,第181页。

150条);①(5)乘人之危的显失公平行为(第151条);(6)恶意串通的行为(第154条)。② 这些意思表示不真实的行为,不论是行为人自己的不真实,还是相对人或者第三人导致的不真实,都是为了达到某种不正当或者非法目的而实施或者被动实施的行为,因此背离人性的自由意志法则,即使表面上"同意",也不是有效的同意,自然应当被民法否定其效力而构成民法上的无效行为。③

(三)非自由价值的行为无效

民事法律行为是以权利义务即利益为内容的行为,是一种具有利害关系的社会行为,④因此需要行为内容的正当性与合理性,即法律行为的内容必须符合人性自由的伦理价值,否则就是内容不合法或者违背公序良俗的行为,这类行为的内容违反人性自由的价值,即不具有行为自由的秩序本质,不应当被以民法的形式承认和保护,所以各国民法均规定这类行为不符合民法的自由条件,是民法上的无效行为,不发生民法的自由效力。换言之,虽然一项民事法律行为的行为主体是自由主体,具有实施某一民事法律行为的主体资格,并且行为内容也是其真实的意思表示,但是如果该行为的内容不具有正当与合理的自由价值,即违反了法律预设的强制性规范或者禁止条件,那么该行为仍然是无效的。

我国《民法典》第153条规定:"违反法律、行政法规的强制性规定的

---

① 《民法典》第1052条第1款规定"受胁迫的婚姻"可撤销;第1143条第2款规定"受欺诈、胁迫所立的遗嘱无效"。
② 另外,《民法典》第1143条第3款规定"伪造的遗嘱无效",第4款规定"遗嘱被篡改的,篡改的内容无效"。这也属于意思表示不真实的民事法律行为。
③ 对于欺诈、胁迫等意思表示不真实的行为无效的原因或者性质,近代以来的法学理论有不同的理解和认识。"法国法学家认为胁迫和欺诈使同意不纯粹";"依据波蒂埃和巴贝拉克的观点,欺诈或胁迫行为的受害人没有表示同意";"相似的,Larombier似乎认为,任何影响个人选择的不幸事实都阻碍他的同意";"卡雷尔认为胁迫破坏了'理解和意愿的自由实施'";"汉蒙认为欺诈和胁迫影响了'合意的真实性'";等等。参见〔美〕詹姆斯·戈德雷:《现代合同理论的哲学起源》,张家勇译,法律出版社2006年版,第224~227页。
④ 在民法理论上,法律行为是设立、变更和消灭法律关系的法律事实,即法律行为引起法律关系,是法律关系产生的前提;法律关系是法律行为的内容对象,是实施法律行为的结果,这在本质上涉及"行为"和"关系"的关系。法律行为与法律关系作为"前提与结果"的关系,既然行为引起关系,没有行为就没有关系,关系是表现行为的关系,那么行为就是关系,关系就是行为,两者不过是一个事物的两个方面,具有内容与本质的实在统一。因此,行为即关系行为,关系即行为关系;行为构成关系条件,关系构成行为内容,行为与关系不过是同一事物的不同理论范畴,前者基于动态事实,后者基于静态内容,只是逻辑的理论层次展开,而不是实在的客观事物分割。正如"合同"既是合同行为,也是合同关系一样,合同关系有效或者无效与合同行为有效或者无效的表述,都是对同一个对象和事实的表述,也都是正确的表述。因此,民法的法律行为制度就是法律关系制度,而法律行为的效力也就是法律关系的效力。

民事法律行为无效。但是,该强制性规定不导致该民事法律行为无效的除外。违背公序良俗的民事法律行为无效。"① 此外,第1051条规定了婚姻违法无效的三种情形。② 国家立法基于一定的价值判断,对那些不符合人性自由本质即滥用行为自由的行为(不应当承认其行为效力的行为),作出否定其行为效力的强制性规定,即禁止或者不允许该行为发生行为效力。

民事法律行为作为自由行为,以符合民法和不违背公序良俗的自由价值与行为条件为限,不可能允许有超越民法或者公序良俗的行为自由,这是对行为自由的本质要求,也是维护和实现民法自由秩序的前提。③ 因此,行为人只有遵守法律和公序良俗的行为自由,而没有破坏法律和公序良俗的行为自由,任何违反民法或者不符合公序良俗的行为,都是对行为自由的滥用,都不具有人性自由的行为价值,所以构成民法上的无效行为,是民法禁止发生的行为自由。

---

① "在违反法律和违反善良风俗情形,即使当事人希望法律行为产生效力,法律行为也由于其内容不当而不能产生效力。当然,法律仅仅规定此类法律行为无效,而这并不妨碍当事人将该法律行为当作有效行为来对待(例如,履行毒品交易或武器交易行为,就像这些行为是有效的一样)。但是,无论如何,不得以法律的强制力来实现这些行为。"〔德〕迪特尔·梅迪库斯:《德国民法总论》,邵建东译,法律出版社2000年版,第372~373页。
② 重婚;有禁止结婚的亲属关系;未达到法定婚龄。
③ "任何一个法律制度都只能在其政治制度的框架内(im Rahmen ihrer politischen Ordnung)提供通过法律行为实施的私法自治。私法上的法律行为也不得逾越这一框架的范围。"〔德〕迪特尔·梅迪库斯:《德国民法总论》,邵建东译,法律出版社2000年版,第368页。

第七章　民法的正义性——人性的价值秩序

——正义是人的客观利益需求及其实现条件的规律性与规定性，代表一切社会规范与秩序的根本价值，构成民法的人性价值秩序及其最高伦理；正义是民法对调整人身与财产关系的终极关怀；民法必然追求正义的社会理想与调整目标，没有正义就没有民法的良善品质，也就没有民法的终极价值与秩序。①

一、人性的正义理想性

人性的正义性，是一种社会理想性，民法不过是表现人性正义及其社会理想的一种制度形式。"一个国家和社会的规范与秩序体系的根本价值是正义，正义是人类恒久的社会追求与目标。"②人的一切社会要求的提出，根本在于人作为智慧生命的正义理想问题。追求社会正义与生活理想，是人类不同于动物的社会文明属性，也是人类区别于动物的人性本质。"谁不在争取正义？谁能不受正义问题的影响？政治制度、宗教、科学——特别是伦理学、法理学和政治理论——全都关心正义问题，而且全都渴望有一个按照他们的特殊概念来看是正义的世界。新闻记者和酒吧间的人们也在谈论正义问题。谁能不考虑怎样才算是公平的报酬，什么是公平的价格和公平的合伙条件？我们谋求有公正的制度和在一切人际关系中有正义。总之：正义是一个无处不在的问题。"③不论正义是否存在以及如何

---

① 人类的一切社会意识形态或者文化形式，都是在以自己的形式条件来表现和表达一定的社会正义与正义诉求——虽然人类的正义并不完美，也没有终极的形式与实现，但是正义不仅是抽象的，而且是具体的，不仅是理想的，而且是实在的。民法就是实证"人法"及其人性正义的社会制度形式。

② 王利民等：《民法精神与法治文化民本模式论：自然生态的社会秩序体系及其规范形态与演进》（上册），当代中国出版社2023年版，第399页。"任何一个社会秩序的构造与维系都离不开它的正义价值，需要把正义作为它的期许、追求与践行目标，从而赋予自身存在的合理性和正当性。"（同前，第29页）。

③ 〔英〕麦考密克、〔奥〕魏因贝格尔：《制度法论》，周叶谦译，中国政法大学出版社1994年版，第249页。

存在,人类都把正义作为自己存在的根据。正义是人类行为的特定条件与秩序需求,是人类社会区别于动物群体的根本特征。如果人类没有生活理想,不追求社会正义,就与动物没有本质差别。因此,人性与兽性的区别,就在于人类心灵的那份追求理想生活的美好意愿;如果没有这一被归为正义的美好意愿,人类就只有生存的荒野而没有文明的家园。

（一）人性与理想社会

人与社会具有内在的本质的生命联系。社会是人与人之间结合的生命秩序形态,是人与人之间相互联系的有机整体。① 人的生命及其人性价值的实现,离不开一定的社会结构与整体条件,因此必然需要和追求理想社会,并构成一种人性的本质,而对理想社会的追求,也就构成人们的社会理想与奋斗目标。② 人性不仅是人的自然生态性,也是人的社会理想性。③ 追求理想社会,实现社会正义,既是人性的本质,也是人类文明的发展动力,是人作为主体存在的精神、意识、思维、动机与目的所必然引起和具有的社会倾向与选择。④ 理想社会或者人的社会理想,是一个非常复杂的社会现象,并不具有个人生活理想或者某个具体个人目标的单一性;而个人理想的单一性,也就是不同个人即社会群体的理想多样性和复杂性。"不同的人有不同的理想(在此理想是意指他们冲动的方向,不管他们是否意识到它)。同一个人在不同的时候甚至同一个时候也有不同的理想。一个理想可能让位于另一个理想,然后第三个理想又出现,而且,有些人比起另

---

① "广义的社会,的确是这样的一个生命整体,它可以指全人类,也可指任何个别的社会组织",在社会组织与结构中,"每个成员或多或少地信赖别的成员,因为所有的人都参与着共同的生活",即任何人都可能是脱离社会的单纯个人,而社会又需要每一个人作为主体的条件,"正是由于他这个人,他与其他人不同的作用,使每一个他在整体生活中都具有特殊的意义",因此,"机体的观点既注重整体,也注重每一个其他个体的存在而显示出来的个体的价值"。〔美〕查尔斯·霍顿·库利:《人类本性与社会秩序》,包凡一、王源译,华夏出版社 1999 年版,第 27 页。
② "自古以来,人类就企盼着有个理想的社会——人间天堂。"《主客体关系学系列丛书》撰写组编:《社会是什么——价值联结的生存单位》,商务印书馆 2002 年版,第 210 页。虽然人类没有实现理想社会,但是人类从来没有放弃社会理想,这属于人的精神本质的一部分。
③ "什么是人类致力的至善或理想?这个问题在任何时候都只能用很一般的方式回答。我们可以说,人希望过人的生活,但这只是对人有自己特殊的冲动、欲望、气质这个事实的一般叙述。他们不仅希望活着,而且希望照他们的方式活着。他们喜爱发挥自己的力量,发展自己的能力。"〔美〕梯利:《伦理学导论》,何意译,北京师范大学出版社 2015 年版,第 206 页。
④ "人类并没有一个十分明确具体的目的,一个他们有意识地系统地致力于它的目的,我们并不曾那样仔细地计划生活;首先确定一个理想,然后努力实现它。可以说个人和民族是抱有某个理想的,但这并不是说明他们很清楚地意识到它。"〔美〕梯利:《伦理学导论》,何意译,北京师范大学出版社 2015 年版,第 204~205 页。

一些人来理想更为明确,用理想支配自己的行为也更为自觉。"①然而,这并不等于不同的个人没有共同的社会理想并追求共同的理想社会。"集体像个人一样也有它的理想。不同的民族有不同的理想,同一个民族在不同的时代也有不同的理想,一个民族的理想完全表现在它的产物——宗教、哲学、艺术、文学、科学、政治、道德等等之中。"②人类的社会制度特别是其中法律的规范与秩序,就是代表人类理想的社会制度形式,而其"理想"的最高境界或者抽象表达就是正义。

正义或者至善,是人的根本社会理想。"正义的问题根本是人的问题,是人性本身是否存在正义,或者在人本身能否找到正义,正义是判断人的行为标准,又是人的判断,不论是行为的结果还是行为的判断都根源于人自身。正义是人的标准问题,也就是人的本质问题,没有任何一种脱离人的单纯的正义。正义是人,没有人就没有正义和正义问题。我们必须从人自身发现正义,又必须通过人自身实现正义。"③正义是一种社会现象,但它的本质不是社会问题,而是人和人性的问题;社会的本质不过是人的本质,是人通过社会表现和存在的自己的人性本质。所以,正义亦不是制度或者法律问题,制度或者法律只是代表社会和表现正义的形式;而人作为社会主体,是社会及其制度和法律形式的构造者:一个社会及其社会形式表现何种正义和如何表现正义,不过是人的正义表现和表现的人的正义。因此,人性的正义性及其理想社会追求,是社会正义的本质——人性与理想社会的结合,就是社会正义。

1. 恒久的理想社会追求

如果社会已经是正义或者完全正义的,人类就不会再有正义和正义的理想。④ 正义的理想性说明,正义是人类对未来事物的美好向往,是一个未来的事物实现过程,⑤是美好事物的现实缺失与不足所产生的理想目标追求,具有社会价值的根本属性,是对社会事物的正面、积极与肯定性的认知与判断。"说一个社会秩序是合乎正义的,这到底是什么意思呢?这意

---

① 〔美〕梯利:《伦理学导论》,何意译,北京师范大学出版社 2015 年版,第 205~206 页。
② 〔美〕梯利:《伦理学导论》,何意译,北京师范大学出版社 2015 年版,第 206 页。
③ 王利民:《民法的精神构造:民法哲学的思考》,法律出版社 2010 年版,第 71 页。
④ 我国"正义"一词最早见于《荀子》:"不学问,无正义,以富利为隆,是俗人者也。"《荀子·儒效》。
⑤ "正像生命就是动作行为和各种能力的展开一样,我们的目标也不可能固定不变,我们不能想象我们达到某一点就会停止不前。目标是变化的,实际上不可能有任何终点。历史和人类学都向我们展示了人类怎样从一个理想向另一个理想前进;各种能力怎样发展和演进;社会怎样从简单进化到复杂。人类意识到这一步,但却不知道下一步。"〔美〕梯利:《伦理学导论》,何意译,北京师范大学出版社 2015 年版,第 209 页。

味着,这种秩序把人们的行为调整得使所有人都感到满意,也就是说,所有人都能在这个秩序中找到他们的幸福。对于正义的期望是人们永恒的对于幸福的期望。这是人作为孤立的个人不能找到幸福,因而他就在社会中寻找。正义是社会幸福。"①人类的正义理想,是一种社会理想,即正义不是某一个人的理想,而是全体社会成员的共同理想,是占主导地位的社会理想目标,构成一般的伦理与政治标准。个人正义只有与社会价值目标统一才具有正义的意义,单纯的个人正义并不构成社会理想与正义。

人类的正义理想作为一种社会理想,是理想社会的正义目标,即在理想社会中实现的正义。人类对正义及其社会理想的追求,是对理想社会的追求,是在理想社会中实现的价值目标。只有理想社会,才是正义的社会,是正义能够实现或者更多实现的社会,即理想社会是一个代表正义和更符合正义标准的社会。

有观点认为:"社会是价值联结的生存单位。"②关于什么是社会,有不同的理解和定义。社会是人的现象,但肯定不是人的简单现象,而是人按照自己的理想有目的进行组织的结果。社会是人的组织体,是人与人之间的目的性关系,是人类相互联系产生的群体结构;它既代表人的本质性,又代表人的普遍性,更代表人的价值性。在社会结构中,个人既是特定的社会主体,又是受制于社会整体的个体;这在本质上就涉及个人与社会的关系问题。对于个人与社会的关系,是强调社会或者整体的价值,还是强调个人或者个体的地位,这就是一个价值本位问题,③需要有正确的本位认知。社会是人类需求的自然结果,是人类的需求社会,是为了实现人类需求的理想目的而形成的社会,即社会产生和存在的目的,并不是简单地实

---

① 〔奥〕凯尔森:《法与国家的一般理论》,沈宗灵译,中国大百科全书出版社 1996 年版,第 6 页。
② 《主客体关系学系列丛书》撰写组编:《社会是什么——价值联结的生存单位》,商务印书馆 2002 年版,第 18 页。
③ 对待这一问题,有个人主义和集体主义两种价值观与方法论。个人主义强调个人本位,即个人的目的和价值,集体主义强调集体或者整体的地位。从社会存在的条件和根据上来说,强调个人主义无疑具有其价值与目的上的合理性,但是在社会的结构与功能上,绝对的个人主义或者集体主义都是错误的。"独立的个人是在经验中不存在的抽象物,同样,脱离个人的社会也是如此,只有这样的人类生活才是真实的;它既可以从个人方面考虑,也可以从社会,即普遍的方面考虑;而且,事实上它永远包含着个人的和普遍的两个方面。换句话说,'社会'和'个人'并不代表两个事物,而只表示同一事物的个体方面和集体方面。"〔美〕查尔斯·霍顿·库利:《人类本性与社会秩序》,包凡一、王源译,华夏出版社 1999 年版,第 27 页。正因为个人是集体或者社会的成员,个人不能脱离社会而独立存在,因此,集体或者社会应当是个人目的与价值的统一体,而个人也只有在理想的社会中才能够实现自己的目的和价值。"所有的个人和他所能具备和给予的都是社会性的,因为他们都以这样或那样的方式和总体生活发生着联系,并且成为集体发展的一部分。"(同前,第 29 页。)

现人类的客观需求,而是要以社会的更高形式实现人类自身的理想需求。"人只有依赖社会,才能弥补他的缺陷,才可以和其他动物势均力敌,甚至对其他动物取得优势。社会使个人的这些弱点都得到了补偿;在社会状态中,他的欲望虽然时刻在增多,可是他的才能却也更加增长,使他在各个方面都比他在野蛮和孤立状态中所能达到的境地更加满意、更加幸福。"①人类的社会需求,是一种生存与发展的需求,而人类的需求社会既是物质需求的社会,也是精神需求的社会:前者是经济与物质即生产与交换需求的社会,后者是理想与价值需求的社会。人类有了精神,就有了精神社会;精神社会是人类在物质社会基础上形成和发展的更高层次的社会,即一种理想社会或者价值社会。理想社会是一个文明社会,是追求价值即人性正义的社会,是人性本质的社会。

理想社会作为代表人性本质的正义社会,是一种完美的社会境界,是人类恒久与不懈追求的社会目标,是人类在社会实践与发展中不断证明的未来可以实现的社会发展愿景。中国远古的理想社会,就是"大同"社会;②而春秋战国时期兴起的诸子百家,不论是"道法自然"的道家观念,还是"任法而治"的法家思想,抑或"天下归仁"的儒家学说,根本上都是一种理想社会的价值观,是各自提出的理想社会的蓝图。作为中国古代正统思想的儒家学说,其核心思想的"仁",就是中国传统文化的"正义",是理想社会的核心价值与思想范畴。在西方的古希腊文明中,柏拉图写出了《理想国》,该书表达了关于理想国家的建构思想:所谓"理想国",就是理想国家的正义或者正义的国家,③是一个"繁荣城邦",是能够满足各种物质与精神需要的"健康的国家"。④ 也就是说,"法律秩序就是在一个理想的希腊政治城邦中维持人们各就其位、各司其职的状态"⑤,而这一状态就是理想国家和社会的公平正义。

---

① 〔英〕休谟:《人性论》,关文运译,商务印书馆1980年版,第525~526页。
② "大道之行也,天下为公,选贤与能,讲信修睦。故人不独亲其亲,不独子其子,使老有所终,壮有所用,幼有所长,矜、寡、孤、独、废疾者皆有所养,男有分,女有归。货恶其弃于地也,不必藏于己;力恶其不出于身也,不必为己。是故谋闭而不兴,盗窃乱贼而不作,故外户而不闭,是谓大同。"《礼记·礼运》。
③ "《国家篇》不仅要给所有国家和处理公共事务的机关确定一个标准,而且也要为人生确定一个标准。这个标准不是最高标准,而是必须要做到些什么的最低标准。……超越了这个变动不居的世界,人们就能够寻求和发展真理。正义的国家可能永远不会出现,但做一个人可以是正义的,只有正义的人才能知道什么是正义。"《柏拉图全集》(第2卷),王晓朝译,人民出版社2003年版,第272~273页。
④ 参见《柏拉图全集》(第2卷),王晓朝译,人民出版社2003年版,第331页。
⑤ 〔美〕罗斯科·庞德:《法理学》(第1卷),余履雪译,法律出版社2007年版,第19页。

人类历史从原始社会的蒙昧,到奴隶社会的野蛮,经过封建社会的专制,迎来近代以来的科技与社会文明;不论经历了多少黑暗和苦难、丑陋和罪恶,以及残暴的劫掠和杀戮、灭绝人性的战争与动乱,亦不论有多少人身强制与剥夺自由的专制统治以及强权与特权的人类不平等,人类社会始终在磨难中努力奋起并逐步发现自身发展的基本规律,不断向理想社会的方向和目标迈进,不断实现人类理想社会的梦想——虽然它永无尽头。由于人类从自己的历史发展中最终确信,正义是存在的,理想社会就在自己不断努力与进步的过程中与前头,所以人类追求理想社会的正义理念恒久而不泯灭,人类的一切创造活动都在接近和实现理想社会的目标;而人类的一切人文社会科学的认知形式,也都是总结和表现自己社会理想与正义的形式,而一切有关社会的理论学说也都是有关理想社会的正义学说。① 然而,由于人类所面对的外在资源的稀缺性与内在人性的局限性,所以理想社会永远没有最终的理想实现。

2. 理想的政治社会

亚里士多德指出:"对个人和对集体而言,人生的终极目的都属相同;最优良的个人的目的也就是最优良的政体的目的。"②人类社会的基本结构与形态有两种,即政治社会与平民社会,两者的目的或者所追求的理想在根本上是相同或者应当相同的。一方面,由于这两种社会的性质不同,所以构成各自理想社会的条件和要求也不相同;另一方面,由于两种社会的整体性和统一性,一种社会的条件又是直接决定和影响另一种社会的因素。因此,"要想创建一个理想的社会,就必须有个理想的政府",③即理想的政治社会。有理想的政治社会,才能够有理想的平民社会,而理想的平民社会必然决定和产生理想的政治社会。

由于社会的复杂性,关于什么是理想社会和理想社会的条件是什么,不同的人和不同的学说基于不同的角度和理解都会有不同的概括和认识,很难有统一的结论。但是就政治社会而言,其构成理想社会的一般发展趋势或者方向,应当是以政治民主化、经济自由化、权力世俗化、治理法治化和民生福利化等作为政治文明的社会发展,其中核心是政治民主化与

---

① 以"社会主义核心价值观"为例,社会主义核心价值观就是当代中国的理想社会正义观。党的十八大报告指出:"大力弘扬民族精神和时代精神,深入开展爱国主义、集体主义、社会主义教育,丰富人民精神世界,增强人民精神力量。倡导富强、民主、文明、和谐,倡导自由、平等、公正、法治,倡导爱国、敬业、诚信、友善,积极培育和践行社会主义核心价值观。"
② 〔古希腊〕亚里士多德:《政治学》,吴寿彭译,商务印书馆1965年版,第398页。
③ 《主客体关系学系列丛书》撰写组编:《社会是什么——价值联结的生存单位》,商务印书馆2002年版,第234页。

权力世俗化的社会发展条件。

(1) 政治民主化。① 由于政治社会作为一种权力统治的社会最容易产生专制,所以政治社会需要民主体制;这是理想政治社会不可缺少的制度条件。政治民主即政治制度或者体制的民主,是社会治理的民主化和制度化。民主既是一个政体问题,也是一个国体问题,并派生出民主作风、民主权利和言论自由等构成国家和社会治理的基本民主条件和因素。近代以来,虽然世界各国根据各自国情实行不同的政治制度和采取不同的社会体制,但是理想社会即当代文明社会的一个共同特点和本质,就是政治民主和实行民主制度,即按照平等和少数服从多数的原则进行国家和社会治理的政治制度。政治民主化的一个重要条件是对政治社会的有效监督与制约。"只要社会对他缺乏有效的监督和制约,那么他的竞争性就会恶性膨胀,将管理手段,变成个人的侵值手段。"②政治民主化就是通过监督与制约,避免政治社会的权力扩张和过度发挥作用。对于政治社会而言,民主是一个关键,它决定人在政治社会中的地位并决定政治社会的管理手段与发展目标。在民主体制下,国家权力属于人民,人民有权表达自己的愿望并选择和选举代表自己利益的政府和政治社会;而政府和政治社会应当为人民服务,以人民为中心,坚持人民主体地位,代表人民的根本利益,根据人民对美好生活的向往管理和治理社会。

民主是专制的对立面,是在反对和废除封建专制的基础上发展起来的当代政治文明制度。坚持人本主义,奉行容忍、合作与妥协的社会理念,实行社会的多元价值发展,这是民主的制度特质。这一制度的两个必然结果:一是社会自由,二是人权保护。以上两点是私权的制度基础。

当然,政治民主既不可能有统一的社会模式,也不可能只有一种模式,更不应当有某种强势的模式。不同国家和社会的政治民主,作为人类共同的文明与文化形态,没有高低优劣之分,应当相互承认和尊重,最根本的是要符合本国国情并具有和代表本国文化特色;只要有利于人民过上美好和理想的生活,就是对这个国家和社会最好的政治民主。

(2) 权力世俗化。政治社会的权力,作为公权或者统治权,是一种对他人具有支配性的权势或者势力。在任何社会条件下,权力都是一种在上的社会地位,是享有超越世俗或者平民社会的特殊身份;这是权力的性质与本质。一个人一旦拥有权力,就在其权力支配的强力作用范围内,具有

---

① "与'专制'相对。统治阶级中的多数人掌握国家权力的国家形式、政治制度。"《辞海》(第7版)(4)"民主"条,上海辞书出版社2020年版,第3053页。

② 《主客体关系学系列丛书》撰写组编:《社会是什么——价值联结的生存单位》,商务印书馆2002年版,第228页。

特殊的优势与强势,成为脱离世俗和平民社会的政治力量。政治社会的权力惯性与张力,一方面可能造成政治社会与平民社会的反向脱离,形成政治社会对平民社会的不合理支配地位;另一方面由于政治社会的等级与特权地位,不仅存在内部的秩序差别与分化,而且可能形成与平民社会的冲突与对立。由于权力的支配与优势地位,权力的统治特别是具有专制性的无序扩张,必然滋生官僚主义和权力腐败;而这种官僚与腐败现象又是在权力体制内无法自身根除的,从而在根本上损害作为本体社会的平民社会利益。可见,人类的社会发展与治理需要,产生了政治社会;而政治社会作为一种特权社会一旦产生,又往往脱离或者不符合人们的理想社会的发展目标,而不再世俗化。

因此,在当代政治文明的条件下,理想政治社会,又应当是一个权力"世俗化"发展的社会,即权力回归世俗,越来越不具有分化与至上的特权意义;而当权者的身份也越来越接近于平民,不把自己与平民社会隔离,能够为平民社会所透视,并根据平民社会的目的和要求接受平民社会的有效监督,在正当享有权力和按规则履行职务之外应当没有超越或者脱离世俗的特别权威与绝对地位。这就要求权力及其运行的公开化、透明化、法治化以及去神秘化、去宗教化,实行社会的民本化,防止官本化的权力本位化、优位化和特权化。权力只是一种特殊的社会职务,不能成为世袭和终身的特权,从而最大限度地避免和削弱政治社会的特权阶层化与特殊利益化,尽量防止和克服政治社会与平民社会之间可能产生的矛盾与对立。当然,由于权力本身所具有的特权地位与特殊利益性,要想做到完全和彻底的世俗化,既是困难的,也是不可能的;但是这必须是理想政治社会的要求和发展目标,是人性正义所必然提出的政治社会条件,而近代以来各国政治制度的民主化过程与形态还是见证和表现出一种权力世俗化的发展趋势。

3. 理想的平民社会

平民社会作为与政治国家相对的认识范畴,在本质上就是自然生态的个人社会:它受人类客观利益需求及其实现条件即生物规律的支配,反映人类的生命伦理,遵循人类生存与发展的自然秩序,是人类原生或者本有的社会形态,也就是以人类的生命与生存为根据的自然生态社会。① 平民

---

① "一个自然社会,一个处于自然状态的社会,或者,一个独立的但是具有自然性质的社会,是由这样一些人组成的:他们,由于相互交流而联系在一起,但是,不是作为政治社会的最高统治者而存在的,不是作为政治社会的臣民而存在的。在他们之中,没有一个人是生活于隶属状态的,或者,所有人是生活于独立状态的。"〔英〕约翰·奥斯丁:《法理学的范围》(中译本第2版),刘星译,北京大学出版社2013年版,第250页。

社会作为一个民法学概念,就是作为民法调整对象的社会,即一定的人身与财产关系社会,这一社会在本质上就是人的自然生态社会。因此,平民社会与民法的起源和本质具有历史与内在的联系:作为民法的调整对象,它是与政治国家或者权力社会相对的个人或者私人社会,是以个人为主体并以人格平等与行为自由为条件的社会秩序体系。可以说,民法及其对平民社会关系的调整,就是建立理想的平民社会的秩序及其制度模式,即民法调整的平民社会,就是理想的平民社会。因此,平民社会作为民法调整的个人或者私人社会,其理想的社会状态就是人的自然生态秩序在政治社会的框架结构中仍然能够遵循其自身规律而得以民法自由的形式实现,①从而尽量免受政治社会对平民社会自由的强制支配和不当干涉,这就是民法以任意法的规范形式对平民社会进行调整的秩序结果。平民社会作为民法调整的私人社会,其理想的社会条件是人格平等化、个人本位化、行为自由化和道德诚信化等具有人性本质的社会秩序发展,其中核心是个人本位化和道德诚信化的个人价值与目的实现。

(1)个人本位化。个人本位化并不是个人在平民社会中的本位化,而是作为平民社会主体的个人在政治社会与平民社会的关系结构中的本位化,即政治社会以平民社会的个人主体为本位,追求个人的目的与价值实现。②基于个人本位的社会制度设计,在个人利益与集体利益(国家或者社会团体利益)或者权力发生冲突时,应当优先选择个人利益,以个人的利益目的实现为价值取向。可见,理想的平民社会是以正确的政治社会与平民社会的关系结构为条件的,政治社会必须承认平民社会作为本体社会的根本社会性。而作为平民社会主体的个人则是根本的社会主体,是政治社会及其治理的目的和出发点;而不能成为政治社会的工具和手段,更不能成为政治社会的奴隶和附庸。

---

① 对于理想的平民社会而言,根本上是人的生命与生命条件的发展与实现,即一定的物质与精神需求在特定自然与社会条件下能够得到合理的满足。"我们可以说:人的生命和生命的发展是目的,但是我们说,生命不仅意味着饮食男女,或者生命的某一个方面,如思想、感情、意志等,而是意味着与自然、社会的要求相一致的所有属于人的能力的展开。也就是说,人生的目的是肉体和精神都和谐发展,所有适合生理和心理条件的体力和精神能力都充分地发挥(认识的、感情的、意志的各种能力)。"〔美〕梯利:《伦理学导论》,何意译,北京师范大学出版社 2015 年版,第 208 页。

② "市民社会意味着一种非强迫的社会秩序,但它并不是自足的,就像国家是公共权威的代表,但却不能自足一样。因此,才形成了国家与市民社会的双向互动关系。市民社会是社会独立自主的生存模式,它不仅以其人与人之间的自愿性契约联合而提供了适应市场经济的社会结构,而且,还通过积极参与政治和制衡国家权力,来捍卫和保证民主的实现,并成为防止集权政制的最后屏障。"马长山:《国家、市民社会与法治》,商务印书馆 2002 年版,第 283 页。

虽然政治社会是平民社会为了实现自身目的而发明和发展的形态,但是政治社会一旦产生,就可能对平民社会形成一种不合理的强制,甚至产生压迫和剥夺。因此,平民社会在政治社会存在的条件下如何作为本体社会得到政治社会的承认和尊重并保持自己作为独立社会的地位,是一个社会的基本制度与价值取向问题,具有根本的人性价值和意义,其前提是社会的个人本位。所以,民法只有坚持个人本位的社会价值选择,才能够维护以个人为主体的平民社会的独立社会地位并合理构建以个人为目的的平民社会的制度体系,从而实现理想的平民社会的人身与财产关系秩序,展现民法调整下的平民社会的人性秩序本质。

个人本位就是平民社会本位,是平民社会作为独立社会的地位和价值,是个人目的和价值在平民社会关系中的充分实现。因此,作为平民社会主体的个人在政治社会存在的条件下保持和获得自己的主体地位并以自己的主体性实现理想的平民社会,是以个人本位的社会治理结构与治理体系为前提的,只有个人本位的社会才能够实现以个人为目的和价值的理想平民社会。相反,如果一个社会不以个人为本位,个人的地位得不到承认和尊重,那么也就不会有民法调整的以个人为目的的平民社会的理想秩序实现。

个人本位及其落实的水平与程度,决定了个人在平民社会中的人格地位、权利享有的范围和内容、自由实现的条件和限度等平民社会的本质需要;这既是民法调整的基础,也是实现平民社会的人性本质及其生态秩序的前提。所以,个人本位不仅决定了政治社会与平民社会的关系,而且决定了平民社会的生态条件及其秩序本质,是理想的平民社会所不可缺少的制度与价值根据。

(2)道德诚信化。平民社会作为个人行为自由的自治社会,不仅是一个民法调整的社会,而且是一个道德自律的社会,需要个人诚信的道德条件。道德诚信作为人性之善之美,是平民社会的民法调整及其意思自治与行为自由的必然伦理要求,构成理想平民社会的人性根据与秩序基础。

平民社会作为私人或者个人社会,最理想的社会状态就是个人自律的社会秩序与自由的实现,即社会自治,尽量减少政治社会的不必要干涉与强制,保证平民社会自由的最大化。然而,平民社会的自治与自由,是以作为平民社会主体的个人的行为自律为条件的,而行为自律的根本要求是道德诚信,即平民社会主体能够以诚实之意,为信用之事,自主维护平民社会的自由秩序。否则,在平民社会自立而不能自足的条件下,必然是更多的政治社会的行为强制,这不符合平民社会的秩序理想与本质。

(二)理想社会的正义

民法调整的理想社会,不仅是人性的社会,而且是人性正义的社会,具有正义社会的本质,以正义为理想社会的发展目标。"人类心灵中任何原则既然没有比道德感更为自然的,所以也没有一种德比正义更为自然的。"①正义属于人性伦理范畴,既是人性的本质也是伦理的属性,是一个非常复杂的社会问题:既涉及什么是正义的正义标准,又涉及正义是什么的正义本质。"在所有文化和历史时期中都存在着一种观点,即正义是统治的必要要件和规则。"②尽管正义是一个复杂而缺乏一定确定性的社会现象,但是正义也是客观存在的人性条件与目的,任何一个社会都必然以正义为目标并追求正义的理想与价值实现。

1. 理想社会的什么是正义

理想社会的什么是正义这一问题,是一种伦理的正义问题,即构成正义的道德标准或者正义的社会评价结果问题。③ "什么是正义,是指作为认识对象的正义标准,即对象的正义。正义是对象判断的根据,对象的正义判断是正义在对象中的标准。人们以正义判断对象并以对象的正义判断认识正义,这就是正义的存在和正义的过程。"④什么是正义指的是一种"结果正义",即什么样的结果达到了正义的要求并因此是正义的。可见,结果正义是在对象事物中发现的正义条件或者构成正义的事物标准,是事物本身所具有或者应当具有的符合正义的价值与本质。因此,对于什么是正义或者结果正义而言,不同的对象事物,有不同的道德评价标准,也就有不同的正义条件和要求。换言之,不同事物的正义,是由该不同事物的本质决定的,所以具有不同本质的事物也就具有不同性质的正义,即正义是事物的本质要求,是事物本质的条件和反映。因此,人们通常根据不同的对象事物及其对正义的本质要求而划分出不同范畴的正义,如社会正义、法律正义、经济正义、政治正义、权力正义、分配正义、财产正义、契约正义等。总之,可以说,不同的认识对象或者事物,都有自己的正义,而有多少种认识对象和事物,也就有多少种正义——尽管这些正义之间可能基于不同事物或者对象之间的内在联系而存在一定的内涵交叉或者界限模糊。例如,富强、民主、文明、和谐、自由、平等、公正、法治、爱国、

---

① 〔英〕休谟:《人性论》,关文运译,商务印书馆1980年版,第524页。
② 〔德〕伯恩·魏德士:《法理学》,丁小春、吴越译,法律出版社2003年版,第157页。
③ "道德的价值性,集中于正义性,道德之所以构成普遍的秩序,就是因为它代表了社会秩序的正义。迄今为止的人类一切社会认识和实践都在追求和证明自身构造的正义性。"王利民:《民法道德论——市民社会的秩序构造》,法律出版社2019年版,第143页。
④ 王利民:《民法的精神构造:民法哲学的思考》,法律出版社2010年版,第72页。

敬业、诚信、友善,作为社会主义核心价值观,就是一种社会正义的价值条件和要求,而人格平等、行为自由、私权神圣、利益均衡、过错责任等则构成法律正义中的民法正义。

结果正义是人们根据事物的本质而对正义的直接认识,所以自古以来人类社会的各种正义论,主要是一种关于什么是正义的结果正义论。在西方的经典正义论中,以柏拉图和亚里士多德建立在伦理正义基础上的分配正义理论最具代表性。柏拉图在《理想国》中对理想国家的正义问题给出了诸多答案,提出和论述了各种正义观点:①他的理想国家的正义,是人的正义,是人"做正义的事、实施高尚的追求、做正义的人,而不管别人是不是知道他是正义的";②正义的前提是人具有正义的德性,因为人"正义地行事一定会产生正义,不正义地行事一定会产生不正义"。③ 柏拉图的伦理正义最终服务于利益正义,正义根本上是一种利益正义,即利益分配的社会正义,不论是统治者还是其他等级的人,在分配关系中都应当做自己该做的事,得到自己应当得到的东西,符合分配正义。亚里士多德继承并发展了柏拉图的正义理论,提出了系统的分配正义论。

亚里士多德认为,正义是一种适度的品质和具体的德性,即品性和品行,④是一个人的善性和在与具体行为的关系上表现出来的善行。在两种正义中,亚里士多德主要强调和研究的是具体的正义,即分配正义,⑤亦即

---

① 例如"正义就是把有益的东西提供给朋友,把有害的东西提供给敌人";"正义就是对统治者有益";"正义是善","正义是一种最高尚的天性忠厚,或者是心地善良";"正义是智慧和德性","正义属于最好的一种善";"每个人做自己分内的事,不去干涉别人分内的事";"正义就是做自己分内的事和拥有属于自己的东西"。《柏拉图全集》(第2卷),王晓朝译,人民出版社2003年版,第279、290、302、307、313、409、410页。

② 《柏拉图全集》(第2卷),王晓朝译,人民出版社2003年版,第426页。"如果商人、辅助者和卫士在国家中都做他自己的事,发挥其特定的功能,那么这就是正义,就能使整个城邦正义";"一个正义的人就其正义的表现形式来说与一个正义的城邦不会有任何区别,而只能是相同的"。(同前,第411页。)

③ 《柏拉图全集》(第2卷),王晓朝译,人民出版社2003年版,第425页。

④ "我们看到,所有的人在说公正时都是指一种品质,这种品质使一个人倾向于做正确的事情,使他做事公正,并愿意做公正的事。同样,人们在说不公正时也是指一种品质,这种品质使一个人做事不公正,并愿意不公正的事。"〔古希腊〕亚里士多德:《尼各马可伦理学》,廖申白译注,商务印书馆2003年版,第126~127页。"公正最为完全,因为它是交往行为上的总体的德性。它是完全的,因为具有公正德性的人不仅能对他自身运用其德性,而且还能对邻人运用其德性。许多人能够对自己运用其德性,但是对邻人的行为却没有德性。"(同前,第130页。)

⑤ "具体的公正及其相应的行为有两类。一类是表现于荣誉、钱物或其他可析分的共同财富的分配上(这些东西一个人可能分到同等的或不同等的一份)的公正。另一类则是在私人交易中起矫正作用的公正。"〔古希腊〕亚里士多德:《尼各马可伦理学》,廖申白译注,商务印书馆2003年版,第134页。

按照相互关系的均衡原则,将财产、责任或者社会地位等公平地分配给全体社会成员,其标准是以平等对待平等,以不平等对待不平等。分配正义是利益配置的合理秩序,这一分配的基本原则是"均衡"即一种平等与不平等之间的适度形态。矫正的正义"是在出于意愿的或违反意愿的私人交易中的公正"①,即对私权地位受到损害的救济,或者是对社会成员之间受到破坏的利益关系的均势或平衡的重构。② 在亚里士多德的分配正义和作为补充的矫正的正义中,核心价值是平等。"既然不公正的人与不公正的事都是不平等的,在不平等与不平等之间就显然存在一个适度,这就是平等。"③所谓平等,并不是分配上的完全一致,而只是相互关系的利益对等。④ 亚里士多德的分配正义论,确立了相互关系的人格尊重与利益均衡的分配原则,产生了深远的历史影响,成为后世正义理论的基础。"大概迄今人们关于正义的阐释亦不能离开分配正义这一主题。因为正义在根本上就是在分配关系中的价值,人类的一切利益关系都是一种分配关系,分配是一切利益关系的本质。"⑤

从上述什么是正义或者结果正义的理论中可以明显看出,什么是正义或者结果正义作为一种正义标准或者条件,是对不同事物正义性或者正义要求的价值判断,是各种不同的具体正义,既属于伦理的范畴又属于"正义论"或者"正义观"的范畴。正义观是人们在对象事物中对正义标准与价值的认识,亦即对正义的规定性的结果认识,⑥而不是对正义或者正义本

---

① 〔古希腊〕亚里士多德:《尼各马可伦理学》,廖申白译注,商务印书馆2003年版,第136~137页。
② "当一条分配正义的规范被一个社会成员违反时,矫正正义(corrective justice)便开始发挥作用,因为在这种情况下,要求对过失做出赔偿或剥夺一方当事人的不当得利,就成为势在必然了。"〔美〕E.博登海默:《法理学:法律哲学与法律方法》,邓正来译,中国政法大学出版社2004年版,第281页。
③ 〔古希腊〕亚里士多德:《尼各马可伦理学》,廖申白译注,商务印书馆2003年版,第134页。
④ "平等并不是说对每个人都一样。如果实现了公平,平等的人也就会受到相同的对待,不平等的人就会根据其具体情况得到不同的对待。个人之间的区别只能在有关的基础上进行。从这个意义上说,公平就是要求做到不偏不倚。"〔英〕彼得·斯坦、〔英〕约翰·香德:《西方社会的法律价值》,王献平译,中国法制出版社2004年版,第91页。
⑤ 王利民:《人的私法地位》,法律出版社2013年版,第100页。
⑥ "正义的规定性表现为事物的合理性存在,由此的推理是:凡被人们认为合理的存在一定正义,或者相反,凡被人们认为正义的存在则一定合理。于是,正义才成为人们可以主观认识与评价的对象,也才有了正义与不正义之分;或者相反,合理与不合理也有了判断根据。社会正义是一种规则或关系正义,表现为社会规则或社会关系的公平与正当,也正是在这个意义上,我们常说,这是正义的,因为它是公平与正当的,在此,正义又成了一种公平与正当的判断,而人们对公平与正当的判断结果反又成了是否正义的标准。因此,人们对法律现象的公平、正当、平等、对等、互惠、互助、效率等各种评价,其实就是人们以法律对象的某种合理性揭示所阐明的关于法律正义的观点,都是对法律正义的规定性认识。"王利民:《人的私法地位》,法律出版社2013年版,第106页。

身即正义的本质的直接认识与揭示,①是事物的被规定性而不是规定性。总之,结果正义是基于正义本质及其规定性而对具体对象的具体正义的认识,而作为认识根据的正义或者正义的规定性则是自觉或者不自觉地被运用于对事物的被规定性的发现之中,从而使这一发现具有正义性。

2. 理想社会的正义是什么

"我们必须解释正义的本质,而这必须在人的本质中寻求。"②传统正义理论在分配正义的理论基础上,将正义定义为:"使每个人各得其应有物的一种恒常和永久的意志。"③与什么是正义的结果正义不同,"正义是什么"是关于正义即正义本质的认识,直接揭示和回答正义的本质是什么,属于"本体正义"的范畴。本体正义是规定正义的正义,即作为具体正义的根据并决定正义的结果或者标准的正义。既然任何事物都有自己的正义要求,而不同事物的正义要求又各不相同,那么就意味着不同事物具有自己不同的规定性,即不同事物本身都具有构成自己本质的存在条件与发展规律,亦即规定该事物本质或者"正义"结果的本体正义。可见,本体正义是事物的规定性,体现在社会事物上,就是社会现象的规定性;社会现象的规定性,是人的规定性,即人的生命本质的规定性;人的生命本质的规定性,是满足和实现人的生命需求的规定性,这一规定性就是构成人的生命需求的条件即利益要素的规定性。概言之,所谓正义,即社会正义或者人的正义,是人性的客观利益需求及其实现条件的规定性;而作为社会正义的民法正义,就是人性的客观利益需求及其实现条件对平民社会生态法则的规定性,即民法调整平民社会关系所应当表现的自然与应然的客观法则性。④ 换言之,人们在认识法律或者民法现象的过程中对法律或者民法正义的规范要求与表述,即通过立法形成的具有平等、自由、公平、诚信、公序良俗等规范本质的民法制度体系,作为民法的正义标准或者结果正义,不过是对民法正义的规定性的客观发现与反映,是由人性的正义即人的客观

---

① "人们关于正义的理论或者一个正义的制度与规则,不过是对这一规定性的各种认识,属于'正义观'或'正义论'的范畴,正义论是以正义为研究或认识对象的学问。因此,正义与正义观或正义论不同,应当加以区分,而我们实际所运用或阐释更多的,并不是'正义'而是我们关于正义的认识结果即我们心目中的正义或正义判断,即结果正义或正义观。"王利民:《人的私法地位》,法律出版社 2013 年版,第 106 页。
② 〔古罗马〕西塞罗:《国家篇 法律篇》,沈叔平、苏力译,商务印书馆 1999 年版,第 157 页。
③ 〔英〕休谟:《人性论》,关文运译,商务印书馆 1980 年版,第 567 页。
④ "就社会正义中的法律正义而言,正义就是自然应然的规则,这种规则或正义在人类的认识与发现中,即在人类关于正义的思维与意识中,被作为法律应当达到的价值目标,又成为人类理性的一种存在,是对人类理性的法律价值判断,它体现在法律之中,却来源于或被规定于法律之外,是社会或自然正义的法律化。"王利民:《人的私法地位》,法律出版社 2013 年版,第 107 页。

利益需求及其实现条件所规定的具体民法规范条件与形式,是一种被规定性,即具有符合正义的法则性。因此,从正义的客观性角度来说,民法正义就是人性或者人性的自然生物属性及其规范条件要求的社会观念化,构成人的生物规律或者生命本质,是人的生命规律与本质对人的生命实现的客观利益需求及其实现条件的自然与必然的规范与秩序形式。因此,法律或者民法的具体制度与规范形式越是能够代表和反映人的客观利益需求及其实现条件,就越是符合或者接近正义的规定性,也就越是具有正义性的法律或者民法。正义的规定性就是正义的自然性,在这个意义上正义就是人的"自然法";自然法是人类正义的自然形式,是民法的本体法和价值法,对于民法具有"母法"的意义。

可见,本体正义与结果正义之间,是规定和被规定的关系:本体正义规定结果正义的现象和标准;结果正义反映本体正义的价值和要求,是本体正义在对象事物上的具体结果与表象。如果说结果正义是一种伦理正义即伦理人性,那么本体正义则属于自然正义即自然人性;前者是一种人性的伦理认识,后者是一种人性的自然本质。理想社会是由人性构造的社会,必然有人性的自然规定性;而这一规定性作为人及其社会的本质属性,就是理想社会的正义性。所以,理想社会的正义必须从人性的本质中去认识和发现;而人性的本质作为生命的本质,是一种自然的本质,即人的生命需求——利益条件的客观本质。"作为自然的人,从自然的角度认识人,就会发现人的自然。它规范着人的行为,使人类社会始终处于一种秩序状态,即使这种秩序状态遭受何种破坏,人的自然构序能力也总是不以人的意志存在——这就是正义的存在。"① 如果承认人类有共同的人性本质,就应当承认人类有共同的生存与社会理想,也就必然承认人类有共同的正义;而这一切都是由人的客观利益需求及其实现条件决定的,这首先是一个自然的生命过程,然后才是一个社会的意识形态。唯此,社会才有本质,才有规定性。

理想社会的正义,作为人的正义,是平民社会的正义,即民法调整的社会关系的正义,是表现为民法的正义。民法的正义性直接反映人性的客观利益需求及其实现条件在人身与财产关系上的规定性,是人的本体正义在自身关系中的规定性结果。② 因此,民法的正义性作为平民社会关系的客

---

① 王利民:《人的私法地位》,法律出版社2013年版,第107页。
② "正义作为一种规定性意味着:人们只能这么做或者只有这么做才是合理的。这一结果被立法者们以'应当'的规范形式表现出来,这是立法者们理解的正义即法律或规范的正义,但却并不一定是真正的正义。"王利民:《人的私法地位》,法律出版社2013年版,第107页。

观规定性,应当具有民法的价值原则与制度规范的普遍性和一般性,即应当反映平民社会的生命与生态秩序而具有价值与规范的共性或者同一性。当代民法的趋同化发展,并不是偶然的制度现象,而是根本上由民法正义的规定性及其普遍条件决定的自然结果,具有深刻的人类社会生态秩序的自然规定性。由此,凡是背离平民社会的普遍价值与一般规范的民法,就不可能是代表平民社会正义的真正民法,因为这在根本上背离了人性的社会秩序本质。① 民法作为正义的形式,应当承认平民社会的人性利益需求及其根本的生态秩序条件,而不能在人性的本体正义之外编制平民社会的所谓民法及其制度理想。

二、民法的人性正义本质

民法作为"人法",就是人性的法,是平民社会的自然生态秩序与社会伦理秩序的统一,具有人性的正义本质。

(一)个人本位的人性价值正义

社会是人的生存方式,社会问题是人的生存问题,对社会问题的思考根本上是对人的生存地位与命运的思考。"人类任何一种社会理论,无不涉及个人在社会中的地位问题,也就是个人与集体或者个人与社会的关系问题。"②民法以个人为主体,并以实现个人利益为目的,是个人本位的法,是个人本位的社会化发展,体现个人本位的人性价值正义。

1. 个人主体的民法人格价值

民法以人为主体,承认人的主体人格,体现人的普遍人格价值。每个人都是民法主体,这意味着每个人都具有平等的人格,都能够在民法调整的社会关系中平等地享有权利和承担义务,实现自己的人格价值。人的地位和价值,根本上是人作为主体的人格地位和价值;人的本质是作为人格主体存在的,没有人的人格主体性就没有人性和人的地位与价值性。因此,民法给人带来的就是个人的主体性张扬与解放,使人从家庭和社会的各种不合理的束缚中摆脱出来,成为具有独立人格地位和价值的人性自由主体,③从而使人能够像人一样生活并实现人性的本质。事实上,人如何

---

① "为什么已经上升为法律或者社会体制的被人们曾认为是正义的东西反要被人们以不正义的理由而废除呢? 就是因为它的规定性并不符合正义的规定性,而在正义的规定性面前,人们发现它的规定性不是真正的正义。"王利民:《人的私法地位》,法律出版社2013年版,第108页。
② 王利民:《人的私法地位》,法律出版社2013年版,第144页。
③ "总的思想是要将个人从家庭的或经济的既定秩序中,从行业的或者宗教的规制中解放出来。"〔法〕雅克·盖斯旦、〔法〕吉勒·古博:《法国民法总论》,陈鹏等译,法律出版社2004年版,第92页。

能够具有人格地位并能够像人一样地生活,从来都是人类社会的一个根本问题,是人类实现理想社会及其正义目标所面临的现实挑战。不论是以统治者为主体并具有身份等级特征的政治社会,还是以人为主体并具有天然平等性的平民社会,人的主体地位问题始终没有得到很好的解决。特别是在长期的专制社会制度下,不仅政治社会是一定的世袭制度,平民百姓没有参与政治社会的资格和条件;而且政治社会为了维护自己的特权及其统治秩序还不同程度和范围地剥夺和限制了个人作为平民社会主体的人格地位,使个人虽然为人但却不能完全实现自己的人格价值而不得不始终生活在一种人格缺失的非人性秩序状态中。可见,个人主体的人格价值,虽然是人的自然人性价值,但却不是自然实现的人性价值,而是在一定的社会体制与意识形态中可能被限制和剥夺的价值。所以,人类作为自然主体不得不为自己的主体人格及其社会实现而不断争取和奋斗,并且这一过程伴随整个人类发展史,构成人类发展及其社会文化与文明中的根本主题。

然而,在平民社会关系的民法调整下,即在实行民法调整的平民社会关系中,人的主体地位发生了根本变化。民法以个人为主体,即以普遍的人为主体,使普遍的个人都具有主体地位,都能够实现自己的主体人格;民法的主体人格,是一种自由的人格,人能够以自己的行为实现自己的人格地位。民法的普遍个人主体与人格自由的结合,实现了民法人格与人的自然人性本质的统一,即伦理人格与自然人格的统一,从而使个人能够在平民社会关系中最大限度地实现自己的主体地位和满足人格自由的需要。可以说,在民法与个人主体人格实现的关系上,民法作为以个人为主体的法,就是人格价值实现的法,也就是"人格法";不论是民法调整的人身关系还是财产关系,都具有"人格"或者"人格条件"的本质,最终都是人格价值的存在与实现形式。

对于自然的平民社会而言,其真正的社会本质的民法发现与调整,是民法的一个根本价值问题。民法以个人本位的自由制度体系,确认个人的主体地位及其人格价值,实现了民法秩序与平民社会的自然生态秩序的统一,亦即平民社会的自然伦理与社会伦理的统一;这无疑对人的本质实现具有根本意义。平民社会是人的真正社会或者本体社会,但不一定是人的本质真正实现的社会;因为人一旦结合成社会,在社会体制下,就涉及个人与整体的关系,特别是在政治社会产生以后,个人的主体地位与作为政治社会的国家及其所代表的公共秩序的关系,就成为一对主要的矛盾与对立范畴。在人类几千年的文明发展史中,个人作为平民社会的主体不过在近代才刚刚迎来自己在平民社会中的人格地位与自由价值实现的制度条件,这就是民法对平民社会的调整及其对人的主体地位及其人格价值的落实;而在近代以前的大部分时间里,个人的主体地位并没有在自己的社会中得到全面和充分的承认,个人的主体与人格价值始终处于被政治社会剥夺和限制的缺失状态,其结果是以普遍个人的地位与价值牺牲而换取和实现政治社会即少数人的统治与特权地位。① 所以,民法对平民社会的调整对于个人主体地位及其人格价值的实现具有特别重要的现实意义;可以说,只有通过民法的平民社会调整及其对个人主体与人格价值的承认与落实,才能够建立和形成个人本位的社会制度体系,也才能够在独立于政治社会的基础上实现人性的正义本质。

虽然平民社会需要政治社会而不可能根本独立于政治社会,但是平民社会应当相对独立于政治社会,并具有自己的独立地位。平民社会越是独立于政治社会,个人就越是具有主体的人格地位和价值;而平民社会独立于政治社会的水平和程度,一方面取决于政治社会的民主制度及其体制文明给平民社会提供的自治空间,另一方面取决于平民社会自身所具备的实现自主秩序的能力与条件,两者之间处于一种相互制约与制衡的关系与状态之中。

2. 个人利益的民法目的价值

民法的个人主体地位及其人格价值,是一种利益地位和价值,是个人利益的实现根据与前提。个人的主体性服务于个人的利益性;而个人利益以人格自由的主体条件实现,才是民法正义的根本目的和要求。② 民法对平民社会的调整,确立了个人利益作为社会根本利益的地位;政治社会应当以民法调整的个人利益实现为目的,服务于平民社会的个人利益目的的实现,而不应当有超越个人利益的政治社会利益,从而以民法的个人本位

---

① 个人的社会发展使个人不能完全生存在自然状态中而需要和选择了政治社会。政治社会的社会控制与治理必然要求个人基于公共秩序条件向政治社会让渡自己的自由;但是个人需要让渡何种自由和何种程度的自由,则涉及个人及其平民社会的本质,是个人和平民社会是否因为政治社会的选择而丧失自己本质的根本问题。显然,政治社会不应当以个人或者平民社会丧失自己的本质为条件和代价,但是却实际上产生了这样的社会后果;所以人类在向文明社会发展的过程中所产生的并不都是文明的结果而是有许多不文明的结果,从而需要在进一步实现的人类文明发展中逐步解决并真正实现人类的文明发展。这就是近代工业文明以来开启的人类社会在政治民主与全球化发展的基础上实现的民法调整与独立发展。

② "正义就是以其原则与价值控制社会制度安排更加接近或者有利于实现人类的发展目标,这一目标体现在民法的规范体系上,就是要在最大限度满足个人利益的同时又使每一个人的利益之间均衡有序并凝聚成一个社会整体目标。虽然正义的内涵非常丰富多样,以致人们很难给正义下一个确切的定义,但正义最基本的要求是个人利益目的的实现,这一目标就决定了正义更直接体现于调整个人利益关系的民法权利体系之中。"王利民:《民法的精神构造:民法哲学的思考》,法律出版社 2010 年版,第 72 页。

及其利益目的,实现对平民社会与政治社会的利益定位与分配,①在个人利益本位的基础上满足人性正义的本质要求。

个人的主体地位与人格价值,是一定的利益地位和价值,以一定的利益目的满足为条件。民法调整和保护的个人利益及其目的价值,包括一定的人身与财产利益目的,都是个人的主体与人格利益目的,所以反过来个人利益及其目的价值又是个人主体地位及其人格价值实现的条件和需要。在实现民法调整的平民社会关系的过程中,个人利益的范围越广泛,个人利益目的的实现越全面和实现方式越自由,个人也就越是具有人格地位并充分体现人性正义的价值本质。

个人利益,不论是民法的个人本位调整,还是其他的规范体系分配,都会在一定程度上满足和实现,只是满足和实现的条件与性质不同。在非民法调整的情况下,由于受到人格与自由的限制,虽然绝大多数的个人能够通过辛勤劳作或者其他分配形式而获得基本的生存利益条件,但是一般也只能是一种个人利益目的相对于生理需求的低水平实现;在个人没有主体地位与人格自由的条件下,既不能自主地实现自己的利益,也不能最好地实现自己的利益。然而,民法的平民社会关系及其对个人利益实现的调整,是以政治民主和经济自由为基础的一个大开放和大格局的个人利益实现的社会体系。在这一社会体系中,不仅个人利益的实现获得了最充分的条件,而且在市场经济的自由竞争中极大地拓展了个人利益实现的行为空间与社会视野,从而也最大限度地促进了人的全面发展与人格品质的全面提升,充分展现并彰显了民法的个人本位及其人性正义价值。所以,民法调整的个人利益实现,不仅是物质利益的实现,而且是精神利益的实现,是人的利益目的的全面和统一实现。

(二)行为制度的人性规范正义

民法在个人主体地位的基础上,构建了以个人行为制度为基础的设权规范体系,体现了民法的人性规范正义。民法作为任意法,就是以个人行为制度为主体规范的秩序形式,最大限度地发挥了行为自由在个人利益目的实现中的作用。

---

① "我们要民法体现正义,就必须避免那些个人或者团体的专断意志成为或者影响民事立法,创造一个符合个人利益目的又能够被社会整体接受的安全与稳定的民法制度体系,同时防止和拒绝民事司法中的个人擅断,使个人利益的安全得到充分的司法保障,个人权利的保护不仅在民事制度中实现,而且在民事司法中实现,从而实现规范秩序与司法秩序、法律正义与法律实践的统一。这就对民法及其实践提出了要求。"王利民:《民法的精神构造:民法哲学的思考》,法律出版社2010年版,第73页。

1. 行为设权的民法任意规范

基于民法的个人利益目的的根本问题就是如何实现个人利益目的,这仍然是一个人格和人的主体地位问题。与个人本位及其个人主体地位与人格价值相统一的是民法的法律行为制度,即任意规范制度,亦即个人在法律和公序良俗允许的范围内,可以通过自己的行为事实变通法律从而作为自己设定权利义务根据的制度。根据这一制度,个人行为——民事法律行为,能够产生设权效果并受到和法律一样的承认和保护。① 在这一制度体系及其规范架构中,作为个人利益实现形式的法律关系,既不是国家法律直接为个人规定的,也不是他人强加给个人的,而是个人作为主体即当事人根据自己的意志为自己设定的,是直接的个人意志与行为的结果,体现个人的人格条件,符合人性的正义本质,既是个人的人格目的需求也是个人的人格价值实现,构成最具人性与正义的平民社会关系及其个人利益实现的设权形式。

在具备人格自由的社会条件下,难以想象否定民法的设权行为的规范体系而以其他社会形式进行利益分配的体制是能够被人们普遍和自愿接受的,更难以想象在非行为自由的制度体系下所实现的利益分配是能够符合人性和代表正义的结果。人格自由的人性本质必然要求和具备人格利益实现的行为自由制度。② 因此,民法的行为制度及其人格利益实现的规范形式,与人格条件相统一,符合人的自然本质,是人性的客观规范需求及其必然的制度结果。基于行为自由的人性正义本质,即使在没有民法的行为规范体系及其调整的社会条件下,这种个人的行为自由也必然构成一种

---

① "私法自治的工具是法律行为。所谓法律行为,是指'私人的旨在引起某种法律效果的意思表示。此种效果之所以得以依法产生,皆因行为人希冀其发生。法律行为之本质,在于旨在引起法律效果之意思的实现,在于法律制度承认该意思方式而于法律世界中实现行为人欲然的法律判断。'"〔德〕迪特尔·梅迪库斯:《德国民法总论》,邵建东译,法律出版社 2000 年版,第 142~143 页。

② "我们可以设想一种制度,这种制度下把每个人只看作是由国家分配的受领人,他们的房屋、食品、衣服和享乐用品都是依据具体行政行为取得。我们可以进一步设想,那些在受领人死亡时还没有消耗掉的东西应当归还给国家。由于不存在遗产,因此也没有通过遗嘱对遗产进行处分的制度。我们还可以设想一种禁令,即禁止人们在活着时对国家分配的东西进行处分,如禁止用西服换取面包。这样,法律行为也失去了适用的余地。换言之,这样一种制度是完全不需要法律行为的。不仅如此,这种制度将同时把每个人的行为自由,限制在是否愿意使用国家分配给他的利益之内。这么一种极端的国家分配经济制度,在世界任何国家都还未成为现实。要实现这种制度,需要建立一套包罗万象的行政体系。而其缺乏效率的工作方法以及无法估量的巨额成本,会使这一制度无法运作。此外,这种制度也有损人的尊严以及自由发展人格的权利。因此,法律必须赋予每个人行为自由。"〔德〕迪特尔·梅迪库斯:《德国民法总论》,邵建东译,法律出版社 2000 年版,第 141~142 页。

平民社会的自然与习惯的行为体系而在一定程度和范围内存在并发挥自发自为的规范作用。在过去的人类历史中，从来没有一种制度能够根本消除人的行为自由，只是这种自由的存在条件和范围及其是否能够在民法的调整下实现而已。

由于个人利益及其权利实现在民法调整中摆脱了专制的权力支配与家庭等团体因素的束缚，从而在个人获得人格与行为自由的基础上实现了权利及其利益的自我设定的制度条件与可能；这一行为自由的民法规范体系成为一个解放人和实现人的本质的制度体系，没有任何一种关于平民社会的制度能够比民法的规范形式更符合人性与正义的秩序本质与要求。因此，在近代工业文明与市场经济推动下形成的人类全球化发展的制度结果，就是各国普遍接受和实行民法的制度调整，即以行为自由的设权规范为主体的平民社会的运行体系。虽然民法体系中也有一定的强制性规范，但是不论民法中强制性规范及其条文有多少，即使多于任意性规范，也都是服从于实现当事人行为自由的制度目的的，只有行为设权规范才构成民法人性正义的规范本质。

在行为效果的设权规范体系内，由于民法关心个人的行为自由和自由规范条件下的个人利益实现，所以民法的规范体系不仅符合人性的自由本质，而且更有利于人性利益在个人自由基础上的充分实现。可见，民法的任意性设权规范及其整个规范体系，就是一个人性的自然与自由的规范体系，符合人性正义的本质要求，能够充分调动人的积极性和创造性，并能够在积极作为的个人行为自由中为自己设定权利义务关系，从而以自己的行为实现自己的利益目的。

显然，民法的行为设权及其主体利益的自主实现，不仅是一个人格地位问题，而且是一个自由能力即"行为能力"问题。一方面，每个人都可以在平等的条件下通过自己的行为产生设权效果。另一方面，每个人实现行为自由的行为能力又存在各种条件的差别与事实不平等；所以民法的行为制度在根本上是一种建构在不同主体之间的社会竞争秩序，它激励个人不断提高自己的行为能力即社会竞争力，从而在行为自由的社会竞争体系中尽量使自己处于优势地位并能够最大限度地实现自己的利益目的。可见，民法的行为自由制度，作为代表当代文明与正义的人性制度，是促进人的全面发展和提高人的全面素质的根本制度。

为实现自由和禁止滥用自由的目的，对于行为设权的民法任意性规范体系，必须有清晰的行为自由的范围与明确的不自由的条件与界限，这构成了民法制度设计的根本规范要求。

2. 行为秩序的民法生态规范

民法的行为设权规范,是以个人行为作为设权根据的任意性规范,需要转化为个人意思自治的行为事实,才能够确定当事人之间具体的行为规范条件。因此,民法调整的社会秩序,并不是民法规范的直接秩序,而是由行为人的行为事实具体落实的现实行为秩序。也就是说,民法的行为规范,一方面是民法上的行为规范,另一方面是当事人之间的行为规范,即当事人根据民法的任意性规范而以意思表示的形式表现出来的具体行为条件,法律承认当事人之间的具体行为规范具有和法律规范一样的效力。① 所以,在民法行为自由的规范体系的基础上形成的民法秩序,是由当事人的行为秩序构成的生态规范体系。换言之,民法的行为秩序,作为一种自由秩序,是一种人性本质的个人精神与意志秩序,是个人的"立法"秩序;它在本质上不是国家的"法律形态"——虽然国家法律的条件不可缺少——而是个人的生态事实,是自然生态的平民社会规范与秩序选择。民法的生态规范,符合民法的"人法"本质,必然具有规范形态的正义性。

基于民法在主体行为上的生态规范属性,要形成良好和高品质的民法行为秩序,虽然需要民法的规范体系作为行为的根据和前提,但是民法的实在法或者形式规范,既不是根本的行为条件,也不是最重要的行为条件。相反,作为民事主体的个人在实现自身的客观利益需求时必然表现出来的自主与自为的行为自由及其代表的个人自序能力,即行为人在民法调整的具体社会关系中通过个人行为的方式存在并体现个人道德与习惯特征的自主规范条件,才是民法的调整对象在具体的民事法律关系中"实现"的社会生态规范与秩序形态。平民社会的个人行为秩序及其生态规范条件,反映行为主体的自主行为规范与秩序本质,是以行为方式在具体的行为关系中约束个人行为并对个人实际有效的行为规范,也是对行为人真实的规范。由于民法行为制度的生态规范化实现,所以提高民法调整的平民社会关系的生态化实现的条件和水平,根本上是要解决作为行为主体的人即主体自身所具有的依法实现行为规范与秩序的品质与能力,即人的行为意志及其自主构序的本质问题,需要个人作为普遍行为主体的社会行为品质的规范化与秩序化提升与发展,以个人普遍具有的人性秩序品质实现民法的生态规范正义。

---

① "法律行为之所以产生法律后果,不仅因为法律制度为法律行为规范了这样的后果,首要的原因还在于从事法律行为的人正是想通过这种法律行为而引起这种法律后果。当然,法律制度承认法律行为的法律后果是一项必不可少的条件。"〔德〕卡尔·拉伦茨:《德国民法通论》(下册),王晓晔等译,法律出版社 2003 年版,第 426 页。

三、民法的人性正义原则

民法的基本原则,①反映民法的价值条件,代表民法的规范特征,构成民法的本质属性,集中体现民法的人性正义。民法中的基本原则,有的是民法直接规定的,有的是体现在民法体系之中的。我国《民法典》对民法的基本原则作出了具体规定。恩格斯指出:"原则不是研究的出发点,而是它的最终结果;这些原则不是被应用于自然界和人类历史,而是从它们中抽象出来的;不是自然界和人类去适应原则,而是原则只有在符合自然界和历史的情况下才是正确的。"②民法的基本原则,是对"人法"即民法调整的社会关系的规定性与规律性的总结,因此对民法基本原则的确定和理解,只有符合"人法"或者人性秩序的本体与本质即具有正义性,才是正确的原则并构成民法的一般社会秩序。在民法的基本原则中,有的原则,如平等原则、自由原则、公平原则和诚信原则,代表着民法调整的社会关系的自然秩序本质,是更具有本体意义和人性价值的民法正义原则;也有的原则,如私权神圣原则、公序良俗原则、合法原则和绿色原则,虽然是一定的人性条件和要求,具有民法的正义性,但是反映在民法上主要还是体现特定社会条件下的意识形态及其一般的秩序要求与规范功能,不是直接构成人性或者人的自然秩序的一般社会条件及其普遍秩序。所以,本书只以前者为代表作出论述。

(一)平等的正义原则

民法平等是以民法形式反映的平民社会关系的平等。它首先是平民社会关系的本质平等——平等的客观条件要求,然后才是这一关系反映为民法条件的平等,是民法的规范原则与平民社会的客观平等要求的统一,从而使平民社会关系的平等本质上升为民法的平等原则。

平等是人性的客观要求,是"人法"的自然条件。恩格斯在《反杜林论》中指出:"一切人,作为人来说,都有某些共同点,在这些共同点所及的范围内,他们是平等的,这样的观念自然是非常古老的。"③虽然这种古老

---

① "民法的基本原则是对民法调整的社会关系的本质特征和一般规律的概括性规定,是对民法具有普遍效力意义的行为准则。民法的基本原则在民法中占有重要的地位,作为对民法主旨和精神的抽象总结,它是民事主体进行一切民事活动的基本准则,是制定、解释、执行民法的出发点和依据,也是民法的性质和特征的集中体现。掌握民法的基本原则,对理解民法的精神实质,在实践中正确适用民法,具有十分重要的意义。"王利民:《民法的精神构造:民法哲学的思考》,法律出版社2010年版,第338页。
② 中共中央马克思恩格斯列宁斯大林著作编译局编译:《马克思恩格斯选集》(第3卷),人民出版社2012年版,第410页。
③ 中共中央马克思恩格斯列宁斯大林著作编译局编译:《马克思恩格斯选集》(第3卷),人民出版社2012年版,第480页。

的平等具有人类发展史上的局限性,与当代社会的平等存在区别;①但它反映了人在平等上的客观需求及其自然与必然的秩序形态,而这种形态的发展,不仅是人类平等的文明进步过程,②而且是以平等为条件的民法产生的社会基础。罗马法作为古代民法的最完备形式,正是在承认和具备这个平等的条件下形成和发展起来的。③

1. 平民社会自然与应然的平等关系

在民法上,平等是一个自然和应然的普遍条件,④因此也就成为一个最能够直接代表民法价值的根本要求,并构成对法律事实的评价标准。不论是政治社会还是平民社会人们都有平等的愿望,但是政治社会与平民社会的平等是明显不同的。所谓政治社会的平等,只是人们在民主的社会制度条件下参与政治生活和提出政治诉求的平等,而并不是人们在政治社会的权力结构中具有平等的地位。事实上,政治社会在权力结构上是一个职务与身份等级分化的不平等社会,也就是一个特权或者具有特殊地位的社会,这是政治制度赋予政治主体即当政者的合法"特权"。因此对于在不平等的基础上划分和享有等级待遇的政治社会及其不同的特权阶层而言,是不能够平等和推行平等的;因为正是这种不平等才维系了这一社会成员之间的隶属关系及其合理秩序,所以政治社会需要这种不平等并让它存在甚至扩大下去,同时把普通平民实质性地排除于政治社会之外。

然而,对于平民社会则不同,平等具有平民社会关系的人性与人格本质,是平民社会自然与应然的规范条件和秩序要求,即平等是平民社会关

---

① 恩格斯所说的现代平等,是"一切人,或至少是一个国家的一切公民,或一个社会的一切成员,都应当有平等的政治地位和社会地位"。中共中央马克思恩格斯列宁斯大林著作编译局编译:《马克思恩格斯选集》(第3卷),人民出版社2012年版,第480页。
② "要从这种相对平等的原始观念中得出国家和社会中的平等权利的结论,要使这个结论甚至能够成为某种自然而然的、不言而喻的东西,必然要经过而且确实已经经过几千年。"中共中央马克思恩格斯列宁斯大林著作编译局编译:《马克思恩格斯选集》(第3卷),人民出版社2012年版,第480、481页。
③ "在罗马帝国时期,所有这些区别,除自由民和奴隶的区别外,都逐渐消失了;这样,至少对自由民来说产生了私人的平等,在这种平等的基础上罗马法发展起来了,它是我们所知道的以私有制为基础的法的最完备形式。"中共中央马克思恩格斯列宁斯大林著作编译局编译:《马克思恩格斯选集》(第3卷),人民出版社2012年版,第481页。
④ "平等乃是一个具体有多种不同含义的多形概念。它所指的对象可以是政治参与的权利、收入分配的制度,也可以是不得势的群体的社会地位和法律地位。它的范围涉及法律待遇的平等、机会的平等和人类基本需要的平等。它也可能关注诸成合同的义务与对应义务间的平等的保护问题、关注在因损害行为进行赔偿时做出恰当补偿或恢复原状的问题、并关注在适用刑法时维持罪行与刑罚间某种程度的均衡问题。"〔美〕E.博登海默:《法理学:法律哲学与法律方法》,邓正来译,中国政法大学出版社2017年版,第310页。

系的本质存在,构成平民社会关系的人性正义。① 平民社会作为自然的生态社会具有平等的天然性,没有平等就没有正常与合理秩序的平民社会关系。很难想象,在自然生态的平民社会中,作为生命主体的个人,能够失去平等和在没有平等的条件下建立正常的社会关系。因此,不平等的平民社会关系,违反人性的个人客观利益需求及其实现条件的规定性,不具有平民社会关系在自然生态上的合理性与正当性,既不代表平民社会关系的秩序本质也不符合这一关系的人性与正义要求。因此,不平等是作为平民社会关系的本质与价值的对立面存在的,是平民社会必然否定和需要克服与排除的非秩序性因素,否则平民社会就不会有自己的正常秩序与发展。在平民社会关系中,不平等的产生,除了政治社会根据某种需要作出的特别强制以外,主要是当事人之间运用某种不平等的事实条件或者不正当手段的结果,如利用自己的自然优势或者强势地位,或者通过欺诈和胁迫的行为方式等,迫使对方在违背真实意思的条件下接受的形式上自愿而实际上不平等的平民社会关系;而这正是根据平民社会的人性正义原则及其规范条件所应当禁止和取缔的无效行为,否则就否定了平民社会的自然与自由的秩序本质。

所以,平民社会关系具有自然与应然的平等条件要求与属性,而平等也必然需要上升为平民社会的规范原则,并构成人们普遍遵守的人性正义法则。可见,平民社会关系的平等并不是民法或者其他某种制度形式的发明创造,而是平民社会关系本有的自然形态与规范条件,是民法或者其他制度形式接受的平民社会的自然秩序原则。平等作为个人生命与生活的自然生态秩序及其本质,是平民社会关系的客观实在性,是无法取缔和根本消灭的社会秩序现实;对于调整平民社会关系并反映其条件的民法或者其他规范形式而言,只有接受平民社会的自然平等并以平等为原则,才能够代表平民社会关系的自然秩序本质并构成一种人性正义的规范形式。

当然,平等作为人性正义的规范原则,只是平民社会关系的自然与应然条件并构成人性正义的自然秩序要求,而不是必然的事实结果并必然有符合人性正义的平等实现。平等的实现作为事实,需要人们在平民社会关系中的

---

① "从社会关系或者社会结构的本质上,平等总是一个基本的人格要求,人与人之间,不论是人格或者其他分配关系,人们总会是希望平等的,平等可以使人获得相同或者均衡的也是共同可以接受的最有利的生存与发展条件。平等必然成为社会关系的基础和人们共同的正义要求,一个社会绝不可能在根本没有平等的条件下存在或者实现正义,而在不平等条件下可能发生的一方对另一方的任意或者强制只能导致非正义的结果而绝没有正义的实现可言。"王利民:《民法的精神构造:民法哲学的思考》,法律出版社 2010 年版,第 116 页。

具体践行和落实,即建立符合平等原则的平民社会关系。因此,人们应当认识和接受平民社会关系的平等条件与本质,发现和遵循平民社会关系的平等规定性,维护和促进平民社会关系的平等价值与秩序。也就是说,平民社会关系的平等,不仅是一个自然与应然的条件,而且是一个主观发现与认识的过程及其客观的行为事实,是人的社会平等观念及其支配行为与自然平等的客观要求相结合的现实秩序,体现平民社会的文明进步与发展规律。

2. 形式平等与事实不平等的民法秩序

自然与应然的人性平等反映为民法的规范条件,就是民法的平等原则,即民法是以平等为基础的规范体系。《民法典》第 4 条规定:"民事主体在民事活动中的法律地位一律平等。"根据这一规定,民法平等是普遍民事主体的一律平等,在民法调整的社会关系中没有不平等的特权主体;民法平等是民事主体的法律地位平等,即民事主体资格的平等;民法平等是体现在民事活动中的平等,即当事人在具体的民事法律关系中的平等。这一民法平等,实际包括人格地位的立法平等、具体关系的当事人平等以及权利保护的司法平等三个方面的平等意涵与要求。同时,民法上的平等,不论是在立法还是在具体法律关系中,都只是主体地位或者资格的平等,即一种形式平等,而并不反对和排除在平等原则下实现和存在的事实上的不平等,即民法以平等为原则,但承认和保护不平等的事实结果。不论贫富,在民法上都是同样的人格,具有同样的法律地位并受到同样的保护,①但是这一同样被保护的,并不一定是同样的结果。"换言之,私法自由作为一种形式上人人平等的自由,没有顾及到实际上并非人人平等的事实。人与人之间在财产、体能和精神能力,在市场地位和掌握信息以及在其他许多方面,到处都存在着差异。"②因此,民法的平等是在人的事实不平等的基础上的法律形式平等,而民法也就是以平等为原则而保护不平等结果的法律。③ 这样,对不平等结果的保护也成为民法"平等"的一部分并

---

① "法律人格的一般平等只是一种法律地位的平等即资格平等,但并不意味着人的社会地位的事实平等。人格平等在价值追求中被理想化,而现实的人格条件则是由各种不平等因素决定的事实存在。"王利民:《民法的精神构造:民法哲学的思考》,法律出版社 2010 年版,第 360 页。

② 〔德〕迪特尔·梅迪库斯:《德国民法总论》,邵建东译,法律出版社 2000 年版,第 144 页。"有人批评说,把法律上的手段赋予那些本来已经很强大的人,只会使这些差异长期存在下去。"(同前。)

③ "同样,法律对于平等也起着一种相同的双重作用。在历史上,法律在增进人与人之间的平等和群体与群体之间的平等方面发挥过显著的作用;与此同时,它也维护并认可了许多不平等的现象。"〔美〕E.博登海默:《法理学:法律哲学与法律方法》,邓正来译,中国政法大学出版社 2004 年版,第 307 页。"正义的核心是平等。但这亦是说:当平等被视为正义之核心时,则平等明显不是正义的全部。"〔德〕考夫曼:《法律哲学》,刘幸义等译,法律出版社 2004 年版,第 228 页。

具有当然的正义性。平等作为民法的原则,"其仅是说,平等即是相同与不同的应予以有差异的且符合其本质的对待与处理"。① 人格平等是人性正义,事实不平等不代表个人罪恶。在事实不平等的条件下能够有平等的实现条件与机会并实现平等,这才是符合人性正义的社会选择,也才是民法的制度原则。

当然,这并不意味着民法的平等有什么问题或者违反正义。民法只是"平等"的法,而不是"均贫富"的法;它反映的平民社会的平等,也只能是"条件"的平等,而不可能是"事实"的平等;它以自身形式表现的平等,同样只是"抽象"的人格平等,而不是"具体"的条件与结果的平等。② 人只是生活在民法的人格平等的社会,而不是生活在人的事实平等的社会。人在事实上是不平等的,也是不可能平等的;虽然这种不平等并不一定都具有完全的合理性,但是保持这种不平等或者承认一定的不平等则一定具有其必然性与必要性。③ 因为,人的事实不平等是建立在一个更高的人性价值与正义原则即人性自由的基础之上的,由于人性或者人格自由条件的自然与初始的不平等,必然在自由的条件下产生不同的自由结果——不平等的事实,这是人性自由的必然要求与结果,体现人性自由的根本价值;而承认这一不平等,则是对人和人性的根本尊重。所以,民法只能以平等原则限制一定不平等的发生,而不能消灭和禁止事实上的不平等结果。④ 显然,一方面,人格自由需要人格平等,人格平等赋予了人格自由的条件;另一方面,人格自由必然利用人的事实不平等而进一步制造和形成新的不平

---

① 〔德〕考夫曼:《法律哲学》,刘幸义等译,法律出版社 2004 年版,第 232 页。
② "在近代民法典中,人被作为抽象掉种种能力的个人并且是以平等的自由意思行动的主体被对待。这种处理致使在各种情况下从人与人之间的实际上的不平等、尤其是贫富差距中产生的诸问题表面化,从而产生了令人难以忍受的后果。"〔日〕星野英一:《私法中的人》,王闯译,中国法制出版社 2004 年版,第 64~65 页。
③ "即使所有的人都在极为相似的环境中长大,个人间差异的重要性亦不会因此而有所减小。作为一种对事实的陈述,'人人生而平等'的说法就显然与事实相悖。"〔英〕弗里德利希·冯·哈耶克:《自由秩序原理》(上),邓正来译,生活·读书·新知三联书店 1997 年版,第 104 页。"众所周知,每一种实际的平等对经济因素都十分敏感。虽然形式的体制可能保证每一个人最起码的社会地位,财富和收入上的巨大差异却造成巨大差距,而且这种差距还会被继承。"〔美〕托马斯·内格尔:《人的问题》,万以译,上海译文出版社 2004 年版,第 115 页。人的初始或者继承的事实不平等并不会因为民法的人格平等而改变或者变得平等;相反,这种事实的不平等将进一步制造和形成新的不平等,并进一步把人的事实不平等继续扩大下去,甚至可能成为人压迫人和剥削人的条件与手段。所以,人类正是面对这样一个不可改变的事实不平等而选择民法平等的;但是民法对平等原则的选择仅仅完成和提供了形式平等,它对现实社会关系的调整结果则完全取决于各种不同或者不平等的当事人因素,而不平等的事实结果则恰恰在这些因素的自由运用与作用下发生和扩大了。
④ 对于在人格自由基础上产生的事实不平等,特别是财产不平等的合理调整,不是民法初次分配的任务而是社会法调整的范围,即需要通过第二次社会分配解决的问题。

等。所以,自由与平等的目的与价值既是相互统一的,又是相互矛盾的。但是这种矛盾却构成一种正当的社会秩序事实,即在人格平等的基础上基于不同的人格自由条件而产生的事实不平等,是平民社会的一种正常合理秩序;这一秩序存在保留了人类自由的条件与动力,也保留了人类发展的基因与动力。① 因此,不平等的事实并不一定是非正义的事实——虽然它是需要社会控制而不能放任的事实,但是它也是需要承认和保护的客观事实。

可见,虽然平等构成民法的正义原则,但是"我们亦无须否认,在现行的市场秩序中,不仅不同的个人所得到的结果而且还包括他们所具有的初始机遇(initial chances),常常都是极不相同的,因为这些个人所获得的结果和他们所具有的机遇始终受着他们置身于其间的自然环境和社会环境中的各种情势的影响——需要指出的是,这些情势虽是他们无法控制的,但是在许多特定的方面却是可以由政府采取某种行动加以改变的"。② 尽管一个社会或者政府在确认人格平等的基础上可能为人们实现平等提供各种机会,但是任何一个社会所面对的不平等现实都会与人们对平等的需求与期待相去甚远;所以只要一个社会具有人们实现民法平等的合理条件与制度现实,也就具有了人性正义的平民社会关系的秩序本质。

导致人类事实不平等的,既有人的自由条件与自由需求的正当原因,也有政治特权和各种不正当手段运用的不合理因素;因此,民法的平等原则根本上是要排除后者对权利实现的作用及其不平等结果的发生。《法国民法典》第 7 条规定,"民事权利的行使,不以按照宪法与选举法所取得的政治权利为条件",实际上就是要防止政治上的权力不平等影响民法的权利平等实现。为了实现平等原则,民法确立了各类禁止性或者无效性规范,强制那些违反民法平等原则的法律行为不发生法律效力,从而以必要的制度形式维护民法的人性正义。

---

① "实际上,人们在要求平等的同时,也接受并认可了各种实际的不平等,有许多不平等既然是人们无法改变的现实,那么接受这个现实往往比改变这个现实更为自然而然。因此,人们对许多的不平等是习以为常的,并不真正把它作为不平等看待而有不平等感,人人都有与他人平等或不平等的关系,人人也就变得平等起来,只要这种不平等不被作为进一步制造不平等的条件,那么这种不平等就获得了它存在的现实基础与合理性,并且这种不平等也可以在人们实现平等的现实努力中得到改变。不平等并不都是不合理的事实,也并不都是需要或者可以改变的事实。"王利民:《民法的精神构造:民法哲学的思考》,法律出版社 2010 年版,第 361~362 页。

② 〔英〕弗里德利希·冯·哈耶克:《法律、立法与自由》(第 2、3 卷),邓正来等译,中国大百科全书出版社 2000 年版,第 147 页。

(二) 自由的正义原则

民法上的自由又称为自愿或者意思自治,是一项上升至民法的人性自然的正义原则。① 我国《民法典》第 5 条规定,"民事主体从事民事活动,应当遵循自愿原则,按照自己的意思设立、变更、终止民事法律关系"。自由是民法的灵魂性原则,是人格与生命的本质要求;人只有在自由的基础上才能够实现生命的本质与价值。在一定意义上,人可以没有平等,但不能没有自由,自由是生命存在的条件与根据,而平等只是作为自由的理想状态存在的;在人的生命存续过程中,不论自由如何缺失,它都必然基于生命的存在而存在,是生命存在的客观事实。

1. 人性的自由正义与平民社会的自由生态

人性正义作为人的生命本质,必然提出与人的生命本质相统一的自由条件和要求,即以自由的人性正义条件实现人的生命本质。可以说,自由作为生命的本质,是人性正义的根本要求,没有自由就没有人性正义。人的生命需求,必然是自由的需求,自由构成人性正义的根本生命条件。"一个人不受制于另一人或另一些人因专断意志而产生的强制的状态,亦常被称为'个人'自由(individual freedom)或'人身'自由(personal freedom)的状态。"②自由不仅是生命的自然本能与属性,而且是生命实现的社会生态条件,需要社会的自由生态保障;这就是平民社会的自然自由,并经由自然自由上升为国家意识形态的民法自由。平民社会作为人的自然生态的社会,也是人的自由存在和实现的生态社会,必然为人的自由实现提供自由的生态条件。"自由是一种生命的状态,也就是一种自然的状态,人的生存过程就是一个自由的自然过程,这个过程并不完全受制于某种人为设计的控制,也不会在人为的设计控制中改变它的本质。"③平民社会的人性自由及其正义的本质,只有构成人类的自然生态,才能够作为社会条件存在,并成为必然的平民社会的秩序形态;即使作为国家意识形态的民法,亦需要接受和遵循平民社会的自由生态及其人性正义。

2. 民法的自由原则与人性正义的自由秩序

平民社会的自由秩序在国家法的条件下表现为民法的自由原则及其制度体系,成为代表人性正义的自由秩序形式。"在一个正义的法律制度所必须予以充分考虑的人的需要中,自由占有一个显要的位置。要求自由

---

① 关于民法的人性自由本质,主要参见本书第六章"民法的自由性——人性的意志秩序"。
② 〔英〕弗里德利希·冯·哈耶克:《自由秩序原理》(上),邓正来译,生活·读书·新知三联书店 1997 年版,第 4 页。
③ 王利民:《民法的精神构造:民法哲学的思考》,法律出版社 2010 年版,第 122 页。

的欲望乃是人类根深蒂固的一种欲望。……人们赋予自由的那种价值为这样一个事实所证实,即监禁在任何地方都是作为一种刑事制裁手段而加以使用的,而且用监禁作为威胁的手段也被普遍认为是威慑不法行为的行之有效的手段。"① 自由作为平民社会的自然生态本质与人性正义要求,构成人与人之间的社会关系及其秩序现象,在民法调整的社会条件下,是通过民法的自由原则及其规范与制度设计表现出来的一个自由秩序体系。在这一体系中,自由既是一个共同的社会秩序条件,又是一个被控制的自由状态。民法自由原则的要求是,每一个人都应当在社会中获得自由,而每一个人获得自由的同时并不影响其他人能够获得同样的自由,是一种既满足人性自由又符合正义要求的自由秩序状态。"因此,自由预设了个人具有某种确获保障的私域(some assured private sphere),亦预设了他的生活环境中存有一系列情势是他人所不能干涉的。"② 这个预设和可预见的个人不受他人干涉的自由私域或者情势,就是民法以自由原则调整的平民社会关系的自由秩序;它既可以排除公权力的强制作用,又可以对抗他人超越本人自由意愿的不正当干涉,所以是一种具有人性正义本质的社会秩序体系。

(三) 公平的正义原则

公平作为一种社会正义价值,是介于平等、公正与正义之间的概念,③含有这些概念的某些方面的内涵,是这些社会价值范畴的一般性结果。公平"作为伦理学范畴,含有从公正的角度出发平等地对待每一个与之相关的对象的意义。在经济伦理学中,指社会成员的财富分配相对均衡化。美国哲学家罗尔斯认为,在正义的概念中,公平是最基本最重要的观念,即'作为公平的正义'"。④ 不论从何种角度理解的公平,在根本上都是就平民社会关系的利益分配而言的,是利益分配的一种不偏不倚的合理秩序状态,代表利益分配的正义条件和结果。公平作为民法的基本原则,就是应当依法合理确定当事人之间的人身与财产关系,以对等的权利义务条件适度实现和达到各方的利益目的。公平构成人性的民法正义,是民法正义的

---

① 〔美〕E. 博登海默:《法理学:法律哲学与法律方法》,邓正来译,中国政法大学出版社2004年版,第298页。
② 〔英〕弗里德利希·冯·哈耶克:《自由秩序原理》(上),邓正来译,生活·读书·新知三联书店1997年版,第6页。"个人是否自由,并不取决于他可选择的范围大小,而取决于他能否期望按其现有的意图形成自己的行动途径,或者取决于他人是否有权力操纵各种条件以使他按照他人的意志而非行动者本人的意志行事。"(同前。)
③ 公平概念,古已有之。《管子·形势解》云:"天公平而无私,故美恶莫不覆;地公平而无私,故小大莫不载。"
④ 《辞海》(第7版)(2)"公平"条,上海辞书出版社2020年版,第1378页。

核心价值与内涵。

1. 公平的人性正义诉求

公平是人对相互关系的一种正义诉求。人在相互关系中必然希望实现公平的结果,即享有一种合情合理的待遇,得到自己应当得到的东西或者恰如其分的报偿,需要他方把事情处理得当而不偏私于自己或者某一方,其基本原则和要求仍然是相互关系的人格尊重与利益均衡。"当正义被归于人时,它常常是指有意将各人的东西给予各人的一贯、持续和意志。"①这就是利益均衡的正义。在相互利益关系中,不管是什么原因造成的,如果一方只享有或者过多享有利益而他方只承担或者过多承担责任,则这种相互关系的利益不对等和不均衡,显然是一种利益的不公平与不合理,人们也不会愿意接受这样的利益失衡结果。因此,公平是人性的一种必然正义诉求,需要把公平作为相互关系的行为条件并构成一种社会的价值标准。

在平民社会关系中,人作为主体既需要自我利益,也是自我利益的维护者;这就必然把相互关系的利益公平作为相互关系的形成和维护条件,否则就无法正常建立和存在这种关系。公平作为发生在人与人之间的正当社会关系形态,构成平民社会的基本秩序条件没有人与人之间的相互关系公平,就没有正常的平民社会的生态秩序,从而必然损害平民社会的生存与发展。所以,公平必然成为平民社会的一般人性诉求并成为代表平民社会正义的合理秩序。人可以是事实不平等的,但必须是在相互关系中以人格被公平对待的。

2. 公平的个人道德条件

公平有以政策或者制度形式表现的社会公平,也有发生在特定当事人之间的个人公平。平民社会的公平,以社会公平为根据和背景并落实于个人公平的行为条件与特定目的,所以在根本上是个人公平。个人公平既是对当事人的要求,也是对作为评价或者裁判者的第三人的要求,当事人应当以公平的交易条件建立相互的利益关系;而在当事人无法确定自己的公平行为与条件时,就需要第三人对"公平"的居中评价或者裁判,从而表现为第三人的公平。平民社会的个人公平作为一种私人或者私人社会关系的公平,是对个人关系的一种公平态度与处理结果,通常不涉及公共或者社会利益,只需要个人秉持公平处事的态度并遵循公平的行为准则就可以实现自我调整。事实上,平民社会关系的公平也主要是通过个人之间的公

---

① 〔德〕塞缪尔·普芬道夫:《人和公民的自然法义务》,鞠成伟译,商务印书馆2009年版,第57页。

平方式实现的,即通过个人的自治与自律实现的公平秩序。所以,平民社会的公平问题,根本上是作为主体的个人的公平观念即道德条件问题,是对个人的一种道德要求,需要个人的公平品质。个人作为平民社会的主体,应当在个人的社会关系中坚持公平原则,按照一般的社会公平标准,实事求是地妥善处理相互关系并确定相互关系的合理条件,既约束自己又合理待人,从而以个人的道德公平实现平民社会的公平秩序。

3. 公平的民法价值原则

公平作为平等社会关系的秩序要求被上升为民法原则,是以民法的社会公平形式表现的个人公平。《民法典》第 6 条规定:"民事主体从事民事活动,应当遵循公平原则,合理确定各方的权利和义务。"民法的公平,首先是民法的形式公平,即以民法形式对当事人之间的权利义务关系进行合理分配所表现的立法或者制度公平,然后才是对当事人之间的公平要求,即当事人在民事活动中实现的相互关系的公平。显然,民法的形式公平是对立法的规范与制度的公平要求,即民法应当以科学合理的制度规范及其利益分配反映平民社会关系的本质条件并代表平民社会关系的生态秩序及其公平要求;这是一个分配公平的社会制度体制问题,担负和具有实现公平的社会分配职能。因此,民法的形式公平,是一个立法正义问题,是立法能否反映人性正义的公平秩序问题,也就是善法的规范条件和行为标准,在根本上是立法者的公平正义,是立法者制定的法律应当代表社会合理秩序及其公平要求。

当事人在民事活动中的个人公平,是法律行为的公平即当事人自愿或者意思自治的行为条件与结果的公平,是对当事人的具体民事法律行为提出的公平要求,实际上是当事人追求和实现公平的行为条件与道德品质问题。也就是说,民法调整的当事人之间在民事活动中的公平,是一个意思自治的条件和界限,是意思自治所需要具有的社会正当性与合理性构成当事人行为自由的一般标准。显失公平的行为之所以是无效的,就在于它违背了法律行为应当具有的正当性价值;而民法上的无效行为,不论具有何种无效的原因与情形,其结果都必然有违民法的公平原则,不符合当事人之间的人性正义及其公平要求。换言之,基于民法的公平原则,并不是当事人之间只要是基于自由或者自愿的行为即意思自治的结果就是合法有效的,虽然"私法自治给个人提供一种受法律保护的自由,使个人获得自主决定(Selbstbestimmung)的可能性",[①]但是它是以行为的公平为前提的;如

---

① 〔德〕迪特尔·梅迪库斯:《德国民法总论》,邵建东译,法律出版社 2000 年版,第 143 页。

果自由的行为结果违背了公平要求,则不能发生作为行为自由的私法效果。当然,当事人之间的公平实现,最终离不开裁判公平,因此又在根本上提出了司法公平的要求;这一公平代表国家和社会的公平,是国家法治的体现,具有实现社会公平的意义。

(四)诚信的正义原则

民法是行为法,在行为自由的基础上,必然需要和提出对行为主体的诚实信用要求。没有诚实信用的行为约束,就没有真实可靠的法律行为,也就没有承认个人行为及其设权效果的意义与根据。《民法典》第7条规定,"民事主体从事民事活动,应当遵循诚信原则,秉持诚实,恪守承诺"。根据这一规定,当事人在民事活动中,应当实事求是,不为欺诈,履行承诺,实现意思表示的真实可靠,能够产生信赖利益。[①] 诚信原则作为上升至民法的人性正义要求,是市场经济条件下以相互关系的人格承认与利益均衡为基础的道德法则,[②]而不是中国封建社会的超越一般人格与利益诉求的"君子"之信,具有市场经济的社会秩序本质,是代表当代社会道德文明的民法规范体系。

1. 诚信的人性真实与民法的行为正义

诚信作为民法的基本原则,其根本的人性正义价值,就是法律行为的客观性与真实性,符合对法律行为即意思表示的信赖要求。法律行为的本质,不是行为人表示的行为,而是行为人表示的真实意思;这应当是一种诚信的行为条件与结果。诚信是外部行为与内在意思的一致,即表里如一,与虚假相对,构成法律行为的人性要求与客观真实。法律行为作为设权意思表示行为,是法律上的公示与公信的行为,应当代表当事人的真实意思并具有可信赖性;人们可以根据一个人的外部行为判断其行为的意思并确定其行为的客观条件与效果,从而能够作为达成合意的行为基础并构成行为有效的根据。很难想象,在一个市场经济的社会里,一方面民法赋予人们自主设权的行为自由,另一方面人们丧失行为诚信而没有行为真实,普遍为虚假和欺诈的意思表示与不真实的行为,这将导致严重危害与人性恶果;更难以想象,如果这种不真实的虚假行为被作为设权的事实根

[①] 诚实信用的核心是遵守承诺,这是相互利益关系的基本人性准则与道德要求;它在根本上是承诺者自己的需要和利益交换条件,是为了对等的需要和利益才承诺于人的。"许诺是以社会的需要和利益为基础的人类的发明。"〔英〕休谟:《人性论》,关文运译,商务印书馆1980年版,第559页。

[②] 诚实原则作为商品交换关系的必然法律要求源于罗马法。罗马法基于正义的私法观念,认为"法律的基本原则是:为人诚实,不损害别人"。〔罗马〕查士丁尼:《法学总论·法学阶梯》,张企泰译,商务印书馆1989年版,第5页。

据,又将给整个社会秩序造成何种严重的危害结果。民法对意思表示的解释,不论是采取意思主义还是表示主义,行为人意思表示的客观真实都是确定意思表示的基本要素。所以,人性自由是以人性诚信为基础的,只有诚信的行为自律才能够保证个人的行为自由并符合社会的秩序要求,因此才能够代表民法的行为正义并作为设权的行为自由条件。

2. 诚信的人性可靠与民法的效果正义

诚信的人性真实在于诚信结果的人性可靠。诚信的人性真实行为,既然是代表行为人的真意并且是行为人真实希望发生的行为,那么就一定是一种可靠的行为;而且只有可靠的行为,才是人们可以信赖和期待的行为,并能够发生行为人预期的行为后果。换言之,只有诚信的人性真实行为,才是一种人性可靠的行为,才能够不辜负相对人和社会的信赖与期待,也才能够使相对人产生的合理信赖与期待具有可靠性和稳定性,并实现信赖与期待的私法结果。可见,民法的诚信原则,既是对行为人的行为可靠性要求,也是对相对人合理信赖和期待的保护。基于民法的诚信原则及其人性正义要求,相对人的合理信赖与期待应当建立在行为可靠的诚信基础上;只有对诚信可靠行为产生的合理信赖与期待,才是能够按照预期实现的稳定行为并符合人性正义与社会理想的生态秩序目标。

为了维护法律行为及其设权秩序与效果的诚信可靠,《民法典》不仅确立了诚信原则,而且根据诚信原则规范各种当事人之间的权利义务关系,并在法律行为制度的基础上形成了一个完整的以诚信为根据的制度体系。[①] 然而,民法的诚信可靠,不仅是对当事人的行为要求,也是对法官的裁判要求;因为法官对当事人的行为根据诚信原则作出裁判时,就是把自己的道德意识一般规则化。如果裁判者本身的诚信不符合社会的一般信赖与期待,其结果就是丧失司法诚信,是司法的不可靠,必然导致人们对国家司法与法治的不信任,所以具有更严重和更广泛的社会危害性。

四、民法的人性正义制度

建立在人性正义价值与原则基础上的民法制度,是一个以人性为根据并代表人性正义的平民社会秩序需求的制度体系。换言之,民法作为平民社会的"人法"形式,其人性正义的秩序属性体现在整个制度体系之中,具有人性正义的制度本质,反映人性正义的社会规范与秩序目的。

[①] 比较典型的是合同编中关于先合同义务和附随义务等以诚信为基础的行为制度的规定。不仅如此,诚信原则在物权、人格权、婚姻家庭、继承和侵权责任等各编的规范调整中,都具有基础的规则意义。

(一)体现生命价值的人格权正义

"人格是人的尊严性,这种尊严就是人如何被作为人对待的事实,即人的社会主体性,是一个人区别于其他人并具有独立地位的社会本质。"① 人格是人的生命基础,是人的根本地位与存在前提。"只有其人格、身份受到社会尊重,个人才真正意味着在社会上得以生存。这种对人格、身份关系的欲求便因此带有社会性。"② 人格权制度是民法的制度本质与基础;没有民法的人格权制度,也就没有民法及其整个制度体系。因此,人格权制度的人性正义,是整个民法及其制度正义的前提与基础。③

虽然民法的人格权制度的内涵是多方面的,但是生命权无疑是人格权乃至整个民法权利的存在基础,其他人格权都以生命价值的实现为目的,而民法人格权的制度核心也是对生命价值的维护。《民法典》第1002条规定:"自然人享有生命权。自然人的生命安全和生命尊严受法律保护。任何组织或者个人不得侵害他人的生命权。"我国《民法典》人格权独立成编,并把生命权列于各种具体人格权之首,强调生命权的安全与尊严属性;因为没有人的生命安全和尊严,也就没有人格与人格权,更不可能有其他民事权利。民法人格权制度的人性正义,根本上在于它所体现的生命价值,是它对生命价值的承认和尊重并维护生命价值的全面实现。生命价值是人的根本价值;人格权对生命价值的制度体现,就是对人的价值的制度体现,并自然体现人性正义的制度条件和要求。人格权对生命价值的制度体现,主要在以下几个方面:一是保护生命并把生命权作为人格权的制度核心;二是确认人格尊严与人身自由等代表生命价值的一般人格权条件;三是建立以生命价值为基础的各种具体人格权制度;四是通过刑事和民事责任方式严厉制裁侵害他人生命权的违法行为。这些生命价值的民法制度实现,就是以人为本位,坚持人本主义,维护人的生命安全,尊重人的生命利益。

由于人的一切权利承认和保护都以民法上的权利为基础,而民法的整

---

① 王利民:《民法道德论——市民社会的秩序构造》,法律出版社2019年版,第369页。
② 彭诚信:《主体性与私权制度研究——以财产、契约的历史考察为基础》,中国人民大学出版社2005年版,第128~129页。
③ "在生物或者生态意义上,人格是人的自然生命条件,当人的自然生命存在,人格就构成了人的自然生命秩序。那么,在社会意义上,对于人的最基本问题,一方面是人在人的社会即人的关系中如何或者能否被作为人承认和对待,能否具有与人的自然生命条件相适应的社会地位并实现人的尊严与生活;另一方面,是人应当如何克服和控制各自先天不同的自然秉性而接受和遵从统一的社会行为条件,从而在包容人们各自独立与不同的自然秉性的基础上形成一个完整和协调的社会构造模式,这就是人格的根本问题。一切关于人的认识,都是对人格的认识,但最终都归于人的生命的本质,是人的生命如何被尊重为人格的问题。"王利民:《民法道德论——市民社会的秩序构造》,法律出版社2019年版,第370页。

个权利体系的存在基础又是人格权,所以人格权的人性正义构成整个社会正义的制度基石。一个国家和社会的文明制度的构建,离不开人的主体性,必然以对人的生命价值的认识和理解为前提,并集中体现在以生命权为价值核心的人格权制度体系中。不论这个制度体系是否有独立的制度形式或者是以什么样的形式存在,亦不论是否形成有生命权及其他人格权的完整概念与内涵,这个制度体系作为生命的自然与必然的条件需要,都是一个客观的权利事实。所以,民法的人格权制度,虽然在民法的整个制度体系中并不具有突出的"规范"内容及其形式彰显,但它是整个制度体系的价值核心与存在基础;可以说,没有人格权制度所体现出来的生命价值就没有民法乃至整个社会制度体系所代表的人性正义。

(二)遵循人伦法则的身份权正义

民法的身份权是发生在具有特定身份关系的当事人之间的权利义务制度。所谓的特定身份关系,即一定的血亲和姻亲关系,亦即一定的亲属关系,而身份权也就是只有在一定的亲属之间才能够存在并享有的权利。一定的亲属之间基于其特定身份联系而自然赋予其特定的相互扶助和扶养性质的权利和义务,从而构成他们实现生活目的的共同秩序条件并成为民法的调整对象。

亲属之间作为以一定血缘或者亲缘为基础并具有特定情感联系的身份关系,是一个最具密切联系的生活共同体;他们之间享有一定权利和承担一定义务即具有一定的身份权关系,是实现共同生活的必要条件,具有自然的生态秩序本质,必然是平民社会关系的人性正义条件和要求。民法身份权制度的人性正义,根本上在于这一制度是遵循人伦秩序法则的结果,是亲属之间不可改变的人伦关系的制度实现形式;①因此这一制度形式所确立的也就必然是一种代表人性与正义的亲属关系,并成为人们实现稳定与可靠生活的基本制度保障。

人伦是以一定的血缘关系为纽带而自然形成的人性秩序法则。人伦是最基本的道德,道德是从人伦秩序中衍生出来的一般社会规则。"人伦就是人理与人道,是人类脱离动物世界之后所要求并必然具备的人性本

---

① "人伦是中国传统伦理思想中一个基本范畴。在中国人的观念中,道德是和人伦联系在一起的,有人伦道德之称。人伦构成了道德的基础和核心。"王利民:《民法道德论——市民社会的秩序构造》,法律出版社2019年版,第99页。人伦或者伦理是中国传统文化中最重要的私人社会秩序体系。在中国人的传统伦理观念中,人伦是与伦理或者道德没有严格区别的概念;人伦代表了社会的基本伦理,也就构成了社会的主体道德秩序。在封建礼教传统下,人伦是被作为一种旧的伦理道德规范来认识的。"伦"在中国古代汉语中具有同类、次序、辈分等含义,在伦理上引申为以血缘关系为基础的区别人与人之间不同身份等次而构建的一种生活秩序。

质,是人类在自然血亲基础上产生的最基本的人性秩序法则,而作为人理与人道的人伦条件必然衍生出人德。"①人伦关系是具有特定身份关系即一定人身依附关系的亲属或者其他亲近的人之间的一种具有天然正当性和必要性的关系,也就是民法的身份权关系,而民法的身份权制度不过是接受和遵循的一种自然人伦法则。②"'伦'的文化特性在于其结构性、秩序性和血缘性。"③人伦的文化特性根本上在于它的自然性和普遍性,即一种自然法则的普遍秩序性,它是人类的自然生态条件与社会秩序要求相统一的结果,构成了人类最基本的和不可改变的社会秩序形态,并衍生出人类的普遍道德体系。"人伦是那些被视为不可改变的人与人之间的基本关系。这种关系是依据自然和天性存在的,具有在不同时代和不同社会的维续性,并构成了一般的社会道德现象,具有文化上的传承性和不同文化传统的兼容性。"④人伦的自然性与普遍性构成了人伦法则的人性正义本质;而民法的身份权制度对人伦法则的接受与遵循,也就是对人性与正义的客观秩序的遵循,并必然具有人性与正义的制度本质。

(三)满足财产有序支配的所有权正义

财产所有权制度是民法调整的财产权制度的基础,是基于人的客观财产利益需求及其实现条件的民法制度设计。财产——物质利益需求,是人的生理与自然生态需求,是人的必然与必要满足的生命要素,是一个遵循"丛林法则"的生命条件的自然获取与实现过程。然而,人类在进入智慧文明以后,逐步从物质对象及其自然的需求体系中发展出"财产"和"财产

---

① 王利民:《民法道德论——市民社会的秩序构造》,法律出版社 2019 年版,第 105 页。
② 人伦在初始意义上只是人类自然需要和必然发生的关系,是一种现实和不可回避的社会秩序性存在。它在初始和自然的意义上,既不代表道德本身,也不构成伦理或者道德的秩序,而仅仅是一种伦理或者道德的要求,即人伦关系的条件和要求必然建立一定的具有社会构造意义的伦理秩序并以道德规范之,从而使人伦以伦理和道德的形式进一步获得它的社会正当性与合理性。人伦关系的客观性本身必然具有伦理道德的本质并必然表现为一定的伦理道德的秩序形式,而被秩序化的人伦关系也就必然成为伦理道德的基础与核心秩序。
③ 樊浩:《伦理精神的价值生态》,中国社会科学出版社 2001 年版,第 129 页。
④ 王利民:《民法道德论——市民社会的秩序构造》,法律出版社 2019 年版,第 101 页。人伦具有自然性,其核心与本质是自然人伦,又被称为天伦,具有天经地义的秩序属性。人伦的天性就是自然性;这种自然性就是与人类最基础的社会秩序相联系的血缘或者宗亲关系,是人种延续所不可缺少的生物条件。人伦的最初形式就是基于人种延续条件的血统和宗族联系所产生的自然关系;一定的血缘和宗法关系是人伦的核心和本质,也是人伦的基础根据。这些自然的血亲关系是人类必须具有和需要最低水平保持的基本社会关系,也是人类最直接、最亲近和最必要的社会关系,是人类作为社会动物所必然具有并表现出来的自然人性条件。在人类存在并构建社会形态及其初始秩序时,必须首先把这些基于自然本性所要求的基本的人与人之间的关系作为明确和严格的条件确定下来,使之成为一种不可改变和触犯的关系。在自然本质的基础上,人伦一般具有确定性和稳固性,是应当恒久遵循和不可变动的人际关系。

权"的观念,即物的价值与归属意识,人类开始超越动物的"丛林法则"而在财产和财产权观念的基础上形成调整财产利益需求及其实现条件的社会规范与秩序体系,即作为一般条件和普遍秩序的财产制度形式,其最终的文明发展形式就是以所有权为基础的民法财产权制度。在人类的物质或者财产关系上,不论是适用"丛林法则"的自然调整,还是财产所有权制度的产生及其规范作用,都是根据人类面对的两个现实条件:一是物质资源与财富条件的稀缺性,二是人类分配理性的局限性和非至上性,从而必然导致的在划分财产范围和分配物质利益上的相互争夺与冲突。① 因此,人类在物质利益的实现上,不论是自然的"丛林法则"还是人为的作为一般抽象形式的制度法则,都不可缺少一定的财产秩序条件。② 事实上,人类从来没有完全脱离"丛林法则"的社会秩序形式,"丛林法则"以其自然与必然的生态秩序法则而从来都是社会制度形式的生态基础,而"丛林法则"自身也就必然在任何社会制度形式下都作为一种客观秩序条件而有自己存在和发挥作用的余地。换言之,虽然人类形成了超越"丛林法则"的财产所有权制度,但是"丛林法则"作为一种自然秩序却从来没有因为人类的制度文明而被根本排除过,"丛林法则"作为人类制度文明不能自足的补充条件始终都是客观存在的利益分配与实现条件。

1. 定分止争——划分财产范围与界限的功能性正义

康德提出一个命题:一个外在的"我的和你的"如何成为可能,即一个仅仅是法律的或理性的占有如何成为可能?③ 换言之,人是如何能够有序占有或者有资格占有和支配财产的,即如何实现定分止争的?当一个人面

---

① 个人财产所有权及其财产自由之所以成为一个问题,就是因为财产的稀缺性和作为自由条件的有限性。显然,在稀缺和有限的社会财产面前,财产不仅是人类自由的条件而且是人类自由的条件限制;既然财产不能够根据个人自由的需要按需供给和使用,那么一定的财产分配形式及其实现的财产秩序就成为必然与必要的社会选择,这就是财产占有和财产所有权产生的原因。如果人类的社会财产可以按需供给和无偿取得,即处于一种个人全然的财产自由状态,那么作为规范特定主体对特定财产支配关系的所有权或者私有权也就没有存在意义和必要了。人类提出自由的问题也就是无法突破自由的问题,人类总是被自由的条件限定在有限的自由范围内。人类固然可以在意志上获得自由并且不受外在条件的限制,但是当人类的意志自由转化为行为或者社会自由时,就必须以一定的财产和财产自由为条件,财产就成为人类既不断无限创造又无法任意突破的自由条件。在这种情况下,能够直接满足个人财产利益和实现个人财产自由的财产分配与财产竞争关系就是财产私有权,而这种个人财产归属的财产所有权就成为一种代表个人财产自由的社会财产分配形式。

② "人类须利用物质以谋生活,物质有限,为定分止争,促进对物有效率的使用,并使个人得享有自主形成其生活的自由空间,乃有制定物权法,规范物权制度的必要。"王泽鉴:《民法物权:通则·所有权》(第1册),中国政法大学出版社2001年版,第1页。

③ 参见〔德〕康德:《法的形而上学原理:权利的科学》,沈叔平译,商务印书馆2011年版,第64页。

对一项财产或者一物时,首先需要判定的就是我是否有资格占有和支配它:如果我能够占有和支配,那么我是根据什么可以占有和支配的;如果我不能占有和支配,那么是因为别人的占有和支配地位把我排除了,还是因为在客观上我根本就无法占有和支配该物。换言之,任何人要占有和支配某物,都必须有正当原因,都应当是基于正当原因而有资格占有和支配,即民法上的有权占有和合法支配,从而在归属的意义上能够发生主体与对象之间的直接关系。

财产占有和支配秩序形成的基础,是划分财产范围和界限。《吕氏春秋·慎势》云:"今一兔走,百人逐之,非一兔足为百人分也,由分未定也。分未定,尧且屈力,而况众人乎!积兔在市,行者不顾。非不欲兔也,分已定矣。分已定,人虽鄙不争。故治天下及国在乎定分而已矣。"简言之,在财产支配关系上,只有划分财产范围和确定财产界限,才能够在定分止争的基础上形成财产秩序,这就是财产所有权的基本制度功能。① "所以在自然状态下,给己之所有以与人,或夺人之所有以归己的意志,皆无法想象。换言之,在自然状态下,即无所谓公正或不公正,唯有在社会状态下,经过公共的承认,确定了何者属于这人,何者属于那人,才有所谓公正或不公正的观念。"② 财产利益的满足以实现财产支配为条件,而财产支配的实现则以划分财产范围和定分止争为前提。③ 民法物权或者所有权划分的财产范围和界限,包括财产物和非财产物的范围、民法财产和其他财产的界限、本人财产与他人财产的界限等。财产是具有利用价值并可以作为权利对象即客体的物。大千世界,宇宙万物,既不是所有的物质存在都构成人类的财产,也不是任何对于人类有利用价值的物都可以设置和享有财产权利。因此,民法所有权首先划定了财产物和非财产物的范围。而非财产物,即非人类权利物,既不能作为人类权利的客体,也就不能设定民法

---

① "吾人必须藉外界物资以生活,而物资有限,不能不定分以息争,在一定范围对一外界物资之分配,认为权利,以使互不相侵而保障物资之安全利用,此为物权之社会作用。"史尚宽:《物权法论》,中国政法大学出版社2000年版,第1页。
② 〔荷〕斯宾诺莎:《伦理学》,贺麟译,商务印书馆1983年版,第201页。当然,划分和确定财产的归属,并不是在自然状态下无而在社会状态下有的,人只要支配特定物并享有该物的利益,不论是在什么样的自然或者社会状态下,都表现为通过其特定的定分止争的秩序规则划分了财产的范围与界限,并具有符合其自身需要的公示与公信的正义性。
③ "假如我是一物的持有者,以一种物理方式和它联系,若有人未得我同意而干扰它——例如从我手中夺取一个苹果——就影响了和损害了我固有的自由,因此,他的行为的准则是直接和权利的公理矛盾的。因而这个命题表明一种经验中公正地占有的原则,不能超出一个人自身和权利。"〔德〕康德:《法的形而上学原理:权利的科学》,沈叔平译,商务印书馆2011年版,第65页。在根本上,仍然是一个如何划分财产范围和界限并确定财产占有的根据与归属问题。

物权或者所有权,所以不构成人类伦理规范的对象与范畴,也不在人性正义的评价范围之内。然而,人类可以支配和设定权利的客体种类和财产范围越大,人类就越是拥有财产自由并符合财产正义;人类在自己的社会创造和发展中就是在不断地发明创造出更多自己可以支配的财产,从而在拥有前所未有的财产自由的基础上也拥有前所未有的生活品质。

然而,在人类的可支配物中,有的物,虽然构成人类财产,也能够在该财产上设定一定权利或者权力,但却不是作为民法权利客体的物,属于民法财产之外的其他财产范围,这就是非民法财产之物,也就是禁止民法设权之物,即禁止以民法方式获得或者流通的物,亦即不能由民事主体所有的物。这类物一般由国家、政府或者它们指定的特定机构享有所有权,成为一项为了实现特定利益目的——通常为公共利益的垄断权利,一般民事主体不能对该财产享有财产所有权且没有进行支配的自由。这一财产界限与划分,涉及国家或者政府的垄断财产权和民事主体的财产所有权享有的范围,也就涉及民事主体的财产所有权实现的自由空间,所以关系到社会制度伦理,也存在人性价值与正义标准问题。虽然国家和集体所有权被统一纳入民法一体调整,成为一种"民法"所有权,①但是它和传统民法所有权即私有权相比是一种比较特殊的财产所有权,是禁止一般民事主体享有的所有权。这一财产所有权制度,界定了国家所有权、集体所有权与私人所有权之间的财产范围及其财产秩序,同时也引发了在国家和集体享有所有权的制度基础上,需要由具体的私人或者特定民事主体享有财产使用权的权利分离问题,即国家、集体与个人或者其他民事主体之间的权利分配关系问题;这就是我国民法物权制度中建立在国家和集体所有权基础上的财产使用权,即一种由于公有权"私化"而必然需要和借助的用益物权制度。对此,人们特别关注的是建立在国家和集体所有权基础上的个人财产使用权和所有权的稳定与安全问题,这成为我国不动产用益物权制度的焦点与核心。② 目前,我国除了少数需要国家垄断的对象和领域,大部分

---

① 我国民法物权统一规定并一体调整国家所有权、集体所有权和私人所有权:对于重要资源或者财产由国家或者集体享有所有权;而对于非国家或者集体专有的财产,可以为私人所有,设立私人所有权。

② 核心问题是国家土地所有权基础上的土地使用权问题。"我国土地使用权是非土地所有人利用土地的唯一的和普遍的方式,或者说,是将公有土地转化为特定的私权客体所必须借助的唯一方式,因此我国的土地使用权制度,是体制性的,是不承认土地私有权而又要使'土地私权化'的一种别无选择的立法模式";"我国土地使用权虽也属于定限物权范畴,但其建立在土地公有制基础上,本身并不在于限制土地所有权,而是土地所有权实现的'私权'方式,取得土地使用权的人",其对该土地所享有的是实际相当于"所有权"价值的一种使用权。参见王利民:《我国用益物权体系基本概念研究——兼评〈物权法征求意见稿〉规定之不足》,载《法学论坛》2005年第2期。

民法调整的财产关系都已经对普遍民事主体开放,民事主体的财产自由的范围越来越大,也就能够在更深、更广的程度上实现民法调整的财产正义。

民法物权或者所有权对财产范围与界限的划分及其定分止争的功能,主要体现在本人财产与他人财产即不同民事主体之间的财产范围与权利界限的划分上。人性是有弱点的,也是有局限性的:当财产已经不再是简单的生命与自然需求时,当人类有了财产和财产价值观念时,财产开始由自然的客观利益需求变成了具有主观需求性质的财富与财产价值需求,也就变成了具有无限扩大与扩张性质的财产利益需求,因此相互之间因为追逐和获取财产而发生争夺和争斗的现象不可避免。所以,为了克服人性的弱点和不足,尽量防止和减少相互之间的财产冲突,划定财产范围和界限,明确财产归属即确定谁对该财产具有占有和支配地位,就成为必要的制度条件与财产秩序;这就是传统民法的财产所有权即私有权制度的定分止争功能。① 根据所有权,如果一物归属某人,就构成该人的财产范围,该人就成为该物的所有权人并对该物依法享有和行使所有权,即基于其所有权的法定效力而排除他人就该物享有和行使同样权利的可能性;这就是民法的物权法定和一物一权原则,也是民法物权在民事主体之间划定的财产秩序规则。这一规则的制度功能,既维护了人性的财产秩序实现,又代表了正义的社会秩序条件。

2. 个人所有——财产归属与财产利益主体统一的权属性正义

所谓权属即财产所有权的归属。财产归属与财产权属不同:前者是事实;后者是权利,是在法律上具有的对财产的支配力。② 虽然财产权属以归属即占有事实为基础,但是有占有的归属事实并不一定有对财产的权属;两者可能统一,也可能分离,但是作为财产支配秩序的常态,应当是两者的结合与统一。财产归属者是财产利益的需求者,而为了财产归属者对财产支配的安全与稳定实现,应当由正当取得财产归属的占有者享有财产权属,从而使归属成为以权属为根据的安全与稳定的财产支配秩序。民法

---

① "鉴于所有权人或者其他的物权人要确定他对物有什么样的影响力,或者鉴于他许可他人一定的物权,就必须准确地分清,谁是所有权人或者物权人,只有这样才能确定谁拥有某物或者享有权利。"〔德〕曼弗雷德·沃尔夫:《物权法》,吴越、李大雪译,法律出版社 2002 年版,第 16 页。
② 归属是事实性权属,权属是观念性归属。归属是人类自然生态的财产支配秩序;权属是人类财产观念发展到一定阶段的产物,属于社会意识形态范畴。也就是说,财产归属是财产支配关系的自然形态,财产权属或者权属是有关财产支配关系的社会观念。财产有归属,才有权属;归属是权属或者权利的客观条件与事实基础,也是决定权属的自然伦理。归属通过权属表现自己的客观性,权属根据归属证明自己的合理性;归属是自然的权属,权属是法定的归属。归属的权属形式中,既有所有权的归属,也有他物权的归属,但通常是所有权的归属。

的财产所有权,对财产归属与权属的确认,不仅在于定分止争,而且在于"使物归于能最适于发挥其效用之人",①这构成财产所有权制度的一项基本伦理原则。

财产归属表现人与财产的直接支配关系,是确定财产权属的根据和基础,应当由财产利益的客观需求者即财产利益主体获得财产归属与享有财产权属,实现财产归属与财产利益主体相统一的权属即财产所有权制度;这就是个人财产所有权制度。财产归属是由人的财产利益需求决定的自然生态秩序,是人的客观财产利益需求所必然需要和形成的财产秩序条件。它首先是一种事实和自然秩序,然后才是一种权利和社会伦理秩序,即作为权属的财产所有权应当根据人的客观财产利益需求而承认和尊重财产支配与分配的自然秩序形态;这构成财产所有权制度的人性正义法则。② 根据这一法则,财产归属不仅是个人的客观利益条件,而且构成个人的人格本质。虽然我国《民法典》规定的享有财产权的民事主体有自然人、法人和非法人组织,但是在对财产的"实用"的意义上,人即自然人是唯一的财产利益需求者,也是真正的财产利益主体,财产归属作为个人的生命与生存条件必然构成个人的普遍事实,所以应当根据财产归属的个人秩序事实确认个人财产所有权,使作为财产利益需求者的每一个人都有资格获得财产并成为财产所有权人,能够根据自己享有的财产所有权实现自己的财产利益。"就人类天然就有权力共同使用而拥有自然物质资料而言,对物质资料的私人所有权属于自然法。"③"因此,必然确立一种财产分配的规则与秩序,这个规则与秩序既有利于人们获得财产,也有利于人们实现对财产的有效占有以满足自己的财产利益需求,而这个规则与秩序就不仅是一种财产归属的自然伦理需要,而且是一种财产权属的社会伦理条件,这就是以个人为主体的现代民法体系的物权或者所有权,即承认平民社会关系的个人主体价值并根据个人的利益主体性所建立的个人财产归属与所有的财产分配形式及其秩序条件。"④当代民法的财产所有权,虽然有国家和集体或者团体所有权,但是都不可能从根本上放弃或者否定个人

---

① 王泽鉴:《民法物权;通则·所有权》(第 1 册),中国政法大学出版社 2001 年版,第 14 页。
② 权利作为确认财产归属的社会秩序条件,不过是一个财产利益的分配规则。它首先是自然的法则,然后才是人为的法则;而人为的法则必然遵循自然的法则,离不开自然法则的规定性。作为自然的财产归属的法则就是,谁是财产利益的客观需求者,谁就是财产利益的主体,谁就应当成为财产的归属者并应当享有正当支配财产的权利。
③ 〔法〕雅克·马里旦著,〔加拿大〕威廉·斯威特编:《自然法:理论与实践的反思》,鞠成伟译,中国法制出版社 2009 年版,第 61 页。
④ 王利民:《民法道德论——市民社会的秩序构造》,法律出版社 2019 年版,第 483 页。

财产所有权即私有权;这是不可改变的人性伦理法则,具有正义的财产秩序本质。① "由于我借助于所有权而给我的意志以定在,所以所有权也必然具有成为这个单元的东西或我的东西这种规定。这就是关于私人所有权的必然性的重要学说。国家固然可以制定例外,但毕竟只有国家才能这样做。"②

3. 绝对支配——普遍公认与对世地位的权能性正义

所有权是绝对权与对世权,具有普遍公认与对世地位的权能性;其制度的人性正义,不仅在于定分止争与个人所有,而且在于其制度实现的所有人对财产享有的排除他人干涉的权利,即绝对支配权。"所有权是绝对的归属权(absolutes Zudordnungsrecht),即它的效力及于每个人(wirkt gegen jedermann)。将某物置于所有权人的财产之下就意味着该物受到保护并且不受任何人以任何形式干预这种所有权关系。该物被置于所有权人的排他的单独使用之下,同时也排除了其他一切人对该物的权利。"③为实现财产支配,民法上的财产所有权明确了个人可以支配的财产范围,确定了个人支配财产的方式,这样就在绝对支配的所有权的权能基础上,保证了财产利用与财产交易的安全。实现这一安全的制度条件与前提是物权法定原则给予所有权的一种普遍公认的权能与效力。物权的内容应该是社会普遍公认的统一的东西,而不是可以由双方当事人通过合同随意创设的。④ 如果所有权的权能与效力不是法定的,而是可以约定或者变通

---

① 一种支持私有财产的观点是,"私有财产对于自由及人格的完善极为重要"。参见〔美〕迈克尔·D. 贝勒斯:《法律的原则——一个规范的分析》,张文显等译,中国大百科全书出版社1996年版,第94页。另一种观点着眼于作为政治自由要素之一的私有财产所具有的价值,"简言之,私有财产决非仅仅是一种公民权利,它还是对抗政治压抑的一种防卫工具"(同前,第95页)。个人所有或者私有,体现财产自由原则。"在与他人的类似自由相契合的情况下,应推定人们可依其意愿而自由使用、保留和处分其财产,此推定愈有力,财产就愈能表现自我或体现身份"(同前,第96页)。笔者认为,基于个人的社会主体性和个人的财产利益需求性,财产一般应当直接归属个人并用于个人目的,从而财产的个人归属性构成财产所有权的伦理基础。当然,财产的个人归属性并不是指一切财产都当采用个人所有的私有制或者私有权形式;在一个国家的财产分配体系中,可能需要把最终的个人目的财产拟制或者抽象为国家或者集体所有的财产,以实现在国家意志统一支配下的财产分配的公平性与有序性。但是,国家或者集体所有权不过是构成国家或者集体的个人享有和行使所有权的一种形式;国家和集体既没有独立的财产目的,也没有独立的财产利益,更不能直接支配财产并实现财产归属的利益与目的。不论采用何种所有制或者所有权形式,一切财产最终是归于个人利益目的的财产,根本不存在个人利益目的之外的其他财产目的——国家或者社会公共利益也不过是为了个人目的并代表个人利益而存在的一种利益条件。
② 〔德〕黑格尔:《法哲学原理》,范扬、张企泰译,商务印书馆1961年版,第55页。
③ 〔德〕曼弗雷德·沃尔夫:《物权法》,吴越、李大雪译,法律出版社2002年版,第5页。
④ 参见〔日〕田山辉明:《物权法》,陆庆胜译,法律出版社2001年版,第5页。

的,那么就不能向社会公示统一的权利形态,就不具有根据权利外观的可识别性和客观权利性,也就无法保证财产支配、利用与交易的安全。

财产所有权的绝对支配权能是财产利益能够绝对满足的制度条件,以实现个人对财产利益的绝对满足为目的。财产利益是个人的绝对利益,是自然需求与必然满足的生命与生存利益,是以个人对财产的绝对支配为基础才能够实现的利益,必然需要能够实现对财产绝对支配的制度权能。所以,财产所有权作为一种普遍公认的对世权,其实现的对财产的绝对支配,是个人的财产利益实现的客观条件需要,并以其制度权能保证了所有权人对财产利益绝对需求的支配满足,既是人性的制度也是正义的法则,是不可改变的自然生态秩序。

4. 全面利用——财产利益与价值最大化的效用性正义

基于所有权,所有人对财产享有的权能,不仅是绝对的,而且是全面的,是一项最完整的对财产的支配权,即完全物权,可以实现所有人对所有财产的全面利用,具有实现财产利益与价值最大化的权利效用。"所有权是对某物的全面的归属权(umfassendes Zuordnungsrecht),也即是说,所有对某物的合法的使用和处分方式都被置于该所有权人之下。"[1]任何一个所有权人,在财产的利用与交易中都会希望能够实现自己的财产利益与价值的最大化,从而最大限度地满足自己的利益期待与需要,而财产所有权正是以完全的财产支配权所能够实现的对财产的全面利用而成为能够达到这一目的的唯一权利条件。所以,固然可以在所有权上设立他物权或者限制物权,但是这只是所有权人全面利用其财产并实现其财产权益的形式,而不可能构成对所有权实现的最终限制。[2]《民法典》第 241 条规定:"所有权人有权在自己的不动产或者动产上设立用益物权和担保物权。用益物权人、担保物权人行使权利,不得损害所有权人的权益。"他物权是根据所有权人的意志设定的,是为了实现所有权的目的及其效用最大化,因此应当与所有权相统一。"物的所有权人在限制物权的范围内将该限制物权转移给相关的权利人。当限制物权消灭时,该限制物权又自动地回到了所有权人那里。这就是所有权的可塑性,因为所有权的范围可以随着限制物权的成立或者消灭而缩小或者扩大。作为所有权之部分权能的限制物

---

[1] 〔德〕曼弗雷德·沃尔夫:《物权法》,吴越、李大雪译,法律出版社 2002 年版,第 6 页。
[2] "只要给予别人的是一种临时占有权,则所有权人便保留了他的所有权。因此,他人的占有权取决于让渡占有时所有权人的意愿和意志。这种意愿常常在他们之间达成的协议中表达出来。"〔美〕迈克尔·D.贝勒斯:《法律的原则——一个规范的分析》,张文显等译,中国大百科全书出版社 1996 年版,第 117 页。这种意愿与意志的内含特性,正是区别所有人让渡的权利是用益物权还是担保物权的根据。

权也是绝对的归属权。"①可以说,财产所有权效用的最大化,就是在财产所有权中人性与正义实现的最大化目标。②

(四)实现财产权自由变动的债权正义

在民法的财产权制度中,债权是以合意契约为主的请求权制度。债权的契约自由,在本质上是物权或者所有权的行为自由,是所有权自由的结果和表现形式。③也就是说,债权在本质上,是所有权或者财产支配权的一部分,是物权或者所有权行使的一种条件或者手段,是行使物权或者所有权的一种意思表示形式;所以债权制度在本质上并不是一项独立的财产权,而是在物权或者所有权的制度体系及其权利观念中产生和抽象出来的物权或者财产权的自由变动规则,是民法"分离或者区分原则"的结果。基于财产所有权及其财产归属,民法财产权的自然生态体系及其运动的秩序规则是:基于财产归属即财产所有权或者物权产生的"财产变动支配"——财产契约(被抽象为债权);基于财产契约实现的"财产变动归属"——财产所有权或者物权变动。这里,财产所有权始终是民法财产权体系运行的基础与根据,也是最终目的与结果。然而,物权或者财产权是自转移财产权利的契约订立时发生变动,还是基于财产契约而以财产交付作为财产权变动的根据,这是两种不同的物权变动模式,而后者实行的就是以德国民法为代表的"分离原则"。因此,债权只是从民法的财产权制度体系中被抽象出来的并被作为独立于物权的权利制度存在,而实际上债权作为请求权在整个民法的财产权体系中并没有任何独立于物权的价值目的与基础的"实在权利"意义。④

---

① 〔德〕曼弗雷德·沃尔夫:《物权法》,吴越、李大雪译,法律出版社2002年版,第7页。
② "判断行为和制度是否公正或良好的标准就是这些行为和制度是否最大化了社会的财富。这一进路可以调和效用、自由甚至平等这些竞争的伦理原则。"〔美〕理查德·A.波斯纳:《正义/司法的经济学》,苏力译,中国政法大学出版社2002年版,第115页。然而,这一最大化目标,虽然符合民法的人格平等原则,但是促成和维护了初始分配的个人事实不平等;因此它的作用和效果是有局限性的,需要社会二次分配的合理调整与有效平衡。
③ "我通过契约获得的那个被称为外在物是什么?由于它仅仅是他人积极意志的因果关系,要把一些已经允诺的东西给我,可是,我并没有因此马上获得一件外在物,而仅仅获得一个达到这样目的的意志的行动,根据它,一个外在物便置于我的权力之下,于是我可以把它变成我的东西。"〔德〕康德:《法的形而上学原理:权利的科学》,沈叔平译,商务印书馆2011年版,第95~96页。
④ "因为在日常生活用语中,甚至在法律工作者简略式的表达方式中,买卖行为和移转所有权行为二者往往是混杂在一起的。把自己称某项物件的'买受人'者,一般并非仅指债权行为,而且想说明自己通过买卖行为而成为该买卖物的所有权人。"〔德〕迪特尔·梅迪库斯:《德国民法总论》,邵建东译,法律出版社2000年版,第174页。分离原则使物权变动具有"权利外观",能够公示物权的变动结果与归属。"分离原则的优点是明显的。它允许当事人对负担行为的效果以及处分行为的效果规定不同的条件。"(同前,第176页。)

换言之,债权或者合同,不过是作为物权或者财产权变动的一种法律事实存在的。"权利之变动者,乃法律事实适用法规所生之法律现象也。何谓法律事实？乃法律现象所由发生之原因也,即法律事实为因,法律现象为果,二者具有因果关系。"①民事主体对物或者财产的支配关系总是处于不断变动中的,能够引起物权或者财产支配关系变动的事实是各种各样的;而在民法调整的财产关系体系中,债权或者合同,则是引起物权变动的主要原因行为,具有代表人的行为意志并能够实现财产自由变动的秩序正义性。债权意味着"财产应在主体间自主转让,且非自愿之转让应予禁止。转让性使得对资源的利用更有效率",②既可以实现财产权根据所有人意志的自由变动,又可以使所有人在交换中获得最大或者最符合需要的财产利益。

在民法的财产权体系中,债权除了作为实现财产支配的行为自由手段外,既没有自己的目的,也没有自己的价值,更没有自己的原则。那些被以债权目的、价值与原则的形式所表现出来的东西,都不过是一种财产支配权的内在条件与支配行为的实际效果,是财产支配权的行使而被以"债权"形式表现出来的财产自由及其行为特征;而不是也没有专门归属于"债权"的特定财产权属性。一切债权的形态和条件都基于一定的物权或者财产所有权的享有和行使。然而,在民法的成文法体系中,物权或者财产支配权的变动或者交易形式,即物权或者财产权变动的意思表示形式,被人们以"债权"制度进行设计,并从财产支配权的制度体系中抽象和独立出来,成为一个实现财产权自由变动的制度体系。但是,不论债权的制度设计及其规范条文有多少,债权也仅仅是作为复杂的物权交易关系的一种制度设计,是实现财产支配权的一种条件和手段,而不会真正在超越物权或者财产所有权的基础上而有自己独立的财产权本质。

1. 合意契约的财产支配意志与财产权变动

债权是在市场交易关系中形成的财产权观念与概念。债权作为市场经济条件下财产自由支配的条件与形式,就是合意契约。"契约双方当事人互以直接独立的人相对待,所以契约从任性出发;通过契约而达到定在的同一意志只能由双方当事人设定,从而它仅仅是共同意志,而不是自在自为地普遍的意志。"③契约既是财产自由支配的意志形式,又是实现财产

---

① 郑玉波:《民法总则》,中国政法大学出版社 2003 年版,第 290 页。
② 〔美〕迈克尔·D.贝勒斯:《法律的原则——一个规范的分析》,张文显等译,中国大百科全书出版社 1996 年版,第 90 页。
③ 〔德〕黑格尔:《法哲学原理》,范扬、张企泰译,商务印书馆 1961 年版,第 82 页。

权变动的事实根据。"在一项契约中获得一物,不是通过对允诺的接受而是通过被允诺对象的交付。因为一切允诺都与履行有关。如果被允诺的是一个物,那么,要履行允诺只有通过一种行动,允诺人让接受人取得对该物的占有,这就是交付。"①契约的正义不在于允诺,而在于履行允诺而实现的符合允诺的财产权变动。契约实现的财产权变动,不仅具有财产性,而且具有人格性,即以契约形式实现的财产权变动体现和具有缔约者的人格意志,是契约的财产权变动条件与人格意志的财产秩序统一。契约是以个人行为自由为条件的财产支配形式,它确认个人的设权意思表示行为可以作为实现个人财产权变动和达到个人财产支配目的的事实根据。在契约关系中,个人不仅是财产利益的需求主体,而且是支配个人财产并实现个人财产利益目的的行为主体,从而在这一实现财产支配关系变动的行为过程中充分体现自己的财产支配地位。②契约对于实现财产支配与财产变动的正义,是一种体现个人意志和实现个人利益的人格形式;不仅是一种财产正义,而且是以财产行为实现的人性正义。

2. 契约自由的形式正义与实质正义的死亡

契约自由作为实现财产权变动的形式,并不是契约或者债权的自由,而是财产所有权的自由,是所有权人对财产的支配自由。"所谓'财产自由'并不是财产的自由而是人的财产行为的自由,不是对财产的尊重而是对人的财产人格的尊重,这种自由和尊重是源于人性的一种客观需要,是被作为道德的一种伦理条件,如果没有这种本体的社会秩序,个人的财产自由和尊重便不能发生。"③契约自由是市场经济条件下的财产支配形式,是与政府手段相对的财产分配体系。"自由原则确认财产法的目的之一是取消对人们使用财产的自由的法律限制。"④契约自由作为财产自由是一种财产人格的实现形式:它既以个人为主体,也以个人为目的,是个人的财产人格以当事人的"立法者身份"的实现。在契约关系中,个人在自己享有的财产支配权的范围内被赋予一种自由约定与承诺的设权地

---

① 〔德〕康德:《法的形而上学原理:权利的科学》,沈叔平译,商务印书馆2011年版,第97页。
② "这样一种以个人自由为本质并以契约形式表现的财产分配结构,就是市场经济体制,也就是民法上的债权债务关系。市场经济是一种自由经济,它以个人自由为财产关系的根本动力,是一种在根本上解放人和实现人格的生产关系,也是最有利于创造社会财富的社会体制结构,从而成为实现社会分配正义的根据和基础。"王利民:《民法道德论——市民社会的秩序构造》,法律出版社2019年版,第522页。
③ 王利民:《民法道德论——市民社会的秩序构造》,法律出版社2019年版,第521页。
④ 〔美〕迈克尔·D.贝勒斯:《法律的原则——一个规范的分析》,张文显等译,中国大百科全书出版社1996年版,第415页。

位,从而使自己的自由意志能够成为具有约束力的设权行为规则。"他们能够自由地计划和活动而不必担心因立约人失约而得不到预期的交互性利益。"①显然,契约自由既代表人性的自由,也具有人性正义的本质。财产关系的契约化与自由化,使当事人的行为意志在自身的行为关系中规则化和秩序化,即权利义务化,充分体现了民法调整的社会关系的私益性与任意性的秩序本质,确立了以当事人的行为意志为根据的财产关系条件,实现了财产关系的人格与秩序的统一,成为一种自主自为的人格自由秩序。

然而,契约自由的正义,只是一种形式正义而非实质正义。当实质正义成为以形式正义表现的结果时,必然是实质正义的"死亡"。因为既然形式正义代表了实质正义,那么实质正义在形式中就往往没有了实质;人们只要满足形式正义就是达到了正义,进而也就无法在形式正义之外再要求实质正义。换言之,契约自由只是契约形式的自由,而不一定是实质的意志自由;虽然所有的契约在形式上都是当事人统一接受的行为条件,但是在统一的契约形式之下掩盖的可能是当事人的完全不自由。当人们不得不接受某种强制或者格式的契约条款时,契约的达成看起来是自由的,而实际上则是被动和没有意志自由的,自由的正义形式只是在当事人之间带来一种代表正义和必然接受的强制结果;而这种契约形式,与其说是自由,不如说是"枷锁"。

(五)反映私有财产转移的继承权正义

继承权作为民法的一项财产权,是财产所有权人死亡后实现财产权转移的制度形式;它既是被继承人的支配权行使,又是继承人的支配权取得,而建立两者之间联系的是继承方式即遗嘱继承和法定继承。继承权是以自然人为主体的私有财产权制度,是个人私有财产在所有权人死亡后如何向私人完成财产所有权转移的制度形式;这一制度的人性正义,既是对财产私有权保护的正义,又是对私有财产实行私有权转移的正义。

1. 遗产的私权转移与财产所有权的制度本质

遗产的私有继承与转移是财产所有权的制度本质,是私有财产必然的财产秩序与制度形式。"遗产是个人私有财产,所有人死亡后作为遗产的个人私有财产的所有权转移,是典型的私有财产关系,应当遵循私有财产继承的一般规则,即体现遗产继承的私有性。根据遗产的私有权属性,在

---

① 〔美〕迈克尔·D.贝勒斯:《法律的原则——一个规范的分析》,张文显等译,中国大百科全书出版社1996年版,第416页。

所有人死亡后发生的遗产继承中，应当保持遗产作为私有财产的所有权属性不变，不能把私有财产因所有人的死亡而改变成公有或者其他性质的财产，即应当按照私有财产的规则转移其所有权，实现遗产继承的私有权属性的自然延续。"①当代继承权制度中，不论是遗嘱继承还是法定继承，实现遗产继承和转移的基本秩序规则，都是基于个人财产所有权的遗产私有继承，即在自然人之间实现的继承，遵循了保护私有财产所有权的基本制度原则。"遗产继承的发明，使私有财产的观念达到了它的极点。"②由于遗产的私权继承与转移在被继承人死亡后实现了个人私有财产向个人私有归属的转移，保持了遗产私有性质不变，所以在制度上维护了财产私有权的永续存在和稳定发展。"私有财产继承制在控制资本方面作为防止财产流失或分散的一种手段以及作为财产积累的一种动因，都是极为重要的。"③由于遗产继承的私有转移，作为继承权制度的基本秩序规则，是遗产作为私有财产向私有转移的规则；所以构成传承和保持遗产的私有财产性质不变的人性正义规则，是财产所有权制度的秩序本质与实现。

2.遗产的亲缘转移与财产所有权的家事功能

遗产继承不仅是一种私有继承，而且是一种亲缘继承，即发生在一定亲缘或者亲属关系之间的继承，亦即把遗产转移给具有一定血亲或者姻亲关系的亲属所有的继承，具有一定的身份关系条件，反映继承当事人之间所具有的特定身份联系；除特殊情形外，是只有在一定身份关系的当事人之间才能够发生的财产关系。不论是法定继承拟定的被继承人意思即确定的继承人范围，还是被继承人通过遗嘱确定的继承人，通常都是与被继承人具有一定亲缘关系的人，包括配偶和直系与旁系血亲以及与被继承人具有其他特定生活和情感关系的个人。"在现代继承法中有两种观念似乎已在起作用。一种观念受这样的情感驱策：认为所有财产通常必须由某个人拥有。另一种观念则体现在另一种情感中：根据血缘关系的亲疏进行继承是一种自然权利。"④事实上，继承权作为一种自然的财产秩序法则，是以自然的身份关系为根据而在一定的亲属范围内确定或者拟定的权利，享有继承权的继承人都是与被继承人具有一定身份关系并自然应当享有继

---

① 王利民：《民法道德论——市民社会的秩序构造》，法律出版社2019年版，第580页。
② 〔德〕威廉·魏特林：《和谐与自由的保证》，孙则明译，商务印书馆1960年版，第90页。"其结果是，每个人都试图攫取那么多的财产，好使他自己连同他的子孙过一种安逸的、懒散的生活。"（同前。）
③ 〔英〕弗里德利希·冯·哈耶克：《自由秩序原理》（上），邓正来译，生活·读书·新知三联书店1997年版，第109页。
④ 〔美〕罗斯科·庞德：《法理学》（第3卷），廖德宇译，法律出版社2007年版，第112页。

承权的利害关系人。在这个意义上,继承权与其说是财产权,不如说是一种身份权,是基于一定身份权即一定的基础关系而享有的财产权,是以身份权为基础并以身份权的现实条件为根据的财产权;在没有身份关系的人之间既没有产生继承权的生活联系与权利基础,也没有发生继承关系的可能性与合理性。"继承权(successionj)是一种很自然的权利,这是由于一般所假设的父母或近亲的同意,并由于人类的公益,这种同意和公益都要求人们的财物传给他们最亲近的人",借以使他们更加勤奋和节俭。① 由于亲属之间的特定身份关系,他们之间成为具有最密切生活联系的群体,他们根据自然人伦法则承担相互扶助与扶养的义务;所以由这些人相互继承遗产是人性的必然秩序规则,具有天然的正义性。② 根据财产所有权的自然伦理秩序,很难想象在一定亲缘关系之外的某种继承安排,能够是一种普遍正义的继承法则。

遗产的亲缘转移,实现了遗产作为家庭生活财产的家事功能。所以,遗产所具有的家事功能构成了对遗嘱自由的一种限制,即遗嘱人应当根据家庭生活关系的自然伦理秩序确定继承人,而不能把遗嘱自由"任意化"而使其成为一种破坏家庭伦理的手段。"承认有权任意订立遗嘱,很容易造成伦理关系的破坏,并引起卑鄙的钻营和同样卑鄙的顺从。"③因此,遗产的家事功能与继承的后事规则,④能够使遗嘱继承的任意性得到校正。"任何一个家庭成员的财产都不仅具有个人财产性,而且具有家庭财产性,除了满足个人的利益目的外,也是实现家庭或者家庭成员利益的条件,并必然基于这一条件而考虑遗产处理和继承的后事性。遗产继承的后事性,主要是保证和满足血统相继和家庭延续的目的性。也就是说,遗产作为亲缘相传的财产,不再是简单的个人的人格财产,而且是一种家庭的目的财产,即以家庭的血统相继和生活延续为目的的财产。"⑤

哈耶克指出,"家庭所具有的传承生活标准和传统文化的功能,是与其传赠物质财产的可能性紧密勾连在一起的。而且,我也实在不明白,将物

---

① 参见〔英〕休谟:《人性论》,关文运译,商务印书馆1980年版,第551~553页。
② "在通常情况下,人们总是要把自己的遗产在具有一定亲缘关系的人之间作为私有财产传承下去,而人们的这一遗产转移的一般意志,作为一种普遍的遗产秩序,应当构成社会的一般规则条件,即作为继承法的价值取向与规范原则。法律不仅要尊重人们的这一意志,而且应当作出与这一意志统一的规定,只有这样的继承制度才符合社会伦理的一般要求。"王利民:《民法道德论——市民社会的秩序构造》,法律出版社2019年版,第585页。
③ 〔德〕黑格尔:《法哲学原理》,范扬、张企泰译,商务印书馆1961年版,第191页。
④ 遗产继承的后事性,就是遗产继承的目的和对象与死者对后事安排的结合。遗产不仅是死者生前个人所有和为了自己的目的存在的财产,而且是为了家庭利益即家庭成员共同的生产和生活目的需要而存在的财产。
⑤ 王利民:《民法道德论——市民社会的秩序构造》,法律出版社2019年版,第595页。

质条件的收益仅限于一代人去享用,究竟会对社会有什么真正的助益"。①也就是说,遗产不仅需要在家庭成员或者亲属之间转移,而且需要平等或者公平的转移;这一遗产转移所担负的家事功能,是维护家庭关系及其生活稳定的必要条件。"根据一定的权利和责任构建的社会结构规定了人们之间的关系体系,这种社会结构需要得到延续。"②家庭是最基本的社会结构,家庭的社会结构具有延续生命和传承生活的重要功能;而这个延续和传承离不开家庭或者亲属之间的财产关系条件,包括在一定的家庭成员或者亲属之间进行遗产继承的继承权条件。③ 因此,把遗产处分给具有一定亲缘关系的亲属或者家庭成员,是继承立法和被继承人的自然伦理责任,并具有天然的正义性;不论在何种社会条件下,只要私有财产存在,这一责任就不会改变。④

3. 遗产的自由转移与财产所有权的人格价值

遗产继承实行遗嘱继承优先适用的制度,即首先根据遗嘱实现遗产的自由转移。遗嘱自由是处分财产所有权的自由,具有财产所有权自由的本质,体现财产所有权的人格价值。一切平民社会关系的本质都在于个人行为自由,并以自由作为发生这种关系的根据。遗产是被继承人生前的个人私有财产;而被继承人对身后财产的遗嘱处分,属于个人财产自由与财产所有权行使的范畴,是所有权人对个人财产的一种支配行为,应当体现为遗嘱自由。所以,对于遗产的遗嘱继承与无偿取得,"法哲学方面的学者通常把它看作只是一项延迟了的赠送"。⑤ 遗嘱的财产处分意思,属于个人意思自治的范畴,在一定意义上可以视为一种身后生效的财产赠与行为,是财产自由在遗产继承上的意思自治体现。遗嘱继承与遗产的自由转移,是对财产所有权人的地位承认与尊重,具有实现财产所有权人的人格价值的本质属性,反映了私有财产的人伦秩序本质,是人性与正义的个人

---

① 〔英〕弗里德利希·冯·哈耶克:《自由秩序原理》(上),邓正来译,生活·读书·新知三联书店 1997 年版,第 110 页。

② 〔英〕A.R. 拉德克利夫-布朗:《原始社会结构与功能》(第 1 册),丁国勇译,九州出版社 2007 年版,第 75 页。

③ 家庭这一社会结构的延续和传承,不仅是血缘或者身份关系的延续,而且是以家庭为团体的财产关系的延续,需要家庭成员之间以相互的遗产继承作为家庭这一社会结构延续的必要条件。

④ 虽然现代家庭结构发生了深刻变化,人们对家庭和亲属关系的依赖已经不再具有古代社会那样的强烈性和单一性,家庭也不再是那种体系庞大和传统稳定的社会结构;但是人们对家庭的依赖始终是人类不可缺少的自然生态条件,家庭社会结构的延续以生命传承的形式仍然发挥社会秩序的基础构造作用。

⑤ 〔美〕罗斯科·庞德:《法理学》(第 3 卷),廖德宇译,法律出版社 2007 年版,第 112~113 页。遗嘱继承作为继承人基于遗嘱人处分遗产的意思表示而无偿取得遗产和实现财产所有权变动的行为方式,本身具有一定的财产赠与即遗赠的性质。

财产权制度。

(六) 追求权利损害救济的民事责任正义

在民法的制度调整中,有权利损害必有权利救济,这就是民事责任制度。我国《民法典》建立了完整的民事责任制度:不仅物权编和合同编各设专章规定了"物权的保护"和"违约责任";而且专设"侵权责任"一编,"调整因侵害民事权益产生的民事关系"(第1164条),规定"行为人因过错侵害他人民事权益造成损害的,应当承担侵权责任。依照法律规定推定行为人有过错,其不能证明自己没有过错的,应当承担侵权责任"(第1165条)。民事责任制度以权利损害的救济为目的,是在法律允许的范围内通过采取一定的补救措施使受到损害的权利得到合理补偿或者赔偿的制度。民事责任制度是为了保护权利人的合法民事权益,是实现民法正义的基本制度;对于权利保护,只有存在权利救济和能够实现权利救济才是完整的民法正义。

民事责任是由过错责任原则、无过错责任标准和其他责任分配规则构成的统一制度体系。在这一体系中,每一种归责原则和归责标准以及各种责任分配规则,都以自己的责任形式及其价值条件追求权利救济的正义,即实现矫正的正义。虽然在当代民事责任的制度体系中有各种责任分配规则,如公平责任规则、可预见规则、赔偿实际损失规则、防止损失扩大规则、过失相抵规则、共同危险行为规则、合理注意义务规则等,但是当代民法的责任分配形式并没有真正超出传统民法的责任价值体系。其最基础的民事责任制度,还是由过错责任原则与无过错责任标准构成的民事责任归责制度;而其中作为核心与根本的,仍然是体现传统民法责任价值的过错责任原则。[①] "因此,在现代民法法系,责任的基础就是罗马法所认定

---

① "笔者认为,我国民事责任的归责原则仍是一元的,即过错责任原则。现代民事责任归责原则的发展,是过错责任原则的适用即过错推定规则的演进,而不是由过错责任到无过错责任的改变。过错推定是适用过错责任原则的普遍方法,属于一般立法技术范畴,而不是与过错责任、无过错责任相并列的一项归责原则。行为人的过错都是也只能是通过'推定'的方法认定的,没有过错推定,就不能确定行为人的过错,也就没有过错责任或者过错责任的承担,所以过错推定规则是适用过错责任的前提。但是,过错推定作为一项立法技术或方法,则与时俱进,在不同的时代基于不同的社会条件下或针对不同的行为目标,其立法所确定的具体推定规则是不同的。这就是过错推定规则的演进与发展。在传统的受害人举证的过错推定规则基础上,现代民法中又衍生出行为人无法定免责事由的过错推定规则和加害人无过错举证不能的过错推定规则,并被广泛地适用,从而得以不断满足在现代社会条件下维护民法公平价值与目的的需要,以实现损害后果与损失合理配置的目标。换句话说,近现代以来过错责任原则以外其他归责标准与理论的出现,并没有改变传统过错责任原则在归责制度上的根本地位,而恰恰是过错责任原则以自身过错推定规则的演进引导着现代归责制度的发展方向。过错是民事责任归责不可放弃的基本价值,但过错推定及其适用的具体规制,则应当不断适应发展变化的社会条件,从而以一般的正义标准成为民事责任合理配置的价值基础。"王利民、郭明龙:《民事责任归责原则新论——过错推定规则的演进:现代归责原则的发展》,载《法学论坛》2006年第6期;王利民:《民法本论》,东北财经大学出版社2001年版,第467~473页。

的内容:故意,过失,以及特定情况下的无过错责任",①"即因侵权行为或债务不履行而应负损害赔偿,须以行为人具有故意或过失为要件,此亦在保障个人活动的自由,并顾及他人权益的保护"。② 对民事责任制度的人性价值与正义规则的认识与考察,应当落实在代表和体现传统民法责任制度的基本价值与规则的过错责任方面。

1. 过错责任与民事责任的主观不法

黑格尔指出:"凡是出于我的故意的事情,都可归责于我。"又指出:"行动只有作为意志的过错才能归责于我。"③换言之,如果把一个不是我的故意或者过错的行为归责于我,就是让我对不自由负责,也就是把违背我的意志的责任强加给我,这不具有社会正当性。"毕竟我只是与我的自由相关,而我的意志仅以我知道自己所作的事为限,才对所为负责。"④我只有在我自由的范围内才认识到我的人格性并具有我的人格存在,我才能对我自由做出并具有我的人格性的行为负责。我的责任表现我的自由的直接性,也就是我的人格的直接性。"这就是说,人们只能以所知道的事情归责于我。"⑤一个人知道的事情,就是在这个人意志支配下发生的事情,自然应当归责于知道并支配这一事情发生的个人。显然,只有个人意志的人格行为,才是具有个人伦理属性的行为,因为这一行为已经把个人的道德与人格意志体现其中,是一个在主观意志与伦理人格上都应当被认定为该个人的行为。"任何行为如果要算作道德的行为,必须首先跟我的故意相一致,因为道德意志的法,只对于在意志定在内部作为故意而存在的东西,才予以承认。"⑥过错行为,是违背人格与自由本质的行为,自然构成违法并应当归责的行为。

"违法是法律对行为之否定评价,这意味着,法律认为该行为存在过错,该行为因存在过错而违法,行为人因违法而发生责任。因此,过错是责任真正的根据,唯一的根据。"⑦过错责任或者过错责任原则,是民事责任制度的基础价值规则。所谓过错,或称为过失和错误,是行为人实施行为时的一种故意或者过失的主观心理状态,即未尽到合理注意义务的主观不

---

① 〔美〕詹姆斯·戈德雷、〔美〕阿瑟·泰勒·冯·梅伦:《私法比较研究导论:阅读、案例、材料》,张淞纶译,中国法制出版社2021年版,第365页。
② 王泽鉴:《民法概要》,中国政法大学出版社2003年版,第30页。
③ 〔德〕黑格尔:《法哲学原理》,范扬、张企泰译,商务印书馆1961年版,第118、119页。
④ 〔德〕黑格尔:《法哲学原理》,范扬、张企泰译,商务印书馆1961年版,第119页。
⑤ 〔德〕黑格尔:《法哲学原理》,范扬、张企泰译,商务印书馆1961年版,第121页。
⑥ 〔德〕黑格尔:《法哲学原理》,范扬、张企泰译,商务印书馆1961年版,第117页。
⑦ 李锡鹤:《民法哲学论稿》,复旦大学出版社2009年版,第527页。

法。"人们应该尽其注意,该注意为:与他们的年龄、经验及生理特征一致的合理谨慎之人在相同条件下所尽之注意。"一个人应当尽到一般人的合理注意义务,否则即对自己的行为构成过错责任。民事责任是一种行为责任,即行为人的行为构成违法即侵权或者违约所应当承担的法律后果。然而,人的行为是一种意志行为,是意志的发动,是受人的意志支配的行为;行为人的意志是行为的根据和原因,有什么样的行为意志就有什么样的客观行为;只有构成过错或者有未尽到合理注意义务的主观不法,才有客观上的违法行为。行为人的客观违法行为,受行为人的过错意志支配,是直接由行为人的主观过错造成的,具有主观不法的行为本质。

人的主观不法,包括故意和过失,是一种行为恶意或者非善良意志,或者起码存在一定的主观意志上的缺失与疏忽,是能够正确控制自己的行为而没有进行合理控制的恶意性结果。因此,行为的错,根本上是意志的错,是意志错误的结果;没有主观意志不法之外的客观行为不法,主观不法是构成客观违法的直接条件和原因。过错作为一种主观不法,是伦理性违法,具有道义上的应受谴责性,而没有合理的伦理价值;所以是应当承担责任的根据,并具有归责的正当性。"在文明社会中人们必须设想,他人会合理、正直地行为,因此在存在着会使他们遭受不合理伤害的风险的环境中没有必要小心谨慎。"①也就是说,一个人的行为自由以符合人们对其行为的合理预见标准为条件,即行为人的行为应当是一种合理与正直的行为,具有主观的善;如果一个人的行为违背合理与正直的一般行为标准,就不具有伦理上的正当性,并构成伦理"违法",是具有过错并应当承担民事责任的行为。

过错责任是以行为自由为基础的个人责任,是个人主体、个人意志、个人行为与个人过错、个人责任的统一,构成民事责任的归责原则与基础,是代表人类法律文明及其制度发展的一个最高成就,体现了当代民法行为与责任制度的人格本质,成为当代民法的伦理基石与价值核心。民法上的归责原则与免责条件,一般是相对的。《民法典》总则编规定了"因不可抗力不能履行民事义务的,不承担民事责任"(第180条第1款)的原则;合同编规定了"因不可抗力不能履行合同"的责任免除(第590条第1款);侵权责任编也规定了适用不可抗力免除的侵权责任(第1239条、第1240条)。不可抗力免责的制度原则,就在于当事人对因不可抗力发生的不履行民事

---

① 〔美〕罗斯科·庞德:《法理学》(第4卷),王保民、王玉译,法律出版社2007年版,第394页。

义务的行为,没有可以归责的主观过错。① 另外,《民法典》关于正当防卫(第181条)、紧急避险(第182条)、紧急救助(第184条)、自力救济(第1177条)不承担民事责任的规定,也都是基于行为人在此种情形下具有采取该行为的正当原因或者没有过错这一因素,②即对不法侵害的反抗或者危险的避免行为,实质构成对实施者"过错"的排除——尽管实施者是明知的。对于过错行为,就是一个人主观恶的行为,也就是违反人性正义的破坏社会秩序的行为,自然应当以一定责任形式进行制裁并救济由此受到损害的权利。

2. 约定责任与民事责任的诚信担保

民事责任是当事人之间的责任;所以作为一种私法责任,既有法定责任即强制责任,也有约定责任即自由责任。约定责任是契约自由的一部分,从而在民事责任承担上体现民法的意思自治本质,反映民事责任的特定人性自由条件及其正义的责任属性。因此当事人依法作出的责任约定,就是对自己责任的明知和承诺,而根据约定承担责任,就是当事人之间的正义。"作为行为的一种属性的正义是指针对他人之行为的适当性。在有意或明知的情况下针对应当承受该行为的人所做出的行为就是正义的行为。"③当事人在法律范围内自愿作出的责任约定,就是当事人的责任自由,也就是对当事人的适当责任;而当事人根据约定承担责任,也就具有责任和行为的适当性,即符合责任正义。

至于民事责任的约定,一是事前对违约金、损失赔偿额的计算方法和定金的约定;二是事后对违约或者侵权责任的协商承担与处理。在民法调整的私人社会关系领域,既有个人的行为自由,也有个人的责任自由,即责任约定与责任协商处理的自由;这是民法意思自治的一部分,体现民法的责任自由价值,是个人责任的必然条件要求和结果。一方面,基于个人责任原则,责任人可以对自我的责任承担事先作出承诺;另一方面,基于民事责任的权利救济属性,权利人可以对自己享有的权利救济与补偿进行处分

---

① 行为的过错责任,从行为的主观性上看,就是行为及其后果的可预见性、可避免性和可克服性。凡是可预见、可避免并且可以克服的原因,均不构成对一个人的行为后果及其责任构成的阻却,即一个人对于在此种情况下的作为或者不作为造成的危害后果是一种主观的恶;同样,一个人也只有在发生不可预见、不可避免并且不可克服的外部事故的情形下才对自己因此未能完成的行为或者未能尽到的义务无过错且可以免责,即一个人在此种情况下没有主观的恶而应当归为主观的善,这就是行为的善恶区别。

② "如果出现这种情况,法律允许在完全确定的、详细规定的条件下,当事人可以采取措施以抗拒侵害,或者使自己的请求得以实现,即使这种措施在必要的情况下损害了他人法益。"〔德〕卡尔·拉伦茨:《德国民法通论》(上册),王晓晔等译,法律出版社2003年版,第358页。

③ 〔德〕塞缪尔·普芬道夫:《人和公民的自然法义务》,鞠成伟译,商务印书馆2009年版,第57页。

并与责任人协商责任的承担与结果。约定责任的意思自治,是整个民法制度体系中不可缺少的自由秩序条件,同样代表民法的人性正义及其合理秩序要求。

约定责任的正义性不仅在于其自由性,而且在于其责任的承诺与诚信性,即在违反契约或者发生其他约定情形时,自愿承担约定的责任后果,亦即根据自己作出的责任承诺,履行约定的责任;这是一个文明社会的根本生态秩序要求与条件。"在文明社会中,人们必须能假定与他们进行一般社会交往的人将会善意地行为,并从而将:(一)履行由他们的承诺或其他行为合理地形成的合理期待;(二)按照社会道德感所给予的期待实现他们的约定。"①约定责任作为一种契约自由责任,具有意思表示的真实性:既是一种自主责任,也是一种诚信担保的责任,②符合民法的诚实信用原则及其秩序本质。"凡符合诚信且不损害他人和社会整体利益的行为自由,就是具有社会正当性的行为自由,也就可以作为私益性社会关系发生的根据并应当得到社会的承认和保护。"③因此,除非违背公序良俗,法律应当承认和保护当事人基于诚信的责任约定或者愿意承担责任的意思表示,不得强制变更或者撤销当事人的约定责任;④这既是一种自由的价值,也是一种诚信的价值,具有最高的社会正义性。

约定责任作为一种诚信责任,也是一种担保债务履行的责任;当事人承诺在不履行某种债务时愿意承担约定的责任后果,即通过责任承诺担保债务的履行,具有"担保责任"的作用和意义。⑤ "正义的本质就在于遵守

---

① 〔美〕罗斯科·庞德:《通过法律的社会控制》,沈宗灵译,商务印书馆1984年版,第55页。
② "契约,作为完成社会功能的一种方式,应该有其固有的法理基础,那就是民间的习惯法则与在此基础上建立的相关国家法令。不论是民间的习惯法,还是国家法令,都受一种主体精神所支配,这就是诚信原则。"乜小红:《中国古代契约发展简史》,中华书局2017年版,第390页。
③ 王利民:《民法道德论——市民社会的秩序构造》,法律出版社2019年版,第529页。
④ 据此,我国《民法典》第585条第2款关于违约金可以事后请求增加或者适当减少的规定以及第588条第1款关于可以选择适用违约金或者定金条款的规定的合理性与正当性,都值得商榷。尤其是前者,已经成为司法干预和否定当事人意思自治的制度根据。
⑤ "如果一个人认为自己在困难的时候,可以把随便作不负责任的诺言变成一条普遍规律,那就会使人们所有的一切诺言和保证成为不可能,人们再也不会相信他所做的保证,而把这样的表白看成欺人之谈而作为笑柄。"〔德〕伊曼努尔·康德:《道德形而上学原理》,苗力田译,上海人民出版社2005年版,第41页。约定责任的目的在于遵守和践行;约定只是建立了当事人之间的诚信责任担保,而基于约定履行契约和落实责任才是符合正义的社会秩序要求。"仅仅有约定是不够的,还须靠一种精神来支撑,这就是民间长期约定俗成的诚信精神,契约基于相互诚信而订立,同样也需要依靠诚信精神来维系和运转。"乜小红:《中国古代契约发展简史》,中华书局2017年版,第401页。

有效的契约。"①由于约定责任的担保功能与属性,相对人根据责任承诺产生对债务不履行时以承担约定责任实现权利救济的合理信赖与预期,这一信赖与预期具有合理性与正当性,即正义的价值性。"社会秩序依赖于稳定性的行为的可预见性,而信守诺言正是其中重要的一项。"②"在为阻止基于可预见的信赖而造成的损失所必需的范围内,诺承义务就具有强制执行力",即在信赖原则下,"作为被许诺人,人们可以更加信任并依赖这些许诺,因为他不必为损失担忧"。③ 所以,如果当事人事后对约定的责任反悔或者不履行约定责任,就是违背诚信和损害相对人合法权益的行为,既不利于实现权利救济,也必然损害正常的社会秩序,不应当得到法律或者司法的承认与支持。换言之,维护当事人的约定责任,追求和实现约定责任的权利救济,是法律和司法的天然职责,是实现民法正义的根本秩序要求,只有在另外需要维护一种高于一般自由与诚信的正义价值时才可以有限变通。

在民法调整的人身与财产关系领域,即对于意思自治的民事法律行为,允诺和诚信构成自主秩序的根据和基础,应当具有被强制执行的效力;如果允诺和诚信得不到法律保护,就没有合理的行为秩序,也就没有私法关系的正义。

---

① 〔英〕霍布斯:《利维坦》,吴克峰编译,北京出版社2008年版,第71页。因此,"在订立契约之后,履约是正义的,违约就是不正义的"(同前)。"于是,正义即是遵守契约,这乃是一个理性的法则。根据这一法则,我们不能做毁坏我们生活的事情,因此,它是一条自然法。"(同前,第72页。)
② 〔美〕罗斯科·庞德:《法理学》(第3卷),廖德宇译,法律出版社2007年版,第123页。
③ 〔美〕迈克尔·D.贝勒斯:《法律的原则——一个规范的分析》,张文显等译,中国大百科全书出版社1996年版,第188页。

后　记

《民法人性论》是继《民法道德论》之后,我的第二部国家社科基金后期资助项目成果,是我的民法哲学系列研究成果之一。原来规划的"民法道德论"、"民法人性论"和"民法正义论"三项研究,已经完成两项,而对最后一项"民法正义论",我决定放弃,主要有两方面原因:一是时间原因,我必须把退休作为学术的结束;二是我的民法道德论和民法人性论,都可谓是一种民法正义论,并有对民法正义的具体论述和观点。现在,本书的完成和出版,了却了我的一个学术心愿。

本来,我已经决定以本书作为自己学术生涯的正式结束。但是,就在2023年5月本书成果完成并提前一年多申办结项后,我越发感到应当有一个对自己民法哲学研究的总结,于是,我决定最后完成《民法哲学原理》一书。现在,经过一年多时间的不懈与忙碌,终于在退休之前,让这本书得以完稿。本来是给自己预留的一年退休前的宽裕时间,结果就这样被占用了。

我的民法哲学研究,一直关注民法现象背后的人。人是民法的主体;民法必然具有人和人性的规定性,并构成民法的本体与本质。这是一个简单逻辑,也应当是一个正确结论。

本书对民法人性论的研究,基于我对民法人性论的认识和把握;既自成理论体系,也具有我个人知识与认识上的局限性,错误和不足在所难免。对此,敬请各位读者批评指正。

我已经把退休前的十年,当成退休生活来过,并调整和改变了自己的心态与生活状态。2017年起,我放弃物权法教学(此前放弃了合同法教学),把承担的本科生课程减少到最少的一门;2020年后不再招收博士生(根据我承担的国家社科基金项目可以申请招生),2021年后不再招收硕士生;从不再招生开始,即辞去了所有的研究生课程教学,并尽量不再参与相关培养环节。2019年,我开始到律所办公,远离了学校和学院环境。然而,也正是这十年间,我的科研任务和压力反而更大,其中一项国家社科基金重大项目成果和两项国家社科基金后期资助项目成果,都是在这一期间完成和出版的。同时,在2013年发起创办"全国民法基础理论与民法哲学论坛"的基础上,连续完成了六届论坛的组织和承办,并主编出版了四届论坛文集。

今年是我的退休之年，我已经到了应当和夫人享受晚年生活的人生阶段——这是忙碌一生后才发现的人生真正渴望……人说奋斗是人生的目的，那是因为没有奋斗就没有生活！

感谢我的夫人和家人！

感谢所有支持和帮助过我的人！

感谢法律出版社王珊编辑为本书出版付出的辛苦工作！

王利民

2024 年 7 月 14 日

图书在版编目（CIP）数据

民法人性论 / 王利民著. -- 北京：法律出版社，2025. -- ISBN 978-7-5197-9921-2

I. D923.04

中国国家版本馆 CIP 数据核字第 2025A2T653 号

民法人性论
MINFA RENXINGLUN

王利民 著

责任编辑 王 珊
装帧设计 李 瞻

出版发行 法律出版社	开本 710 毫米×1000 毫米 1/16
编辑统筹 学术・对外出版分社	印张 29.25　字数 488 千
责任校对 李慧艳	版本 2025 年 5 月第 1 版
责任印制 胡晓雅 宋万春	印次 2025 年 5 月第 1 次印刷
经　　销 新华书店	印刷 唐山玺诚印务有限公司

地址：北京市丰台区莲花池西里 7 号（100073）
网址：www.lawpress.com.cn　　　　　　　　销售电话：010-83938349
投稿邮箱：info@lawpress.com.cn　　　　　　客服电话：010-83938350
举报盗版邮箱：jbwq@lawpress.com.cn　　　　咨询电话：010-63939796
版权所有・侵权必究

书号：ISBN 978-7-5197-9921-2　　　　　　　定价：128.00 元

凡购买本社图书，如有印装错误，我社负责退换。电话：010-83938349